회독플래너

실패율 Zero! 따라만 해도 5회독 가능!

구분	PART	CHAPTER	1회독	2회독	3회독	4회독	5회독
선사 ~ 중세	우리 역사의 기원과 형성	한국사의 바른 이해	1	1	1	1	1
		선사 시대의 우리 역사	2~3	2			
		국가의 형성	4~5	3	2		
	고대의 우리 역사	고대의 정치	6~10	4~8	3~6	2	
		고대의 경제	11	9	7	3	
		고대의 사회	12	10			
		고대의 문화	13~15	11~12	8		
	중세의 우리 역사	중세의 정치	16~20	13~17	9~11	4	2
		중세의 경제	21	18	12	5	
		중세의 사회	22	19			
		중세의 문화	23~25	20~22	13~14		
근세 ~ 근대 태동기	근세의 우리 역사	근세의 정치	26~29	23~26	15~16	6	3
		근세의 경제	30	27	17		
		근세의 사회	31			7	
		근세의 문화	32~33	28~29	18		
	근대 태동기의 우리 역사	근대 태동기의 정치	34~38	30~32	19~20	8~9	4
		근대 태동기의 경제	39~40	33	21	10	
		근대 태동기의 사회	41	34			
		근대 태동기의 문화	42~43	35	22	11	
근현대	근대사(개항기)	흥선 대원군의 개혁 정치와 문호의 개방	44	36	23	12	5
		근대 국가 수립 운동	45~47	37~38	24~25	13	
		일제의 침략과 국권 수호 운동	48	39	26	14	
		개항 이후의 경제 · 사회 · 문화	49	40			
	일제 강점기	일제의 식민 통치와 항일 민족 운동	50~54	41~44	27~29	15~16	6
		일제 강점기 경제의 변화	55	45	30	17	
		일제 강점기 사회 운동					
		민족 문화 수호 운동	56	46	31		
	현대 사회의 발전	대한민국 정부 수립과 6 · 25 전쟁	57~58	47~48	32~33	18	7
		민주주의의 시련과 발전	59	49	34	19	
		북한의 역사와 통일을 위한 노력	60	50	35	20	
		현대의 경제 · 사회 · 문화 발전					
			60일 완성	**50일 완성**	**35일 완성**	**20일 완성**	**7일 완성**

* 전 영역에 대한 회독플래너입니다.
* 일부 영역만 학습 시, 해당 일자를 참고하여 플래너를 활용하세요.

직접 체크하는 회독플래너

본문의 회독체크표를 한눈에!

구분	PART	CHAPTER	1회독	2회독	3회독	4회독	5회독
선사 ~ 중세	우리 역사의 기원과 형성	한국사의 바른 이해					
		선사 시대의 우리 역사					
		국가의 형성					
	고대의 우리 역사	고대의 정치					
		고대의 경제					
		고대의 사회					
		고대의 문화					
	중세의 우리 역사	중세의 정치					
		중세의 경제					
		중세의 사회					
		중세의 문화					
근세 ~ 근대 태동기	근세의 우리 역사	근세의 정치					
		근세의 경제					
		근세의 사회					
		근세의 문화					
	근대 태동기의 우리 역사	근대 태동기의 정치					
		근대 태동기의 경제					
		근대 태동기의 사회					
		근대 태동기의 문화					
근현대	근대사(개항기)	흥선 대원군의 개혁 정치와 문호의 개방					
		근대 국가 수립 운동					
		일제의 침략과 국권 수호 운동					
		개항 이후의 경제 · 사회 · 문화					
	일제 강점기	일제의 식민 통치와 항일 민족 운동					
		일제 강점기 경제의 변화					
		일제 강점기 사회 운동					
		민족 문화 수호 운동					
	현대 사회의 발전	대한민국 정부 수립과 6 · 25 전쟁					
		민주주의의 시련과 발전					
		북한의 역사와 통일을 위한 노력					
		현대의 경제 · 사회 · 문화 발전					
			___일 완성	___일 완성	___일 완성	___일 완성	___일 완성

* 전 영역에 대한 회독플래너입니다.

* 일부 영역만 학습 시, 해당 일자를 참고하여 플래너를 활용하세요.

Part I. 우리 역사의 기원과 형성

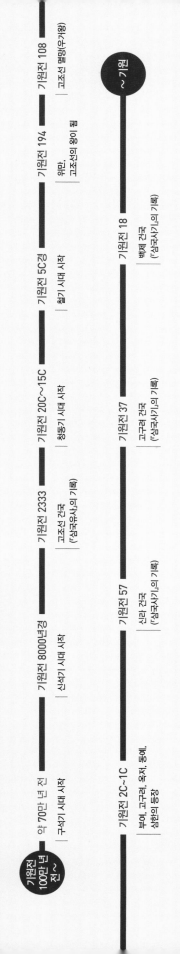

기원전 100만 년 전~

연대	내용
약 70만 년 전	구석기 시대 시작
기원전 8000년경	신석기 시대 시작
기원전 2333	고조선 건국 (『삼국유사』의 기록)
기원전 20C~15C	청동기 시대 시작
기원전 5C경	철기 시대 시작
기원전 194	위만, 고조선의 왕이 됨
기원전 108	고조선 멸망(우거왕)

연대	내용
기원전 2C~1C	부여, 고구려, 옥저, 동예, 삼한의 등장
기원전 57	신라 건국 (『삼국사기』의 기록)
기원전 37	고구려 건국 (『삼국사기』의 기록)
기원전 18	백제 건국 (『삼국사기』의 기록)

~기원

Part II. 고대의 우리 역사

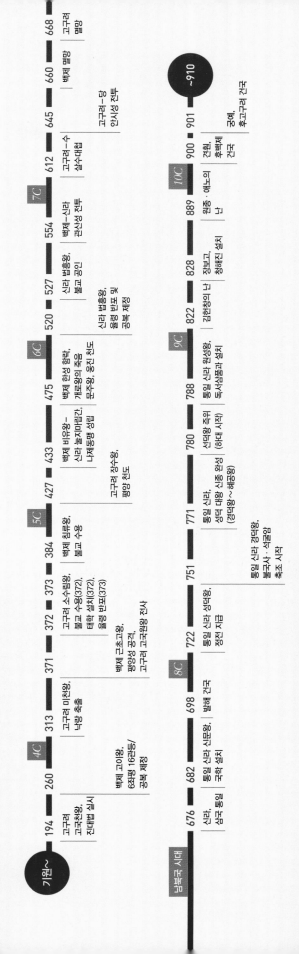

기원~

4C

연대	내용
194	고구려 고국천왕, 진대법 실시
260	백제 고이왕, 6좌평 16관등/공복 제정
313	고구려 미천왕, 낙랑 축출
371	백제 근초고왕, 평양성 공격, 고구려 고국원왕 전사
372	고구려 소수림왕, 불교 수용(372), 태학 설치(372), 율령 반포(373)
373	
384	백제 침류왕, 불교 수용

5C

연대	내용
427	고구려 장수왕, 평양 천도
433	백제 비유왕-신라 눌지마립간, 나제동맹 성립
475	백제 한성 함락, 개로왕의 죽음, 문주왕, 웅진 천도

6C

연대	내용
520	신라 법흥왕, 율령 반포 및 공복 제정
527	신라 법흥왕, 불교 공인
554	백제-신라 관산성 전투

7C

연대	내용
612	고구려-수 살수대첩
645	고구려-당 안시성 전투
660	백제 멸망
668	고구려 멸망

남북국 시대

연대	내용
676	신라, 삼국 통일
682	통일 신라 신문왕, 국학 설치
698	발해 건국

8C

연대	내용
722	통일 신라 성덕왕, 정전 지급
751	통일 신라 경덕왕, 불국사·석굴암 축조 시작
771	통일 신라, 성덕 대왕 신종 완성 (경덕왕~혜공왕)
780	선덕왕 즉위 (하대 시작)
788	통일 신라 원성왕, 독서삼품과 설치

9C

연대	내용
822	김헌창의 난
828	장보고, 청해진 설치
889	원종·애노의 난

10C

연대	내용
900	견훤, 후백제 건국
901	궁예, 후고구려 건국

~910

Part Ⅲ. 중세의 우리 역사

900~

- 918 | 왕건, 고려 건국
- 926 | 발해 멸망
- 936 | 고려, 후삼국 통일
- 956 | 광종, 노비안검법 실시
- 958 | 광종, 과거제 설치
- 976 | 경종, 시정 전시과 실시
- 998 | 목종, 개정 전시과 실시
- 1019 | 현종 9, 거란과의 귀주 대첩 (강감찬 활약)

11C

- 1076 | 문종, 경정 전시과 실시
- 1107 | 예종, 여진 정벌(윤관)

12C

- 1126 | 인종, 이자겸의 난

- 1135 | 인종, 묘청의 서경 천도 운동
- 1145 | 인종, 『삼국사기』 편찬(김부식)
- 1170 | 무신 정변

13C

- 1231 | 몽골의 제1차 침입 (최우 집권 시기)
- 1236 | 팔만대장경 조판 (~1251)
- 1270 | 원종, 개경 환도, 삼별초의 대몽 항쟁
- 1285 / 1281 또는 | 충렬왕, 『삼국유사』 편찬(일연)

14C

- 1363 | 공민왕, 목화씨 전래 (문익점)
- 1377 | 우왕, 『직지심체요절』 편찬, 화통도감 설치
- 1391 | 공양왕, 과전법 제정

~1400

Part Ⅳ. 근세의 우리 역사

1350~

- 1388 | 위화도 회군(이성계)
- 1392 | 태조, 조선 건국
- 1394 | 태조, 한양 천도
- 1398 | 제1차 왕자의 난 (무인정사)

15C

- 1401 | 태종, 신문고 설치
- 1413 | 태종, 호패법 실시
- 1429 | 세종, 『농사직설』 편찬
- 1443 | 세종, 『훈민정음』 창제, 계해약조 체결
- 1466 | 세조, 직전법 실시
- 1470 | 성종, 관수 관급제 실시
- 1485 | 성종, 『경국대전』 반포

16C

- 1498 | 연산군, 무오사화
- 1504 | 연산군, 갑자사화
- 1510 | 중종, 삼포왜란
- 1519 | 중종, 기묘사화
- 1543 | 중종, 백운동 서원 설립 (주세붕)
- 1545 | 명종 즉위, 을사사화
- 1555 | 명종, 비변사 상설 기구화 (을묘왜변 이후)
- 1589 | 선조, 정여립 모반 사건
- 1592 | 선조, 임진왜란
- 1597 | 선조, 정유재란

~1600

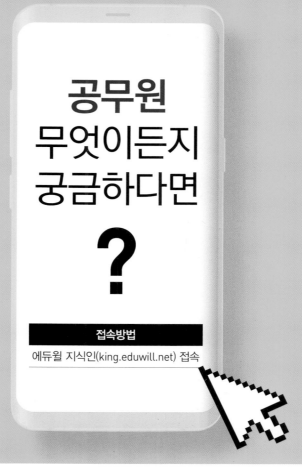

공부도 하고 돈도 버는 비법

친구에게 추천했을 뿐인데

한 달 만에
현금
290만원
받았어요

※2020년 3월 실제로 리워드 금액을 받아가신
a****k 고객님의 실제 사례입니다.

에듀윌
9급 공무원 직영학원

서울 대방
02) 825-6677

대방역 2번출구
솔표빌딩 4층

서울 노원
02) 3391-5800

노원역 9번출구
금호프라자 2층

인천 부평
032) 529-0100

부평역 지하상가 31번출구
와이디타워 11층

경기 수원
031) 8001-0600

수원역 지하상가 13번출구
아이메카빌딩 3층

대 전
042) 331-0600

서대전네거리역 4번출구
메종드메디컬빌딩 10층

대 구
053) 243-0600

반월당역 13번출구
센트럴엠빌딩 3층

부산 서면
9급　　　051) 923-0602
독한 9급　051) 923-0700

전포역 7번출구 예원빌딩 5층

믿고 공부할 수 있는 에듀윌 직영학원

**쾌적한 환경 &
학습 편의시설 완비**

**전문 학습매니저의
학습코칭 시스템**

**전 과목 온라인 강의
무제한 수강**

2021

에듀윌 9급 공무원

기본서 한국사

근현대

❋ 에듀윌

머리말

역사를 잊은 민족에게 미래는 없다!

여러분들은 '공무원 합격'이라는 목표를 갖고 있습니다. 저자 역시 그 목표가 이루어질 수 있도록 항상 노력하겠습니다.

안녕하세요, 에듀윌 한국사 강사 신형철입니다.

"역사를 잊은 민족에게 미래는 없다"라는 문구는 한 나라의 국민 혹은 민족이 어떻게 역사를 인식해야 하는가, 혹은 올바른 역사 교육이란 무엇인가를 '고민'하게 하는 문장입니다.

최근 한국사는 공무원 시험은 물론이고, 교원임용시험 및 수능에서도 필수 과목으로 채택되었습니다. 이러한 경향은 올바른 역사 인식이 우리 국민에게 얼마나 중요한가를 '공감'할 수 있는 시대적 흐름이라고 생각합니다.

공무원 수험생들은 '한국사'를 단순한 암기 과목인 동시에 신경을 덜 쓰더라도 고득점을 획득할 수 있는 과목 정도로 생각하기도 합니다. 그러나 엄청난 분량의 이론서, 방대한 보충 자료, 넘치는 기출 문제 등은 가벼운 마음으로 시작한 공부를 부담스럽게 만듭니다.

수험생 여러분들이 '역사학자'일 필요는 없습니다. 한국사 과목은 공무원이 되기 위한 디딤돌 과정입니다. 따라서 '영어'와 같이 너무 많은 시간을 투자할 필요는 없으나 최소 6개월 이상은 집중해야 합니다.

짧은 시간에 여러분들이 고득점을 획득할 수 있도록 하는 것은 전적으로 강사의 몫입니다. 많은 고민을 통해 9급 공무원 시험을 준비하는 수험생들이 최소한의 노력으로 최대의 효과를 거둘 수 있도록 오른쪽 페이지와 같이 교재를 구성하였습니다.

1. 최근 5개년 출제비중 & 출제개념 & 학습목표

각 파트 첫 부분에 최근 5개년 출제비중과 출제개념을 수록하여 학습의 강약을 조절할 수 있도록 하였고, 키워드와 학습목표를 한눈에 파악할 수 있도록 하였습니다.

2. [단권화 MEMO] 보충설명

핵심적인 내용이나 학습방향을 잘 잡아야 하는 이론의 경우 보조단에 *과 ■ 표시를 이용하여 코멘트 및 보충개념을 기재하였습니다.

3. 바로 확인문제, 개념 학습 OX

이론 중간에 [바로 확인문제]를 수록하여 문제를 통해 이론을 적용시킬 수 있도록 하였습니다. 또한 파트별로 기출지문을 활용한 [개념 학습 OX]를 수록하여 이론을 효율적으로 마무리할 수 있도록 하였습니다.

4. 풍부한 심화 · 사료 자료

최근 공무원 시험에 사료와 다양한 자료를 활용한 문제가 자주 출제되고 있습니다. 따라서 기출되었던 사료는 물론이고, 출제가 예상되는 사료나 심화 자료, 사진 및 도표를 컬러로 수록하여 역사 지식의 외연을 확대할 수 있도록 하였습니다.

5. 보조자료 부록 파트

각 권의 마지막 파트는 부록으로 구성하였습니다. 최근 기출된 유네스코 지정 문화유산을 비롯하여 꼭 알아야 하는 근현대 인물 20인, 역사 연표, 역대 왕계표 등, 권별로 참고할 수 있는 풍부한 보조 자료를 수록하였습니다.

6. 분권된 문제편

이론을 학습하면서 바로바로 문제를 풀고 복습할 수 있도록 권별로 문제편을 분리하였고, 챕터별로 최근 기출문제 및 예상문제를 풍부하게 수록하였습니다.

힘이 들 때도 포기하지 말고, 본인을 믿으며 묵묵히 나아갔으면 좋겠습니다.
응원하겠습니다.

2020년 6월
한국사 강사 신형철

시험의 모든 것

응시자격

- 학력 및 경력: 제한 없음
- 응시 연령
  - 7급 공개경쟁채용시험: 20세 이상(2000. 12. 31. 이전 출생자)
  - 9급 공개경쟁채용시험: 18세 이상(2002. 12. 31. 이전 출생자)
  - 9급 공개경쟁채용시험 중 교정/보호직: 20세 이상(2000. 12. 31. 이전 출생자)

  ※ 응시결격사유
  - 국가직: 해당 시험의 최종시험 시행예정일(면접시험 최종예정일) 현재를 기준으로 「국가공무원법」 제33조(외무공무원은 「외무공무원법」 제9조, 검찰직·마약수사직 공무원은 「검찰청법」 제50조)의 결격사유에 해당하거나, 「국가공무원법」 제74조(정년)·「외무공무원법」 제27조(정년)에 해당하는 자 또는 「공무원임용시험령」 등 관계법령에 의하여 응시자격이 정지된 자
  - 지방직: 해당 시험의 최종시험 시행예정일(면접시험 최종예정일) 현재를 기준으로 「지방공무원법」 제31조(결격사유), 제66조(정년), 「지방공무원 임용령」 제65조(부정행위자등에 대한 조치) 및 「부패방지 및 국민권익위원회의 설치와 운영에 관한 법률」 등 관계법령에 의하여 응시자격이 정지된 자

시험절차 및 일정

■ 시험절차

01 시험공고	>	02 원서교부 및 접수	>	03 필기시험	>	04 면접시험	>

05 최종합격자발표	>	06 채용후보자등록	>	07 임용추천 및 배치	>	08 공무원임용

- 필기시험

구분	과목 수	문항 수	시간
국가직·지방직 9급	5과목	100문제(4지선다)	100분
국가직·지방직 7급	7과목	140문제(4지선다)	140분

※ 필기시험 과락 기준: 각 과목 만점의 40% 미만

※ 필기시험 합격 기준: 각 과목 만점의 40% 이상을 득점한 사람 중 전 과목 총득점에 의한 고득점자 순

- 면접시험

구분	내용	시간
9급	5분 발표	10분 내외
	개별면접(공직가치/직무능력)	30분 내외
7급	집단토의	50분 내외
	개인발표 및 개별면접(공직가치/직무능력)	40분 내외

※ 2015년부터 국가직에서 7급은 집단토의, 9급은 5분 스피치를 도입함. 스펙보다는 직무능력을 검증해 채용 후 별도의 수습교육 없이 현장 투입이 가능한 인력을 선발하는 것이 목표

■ 시험일정

국가직	지방직	서울지방직
• 공고: 대체로 1월 중 • 필기시험 − 9급: 대체로 4월 중 − 7급: 대체로 8월 중	• 공고: 대체로 2월 중 • 필기시험 − 9급: 대체로 6월 중 − 7급: 대체로 10월 중	• 공고 − 9급: 대체로 2월 중 − 7급: 대체로 6월 중 • 필기시험 − 9급: 대체로 6월 중 − 7급: 대체로 10월 중

※ 2019년부터 지방직, 서울지방직의 시험날짜 동일(2020년부터 문제도 동일)

시험과목

■ 국가직 9급

※ 지방직의 경우 도·광역시에 따라 선발하는 직렬(직류)이 상이하여 수록하지 않음. 상세내용은 응시하고자 하는 지역의 시행계획 공고를 확인해야 함

직렬(직류)		시험과목
행정직(일반행정)	필수(3): 국어, 영어, 한국사	선택(2): 행정법총론, 사회, 과학, 수학, 행정학개론
행정직(고용노동)		선택(2): 노동법개론, 행정법총론, 사회, 과학, 수학, 행정학개론
행정직(교육행정)		선택(2): 교육학개론, 행정법총론, 사회, 과학, 수학, 행정학개론
행정직(선거행정)		필수(1): 공직선거법 선택(1): 행정법총론, 형법
직업상담직(직업상담)		선택(2): 노동법개론, 직업상담·심리학개론, 사회, 과학, 수학, 행정학개론
세무직(세무)		선택(2): 세법개론, 회계학, 사회, 과학, 수학, 행정학개론
관세직(관세)		선택(2): 관세법개론, 회계원리, 사회, 과학, 수학, 행정학개론
통계직(통계)		선택(2): 통계학개론, 경제학개론, 사회, 과학, 수학, 행정학개론
교정직(교정)		선택(2): 교정학개론, 형사소송법개론, 사회, 과학, 수학, 행정학개론
보호직(보호)		선택(2): 형사소송법개론, 사회복지학개론, 사회, 과학, 수학, 행정학개론
검찰직(검찰)		선택(2): 형법, 형사소송법, 사회, 과학, 수학, 행정학개론
마약수사직(마약수사)		선택(2): 형법, 형사소송법, 사회, 과학, 수학, 행정학개론
출입국관리직(출입국관리)		선택(2): 행정법총론, 국제법개론, 사회, 과학, 수학, 행정학개론
철도경찰직(철도경찰)		선택(2): 형사소송법개론, 형법총론, 사회, 과학, 수학, 행정학개론
공업직(일반기계)		필수(2): 기계일반, 기계설계
공업직(전기)		필수(2): 전기이론, 전기기기
공업직(화공)		필수(2): 화학공학일반, 공업화학
농업직(일반농업)		필수(2): 재배학개론, 식용작물
임업직(산림자원)		필수(2): 조림, 임업경영
시설직(일반토목)		필수(2): 응용역학개론, 토목설계
시설직(시설조경)		필수(2): 조경학, 조경계획 및 설계
시설직(건축)		필수(2): 건축계획, 건축구조
방재안전직(방재안전)		필수(2): 재난관리론, 안전관리론
전산직(전산개발)		필수(2): 컴퓨터일반, 정보보호론
전산직(정보보호)		필수(2): 네트워크 보안, 정보시스템 보안
방송통신직(전송기술)		필수(2): 전자공학개론, 무선공학개론

※ 2020년부터 사회, 과학, 수학의 출제범위는 2015년 개정된 교육과정이 적용됨

※ 9급 공개경쟁채용시험의 선택과목 간 난이도 차이로 인한 점수편차를 해소하기 위해 조정(표준)점수를 적용함
  (2022년부터 전 과목이 필수화됨에 따라 조정점수제도는 폐지될 예정)

※ 2022년부터 일반행정 직류는 사회, 과학, 수학이, 일반행정 직류를 제외한 직류는 행정학개론, 사회, 과학, 수학이 시험과목에서 제외될 예정

시험의 모든 것

■ 국가직 7급

※ 지방직의 경우 도·광역시에 따라 선발하는 직렬(직류)이 상이하여 수록하지 않음. 상세내용은 응시하고자 하는 지역의 시행계획 공고를 확인해야 함

직렬(직류)		시험과목(7과목)
행정직(일반행정)		헌법, 행정법, 행정학, 경제학
행정직(인사조직)		헌법, 행정법, 행정학, 인사·조직론
행정직(재경)		헌법, 행정법, 경제학, 회계학
행정직(고용노동)		헌법, 노동법, 행정법, 경제학
행정직(교육행정)		헌법, 행정법, 행정학, 교육학
행정직(회계)		헌법, 행정법, 회계학, 경제학
행정직(선거행정)		헌법, 행정법, 행정학, 공직선거법
세무직(세무)		헌법, 세법, 회계학, 경제학
관세직(관세)		헌법, 행정법, 관세법, 무역학
통계직(통계)		헌법, 행정법, 통계학, 경제학
감사직(감사)	국어(PSAT으로 대체),	헌법, 행정법, 회계학, 경영학
교정직(교정)	영어(영어능력검정시험	헌법, 교정학, 형사소송법, 행정법
보호직(보호)	으로 대체),	헌법, 형사소송법, 심리학, 형사정책
검찰직(검찰)	한국사(한국사능력검정	헌법, 형법, 형사소송법, 행정법
출입국관리직(출입국관리)	시험으로 대체)	헌법, 행정법, 국제법, 형사소송법
공업직(일반기계)		물리학개론, 기계공작법, 기계설계, 자동제어
공업직(전기)		물리학개론, 전기자기학, 회로이론, 전기기기
공업직(화공)		화학개론, 화공열역학, 전달현상, 반응공학
농업직(일반농업)		생물학개론, 재배학, 식용작물학, 토양학
임업직(산림자원)		생물학개론, 조림학, 임업경영학, 조경학
시설직(일반토목)		물리학개론, 응용역학, 수리수문학, 토질역학
시설직(건축)		물리학개론, 건축계획학, 건축구조학, 건축시공학
방재안전직(방재안전)		재난관리론, 안전관리론, 도시계획, 방재관계법규
전산직(전산개발)		자료구조론, 데이터베이스론, 소프트웨어공학, 정보보호론
방송통신(전송기술)		물리학개론, 통신이론, 전기자기학, 전자회로
외무영사직 (외무영사)	필수(6): 국어(PSAT으로 대체), 영어(영어능력검정시험으로 대체), 한국사(한국사능력검정시험으로 대체), 헌법, 국제정치학, 국제법	
	선택(1): 독어, 불어, 러시아어, 중국어, 일어, 스페인어	

※ 2021년부터 7급 공채시험의 선발방식이 1차 공직적격성평가(PSAT), 2차 전문과목 평가, 3차 면접시험 등 3단계로 바뀌고, 한국사 과목은 한국사능력검정시험으로 대체됨

■ 국가직 7급 영어능력검정시험 기준점수

구분	TOEFL		TOEIC	TEPS		G-TELP	FLEX
	PBT	IBT		2018. 5. 12. 이전 시험	2018. 5. 12. 이후 시험		
7급 공채 (외무영사직렬 제외)	530	71	700	625	340	65(level 2)	625
7급 공채 (외무영사직렬)	567	86	790	700	385	77(level 2)	700

※ 2017. 1. 1. 이후 국내에서 실시된 시험으로서, 제1차시험 시행예정일 전날까지 점수(등급)가 발표된 시험으로 한정하며 기준점수 이상으로 확인된 시험만 인정됨(2017. 1. 1. 이후 외국에서 응시한 TOEFL, 일본에서 응시한 TOEIC, 미국에서 응시한 G-TELP도 동일함)

※ 자체 유효기간이 2년인 시험(TOEIC, TOEFL, TEPS, G-TELP)의 경우에는 유효기간이 경과되면 시행기관으로부터 성적을 조회할 수 없어 진위여부가 확인되지 않으므로, 반드시 유효기간 만료 전의 별도 안내하는 기간에 사이버국가고시센터(www.gosi.kr)를 통해 사전등록해야 함

가산점

■ 국가직

구분	가산 비율
취업지원대상	만점의 40% 이상 득점한 자에 한하여 과목별 만점의 10% 또는 5%
의사상자 등	만점의 40% 이상 득점한 자에 한하여 과목별 만점의 5% 또는 3%

직렬별 자격증 가산점

만점의 40% 이상 득점한 자에 한하여 과목별 만점의 3 ~ 5% (1개의 자격증만 인정)

구분	자격증	
행정직	• 행정직(일반행정/선거행정): 변호사, 변리사 5% • 행정직(재경): 변호사, 공인회계사, 감정평가사 5% • 행정직(교육행정): 변호사 5% • 행정직(회계): 공인회계사 5% • 세무직: 변호사, 공인회계사, 세무사 5% • 관세직: 변호사, 공인회계사, 관세사 5% • 감사직: 변호사, 공인회계사, 감정평가사, 세무사 5%	• 행정직(고용노동)·직업상담직: 변호사, 공인노무사, 직업상담사 1급·2급 5%(단, 7급은 3% 가산) • 교정직·보호직·철도경찰직: 변호사, 법무사 5% • 검찰직·마약수사직: 변호사, 공인회계사, 법무사 5% • 통계직: 사회조사분석사 1급·2급 5%(7급은 3% 가산)
기술직	• 7·9급: 기술사, 기능장, 기사[시설직(건축)의 건축사 포함] 5%	• 7급: 산업기사 3% • 9급: 기능사 3%

■ 지방직

구분	가산 비율
취업지원대상	만점의 40% 이상 득점한 자에 한하여 과목별 만점의 10% 또는 5%
의사상자 등	만점의 40% 이상 득점한 자에 한하여 과목별 만점의 5% 또는 3%

공통적용 자격증 가산점

만점의 40% 이상 득점한 자에 한하여 과목별 만점의 0.5 ~ 1% (1개의 자격증만 인정)

구분	자격증	
7급	정보관리기술사, 컴퓨터시스템응용기술사, 정보처리기사, 전자계산기조직응용기사, 정보보안기사, 컴퓨터활용능력 1급 1%	사무자동화산업기사, 정보처리산업기사, 전자계산기제어산업기사, 정보보안산업기사, 워드프로세서, 컴퓨터활용능력 2급 0.5%
8·9급	정보관리기술사, 컴퓨터시스템응용기술사, 정보처리기사, 전자계산기조직응용기사, 정보보안기사, 사무자동산업기사, 정보처리산업기사, 전자계산기제어산업기사, 정보보안산업기사, 컴퓨터활용능력1급 1%	정보기기운용기능사, 정보처리기능사, 워드프로세서, 컴퓨터활용능력 2급 0.5%

직렬별 자격증 가산점

만점의 40% 이상 득점한 자에 한하여 과목별 만점의 3 ~ 5% (1개의 자격증만 인정)

구분	자격증	
행정직	• 행정(일반행정): 변호사, 변리사 5% • 세무(지방세): 변호사, 공인회계사, 세무사 5%	• 사회복지(사회복지): 변호사 5%
기술직	• 7급: 기술사, 기능장, 기사 5% • 7급: 산업기사 3%	• 8 · 9급: 기술사, 기능장, 기사, 산업기사 5% • 8 · 9급: 기능사 3%

※ 국가직의 직렬 공통으로 적용되었던 통신 · 정보처리 및 사무관리분야 자격증 가산점은 2017년부터 폐지

※ 의사상사는 의사자 유족, 의상자 본인 및 가족까지 적용

※ 자격증 가산점을 받기 위해서는 필기시험 시행 전일까지 해당 요건을 갖추어야 하며, 반드시 자격증의 종류 및 가산비율을 입력해야 함(가산점 등록기간은 공고를 확인해야 함)

공무원 시험 FAQ

국가직

Q. 원서접수 시 따로 유의해야 할 사항들이 있을까요?

[사이버국가고시센터] – [원서접수] – [응시원서 확인] 화면에서 결제 여부가 '접수/결제완료'라고 표기되어 있다면 응시원서가 제대로 접수된 것입니다. 참고로 접수기간이 종료된 후에는 어떠한 경우에도 추가 접수가 불가능하며, 응시직렬, 응시지역, 선택과목 등에 대한 수정 또한 불가능하니 원서접수 시에 신중하게 선택하셔야 합니다.

Q. 응시원서를 제출한 이후, 연락처가 바뀌었습니다. 어떻게 해야 하나요?

주소, 휴대전화 번호, 전자우편 등의 정보는 원서 접수기간 종료 후라도 언제든지 [사이버국가고시센터]의 [개인정보 수정] 메뉴에서 본인이 직접 수정 가능합니다. 그러나 성명, 주민등록번호 등의 필수 인적정보는 수험생이 임의로 변경할 수 없습니다.

Q. 친구와 원서접수를 같이하면, 응시번호가 연속으로 부여되어 시험장에서 앞뒤로 앉아 시험을 볼 수 있나요?

응시번호는 원서접수 취소기간이 종료되고 출원인원이 확정된 이후에 부여하고 있습니다. 이때, 부정행위 방지차원에서 응시번호는 무작위 배정을 하고 있으므로 설령 친구와 같이 응시원서를 접수했다 하더라도 응시번호를 연속으로 부여받을 가능성은 없습니다.

Q. 개명 전 이름으로 한국사 2급 성적을 취득했고, 국사편찬위에 개명된 이름으로 변경 요청 했는데 처리가 안 되었어요. 응시원서 접수 시 문제가 되지 않나요?

응시원서를 접수할 때, 본인의 한국사능력검정시험 성적 인증번호와 시험일자를 그대로 등록하시기 바랍니다. 개명된 응시자의 경우에는 국사편찬위원회에서 성적(등급)은 확인되나, '성명 불일치'로 조회가 됩니다. 이 경우에는 별도 연락을 통해 증빙자료(주민등록초본 등)를 우편 또는 [사이버국가고시센터]로 제출받아 진위여부를 확인하고 있습니다.

Q. 2016년에 취득한 토익점수가 있는데 2018년에 유효기간이 만료되었습니다. 2016년 토익 점수로 2019년 7급 공채시험에도 응시할 수 있는지 궁금합니다.

2017년부터 7급 공채시험의 영어과목이 영어능력검정시험 대체되었으며, 유효기간은 3년입니다. 다만, 자체 유효기간이 2년인 토익, 토플 등의 시험은 2년이 지나면 성적이 조회되지 않아 진위여부를 확인할 수 없으므로 유효기간이 경과되기 전에 반드시 [사이버국가고시센터]를 통하여 사전등록해야 합니다. 사전등록을 해서 유효한 것으로 확인되면 3년까지 인정됩니다. 다만, 유효기간 만료 전에 사전등록을 하지 않았다면 2016년도의 토익점수는 진위여부를 확인할 수 없으므로 2019년 7급 공채시험의 유효한 영어성적으로 인정되지 않습니다.

Q. 시험실 입실시간이나 응시자 준수사항 등의 정보는 언제, 어디에서 확인할 수 있나요?

보통 필기시험일 7일 전에 [사이버국가고시센터]에 게시하는 '일시·장소 및 응시자 준수사항 공고문'에는 시험장 정보뿐만 아니라 시험실 입실시간, 일자별 시험과목(5급공채 제2차시험의 경우), 응시자 준수사항 등의 주요 정보가 포함되어 있습니다. 이 공고문에는 숙지하지 않으면 시험 자체를 볼 수 없는 등 큰 불이익을 받을 수 있는 내용들이 포함되어 있습니다. 실제로 시험장을 잘못 확인하여 본인 시험장이 아닌 다른 시험장으로 간다거나, 문제책이 시험실에 도착한 이후에 응시자가 시험장에 도착해 시험응시 자체가 안 되는 상황이 종종 발생하고 있습니다. 또한 시험 도중 실수로 핸드폰을 소지하고 있다거나, 시험종료 후 답안을 추가로 마킹하는 등의 부정행위로 인해 불이익을 받는 경우가 계속해서 발생하고 있습니다. 이러한 예상치 않은 피해를 받지 않기 위해서 반드시 '일시·장소 및 응시자 준수사항 공고문'의 내용을 꼼꼼히 확인하시기 바랍니다.

※ 출처: 사이버국가고시센터 > 채용시험 종합 안내(FAQ)

지방직

Q. 아직 가산자격증이 발급되지 않아서 체크하지 못했는데, 가산점을 추가하거나 수정할 수 있나요?

대체적으로 다음과 같으나, 시도 및 시험에 따라 가산자격증 등록 가능 기간과 방법이 다를 수 있으니 응시한 시험의 공고문을 반드시 확인하셔야 합니다.
– (기간) 원서접수기간～필기시험 시행 전일 / (방법) 원서작성 시 바로 등록 또는 원서접수 후 [마이페이지]＞[가산자격등록] 메뉴에서 등록
– (기간) 원서접수기간～필기시험 시행 당일 / (방법) 원서작성 시 바로 등록 또는 원서접수 후 [마이페이지]＞[가산자격등록] 메뉴에서 등록
– (기간) 필기시험일～필기시험 시행일을 포함한 4일 이내 / (방법) [마이페이지]＞[가산자격증등록] 메뉴에서 등록
– (기간) 필기시험일～필기시험 시행일을 포함한 5일 이내 / (방법) [마이페이지]＞[가산자격증등록] 메뉴에서 등록

기한 내 가산점을 입력하지 않거나 부정확한 정보로 인하여 가산점을 적용받지 못하는 경우가 없도록 유념해야 합니다. 또한 부정확한 정보를 입력하여 발생하는 결과는 응시자의 귀책사유가 됩니다.

Q. 가산자격증 등록기간은 어떻게 되나요?

가산자격증 등록기간은 4가지로 분류되어 있습니다.
① 필기시험 전일까지 ② 필기시험일까지 ③ 필기시험일부터 4일 이내 ④ 필기시험일부터 5일 이내
가산자격증 등록기간은 시험별 공고문에 따라 상이하기 때문에 꼭 응시하고자 하는 자치단체 공고문을 확인하시기 바랍니다.

Q. 개명 후 이름이 바뀌지 않았는데 어떻게 해야 하나요?

개인정보에서 이름은 수정이 되지 않습니다. 개명완료 후 탈퇴하시고 개명된 정보로 재가입해주셔야 합니다. 원서를 제출한 시험이 있는 경우 해당 시·도담당자에게 문의해주시면 됩니다.
참고로 자격증명의 이름은 개명되어도 확인이 가능하기 때문에 사용하실 수 있습니다.

Q. 응시표는 흑백으로 출력해도 되나요?

응시표는 접수 및 본인을 확인하기 위한 수단으로 흑백으로 출력하셔도 무방합니다. 단, 흑백 출력 시 사진확인이 가능하도록 명암조절 등을 통해 출력하시기 바랍니다.

Q. 지자체별 연락처를 알고 싶어요.

[부산광역시 인사과] ☎ 051-888-1972～5	[대구광역시 인사혁신과] ☎ 053-803-2771～4	[인천광역시 인사과] ☎ 032-440-2533～6	[광주광역시 인사정책관] ☎ 062-613-6281～4
[대전광역시 인사혁신담당관] ☎ 042-270-2971～3	[울산광역시 총무과] ☎ 052-229-2442	[경기도 인사과] ☎ 031-8008-4021 ☎ 031-8008-4040, 4047 ☎ 031-8008-4046	[강원도 총무행정관] ☎ 033-249-2548 ☎ 033-249-2227 ☎ 033-249-2218 ☎ 033-249-2546
[충청북도 총무과] ☎ 043-220-2533, 2535～2536	[충청남도 인사과] ☎ 041-635-3533	[전라북도 총무과] ☎ 063-280-2213	[전라남도 총무과] ☎ 061-286-3371～6
[경상북도 인사과] ☎ 054-880-4583～5	[경상남도 인사과] ☎ 055-211-3521	[제주특별자치도 총무과] ☎ 064-710-6223～5	[세종시청 운영지원과] ☎ 044-300-3075

※ 출처: 지방자치단체 인터넷원서접수센터 ＞ FAQ

기출분석의 모든 것

최근 5개년 출제 문항수

2019~2015 9급
국가직, 지방직, 서울시 기준

권 구분	PART	CHAPTER	2019			2018			2017			2016			2015			합계
			국	지	서	국	지	서	국	지	서	국	지	서	국	지	서	
선사 ~ 중세	우리 역사의 기원과 형성	한국사의 바른 이해										1						1
		선사 시대의 우리 역사	1				1	1		1	1		1			1		7
		국가의 형성	1	1	1					1	1	1	1			1		9
	고대의 우리 역사	고대의 정치	2	1	2	4	3	1	1	1	1	2	2	2	2	3	2	29
		고대의 경제		1				1		1			1					4
		고대의 사회			1				1	1		1						4
		고대의 문화	1	2	1			1			1	1	1	1	2	1		12
	중세의 우리 역사	중세의 정치	1	1	2	1	1	1	1	1	2	1	2	3	1	1	1	20
		중세의 경제	1				1	1	1	1	1	1				1		8
		중세의 사회		1				1				1		2		1		6
		중세의 문화	2	1	1	2	1	1	2	2	1	1	2	1		1	1	19
근세 ~ 근대 태동기	근세의 우리 역사	근세의 정치	1	3	1	1	1		1	1	1	1	2	2	1	1		17
		근세의 경제							1	1	1			1				4
		근세의 사회	1						1									2
		근세의 문화	1		1	3		2		1	1	1	1		1		1	13
	근대 태동기의 우리 역사	근대 태동기의 정치				1	1	2	2		1		2		1			10
		근대 태동기의 경제	1			1	1		1	1	1	1	1		1	1	2	12
		근대 태동기의 사회		1				1		1		1	1	1	1	1	1	9
		근대 태동기의 문화		1	2		2		1				1		1	1		9
근현대	근대사(개항기)	흥선 대원군의 개혁 정치와 문호의 개방	1	1			1			1						1		5
		근대 국가 수립 운동	1			2	1	1	2	1	2	2	2	2	2	1	2	22
		일제의 침략과 국권 수호 운동	1	1	1		1		2		1			1	1	1	1	11
		개항 이후의 경제 · 사회 · 문화		1		1	1					1		1				6
	일제 강점기	일제의 식민 통치와 항일 민족 운동	2	1	1	1	2	1	2	1	1	2	1		1	1	1	18
		일제 강점기 경제의 변화				1	1					1		1		1	1	6
		일제 강점기 사회 운동											1					1
		민족 문화 수호 운동	1	1		1			1	1							1	6
	현대 사회의 발전	대한민국 정부 수립과 6 · 25 전쟁	1	2		2	1			1	1	1		1	2	1	1	14
		민주주의의 시련과 발전		1	2			2		1	1		2				1	10
		북한의 역사와 통일을 위한 노력					1	1										2
		현대의 경제 · 사회 · 문화 발전							1	1		1				1		4
합계			20	20	20	20	20	20	20	20	20	20	20	20	20	20	20	300

권 구분	PART	CHAPTER	출제 개념
선사 ~ 중세	우리 역사의 기원과 형성	한국사의 바른 이해	사실로서의 역사, 기록으로서의 역사, 사료 비판
		선사 시대의 우리 역사	구석기, 신석기, 청동기, 초기 철기 시대의 주요 유물과 유적지
		국가의 형성	단군 조선(부왕, 준왕), 위만 조선(위만왕과 우거왕), 부여, 고구려, 옥저, 동예, 삼한, 제천 행사, 서옥제, 가족 공동 무덤제, 민며느리제, 책화, 천군, 소도
	고대의 우리 역사	고대의 정치	태조왕, 고국천왕, 고국원왕의 전사, 소수림왕, 광개토대왕, 장수왕, 충주(중원) 고구려비, 고이왕, 근초고왕, 22담로, 성왕, 지증왕, 법흥왕, 진흥왕, 문무왕, 신문왕, 경덕왕, 신라 하대, 무왕, 문왕, 선왕
		고대의 경제	민정 문서, 녹읍, 식읍, 관료전, 정전, 장보고
		고대의 사회	화랑도, 진골 귀족의 생활 모습, 골품 제도, 화백 회의, 제가 회의, 정사암 회의, 호족과 6두품, 원종과 애노의 난
		고대의 문화	원효, 의상, 교종, 선종, 풍수지리 사상, 고분, 벽화, 승탑과 탑비, 고대 국가의 탑(정림사지 5층 석탑, 미륵사지 석탑, 황룡사 9층 목탑, 분황사 탑), 삼국의 불상
	중세의 우리 역사	중세의 정치	후삼국의 통일 과정, 태조, 광종, 성종, 최승로, 도병마사(도평의사사), 대간, 음서, 묘청(서경 천도 운동), 무신 정변, 최우, 최충헌, 삼별초, 대외 항쟁(거란, 여진, 몽골, 홍건적, 왜구), 충선왕, 공민왕의 개혁 정책, 위화도 회군
		중세의 경제	전시과 제도, 공음전, 한인전, 구분전, 외역전, 『농상집요』, 『주전도감』, 은병(활구), 관영 상점, 벽란도
		중세의 사회	광학보, 중류, 향리, 호족, 문벌 귀족, 권문세족, 신진 사대부, 여성의 지위, 향 · 소 · 부곡민의 사회적 지위, 무신 정권 시대 하층민의 봉기(망이 · 망소이의 난, 김사미 · 효심의 난, 만적의 난)
		중세의 문화	관학 진흥 정책, 9재 학당, 사학 12도, 의천, 지눌, 혜심, 천태종, 조계종, 수선사 결사, 요세, 『삼국사기』, 『삼국유사』, 『제왕운기』, 『직지심체요절』, 『대장경』, 『속장경』, 주심포 양식, 연등회, 팔관회, 고려의 불상과 탑
근세 ~ 근대 태동기	근세의 우리 역사	근세의 정치	태조, 태종, 세종, 세조, 성종, 『경국대전』, 삼사, 과거제, 훈구, 사림, 조광조, 사화, 붕당의 형성과 전개, 동인, 서인, 임진왜란
		근세의 경제	과전법, 직전법, 관수 관급제, 공법(전분 6등법과 연분 9등법), 방납의 폐단, 『농사직설』
		근세의 사회	양천제, 족보(성화보), 중인, 공노비와 사노비, 서원과 향약
		근세의 문화	성리학, 이황과 이이, 『성학집요』, 『성학십도』, 『동국통감』, 『고려사』, 『조선왕조실록』, 성균관, 향교, 조선 왕조 의궤, 혼일강리역대국도지도, 경복궁, 창덕궁, 창경궁
	근대 태동기의 우리 역사	근대 태동기의 정치	광해군, 정묘호란, 병자호란, 훈련도감, 속오군, 환국, 완론 탕평, 준론 탕평, 영조, 정조, 초계 문신제, 세도 정치, 간도와 독도
		근대 태동기의 경제	영정법, 대동법, 균역법, 결작, 이앙법, 광작, 화폐의 전국적 유통, 신해통공, 선대제 수공업, 만상, 송상, 경강상인, 내상, 전황
		근대 태동기의 사회	양자제의 보편화, 친영 제도, 신분제의 동요, 향전, 신유박해, 황사영의 백서 사건, 동학
		근대 태동기의 문화	호락논쟁, 『동사강목』(안정복), 『발해고』, 『동사』(이종휘), 정약용, 이익, 유형원, 중농주의 실학, 유수원, 박지원, 박제가, 홍대용, 중상주의 실학, 서민 문화, 풍속화, 법주사 팔상전, 화엄사 각황전, 금산사 미륵전, 화성
근현대	근대사(개항기)	흥선 대원군의 개혁 정치와 문호의 개방	흥선 대원군의 개혁 정치, 병인양요, 신미양요, 강화도조약, 조미수호통상조약
		근대 국가 수립 운동	임오군란, 제물포조약, 조청상민수륙무역장정, 갑신정변, 톈진조약, 거문도 사건, 동학 농민 운동, 갑오개혁, 을미개혁, 독립협회, 대한 제국, 광무개혁, 지계
		일제의 침략과 국권 수호 운동	러일 전쟁, 한일 의정서, 제1차 한일협약, 을사늑약, 한일 신협약, 을미의병, 을사의병, 정미의병, 서울 진공 작전, 보안회, 대한 자강회, 신민회
		개항 이후의 경제 · 사회 · 문화	방곡령, 상권 수호 운동, 농광 회사, 국채 보상 운동, 대한 천일 은행, 화폐 정리 사업, 근대 시설, 원산 학사, 육영 공원, 교육 입국 조서, 독사신론, 주시경과 지석영, 〈한성순보〉, 〈황성신문〉, 〈대한매일신보〉, 〈만세보〉, 유교 구신론
	일제 강점기	일제의 식민 통치와 항일 민족 운동	일제의 식민 정책(조선 태형령, 치안 유지법, 국가 총동원령), 독립 의군부, 대한 광복회, 1910년대 국외항일운동, 3 · 1 운동, 대한민국 임시 정부, 의열단과 한인 애국단, 봉오동 전투, 청산리 대첩, 간도 참변, 자유시 참변, 3부, 한국 독립군, 조선 혁명군, 조선 의용대, 한국광복군, 민족 혁명당
		일제 강점기 경제의 변화	토지 조사 사업, 회사령, 산미 증식 계획, 농촌 진흥 운동, 징용 · 징병 · 공출 · 배급, 물산 장려 운동
		일제 강점기 사회 운동	정우회, 신간회, 근우회, 암태도 소작 쟁의, 원산 노동자 총파업, 형평 운동
		민족 문화 수호 운동	조선어 연구회, 조선어 학회, 박은식, 신채호, 정인보, 문일평, 안재홍, 사회 경제 사학, 백남운, 실증주의 사학, 진단 학회, 민립 대학 설립 운동, 신경향파 문학, 나운규의 『아리랑』, 일제 강점기 의 · 식 · 주의 변화
	현대 사회의 발전	대한민국 정부 수립과 6 · 25 전쟁	카이로 회담, 조선 건국 준비 위원회, 모스크바 3국 외상 회의, 신탁 통치, 미소 공동 위원회, 정읍 발언(이승만), 좌우 합작 위원회, 좌우 합작 7원칙, 남북 협상, 제헌 의회 선거, 대한민국 정부 수립, 반민법, 반민특위
		민주주의의 시련과 발전	발췌 개헌, 사사오입 개헌, 제3대 정 · 부통령 선거(1956), 진보당 사건, 4 · 19 혁명, 장면 내각, 5 · 16 군사 정변, 6 · 3 항쟁(1964), 브라운 각서, 유신 헌법, 통일 주체 국민 회의, 긴급 조치, 10 · 26 사태, 12 · 12 사태, 5 · 18 광주민주화 운동, 4 · 13 호헌조치, 6월 민주항쟁(1987), 6 · 29 선언과 대통령 직선제, 노태우 정부, 김영삼 정부, 김대중 정부
		북한의 역사와 통일을 위한 노력	북한정권 수립 과정, 7. 4 남북공동성명, 남북한 이산가족 고향 방문, 남북한 동시 유엔 가입(1991), 남북기본합의서, 한반도 비핵화선언, 6. 15 공동선언, 10. 4 공동선언, 4. 27 판문점 선언
		현대의 경제 · 사회 · 문화 발전	농지 개혁법, 원조 경제와 삼백 산업, 경제 개발 계획, 박정희 정부의 공업화 정책, 3저 호황, 금융 실명제, OECD 가입, IMF 구제금융사태, 금모으기 운동

이 책의 구성

영역별 구성

근현대

【이론】

1. [근현대]편은 근대사(개항기), 일제 강점기, 현대사 파트를 충실한 기출 문제 분석을 통해 수록하였다. 특히 근현대사는 '사건의 선후 관계를 나열'하는 문제가 자주 출제되기 때문에, 각 파트 앞에 중요 사건을 정리한 연표(연표로 핵심 정리)를 수록하여 시대적 흐름을 좀더 쉽게 파악할 수 있도록 하였다.

2. 중요한 이론 밑에는 〈바로 확인 문제〉를 수록하여 문제 적응력을 높일 수 있게 하였고, 사진 및 지도 등 다양한 자료를 컬러로 수록하여 공부하는 데 도움이 될 수 있도록 배치하였다. 또한 풍부한 〈사료〉, 〈심화〉 자료를 수록하였고, 파트별로 기출선지를 활용한 OX문제를 수록하여 4지선다 풀이의 실전 감각을 높일 수 있게 하였다.

3. 이론 맨 마지막에 위치한 [부록]편에는 유네스코 유산, 근현대 인물 20인을 수록하여 역사 지식의 외연을 넓힐 수 있도록 하였다.

【문제편】

최신 기출 문제 및 예상 문제 뿐 아니라, 한국사능력검정시험 문제를 수록하여 해당 주제의 다양한 유형을 공부할 수 있도록 하였다. 또한 '정확하고 자세한 해설'을 제시하여 이론의 복습을 가능하게 하였다. 상대적으로 체감 난도가 높은 순서 나열 문제 및 사료 제시형 문제도 다수 수록하였으므로 최근 출제경향에 충분히 대비할 수 있을 것이다.

기출분석 > 개념 > 개념 학습 OX > 개념 적용문제

스탠드형 역사 흐름표

[스탠드형 역사 흐름표]는 공무원 시험을 처음 준비하는 초시생들이 한국사의 흐름을 정확하고 빠르게 파악하는 데 유용하게 쓰일 것이다. 중요 사건만을 제시하였기 때문에, 각 시대별 키워드를 파악하는 데도 효과적이다. 책상에 두고 습관적으로 사건의 흐름을 파악할 수 있도록 하자.

최근 5개년 출제 문항수

2019~2015 9급 국가직, 지방직, 서울시 기준

권 구분	PART	CHAPTER	2019 국	2019 지	2019 서	2018 국	2018 지	2018 서	2017 국	2017 지	2017 서	2016 국	2016 지	2016 서	2015 국	2015 지	2015 서	합계
선사~중세	우리 역사의 기원과 형성	한국사의 바른 이해											1					1
		선사 시대의 우리 역사				1		1	1		1	1	1				1	7
		국가의 형성	1	1	1				1	1	1		1		1			9
	고대의 우리 역사	고대의 정치	2	1	2	4	3	1	1	1	2	2	2	3	2			29
		고대의 경제		1				1	1		1							4
		고대의 사회						1		1	1							4
		고대의 문화	1	2	1			2				1	2	1	1			12
	중세의 우리 역사	중세의 정치	1	1	2	1		1	2	1	2	1	2	1	1	1		20
		중세의 경제				1		1	1	1	1							8
		중세의 사회			1				1					2	1			6
		중세의 문화	2	1	1	2	1		2	2	1	2	1					17
근세~근대	근세의 우리 역사	근세의 정치	1	3	1	1	1		1				2	2	1	1		17
		근세의 경제									1	1	1					4
		근세의 사회										1	1					3
		근세의 문화	1		1	3		2		1		1	1					13
	근대 태동기의 정치			1		1	2	1	1									10

최근 5개년 출제 개념

2019~2015 9급 국가직, 지방직, 서울시 기준

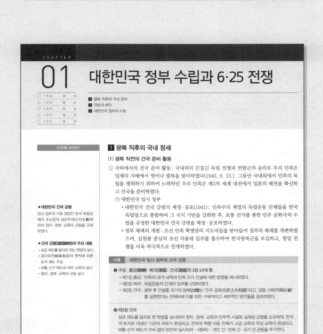

01 대한민국 정부 수립과 6·25 전쟁

☐ 1 회독   월   일
☐ 2 회독   월   일
☐ 3 회독   월   일
☐ 4 회독   월   일
☐ 5 회독   월   일

■ 광복 직후의 국내 정세
■ 국토의 분단
■ 대한민국 정부의 수립

단권화 MEMO

■ **1 광복 직후의 국내 정세**

(1) 광복 직전의 건국 준비 활동

① 국외에서의 건국 활동: 국내외의 끈질긴 독립 전쟁과 연합군의 승리로 우리 민족은 일제의 지배에서 벗어나 광복을 맞이하였다(1945. 8. 15.). 그동안 국내외에서 민족의 독립을 쟁취하기 위하여 노력하던 우리 민족은 제2차 세계 대전에서 일본의 패전을 확신하고 건국을 준비하였다.

㉠ 대한민국 임시 정부

- 대한민국 건국 강령의 제정·공포(1941): 민족주의 계열의 독립운동 단체들을 한국 독립당으로 통합하여 그 지지 기반을 강화한 후, 보통 선거를 통한 민주 공화국의 수립을 규정한 대한민국 건국 강령을 제정·공포하였다.
- 정부 체제의 개편: 조선 민족 혁명당의 지도자들을 받아들여 정부의 체제를 개편하였으며, 김원봉 중심의 조선 의용대 일부를 흡수하여 한국광복군을 보강하고, 항일 전쟁을 더욱 적극적으로 전개하였다.

사료   대한민국 임시 정부의 건국 강령

❶ 구성: 총강(總綱)·복국(復國)·건국(建國)의 3장 24개 항

- 제1장 총강: 민족의 과거 내력과 민족 국가 건설에 대한 방향을 제시하였다.
- 제2장 복국: 독립운동의 단계와 임무를 규정하였다.
- 제3장 건국: 광복 후 건설할 국가의 정체(政體)는 '민주 공화국(民主共和國)'이고, '균등 사회(均等社會)'를 실현한다는 전제하에 이를 위한 구체적이고 세부적인 방안들을 정리하였다.

❷ 제3장 건국

성균 제도를 공포로 한 헌법을 실시하여 정치·경제·교육의 민주적 시설로 실제상 균형을 도모하며, 전국의 토지와 대생산 기관의 국유가 완성되고, 전국의 학령 아동 전체가 고급 교육의 무상 교육이 완성되고, 보통 선거 제도가 구애 없이 완전히 실시되어 ···(중략)··· 개인 간·민족 간·국가 간 균등을 추구한다.

㉡ 조선 독립 동맹(1942): 중국 화북 지방의 사회주의 계열 독립운동가들도 민주 공화국의 수립을 강령으로 내세우고 건국 준비에 나섰다.

사료   조선 독립 동맹의 강령

본 동맹은 조선에 대한 일본 제국주의의 지배를 전복(顚覆)하고 독립 자유의 조선 민주 공화국을 수립할 목적으로 다음 임무를 실현하기 위하여 싸운다.
1. 전 국민의 보통 선거에 의한 민주 정권의 수립
2. 국민 의무 교육 제도를 실시하고, 이에 필요한 경비는 국가가 부담하는 것으로 함

■ 대한민국 건국 강령

임시 정부의 기초 정당인 한국 독립당에서 조소앙의 삼균주의(三均主義)에 따라 정치·경제·교육의 균등을 규정하였다.

■ 대한민국 건국 강령(建國綱領)의 주요 내용

- 성균 제도를 공포로 하는 헌법의 실시
- 경자유전(耕者有田)의 원칙에 따른 토지 제도 구성
- 보통 선거 제도의 실시
- 정치·경제·교육의 균등 실시

탄탄한 기출분석

최근 5개년 9급 기출을 분석하여 영역별 출제 문항수와 출제 개념을 분석하였다. 본격적인 개념학습 전에 영역별 출제비중과 개념을 먼저 파악하면 학습의 나침반으로 활용할 수 있을 것이다.

▶ 최근 5개년 출제 문항수: 최근 5개년 동안 국가직, 지방직, 서울시 9급 시험에서 영역별로 몇 문항이 출제되었는지 분석하였다.

▶ 최근 5개년 출제 개념: 최근 5개년 동안 국가직, 지방직, 서울시 9급 시험에서 영역별로 어떤 개념이 출제되었는지 분석하였다.

기출분석 기반의 개념

학습효과를 높일 수 있도록 개념을 체계적으로 배열하였고, 베이직한 내용은 본문에, 더 알아두어야 할 내용은 【단권화 MEMO】에 수록하였다. 또한 기출문제를 기반으로 하여 뽑아낸 관련 [사료]와 [심화]를 함께 수록하였으니 이론과 함께 확인하면 더 깊은 이해가 가능할 것이다.

▶ Daily 회독체크표: 챕터마다 회독체크와 공부한 날을 기입할 수 있다.

▶ 사료, 심화: 기출을 기반으로 한 이론 관련 사료나 심화 내용을 담았다.

단계별 문제풀이

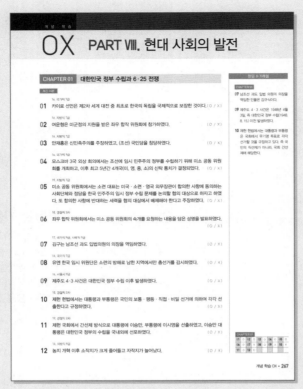

개념 학습 OX
개념 학습 후 2회독 효과!
최신 기출문제와 빈출되는 문제에서 활용된 문장을 OX로 수록하여, 챕터별로 개념을 확인할 수 있도록 하였다. 4지선다를 마스터할 수 있는 복습 장치로 활용할 수 있을 것이다.

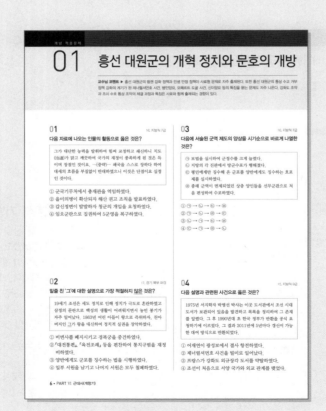

개념 적용문제
챕터별 공무원 기출&예상문제 풀이로 문제적용력 향상!
챕터별 최신 공무원 기출문제와 예상문제를 수록하여 개념이 어떻게 문제화되는지, 유형은 어떠한지 파악할 수 있도록 하였다.

회독플래너
&
스탠드형 우리 역사 흐름표

회독플래너

실패율 Zero! 따라만 해도 5회독 가능!

구분	PART	CHAPTER	1회독	2회독	3회독	4회독	5회독
선사~중세	우리 역사의 기원과 형성	한국사의 바른 이해	1	1~2	1	1	1
		선사 시대의 우리 역사	2~3				
		국가의 형성	4~5	3	2		
	고대의 우리 역사	고대의 정치	6~10	4~8	3~6	2	
		고대의 경제	11	9	7	3	
		고대의 사회	12	10			
		고대의 문화	13~15	11~12	8		
	중세의 우리 역사	중세의 정치	16~20	13~17	9~11	4	2
		중세의 경제	21	18	12	5	
		중세의 사회	22	19			
		중세의 문화	23~25	20~22	13~14		
근세~근대 태동기	근세의 우리 역사	근세의 정치	26~29	23~26	15~16	6	3
		근세의 경제	30	27	17		
		근세의 사회	31			7	
		근세의 문화	32~33	28~29	18		
	근대 태동기의 우리 역사	근대 태동기의 정치	34~38	30~32	19~20	8~9	4
		근대 태동기의 경제	39~40	33	21	10	
		근대 태동기의 사회	41	34			
		근대 태동기의 문화	42~43	35	22	11	
근현대	근대사(개항기)	흥선 대원군의 개혁 정치와 문호의 개방	44	36	23	12	5
		근대 국가 수립 운동	45~47	37~38	24~25	13	
		일제의 침략과 국권 수호 운동	48	39	26	14	
		개항 이후의 경제·사회·문화	49	40			
	일제 강점기	일제의 식민 통치와 항일 민족 운동	50~54	41~44	27~29	15~16	6
		일제 강점기 경제의 변화	55	45	30	17	
		일제 강점기 사회 변화			31		
		민족 문화 수호 운동	56	46			
	현대 사회의 발전	대한민국 정부 수립과 6·25 전쟁	57~58	47~48	32~33	18	7
		민주주의의 시련과 발전	59	49	34	19	
		북한의 역사와 통일을 위한 노력			35	20	
		현대의 경제·사회·문화 발전	60	50			
			60일 완성	50일 완성	35일 완성	20일 완성	7일 완성

• 전 영역에 대한 회독플래너입니다.
• 일부 영역만 학습 시, 해당 일자를 참고하여 플래너를 활용하세요!

회독플래너
회독 실패율 ZERO!

실패율 없이 회독을 할 수 있도록 5회독플래너를 제공한다. 앞면에는 회독의 방향성을 잡을 수 있도록 가이드라인을 제시하였고, 뒷면에는 직접 공부한 날짜를 매일 기록하여 누적된 회독 횟수를 확인할 수 있도록 하였다.

▶ [앞] 회독플래너
▶ [뒤] 직접 체크하는 회독플래너

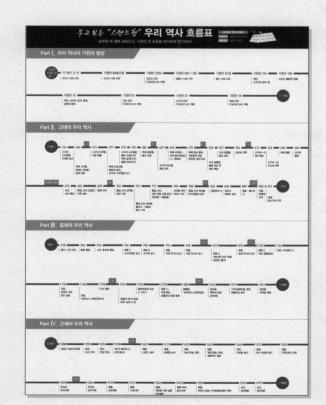

두고 보는 "스탠드형" 우리 역사 흐름표

Part I. 우리 역사의 기원과 형성

Part II. 고대의 우리 역사

Part III. 중세의 우리 역사

Part IV. 근세의 우리 역사

스탠드형 우리 역사 흐름표
시대의 큰 흐름을 파악하자!

큰 흐름을 파악한 후에 자세한 내용을 이해·암기할 수 있도록, 시대별 주요 내용을 연표로 만들었다. 잘라서 공부할 때 옆에 세워두고 수시로 확인하며 역사의 기본 흐름을 파악하면 좋을 것이다.

이 책의 차례

책속책 [근현대] 문제편

VI

근대사(개항기)

5개년 챕터별 출제비중 & 출제개념

CHAPTER 01 흥선 대원군의 개혁 정치와 문호의 개방	11%	흥선 대원군의 개혁 정치, 병인양요, 신미양요, 강화도 조약, 조미 수호 통상 조약
CHAPTER 02 근대 국가 수립 운동	50%	임오군란, 제물포 조약, 조청 상민 수륙 무역 장정, 갑신정변, 톈진 조약, 거 문도 사건, 동학 농민 운동, 갑오개혁, 을미개혁, 독립 협회, 대한제국, 광무개 혁, 지계
CHAPTER 03 일제의 침략과 국권 수호 운동	25%	러일 전쟁, 한일 의정서, 제1차 한일 협약, 을사늑약, 한일 신협약, 을미의병, 을사의병, 정미의병, 서울 진공 작전, 보안회, 대한 자강회, 신민회
CHAPTER 04 개항 이후의 경제 · 사회 · 문화	14%	방곡령, 상권 수호 운동, 농광 회사, 국채 보상 운동, 대한 천일 은행, 화폐 정 리 사업, 근대 시설, 원산 학사, 육영 공원, 교육입국 조서, 「독사신론」, 주시경 과 지석영, 〈한성순보〉, 〈황성신문〉, 〈대한매일신보〉, 〈만세보〉, 유교 구신론

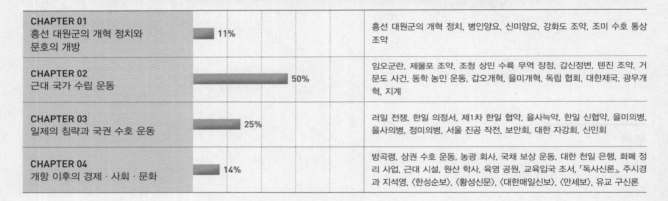

한눈에 보는 흐름 연표

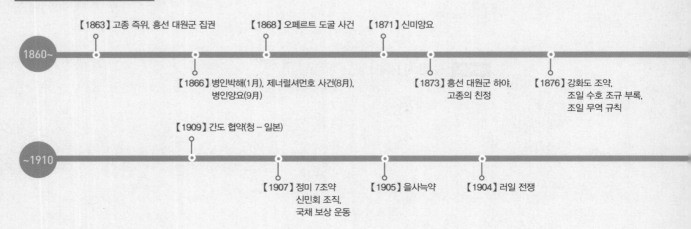

1860~

【1863】고종 즉위, 흥선 대원군 집권
【1868】오페르트 도굴 사건
【1871】신미양요

【1866】병인박해(1月), 제너럴셔먼호 사건(8月),
병인양요(9月)
【1873】흥선 대원군 하야,
고종의 친정
【1876】강화도 조약,
조일 수호 조규 부록,
조일 무역 규칙

~1910

【1909】간도 협약(청 – 일본)

【1907】정미 7조약
신민회 조직,
국채 보상 운동
【1905】을사늑약
【1904】러일 전쟁

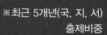

15%

※최근 5개년(국, 지, 서)
출제비중

학습목표

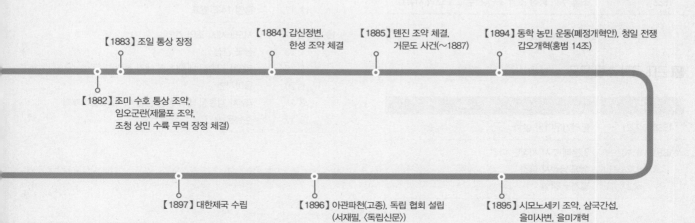

【1883】조일 통상 장정

【1884】갑신정변,
한성 조약 체결

【1885】톈진 조약 체결,
거문도 사건(~1887)

【1894】동학 농민 운동(폐정개혁안), 청일 전쟁
갑오개혁(홍범 14조)

【1882】조미 수호 통상 조약,
임오군란(제물포 조약,
조청 상민 수륙 무역 장정 체결)

【1897】대한제국 수립

【1896】아관파천(고종), 독립 협회 설립
(서재필, 〈독립신문〉)

【1895】시모노세키 조약, 삼국간섭,
을미사변, 을미개혁

VI 근대사(개항기)

1 흥선 대원군의 개혁 정치와 문호의 개방

시기	사건
1863	흥선 대원군 집권
1864	비변사 기능 축소(정치 – 의정부 기능 회복)
1865	『대전회통』 편찬 경복궁 중건 시작(1865) ~ 고종의 입궁(1868)
1866. 1. 8. 9.	병인박해 제너럴셔먼호 사건 병인양요
1868	오페르트 도굴 사건 발생
1871. 3. 6.	호포제 실시 신미양요
1873	최익현, 계유상소 국왕의 친정 선포(대원군 실각)
1875	운요호 사건
1876. 2. 3. 7. 6.	조일 수호 조규 조인(강화도 조약) 조일 수호 조규 부록, 조일 무역 규칙 조인
1880	2차 수신사 – 김홍집 『조선책략』 전래
1882. 4. 6. 4. 21.	조미 수호 통상 조약 조영 수호 조약 조인(이후 영국 비준 거부)
1883. 11. 26.	조영 수호 통상 조약 재조인
1884	조러 수호 통상 조약 조인
1886	조불 수호 통상 조약 조인(천주교 포교의 자유)

2 근대 국가 수립 운동

시기	사건
1880. 12. 21.	통리기무아문 설치
1881. 4. 10. 9. 26. 4. 23.	일본에 조사 시찰단 파견 청에 영선사 파견 별기군 창설

시기	사건
1882. 6. 9. 7. 17. 8. 23.	임오군란 제물포 조약 조청 상민 수륙 무역 장정
1883	미국에 보빙사 파견
1884. 3. 27. 10. 17. 11. 24.	우정총국 개설(3. 28. 홍영식 총판 임명) 갑신정변 발발 한성 조약 체결
1885. 3. 1. 3. 4. 8. 27.	거문도 사건 텐진 조약 체결 대원군 귀국
1887. 2. 5.	거문도 점거했던 영국군의 철수
1892. 10	제1차 교조 신원 운동(삼례 집회)
1893. 2. 12. 3. 10.	제2차 교조 신원 운동(서울 복합 상소) 제3차 교조 신원 운동(보은 집회)
1894. 1. 10. 4. 7. 4. 23. 5. 5. 5. 6. 5. 7. 6. 11. 6. 21. 6. 23. 6. 25. 9. 18. 10. 11. 8.~11. 12. 12.	고부 민란 황토현 전투 황룡촌 전투 청군 상륙 일본군 상륙 전주 화약 조선 정부 교정청 설치 (양력 7. 23.) 일본군 경복궁 침입 (양력 7. 25.) 청일 전쟁 발발 (양력 7. 27.) 1차 갑오개혁(군국기무처 설치) 동학 농민 재봉기 남접 및 북접 농민군 논산 집결 공주 우금치 전투 홍범 14조 발표
1895. 4. 17. 4. 23. 7. 5. 8. 20. 8. 24. 10. 12.	시모노세키 조약 조인 삼국 간섭 제3차 김홍집 내각(친러 내각 성립) 을미사변 제4차 김홍집 내각 성립(친일 내각) = 을미개혁 춘생문 사건

1896.	2. 11.	아관파천 – 친러 내각 성립, 김홍집 체포(군중에 타살)
	4. 7.	〈독립신문〉 창간
	7. 2.	독립 협회 결성
	11. 21.	독립문 기공식
1897.		[대한 제국 수립]
	2. 20.	고종, 러시아 공사관에서 경운궁으로 옮김
	10. 11.	대한제국
	10. 12.	원구단(환구단)에서 황제 즉위식 거행
1898.		[만민 공동회 개최]
	3. 10.	독립 협회 종로 네거리에서 만민 공동회 개최(최초의 근대적 민중 집회)
	10. 29.	독립 협회 관민 공동회 개최 – 헌의 6조 건의 (10.30. 고종 황제 윤허)
	11. 2.	정부 중추원 관제 개편 발표(11. 5. 중추원 의관 선출 예정)
	11. 4.	독립 협회 해산과 주요 인사 체포령
1899.	6. 22.	원수부 관제 발표
	8. 17.	대한국 국제 9조 선포(법규 교정소에서 의정)

❸ 일제의 침략과 국권 수호 운동

시기	사건
1904. 2. 8.	일본의 러시아 공격
2. 23.	한일 의정서
8. 22.	제1차 한일 협약
1905. 7. 29.	가쓰라 · 태프트 밀약
8. 12.	제2차 영일 동맹
9. 5.	포츠머스 조약
11. 17.	제2차 한일 협약(을사늑약)
12.	한국 통감부 관제 공포
1907. 5. 22.	이완용 내각 성립
6. 24.	특사의 헤이그 도착(~7월 초까지 활동)
7. 21.	고종의 퇴위
7. 24.	한일 신협약
7. 31.	군대 해산 조칙 발표
1908.	전명운 · 장인환, 미국 샌프란시스코에서 스티븐스 사살
1909. 7.	기유각서(사법 및 감옥 사무 이양)
10. 26.	안중근, 하얼빈에서 이토 히로부미 사살

❹ 개항 이후의 경제 · 사회 · 문화

시기	사건
1883. 5. 23.	기기창 설치
7. 5.	전환국 설치
8.	박문국 설치
10. 1.	〈한성순보〉 간행
10. 20.	원산 학사 승인
1885. 2. 29.	광혜원 설립(알렌)
3. 12.	광혜원을 제중원으로 개칭
8. 3.	배재 학당 설립(아펜젤러)
1886. 1. 2.	노비의 신분 세습제 폐지
1. 25.	〈한성주보〉 간행
5. 31.	이화 학당 설립(스크랜튼)
9. 23.	육영 공원 개원
1887	경복궁에 최초로 전등 점화
1895	교육입국 조서 반포
1896	태양력 사용(음력 1895. 11. 17.)
1897	한성은행 설립
1898. 1. 18.	한성전기회사 설립
5. 29.	명동성당 준공
8. 10.	〈제국신문〉 창간
9. 5.	〈황성신문〉 창간
9. 12.	찬양회의 발족
1899. 1. 30.	대한천일은행 설립
5. 17.	서울에서 전차 운행 시작
9. 11.	한청 통상 조약
9. 18.	경인선 철도 개통(인천 ~ 노량진)
1900	한강 철교 준공으로 경인선 철도 완전 개통
1904. 7. 13.	보안회 조직
7. 18.	〈대한매일신보〉 창간
8. 20.	일진회 조직
1905. 1. 1.	경부선 철도 개통
2. 22.	일본의 독도 강점
7. 1.	화폐 정리 사업
1906. 4.	경의선 철도 완공
6. 17.	〈만세보〉 창간
1907. 2.	국채 보상 운동
7. 8.	국문 연구소 설립
7. 24.	보안법 · 신문지법 공포
1908. 7. 26.	원각사 설립(이인직의 '은세계' 상영)
12. 28.	동양 척식 주식회사 설립
1909	나철, 단군교 창시(1910, 대종교로 개칭)
1910	덕수궁 석조전 완공(1900, 착공)

01 흥선 대원군의 개혁 정치와 문호의 개방

1 흥선 대원군의 개혁 정치
2 문호의 개방
3 각국과의 조약 체결

단권화 MEMO

＊흥선 대원군의 개혁 정치
흥선 대원군의 왕권 강화 정책과 쇄국
정책 강화의 계기가 된 사건들은 기억
해 두어야 한다.

■ 제국주의
19세기 후반 이후 서구 열강들이 독점
자본주의와 변질된 민족주의를 바탕
으로, 후진 지역을 침략하여 식민지로
삼았던 팽창 정책을 통칭한다.

■ 애로호 사건
1856년 영국기를 게양하고 있던 소금
밀수선 애로호를 청나라 관헌이 임검
하여 영국기를 끌어내리고 중국인 승
무원을 체포한 사건을 계기로 일어난
영국과 중국 사이의 분쟁이다. 사건 당
시 애로호는 중국인 소유의 상선이었
으나, 영국은 자국기가 끌어내려진 것
을 트집잡아 국가 명예가 훼손되었다
면서 배상금과 사과문을 요구하였다.
이것이 거부되자 영국은 광둥(廣東) 교
외의 시가에 불을 지르는 한편, 프랑스
를 끌어들여 연합군을 출병시켰다. 프
랑스는 광시(廣西)에서 프랑스 선교사
가 살해된 사건을 출병의 구실로 내세
웠다. 당시 청나라는 태평천국의 난에
시달리고 있었기 때문에, 영프 연합군
은 이 틈을 타 1858년에 톈진(天律)을,
1860년에 베이징을 점령하고, 베이징
의 원명원(圓明園)을 약탈·파괴하였
다. 그 결과 베이징 조약이 맺어져 중
국의 반식민지화가 더욱 촉진되었다.

01 흥선 대원군의 개혁 정치*

1 흥선 대원군 집권기의 시대적 배경

(1) 시대적 배경

① 청
　㉠ 제국주의 열강들이 동아시아로 진출할 당시 청은 백련교도의 난, 관리 부패, 재정 궁핍
　　등 내우외환을 겪고 있었다.
　㉡ 영국의 삼각 무역 때문에 청은 은 유출과 마약 중독자가 심각한 수준에 이르렀다. 청은
　　임칙서를 파견하여 아편을 몰수하였고, 이에 반발한 영국은 무력 도발을 감행하였다(제
　　1차 아편 전쟁, 1840~1842).
　㉢ 영국과 프랑스는 애로호 사건을 구실로 베이징을 점령하였고, 러시아는 연합군과 청을
　　중재하여 1860년 연해주를 넘겨받는 등 동아시아 정세가 불안해졌다(제2차 아편 전쟁).

② 일본: 미국의 강요로 개항(미일 화친 조약 체결, 1854)이 이루
　어졌다. 이후 일본에서는 지방의 개혁적 하급 무사들을 중심으
　로 국왕 중심의 새로운 개혁을 추진하였다(메이지 유신,
　1868).

③ 조선: 조선은 오랜 세도 정치로 왕권이 약화되었고, 삼정의 문
　란으로 곳곳에서 농민 봉기가 일어났다. 이 무렵 철종이 급서
　하자(1863), 고종이 12세의 나이로 왕위에 올랐으며, 고종의
　부친인 흥선 대원군(이하응)이 섭정에 올라 정권을 잡았다
　(1863~1873).

▲ 흥선 대원군

(2) 정책 목적

흥선 대원군은 왕권 강화를 목적으로 대내적으로는 전제 왕권의 확립과 위민(爲民) 정치에 힘
쓰고, 대외적으로는 통상 수교 거부 정책을 고수하였다.

2 흥선 대원군의 개혁 정책

(1) 인재 등용

안동 김씨 일족을 축출하고, 당색과 지방색 등을 초월하여 인재를 등용하였다.

사료 흥선 대원군의 인재 등용

대원군이 집권한 이후 어느 공회 석상에서 음성을 높여 여러 재신을 향해 말하기를 "나는 천리를 끌어다 지척을 삼겠으며, 태산을 깎아 내려 평지를 만들고, 또한 남대문을 3층으로 높이려고 하는데 여러 공들은 어떠시오?"라고 물었다. …(중략)… 대개 천리 지척이라는 말은 종친을 높인다는 뜻이요, 태산을 평지로 만들겠다는 말은 노론을 억압하겠다는 뜻이요, 남대문 3층이란 남인을 천거하겠다는 의사였다.   황현, 『매천야록』

(2) 비변사 혁파

세도 가문이 장악하였던 비변사를 축소·혁파하여, 의정부의 기능(정치 부분)을 강화하고, 삼군부 기능(군사 부분)을 부활시켰다.

(3) 법치 질서 정비

법전인 『대전회통』을 편찬하고, 행정 사례집인 『육전조례』를 편찬하여 법치 질서를 정비하였다.

(4) 서원의 정리

① 내용 : 만동묘를 철폐하고, 사액 서원 47개를 제외한 600여 곳의 서원을 철폐하였다.
② 목적 : 서원 소유의 토지와 노비를 몰수하여 국가 재정을 확충하려는 의도뿐 아니라 서원을 매개로 한 지방 유생들의 농민 수탈을 막고자 한 의도였다.

■ 만동묘
만동묘는 송시열의 유지를 받아 (임진왜란 때 원병을 보내준) 명나라 신종을 제사 지내기 위해, 숙종 30년(1704) 충북 괴산군 청천면 화양동에 지은 사당이다.

사료   흥선 대원군의 서원 철폐

서원의 철폐령이 내려지자 각지의 유생들은 분개하여 맹렬히 반대 운동을 전개하여, 유생 대표가 궐문 앞에서 시위하고 탄원하며 호소하였다. 대원군은 "백성을 해치는 자는 공자가 다시 살아난다 하여도 내가 용서 못한다. 하물며 서원은 우리나라의 선유에게 제사 지내는 곳인데 어찌 이런 곳이 도적이 숨는 곳이 되겠느냐?" 하면서 군졸들로 하여금 유생들을 해산시키게 하고 한강 건너로 축출하였다.   박제형, 『근세조선정감』

(5) 경복궁 중건(1865~1868)

① 목적 : 임진왜란 때 소실된 경복궁을 중건하여 왕실의 권위와 위엄을 회복하려 하였다.
② 방법
  ㉠ 양반들의 묘지림을 벌목하고, 강제 기부금인 원납전을 징수하였다.
  ㉡ 고액 화폐인 당백전을 발행하고(인플레이션 유발), 경복궁 공사에 백성들을 강제로 동원하여 백성들의 원성이 심하였다.
  ㉢ 토지에는 결두전을 부과하였고, 4대문 통행세를 신설하였다.

▲ 경복궁 근정전

사료   당백전 발행

임금의 급선무는 덕업에 있고 공사를 일으키는 데 있지 않습니다. …(중략)… 전하께서 나라의 재용이 고갈된 때를 당하여 방대한 사업을 시작하셨습니다. 그러한 연유로 경비가 부족할까 우려되어 당백전을 발행한 것은 어쩔 수 없는 조치였습니다. 그러나 시행한 지 2년 동안에 그 피해가 되풀이되어 온갖 물건이 축나고 손상을 입었습니다. 삼가 바라건대 이를 혁파하소서.   『고종실록』

사료   「경복궁 타령」

남문을 열고 파루를 치니 계명산천이 밝아 온다.
석수장이 거동 보소. 방 망치를 갈라 잡고 눈만 끔벅거린다.
도편수란 놈 거동 보소. 먹통 들고 갈팡질팡한다.
우리나라 좋은 나무, 이 궁궐 짓는 데 다 들어간다.

(6) 삼정의 개혁

① 전정의 개혁 : 왕실의 면세전을 국가에 반납하고, 양전 사업을 실시하여 은결(세금을 내지 않던 땅)을 찾아내는 한편 관리나 토착 세력의 불법 행위를 엄하게 징벌하여 전정을 바로 잡고자 하였다.

② 군정의 개혁 : 군역 제도를 개혁하여 평민에게만 받던 군포를 양반에게도 징수하는 **동포법**(이후 호포법으로 개칭)을 실시(1871)하였다. 군역 의무 이행자를 확대하여, 국가 재정을 확충하고 과세 균등의 원칙을 표방하며 매 호당 2냥씩의 동포전을 부과하였다.

> **사료** 호포법 실시
>
> 흥선 대원군이 양반에게도 군포를 징수하는 호포법을 실시하려 하였을 때 조정의 관리들은 "만약 이러한 법을 시행하면 국가에서 충신과 공신을 포상·장려하는 후한 뜻이 자연히 사라지게 됩니다."라고 간언하였다. 흥선 대원군은 이에 대하여 "충신과 공신이 이룩한 사업도 나라와 백성을 위한 것이었는데, 지금 그 후손이 면세 받음으로써 일반 백성들이 무거운 짐을 지게 되는 것은 충신의 본뜻이 아닐 것이다. 만약 그들의 혼령이 살아 있다면 어찌 이와 같은 포상을 편하게 여기겠는가." 하였다. 「근세조선정감」

③ 환곡 제도 개혁 : 국가에서 운영하던 환곡 제도를 폐지하고, 향촌민들이 면 단위로 사수(사창의 운영 책임자)를 뽑아 사창을 스스로 운영하게 하였다(사창제 실시).

3 통상 수교 거부 정책(쇄국 정책) : '척화비'로 상징

(1) 제너럴셔먼호 사건(1866. 8.)

① 톈진에 체류 중이었던 미국인 프레스톤이 제너럴셔먼호를 대동강 유역에 몰고 와 불법적으로 수심을 측량하고, 약탈과 살육을 자행하였다.

② 이에 평안도 관찰사 박규수는 제너럴셔먼호를 불사르고 선원들을 살해하였다. 이 사건은 이후 신미양요의 원인이 되었다.

(2) 병인양요(1866. 9.)

① 1866년 1월 발생한 **병인박해**를 구실로 같은 해 프랑스 로즈 제독은 프랑스인 신부 리델과 천주교도를 앞세워 강화 읍성을 점령하고, 통상을 요구하였다. 이때 프랑스군은 전등사를 침탈하였다.

② 흥선 대원군은 훈련대장 이경하 휘하에 순무영을 설치하여 프랑스군을 문수산성(한성근)과 정족산성(양헌수)에서 격퇴하였다.

③ 프랑스군은 퇴각하는 과정에서 외규장각을 방화하였으며 다수의 서적을 약탈해 갔다.

> **심화** 병인박해(1866)
>
> 흥선 대원군 초기에는 천주교에 대해서 관대한 입장을 취하고 있었다. 이는 흥선 대원군이 프랑스 선교사를 통해 프랑스를 끌어들여 러시아의 남하를 저지시키려는 목적이 있었기 때문이었다. 그러나 천주교도 남종삼 등이 교섭에 실패하였고, 유생들의 강력한 천주교 탄압 요구와 당시 청나라에서의 천주교 탄압 소식으로 대대적인 천주교 박해가 시작되었다. 이 과정에서 프랑스 선교사 9명과 8천여 명의 신도들이 순교당하였다.

■ **외규장각**
정조 때 강화도에 외규장각을 설치하고(1781) 각종 중요 도서와 의궤 등을 보관·관리하게 하였다. 1866년 병인양요 때 프랑스군은 강화도에서 철수하면서 외규장각 조선 왕조 의궤 340여 권을 약탈해 갔다. 현재 '임대'의 형태로 우리나라에 반환되었다.

(3) 오페르트 도굴 사건(1868)

① 미국인 젠킨스와 독일 상인 오페르트 등이 프랑스 선교사 페론과 함께 흥선 대원군의 아버지
인 남연군의 무덤(충청남도 예산군 덕산면 소재)을 도굴하는 만행(도굴은 실패)을 저질렀다.

② 이 사건은 미국을 비롯한 서구 열강의 조선 침략에 대한 민중의 증오와 경계심을 더욱 높
였다.

(4) 신미양요(1871)

① 제너럴셔먼호 사건(1866)을 빌미로 미국의 아시아 함대 사령관 로저스가 함대를 이끌고,
강화도를 침공하였다. 광성보·갑곶 등지에서 격전이 벌어졌으며, 어재연(광성보 전투) 등
이 분전하였으나 패사하였다.

② 당시 어재연 장군 깃발인 수(帥)자기가 미군에 의해 약탈되어 미국 해군 사관학교 박물관
에 보관되다가, 2007년 장기 임대의 형태로 반환되었다.

③ 신미양요 이후 강화도 수비를 강화하기 위해 심도포량미(1결당 1두씩)가 신설되었다.

(5) 척화비 설치

흥선 대원군은 전국 주요 지역에 척화비를 세우는 등 통상 수교 거부 정책을 강화하였다.

(6) 고종 친정

최익현의 계유 상소 등이 원인이 되어 흥선 대원군은 실각하였고, 고종이 1873년부터 친정하
게 되었다.

(7) 흥선 대원군에 대한 평가

흥선 대원군은 통상 수교 거부 정책을 강화하였으나, 격변하는 세계사의 흐름에 능동적으로
대처하지 못하였고, 봉건 지배 체제를 유지하려는 지배 계급의 한계를 보여 주었다.

▲ 척화비

사료	척화비와 최익현의 계유 상소

❶ 척화비의 내용

洋夷侵犯 非戰則和 主和賣國
(서양 오랑캐가 침범하는데, 싸우지 아니하면 곧 화의하는 것이요,
화의를 주장함은 곧 나라를 파는 것이다.)

❷ 최익현의 계유 상소(1873)

지금의 국사를 보건대, 폐단이 없는 것이 없으며, …(중략)… 다만 그중에 더욱 현저하고 큰 것을 든다면
화양동의 만동묘를 철거한 것은 군신의 윤리가 무너진 것입니다. 서원의 혁파는 사제(師弟) 간의 의리가
끊어진 것이며, 죽은 자가 양자를 가져간 것은 부자(父子) 간의 윤리가 문란해진 것이며, 국적(國賊)들을
신원한 것은 충신과 역적의 분별이 혼동된 것이며, 호전(胡錢 – 필자 주: 淸錢)을 사용함은 중화와 이적
(夷狄)의 구별이 문란해진 것입니다. …(중략)… 거기에다가 토목 공사와 원납전 따위까지 덧붙여 서로 안
팎이 되어서 백성의 재앙이 되고, 나라의 화란이 되는 근본이 된 지 지금 몇 해가 되었으니, 이것이 선왕
의 옛 법을 변하고 천하의 윤리를 무너뜨린 것이 아니고 무엇이겠습니까?   최익현, 「면암집」

● 다음과 관련된 설명으로 가장 적절하지 **않은** 것은?　　　　　18. 경찰직 1차

> "나는 천리(千里)를 끌어다 지척(咫尺)으로 삼겠으며, 태산(泰山)을 깎아 내려 평지(平地)를 만들고, 또한 남대문(南大門)을 3층으로 높이려 한다."
> 　　　　　　　　　　　　　　　　　　　　　　　　　　　　　　　　『매천야록』

① 만동묘를 철폐하고 폐단이 큰 서원을 철폐하도록 하였다.
② 의정부와 삼군부의 기능을 부활시켜 각각 정치와 군사의 최고 기관으로 삼았다.
③ 임진왜란 때 소실된 경복궁을 재건하고, 광화문 앞의 육조 거리 등 한양의 도시 구조를 복원하였다.
④ 정치 제도를 개혁하기 위하여 비변사의 기능을 강화하였다.

● 〈보기〉에 제시된 두 정책의 공통점으로 가장 옳은 것은?　　　　　19. 서울시 7급

> ┤ 보기 ├
> • 만동묘를 철폐하고 폐단이 큰 서원을 각 도에 명하여 철폐하도록 하였다. 선비들 수만 명이 대궐 앞에 모여 다시 설립할 것을 청하니, 대원군이 크게 노하여 한강 밖으로 몰아냈다.
> • 갑자년(1864) 초에 대원군이 강력히 중원(衆怨)을 책임지고, 귀천이 동일하게 장정 한 사람마다 세납전 2꾸러미를 바치게 하여, 이를 동포전이라고 칭하였다.

① 농민들의 봉기를 초래하였다.
② 유생들의 지지를 받으며 추진되었다.
③ 신분 제도가 폐지되는 직접적인 계기가 되었다.
④ 정부의 재정 수입 증가에 기여하였다.

● 다음은 조선 시대 의궤에 대한 설명이다. 가장 적절하지 **않은** 것은?　　　　　14. 경찰직 1차

① 왕의 행적과 국정 전반을 기록한 것으로 천재지변에 관한 기록까지 소상히 담고 있어 자료적 가치가 매우 높다.
② 조선 초기부터 제작되었으나, 임진왜란 이전의 것은 현재 남아 전해지는 것이 없다.
③ 1866년 프랑스군이 강화도를 침략하였다가 40여 일만에 물러가면서 외규장각에 있던 다수의 의궤를 약탈하였다.
④ 프랑스 국립 도서관에 보관되어 있던 외규장각 의궤는 2011년 임대의 형식으로 우리나라에 반환되어 현재 국립 중앙 박물관에 보관되어 있다.

02 문호의 개방*

1 개화론의 대두

(1) 대원군의 하야

10년간 집권하던 흥선 대원군이 권좌에서 물러나고 고종이 친정에 나서면서 민씨 일족이 대두하자, 조선 정부의 국내외 정책은 조금씩 변화하기 시작하였다.

(2) 통상 개화론자 대두

① 국내 상황: 개항 반대론이 우세했지만, 개항의 필요성을 주장하는 움직임도 있었다.
② 통상 개화론자: 박규수, 오경석, 유홍기, 이동인, 이규경 등 통상 개화론자들은 당시 조선 사회가 문호 개방을 위한 내적 준비가 되어 있다고 보지는 않았지만, 열강의 군사적 침략을 피하기 위해서는 개항이 불가피함을 주장하였다.
③ 평가: 이러한 통상 개화론자들의 세력이 흥선 대원군의 하야로 성장하여 문호 개방의 여건을 마련하였다.

> **심화** 개화 사상(開化思想)
>
> **❶ 개화의 의미**
> '개물성무 화민성속(開物成務 化民成俗)'에서 취하여 조립한 용어이며, '사물의 이치를 지극히 연구하고 지극히 편리하게 하여 그 나라의 일을 시세에 합당하도록 극진한 데 나아가는 것이요, 인민을 교화하여 좋은 풍속을 이룬다'는 요지의 설명을 하였다.
> 〈황성신문〉, 1898년 9월 23일 자 논설
>
> **❷ 연원**
> 조선 후기 실학과 서학에 그 뿌리를 두고 있었다. 실학자들이 순조 1년(1801) 신유박해로 엄청난 탄압을 받게 되자 실학과 서학은 크게 위축되었다. 이러한 역사적 조건 아래서도 정약용과 최한기를 비롯한 몇몇 선각자들은 근대 지향적이거나 근대적인 사상을 가지고 장차 도래할 조선의 현실을 걱정하면서 그 사상을 정리하고 있었다. 정약용이 19세기 초엽에 그 전의 실학 사상을 집대성하였다면, 최한기는 19세기 중엽에 실학에서 개화로 성큼 다가서서 서양의 과학 기술뿐만 아니라 좋은 정치나 법제까지도 수용하려는 적극적인 태도를 보였다.
>
> **❸ 최한기**
> 백성의 일상생활에 도움이 되는 기계를 제조하는 자가 있으면 높은 벼슬을 주어 앞날의 기술의 발달을 권장해야 한다고 역설하고, 『심기도설(心器圖說)』, 『육해법(陸海法)』 등을 저술하여 서양의 기계를 적극 수용하여 소개하였다. 또한 서양의 이로운 기계인 선박·대포·풍차·직조기 등을 수용할 것을 주장하였다. 그는 서양의 종교가 천하에 퍼지는 것은 근심할 필요가 없고 오직 실용적인 기계를 다 수용하여 사용하지 못하는 것이 걱정일 뿐이라고 하였다. 『해국도지(海國圖志)』(1844), 『영환지략(瀛環志略)』(1850)을 읽고 이것을 참고하여 『지구전요(地球典要)』(1857)를 편찬하였다.
>
> **❹ 박규수**
> 박규수는 김옥균 등에게 '지구의(地球儀)'를 돌리면서 "오늘날 중국이 어디에 있는가. 저쪽으로 돌리면 아메리카가 중국이 되고 이쪽으로 돌리면 조선이 중국이 되어 어느 나라든 한가운데로 돌리면 중국이 된다. 오늘날 어디에 정해진 중국이 있단 말인가."라고 하면서 청년 지식인들의 의식의 전환을 가져오게 하였다.
>
> **❺ 오경석**
> 역관(譯官)으로 여러 차례(13회) 베이징을 다녀왔는데, 그는 『해국도지(海國圖志)』, 『영환지략(瀛環志略)』 등의 새로운 서적을 다수 구입하여 돌아와 이를 친구 유홍기(劉洪基)에게 주고 깊이 연구하게 하였다.

*문호의 개방
해당 주제의 내용 중 강화도 조약과 조미 수호 통상 조약의 내용은 꼭 암기해 두어야 한다.

■ 최한기
개성 출신으로 서울에 살면서 북학론을 발전시킨 대표적 학자라 할 수 있다. 무관 집안에서 태어나 개성과 서울의 상업 문화와 부민들의 성장을 목도한 그는 부민들이 주도하는 상공업 국가의 건설을 목표로 하여 여러 개혁안을 제시하였으며, 외국과의 개국 통상도 적극적으로 주장하였다. 그는 만유인력설(萬有引力說)을 비롯한 천문학·지리학·의학·농학 등 서양 과학과 기술에도 조예가 깊어 앞선 시기의 학자들보다 한층 깊이 있는 과학 지식을 소개하였으며, 이를 바탕으로 하여 새로운 주기적 경험 철학을 발전시켰다. 1,000권에 달하는 방대한 그의 저서는 지금 『명남루총서(明南樓叢書)』로 전해지고 있다.

■ 위원의 『해국도지』(1844)
• 이 책의 간본에는 세 가지가 있는 바, 1844년 판은 50권(古微堂活字印本)·1847년 판은 60권(同重訂刊本)·1852년 판은 100권으로서, 이 100권본(卷本)이 중간 정본(重刊定本)이다.
• 그 내용은 양이의 침입에 대비하기 위한 문제 의식으로 세계 각국의 지리와 역사·국방·주해(籌海)·병기 전술을 설명한 것이며, 영국을 중심으로 서양의 과학 기술과 선거 제도 등도 소개되어 있다.

■ 서계여의 『영환지략』(1850)
• 10권으로 된 세계 각국의 지리서이다.
• 6대주 별로 세계 지리를 지도로 설명하고, 서양 열강의 국가별 지도와 지지를 상세하게 해설하였다.
• 양이의 침입에 대비하기 위하여 양무 목적으로 편찬한 신서이다.

2 강화도 조약* 체결(1876)

(1) 문호 개방

1868년 메이지 유신 이후, 근대 국가의 체제를 갖추고 자본주의화를 서두르며 해외 진출을 시도하고 있던 일본은 운요호 사건(1875)을 일으켜 조선의 문호 개방을 강요해 왔다. 이런 상황에서 마침내 일본과 강화도 조약을 맺어 처음으로 문호를 개방하였다.

(2) 강화도 조약의 내용

① 성격 : 우리나라가 외국과 맺은 **최초의 근대적 조약**이었으나, **불평등 조약**이었다.

② 청의 종주권 부인

  ㉠ 강화도 조약에서 '조선은 자주국으로 일본과 평등한 권리를 가진다.'고 규정하였다.

  ㉡ 이는 조선에 대한 청의 종주권을 부인함으로써 일본의 조선 침략을 용이하게 하려는 것이었다.

③ 침략 의도 및 주권 침해

  ㉠ 일본은 부산(1876), 원산(1880), 인천(1883)을 개항시켜 조선에 대한 정치·군사·경제적 침략을 용이하게 하였다.

  ㉡ 주권 침해 : 개항장에서의 일본인 범죄자를 일본 영사가 재판하는 영사 재판권, 곧 **치외 법권** 조항을 설정함으로써 조선에 거주하는 일본인의 불법 행위에 대한 조선의 사법권을 배제하였다. 특히 영사 재판권(치외 법권), 해안 측량권 등은 조선에 대한 주권 침해였다.

▲ 강화도 조약을 맺기 위해 회담하는 조선과 일본 대표

사료   **강화도 조약**

일본국 정부는 특명 전권 변리 대신(特命全權辨理大臣) 육군 중장 겸 참의 개척 장관(陸軍中將兼參議開拓長官) **구로다 기요타카**와 특명 부전권 변리 대신 의관 이노우에 가오루를 가려 뽑아 조선국 강화부에 이르도록 하고, 조선국 정부는 판중 추부사 **신헌**과 부총관 윤자승을 가려 뽑아 각자 받든 유지(諭旨)에 따라 조관(條款)을 의논하여 결정하고 아래에 열거한다.

제1관   조선국은 자주의 나라이며, 일본국과 평등한 권리를 가진다.

제2관   일본국 정부는 지금부터 15개월 후 수시로 사신을 조선국 서울에 파견한다.

제4관   조선국은 부산 외에 두 곳을 개항하고, 일본인이 왕래 통상함을 허가한다.

제7관   조선국은 일본국의 항해자가 자유로이 해안을 측량하도록 허가한다.

제10관   일본국 인민이 조선국 지정의 각 항구에 머무르는 동안에 죄를 범한 것이 조선국 인민에게 관계되는 사건일 때에도 모두 일본 관원이 심판한다.

제11관   양국이 우호 관계를 맺은 이상 별도로 통상 장정을 제정하여 양국 상인들을 편리하게 한다. 또 현재 논의하여 제정한 각 조관 가운데 다시 세목(細目)을 보완해서 편하게 그 조건을 준수한다. 지금부터 6개월 안에 양국은 따로 위원을 파견하여 조선국의 경성이나 혹은 강화부에 모여 상의하여 결정한다.

(3) 조일 수호 조규 부록과 통상 장정의 체결

① 조일 수호 조규 부록

- 조선 내에서 일본 외교관의 여행 자유
- 일본 상인의 활동 범위는 거류지로부터 사방 10리로 제한(간행이정, 間行里程)
- 개항장에서 일본 화폐 사용 가능

② 조일 통상 장정(조일 무역 규칙, 1876. 7.) : 무관세, 무항세 및 개항장에서 쌀과 잡곡을 무제한 수출할 수 있도록 허용되었다.

③ 이후 1883년 조일 통상 장정이 개정되어 관세가 설정되었으나, 조미 수호 통상 조약의 영향으로 **최혜국 대우**가 추가되었다. 특히 방곡령 선포가 규정되었지만, 방곡 시행 1개월 전에 반드시 지방관이 일본 영사관에 알려야 한다는 단서 조항을 두었다.

단권화 MEMO

■ **최혜국 대우**
통상, 항해 조약 등에서 한 나라가 어떤 외국에 부여하고 있는 가장 유리한 대우를 상대국에도 부여하는 일을 말한다.

바로 확인문제

● **(가), (나)는 조선이 외국과 맺은 조약이다. 이와 관련한 설명 중 옳은 것은?**   14. 지방직 9급

> (가) • 조선국은 자주국으로 일본국과 평등한 권리를 보유한다.
>   • 경기, 충청, 전라, 경상, 함경 5도 연해 중에서 통상하기 편리한 항구 두 곳을 택하여 지정한다.
> (나) 이 수륙 무역 장정은 중국이 속방(屬邦)을 우대하는 뜻에서 상정한 것이고, 각 대등 국가 간의 일체 동등한 혜택을 받는 예와는 다르다.

① (가)는 '운요호 사건' 이후 체결된 것이다.
② (가)에는 일본 상인의 내지 통상권에 대한 허가가 규정되어 있다.
③ (나)는 갑신정변 이후 체결된 것이다.
④ (나)에는 천주교의 포교권 인정이 규정되어 있다.

|정답해설| (가) 강화도 조약(1876), (나) 조청 상민 수륙 무역 장정(1882)이다. 강화도 조약은 1875년 운요호 사건 이후 체결된 최초의 근대적 조약이며, 불평등 조약이었다.

|오답해설|
② 내지 통상권은 조청 상민 수륙 무역 장정 때 처음 규정되었다.
③ 조청 상민 수륙 무역 장정은 임오군란 이후 조선과 청나라 사이에 체결되었다.
④ 1886년 조불 수호 통상 조약이 체결되어 천주교 신앙과 포교의 자유가 확보되었다.

|정답| ①

● **다음 조약과 직접 관련된 내용으로 옳은 것은?**   12. 사복직 9급

> 제10조 일본인이 조선국 지정의 각 항구에 머무는 동안에 죄를 범한 것이 조선인에 관계되는 사건일 때에도 모두 일본국 관원이 심판할 것이다.

① 일본은 조선에 주둔시켰던 군대를 철수하였다.
② 개항장에 일본 군인을 주둔하게 하는 규정을 두었다.
③ 일본국 항해자가 자유롭게 조선 해양을 측량하도록 허가하였다.
④ 일본 공사관에 군인을 두어 경비하게 하고 그 비용은 조선이 부담하게 하였다.

|정답해설| 제시된 자료는 1876년 체결된 강화도 조약 중 영사 재판권(치외법권)에 관련된 조항이다. 일본과 체결한 강화도 조약은 최초의 근대적 조약이지만 영사 재판권(치외 법권), 해안 측량권 등을 명시하여 불평등 조약의 성격을 확인할 수 있다.

|오답해설| ① 갑신정변 이후 청·일간 체결된 톈진 조약(1885), ④ 임오군란 이후 체결된 제물포 조약(1882)에 관한 설명이다.

|정답| ③

03 각국과의 조약 체결

1 조미 수호 통상 조약의 체결(1882)

(1) 미국의 접근

한때 무력으로 조선의 문호를 개방시키려다 실패한 미국은 조선이 일본과 조약을 맺자, 다시 조선과의 수교에 관심을 가지고 일본에 알선을 요청하였으나 이루어지지 않았다.

(2) 『조선책략』의 유포

이 무렵 러시아 세력의 남하에 대응하여, 조선에서는 미국과 연합하여야 한다는 내용이 실린 황쭌셴의 『조선책략』이 국내의 지식층에 유포되어 미국과 외교 관계를 맺어야 한다는 주장이 일어났다.

> **사료** 『조선책략』의 주요 내용과 해설
>
> 오늘날 조선의 급선무는 러시아를 막는 일보다 급한 것이 없다. 러시아를 막는 책략은 무엇인가? 중국과 친하고 일본과 맺고 미국과 이어짐으로써 자강을 도모할 따름이다. …(중략)… 미국이 강성함은 유럽의 여러 대지와 더불어 동·서양 사이에 끼어 있기 때문에 항상 약소한 자를 돕고 공의를 유지하여 유럽 사람에게 함부로 악한 짓을 못하게 하고 있다.　　　　　『조선책략』
>
> → 조선이 부국강병을 하기 위해서는 서양 여러 나라와 통상하여, 그 기술을 받아들이고 산업을 일으켜야 하며, 외국에 유학생을 파견할 것을 권하였다. 동시에 러시아의 남하를 저지하기 위해 친중국(親中國), 결일본(結日本), 연미국(聯美國)을 주장하였다.

(3) 청의 알선

러시아와 일본 세력을 견제하고, 조선에 대한 종주권을 국제적으로 승인받을 수 있는 기회를 노리던 청의 알선으로 조미 수호 통상 조약을 체결하였다.

(4) 핵심 내용

거중 조정(1조), 최혜국 대우(2조), 치외 법권(4조), 관세 자주권(5조)

> **사료** 조미 수호 통상 조약의 주요 내용
>
> 제1조　서로 돕고 거중 조정함으로써 우의가 두터움을 표시한다.
> 제2조　미국에 대한 최혜국 대우를 인정하되, 타국에 대한 우대가 협약에 의한 것이라면 미국과도 협약을 맺은 후 우대할 수 있다.
> 제4조　미국인에 관계된 조선인 범죄의 조선 관원, 법률에 의한 처단과 미국 측의 조선 범죄인 은닉, 비호 엄단, 치외 법권을 잠정적으로 인정한다.
> 제5조　수입 세율은 생필품 10분의 1, 사치품 10분의 3으로 한다.

2 서양 각국과의 수교

영국(1883), 독일(1883), 러시아(1884년, 묄렌도르프의 도움으로 베베르와 양국 간 독자적 조약 체결, 1888년, 조러 육로 통상 조약 체결), 프랑스(1886년, 천주교의 신앙의 자유, 포교의 자유가 인정)

국가		성격 및 주요 내용	수교 방법
미국(1882)		서양 각국 중에서 최초로 수교	청의 알선
영국(1883)		아편 수입, 영사 재판권(치외 법권)의 인정 문제로 지연	
독일(1883)		순조롭게 체결	
러시아	1884	조러 통상 조약, 청과 일본의 견제로 지연	직접 수교
	1888	조러 육로 통상 조약	
프랑스(1886)		천주교 선교사 입국과 포교 문제로 지연	

바로 확인문제

● 다음 밑줄 친 '황쭌셴의 책자'가 끼친 영향으로 가장 적절한 것은?

> 수신사 김홍집이 가지고 와서 유포한 황쭌셴의 책자를 보노라면 어느새 털끝이 일어서고 쓸개가 떨리며 울음이 복받치고 눈물이 흐릅니다.

① 청나라에 의존하는 사대 외교 관계가 청산되었다.
② 불평등 내용이 포함된 조미 수호 통상 조약이 체결되었다.
③ 외국 군대가 처음으로 조선에 주둔하게 되었다.
④ 고종은 러시아 공사관으로 거처를 옮기게 되었다.

● (가), (나)가 설명하는 조약을 옳게 짝지은 것은?
19. 국가직 9급

> (가) 강화도 조약에 이어 몇 달 뒤 체결되었다. 양곡의 무제한 유출을 가능하게 한 규정과 일본 정부에 소속된 선박은 항세를 납부하지 않는다는 규정이 들어 있었다.
> (나) 김홍집이 일본에서 황준헌의 『조선책략』을 가져 오면서 그 내용의 영향으로 체결되었으며, 청의 적극적인 알선이 있었다. 거중 조정 조항과 최혜국 대우의 규정이 포함 되어 있었다.

	(가)	(나)
①	조일 무역 규칙	조미 수호 통상 조약
②	조일 무역 규칙	조러 수호 통상 조약
③	조일 수호 조규 부록	조미 수호 통상 조약
④	조일 수호 조규 부록	조러 수호 통상 조약

02 근대 국가 수립 운동

단권화 MEMO

01 개화 정책의 추진

1 개화 사상의 형성

(1) 통상 개화론의 발전

일찍이 조선의 일부 지식인들 사이에 표면화된 통상 개화론은 문호 개방을 전후하여 사회 전반에 걸친 개혁론, 곧 개화 사상으로 발전하였다.

(2) 사상적 연원

개화 사상은 안으로는 실학, 특히 북학파의 사상을 발전적으로 계승하고, 밖으로는 청에서 진행되고 있던 양무(洋務) 운동과 일본에서 제기되고 있던 문명 개화론(文明開化論)의 영향을 받은 사상이다.

2 개화 정책의 추진

(1) 수신사의 파견

개항 이후 정부는 제1차 수신사(1876) 김기수와 제2차 수신사(1880) 김홍집을 일본에 파견함으로써 일본의 발전상과 세계 정세의 변화를 알고, 개화의 필요성을 더욱 느끼게 되었다.

(2) 개화파 인사의 등용

정부는 부국강병을 목표로 대외 관계와 근대 문물의 수입 등 여러 가지 과제를 해결하기 위하여 개화파 인물들을 정계에 기용하였고, 이들을 중심으로 개화 정책을 추진하였다.

(3) 제도의 개편

행정 기구	• 정부에서는 개화 정책을 전담하기 위한 기구인 **통리기무아문(統理機務衙門)**을 설치 • 통리기무아문 아래에 12사를 두어 외교·군사·산업 등의 업무를 담당하게 함
군사 제도	• 종래의 5군영을 무위영·장어영의 2영으로 통합·개편 • 신식 군대의 양성을 위해 무위영 산하에 **별기군(別技軍)**을 창설 • 일본인 교관을 채용하여 근대적 군사 훈련을 시키고, 사관생도를 양성

■ 통리기무아문

청의 총리아문(총리각국사무아문)을 모방하여 3군부를 폐지하고, 1880년 설치하였다. 의정부 및 6조와는 별도의 기구로 설립되었으며, 신문물 수용과 부국강병 도모가 목적이었다. 임오군란 이후 통리교섭통상사무아문(외교, 통상), 통리군국사무아문(군국, 내무)으로 분리되었다. 한편 통리기무아문 산하에는 12사가 설치되었다.

• 사대사: 중국 관계의 문서 사신 왕래와 외교
• 변정사: 변방 사무, 인근 국가의 동정 정탐
• 기계사: 기계, 제조
• 어학사: 외국어 교육, 문자 해독
• 교린사: 일본 및 기타 각국 관계의 문서, 서신 왕래와 외교
• 통상사: 통상, 무역
• 선함사: 선박 제조
• 전선사: 관리 선발과 관용품 조달
• 군무사: 국방 담당
• 군물사: 병기 제조
• 기연사: 연안 포구를 왕래하는 선박 검사
• 이용사: 재정 사무

(4) 근대 문물의 수용

① 조사 시찰단(신사 유람단) 파견(1881. 4.) : 박정양, 어윤중, 홍영식 등과 수행원(62명)으로 구성된 조사 시찰단은 일본에 건너가서 약 3개월 동안 일본의 정부 기관과 각종 산업 시설을 시찰하였다.

② 영선사 파견(1881. 9.) : 김윤식을 단장으로 학도와 공장(工匠) 등 69명을 청의 톈진에 파견하여 무기 제조법과 근대적 군사 훈련법을 배우도록 하였다. 근대 기술에 대한 기본 지식과 정부의 재정적 뒷받침이 부족하여 1년 만에 돌아왔으나, 이를 계기로 서울에 기기창(機器廠)이 설치(1883)되었다.

③ 보빙사 파견(1883) : 조미 수호 통상 조약 이후 민영익을 전권 대사로 하여 홍영식과 유길준 등을 미국에 파견하였다. 보빙사를 통해 신식 우편 제도와 농업 기술을 받아들였다.

▲ 보빙사 일행

심화 　보빙사와 유길준

1882년 조미 수호 통상 조약의 체결 후 이듬해 공사 푸트(Foote, L. H.)가 내한하자 이에 대한 답례와 양국 간 친선을 위하여 보빙 사절단(보빙사)을 파견하였다. 구성원은 전권대신 민영익, 부대신 홍영식, 종사관 서광범, 수원(수행원) 유길준·고영철·변수·현흥택·최경석 등과 중국인 오례당, 일본인 미야오카, 미국인 로웰 등 모두 11인이었다.

7월 26일 인천을 출발하여 일본을 거쳐 9월 18일 미국 대통령 아서(Arthur, C. A.)를 접견하고 국서와 신임장을 제출하였다. 그 뒤 40여 일 동안의 미국 거류 기간 중에 외국 박람회·공업 제조 회관·병원·신문사·조선 공장·육군 사관 학교 등을 방문 시찰하였고, 미국 정치와 농사 개량에 대한 지식도 배웠다. 보빙사가 받아들인 신문물은 그 뒤 신식 우편 제도 창시, 육영 공원 설치에 영향을 미쳤고, 특히 농무 목축 시험장과 경작 기계의 제작, 수입 등 농업 기술의 연구에도 크게 기여하였다.

한편 홍영식 등은 태평양을 거쳐 바로 귀국하였으나, 유길준은 미국에 남아 갑신정변의 발발 때까지 유학하였다. 이후 유럽을 돌아보고 돌아와 『서유견문』(1895년 간행)을 저술하였다. 　　　　　『한국민족문화대백과』

02 　위정척사 운동

(1) 정의

위정척사(衛正斥邪)는 정학(正學)과 정도(正道)를 지키고, 사학(邪學)과 이단(異端)을 물리친다는 뜻이다. 즉, '위정'이란 정학인 성리학과 성리학적 질서를 수호하고, '척사'란 성리학 이외의 모든 종교와 사상을 배격한다는 의미이다.

(2) 중심 인물

초기에는 이항로, 기정진 등에 의해 주도되었다. 특히 이항로의 문인들인 유인석, 최익현 등에 의해 계승되었다.

(3) 위정척사 운동의 전개

① 1860년대 : 서양의 통상 요구에 대응하여 서양과의 교역을 반대하는 통상 반대 운동으로 전개되었다. 특히 서양의 무력 침략에 대항하자는 이항로의 척화 주전론(斥和主戰論)은 흥선 대원군의 통상 수교 거부 정책을 강력히 뒷받침하였다(대표적 인물-기정진, 이항로).

② 1870년대 : 문호 개방을 전후해서 왜양 일체론(倭洋一體論), 개항 불가론(開港不可論)을 들어 개항 반대 운동을 전개하였다(대표적 인물-최익현).

③ 1880년대 : 정부의 개화 정책 추진과 『조선책략』 유포에 반발하며, 이만손 등 영남의 유생 만 명 이상이 연명(聯名)하여 「영남 만인소」를 올렸다. 한편 홍재학은 「만언척사소」를 상소하였다.

④ 1890년대 : 일본의 침략에 저항하는 항일 의병 운동으로 계승되었다.

(4) 위정척사 운동의 주장

① 경제적 파멸 : 물화의 교역은 경제적 파멸을 가져온다고 하였다.

② 열강의 침략 : 문호를 개방하고 나면 열강의 계속적 침략을 막을 수 없다고 하였다.

(5) 위정척사 운동의 성격과 한계

① 성격 : 정치·경제적 면에서 강력한 반침략·반외세 의지를 가지고 있었다.

② 한계

㉠ 유생층의 위정척사 운동은 반외세적 자주 운동으로만 제시된 것은 아니었다. 그보다는 조선 왕조의 전제주의적 정치 체제, 지주 중심의 봉건적 경제 체제, 양반 중심의 차별적 사회 체제, 그리고 성리학적 유일사상 체제를 유지하려는 데 목적을 두고 있었다.

㉡ 당시 정부의 개화 정책 추진에 장애물이 되었다.

㉢ 외세의 침략을 막으려는 반외세 자주 운동이었지만, 전통적인 사회 체제를 그대로 유지하려고 하여 시대의 흐름에 뒤떨어졌다는 한계를 지니고 있다.

사료 위정척사 운동

❶ 이항로의 상소문

양이(洋夷)의 화(禍)가 금일에 이르러서는 비록 홍수나 맹수의 해일지라도 그보다 심할 수 없습니다. 양이의 재앙을 일소(一掃)하는 근본은 전하의 한 마음에 있사옵니다. 지금 전하가 할 계책은 마음을 밝게 닦아 외물(外物)에 견제당하거나 흔들리지 않는 도리밖에 없사옵니다. 이른바 외물이라는 것은 종류가 극히 많아서 일일이 열거할 수 없지만, 그중에서도 양품(洋品)이 가장 심합니다. 몸을 닦아 집안을 잘 다스리고 나라가 바로잡힌다면 양품이 쓰일 곳이 없어져 교역하는 일이 끊어질 것입니다. 교역하는 일이 끊어지면 저들의 기이함과 교묘함이 수용되지 못할 것이며, 그러면 저들은 기필코 할 일이 없어져 오지 않으리이다.

❷ 최익현의 개항 반대 상소

우리의 물건은 한정이 있는데, 저들의 요구는 끝이 없을 것입니다. 한 번이라도 응해 주지 못하면 저들은 우리를 침략하고 유린하여 …(중략)… 일단 강화를 맺고 나면 저들의 욕심은 물화를 교역하는 데 있습니다. …(중략)… 우리의 피와 살이 되어 백성들의 목숨이 걸려 있는 유한한 물화를 저들의 사치하고 기괴한 노리개 따위의 물화와 교역을 한다면 우리의 심성과 풍속이 피폐될 뿐 아니라 …(중략)… 저들이 비록 왜인이라 하나 실은 양적(洋賊)이옵니다. 강화가 한번 이루어지면 사학(邪學)의 서적과 천주(天主)의 초상화가 교역 속에 들어올 것입니다. …(중략)… 예의(禮儀)는 시궁창에 빠지고 인간들은 변하여 금수(禽獸)가 될 것입니다.

---

❸ 영남 만인소

김홍집이 가져온 황쭌셴의 『조선책략』이 유포되는 것을 보고 울음이 북받치고 눈물이 흐릅니다. …(중략)… 『조선책략』의 요점은 '러시아를 막는 것'보다 급한 것이 없다고 하고, 러시아를 막기 위해서는 '중국과 친하고, 일본과 맺고, 미국과 이어져야 한다.'는 것보다 급한 것이 없다고 하였습니다. …(중략)… 일본은 우리에게 매어 있는 나라입니다. 임진왜란의 숙원(宿怨)이 가시지 않았는데, 그들은 우리의 수륙 요충(水陸要衝)을 점령하였습니다. 만일 방비하지 않았다가 저들이 산돼지처럼 돌진해 오면 전하께서는 장차 어떻게 이를 제어하시겠습니까? 미국은 우리가 모르던 나라입니다. 저들을 끌어들였다가 저들이 우리의 빈약함을 업신여겨 어려운 청을 강요하면 어떻게 대응하시겠습니까? 러시아는 본래 우리와는 혐의가 없는 나라입니다. 공연히 남의 이간을 듣고 배척하였다가 이것을 구실 삼아 분쟁을 일으키면 어떻게 구제하시겠습니까? 하물며 러시아·미국·일본은 같은 오랑캐들이어서 후박(厚薄)을 두기 어렵습니다. 『일성록』

❹ 홍재학의 만언척사소

위정척사는 정조 이래로 내려온 조정의 기본 정책으로서 아직도 그 의리가 빛나고 있는데, 고종의 친정 이래로 일본과 서양의 똑같은 해를 모르고 일본과의 통상을 주장해 온 결과 사설(邪說)과 이의(異議)가 횡행하여 조선의 사태가 위급하기 비길 데가 없습니다. 양물(洋物)과 야소(耶蘇)라는 사교의 위세로 공맹(孔孟)의 큰 도는 날로 사라지게 되어 가정에는 윤리가 깨지고 사람에게 예의가 허물어져 그 결과 종묘사직이 무너질 위기에 있습니다. 국왕은 더욱 위정척사의 대의를 밝혀 주화매국(主和賣國)하려는 신료들을 처단해야 합니다.

바로 확인문제

● **강화도 조약 이후 외국에 파견된 시찰단 (가)~(라)를 파견 순서대로 바르게 나열한 것은?**

16. 서울시 7급

> (가) 박정양 등의 조사 시찰단
> (나) 김홍집 등의 2차 수신사
> (다) 민영익 등의 보빙사
> (라) 김윤식 등의 영선사

① (나) → (가) → (다) → (라)
② (나) → (가) → (라) → (다)
③ (나) → (라) → (가) → (다)
④ (나) → (라) → (다) → (가)

● **다음은 각 시기별 위정척사 운동에 대한 설명이다. 순서대로 바르게 나열한 것은?**

> ㉠ 최익현은 개항 반대론, 왜양 일체론을 주장하였다.
> ㉡ 이항로·기정진은 통상 반대론, 척화 주전론을 주장하였다.
> ㉢ 위정척사 운동은 항일 의병으로 계승되었다.
> ㉣ 이만손은 「영남 만인소」에서 개화를 반대하였다.

① ㉠ → ㉡ → ㉢ → ㉣
② ㉡ → ㉠ → ㉣ → ㉢
③ ㉠ → ㉣ → ㉡ → ㉢
④ ㉣ → ㉢ → ㉡ → ㉠

|정답해설| 시찰단 파견의 순서는 다음과 같다. (나) 김홍집 등 2차 수신사 파견(1880) → (가) 박정양 등 조사 시찰단 파견(1881. 4.) → (라) 김윤식 등의 영선사 파견(1881. 9.) → (다) 민영익 등 보빙사 파견(1883)

|정답| ②

|정답해설| ㉡ 1860년대 → ㉠ 1870년대 → ㉣ 1880년대 → ㉢ 1890년대 이후

|정답| ②

■임오군란의 전개 과정

선혜청 당상관 겸 병조 판서 민 겸호를 살해함
↓
명성 황후, 장호원의 민응식 집 으로 도피
↓
일본 공사관 내습
↓
하나부사의 도피
↓
서대문 일대의 일본 상인 다수 사망

03 임오군란(壬午軍亂, 1882)＊

(1) 발단

민씨 정권이 신식 군대인 별기군(別技軍)을 우대하고 구식 군대를 차별 대우한 데 대한 불만 이 폭발하였다.

> **사료** 임오군란
>
> 난군(亂軍)이 궐을 침범했다는 소식을 들었다. 이때에 나라 재정이 고갈되어 각 영이 군인에게 지급할 봉급 을 몇 개월 동안 지급하지 못하였다. 영에 소속된 군인이 어느 날 밤에 군대를 조직하고 갑자기 궐내로 진입 하여 멋대로 난리를 일으켰다. 중전의 국상(國喪)이 공포되자, 선생은 가평 관아로 달려가 망곡례(望哭禮)를 행하였다. 얼마 후 국상이 와전되어 사실이 아님을 알고, 군중과는 달리 상복을 입지 않고 집 밖으로 나가지 않았다.
>
> 『성재집』

(2) 경과

① 구식 군인들은 흥선 대원군에게 도움을 청하고, 정부 고관들의 집을 습격하여 파괴하는 한 편, 일본인 교관을 죽이고 일본 공사관을 습격하였다.

② 서울의 하층 민중들이 합세한 가운데 민씨 정권의 고관들을 살해한 뒤 군란을 피해 달아나 는 일본 공사 일행을 인천까지 추격하였다.

③ 흥선 대원군의 재집권: 임오군란은 흥선 대원군의 재집권으로 진정되는 듯하였으나(통리 기무아문의 폐지, 별기군의 폐지, 5군영의 회복), 이로 인하여 조선을 둘러싼 청·일 간의 대립을 초래하였다.

④ 청의 군대 파견: 일본은 조선 내의 거류민 보호를 내세워 군대 파견의 움직임을 보였으며, 민씨 일파의 요청으로 청은 신속히 군대를 조선에 파견하여 흥선 대원군을 군란의 책임자 로 청에 압송해 감으로써 일본의 무력 개입 구실을 없애려 하였다.

⑤ 민씨 일파의 재집권: 다시 집권하게 된 민씨 일파는 정권을 유지하기 위하여 친청 정책으 로 기울었고, 청의 내정 간섭과 정부의 친청 정책으로 인하여 개화 정책은 후퇴하였다.

(3) 결과

① 제물포 조약의 체결: 조선은 일본과 제물포 조약(1882. 7. 17. 음력)을 체결하여 배상금을 물고, 일본 공사관의 경비병 주둔을 인정하였다. 이로써 일본군의 한국 주둔을 허용하게 되었다. 그리고 조선은 박영효를 정사로 하는 사죄단(제3차 수신사)을 파견하였다.

② 청의 내정 간섭 강화

　㉠ 정치·군사적 간섭: 청은 임오군란 이후 조선의 내정에 적극적으로 간섭하였으며, 위안 스카이 등이 지휘하는 군대를 상주시켜 조선 군대를 훈련시키고, 마젠창과 묄렌도르프 를 고문으로 파견하여 조선의 내정과 외교 문제에 깊이 관여하였다.

　㉡ 경제적 침략: 조선은 **조청 상민 수륙 무역 장정**(1882. 8. 23. 음력)의 체결로 청 상인의 **통상 특권을 허용**하게 되고, 경제적 침략을 받게 되었다.

■조일 수호 조규 속약
1876년 강화도 조약 직후 조인된 '조 일 수호 조규 부록'에 의하면 일본인들 의 활동 범위(간행이정)는 10리로 규 정되었다. 그 뒤 일본은 간행이정을 확 대하려는 노력을 꾸준히 전개하였고, 그 결과 1882년 '조일 수호 조규 속약' 에서 간행이정을 사방 50리로 확대하 기로 하고, 2년 후에 다시 100리로 확 대할 것을 약정하였다.

> **사료** 제물포 조약의 내용
>
> 제1조　지금으로부터 20일을 기하여 범인을 체포하여 엄징할 것
> 제2조　일본국 피해자를 후례로 장사 지낼 것
> 제3조　5만 원을 지불하여 피해자 유족 및 부상자에게 급여할 것

제4조　배상금 50만 원을 지불할 것
제5조　일본 공사관에 군대를 주둔시켜 경비에 임하는 것을 허용할 것
제6조　조선국은 대관을 특파하여 일본국에게 사죄할 것

단권화 MEMO

■ 조청 상민 수륙 무역 장정의 주요
　내용
청의 종주권을 재확인하고, 일본에 비
해 유리한 조건의 통상 조약을 맺었으
며, 청 상인들이 조선 내에서 거주, 영
업, 여행을 자유롭게 할 수 있도록 허
용하였다(양화진 개방 및 내지 통상권
획득).

사료　조청 상민 수륙 무역 장정의 주요 내용

❶ 장정의 첫머리에 "이 수륙 무역 장정은 중국이 속방(屬邦)을 우대하는 뜻에서 상정한 것이고, 각 대등 국
가 간의 일체 균점(均霑)하는 예와는 다르다."고 함 → 불평등 조약임을 나타냄

❷ 상무위원의 파견 및 양국 파원의 처우, 북양 대신과 조선 국왕의 위치를 대등하게 규정한 것(제1조)

❸ 조선에서의 **청나라 상무위원의 치외 법권 인정**(제2조)

❹ 조난 구호 및 평안도·황해도와 산동·봉천 연안 지방에서의 고기잡이 허용(제3조)

❺ 북경과 한성의 양화진에서의 **무역을 허락**하되 양국 상민의 내지 채판을 금하고, 다만 내지 채판과 유력
(遊歷, 돌아다니는 일)이 필요할 경우 지방관의 허가서를 받아야 한다는 것(제4조, 관세 제3·4조 및 세칙
제5조)

❻ 책문(柵門)·의주, 훈춘(琿春)·회령에서의 개시(제5조), 홍삼 무역과 세칙(제6조)

바로 확인문제

● 다음 사건에 대한 설명으로 가장 적절한 것은?　　　　　　　　　　　　한국사능력검정시험 고급

> 난병이 창덕궁에 밀어닥쳤는데, 수문장 등이 이들을 막아내지 못하여 궐내에 난입하였다. 왕은 급
> 히 대원군의 입궐을 명하였다. 대원군은 곧 무위대장을 동반하여 입궐하였다. …(중략)… 서상조가
> 아뢰기를, "근래 들자니 중전께서 변란에 대처하시어 누추한 곳에 은신해 계신다고 하니, 삼가 바
> 라건대, 수소문하여 의장(儀裝)을 갖추고 예법에 따라 왕후의 자리로 맞아들이소서." 하니, 왕이
> "널리 찾아서 맞아들이는 일을 늦추어서는 안 되겠다."라고 하였다.

① 「홍범 14조」가 발표되는 배경이 되었다.

② 우정국 개국 축하연을 계기로 일어났다.

③ 구식 군인에 대한 차별 대우가 발단이 되었다.

④ 개화 정책에 반대하는 유생에 의해 주도되었다.

|정답해설| 임오군란은 신식 군대인 별
기군 설치 이후 구식 군대에 대한 차별
대우 때문에 일어난 사건이다.

|오답해설|
① 「홍범 14조」는 제2차 갑오개혁 시
　기 공포되었다.
② 우정국 개국 축하연을 계기로 일어
　난 사건은 1884년 10월 발생한 갑
　신정변이다.
④ 개화 정책에 반대하는 유생들은 개
　화 반대 운동을 주도하였다(대표적
　─이만손의 「영남 만인소」).

|정답| ③

● 다음 사료와 관련된 사건에 대한 설명으로 옳지 <u>않은</u> 것은?

> 1. 주모자를 20일 내에 잡아서 처단할 것
> 2. 손해 배상금 50만 원을 1년에 10만 원 씩 5년에 완불할 것
> 3. 일본 공사관에 경비병을 주둔하게 할 것
> 4. 조선의 특사를 보내어 사과할 것
> 5. 일본인 피해자에게 5만 원을 지불할 것

① 청은 이 사건 이후 위안스카이 등이 지휘하는 군대를 상주시키는 등 내정 간섭을 강화하였다.

② 조선과 청나라는 상민 수륙 무역 장정을 체결하여 청 상인의 특권을 보장하였다.

③ 이 시기 메가타와 스티븐스가 청의 추천으로 조선에 고문으로 파견되었다.

④ 당시 박영효가 일본에 사죄단으로 파견되면서 태극기가 처음 사용되었다.

|정답해설| 제시된 자료는 임오군란
이후 일본과 체결된 제물포 조약의 내
용이다. 제물포 조약에서는 배상금 규
정과 함께 일본 공사관의 경비병 주둔
을 인정하는 내용이 명시되어 있다.
메가타, 스티븐스는 러일 전쟁 이후
제1차 한일 협약이 체결되어 일본의
추천으로 파견된 고문들이다.

|정답| ③

04 개화당과 갑신정변

1 개화당의 형성과 활동

(1) 개화파의 형성

① 성장 : 개화 사상의 선각자인 박규수의 지도를 받은 김옥균, 박영효, 유길준 등이 개항을 전후하여 점차 하나의 정치 세력으로 성장하여 개화파를 이루었다.

② 개화파의 두 흐름

온건 개화파 (사대당)	• 김홍집·김윤식·어윤중 등 • 민씨 정권과 결탁하여 청의 양무운동을 본받아 점진적인 개혁을 추구하였다.
급진 개화파 (개화당)	• 김옥균·박영효·홍영식·서광범·서재필 등 • 청의 내정 간섭과 청에 의존하는 정부의 정책에 반발하였고, 더욱이 청의 간섭으로 정부의 개화 정책이 원만하게 추진되지 못하는 현실을 강력하게 비판하였다. 이들은 청의 간섭을 물리쳐 자주독립을 이룩하고, 일본의 메이지 유신을 본받아 급진적인 개혁을 추진하려 하였다.

■ 온건파와 급진파
서양의 과학 기술만을 도입하는 것으로 만족하는 동도서기론(東道西器論) 적인 온건파와 과학 기술 이외에 정치·사회 제도까지 도입하고자 하는 급진파로 분파되었다.

(2) 급진 개화파(개화당)의 활동

① 개화 시책의 추진 : 개화당의 활동은 임오군란 후 박영효가 수신사로 일본에 파견되면서 본격화되었다. 이때 김옥균, 서광범 등도 동행하였는데, 개화당 요인들은 해박한 개화 지식과 넓은 해외 견문으로 고종의 신임을 받아 여러 가지의 개화 시책을 실천하였다.

박문국(博文局) 설치	최초의 신문인 〈한성순보〉를 간행하였다.
유학생(留學生) 파견	일본에 유학생을 파견하여 군사와 학술 등을 배우도록 하였다.
우정국(郵政局) 설치	근대적인 우편 사업을 실시하였다.

② 활동의 부진
ㄱ. 개화당은 일본으로부터 개화 운동을 위한 차관 도입에 실패함으로써 정치 자금의 조달이 어려워졌다.
ㄴ. 민씨 일파를 중심으로 하는 친청 세력의 견제가 심해져서 개화 운동을 추진하기 어려웠다.

■ 근대적 국정 개혁의 필요성 절감
김옥균을 중심으로 하는 개화당 요인들은 박규수가 죽은 뒤에 중인 출신으로 개화 사상의 선각자였던 유홍기의 지도를 받았다. 또한 자신들이 직접 일본의 놀라운 발전상을 보고 근대적 국정 개혁의 시급함을 절실히 느끼게 되었다.

> **사료** 온건 개화파의 사상
>
> ❶ 단지 부강하다고 해서 자강이 되는 것이 아닙니다. 우리의 정교(정치와 교화)를 닦고 우리의 백성과 나라를 보호하여 외국과의 관계에서 분쟁이 일어나지 않도록 하는 것, 이것이 실로 자강을 하는 데에 힘써야 할 일입니다. 수신사 김홍집이 귀국 후 고종에게 한 말(1880)
>
> ❷ 서양 나라들과 수호를 맺는 것을 점점 사교(邪敎)에 물드는 것이라고 말한다. 그러나 수호를 맺는 것은 수호를 맺는 것이고, 사교를 금하는 것은 사교를 금하는 것이다. 서양의 종교는 사교이므로 마땅히 음탕한 음악이나 미색(美色)처럼 여겨서 멀리해야겠지만, 서양의 기계는 이로워서 진실로 백성의 생활을 편리하게 할 수 있다. 『고종실록』(1882)

> **사료** 급진 개화파의 사상
>
> 오늘날의 급선무는 반드시 인재를 등용하며 국가 재정을 절약하고 사치를 억제하며, 문호를 개방하고 이웃 국들과 친선을 도모하는 데 있다. 그러나 가장 중요한 것은 실사구시이다. 이를 위해 세계 각국에서 실시하는 정치의 요점을 찾아본다면 교통망을 확충하고 농업을 발달시켜 기술 인력을 확보하며 국민 보건에 힘쓰는 것이다. 김옥균, 『치도약론』(1883)

2 갑신정변(甲申政變, 1884)*

(1) 배경

① 친청 세력의 탄압 : 차관 도입 실패 이후 수구 세력들이 개화당을 탄압하자, 개화 정책의 추진은 물론 자신들의 신변마저 위협을 느끼게 된 개화당 요인들은 민 씨 정권을 무너뜨리고 철저한 개화 정책을 추진하기 위하여 비상수단을 도모하였다.

② 조선 주둔 청군의 철수 : 1884년 청프 전쟁이 일어나 조선에 주둔하고 있던 청군의 일부가 철수하자, 개화당 요인들은 이를 기회로 삼아 정변을 계획하였다.

(2) 경과

① 정변의 구체화 : 일본 공사로부터 개혁 추진에 필요한 군사·재정적 지원을 약속받고 개화당은 정변을 구체화시켜 나갔다.

② 우정국 사건 : 김옥균 등은 우정국 개국 축하연을 이용하여 사대당 요인들을 살해하고 개화당 정부를 수립하였다.

③ 개혁 요강 마련 : 14개조의 개혁 정강을 마련하여 근대 국가의 건설을 지향하는 개혁을 단행하려 하였다.

사료 갑신정변 직후 발표된 「정강 14개조」

❶ 흥선 대원군을 가까운 시일 내에 돌려보낼 것을 요구하고, 청에 조공하는 허례를 폐지할 것

❷ 문벌을 폐지하고, 인민 평등의 권리를 제정하고, 사람의 능력으로써 관직을 택하게 할 것

❸ 전국의 지조법(地租法)을 개혁하여 간사한 관리들을 근절하고 백성의 곤란을 구하며 겸하여 국가 재정을 유족하게 할 것

❹ 내시부(內侍府)를 폐지하고 그중에서 재능 있는 자가 있으면 등용할 것

❺ 그동안 국가에 해독을 끼친 탐관오리 중에서 심한 자는 처벌할 것

❻ 각 도의 환상 제도(還上制度)는 영구히 폐지할 것

❼ 규장각을 폐지할 것

❽ 순사 제도(巡査制度)를 시급히 실시하여 도적을 방지할 것

❾ 혜상공국(惠商公局)을 폐지할 것

❿ 그동안 유배, 금고(禁錮)된 사람들을 다시 조사하여 석방할 것

⓫ 4영을 합하여 1영을 만들고[전, 후, 좌, 우 네 개의 영으로 운영되던 친군(親軍, 왕실 친위군)을 하나로 통합], '영' 중에서 장정을 선발하여 근위대를 시급히 설치할 것

⓬ 모든 국가 재정은 호조(戶曹)로 하여금 관할하게 하며 그 밖의 일체의 재무 관청은 폐지할 것

⓭ 대신과 참찬은 합문(閤門) 안의 의정소(議政所)에서 매일 회의를 하여 정사를 결정한 뒤에 왕에게 품한 다음 정령(政令)을 공포하여 정사를 집행할 것

⓮ 정부는 육조 외에 무릇 불필요한 관청에 속하는 것은 모두 폐지하고 대신과 참찬으로 하여금 토의하여 처리하게 할 것

김옥균, 「갑신일록」

---

(3) 갑신정변의 개혁 내용

① 정치적 : 청에 대한 사대 외교를 폐지하고, 입헌 군주제로의 정치 개혁을 추구하였다.

② 경제적 : 지조법(地租法)을 개정하고, 재정을 호조로 일원화하여 국가 재정을 충실히 하고자 하였으며, 혜상공국과 환상미의 폐지를 도모하였다.

③ 사회적 : 문벌을 폐지하여 인민 평등을 도모하고 능력에 따른 인재 등용을 추구하였다.

＊갑신정변

갑신정변의 원인, 과정, 결과를 기억해 두고, 「정강 14개조」의 내용은 꼼꼼하게 읽어두어야 한다.

■ 청프 전쟁

프랑스가 베트남 진출을 시도하는 과정에서 베트남에 대한 청의 종주권을 부인하도록 하였는데, 이에 청이 반발하면서 전쟁이 일어났다.

■ 지조법(地租法)

토지에 부과하는 세금을 생산량 기준이 아니라 토지 가격에 따라 부과하는 방식이다. 종래의 삼정의 문란을 해결하려는 방안으로서, 일본에서 실시된 것을 수용한 것이다.

■ 혜상공국(惠商公局)

1883년 보부상 조직으로 설치된 기구이다.

(4) 정변의 실패

개화당의 세력 기반이 약하였고, 일본의 지원을 받아 정변을 일으켜 민중의 지지도 받지 못하였다. 또한 청이 무력으로 간섭하면서 3일 천하로 끝나게 되었다.

(5) 결과

한성 조약 체결 (1884)	조선은 일본의 강요로 배상금 지불과 공사관 신축비 부담 등을 내용으로 하는 한성 조약을 체결하였다.
텐진 조약 체결 (1885)	텐진에서 청(이홍장)과 일본(이토 히로부미)이 맺은 조약으로 조선에서 청·일 양국군이 철수할 것, 장차 조선에 파병할 경우 상대국에 미리 알릴 것 등을 내용으로 체결하였다. 이로써 **일본은 청국과 동등하게 조선에 대한 '파병권(派兵權)'을 획득**하였다.

(6) 영향

① 청의 내정 간섭이 더욱 강화되었고, 개화 세력은 위축되었다.
② 보수 세력의 장기 집권이 가능하게 되었다.
③ 개화 세력이 도태되어 상당 기간 동안 개화 운동의 흐름이 약화되었다.

(7) 의의

갑신정변은 근대 국가 건설을 목표로 하는 최초의 정치 개혁 운동이었다.

> **사료** 텐진 조약
>
> 1. 중국은 조선에 주둔하는 군대를 철수하고, 일본국은 조선에서 공사관을 호위하던 군대를 철수한다. 서명하고 날인한 날로부터 4개월 이내에 각기 모든 인원을 철수시킴으로써 양국 간 분쟁이 생겨날 우려를 없애고, 중국은 마산포(馬山浦)를 통하여 철수하고 일본은 인천항을 통하여 철수할 것을 의정(議定)한다.
> 1. 양국은 조선 국왕이 군사를 훈련시키도록 권고하여 자위와 치안을 유지하게 하고, 조선 국왕이 다른 나라 무관을 1명, 혹은 여러 명을 선발 고용하여 훈련을 위임하게 하되, 이후 중국과 일본 양국은 관원을 파견하여 조선에서 훈련하는 일이 없도록 상호 승인한다.
> 1. 장래 조선국에 변란이나 중대한 사건이 일어나 중국과 일본 양국이나 혹은 어떤 한 나라가 파병이 필요할 때는 우선 상대국에 공문을 보내 통지해야 하며, 사건이 진정되면 곧 철수하여 다시 주둔하지 않는다.

> **심화** 갑신정변의 주요 인물(갑신정변 당시 발표된 새정부 조직과 구성원)
>
> 충의계(1878, 김옥균 조직) → 변법 개화파의 친목 단체
>
> | 김옥균 | 호조 참판 | 서광범 | 우포도 대장 |
> |---|---|---|---|
> | 박영효 | 좌포도 대장 | 서재필 | 병조 참판 |
> | 박영교 | 도승지 | 신기선 | 이조 판서 |
> | 홍영식 | 좌의정 | 이재원 | 영의정 |

■ **박영효의 건백서(1888)**
갑신정변 이후 일본에 망명 중이던 박영효는 고종에게 건백서를 올려 갑신정변의 정당성을 설명하고, 개혁 방안 8조를 건의하였다.

■ **근대 국가(近代國家)**
정치적으로 입헌 군주제, 사회적으로 평등 사회, 경제적으로는 자본주의를 지향함을 의미하는 현대 사회에 가장 가까운 정치 체제이다.

● 다음 정강을 발표했던 사건의 결과로 옳은 것은? 18. 지방직 7급

> 1. 흥선 대원군을 빨리 귀국시키고 종래 청에 대해 행하던 조공의 허례를 폐지한다.
> 2. 문벌을 폐지하고 인민 평등권을 제정하여 능력에 따라 관리를 임명한다.
> 3. 지조법을 개혁하여 관리의 부정을 막고 백성을 보호하며 재정을 넉넉히 한다.
>   …(중략)…
> 12. 모든 재정은 호조에서 관할한다.
> 13. 대신과 참찬은 의정부에 모여 정령을 의결하고 반포한다.
>   …(후략)

① 청의 내정 간섭이 강화되었다.
② 박문국과 전환국이 설립되었다.
③ 개혁 추진 기관으로 통리기무아문이 설치되었다.
④ 일본은 배상금 지급 등을 내용으로 하는 제물포 조약의 체결을 강요하였다.

● 밑줄 친 '사건'에 대한 설명으로 옳은 것은? 16. 국가직 9급

> 4～5명의 개화당이 <u>사건</u>을 일으켜서 나라를 위태롭게 한 다음 청나라 사람의 억압과 능멸이 대단하였다. …(중략)… 종전에는 개화가 이롭다고 말하면 그다지 싫어하지 않았으나 이 사건 이후 조야(朝野) 모두 '개화당은 충의를 모르고 외인과 연결하여 매국배종(賣國背宗)하였다.'고 하였다.
>
> 『윤치호일기』

① 정동 구락부 세력이 주도하였다.
② 일본군과 함께 경복궁을 침범하였다.
③ 차관 도입을 위한 수신사 파견의 계기가 되었다.
④ 일본 공사관이 불타고 일본군이 청군에 패퇴하였다.

③ 갑신정변 이후 국내의 정세

갑신정변은 국제 사회에 한반도의 위치를 새롭게 인식시켰다.

(1) 청·일 대립의 격화

강화도 조약, 임오군란, 갑신정변 등은 조선을 둘러싼 청과 일본의 대립을 격화시키는 계기로 작용하였다.

(2) 거문도 사건(1885)

조선이 청의 내정 간섭에 대항하여 러시아와 비밀 협약을 체결하려 하자, 영국이 러시아 남하를 견제한다며 거문도를 점령하였다. 이로 인해 조선을 둘러싼 국제 분쟁은 더욱 가열되었다(거문도에서 영국군이 철수한 것은 1887년).

| 정답해설 | 제시된 사료는 1884년 갑신정변 직후 발표되었던 「정강 14개조」 중 일부이다. 갑신정변은 3일 만에 청에 의해 진압되었고, 이후 청의 내정 간섭이 강화되었다.

| 오답해설 |
② 근대적 인쇄 기구인 박문국과 화폐 주조 기구인 전환국은 1883년 설립되었다.
③ 개화 정책을 추진하기 위한 개혁 기구로 1880년 통리기무아문이 설치되었다.
④ 1882년 임오군란 이후, 일본은 배상금 지급 등을 내용으로 하는 제물포 조약의 체결을 강요하였다.

| 정답 | ①

| 정답해설 | 제시된 자료에서 개화당(급진 개화파)이 일으킨 사건은 1884년 갑신정변에 해당한다. 갑신정변 과정에서 일본 공사관이 불탔는데 이는 한성 조약(일본 공사관 신축 비용을 부담하는 내용) 체결의 계기가 되었다.

| 오답해설 |
① 정동 구락부는 친미 세력의 단체였으며, 독립 협회 창립을 주도하였다.
② 개화당은 정변 이후 국왕과 왕후를 창덕궁에서 경우궁으로 옮겼다. 이후 청과 연결된 왕후 민씨의 요구로 계동궁(왕족 이재원의 집)을 거쳐 창덕궁으로 국왕과 왕후가 거처를 다시 옮겼다. 이후 청군의 개입으로 개화당과 일본군이 패퇴하였다(갑신정변의 실패).
③ 차관 도입을 위한 3차 수신사(박영효) 파견은 1882년 임오군란 직후에 해당한다.

| 정답 | ④

(3) 한반도 중립화론

① 임오군란 직후 일본이 조선 정부에 중립화를 제안한 적이 있으며, 갑신정변 직후 독일 부영사 부들러(Budler)가 건의하기도 하였다. 한편 거문도 사건(1885) 이후에는 유길준이 청과 열강이 보장하는 한반도 중립화론을 구상하였다.

② 이와 같은 중립화론은 실현되지는 못하였지만, 당시 조선을 둘러싼 국제 정세의 긴박한 사정을 입증해 주는 것이다.

사료　한반도 중립화론

우리의 지리적 위치는 벨기에와 같고, 중국에 조공하던 것은 터키에 조공하던 불가리아와 같다. 불가리아의 중립은 유럽 열강들이 러시아를 막기 위함이고, 벨기에의 중립은 유럽 열강들이 자국을 보전하기 위함이었다. 우리나라가 아시아의 중립국이 된다면 러시아를 방어할 수도, 아시아 국가들이 서로 보전할 수도 있을 것이다.
오직 중립만이 우리를 지키는 방책인데, 우리 스스로가 제창할 수도 없으니 중국에 청하도록 하자. 아시아에 관계있는 여러 나라가 화합해 조선의 중립을 확인받는 것이다. 이것은 비단 우리만 위한 것이 아니라 중국이며 다른 여러 나라가 서로 보전하는 계책도 될 테니 무엇이 괴로워서 하지 않겠는가?　　　유길준, 「중립론」

바로 확인문제

● **다음과 같은 주장이 나오게 된 직접적인 배경은 무엇인가?**

우리나라가 아시아의 중립국이 되는 것은 러시아를 막는 중요한 계기가 될 것이며, 또한 아시아의 여러 대국이 서로 균형을 이루는 정략도 될 것이다. …(중략)… 오직 중립 한 가지만이 진실로 우리나라를 지키는 방책이지만, 이를 우리가 먼저 제창할 수 없으니, 중국이 이를 맡아서 처리해 주도록 청하는 것이 좋을 듯하다.

① 임오군란
② 갑신정변
③ 거문도 사건
④ 동학 농민 운동

● **밑줄 친 '이 나라'에 대한 설명으로 옳은 것은?**　　　한국사능력검정시험 고급

- 『조선책략(朝鮮策略)』에서는 이 나라를 청과 조약을 맺은 지 십여 년 동안 조그마한 분쟁도 없는 나라라고 하였다.
- 만인소(萬人疏)에서는 일만 리 바다 건너 있는 이 나라의 힘을 빌린다는 것은 어불성설이라고 하였다.
- 1905년, 포츠머스 조약에서 일본의 한국 보호권을 승인한 것에 대해 고종은 이 나라에 '거중 조정'을 요청하였지만, 이 나라는 어떠한 조치도 취하지 않았다.

① 1885년에 거문도를 불법 점령하였다.
② 병인양요 당시 외규장각 문서를 약탈하였다.
③ 용암포 조차 문제로 일본과의 갈등이 심화되었다.
④ 1883년 보빙사 일행으로부터 국서를 전달받았다.
⑤ '이 나라'의 부영사 부들러는 조선 중립화론을 제기하였다.

05 동학 농민 운동*

1 농민층의 동요

(1) 국내의 상황

① 열강의 침략 경쟁: 개항 이래 조선을 둘러싸고 전개된 열강의 정치적·경제적·군사적 침략 경쟁은 갑신정변 후에 더욱 가열되었다. 청과 일본 간의 침략적 대립은 더욱 격화되었고, 러시아와 영국도 조선 문제로 충돌하게 되었다.

② 정부의 대응

    ㉠ 정부의 무능력: 조선의 지배층은 외세의 침략에 적절한 대응책을 세우지 못한 채 타협과 굴복을 일삼음으로써, 당면 문제에 대한 해결 능력을 보여 주지 못하였다.

    ㉡ 농민 수탈의 심화: 국가 재정은 개항 이후 국제적 분쟁으로 배상금 지불과 근대 문물의 수용에 필요한 경비 지출 등으로 더욱 궁핍해졌고, 지배층의 농민에 대한 압제와 수탈도 심해졌다.

(2) 일본의 경제적 침투

조선의 농촌 경제는 일본의 경제적 침투로 파탄에 이르게 되었다. 이에 농민층의 불안과 불만이 팽배해졌고, 정치·사회 의식이 급성장한 농촌 지식인과 농민들 사이에 사회 변혁의 욕구가 높아졌다.

① 배경: 일본은 정치적인 면에서는 임오군란과 갑신정변을 통하여 청에 밀려 크게 약화되었으나, 경제적인 면에서는 오히려 청보다 강세를 유지하였다.

② 일본의 무역 독점

    ㉠ 1880년대: 일본 상인들은 처음에는 청 상인들과 마찬가지로 주로 영국의 면제품(綿製品) 등을 싸게 사다가 비싸게 파는 중계 무역을 하였으나, 점차 자국 제품으로 대치하여 막대한 이익을 취하였다.

▲ 열강의 대립과 청·일의 경제적 침투

    ㉡ 1890년대: 조선의 무역에서 일본과의 무역 비중이 수출 총액의 90% 이상, 수입 총액의 50% 이상을 차지할 정도였다. 당시 일본에 대한 조선의 수출품은 미곡이 30% 이상 차지하였다.

    ㉢ 입도선매(立稻先賣): 일본 정부의 정치적 비호를 받은 일본 상인들은 조선 농민의 가난한 형편을 이용하여, 입도선매나 고리대의 방법으로 곡물을 사들여 폭리를 취하였다.

③ 방곡령(防穀令) 사건(1889): 일본의 경제적 침략에 대응하여 함경도 등에서 방곡령을 선포하기도 하였으나 실효를 거두지 못하였다.

> **심화** 무역 구조의 변화
>
> 조선의 수입품은 70% 정도가 면제품이었다. 아직 산업 자본이 확립되지 못한 청과 일본은 영국제 면제품을 들여와 비싸게 팔고 조선에서 곡물과 금을 헐값으로 사가는 중계 무역을 통해 큰 이익을 남겼다. 이에 1893년경에는 조선인 전체 수요의 25%를 차지할 만큼 증가하였다. 자연히 국내의 면포 수공업자는 물론 가내 부

*동학 농민 운동

동학 농민 운동은 사건의 선후 관계를 고려하여 역사적 흐름을 파악해야 한다.

■ **입도선매**

벼가 아직 익기 전에 논 전체를 싼 값으로 사들이는 방식이다.

업으로 면포를 생산하던 농민들이 점차 몰락해 갔다. 수출품은 주로 쌀·콩 등 곡물과 금·쇠가죽이었는데, 곡물이 70% 안팎으로 대부분은 일본으로 수출되었다. 쌀 수출은 농산물의 상품화를 확대시켰으나, 국내 쌀값이 크게 오르게 되어 민중의 생활을 한층 어렵게 하였다. 쌀값 폭등으로 생긴 이익은 지주와 부농, 그리고 상인들에게 돌아갔다. 정부와 지방 관리들은 쌀값을 안정시키려고 방곡령(防穀令)을 내려 곡물 유출을 막으려 하였으나, 일본 측의 항의와 방해로 실패하였다. 이에 개항을 한 뒤 무역 체제는 점차 '미면 교환 체제(米綿交換體制)'로 바뀌어 갔다. 곧 식량인 쌀과 원료인 면화를 수출하는 대신 면제품 등 자본제 상품을 수입하는 일종의 식민지 무역 체제였다.

송찬섭

(3) 농민층의 불만 팽배

① 농민층의 사회 불만 증대 : 자본주의 열강의 침탈과 지배층의 착취로 농촌 경제가 파탄에 이르게 되자, 농민층의 불안과 불만이 더욱 팽배해져 갔고, 농촌 지식인들과 농민들의 정치·사회의식이 급성장하여 사회 변혁의 욕구도 고조되었다.

② 동학의 교세 확장
    ㉠ 농민 요구에 부합 : 동학의 교세는 삼남 지방을 중심으로 확대되었는데, 동학의 인간 평등 사상과 사회 개혁 사상은 당시 농민들의 변혁 요구에 맞았다.
    ㉡ 조직의 정비 : 동학의 포접제(包接制) 조직은 대규모 농민 세력의 규합을 가능하게 하였으며, 종래에 산발적으로 일어났던 민란 형태의 농민 운동은 조직적인 농민 전쟁의 형태로 바뀌었다.

2 동학 농민 운동

◎ 1894～1895년 주요 사건(1895년까지의 날짜 표기는 음력으로 통일)

1894년	1월 10일	고부 민란
	4월 7일	황토현 전투
	4월 23일	황룡촌 전투
	5월 5일	청군 상륙
	5월 6일	일본군 상륙
	5월 7일	전주 화약
	6월 11일	조선 정부 교정청 설치
	6월 21일(양력 7. 23.)	일본군 경복궁 침입
	6월 23일(양력 7. 25.)	청일 전쟁 발발
	6월 25일(양력 7. 27.)	제1차 갑오개혁(군국기무처 설치)
	9월 18일	동학 농민 재봉기
	10월	남·북접군 논산 집결
	11월	공주 우금치 전투
	12월	제2차 갑오개혁(군국기무처 폐지)
1895년	3월 23일(양력 4. 17.)	시모노세키 조약 체결(청일 전쟁 종결)
	3월 29일	삼국 간섭
	8월 20일	을미사변 발생, 을미사변 직후 을미개혁 시작

(1) 교조 신원(敎祖伸寃) 운동

① 목적 : 동학의 교세가 확대되자, 동학 교도들은 삼례 집회(1892), 복합 상소(1893) 등을 통해 교조 최제우의 신원을 회복하고, 동학을 공인받으려 하였다.

② 보은 집회(報恩集會)

ㄱ 동학 교도와 농민이 참가한 대규모의 집회로 발전하여 탐관오리의 숙청과 일본과 서양 세력의 축출을 요구하는 정치적 구호를 내세웠다. 이로써 동학 중심의 종교 운동에서 농민 중심의 정치 운동의 성격을 띠게 되었다.

ㄴ 한편 전라도의 남접은 금구에서 따로 모임을 가졌다(금구 집회).

(2) 동학 농민 운동의 전개

① 제1기(1894, 고부 농민 봉기 시기) : 고부 군수 조병갑의 횡포와 착취에 항거하여, 전봉준이 1천여 명의 농민군을 이끌고 관아를 습격하여 군수를 내쫓고 아전들을 징벌한 뒤, 곡식을 농민들에게 나누어 주고 10여 일 만에 해산하였다.

② 제2기(동학 농민 운동의 절정기) : 정부는 조병갑을 징죄하고 안핵사 이용태를 파견하였다. 그러나 이용태가 조사 과정에서 당시 참여한 농민들을 색출·탄압하자, 전봉준, 김개남, 손화중, 오지영 등의 지도 하에 동학 농민군이 보국안민(輔國安民)과 제폭구민(除暴救民)의 기치를 내걸며 봉기하였다. 농민군은 창의문을 발의하고, 백산에 집결하였다. 이후 전봉준, 김개남, 손화중 등이 황토현 전투, 황룡촌 전투에서 관군을 물리치고, 무안, 나주, 정읍 등을 거쳐 전주성으로 진격하였다. 이에 정부에서는 홍계훈을 파견하여 동학군을 토벌하게 하는 한편 청에 원군을 요청하였다.

▲ 동학 농민 운동의 전개

단권화 MEMO

■ 복합 상소
서울에 40여 명의 교도가 상경하여 경복궁 앞에서 복합 상소를 하다가 해산 당하였다.

■ 조병갑의 횡포
만석보의 수세를 강제로 징수하고, 아버지의 비각을 세운다고 1천여 냥의 돈을 사취하는 등 온갖 탐학을 일삼았다.

한영우

| 사료 | 「동학 농민군 4대 강령」(1894. 3.) |

1. 사람과 남의 물건을 해치지 마라.
2. 충효를 다하고 세상을 구하고 백성을 평안하게 하라.
3. 일본 오랑캐를 몰아내고 나라의 정치를 깨끗이 한다.
4. 군대를 몰아 서울로 들어가 권세가와 귀족을 없앤다.

정교, 「대한계년사」

| 사료 | 「백산격문」(1894. 3.) |

우리가 의(義)를 들어 이에 이름은 그 본의가 다른 데 있지 아니하고, 창생을 도탄에서 건지고 국가를 반석 위에 두고자 함이다. 안으로는 탐학한 관리의 머리를 베고, 밖으로는 횡포한 강적의 무리를 구축하고자 함이다. 양반과 호강(豪强)의 앞에서 고통을 받는 민중들과 방백과 수령의 밑에서 굴욕을 받는 소리(小吏)들은 우리와 같이 원한이 깊은 자이다. 조금도 주저치 말고 이 시각으로 일어서라. 만일 기회를 잃으면 후회해도 미치지 못하리라.

「동학사」

집강소는 농민 자치기구로서 전라도 53주읍(州邑)의 관청 내에 설치되었다. 집강소는 장(長)인 집강 1인과 그 아래 서기·성찰(省察)·집사(執事)·동몽(童蒙) 등의 임원을 두어 행정 사무를 맡아 보게 하였다.

③ 제3기(전주 화약 체결·개혁의 실천)

　㉠ 농민군은 정부에 「폐정개혁안 12개조」를 건의하고, 전라도 53개 지역에 집강소(執綱所)를 설치하여 개혁을 실천해 나갔다. 이때에 정부는 동학 농민군의 개혁 요구를 제대로 실천하지 못하였다.

　㉡ 이에 앞서 정부는 동학 농민군을 무력으로 진압할 능력이 없었으므로 청에 파병을 요청하였다. 그리하여 청이 파병하게 되자, 일본도 톈진 조약을 구실로 조선에 군대를 파견하여 청일 전쟁이 일어났다.

사료　「폐정개혁안 12개조」

1. 동학도(東學徒)는 정부와의 원한(怨恨)을 씻고 서정(庶政)에 협력한다.
2. 탐관오리(貪官汚吏)는 그 죄상을 조사하여 엄징(嚴懲)한다.
3. 횡포(橫暴)한 부호(富豪)를 엄징한다.
4. 불량한 유림(儒林)과 양반의 무리를 징벌한다.
5. 노비 문서(奴婢文書)를 소각한다.
6. 7종의 천인 차별을 개선하고, 백정이 쓰는 평량갓(平涼笠)은 없앤다.
7. 청상과부(靑孀寡婦)의 개가(改嫁)를 허용한다.
8. 무명(無名)의 잡세는 일체 폐지한다.
9. 관리 채용에는 지벌(地閥)을 타파하고 인재를 등용한다.
10. 왜(倭)와 통하는 자는 엄징한다.
11. 공사채(公私債)를 물론하고 기왕의 것을 무효로 한다.
12. 토지는 평균하여 분작(分作)한다.

「동학사」

---

④ 제4기(동학 농민군의 재봉기)

　㉠ 청일 전쟁에서 승세를 잡은 일본이 내정 간섭을 강화하자, 이에 대항하여 남·북접의 동학 농민군이 논산에 집결하였다가 외세를 몰아낼 목적으로 서울로 북상하였다.

　㉡ 공주의 우금치(牛金峙)에서 관군과 일본군, 민보군을 상대로 격전을 벌였다. 그러나 근대 무기로 무장한 일본군에게 패하여 큰 희생을 치렀으며, 전봉준 등 지도자들이 체포됨으로써 동학 농민 운동은 실패로 돌아갔다.

양반 지주 및 토호들이 조직한 반 동학 농민군 조직

(3) 동학 농민 운동의 성격

① 농민 전쟁의 성격 : 초기에는 이른바 민란의 양상을 띠고 있었으나, 정부의 수습책이 미흡하자 점차 대대적인 농민 전쟁의 성격을 띠어 갔다.

② 반봉건적·반침략적 성격

　㉠ 반봉건 : 안으로는 전통적 지배 체제에 반대하여 노비 문서의 소각·토지의 평균 분작 등 개혁 정치를 요구하였다.

　㉡ 반외세 : 밖으로는 외세의 침략을 물리치려는 반침략적 근대 민족 운동이었다.

(4) 동학 농민 운동의 영향

① 반봉건적 성격과 반침략적 성격 때문에 당시의 집권 세력과 일본 침략 세력의 탄압을 동시에 받아 실패하고 말았다.

② 동학 농민군의 요구는 갑오개혁에 부분적으로 반영되었으며, 전통 질서 붕괴를 촉진시켰다.

③ 반침략적 성격은 동학 농민군의 잔여 세력이 의병 운동에 가담함으로써 반일 무장 투쟁을 활성화시켰다.

④ 동학 농민군의 진압 과정에서 파병된 청일 양국의 충돌로 청일 전쟁이 발발하였다.

(5) 동학 농민 운동의 한계

근대 사회를 건설하기 위한 구체적인 방안을 제시하지 못하였다.

단권화 MEMO

> **사료**　전봉준에 대한 심문 내용(요약)
>
> 심문자: 작년 3월 무슨 사연으로 고부 등지에서 민중을 크게 모았는가?
> 전봉준: 고부 군수(조병갑)의 수탈이 심하여 의거하였다.
> 심문자: 흩어져 돌아간 후에는 무슨 일로 군대를 봉기하였느냐?
> 전봉준: 문제 해결 책임자 이용태가 내려와 의거 참가자 대다수가 일반 농민이었음에도 불구하고 모두를 동학으로 통칭하고 체포하여 살육하였기에 군대를 봉기하였다.
> 심문자: 전주 화약 이후 다시 군대를 일으킨 이유가 무엇이냐?
> 전봉준: 일본이 개화를 구실로 군대를 동원하여 왕궁을 공격하고 임금을 놀라게 하였으니, 충군 애국의 마음으로 의병을 일으켜 일본과 싸워 그 책임을 묻고자 함이다.

▲ 동학 농민군의 지도자 전봉준

> **바로 확인문제**

● 다음은 동학 농민 운동과 관련한 연표이다. (가)~(라) 시기에 있었던 사실로 옳은 것은?

15. 국가직 9급

① (가) – 황토현 전투
② (나) – 청일 전쟁의 발발
③ (다) – 남·북접군의 논산 집결
④ (라) – 일본군의 경복궁 점령

● 다음 격문을 작성한 세력이 제기한 주장으로 옳은 것은?

16. 지방직 7급

> 우리가 의를 들어 여기에 이르렀음은 그 본뜻이 다른 데 있지 않고 창생(蒼生)을 도탄(塗炭) 중에서 건지고 국가를 반석(磐石) 위에 두고자 함이라. 안으로는 탐학한 관리의 머리를 베고, 밖으로는 횡포한 왜적의 무리를 내몰고자 함이라.

① 각종 무명잡세를 근절할 것
② 장교를 육성하고 징병제를 실시할 것
③ 조약을 체결할 때 중추원 의장이 서명할 것
④ 민법과 형법을 제정하여 인민의 생명과 재산을 보호할 것

● 우금치 전투가 진행된 당시에 동학 농민군이 알 수 있었던 사실로 적절한 것은?

16. 국가직 7급

① 정부가 개국 기년을 사용하기로 하였다.
② 건양이라는 연호가 제정되었다.
③ 고종이 「홍범 14조」를 발표하였다.
④ 지방 제도가 23부 337군으로 개편되었다.

|정답해설| 전주 화약 이후에도 철군하지 않았던 일본군이 경복궁을 점령하고, 청나라를 선제공격하면서 청일 전쟁이 일어났다.

|오답해설|
① 황토현 전투는 고부 관아 습격(고부 민란) 이후 농민군이 정부군에게 승리한 전투로, (다)에 해당한다.
③ 남·북접군이 연합하여 논산에 집결한 것은 (라) 시기이다.

|정답| ④

|정답해설| 제시된 사료는 동학 농민군이 백산에서 봉기할 때의 격문이다.
① 「폐정개혁안」의 내용 중 하나이다.

|오답해설|
②④ 제2차 갑오개혁 직전 발표된 「홍범 14조」 중 하나이다. 「홍범 14조」는 우리나라 최초의 근대적 헌법이다.
③ 「헌의 6조」의 내용 중 하나이다.

|정답| ①

|정답해설| 우금치 전투는 동학 농민군의 재봉기 시점의 전투로서, 일본의 경복궁 점령과 제1차 갑오개혁 이후에 일어났다. ① 제1차 갑오개혁의 개혁 내용이다.

|오답해설|
② 건양은 1895년 을미개혁 이후 사용된 연호이다.
③④ 고종이 「홍범 14조」를 발표한 직후 제2차 갑오개혁이 추진되었다. 한편 지방 제도가 8도 체제에서 23부 337군으로 개편된 것은 제2차 갑오개혁 때의 일이다.

|정답| ①

● 〈보기 1〉의 밑줄 친 부분에 대한 서술로 옳은 것을 〈보기 2〉에서 모두 고르면? 19. 2월 서울시 7급

┌─ 보기 1 ──┐

심문자: 작년(1894) 3월 고부 등지에서 무슨 사연으로 민중을 크게 모았는가?

전봉준: 그때 고부 군수(조병갑)의 수탈이 심하여 의거하였다.

심문자: 흩어져 돌아간 후에는 무슨 일로 ㉠ 군대를 봉기하였느냐?

전봉준: 고부 민란 조사 책임자 이용태가 내려와 의거 참가자 대다수가 일반 농민이었음에도 모두를 동학도로 통칭하고, 그 집을 불태우며 체포하고 살육을 행했기 때문에 다시 일어났다.

심문자: ㉡ 전주 화약 이후 ㉢ 다시 군대를 일으킨 이유가 무엇이냐?

전봉준: ㉣ 일본이 개화를 구실로 군대를 동원하여 왕궁을 공격하고 임금을 놀라게 했으니, 의병을 일으켜 일본과 싸워 그 책임을 묻고자 함이다. 「전봉준 공초」(발췌요약)

└──┘

┌─ 보기 2 ──┐

ㄱ. ㉠: 반봉건의 기치를 높이 들고 남, 북접이 연합하여 봉기하였다.

ㄴ. ㉡: 정부와 정치를 개혁할 것을 합의하였다.

ㄷ. ㉢: 공주 우금치에서 우세한 화력으로 무장한 일본군과 정부군에게 패하고 말았다.

ㄹ. ㉣: 명성황후를 무참히 살해하는 을미사변을 일으켰다.

└──┘

① ㄱ, ㄹ   ② ㄴ, ㄷ   ③ ㄱ, ㄷ, ㄹ   ④ ㄱ, ㄴ, ㄷ, ㄹ

|정답해설|

ㄴ. 청, 일본의 군대가 조선에 파병되자, 동학 농민군은 전주 화약을 통해 정부와 정치를 개혁할 것을 합의하였다.

ㄷ. 일본이 경복궁을 점령하고 내정을 간섭하자, 동학 농민군이 재봉기하였다(남, 북접의 연합). 그러나 공주 우금치 전투에서 우세한 화력으로 무장한 일본군과 정부군에게 패하고 말았다.

|오답해설|

ㄱ. 남, 북접의 연합은 재봉기 이후에 이루어졌다.

ㄹ. 을미사변(명성황후 시해 사건)은 1895년 일어났다.

|정답| ②

---

06 근대적 개혁의 추진

1 갑오개혁(甲午改革, 1894)*

(1) 자주적 개혁의 추진

① 배경: 개항 이후 여러 가지 모순을 해결하기 위한 개혁의 필요성이 높아진 가운데, 농민들의 개혁 요구가 거세지자 정부에서는 자주적으로 개혁을 추진하였다.

② 교정청(校正廳)의 설치: 갑신정변에 가담하지 않았던 온건 개화파들은 국왕의 명을 받아 교정청을 설치하고 자주적으로 개혁을 추진하려 하였다.

***갑오개혁**

제1, 2차 갑오개혁의 내용과 을미개혁의 내용은 구분하여 기억하도록 한다.

■ **개혁의 필요성**

갑신정변과 동학 농민 운동의 실패로 근대적인 개혁을 주체적으로 실시할 기회를 잃었으나, 개항 이래로 누적된 여러 가지의 모순을 해결하기 위해서는 대대적인 개혁이 필요하였다.

■ **교정청**

일본 정부가 조선에 내정 개혁안을 제출하였을 때, 조선 정부는 일본 군대의 철수를 우선 문제로 내세웠으며, 1894년 6월 왕명으로 '교정청'을 설치하고, 당상(堂上) 15명과 낭청(郎廳) 2명을 임명하여 자주적으로 개혁을 실시하려 하였다.

사료	교정청

교정청이 논의해 결정한 각종 폐단 혁파 조항(마을마다 게시하도록 각 도에 알림)

1. 세금 포탈이 많은 아전은 절대 용서하지 말고 곧바로 최고 형벌을 적용할 것

1. 공사의 채무를 막론하고 채무자의 친족에게 징수하는 일은 일체 거론하지 말 것

1. 지방관이 해당 지역에서 토지를 매입하거나 산소를 차지할 수 없으며, 만약 그 금령을 어길 경우, 토지는 관청 소유로 넘기고 산소는 파서 옮길 것

1. 토지세를 징수하는 논밭의 원래 결수 외에 결수를 더 배정하거나 호포(戶布) 외에 더 거두어들인 것은 모두 통렬하게 금지하고, 만약 드러나는 것이 있으면 즉시 따져서 처벌할 것

「속음청사」 권7, 고종 31년 6월 16일

(2) 일본의 간섭

① 상황: 동학 농민 운동을 계기로 청·일 양국군이 조선에 들어왔으나, 이미 정부와 동학 농민군 사이에는 '전주 화약'이 성립되어 외국 군대의 조선 주둔에 대한 명분은 사라졌다.

② 내정 개혁 주장: 일본은 조선에 대한 내정 간섭을 통해 경제적 이권을 탈취하고 침략의 발판을 마련하기 위하여 조선의 내정 개혁이 필요하다고 주장하였다.

③ 경복궁 점령: 조선은 일본군의 철수를 요구하였으나, 일본은 군대를 동원하여 경복궁을 점령하였다.

(3) 제1차 갑오개혁

① 김홍집 내각(1차)의 성립: 민씨 정권은 붕괴되고 흥선 대원군을 섭정으로 하는 김홍집 내각이 성립되었다.
② 군국기무처(軍國機務處) 설치: 김홍집 내각은 개혁을 추진하기 위하여 초정부적 심의 기구인 군국기무처를 설치하고 정치·경제·사회 등 국가의 주요 정책에 대한 개혁을 추진하였다.
③ 개혁 내용
　㉠ '개국' 연호를 사용하여, 청의 종주권을 부인하였다.
　㉡ 왕실(궁내부)과 정부 사무(의정부)를 분리하여 왕권을 축소하였다.
　㉢ 6조를 8아문으로 개편하고, 언론 삼사를 폐지하였다.
　㉣ 관료 제도를 개혁하여 과거제를 폐지하였다.
　㉤ 사회적으로는 노비제 등 신분 계급을 타파하고, 봉건적 악습(조혼, 과부의 재가 금지, 고문과 연좌법)을 폐지하였다.
　㉥ 경무청 설치, 탁지아문으로의 재정 일원화, 은본위 화폐 제도(신식화폐발행장정 공포), 조세의 금납화, 도량형 통일 등을 천명하였다.

(4) 제2차 갑오개혁

① 일본의 적극적 간섭: 일본은 청일 전쟁에서 승기를 잡자, 조선에 대해 적극적으로 간섭하였다. 이때 갑신정변의 주동자로서 망명해 있던 박영효와 서광범이 귀국하여 개혁에 참여하였다.
② 연립 내각 성립: 군국기무처가 폐지되고 김홍집·박영효 연립 내각(제2차 김홍집 내각)이 성립되면서 추진되었다.
③ 「홍범 14조」: 고종은 문무백관을 거느리고 종묘에 나가 「독립서고문(獨立誓告文)」을 바치고, 국정 개혁의 기본 방향을 제시한 「홍범 14조」를 반포하였다.
　㉠ 「독립서고문」: 국왕이 나라의 자주독립을 선포한 일종의 독립 선언문이었다.
　㉡ 국정 개혁의 기본 강령: 자주권·행정·재정·교육·관리 임용·민권 보장의 내용을 규정한 국정 개혁의 기본 강령으로 최초의 헌법적 성격을 지녔다.
④ 개혁 내용
　㉠ 의정부를 내각으로 개칭하고, 각 아문을 부로 바꾸고, 농상무아문과 공무아문을 농상공부로 통합하였다(8아문을 7부로 개편).
　㉡ 궁내부의 관제를 대폭 간소화하였다. 또한 지방 행정 제도를 8도 체제에서 23부, 337군 체제로 개편하였다.
　㉢ 사법권을 독립시켜 지방 재판소와 개항장 재판소, 순회 재판소, 고등 재판소를 설치하고, 법관 양성소를 설치하여 전문 법조인을 양성하였다.
　㉣ 탁지부 산하에 관세사 9개소와 징세서 220개소를 설치하여 세금 징수를 원활히 하였으며, 궁내부에 시위대 2개 대대, 일본군 지휘하의 훈련대 2개 대대를 신설하였다.

■ 8아문
내무아문, 외무아문, 탁지아문, 군무아문, 법무아문, 학무아문, 공무아문, 농상아문

㉺ 「교육입국 조서」를 반포하여(1895) 한성 사범 학교·한성 외국어 학교를 설립하고, 일본에 유학생을 파견하였다.

㉻ 보부상을 관할하던 상리국을 폐지하여, 상공업을 활성화시키고자 하였다.

④ 개혁의 중단 : 당시 일본이 삼국 간섭으로 세력이 약화되는 과정에 있었기 때문에 사실상 조선의 내각 대신들, 특히 내무 대신 박영효의 주도하에 개혁이 단행되었다. 그러나 박영효가 민씨 세력에 의해 권력에서 축출되면서 개혁은 중단되었다.

사료 「홍범 14조」

1. 청에 의존하는 생각을 버리고 자주독립의 기초를 세운다.
2. 왕실 전범(典範)을 제정하여 왕위 계승의 법칙과 종친과 외척과의 구별을 명확히 한다.
3. 임금은 각 대신과 의논하여 정사를 행하고, 종실·외척의 내정 간섭을 용납하지 않는다.
4. 왕실 사무와 국정 사무를 나누어 서로 혼동하지 않는다.
5. 의정부(議政府) 및 각 아문(衙門)의 직무·권한을 명백히 규정한다.
6. 납세는 법으로 정하고 함부로 세금을 징수하지 아니한다.
7. 조세의 징수와 경비 지출은 모두 탁지아문(度支衙門)의 관할에 속한다.
8. 왕실의 경비는 솔선하여 절약하고, 이로써 각 아문과 지방관의 모범이 되게 한다.
9. 왕실과 관부(官府)의 1년 회계를 예정하여 재정의 기초를 확립한다.
10. 지방 제도를 개정하여 지방 관리의 직권을 제한한다.
11. 총명한 젊은이들을 파견하여 외국의 학술·기예를 견습시킨다.
12. 장교를 교육하고 징병을 실시하여 군제의 근본을 확립한다.
13. 민법·형법을 제정하여 인민의 생명과 재산을 보전한다.
14. 문벌을 가리지 않고 인재 등용의 길을 넓힌다.

◎ 갑오개혁의 주요 내용

구분		제1차 개혁(군국기무처)	「홍범 14조」 발표 후 제2차 개혁
정치·행정		• 정부와 왕실 분리 • 중국 연호 폐지 • 6조제 → 8아문제 • 경무청 신설 • 과거제 폐지	• 내각제 시행 • 8아문제 → 7부제 • 8도제 → 23부제
경제·사회		• 재정 기관 일원화 • 은본위제 채택 • 도량형 통일 • 조세 금납제 • 노비제 폐지 • 연좌법 폐지 • 조혼 금지, 과부의 재가 허용	• 한성 사범 학교 설립 • 외국어 학교 관제 공포 • 법관 양성소 규정 제정

2 을미개혁(제3차 개혁, 1895. 8.~1896. 2.)

(1) 시모노세키 조약과 을미사변

① 시모노세키 조약: 청일 전쟁은 일본의 승리로 끝나고 시모노세키 조약이 체결되었다. 일본은 막대한 전쟁 배상금과 랴오둥 반도 등을 할양받게 되었다.

② 그러나 삼국간섭(러시아, 프랑스, 독일)으로 일본이 랴오둥 반도를 청에게 반환하자 (1895. 4.) 조선 내에서는 명성황후 등 친 러시아 세력이 성장하게 되었다(제3차 김홍집 내각 성립).

③ 이에 일본은 낭인들을 동원하여 명성황후를 시해하는 을미사변을 일으키고, 친일적인 내각을 수립한 후 급진적 개혁을 실시하였다(을미개혁).

(2) 을미개혁의 추진(제4차 김홍집 내각)

친일 내각은 중단되었던 개혁을 계속 추진하여 태양력 사용, 단발령 실시 등을 내용으로 한 을미개혁을 추진하였다.

① 유생들의 반발: 단발령이 내려지자, 유생들은 "내 목을 자를지언정 내 머리카락은 자를 수 없다."는 강경한 자세로 반발하였다.

② 개혁의 중단: 명성 황후 시해와 단발령을 계기로 유생층과 농민이 각지에서 의병을 일으켰고, 이러한 소용돌이 속에서 친러파는 국왕을 러시아 공사관으로 피신(아관파천)시킴으로써 개혁은 중단되었다.

◐ 을미개혁의 주요 내용

정치	'건양' 연호 사용, 친위대·진위대 설치(군제 개편)
사회·경제	소학교령 공포, 종두법 시행, 우체사 설치, 태양력 사용, 단발령

심화 근대의 우편 제도

❶ 우편 제도에 대한 지식 소개
- 『이언』의 소개: 1880년(청나라 사람인) 정관응이 간행한 서적이며, 우편과 전보에 관한 상세한 해설을 수록하였다.
- 우정사의 설치: 고종 19년(1882) 12월 교통 및 체신 업무를 관장하기 위하여 설치되었던 관청이며, 통리교섭통상사무아문 소속 기구였다.
- 홍영식의 미국 시찰: 1883년 4월에는 우편 업무 실습을 위하여 조창교 등 수 명의 유학생을 일본에 파견하였고, 홍영식도 그해 6월 보빙사의 부사(副使)가 되어 정사(正使) 민영익과 함께 미국의 문물 제도를 시찰할 기회를 얻어 뉴욕 우체국과 전신국을 시찰하는 등 발달된 미국의 통신 제도에 깊은 감명을 받았다.

❷ 근대의 우정(郵政)
- 1884. 10. 01.(음력)−근대 우편 업무 개시(한성−인천), 문위 우표 2종을 발행
- 문위 우표는 우리나라 최초의 우표이며, 당시 통용 화폐 단위인 문(文)으로 우표 가격을 표기함
- 1884(고종 21년). 3. 27.(음력)−우정총국 개설
  1884(고종 21년). 10. 21.(음력)−우정총국 폐지
- 1895. 6. 1.−우체사 설치
- 1895. 7. 22.−우편 업무 재개
- 1900−만국 우편 연합(UPU, Universal Postal Union) 가입

■ **명성 황후 시해 사건**

명성 황후는 대한 제국이 수립된 후에 황후로 추봉되었다. 동학 농민 운동으로 정국이 혼란스러울 때 침략 공세를 펴던 일본은 갑오개혁에 관여하면서 흥선 대원군을 내세워 명성 황후 세력을 제거하려 하였다. 명성 황후는 일본의 야심을 간파하고 일본을 배후로 한 개혁 세력에 대항하였다. 그러나 청일 전쟁에서 승리한 일본의 압력이 거세지자 명성 황후는 친러 정책을 내세워 일본 세력에 대항하였다. 삼국 간섭으로 대륙을 침략하려던 일본의 기세가 꺾이자 조선 정계의 친러 경향은 더욱 굳어졌다. 이에 일본 공사 미우라는 일본의 한반도 침략 정책의 장애물인 명성 황후와 친러 세력을 일소하고자 친일 세력과 공모하여, 1895년 8월 20일 일본 군대와 정치 낭인들을 동원하여 왕궁을 습격한 후 명성 황후를 시해하고 그 시체를 불사르는 만행을 저질렀다.

▲ 단발한 고종의 모습

3 갑오·을미개혁의 의의

① 일본의 침략 의도가 반영된 것이지만, 전통 질서를 타파하는 근대적 개혁이었다.
② 조선의 개화 인사들과 농민층의 개혁 의지가 일부 반영된, 민족 내부에서 일어난 근대화의 노력이기도 하였다.

4 갑오·을미개혁의 한계

① 토지 제도의 개혁이 전혀 없고, 군제 개혁에 소홀하였다.
② 개혁을 추진한 세력이 일본의 무력에 지나치게 의존하였다.
③ 민중과 유리된 개혁으로 피지배층의 지지가 결여되었다.

◆ 김홍집 내각의 변천

제1차 갑오개혁	제2차 갑오개혁		을미개혁
제1차 김홍집 내각 (1894. 7.~12.)	제2차 김홍집 내각 (1894. 12.~1895. 7.)	제3차 김홍집 내각 (1895. 7.~8.)	제4차 김홍집 내각 (1895. 8.~1896. 2.)
• 군국기무처 중심 개혁 • 친일 내각 • 흥선 대원군의 섭정	• 김홍집·박영효의 연립 내각 • 친일 내각	• 삼국 간섭 후 성립 (이범진, 이완용 등용) • 친러 내각	• 을미사변 후 개혁 추진 • 친일 내각 • 단발령의 반포 등

바로 확인문제

● 다음 기구에서 추진한 개혁 내용으로 옳은 것은?   13. 국가직 9급

> 총재 1명, 부총재 1명, 그리고 16명에서 20명 사이의 회의원으로 구성되었다. 이밖에 2명 정도의 서기관이 있어서 활동을 도왔고, 또 회의원 중 3명이 기초 위원으로 선정되어 의안의 작성을 책임졌다. 총재는 영의정 김홍집이 겸임하고, 부총재는 내아문독판으로 회의원인 박정양이 겸임하였다.

① 은본위 화폐 제도를 실시하였다.
② 의정부와 삼군부의 기능을 회복하였다.
③ 양전 사업을 실시하여 지계를 발급하였다.
④ 재판소를 설치하여 사법권과 행정권을 분리시켰다.

● 다음 밑줄 친 '개혁'의 내용으로 옳은 것을 〈보기〉에서 고른 것은?   19. 법원직 9급

> 청일 전쟁에서 승기를 잡은 일본은 조선의 내정에 적극 간섭하기 시작하였다. 흥선 대원군을 물러나게 하고 군국기무처를 폐지하였으며, 김홍집·박영효 연립 내각을 구성하고 개혁을 단행하였다.

> ─┤ 보기 ├─
> ㄱ. 과거제를 폐지하였다.
> ㄴ. 재판소를 설치하였다.
> ㄷ. 8도를 23부로 개편하였다.
> ㄹ. 친위대, 진위대를 설치하였다.

① ㄱ, ㄴ   ② ㄱ, ㄹ   ③ ㄴ, ㄷ   ④ ㄷ, ㄹ

07 아관파천과 독립 협회

1 아관파천(1896)

(1) 아관파천의 발생

을미사변과 단발령의 실시 등으로 반일 감정이 높아져 전국 각지에서 의병이 봉기하자, 이를 진압하기 위하여 중앙의 친위대를 출동시켰다. 이에 수도 경비에 공백이 생긴 틈을 타서 친러파 이범진, 이완용, 이윤용 등은 러시아 공사 베베르와 모의하여 공사관 경비를 구실로 러시아 수병 120명을 불러 공사관을 호위하게 하였다. 이에 고종과 왕세자가 러시아 공사관으로 파천하였다.

(2) 아관파천 이후 국내 정세 변화

① 김홍집, 정병하 등을 처단하고, 김윤식을 제주도로 유배시키는 한편, 김병시(총리대신), 박정양(내부대신), 이완용(외·학·농상공부대신), 조병직(법부대신), 이윤용(군부대신) 등 친러파 내각이 성립되었다.
② 정부는 민심 수습책으로 단발령을 중지하고 내각을 의정부로 환원하는 한편, 23부의 지방 제도를 한성부와 13도로 구분하고, 그 아래 1목, 7부, 331군으로 개편하였다.
③ 아관파천으로 우위를 차지한 러시아는 일본과 '첫째, 아관파천과 친러 정권을 인정할 것, 둘째 을미사변에 대한 일본 책임을 시인할 것, 셋째, 주한 일본군을 감축하여 러시아 병력과 같은 수를 유지할 것' 등을 내용으로 베베르-고무라 각서를 체결하였다.
④ 니콜라이 황제 대관식을 기회로 일본의 야마가타가 러시아 외상 로마노프에게 38선 분할을 요청하였으나 거절당하였다.

로마노프-야마가타 의정서(1896)

로마노프-야마가타 의정서는 본 조약 4개 조항과 비밀 조관 2개 조항으로 이루어져 있다.

제1조는 조선의 재정 문제에 대해 러시아와 일본이 조선 정부에 조언을 해 줄 수 있다는 것. 조선이 개혁을 추진하기 위해 차관을 필요로 할 경우 러시아와 일본 양국이 합의해 제공해야 한다고 규정했다.

제2조는 조선의 경제적 여건이 허락하는 한 원조를 받지 않고 조선인 군대와 경찰을 창설하도록 하고 조선 정부가 이를 유지하도록 한다는 것이었다.

제3조는 일본이 조선 내에 설치한 전신선을 계속해서 보호한다는 것과 러시아 역시 한성에서 러시아 국경에 이르는 전신선을 가설할 수 있는 권리를 가지며, 이 전신선들은 조선 정부가 매수할 수 있는 여력이 생기면 매수할 수 있다고 규정했다.

로젠-니시 협정(1898)

로젠-니시 협정은 총 3개의 조항으로 이루어져 있다.

제1조는 러시아와 일본이 한국의 주권 및 완전한 독립을 확인하고 그 내정에 직접 간섭하지 않는다고 하였다.

제2조는 러시아와 일본 양국 정부는 한국이 일본 혹은 러시아에 도움을 구할 경우 군사 교관 혹은 재정 고문관의 임명에 관해서는 상호 협상 없이는 어떠한 조치도 취하지 않는다고 규정했다.

제3조는 러시아 정부는 한국에서 일본의 상업 및 공업에 관한 기업이 크게 발달한 것과 일본 거류민이 다수라는 점을 인정해 한일 양국 간에 상업 및 공업 관계 발달을 방해하지 않는다는 것이었다.

러시아 공사 베베르는 1896년 2월 인천항에 정박 중인 러시아 군함으로부터 러시아 공사관 경비라는 명목으로 완전 무장한 수병 120명을 서울로 거느리고 왔다. 2월 10일 정동파(貞洞派 : 정동에 있는 러시아 및 미국 공사관에 출입하고 있던 정객 그룹)의 이범진·이완용 등은 궁녀용(宮女用)의 가마에 국왕과 세자를 태워 왕궁을 탈출시켜 러시아 공사관으로 옮겼다. 국왕은 러시아 공사관에서 정동파의 포로가 되어 김홍집을 비롯한 개화파 내각의 구성원을 체포·처형할 것을 명령하였다. 이리하여 인민의 반일 감정은 김홍집 내각에 대한 보복의 형태로 폭발하였다.   강재언, 「조선 근대의 변혁운동」

바로 확인문제

● 베베르(웨베르)−고무라 각서에 대한 설명으로 가장 옳은 것은?   17. 서울시 7급

① 조선이 청의 중재를 거치지 않고 러시아와 직접 조러 통상 조약을 체결하였다.
② 조선이 러시아와 조러 비밀 협약을 추진하자 영국이 거문도를 불법 점령하였다.
③ 일본이 아관파천 이후 수세에 몰리자 러시아와 세력 균형을 위한 협상을 하였다.
④ 일본이 러일 전쟁에서 승리하자 미국과 영국으로부터 조선에 대한 독점권을 인정받았다.

---

2 독립 협회(獨立協會)*

(1) 창립

서재필 등은 자유 민주주의적 개혁 사상을 민중에게 보급하고 국민의 힘으로 자주독립 국가를 건설하기 위하여 〈독립신문〉을 창간하고 독립 협회를 창립하였다.

(2) 구성

① 지도부 : 근대 개혁 사상을 지닌 진보적 지식인들이 지도부를 이루었다.
② 구성원 : 열강의 침탈과 지배층의 수탈에 불만을 품은 도시 시민층이 주요 구성원을 이루었고, 학생·노동자·여성 등 광범한 사회 계층의 지지를 받았다.

▲ 〈독립신문〉

(3) 발전

① 지지 계층 : 독립 협회는 강연회와 토론회의 개최, 신문과 잡지의 발간 등을 통하여 민중에게 근대적 지식과 국권·민권 사상을 고취하였다. 이로써 독립 협회는 민중 속에 뿌리를 내려 광범한 사회 계층의 지지를 받았다.
② 민중 단체로의 발전 : 독립 협회와 〈독립신문〉이 정부의 외세 의존적인 자세를 비판하자, 독립 협회에 참여하였던 관료들은 대부분 이탈하였지만, 독립 협회는 오히려 민중에 기반을 둔 사회단체로 발전하였다.

(4) 활동

① 민중의 계몽 : 독립 협회의 지도층은 갑신정변, 갑오개혁과 같은 개혁 운동이 민중의 지지 기반이 없어 실패한 사실을 거울삼아, 우선적으로 민중을 일깨우기 위한 운동을 벌였다.

② 자주독립 의식의 고취: 국민의 성금을 모아 영은문(迎恩門) 자리에 자주독립의 상징인 독립문(獨立門)을 세우고, 모화관(慕華館)을 독립관(獨立館)으로 개수하는 등 국민의 자주독립 의식을 고취시켰다.

③ 민중의 계도: 강연회와 토론회의 개최, 신문과 잡지의 발간 등을 통하여 근대적 지식과 국권·민권 사상을 고취시켜 민중을 계도하였다.

(5) 국권·민권 운동의 전개

① 배경: 러시아의 침략적 간섭은 여전하였고, 열강의 이권 침탈은 더욱 심해졌다.

② 만민 공동회 개최: 우리나라 최초의 근대적 민중 대회인 만민 공동회를 열었다. 만여 명의 시민·학생들이 모인 가운데 종로 광장에서 열린 만민 공동회에서는 러시아의 침략 정책을 규탄하고, 대한의 자주독립권을 지키자는 내용의 결의안을 채택하여 이를 정부에 건의하였다.

③ 자주 국권 운동: 독립 협회는 수시로 만민 공동회를 열고, 외국의 내정 간섭과 이권 요구 및 토지 조차 요구 등에 대항하여 국권(國權)과 국익(國益)을 수호하려는 자주 국권 운동을 전개해 나갔다.

④ 자유 민권 운동: 자주 국권 운동이 전개되는 과정에서 민중의 힘이 증대되고 민권 의식이 고양됨에 따라 자유 민권 운동도 전개되었다. 국민의 신체 자유·재산권·언론·출판·집회·결사의 자유 등을 확보하려는 운동을 전개하여 상당한 성과를 거두었다. 또한 민의(民意)를 국정에 반영하여 근대 개혁을 추진하려는 국민 참정권 운동도 전개하였다.

(6) 국정 개혁 운동

① 민중 대표 기관으로의 성장: 전국 각지에 지회를 설치하고, 4천여 명의 회원을 가진 민중의 대표 기관으로 성장하여, 의회 설립에 의한 국민 참정 운동과 국정 개혁 운동을 본격적으로 전개하였다.

② 진보적 내각의 수립: 보수적 내각을 퇴진시키고, 박정양의 진보적 내각을 수립하는 데 성공하였다.

③ 「헌의 6조」 결의(1898. 10.): 만민 공동회와 정부 대신들을 합석시켜 관민 공동회를 개최하여 「헌의 6조」를 결의하여 국왕의 재가를 받았다.

④ 「중추원 관제」 반포: 민선 의원과 관선 의원을 같은 수로 하는 의회식 「중추원 관제(中樞院官制)」를 반포하여, 우리나라 역사상 최초로 의회(議會)를 만들려고 하였다.

▲ 독립문
중국 사신을 맞던 영은문 자리에 세웠다.

■「중추원 신관제」 내용
중추원은 의정부의 자순(諮詢)에 응하며, 중추원 건의를 위해 법령칙령안, 의정부에서 의론을 거쳐 상주하는 일체 사항, 중추원에서 임시 건의하는 사항, 인민 헌의를 채용하는 사항 등을 심사, 의정하는 처소로 한다. 중추원은 의장 1인, 부의장 1인, 의관 50인, 의관 반수는 독립 협회 회원이 투표하여 선거한다. 의장·부의장 및 의관의 임기는 12개월로 정한다.

1. 외국인에게 의지하지 말고 관민이 한마음으로 힘을 합하여 전제 황권을 견고하게 할 것
2. 외국과의 이권에 관한 계약과 조약은 각 대신과 중추원 의장이 합동 날인하여 시행할 것
3. 국가 재정은 탁지부에서 전관(專管)하고, 예산과 결산을 국민에게 공표할 것
4. 중대 범죄를 공판하되, 피고의 인권을 존중할 것
5. 칙임관을 임명할 때에는 정부에 그 뜻을 물어서 중의에 따를 것
6. 정해진 규정을 실천할 것

〈독립신문〉

(7) 독립 협회의 해산

① 박정양 내각의 붕괴 : 헌의 6조는 서구식 입헌 군주제의 실현을 목표로 하였기 때문에 보수 세력의 지지를 얻지 못하였다. 보수 세력은 고종에게 독립 협회가 왕정을 폐지하고 공화정을 실시하려 한다고 모함하였다. 이로 인해 박정양 내각은 무너지고 독립 협회도 3년 만에 해산되었다.
② 시민의 투쟁 : 서울 시민들은 만민 공동회를 열어 50여 일간의 시위 농성을 통하여 독립 협회의 부활, 개혁파 내각의 수립, 의회식 중추원의 설치 등을 요구하며 격렬한 투쟁을 벌였다.
③ 황국 협회의 탄압 : 보수 세력은 황국 협회(皇國協會)를 이용하여 독립 협회를 탄압하였고, 결국은 병력을 동원하여 민중들의 정치 활동을 봉쇄하였다.

(8) 독립 협회 활동의 의의

독립 협회는 과거의 개화 세력과는 달리, 민중을 개화 운동과 결합시켜 근대적 민중 운동을 일으켰고, 민중에 의한 자주적인 근대화 운동을 전개하였다.

① 자주 국권 사상 : 자주독립 국가를 건설하려는 근대적 민족주의 사상으로서, 독립 협회는 열강의 침략으로부터 자주독립하는 길은 외국에 의존하지 않고 스스로의 힘으로 국권을 지키는 것이라고 믿었다. 그리고 실제로 민중을 배경으로 정부에 압력을 가하여, 러시아의 내정 간섭과 이권 요구를 물리치는 등 자주 국권 운동을 전개하였다.
② 자유 민권 사상 : 국민의 자유와 평등 및 국민 주권의 확립을 통하여 근대 국민 국가를 건설하려는 민주주의 사상이다. 독립 협회는 민중에게 민권 의식을 고취시키고, 자유 민권의 민주주의 이념을 사회 일반에 전파하였다.
③ 자강 개혁 사상 : 자주적인 근대 개혁을 통하여 국력을 배양하려는 근대화 사상이다. 신교육과 산업 개발의 필요성, 국방력의 증강을 강조하였다.

전국의 보부상으로 조직된 단체로서, 보수 세력은 이들에게 만민 공동회가 열리는 곳에서 소란을 피우게 하고, 이를 빌미로 독립 협회를 해산시켰다.

■ 독립 협회의 주요 활동

자주 국권 사상	민족주의 사상 → 이권 요구 반대 · 자주 호국 선언 건의 · 열강의 내정 간섭 반대
자유 민권 사상	민주주의 사상 → 언론 · 출판 · 집회 · 결사의 자유 · 국민 참정권 운동 · 의회 설립 운동
자강 개혁 사상	근대화 사상→산업 개발 · 신교육 제도의 도입 · 입헌 군주제 · 국방력 강화

● 다음은 어느 단체가 발간한 신문에서 발췌한 내용이다. 이와 관련된 설명으로 옳은 것은?

> 오늘 우리는 국왕이 영은문 옛 자리에 새로운 문을 건설하는 데 동의한 사실을 매우 기쁘게 생각한다. 이 문은 단지 청국으로부터 독립을 의미하는 것이 아니라, 일본으로부터, 러시아로부터, 그리고 유럽 열강 모두로부터 독립을 의미하는 것이다.

① 이 신문은 대한민국 임시 정부의 기관지였다.
② 이 신문은 자주 국권 사상과 자유 민권 사상을 전파하였다.
③ 이 단체는 일제의 황무지 개간권 요구에 반대하는 운동을 벌였다.
④ 이 단체는 실력 양성 운동을 전개하다가 105인 사건으로 와해되었다.

● 다음에서 설명하고 있는 기관의 공통된 이름으로 옳은 것은?   14. 서울시 9급

> • 고려와 조선에서는 왕명 출납, 군사 기무, 숙위의 일을 맡았다.
> • 대한 제국에서는 정부의 자문 기구로 개편되었고, 독립 협회가 의회로의 개편을 시도하였다.

① 중추원   ② 홍문관
③ 규장각   ④ 성균관
⑤ 집현전

● (가)~(다)가 반포된 순서대로 바르게 나열한 것은?   20. 법원직 9급

> (가)
> 2. 모든 정부와 외국과의 조약에 관한 일은 각부 대신과 중추원 의장이 합동으로 서명, 날인하여 시행할 것.
> 4. 중대 범죄는 공개 재판을 시행하되, 피고가 죄를 자백한 후에 시행할 것.
>
> (나)
> 1. 이후 국내외 공사(公私)문서에 개국 기원을 사용한다.
> 6. 남자 20세, 여자 16세 이하의 조혼을 금지한다.
> 8. 공사 노비법을 혁파하고 인신매매를 금지한다.
>
> (다)
> 1. 흥선 대원군을 빨리 귀국시키고 종래 청에 행하던 조공의 허례를 폐지한다.
> 9. 혜상공국을 혁파한다.
> 12. 모든 재정은 호조에서 관할한다.

① (가) – (다) – (나)   ② (나) – (다) – (가)
③ (다) – (가) – (나)   ④ (다) – (나) – (가)

| 정답해설 | 제시된 자료는 독립 협회가 발간한 〈독립신문〉 내용 중 일부이다. 독립 협회는 자주독립의 기치를 세우기 위해 독립문을 세웠으며, 자주 국권, 자강 개혁, 자유 민권을 3대 사상으로 제창하였다.

| 오답해설 |
③ 보안회, ④ 신민회에 관한 설명이다.

| 정답 | ②

| 정답해설 | 고려 시대의 중추원은 2품 이상의 추밀과 3품 이하의 승선으로 구성된 기구로서, 군사 기밀 사무와 왕명 출납을 담당하는 기구였다. 조선 건국 이후 중추원의 군사 기능은 의흥 삼군부 및 병조로 이관되었고, 왕명 출납 기능은 승정원으로 개편되면서 유명무실한 기관이 되었다. 한편 조선 말 1895년 제2차 갑오개혁 시기에는 내각의 자문 기구 역할을 하였다. 이후 1898년 독립 협회는 중추원을 의회로 개편하는 「중추원 신관제」를 추진하였다.

| 오답해설 |
② 홍문관은 경연과 왕의 정책 자문을 맡아보던 언론 기관이다.
③ 규장각은 정조 때 설치된 학술 연구 및 왕권 보좌 기구이다.
④ 성균관은 고려 말 이후 조선 시대까지의 최고의 교육 기관이다.
⑤ 집현전은 세종 때 설치된 학술 연구 기관이며, 경연을 담당하였다.

| 정답 | ①

| 정답해설 | 제시된 자료는 (다) 갑신정변 직후 발표된 정강 14조(1884) → (나) 제1차 갑오개혁(1894) → (가) 헌의 6조(1898) 순으로 반포되었다.

| 정답 | ④

＊대한제국의 수립
「대한국 국제」와 광무개혁의 내용은 꼭 기억하도록 한다.

■ 원구단(환구단)
고려 성종 2년(983) 정월에 처음 설치되었고, 조선 초에 제천 의례가 억제되자 폐지되었다. 세조 2년(1456)에는 일시적으로 제도화하여 1457년에 환구단을 설치하고 제사를 드리게 되었다. 그러나 세조 10년(1464)에 실시된 제사를 마지막으로 환구단에서의 제사는 중단되었다. 환구단이 다시 설치된 것은 고종 34년(1897) 조선이 대한제국이라는 황제국으로 이름을 바꾸고, 고종이 황제로 즉위하면서부터이다. 현재 환구단 터에는 황궁우와 석고 3개가 남아있다. 황궁우는 1899년에 만들어진 3층의 8각 건물이며, 석고는 악기를 상징하는 듯한 모습으로 화려한 용무늬가 조각되어 있다. 1913년 일제에 의해 환구단은 헐리고 그 터에는 지금의 조선 호텔이 들어서게 되었다.

08 대한제국의 수립

1 대한제국의 수립＊

(1) 고종의 환궁

아관파천 이후 열강의 이권 침탈 등으로 국내의 여론이 악화되고, 고종의 환궁을 독촉하는 목소리가 높아지자, 1897년 고종은 경운궁(이후 덕수궁으로 개칭)으로 환궁하였다.

▲ 원구단(환구단)
고종이 황제 즉위식을 거행한 곳이다.

(2) 대한제국 수립

고종은 환궁 이후 자주독립을 강화하는 방안으로 칭제 건원을 추진하여 연호를 '광무'라 하고, 국호를 '대한제국'으로 고쳤다.

(3) 「대한국 국제」 반포

고종은 「대한국 국제」를 반포(1899)하여 자주독립과 전제 황권 강화를 표방하였다.

사료	「대한국 국제」(원문 번역)

제1조 대한국은 세계 만국에 공인되올 바 자주 독립하온 제국이니라.

제2조 대한제국의 정치는 이전부터 오백년간 전래하시고 이후부터는 항만세(恒萬歲) 불변하오실 전제 정치이니라.

제3조 대한국 대황제께옵서는 무한하온 군권을 향유하옵시느니 공법(公法)에 이르는 바 자립 정체이니라.

제4조 대한국 신민이 대황제의 향유하옵시는 군권을 침손할 행위가 있으면 그 행위의 사전과 사후를 막론하고 신민의 도리를 잃어버린 자로 인정할지니라.

제5조 대한국 대황제께옵서는 국내 육해군을 통솔하옵셔서 편제(編制)를 정하옵시고 계엄·해엄을 명령하옵시니라.

제6조 대한국 대황제께옵서는 법률을 제정하옵셔서 그 반포와 집행을 명령하옵시고 만국의 공공(公共)한 법률을 효방(效倣)하사 국내 법률로 개정하옵시고 대사·특사·감형·복권을 명하옵시느니 공법에 이른바 자정율례(自定律例)이니라.

제7조 대한국 대황제께옵서는 행정 각 부부(府部)의 관제와 문무관의 봉급을 제정 혹은 개정하옵시고 행정상 필요한 칙령을 발하옵시느니 공법에 이른바 자행치리(自行治理)이니라.

제8조 대한국 대황제께옵서는 문무관의 출척(黜陟)·임면을 행하옵시고 작위·훈장 및 기타 영전(榮典)을 수여 혹은 체탈(遞奪)하옵시느니 공법에 이른바 자선신공(自選臣工)이니라.

제9조 대한국 대황제께옵서는 각 국가에 사신을 파송 주찰(駐紮)케 하옵시고 선전·강화 및 제반약조를 체결하옵시느니 공법에 이른바 자견사신(自遣使臣)이니라.

(4) 광무개혁 실시

① 원수부를 설치(1899)하여 황제가 직접 군대를 관할하였고, 황제를 호위하는 친위대와 시위대를 설치하였다.

② '옛 제도를 근본으로 하고 새 제도를 참작한다.'는 구본 신참(舊本新參)을 원칙으로 점진적 개혁을 추진하였다.

2 광무개혁

(1) 개혁 내용

① 황실 재정 개선을 위해 종래 탁지부·농상공부에서 관할하던 전국의 광산·철도·홍삼 제조·백동화 주조·수리 관계 사업을 궁내부의 내장원으로 이관하였으며, 그 수입은 황제가 내탕금으로 사용하도록 하였다.

② 상세(商稅)를 징수하고, 상무사를 조직하여 영업세 징수를 맡겼다. 이어 황실 직영의 방직 공장·유리 공장·제지 공장 등을 설립하였다.

③ 근대적 토지, 지세 제도 마련: 양전 사업과 지계 발급

　㉠ 근대적 토지 소유권 제도를 확립하기 위해 양지아문을 설치(1898)하여 1899년부터 양전 사업을 실시하였다.

　㉡ 1901년 지계아문이 설치되면서 양지아문의 업무는 지계아문에 이양되었다. 지계아문에서는 지역의 토지 측량 조사를 실시하였고 토지 소유권 증명인 지계를 발급하였다.

　㉢ 대한제국 정부는 개항장에서만 외국인의 토지 소유를 인정하였다. 모든 산림, 토지, 전답, 가옥을 발급 대상에 포함하였다.

④ 환구단(원구단)을 세우고, 교통·통신 등의 근대적 시설이 확충되었다.

⑤ 1901년 금본위제 화폐 제도를 채택하였다(실질적인 금본위제는 1905년 화폐정리사업 이후 실시함).

⑥ 교육 부분에도 관심을 가져 상공 학교와 광무 학교(1900년 광업 계통의 실업 교육을 실시하기 위해 설립)를 설립하였다. 또한 잠업 시험장(1900)과 양잠 전습소(1901)를 설립하여, 양잠 기술을 발전시키려 하고 각종 회사와 은행 설립을 장려하는 식산흥업 정책을 전개하였다.

⑦ 서울의 친위대를 2개 연대로 증강하고, 시위대를 신설하는 한편, 호위대를 개편·증강하였다. 이어 지방의 진위대를 증강시켜 6개 연대 규모로 통합·개편하였다.

⑧ 블라디보스토크와 간도 지방에 각각 해삼위 통상 사무관과 간도 관리사를 파견하였다.

⑨ 한청 통상 조약을 체결하여 중국과 대등한 관계를 표방하였다(1899).

▲ 지계

사료　광무개혁

❶ 양전 및 지계 사업

제2조　전답·산림·천택(연못)·가옥을 매매 및 양도하는 경우 관계(官契, 관에서 증명한 문서)를 반납한다.

제3조　소유주가 관계를 받지 않거나, 저당 잡힐 때 관허가 없으면 모두 몰수한다.

제4조　대한 제국 인민 외 소유주가 될 권리가 없고, 외국인에게 명의를 빌려 주거나 사사로이 매매·저당·양도할 경우 법에 따라 처벌된다.

❷ 금본위제 개정 화폐 조례

제1조　화폐의 제도와 발행의 권한은 정부에 속함

제2조　금화폐의 순금 양목(量目)은 2푼으로서 가격의 단위를 정하고, 이를 환이라 칭할 것

제3조　화폐의 종류는 금화폐(20환·10환·5환), 은화폐(반환·20전), 적동화폐(1전)로 할 것

❸ 토지가옥증명규칙

칙령 제65호

제1조   토지·가옥을 매매·증여·교환 혹은 전당할 때에는 그 계약서에 통수 혹은 동장의 인증을 받은
         후 군수 혹은 부윤의 증명을 받아야 한다.

제2조   제1조의 증명을 받은 계약서는 완전한 증거가 되며, 오직 그 정본(正本)에 따라 해당 관청에서 효
         력이 발생한다.

제3조   군수 및 부윤은 토지가옥증명부를 비치하고 제1조의 증명을 시행한 때에는 즉시 그 내역을 기재
         한다.

제4조   누구든지 군수 혹은 부윤에 신청하여 토지가옥증명부의 열람을 요구할 수 있다.

『관보』 제3598호, 1906년(광무 10년)

(2) 광무개혁의 평가

자주적 입장에서 근대적 개혁을 추진하였다는 점에 의의가 있다. 하지만 열강의 간섭을 배제
하거나 국민적 결속을 이끌어 내지 못하였으며, 근본적으로 위로부터의 개혁이라는 한계점이
있었다.

○ 열강의 이권 침탈

구분	연도	이권 침탈 내용
일본	1895	인천 ~ 부산, 인천 ~ 대동강, 인천 ~ 함경도 윤선 정기 항로 개설권
	1898	경부 철도 부설권
	1898	평양 탄광 석탄 전매권
	1898	경인 철도 부설권(미국으로부터 매입)
	1900	직산(충남) 금광 채굴권
	1900	경기도 연해 어업권
	1903	관삼(官蔘) 위탁 판매권
	1904	충청·황해·평안도 연해 어업권
러시아	1896	경원·종성(함북) 광산 채굴권
	1896	월미도(인천) 저탄소 설치권
	1896	두만강·압록강·울릉도 삼림 채벌권
	1897	절영도(부산) 저탄소 설치권
	1899	동해안 포경권
미국	1895	운산(평북) 금광 채굴권
	1896	경인 철도 부설권(1898년 일본에 전매)
	1897	서울 전기·수도 시설권
	1897	서울 전차 부설권
프랑스	1896	경의선 부설권(대한 제국에 반납 → 이후 일본에 양도)
	1901	창성(평북) 금광 채굴권
	1903	평양 무연탄 광산 채굴권
독일	1897	당현 금광 채굴권
영국	1900	은산(평남) 금광 채굴권

● **다음 조칙 이후 정부가 추진한 정책으로 옳지 않은 것은?** 16. 지방직 7급

> 황제께서 조칙을 내리시길 "민은 오직 나라의 근본이라. 근본이 굳어야 나라가 평안한 것이다. 근본을 굳게 하는 방도는 제산안업(制産安業)하여 항심(恒心)이 있게 하는 것이니 누가 그 직책을 맡는 것인가 하면 정부일 뿐이다."라고 하였다.

① 양잠전습소와 잠업시험장을 설립하였다.
② 금본위제를 실시하려고 하였다.
③ 산업 정책을 담당하는 공무아문을 설치하였다.
④ 상공 학교와 광무 학교를 설립하였다.

● **대한제국 정부가 시행한 정책은?** 19. 지방직 7급

① 일본에 상품 관세를 부과하고자 조일 통상 장정을 체결하였다.
② 삼정문란을 바로잡기 위하여 삼정이정청을 창설하였다.
③ 지계아문을 두고 일부 지주에게 지계를 발급하였다.
④ 군국기무처가 과거제를 폐지하였다.

● **대한제국의 개혁에 대한 설명으로 옳지 않은 것은?** 11. 지방직 9급

① 근대적인 재정 일원화를 위해 내장원의 업무를 탁지부로 이관하였다.
② 구본 신참의 개혁 방향을 제시하고,「대한국 국제」를 제정하여 황권을 강화하였다.
③ 상공업 진흥책을 펼쳐 황실 스스로 공장을 설립하거나 민간 회사 설립을 지원하였다.
④ 황제가 군권을 장악하기 위해 원수부를 설치하고 황제를 호위하는 군대를 증강하였다.

| 정답해설 | 제시된 내용 중 "황제"라는 단어와 "제산안업(制産安業 – 산업)을 항심 있게(꾸준히) 하는 것"이라는 문장을 통해 대한제국 시기 광무개혁임을 알 수 있다. 공무아문은 제1차 갑오개혁 시기 개편된 부서이며, 제2차 갑오개혁에서는 농상무아문과 공무아문이 통합되어 농상공부가 되었다.

| 정답 | ③

| 정답해설 | 대한제국은 1897년 선포되었다. 대한제국 정부는 1901년 지계아문을 설치하고, 일부 지주에게 지계(근대적 토지 소유 문서)를 발급하였다(전국적으로 발급하지는 못함).

| 오답해설 |
① 일본에 상품 관세를 부과하고자 1883년 개정 조일 통상 장정이 체결되었다.
② 진주 민란 이후 삼정의 문란을 바로잡기 위하여 1862년 삼정이정청이 창설되었다.
④ 1894년 제1차 갑오개혁 당시 초정부적 개혁 기구인 군국기무처에서 과거제를 폐지하였다.

| 정답 | ③

| 정답해설 | 대한제국에서는 황제의 권력을 강화하고자 기존 탁지부에서 관할하던 재정의 상당 부분을 궁내부의 내장원에 이관하였다.

| 정답 | ①

03 일제의 침략과 국권 수호 운동

1 국권의 피탈과 항일 의병 투쟁
2 애국 계몽 운동의 전개

단권화 MEMO

＊국권의 피탈
일제의 국권 피탈 과정을 순서대로 기억해야 한다.

01 국권의 피탈과 항일 의병 투쟁

1 국권의 피탈＊

(1) 한일 의정서(1904. 2.)

① 체결 과정
　ⓐ 국외 중립 선언(1904. 1.): 러일 전쟁에 대비하여 대한제국은 양국의 전쟁 속에 말려들지 않으려고 국외 중립(局外中立)을 선언하였다.
　ⓑ 러일 전쟁의 발발(1904. 2.): 청일 전쟁 이후 일본은 만주와 한반도를 독점적으로 지배하고자 러시아와 날카로운 대립을 보이더니, 마침내 러일 전쟁을 일으켰다.
　ⓒ 일본의 대규모 병력의 투입: 일제는 전쟁 도발과 동시에 한국 침략의 발판을 굳히기 위하여 대규모의 병력을 한국에 투입하여 서울을 비롯한 전국의 군사적 요지를 점령하였다.
② 내용: 한국 정부를 위협하여 한일 의정서를 강요하였다.
　ⓐ 한국 정부는 '시정 개선'에 관한 충고를 받아들인다.
　ⓑ 일본군은 전략상 필요한 지역을 마음대로 사용할 수 있다.
　ⓒ 일본의 동의 없이 제3국과 조약을 체결할 수 없다.

사료　한일 의정서

제1조　한국 정부는 일본을 신임하여 '시정 개선'에 관한 충고를 받아들일 것
제2조　일본 정부는 한국 황실의 안전을 도모할 것
제3조　일본은 한국의 독립과 영토 보전을 보장할 것
제4조　제3국의 침략으로 한국에 위험 사태가 발생할 경우 일본은 이에 신속히 대처하며, 한국 정부는 이와 같은 일본의 행동이 용이하도록 충분한 편의를 제공하고, 일본 정부는 목적을 달성하기 위해 (군사) 전략상 필요한 지역을 언제나 사용할 수 있도록 할 것
제5조　한국과 일본은 상호 간의 승인을 거치지 않고서는 협정의 취지에 위배되는 협약을 제3국과 맺지 못한다.
제6조　본 협약에 관련된 미비한 내용은 대한 제국 외무대신과 대일본 제국 대표자 사이에 임기 협정할 것

---

(2) 제1차 한일 협약(1904. 8.)

① 체결 과정: 러일 전쟁의 전세가 일본에게 유리하게 전개되자 일제는 한국 식민지화 방안을 확정하고, 이어서 제1차 한일 협약의 체결을 강요하였다.
② 내용
　ⓐ 외교·재정 등 각 분야에 고문(顧問)을 두고(외교 고문 – 스티븐스, 재정 고문 – 메가타) 한국의 내정에 간섭하는 이른바 고문 정치를 시행하였다.

ⓛ 실제로는 협약에도 없는 군부·내부·학부·궁내부 등 각 부에도 일본인 고문을 두어 한국의 내정을 마음대로 간섭하였다.

| 사료 | 제1차 한일 협약 |

제1조 대한 제국 정부는 대일본 제국 정부가 추천한 일본인 1명을 재정 고문에 초빙하여 재무에 관한 사항은 모두 그의 의견을 들어 시행할 것

제2조 대한 제국 정부는 대일본 제국 정부가 추천한 외국인 1명을 외교 고문으로 외부(外部)에서 초빙하여 외교에 관한 중요한 업무는 모두 그의 의견을 들어 시행할 것

제3조 대한 제국 정부는 외국과의 중요한 조약 체결, 기타의 중요한 안건, 즉 외국인에 대한 특권 양여(讓與)와 계약 등의 일 처리에 관해서는 미리 일본 정부와 협의할 것

(3) 일제의 조선 독점 외교

조약명	조약 당사국과 주요 내용
제1차 영일 동맹(1902. 1. 30.)	영국과 일본 간 러시아에 대한 군사적 동맹
가쓰라-태프트 밀약(1905. 7. 29.)	미국은 필리핀, 일본은 한국에서의 독점적 우위 인정
제2차 영일 동맹(1905. 8. 12.)	영국은 인도, 일본은 한국에서의 우위 인정
포츠머스 조약(1905. 9. 5.)	러시아가 일제의 한국에서의 독점적 우위 인정

| 사료 | 국제 사회에서의 조선에 대한 지배권 인정 |

❶ 가쓰라(桂太郎)-태프트(Taft) 밀약(1905. 7.)
- 필리핀은 미국과 같은 친일적인 나라가 통치하는 것이 일본에 유리하고, 일본은 필리핀에 대하여 하등의 침략적 의도를 품지 않는다.
- 극동의 전반적 평화를 유지하는 데는 일본·미국·영국 3국 정부의 상호 양해를 달성하는 것이 최선의 길이며 사실상 유일한 수단이다.
- 미국은 일본이 대한 제국의 보호권을 확립하는 것이 러일 전쟁의 논리적 귀결이며, 극동 평화에 직접 이바지할 것으로 인정한다.

❷ 제2차 영일 동맹(1905. 8.)
제3조 일본국은 한국에서 정치·군사 및 경제상의 탁월한 이익을 옹호 증진하기 위하여 정당하고 필요하다고 인정하는 지도·감리 및 보호 조치를 한국에서 집행할 권리를 갖는다. 단, 해당 조치는 항상 영국의 상공업에 대한 기회균등주의에 위반하지 아니할 것을 요구한다.

❸ 포츠머스 강화 조약(1905. 9.)
제2조 러시아 제국 정부는 일본 제국이 한국에서 정치상·군사상 및 경제상의 탁월한 이익을 가지는 것을 인정하고, 일본 제국 정부가 한국에서 필요하다고 인정하는 지도·보호 및 감리의 조치를 취함에 있어 이를 방해하거나 간섭하지 않을 것을 약속한다.

(4) 제2차 한일 협약(을사늑약, 1905. 11.)

① 체결 과정
ⓐ 조약의 강요: 일제는 러일 전쟁에서 승리한 후, 노골적으로 식민지화 정책을 강행하였다. 즉, 일제는 러일 전쟁을 전후하여 미국·영국·러시아 등 열강으로부터 한국의 독점적 지배권을 인정받은 후 한국을 보호국으로 만들려는 을사늑약의 체결을 강요하였다.
ⓑ 조약의 일방적 공포: 고종 황제와 정부 대신의 강력한 반대에도 불구하고 일제는 군사적 위협을 가하여 일방적으로 조약 성립을 공포하였다.

■ 고종과 을사늑약
을사늑약(乙巳條約)은 제2차 한일 협약이라고도 한다. 이완용을 비롯한 을사5적이 체결하였으나, 고종이 끝까지 서명하지 않았으므로 황제의 재가가 없는 이 조약은 당연히 무효이다.

② 내용

　㉠ 일제는 대한제국의 **외교권을 빼앗고**, 서울에 **통감부를 설치**하여 내정까지 간섭하는 이른바 통감 정치를 실시하였다.

　㉡ 사회의 각계각층에서는 일제의 침략을 규탄하고, 조약의 폐기를 주장하는 운동이 거세게 일어났다.

사료　제2차 한일 협약(을사늑약)

대일본 제국 정부와 대한제국 정부는 양 제국을 결합하는 데 이해관계가 같음을 공고히 하고 한국의 부강과 실(實)을 인정할 수 있게 되기까지 이 목적을 위하여 아래의 조관을 제정함

제1조　대일본 제국 정부는 도쿄에 있는 외무성을 경유하여 이후에 대한 제국이 외국에 갖는 관계 및 사무를 감리·지휘할 것이며 대일본 제국 외교 대표자 및 영사는 외국에서 한국의 관리 및 국민의 이익을 보호할 것임

제2조　대일본 제국 정부는 대한 제국과 타국 간에 현존하는 조약의 실행을 완수하는 임무를 맡고 **대한제국 정부는 이후에 대일본 제국 정부의 중개를 경유하지 않고서 국제적 성질을 가진 하등의 조약이나 또는 약속을 하지 않기로 서로 약정함**

제3조　대일본 제국 정부는 **대한 제국 황제 밑에 1명의 통감을 두되**, 통감은 오직 외교에 관한 사항을 관리하기 위해 경성에 주재하고 친히 대한제국 황제 폐하를 알현하는 권리를 가짐

바로 확인문제

● 다음 조약에 직접적으로 영향을 준 사건이 아닌 것은?　　　　　11. 국가직 7급

> 일본국 정부는 동경의 외무성을 경유하여, 금후에 한국의 외국에 대한 관계 및 사무를 감리·지휘할 것이요. 일본국의 외교 대표자 및 영사는 외국에서의 한국 신민의 이익을 보호할 것임
> 일본국 정부는 한국과 타국 간에 현존하는 조약의 실행을 완수하는 임무를 담당하고, 한국 정부는 금후 일본국 정부의 중계를 거치지 않고서는 국제적 성질을 가진 어떤 조약이나 약속을 맺지 않을 것을 서로 약속함

① 포츠머스 조약

② 시모노세키 조약

③ 제2차 영일 동맹

④ 가쓰라-태프트 밀약

|정답해설| 제시된 자료는 을사늑약(제2차 한일 협약) 중 외교권 박탈을 규정한 내용이다. 시모노세키 조약은 1895년 청일 전쟁의 결과로 체결된 강화 조약이다.

|정답| ②

(5) 한일 신협약(정미 7조약, 1907. 7.)

① 체결 과정: 일제는 헤이그 특사 파견을 구실로 **고종 황제를 강제로 퇴위시키고**, 순종이 즉위한 후 한일 신협약을 황제의 동의 없이 강제로 체결하였다.

② 내용

　㉠ 우리 정부 각 부에 일본인 차관(次官)을 두어 일본인 차관이 우리나라의 실제 행정권을 장악하는 **차관 정치**가 실시되었다.

　㉡ 이 조약의 체결로 모든 통치권이 통감부로 옮겨졌으며, 통감의 사전 승인 없이는 입법·행정상 중요 처분을 할 수 없게 되었고 시정 개선에 통감의 지도를 받아야 하며 관리 임명권까지 박탈당하였다.

사료	한일 신협약(정미 7조약)

일본 정부 및 한국 정부는 속히 한국의 부강을 도모하고 한국민의 행복을 증진하고자 하는 목적으로 다음 조관을 약조함

제1조   한국 정부는 시정 개선에 관하여 통감의 지휘를 받을 것
제2조   한국 정부의 법령 제정 및 중요한 행정상의 처분은 미리 통감의 승인을 받을 것
제4조   한국 고등 관리의 임면은 통감의 동의로써 이를 행할 것
제5조   한국 정부는 통감이 추천한 일본인을 한국 관리로 임명할 것

부수 비밀 각서
제3. 다음 방법에 의하여 군비를 정리함
　1. 육군 1대대를 존치하여 황궁 수위(守衛)를 담당케 하고, 기타를 해대(解隊: 군대를 해산)한다.
　1. 교육이 있는 사관은 한국 군대에 남아 근무할 필요가 있는 자를 제하고, 기타는 일본 군대에 부속케 하고 실지 연습하게 할 것
제5. 중앙 정부 및 지방청에 일본인을 다음의 한국 관리로 임명함
　1. 각 부 차관
　1. 내부 경무국장

(6) 군대 해산(1907. 8.)

일제의 한일 신협약 강제 체결 이후 항일 운동이 거세지자 순종을 협박하여 군대마저 해산하고 실질적으로 한국을 지배하기 시작하였다.

(7) 국권의 강탈(1910. 8. 29.)

① 일제는 기유각서(1909. 7.)로 사법권·감옥 사무권을 빼앗고, 이어 경찰권(1910. 6.)마저 빼앗은 다음 친일 단체인 일진회를 통해 합방 의견서까지 제출하게 하였다.
② 이완용과 데라우치는 한일 병합 조약(1910)을 체결함으로써 마침내 국권까지 강탈하여 총독부를 설치하고 식민 통치에 들어갔다.
③ 강점 직후 황현은 「절명시」를 쓰고 자결로써 저항하였다.

사료	황현의 「절명시」

새 짐승도 슬피 울고 산악 해수 다 찡기는 듯
무궁화 삼천리가 이미 영락되다니
가을 밤 등불 아래 책을 덮고서 옛일 곰곰이 생각해 보니
이승에서 지식인 노릇하기 정히 어렵구나

○ 국권 피탈 과정

한일 의정서(1904) → 제1차 한일 협약(1904. 8.) → 제2차 한일 협약(을사늑약, 1905)
→ 고종의 강제 퇴위(1907. 7.) → 한일 신협약(1907) → 기유각서(1909) → 한일 병합 조약(1910)

|정답해설| 제시된 내용은 일제의 국권 피탈 과정과 관련된다. 순서대로 © 1904년 제1차 한일 협약 → © 1905년 제2차 한일 협약(을사늑약) → ㉠ 1907년 한일 신협약(정미 7조약) → ㉣ 1910년 한일 병합 조약이다.

|정답| ②

● **일본이 강요한 조약의 내용을 시기 순으로 나열한 것은?**　　　　　　15. 서울시 7급

> ㉠ 비밀 각서를 통해 대한 제국의 군대를 해산하였다.
> ㉡ 재정 고문으로 일본인 메가타를, 외교 고문으로 미국인 스티븐스를 채용하게 하였다.
> ㉢ 통감부를 설치하여 대한 제국의 외교권을 완전히 장악하였다.
> ㉣ 대한제국이라는 국가가 없어졌다.

① ㉡ → ㉠ → ㉢ → ㉣　　　　　② ㉡ → ㉢ → ㉠ → ㉣
③ ㉢ → ㉠ → ㉡ → ㉣　　　　　④ ㉢ → ㉡ → ㉠ → ㉣

|정답해설| 제시된 내용의 순서는 © 1904년 제1차 한일 협약 → ㉠ 1907년 헤이그 특사(밀사) 사건으로 고종의 강제 퇴위 → 순종 즉위 직후 강요된 한일 신협약(1907) → © 1909년 기유각서이다.

|정답| ②

● **국권이 침탈되기까지의 과정을 시기 순으로 바르게 나열한 것은?**　　　　17. 국가직 9급, 사복직 9급

> ㉠ 헤이그 특사 파견을 문제 삼아 고종 황제를 강제로 퇴위시켰다.
> ㉡ 일본인 메가타를 재정 고문으로, 미국인 스티븐스를 외교 고문으로 임명하도록 하였다.
> ㉢ 대한제국의 사법권을 빼앗고 감옥 사무를 장악하였다.
> ㉣ 통감이 추천한 일본인을 대한 제국의 관리로 임명하도록 하였다.

① ㉠ → ㉡ → ㉢ → ㉣　　　　　② ㉡ → ㉠ → ㉣ → ㉢
③ ㉡ → ㉢ → ㉠ → ㉣　　　　　④ ㉣ → ㉡ → ㉠ → ㉢

*항일 의병 투쟁
을미의병, 을사의병, 정미의병의 특징과 주요 인물들을 기억하자.

2 항일 의병 투쟁*의 시작

(1) 항일 의병 투쟁의 발발

청일 전쟁의 결과 한반도에서 청 세력을 몰아낸 일본이 침략 의도를 노골적으로 드러내자 민족적 저항이 여러 방면에서 일어났다. 그중 가장 적극적인 저항이 의병 투쟁이었다.

(2) 을미의병(1895)

① 계기: 최초의 항일 의병인 을미의병은 명성 황후 시해와 단발령을 계기로 일어났다.

■ 의병의 시작
의병의 시작은 이미 갑오개혁 때부터 일어나고 있었다. 즉, 1894년 8월 안동에서 서상철(徐相轍)이 거사하였는데, 이는 갑오개혁에 따른 반일 감정에 기반한다. 특히 1894년 6월의 일본군의 '경복궁 침입 사건(景福宮侵入事件)'이 직접적 동기가 되었다. 이듬해 7월에는 평안도 상원에서 김원교(金元喬)가 거사하였고, 을미사변 직후인 9월에는 유성에서 문석봉(文錫鳳)이 기병하였는데, 단발령(斷髮令)이 발표된 후에는 전국 각지로 확대되었다.
변태섭

| 사료 | **을미의병이 일어난 계기** |

❶ 국모가 섬 오랑캐의 해를 입었으니 하늘과 땅이 바뀌었고, 성상(聖上)이 단발의 치욕을 받았으니 해와 달이 빛을 잃었도다.　　　　　　　민용호, 『관동창의록』

❷ 낙동강 좌우 수십 군이 봉기하여 호응하고 수령 중에서 머리를 깎은 사람은 가끔 살해당하였다.
황현, 『매천야록』

② 구성원과 활동: 유인석·이소응·허위 등 위정척사 사상을 가진 유생들이 주도하였고, 농민들과 동학 농민군의 잔여 세력이 가담하여 전국적으로 확대되었다.

③ 해산: 아관파천 이후 단발령이 철회되고, 고종의 해산 권고 조칙이 내려지자 을미의병은 대부분 자진 해산하였다.

(3) 활빈당(活貧黨)의 활동

해산된 농민들의 일부가 활빈당을 조직하여 반봉건·반침략 운동을 계속 전개하였다.

단권화 MEMO

> **심화** 영학당(英學黨), 동학당(東學黨), 활빈당(活貧黨)
>
> **❶ 영학당**
> 동학의 잔여 세력들이 1898년 전라도 지역에서 '동학' 대신 '영학'이라는 이름을 사용하여 재건한 조직이다.
>
> **❷ 동학당**
> • 활동 : 해주·재령 등 황해도와 소백산맥 지역에서도 동학당의 움직임이 활발하였다.
> • 경과 : 이러한 투쟁들은 1900년을 고비로 대부분 소멸되었다.
>
> **❸ 활빈당**
> • 1900～1904년까지 남한 각지에서 반봉건·반외세를 표방하고 봉기하였던 민중 무장 집단이다.
> • 동학 혁명군과 화적들이 많이 가담하고 있었으며, 을사늑약 이후에는 의병 대열에 합류하였다.
> • 봉건적 수탈과 일제의 경제적 침투에 항거, 「대한 사민 논설 13조」를 발표하였는데, 여기에는 **반봉건적 요구**와 외국의 경제적 침탈을 비판하는 **반외세적 요구**가 공존하였다.
> • 「사민 논설 13조」의 주요 내용 : 행상 등 영세 상인에 대한 징세 폐단이 심하니 폐단을 시정할 것, 전지(田地)를 황폐하게 하는 금광 채굴을 엄금하고 안민의 방책을 꾀할 것, 소작료가 너무 무거우므로 사전을 혁파하여 균전법을 시행할 것(지주제 혁파), 곡가를 안정시키는 법을 만들 것, 외국에 철도 부설권을 허락하지 말 것

■3 항일 의병 전쟁의 전개

(1) 을사늑약과 민족의 저항

① 을사늑약 체결 : 일제는 일방적으로 을사늑약의 성립을 공포하고 외교권을 빼앗았다.

② 민족의 저항

  ㉠ 자결 : 민영환, 조병세 등은 자결로써 항거하였다.

  ㉡ 상소 운동 : 이상설 등은 조약의 파기를 요구하는 상소 운동을 벌였다.

  ㉢ 친일 매국노의 처단 : 나철, 오기호 등은 오적 암살단을 조직하여 오적의 집을 불사르고 일진회 사무실을 습격하는 등 친일 매국노를 처단하고자 하였다.

  ㉣ 항일 언론 활동 : 장지연은 〈황성신문〉에 「시일야방성대곡(是日也放聲大哭)」의 논설을 실어 을사늑약의 전말을 폭로하고 민족의 울분을 토로하였다.

  ㉤ 외교를 통한 저항 운동

    • 독립의 지원 호소 : 고종은 헐버트를 미국에 보내 일제의 조선 침략의 부당함을 알리고, 조미 수호 통상 조약을 들어 외교적 지원을 호소하였다. 그러나 일본과 밀약을 맺은 미국은 이를 거절하였다.

    • 헤이그 특사 파견(1907) : 고종은 국내외에 을사늑약이 무효임을 선언하고 〈대한매일신보〉에 친서를 발표하여 황제가 을사늑약에 서명하지 않았음을 밝혔다. 그리고 헤이그에 특사를 파견하여 일제 침략의 부당성을 폭로하고 국제적 압력으로 이를 막아 줄 것을 호소하였으나 일제의 방해로 실패하였다. 일제는 이를 트집 잡아 고종 황제를 강제로 퇴위시켰다.

■ 을사오적
일제가 1905년 을사늑약을 강제 체결할 당시, 한국 측 대신 가운데 조약에 찬성하여 서명한 다섯 명의 대신을 말한다. 즉, 박제순(외부대신), 이지용(내부대신), 이근택(군부대신), 이완용(학부대신), 권중현(농상공부대신)을 일컫는다.

▲ 헤이그 특사 파견(이준·이상설·이위종)

사료 을사늑약의 무효화 노력

❶ 대한 2천만 동포에게 남기는 글

슬프다! 국치와 민욕이 이에 이르렀으니, 우리 인민은 장차 생존경쟁 속에서 모두 멸망하게 되었다. 무릇 삶을 요하는 자는 반드시 죽고, 죽음을 기하는 자는 반드시 삶을 얻는다는 것을 여러분은 어찌 모르겠는가. …(중략)… 부디 우리 동포 형제들은 천만으로 분려를 배가하여 자기를 굳게 하고 학문에 힘쓰고 결심육력하여 우리의 자유와 독립을 회복하면 죽은 자가 마땅히 땅속에서 기뻐 웃을 것이다. 슬프다. 그러나 조금도 실망하지 말라.

민영환의 유서

❷ 1882년 이래로 아메리카 합중국과 한국은 우호 통상 조약 관계를 유지해 오고 있습니다. …(중략)… 이제 일본은 1904년에 체결한 협정(한일 의정서)에서 서약한 바를 정면으로 위배하는 우리나라에 대한 보호 정치를 선언하고 …(중략)… 나는 귀하가 지금까지 귀하의 생애의 특성인 아량과 냉철한 판단력으로 이 문제를 심사숙고해 주기를 바라며, 귀하는 언행이 일치되도록 우리를 도울 수 있는 바가 무엇인가를 성찰해 주기를 바랍니다.

미국 대통령 루스벨트에게 보낸 고종 황제의 친서(1905. 12.)

(2) 을사의병(1905)

① 의병의 재봉기: 을사늑약으로 국가의 존립이 위태로워지자, 다시 의병 운동이 일어났다. 다시 봉기한 의병들은 조약의 폐기와 친일 내각의 타도를 내세우고 격렬한 무장 항전을 벌였다.

② 대표적 의병장

　㉠ 민종식: 을사늑약이 체결된 뒤에 관직을 버리고 의병을 일으켜 홍주성을 점령하고 일본군과 맞섰다.

　㉡ 최익현: 의병을 이끌고 순창에 입성하여 관군과 대치하게 되었을 때, "동족끼리 죽이는 일은 차마 못하겠다."고 하여 싸움을 중단하고 포로가 되었는데, 결국 일본군에 의하여 쓰시마섬에 끌려가서 순절하였다.

　㉢ 신돌석: 평민 출신 의병장으로 의병을 모아 영해에 입성하여 관군의 무기를 탈취한 후 평해·울진 등지에서 활동하였는데, 의병의 수는 한때 3천여 명을 넘었다.

③ 특징: 이전 의병장은 대체로 유생들이었는데, 이때부터는 평민 출신 의병장의 활동이 두드러지면서 의병 운동의 새로운 양상이 나타났다.

사료 최익현의 격문

오호라, 작년 10월(1905. 11.)에 저들이 한 행위는 만고에 일찍이 없던 일로써, 억압으로 한 조각의 종이에 조인하여 5백 년 전해 오던 종묘사직이 드디어 하룻밤 사이에 망하였으니 천지신명도 놀라고 조종의 영혼도 슬퍼하였다. 우리 의병 군사의 올바름을 믿고 적의 강대함을 두려워하지 말자. 이에 격문을 돌리니 의연히 일어나라.

최익현, 『포고팔도사민』(1906)

(3) 정미의병(1907)

① 계기: 고종의 강제 퇴위와 군대 해산을 계기로 의병 항쟁은 의병 전쟁으로 발전하였다.

② 특징

　㉠ 조직과 화력의 강화: 시위대 대대장 박승환의 자결을 시발점으로 하여 일본군과 시가전을 전개하였던 해산 군인들이 의병에 합류하면서 의병의 조직과 화력이 강화되었다.

　㉡ 활동 영역의 확산: 이 시기의 의병 조직과 활동은 전국 각지로 확산되었을 뿐만 아니라, 두만강 건너 간도와 연해주 등 국외로까지 활동 영역이 확산되었다.

(4) 의병 전쟁의 확대

① 서울 진공 작전(1908): 전국의 의병 부대는 연합 전선을 형성하여(13도 창의군 결성, 1907) 서울 진공 작전을 펼쳤으나, 성공하지 못하였다.

   ㉠ 의병의 집결: 이인영과 허위가 지휘하는 1만여 명의 의병 연합 부대는 경기도 양주에 집결하여 그 선발대가 서울 근교(동대문 근처)까지 진격하였으나, 일본군의 반격이 심하여 더 이상 전진하지 못하고 후퇴하였다.

   ㉡ 외교 활동의 전개: 이들은 서울 주재 각국 영사관에 의병을 국제법상의 교전 단체로 승인해 줄 것을 요구하는 서신을 발송하여, 스스로 독립군임을 내세웠다.

② 국내 진입 작전: 홍범도와 이범윤이 지휘하는 간도와 연해주 일대의 의병들은 국내 진입 작전을 꾀하기도 하였다.

(5) 의병 전쟁의 위축

① 활발하게 전개되던 의병 전쟁은 그 뒤 일본군의 잔인한 이른바 '남한 대토벌 작전(南韓大討伐作戰)'을 계기로 크게 위축되었다(1909).

② 많은 의병들은 간도와 연해주로 건너가 독립군이 되어 계속 일제에 강력한 항전을 전개하였으며, 일부 의병들은 국내에 남아 산악 지대에서 유격전을 전개하였다.

▲ 포로가 된 의병들

(6) 항일 의병 전쟁의 의의와 한계

① 의병 전쟁의 의의

   ㉠ 민족 저항 정신 표출: 의병 전쟁은 집권층의 부패와 무능, 그리고 외세의 침략으로 국가와 민족이 위기에 처해 있을 때 일어난 구국 운동의 대표적인 형태였고, 민족의 강인한 저항 정신을 표출시켰다는 점에서 중요한 의미가 있다.

   ㉡ 항일 무장 독립 투쟁의 기반: 의병 전쟁은 국권 회복을 위한 무장 투쟁을 주도하였고, 나아가 일제의 지배하에서 항일 무장 독립 투쟁의 정신적 기반을 마련하였다는 점에서도 그 의의가 크다.

   ㉢ 반제국주의 민족 운동: 의병 전쟁은 20세기 초 제국주의 열강의 약소국 침략이 극심하던 시기에 일제의 침략에 대항하여 무장 투쟁을 전개하였다는 점에서, 세계 약소민족의 독립운동사에서도 커다란 의의를 가진다.

② 의병 전쟁의 한계

   ㉠ 국내적 요인

      • 비조직성: 의병 전쟁은 전국적으로 확산되고 광범한 사회 계층을 망라하였으나, 우세한 무기를 보유한 막강한 일본의 정규군을 제압할 수는 없었다.

      • 전통적 신분의 고집: 의병을 주도한 양반 유생층이 전통적 지배 질서 유지를 고집하면서 대다수 농민 의병들과 갈등을 빚기도 하여 소기의 성과를 거두지는 못하였다.

   ㉡ 국외적 요인: 열강의 침략 경쟁이 보편화되고, 을사늑약이 강요된 후에는 외교권이 상실되어 국제적으로 고립되었기 때문에 국제적 지원도 기대할 수 없었다.

▲ 안중근의 이토 히로부미 사살(기록화)

(7) 항일(抗日) 의사들의 활동

① 장인환·전명운(1908) : 외교 고문인 스티븐스를 샌프란시스코에서 사살하였다.
② 안중근(1909) : 의병으로 활약하던 안중근은 만주 하얼빈 역에서 한국 침략의 원흉인 이토 히로부미를 처단하였다. 뤼순 감옥에서 『동양평화론』을 저술하였으나 미완성되었다.
③ 이재명(1909) : 명동성당 앞에서 이완용을 칼로 찔러 중상을 입혔다.

사료 안중근

❶ 안중근의 동양 평화론

오늘날 서양 세력이 동양으로 점차 밀려오는 환란을 동양 인종이 일치단결하여 온 힘을 다하여 방어해야 하는 것이 제일 상책임을 어린아이일지라도 익히 아는 바이다. 그런데 무슨 까닭으로 일본은 이러한 순리의 형세를 돌아보지 않고, 같은 인종인 이웃나라를 약탈하고 우의를 끊어 스스로 도요새가 조개를 쪼려다 부리를 물리는 형세를 만들어 어부에게 둘 다 잡히기를 기다리는 듯 하는가?

❷ 안중근의 유언(1910)

내가 죽은 뒤에 나의 뼈를 하얼빈 공원 곁에 묻어 두었다가 우리 국권이 회복되거든 반장(返葬: 객지에서 죽은 이를 고향에 옮겨 묻어 줌)해다오. 나는 천국에 가서도 또한 마땅히 우리나라 회복을 위해 힘쓸 것이다. 너희들은 돌아가서 동포들에게 각각 모두 나라의 책임을 지고 국민된 의무를 다하여 마음을 같이 하고 힘을 합하여 공로를 세우고 업을 이르도록 일러다오. 대한 독립의 소리가 천국에 들려오면 나는 마땅히 춤추며 만세를 부를 것이다.

바로 확인문제

● 다음은 항일 의병에 대한 설명이다. 이를 일어난 순서대로 바르게 나열한 것은?   18. 경찰직 2차

> ㉠ 그들은 국모 시해와 단발령에 반발하여 일어났다.
> ㉡ 평민 출신 의병장인 신돌석이 항일 의병 활동을 시작했다.
> ㉢ 일본군의 '남한 대토벌 작전' 이후 많은 의병들은 간도와 연해주 등으로 근거지를 옮겨 일제에 항전을 계속했다.
> ㉣ '한일 신협약'으로 해산된 군인들이 의병에 합류하기 시작했다.

① ㉠ - ㉡ - ㉢ - ㉣   ② ㉠ - ㉡ - ㉣ - ㉢
③ ㉠ - ㉣ - ㉡ - ㉢   ④ ㉠ - ㉣ - ㉢ - ㉡

● 다음 두 사건이 일어난 이후의 사실로 옳은 것만을 〈보기〉에서 모두 고르면?   15. 국가직 9급

> • 고종 황제의 강제 퇴위
> • 일제에 의한 군대 해산

> ┤ 보기 ├
> ㉠ 안중근이 만주 하얼빈에서 이토 히로부미를 사살하였다.
> ㉡ 민영환이 일제에 대한 저항을 강력하게 표현한 유서를 남기고 자결하였다.
> ㉢ 장지연이 민족의식을 고취하는 「시일야방성대곡」을 〈황성신문〉에 발표하였다.
> ㉣ 이인영을 총대장으로 하는 13도 연합 의병 부대(창의군)가 서울 진공 작전을 시도하였다.

① ㉠, ㉡   ② ㉠, ㉣   ③ ㉡, ㉢   ④ ㉢, ㉣

02 애국 계몽 운동의 전개*

1 애국 계몽 단체의 활동

독립 협회가 해체된 뒤 개화 자강 계열의 단체들이 설립되어 친일 단체인 일진회(一進會)에 대항하면서 구국 민족 운동을 전개하였다.

(1) 보안회(保安會, 1904)

보국 안민을 뜻하는 보안회는 토지 약탈을 목적으로 한 일본의 황무지 개간권 요구에 반대 운동을 벌여 이를 저지하는 데 성공하였으나, 일본 측의 압력으로 해산되었다.

(2) 헌정 연구회(憲政研究會, 1905)

국민의 정치 의식 고취와 입헌 정체의 수립을 목적으로 설립되어, 일진회의 반민족적인 행위를 규탄하다가 해산되었다.

2 애국 계몽 운동의 전개

1905년 이후 개화 자강 계열의 민족 운동은 국권 회복을 위한 실력 양성 운동, 곧 애국 계몽 운동으로 전개되었다. 이때 애국 계몽 운동을 주도한 전국적인 규모의 대표적인 단체는 대한 자강회와 대한 협회, 그리고 신민회였다.

(1) 대한 자강회(大韓自強會, 1906)

① 창립 : 독립 협회 운동의 맥락을 이어 헌정 연구회를 모체로 하고, 사회단체와 언론 기관을 주축으로 하여 창립하였다.
② 활동 : 교육과 산업을 진흥시켜 독립의 기초를 만들 것을 목적으로 하고, 월보의 간행과 연설회의 개최 등을 통하여 국권 회복을 위한 실력 양성 운동을 전개하였다.

> **사료** 대한 자강회 취지서
>
> 무릇 우리나라의 독립은 오직 자강의 여하에 있을 따름이다. 우리 대한이 종전에 자강의 방법을 강구하지 않아 인민이 스스로 우매함에 묶여 있고 국력이 쇠퇴하여 마침내 오늘의 위기에 다다라 결국 외국인의 보호를 당하게 되었으니, 이는 모두 자강의 도에 뜻을 다하지 않았던 까닭이다. …(중략)… 자강(自彊)의 방법을 생각해 보면 다름 아니라 교육을 진작함과 식산흥업(殖産興業)에 있다. 무릇 교육이 일어나지 못하면 백성의 지혜가 열리지 못하고 산업이 늘지 못하면 국부가 증가하지 못한다. 「대한 자강회 월보」

③ 해체 : 전국 각지에 지회를 설치하고 1,500여 명의 회원을 확보하기에 이르렀다. 하지만 일제가 헤이그 특사 파견을 구실로 고종 황제의 양위를 강요하자, 격렬한 반대 운동을 주도하다가 강제로 해체되었다.

(2) 대한 협회(大韓協會, 1907)

① 활동 : 오세창·윤효정·권동진 등이 대한 자강회를 계승하여 교육의 보급·산업의 개발·민권의 신장·행정의 개선 등을 강령으로 내걸고, 실력 양성 운동을 전개하였다.
② 한계 : 대한 협회는 일진회와 제휴하는 등 친일 단체로 변질되었다.

단권화 MEMO

＊애국 계몽 운동의 전개
애국 계몽 운동 단체인 보안회, 대한 자강회, 신민회의 활동 내용을 알아두어야 한다.

■애국 계몽 운동
교육, 언론, 종교 등의 문화 활동과 산업 진흥을 통해 실력을 양성하여 국권을 회복하려는 운동이다. 서양의 사회 진화론의 영향을 받았으며, 개화 자강 계열의 지식인들이 주도하였다.

■개화 자강 계열의 민족 운동
을사늑약을 계기로 국정 개혁을 위한 헌정 연구로부터 시작하여 국권 회복을 위한 자강 운동으로 전환되었다.

▲ 안창호

■ 105인 사건
1910년 12월 안명근(안중근의 4촌 동생)이 데라우치 총독 암살 모의를 하였다 하여 안명근 등 황해도 애국지사 160명을 체포하였다(안악 사건). 일제는 이 사건 배후에 신민회가 있다고 주장하였다. 1911년 9월 양기탁, 윤치호 등 총 600여 명을 검거하여 105명을 구속하였다.

(3) 신민회(新民會, 1907~1911)

① 구성과 특징

　㉠ 윤치호(회장), 안창호(부회장), 이동녕, 양기탁, 이승훈 등 서북 지방(관서 지방) 지식인, 실업가, 중소 자본가, 종교인, 언론인 등이 중심이 되어 평양에서 조직된 비밀 결사 단체이다. 동학당 출신 김구를 제외하고는 대부분 독립 협회 청년 회원 출신이었다.

　㉡ 베델, 양기탁이 발행하였던 〈대한매일신보〉가 기관지 역할을 하였다.

　㉢ 도총감, 군감 등 지역 책임자를 중심으로 전국적 조직을 구성하였다.

　㉣ 신민회는 국권 회복 후 독립 국가의 정체를 공화정으로 규정하였다.

② 활동

　㉠ 민족 교육 추진 : 평양에 대성 학교(안창호), 정주에 오산 학교(이승훈)를 설립하여 운영하였고, 인격 수양 단체로 청년 학우회를 조직하였다.

　㉡ 민족 산업 육성 : 경제 자립을 주장하면서 평양에 자기 회사를 설립하였고, 서적의 출판과 공급을 목적으로 평양·서울·대구 등지에 (이승훈과 안태국을 중심으로) 태극서관을 설립하였다.

　㉢ 민족 문화 양성 : 최초의 월간 잡지인 〈소년〉을 창간하고, 조선 광문회 활동을 지원하였다.

③ 노선 분화 : 실력 양성론에 주력하던 신민회는 1909년 양기탁, 신채호 등의 강경파(급진파, 독립 전쟁 주장)와 안창호의 온건파(실력 양성론 주장)로 분화되었다.

　㉠ 강경파의 해외 독립운동 기지 건설 : 양기탁, 신채호, 이동휘 등은 일제 강점이 현실화되자, 애국 계몽 운동의 한계와 허구성을 인식하고 무장 투쟁을 주장하였다. 이에 독립군 양성과 무장 독립운동의 거점으로 활용할 독립운동 기지 건설을 주장하였다. 이상룡, 이회영, 이동녕 등은 가족을 거느리고 서간도 지역으로 진출하여 삼원보를 조성하고, 경학사를 통해 신흥 무관 학교 등을 설립하였다.

　㉡ 온건파의 실력 양성 운동 고수 : 안창호는 105인 사건 이후 탄압을 피해 미국으로 망명하여 흥사단을 만들어 실력 양성 운동을 지속하였다.

④ 해체 : 신민회의 활동은 일제가 날조한 105인 사건으로 중단되었다(1911).

▲ 105인 사건

| 사료 | 신민회 |

❶ 신민회 창립 취지서

신민회는 무엇을 위하여 일어남이뇨? 민습의 완고 부패에 신사상이 시급하며, 민습의 우매함에 신교육이 시급하며, 열심의 냉각에 신제창이 시급하며, 원기의 쇠퇴에 신수양이 시급하며, 도덕의 타락에 신윤리가 시급하며, 정치의 부패에 신개혁이 시급이라. 천만 가지 일에 신(新)을 기다리지 않는 바 없도다. …(중략)… 무릇 우리 대한인은 내외를 막론하고 통일 연합함으로써 그 진로를 정하고 독립 자유로써 그 목적을 세움이니, 이것이 신민회가 원하는 바이며, 신민회가 품어 생각하는 소이니, 간단히 말하면 오직 신 정신을 불러 깨우쳐서 신 단체를 조직한 후에 신국을 건설할 뿐이다. 　　　주한 일본 공사관 기록

❷ 신민회, 4대 강령

1. 국민에게 민족 의식과 독립사상을 고취할 것
2. 동지를 찾아 단합하여 민족 운동의 역량을 축적할 것
3. 각종 상공업 기관을 만들어 단체의 재정과 국민의 부력(富力)을 증진할 것
4. 교육 기관을 각지에 설치하여 청소년 교육을 진흥할 것

도산 안창호

❸ 신민회, 국외에 독립운동 기지를 건설하다

···(중략)··· 남만주로 집단 이주하려고 기도하고, 조선 본토에서 상당한 재력이 있는 사람들을 그곳에 이주시켜 토지를 사들이고 촌락을 세워 새 영토로 삼고, 다수의 청년 동지들을 모집·파견하여 한인 단체를 일으키고, 학교를 세워 민족 교육을 실시하고, 나아가 무관 학교를 설립하여 문무를 겸하는 교육을 실시하면서, 기회를 엿보아 독립 전쟁을 일으켜 구한국의 국권을 회복하려고 하였다. ···(중략)···

105인 사건 판결문(1911)

바로 확인문제

● 다음 활동을 전개한 단체로 옳은 것은?

14. 지방직 9급

평양 대성 학교와 정주 오산 학교를 설립하였고 민족 자본을 일으키기 위해 평양에 자기 회사를 세웠다. 또한 민중 계몽을 위해 태극 서관을 운영하여 출판물을 간행하였다. 그리고 장기적인 독립운동의 기반을 마련하여 독립 전쟁을 수행할 목적으로 국외에 독립운동 기지 건설을 추진하였다.

① 보안회
② 신민회
③ 대한 자강회
④ 대한 광복회

● 다음의 내용과 관련된 단체에 대한 설명으로 옳지 <u>않은</u> 것은?

16. 서울시 7급

1. 국민에게 민족 의식과 독립사상 고취
2. 동지를 발견하고 단합하여 국민 운동 역량 축적
3. 상공업 기관 건설로 국민의 부력(富力) 증진
4. 교육 기관 설립으로 청소년 교육 진흥

① 평양에 대성 학교, 정주에 오산 학교를 설립하였다.
② 평양 근교에 자기(磁器) 회사를 설립·운영하기도 하였다.
③ 평양과 대구에 태극 서관을 설립하여 출판 사업을 벌였다.
④ 통감부가 설치된 직후에 정치 집회가 금지되면서 해산당하였다.

3 애국 계몽 운동의 의의 및 한계

(1) 의의

① 민족 독립운동의 이념 제시 : 국권 회복과 동시에 근대적 국민 국가의 건설을 목표로 내세워 당시의 민족적 과제에 충실하였고, 근대사의 발전 방향에 합치되는 민족 운동의 이념을 제시하였다.

② 민족 독립운동의 전략 제시
  ㉠ 신민회는 국내에서 문화적·경제적 실력 양성과 더불어, 국외에서의 독립군 기지 건설에 의한 군사력 양성을 당면의 목표로 삼았다.
  ㉡ 이것은 적절한 기회에 일제로부터 독립을 쟁취하려는 독립 전쟁론에 의거한 것이다.

③ 장기적인 민족 독립운동의 기반 구축
  ㉠ 근대적 민족 교육을 발흥시켜 독립운동의 인재를 양성하였다.
  ㉡ 근대적 민족 산업을 진흥시켜 독립운동의 경제적 토대를 마련하고자 하였다.
  ㉢ 간도와 연해주에 독립군 기지를 건설하여 항일 무장 투쟁의 기초를 닦았다.

(2) 한계

애국 계몽 운동은 일제에 의하여 정치적·군사적으로 예속된 상태에서 전개되어 항일 투쟁의 성과 면에서는 일정한 한계가 있었다.

04 개항 이후의 경제·사회·문화

01 개항 이후의 경제

단권화 MEMO

1 개항과 불평등 조약

(1) 개항 이후의 경제 침탈

1876년 개항 이후 조선은 일본 및 서양 여러 나라와 국교를 맺고 통상 교역을 시작하였다.

① 파견: 정부는 일본이나 청에 시찰단을 파견하였다.
② 도입: 기계 및 신기술을 도입하고 근대적 회사와 같은 새로운 경제 제도를 도입하기 위하여 개혁을 전담할 기구를 설치하였다.
③ 한계: 재정 부족과 경험 미숙으로 많은 어려움을 겪었다.

(2) 무역 구조

① 1870년대: 통상 교역은 외국 상인에게 유리하게 체결된 불평등 조약이어서 조선 상인의 피해가 컸다.
   ㉠ 무관세: 강화도 조약 이후 체결된 1876년 조일 무역 규칙에는 관세 부과에 관한 규정이 없었다.
   ㉡ 관세 부과: 1883년 조약이 개정된 후에도 아주 낮은 관세만을 부과할 수 있었다.
② 1880년대: 외국 상인이 나라 안을 자유롭게 다니며 영업하였는데, 이들이 저지르는 불법 활동에 대해서 거의 처벌을 할 수 없었다.
   ㉠ 유통: 거래에 외국 화폐를 사용할 수 있다는 조항이 있었다.
   ㉡ 무역 구조: 외국의 값싼 공산품이 들어오고, 국내의 곡물이 대량으로 수출되는 무역 구조가 형성되어 갔다.

2 외국 상인의 침투와 무역의 확대

(1) 외국 상인의 경제 침투

① 청·일의 경쟁
   ㉠ 1870년대: 개항 직후의 무역은 거의 일본 상인이 주도하였는데, 주로 조선 상인을 매개로 거류지 무역을 하였다.
   ㉡ 1880년대: 청에서 온 상인이 가담하여 경쟁하였다.

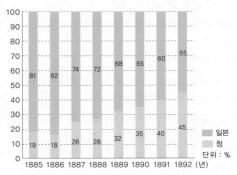
▲ 청과 일본으로부터의 수입액 비교

■ **거류지 무역**
조일 수호 조규 부록에 따라 일본 상인의 활동 범위는 개항장으로부터 10리 이내로 제한되었다.

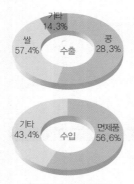

▲ 1890년의 주요 수출입품

② 조선 상인의 등장

　㉠ 등장 : 국내에서도 개항장을 중심으로 무역 활동에 참여하는 상인이 등장하였다.

　㉡ 한계 : 해외 소식에 밝지 못하고 근대적 운송 수단이 부족하였다.

(2) 무역의 확대

① 개항 초기 : 일본과 청의 상인들은 처음에는 주로 영국산 면제품을 사들여 와 조선에 되팔고 조선의 쇠가죽, 쌀, 콩, 금 등을 가져갔다.

② 1890년대 후반 이후 : 일본 상인은 일본산 면제품을 비롯한 여러 종류의 공산품을 들여왔다.

③ 중계 무역

　㉠ 형태 : 면제품을 들여오고 곡식을 가져가는 교역 구조로 이루어져 경제 생활에 폐단이 매우 컸다.

　㉡ 농촌 경제의 변화

　　• 값싼 외국산 면제품은 가내 수공업 위주로 이루어진 국내의 면공업 발전에 결정적 타격을 주었고, 이에 따라 농민의 수입도 줄어들었다.

　　• 일본으로 쌀의 유출이 크게 늘어나면서, 쌀 부족과 쌀값 인상에 따른 전반적인 물가 인상이 나타나 도시나 농촌의 가난한 사람은 생계를 위협받을 정도로 타격을 입었다.

(3) 대지주층의 성장

① 토지 획득 : 일부 지주와 상인은 쌀 수출에 적극 가담하여 많은 이익을 얻었고, 다시 토지 매입에 투자하거나 불법적인 방법을 통하여 토지를 획득함으로써 대지주로 성장하였다.

② 면직업자 등장 : 외국에서 실을 사 들여와 면직물을 제조하는 사람들도 생겨났다.

③ 사치 풍조의 확산 : 수출보다 수입이 많아 귀금속이 대량으로 유출되었으며, 부유층을 중심으로 사치 풍조가 확산되었다.

④ 결과 : 일부 지주와 상인은 쌀 수출에 적극 가담하여 이익을 얻었고, 이를 다시 토지 매입에 투자하거나 불법적인 방법을 통하여 토지를 획득함으로써 대지주로 성장하였다.

3 각국의 내정 간섭과 이권 침탈

청과 일본은 정치·군사적인 위협을 병행하여 자국 상인을 보호하면서 경제적 이권을 빼앗아 갔다.

(1) 1880년대

① 청 : 임오군란 직후 불평등 조약을 강요하여 외국 상인이 서울에 점포를 열고 국내 곳곳을 다니며 영업할 수 있는 길을 열었다.

② 일본 : 청일 전쟁을 도발하면서 철도 부설권 등 이권 탈취에 앞장섰다.

(2) 1890년대

① 내정 간섭 : 1896년 고종이 일본의 위협을 피해 러시아 공사관으로 가자, 제국주의 국가들의 내정 간섭이 본격화되었다.

② 열강의 이권 탈취의 심화 : 외국인에 의한 광산 채굴권과 삼림 벌채권, 교통이나 통신 시설 부설권 등 경제적 이권 탈취가 집중적으로 이루어졌다.

　㉠ 러시아 : 아관파천 이후 정치적 영향력이 커진 러시아는 러시아인을 재정·군사 고문관으로 앉히고, 광산 채굴이나 삼림 벌채권을 차지하였다.

■ 조청 상민 수륙 무역 장정의 결과
청 상인들이 조선 각지에 침투하여 일본 상인과 경쟁하였고, 1890년대에는 일본과 비슷한 무역 수준이 되었다. 이후 일본은 이를 타개하기 위하여 청일 전쟁을 일으켰다.

ⓒ 미국: 운산 금광 및 광산 채굴권과 철도, 전기 등의 이권을 차지하였다.

ⓒ 일본: 대륙 침략을 위해 우리나라의 남북을 연결할 철도 부설에 주력하였는데, 결국 서울과 부산(경부선), 서울과 의주(경의선), 서울과 인천(경인선)을 잇는 철도 부설권을 모두 차지하였다.

ⓔ 기타: 영국은 은산, 프랑스는 창성, 독일은 당현 금광 채굴권 등을 각각 차지하였다.

▲ 열강의 이권 침탈

(3) 경제적 구국 운동

① 방곡령(防穀令)의 시행(1889)

ⓐ 목적: 방곡령은 일본 상인의 농촌 시장 침투와 지나친 곡물 반출을 막기 위하여 내린 조치였다.

ⓑ 실시: 개항 이후 곡물의 일본 유출이 늘어나면서 곡물 가격의 폭등 현상이 나타났고, 여기에 흉년이 겹쳐 함경도·황해도에서는 일제의 약탈적인 곡물 유출에 대항하여 방곡령을 선포하였다.

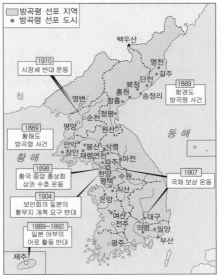

▲ 경제 자주권 수호 운동

■ 1889년 함경도의 방곡령

개항 직후부터 일본 상인이 곡물을 사들여 일본으로 가져가면서 가격이 크게 올랐고, 흉년으로 곡물이 크게 부족하였다. 그러자 함경도, 황해도, 충청도 등지의 지방관이 곡물의 유출을 막기 위해 방곡령을 선포하였다. 특히 함경도 관찰사 조병식은 개정된 조일 통상 장정에 따라 1개월 전에 외교 담당 관청에 통고하고 방곡령을 실시하였다(1889). 그러나 일본은 통고를 늦게 받았다는 구실로 조선 정부에 압력을 가해 방곡령을 철회시키고 막대한 배상금까지 받아냈다.

ⓒ 결과
- 방곡령 철회: 조선에서 방곡령은 흉년이 들면 지방관의 직권으로 실시할 수 있었으나, 일본은 방곡령을 실시하기 1개월 전에 일본 측에 통고해야 한다는 **조일 통상 장정**의 규정을 구실로 조선을 강압하여 결국 **방곡령을 철회**하도록 하였다.
- 배상금 지불: 일본 상인들은 방곡령으로 손해를 입었다고 하여 거액의 배상금을 요구하였고, 조선 정부는 일본에 **배상금을 지불**하게 되었다.

> **사료** | **방곡령 선포**
>
> 우리 고을에 흉년이 든 것은 귀하도 잘 알고 있을 것이다. 궁지에 몰리고 먹을 것이 없어 비참하다. 곡물이 이출되는 것은 당분간 방지하지 않을 수 없다. 이에 조일 통상 장정 제37관에 근거하여 기일에 앞서 통지하니 바라건대 귀국의 상민들에게 통지하여 음력 을유년 12월 20일에서 한 달 이후부터는 곡물을 이출하지 못하도록 할 것이다.
> 동래부백 김학진이 총영사 마에다에게

개항 초기에는 외국 상인의 활동 범위가 개항장 10리 내로 제한되었으나, 1880년대에는 개항장 100리까지 확대되어, 서울을 비롯한 조선 각지에서 청국 상인과 일본 상인의 상권 침탈 경쟁이 치열해졌다. 서울의 경우, 청국 상인들은 남대문로와 수표교 일대를 중심으로, 일본 상인들은 충무로 일대를 중심으로 도심을 향하여 조선의 상권을 잠식해 갔다.

■ 황국 중앙 총상회
황국 중앙 총상회는 독립 협회의 노륙법(孥戮法, 죄인의 스승, 아들, 남편, 아버지 등을 연좌해서 죽이는 법) 및 연좌법 부활 저지 운동 등에 적극 참여하였다.

■ 상권 수호 시위
수천 명의 서울 상인들은 철시하고 외국 상점들의 서울 퇴거를 요구하였으며, 그 뒤에도 철시한 서울 상인들과 시민 수천 명이 1주일 동안 격렬하게 상권 수호 시위를 벌였다.

② 상권 수호 운동: 상인들은 상권 수호 운동을 벌여 경제적 침탈에 적극적으로 대응하였다.
ⓖ 시전 상인: 시전 상인들은 **황국 중앙 총상회(皇國中央總商會)**를 만들어 외국 상인의 시장 침투에 대응하고 서울의 상권을 지키려 하였다.
ⓛ 경강상인: 경강상인들은 일본에서 **증기선을 도입**하여 일본 상인에게 **빼앗긴 운송권**을 회복하려 하였다.

> **사료** | **상권 수호 투쟁**
>
> ❶ 황국 중앙 총상회
> 우리 황성 중앙의 각 점포는 성조께서 결정하신 처음에 그 터를 허락하셔서 나라의 기초를 세우셨고, 500년 동안 상업을 진작하여 열심히 받들었다. 요새 외국 상인은 발전하고 우리나라 상인의 생업은 쇠락하여 심지어 점포 자리를 외국 사람에게 팔아 버리는 지경에 이르렀다. 이렇게 되면 중앙의 점포 터도 보호하기 어렵게 되며, 이것은 다만 상인들의 실업일 뿐만 아니라 국고와 민생이 어려움에 처할 것이다.
> 우리가 충심으로 본회를 설치하고 규칙을 만들었으니 우리와 뜻이 같은 이는 서로 권하여 충애하는 마음으로 상업을 일으킬 기초를 튼튼하게 하고 국가를 부강하게 할 방침을 찾아 억만년 이어지길 바란다.
>
> ❷ 백목전 상인들의 청원서(1888. 9.)
> 최근 각국 상인이 가져오는 물건이라도 목면(木棉)의 경우는 특별히 구분하여 장사하지 못하도록 하였습니다. 그런데 일본인(日本人)이 호남(湖南) 지방에서 목면을 매입·운반해 와서 자기들 마음대로 매매하는 고로 저희들이 일본 영사관(領事館)에 항의를 하였습니다. 그런데 일본 영사관의 대답은 "한국 사람들이 비록 마음대로 판매하지 못하더라도 일본인은 장애 없이 판매할 수 있다."라는 것입니다. …(중략)… 우리 상인들은 몰락하게 될 것이니 어찌 원망스럽지 않겠습니까.

③ 독립 협회: 열강의 이권 침탈에 대항하여 이권 수호 운동을 벌였다(1896).
ⓖ 절영도의 조차 요구 저지(1898): 러시아가 일본의 선례에 따라 저탄소 설치를 위해 **절영도의 조차를 요구**하자, 독립 협회는 만민 공동회를 개최하여 일본의 저탄소 철거까지 주장하여 마침내 러시아의 요구를 **좌절시켰다**.
ⓛ 한러 은행의 폐쇄(1898): 한국의 화폐 발행권과 국고 출납권 등 각종의 이권 획득을 목적으로 서울에 설치된 러시아의 **한러 은행을 폐쇄**시켰다.

ⓒ 도서(島嶼)의 매도 요구 저지: 러시아의 군사 기지 설치를 위한 목포·증남포(진남포) 부근의 도서에 대한 매도 요구를 강력히 저지시켰다.

ⓔ 기타: 프랑스 및 독일 등의 이권 요구도 좌절시켰다.

사료 만민 공동회의 상소

근대 우리나라 국유 광산이라든지, 철도 기지·서북 삼림(西北森林)·연해 어업(沿海漁業) 등등, 이 모든 것에 대한 외국인들의 권리 취득 요구를 우리 정부에서 한 가지라도 허락해 주지 않은 것이 있었는가. 이렇게 외국인들의 요구가 그칠 줄 모르는데, 오늘에 이르러서는 일인들이 또다시 국내 산림천택(山林川澤)과 원야(原野) 개발권까지 허가해 줄 것을 요청하기에 이를 정도로 극심해졌으니, 정부는 또 이 요구를 허가할 작정인가. 만일 이것마저 허가한다면 외국인들이 이 위에 또다시 요구할 만한 무엇이 남아 있겠으며, 우리도 또한 무엇이 남아서 이런 요구에 응할 것이 있겠는가. 이렇게 되면 그야말로 500년의 마지막 날이 될 것이요, 삼천리의 종국(終局)이 될 것이니, 우리 정부에서는 반드시 이를 거절할 줄로 안다.
이상재가 정부에 올린 상소문

---

④ 황무지 개간권 반대 운동(1904)

ⓐ 일제가 경제적 침탈을 강화하면서 일본인에게 막대한 황무지의 개간권(開墾權)을 주도록 요구하자, 국민들은 적극적인 반대 운동을 전개하였다.

ⓑ 보안회(保安會) 활동

• 보안회는 일제의 황무지 개간권 요구에 반대 운동을 벌여 일제의 토지 약탈 음모를 분쇄하기 위해 매일 가두집회를 열고 일제의 침략적 요구를 규탄하면서 거족적인 반대 운동을 전개하였다.

• 국민적 호응에 힘입어 일제로 하여금 황무지 개간권 요구를 철회하게 하였다.

ⓒ 농광 회사(農鑛會社) 설립: 이도재, 김종한 등이 1904년 일본의 토지 침탈 기도에 맞서, 개간 사업을 목적으로 설립한 근대적 농업 회사이다. 18조로 된 회사 규칙에 의하면, 50원 액의 주 20만 주로 총 1천만 원을 자본금으로 규정하였다. 또한 13도에 지사를 설립할 계획을 가지고 있었고, 그 외 농학·광학(鑛學)을 장려하는 내용도 포함하고 있었다.

사료 보안회

삼가 아룁니다. 모든 나라는 한집안이며 세상은 모두 형제입니다. 함께 태어나 자라며 같은 윤리를 행하고 피차 고락을 함께합니다. 진정 마땅히 한마음으로 서로 돕고 이웃의 화목함을 지키는 것이 마땅합니다. 우리나라는 일본의 옆 나라로서 근래 맹약을 맺은 지 자못 오래되었습니다. 마땅히 사랑하고 아껴야 하며 이를 표현할 겨를이 없었을 뿐입니다. 그런데 지금 일본 공사 하기와라(萩原)가 나가모리 도키치로(長森藤吉郎)의 청원에 따라 우리 외부(外部)에 공문을 보내어 산림, 강, 평지, 황무지에 대한 권리를 청구했습니다. 우리나라는 땅이 좁고 척박하여 현재 국가의 토지대장에 있는 농토는 100 중에 1, 2도 채워져 있지 않습니다. 사람들은 산림, 강, 평지, 황무지를 이용해 2~3년 걸러 윤작을 해야만 먹고 살 수 있습니다. 그런데 만일 이를 외국인에게 줘 버린다면 전국의 강토를 모두 빼앗기게 되며 수많은 사람이 참혹한 빈곤에 빠져 구제할 수 없게 될 것입니다.
〈황성신문〉, 1904년 7월 23일

사료 농광 회사

❶ 이 회사의 고금(股金, 주권)은 액면 50원씩이고, 총 1천만 원을 발행하고, 주당 불입금은 5년간 총 10회 5원씩 나눠서 낸다.

❷ 이 회사는 국내 진황지 개간, 관개 사무와 산림천택(山林川澤), 식양채벌(殖養採伐) 등의 사무 이외에 금·은·동·철·석유 등의 각종 채굴 사무에 종사한다.

⑤ 국채 보상 운동(國債報償運動, 1907)
 ㉠ 배경: 일제는 한국을 재정적으로 예속시키기 위하여 우리 정부로 하여금 일본에서 차관을 도입하게 하였고, 이 결과 한국 정부가 짊어진 외채는 총 1,300만 원이나 되어 상환이 어려운 처지에 놓였다. 이에 국민의 힘으로 국채(國債)를 상환하여 국권을 회복하자는 국채 보상 운동이 일어났다.
 ㉡ 경과
  • 서상돈, 김광제 등이 대구에서 개최한 국민대회를 계기로 전국적으로 확산되었다.
  • 서울에서는 국채 보상 기성회를 조직하여 전 국민의 호응을 얻었고, 〈대한매일신보〉 등 여러 신문사도 적극 후원하였다.
 ㉢ 결과: 거족적인 경제적 구국 운동인 국채 보상 운동은 국채 보상 기성회의 간사인 양기탁에게 국채 보상금을 횡령하였다는 누명을 씌워 구속하는 등 통감부의 방해로 인하여 좌절되고 말았다.

사료 국채 보상 운동 취지문

국채 1,300만 원은 우리 대한의 존망에 관계가 있는 것이다. 갚아 버리면 나라가 존재하고 갚지 못하면 나라가 망하는 것은 대세가 반드시 그렇게 이르는 것이다. 현재 국고에서는 이 국채를 갚아 버리기 어려운즉 장차 삼천리 강토는 우리나라와 백성의 것이 아닌 것으로 될 위험이 있다. 토지를 한 번 잃어버리면 다시 회복하기 어려운 것이다. 어떻게 월남 등의 나라와 같은 처지를 면할 수 있을까? 2천만 인이 3개월을 한정하여 담배의 흡연을 폐지하고 그 대금으로 매 1인마다 20전씩 징수하면 1,300만 원이 될 수 있다. 우리 2천만 동포 중에 애국 사상을 가진 이는 기어이 이를 실시해서 삼천리 강토를 유지하게 되기를 간절히 바라는 바이다.
〈대한매일신보〉, 1907

---

(4) 근대적 상업 자본의 성장

① 회사의 설립
 ㉠ 배경: 일부 상인들은 열강의 경제적 침탈에 대항하여 자본주의 생산 방식이나 새로운 경영 방식을 도입하고 많은 회사들을 설립하였다.
 ㉡ 형태
  • 1880년대 초 대동 상회·장통 회사 등의 상회사가 설립되었으며, 1890년대에는 그 수가 40여 개에 달하였다.
  • 초기의 회사들은 주로 동업자 조합의 성격을 띤 상회사였으나, 대한 제국의 상공업 진흥 정책이 실시된 이후에는 해운 회사·철도 회사·광업 회사 등과 같은 근대적 형태의 주식회사도 나타났다.
② 1890년대 후반 기업 활동
 ㉠ 계기: 1890년대 후반기에는 정부의 상공업 진흥 정책에 맞추어 내국인의 기업 활동이 더욱 활발해졌다.
 ㉡ 기업 활동의 성격: 문호 개방 이후 일본 자본가들이 조선에 들어와 대규모의 운수 회사를 설립하고 해상과 육상의 운수업을 지배하였다. 이에 국내 기업가들은 외국의 증기선을 구입하여 그들에 대항하려 하였고, 해운 회사·철도 회사·광업 회사 등을 설립하여 민족 자본의 토대를 굳히고자 노력하였다.

(5) 산업 자본과 금융 자본의 성장

① 근대적 산업 자본의 성장

  ㉠ 조선 유기 상회(鍮器商會): 개항 이전에 이미 발달하였던 유기(鍮器) 공업과 야철(冶鐵) 공업을 계승하여 서울에 '조선 유기 상회'라는 합자 회사를 설립하였다.

  ㉡ 직조(織造) 산업: 면직물의 생산은 외국산 면직물의 수입으로 큰 타격을 받았지만, 민족 자본에 의하여 대한 직조 공장, 종로 직조사(종로의 백목전 상인들이 1900년 설립) 등의 직조 공장이 설립되어 발동기를 이용한 생산 활동을 전개하였다.

  ㉢ 기타: 연초(煙草) 공장, 사기(砂器) 공장 등도 설립하였다.

② 근대적 금융 자본의 성장

  ㉠ 은행의 설립: 개항 직후부터 일본의 금융 기관이 침투하고, 일본 상인에 의한 고리대금업이 성행함에 따라 이에 대응하기 위하여 우리 자본으로 은행을 설립하였다.

    • 관료 자본 중심의 은행: 1896년 **최초로 설립된 조선은행**(안경수, 김종한)은 관료 자본이 중심이 된 민간 은행으로서, 국고 출납 업무를 대행하고 지방에 지점도 두었으나 곧 폐쇄되었다.

    • 민간 은행: 한성은행(1897), 대한천일은행(1899) 등을 설립하였다.

  ㉡ 결과: 은행은 화폐 정리 사업을 계기로 몰락하거나 자주성을 잃고 변질되기도 하여, 한국의 금융은 사실상 일제에 의해 장악되었다.

③ 화폐 정리 사업

  ㉠ 제1차 한일 협약 시기에 재정 고문으로 들어온 메가타는 1905년 화폐 정리 사업을 단행하여, 대한제국의 화폐 발행권을 박탈하고 일본 제일은행권을 본위 화폐로 삼았다. 이 때문에 국내 화폐 유통 체계의 혼란이 야기되었으며, 다수의 조선인 상공업자가 타격을 입었다.

  ㉡ 화폐 정리 사업의 실상: 조선 상인들이 소유하고 있던 백동화의 상당량이 을종 또는 병종으로 분류되어 소액을 가진 농민들은 제대로 교환조차 할 수 없었다. 그러나 일본 상인은 화폐 정리 사업 정보를 미리 듣고 이에 대처하였다. 이에 대한제국에서는 극심한 금융 공황이 일어나 많은 국내 상인이 도산하고, 농촌 경제는 파탄에 이르렀다.

개항 이후 급증하는 재정 수요와 당면한 재정 궁핍에서 벗어나기 위해 전환국(典圜局)에서 1892년부터 1904년까지 주조·유통시켰다. 1894년의 「신식화폐발행장정(新式貨幣發行章程)」에 의한 은본위제 시행과 1901년의 「화폐조례(貨幣條例)」에 의한 금본위제(金本位制) 채택에 의해 보조 화폐로 계속 사용되었다. 1892년부터 1904년까지 발행한 총 화폐 1,890여만 환 중 백동화는 1,670여만 환으로, 발행 총액의 약 88%를 차지하였다. 그런데 당시 시중에 유통된 백동화에는 전환국에서 주조한 것 이외에도 민간이나 외국인에 의한 위조(僞造) 또는 외국에서 밀수입된 것도 상당액 포함되어 있었다.   「한국민족문화대백과 사전」

바로 확인문제

● 다음의 정부 조치에 대한 설명으로 옳은 것만을 〈보기〉에서 모두 고르면?   19. 국가직 7급

> 상태가 매우 좋은 갑종 백동화는 개당 2전 5리의 가격으로 새 돈으로 바꾸어 주고, 상태가 좋지 않은 을종 백동화는 개당 1전의 가격으로 정부에서 사들이며, 팔기를 원치 않는 자에 대해서는 정부가 절단하여 돌려준다. 다만 모양과 질이 조잡하여 화폐로 인정하기 어려운 병종 백동화는 사들이지 않는다.   「탁지부령」

┤ 보기 ├
ㄱ. 한일 신협약을 계기로 추진되었다.
ㄴ. 은화를 발행하여 본위화로 삼고자 하였다.
ㄷ. 제일 은행권을 교환용 화폐로 사용하였다.
ㄹ. 필요한 자금을 대느라 거액의 국채가 발생하였다.

① ㄱ, ㄴ   ② ㄱ, ㄹ   ③ ㄴ, ㄷ   ④ ㄷ, ㄹ

● 〈보기〉는 개항 이후 경제 상황이다. 시간 순으로 바르게 나열한 것은?   18. 서울시 7급

┤ 보기 ├
ㄱ. 청 상인들이 내지 통상권을 획득하였다.
ㄴ. 일본인 재정 고문이 화폐 정리 사업을 추진하였다.
ㄷ. 대한천일은행이 고종의 적극적인 지원하에 설립되었다.
ㄹ. 일본 상인들이 개항장 중심의 거류지 무역을 시작하였다.

① ㄱ - ㄴ - ㄷ - ㄹ   ② ㄱ - ㄷ - ㄴ - ㄹ
③ ㄹ - ㄱ - ㄷ - ㄴ   ④ ㄹ - ㄱ - ㄴ - ㄷ

02 개항 이후의 사회

1 사회 제도와 의식의 변화

(1) 19세기 사회의 변화

① 계기: 19세기 사회 변화에는 종교의 영향이 컸다. 처음에는 서학으로 전래되었던 천주교와 이어 등장한 동학, 그리고 개신교의 전파는 사회 변화에 많은 영향을 미쳤다.

② 평등 의식의 확산: 19세기에 들어와 평등 의식이 확산되기 시작하면서 종래의 신분 제도에 서서히 변화가 나타났다.

(2) 종교의 영향

① 천주교

ㅇ 조선 후기에 전래되기 시작한 천주교는 19세기 중엽에 교세를 확장하여 평등 의식의 확산에 기여하였다.

ㅇ 초기에 신도의 중심을 이루던 양반은 조상 제사 문제로 교회에서 멀어지고, 점차 중인과 평민의 입교(入敎)가 증가하였다. 특히 부녀자 신도가 많았다.

> **사료**   **천주교의 신분 평등**
>
> 황일광 알렉시스는 백정의 집에서 태어났다. 이들은 읍내나 동네에서 멀리 떨어져 살아야 하며, 아무와도 일상적인 교제를 할 수 없었다. 천주교에 입교하자 교우들은 그의 신분을 잘 알고 있으면서도 형제처럼 대하였다. 어디를 가나 양반집에서까지 그는 다른 교우들과 똑같이 집에 받아들여졌는데, 그로 말미암아 그는 자기에게는 자기 신분으로 보아, 사람들이 너무나 점잖게 대해 주기 때문에, 이 세상에 하나 또 후세에 하나, 이렇게 천당이 두 개가 있다고 말하였다.   『조선 천주교회사』

② 동학 : 현세를 말세로 규정하고 천지개벽에 의한 미래의 이상 세계가 반드시 도래한다고 하는 사회 혁명적 예언으로 백성들에게 호응을 얻었다. 동학의 인내천 사상은 적서 차별, 남존여비를 부정하는 인간 평등주의로서 평민층 이하의 지지를 받았다.

③ 개신교

ㅇ 개신교는 포교의 수단으로 각지에 **학교를 설립**하고 **의료 사업**을 전개하여 많은 효과를 거두었다.

ㅇ 19세기 말에 전래된 개신교는 선교 과정에서 한글의 보급, 미신의 타파, 남녀평등 사상의 보급, 근대 문명의 소개 등을 통하여 사회와 문화 면에서 많은 영향을 미쳤으며 애국 계몽 운동에도 이바지하였다.

(3) 갑신정변의 영향

갑신정변의 개혁 요강도 신분 제도에 변화를 일으켰다.

① 진보적 사고 : 양반 신분 제도와 문벌을 폐지하고 인재를 등용하여 인민 평등을 실현하려 한 급진 개화파의 생각은 매우 진보적이었다.

② 신분 제도의 개혁 요구 : 문벌과 신분 제도를 사회적 불평등의 근원일 뿐 아니라 국가 발전을 저해하는 주요 원인으로 인식하고, 이를 개혁하고자 하였다.

■ **갑신정변의 한계**
급진 개화파를 중심으로 한 위로부터의 성격이 강하여 일반 민중과 유리되었고, 당시 민중은 이들의 개혁 의지나 취지를 이해하지 못하였다.

2 동학 농민군의 사회 개혁 운동

(1) 사회 개혁 운동

① 의의

ㅇ 고부 봉기를 필두로 전개된 동학 농민 운동은 사회 전반에 커다란 변화를 야기하였다. 동학 농민군들은 각 지역에서 독립된 활동을 하며 자신들의 요구를 제시하였다.

ㅇ 이 가운데 향촌에서 반상(班常)을 구별하는 모든 관행을 부정하고 천민층의 신분 해방 운동을 전개하였다.

② 폐정개혁안

    ㉠ 반봉건적 사회 개혁안 요구 : 농민군들은 폐정개혁안에서 탐관오리·횡포한 부호·양반 유생의 징벌, 노비 문서의 소각, 천인들에 대한 처우 개선, 과부의 재가 허용, 모든 무명 잡세의 폐지 등을 주장하였다.

    ㉡ 지주제 철폐안의 요구 : 농민군들이 지주 전호제를 인정한 지조법 개혁을 넘어서 토지의 평균 분작을 요구한 것은 매우 혁신적인 것이었다.

(2) 신분 간의 갈등

① 집강소(執綱所)의 설치

    ㉠ 전라도 53개 지역에 집강소를 설치하여 자기들이 주장한 개혁 사업들을 벌여 나갔다.

    ㉡ 농민군의 집강소에서는 폐정을 개혁하는 한편, 노비 문서와 토지 문서를 소각하고 창고를 열어 식량과 금전을 농민들에게 나누어 주었다.

② 민보군(民堡軍)의 조직

    ㉠ 농민군들의 행동에 대하여 양반 계층은 지배층을 적대시하는 것으로 간주하였다.

    ㉡ 일부 양반들은 민보군을 조직하여 농민군과 싸움을 벌였다. 이러한 신분 간의 갈등은 집강소에서 실시한 사업이 순조롭게 진행되지 못하는 요인이 되었다.

■ 민보군
동학 농민 운동 당시 농민군을 진압하기 위해 양반 유생들이 조직한 군대이다.

3 갑오개혁 : 신분제의 폐지

(1) 갑오개혁의 사회면 개혁

① 수용 : 동학 농민 운동에서 제시한 농민군의 요구를 갑오개혁에 일부 수용하였는데, 갑오개혁의 내용 중에서 가장 두드러진 것은 사회면의 개혁이었다.

② 추진 기구 : 군국기무처는 개혁 추진의 중심 기구로서, 전통적 신분 제도와 문벌 및 출신 지역을 가려 인재를 등용하는 폐습의 개혁을 실시하였다.

③ 개혁 내용 : 반상과 귀천을 초월한 평등주의적 사회 질서의 수립, 노비 및 기타 천민층의 점진적 해방, 기술직 중인의 관직 등용 확대, 여성의 대우 향상과 혼인 풍습의 개선 등을 포함하였다.

■「군국기무처 의정안」(1894)
• 문벌과 양반·상민 등의 계급을 타파하여 귀천을 불문하고 인재를 뽑아 쓴다.
• 공·사노비의 제도는 일체 혁파하고, 인신의 매매를 금한다.
• 평민이라도 나라를 이롭게 하고, 백성을 편하게 할 의견을 내놓은 자는 군국기무처에서 올려 회의에 부치게 한다.
• 역졸(驛卒)·창우(倡優)·피공(皮工) 등의 천민 대우를 폐지한다.

(2) 갑오개혁의 결과

① 갑오개혁으로 양반 중심의 신분 제도가 폐지되고, 능력 본위의 인재 등용이 이루어지는 계기가 되었다.

② 갑오개혁 내용 중에는 즉시 효력을 발생한 연좌제의 폐지 같은 조항이 있었다. 반면 대부분의 사회 제도 개혁안은 양반제·노비제 등을 포함한 전통적 신분 제도를 철저히 타파하기보다는 점진적·개량적으로 접근하였다.

(3) 갑오개혁의 의의

이러한 제도 개혁은 조선 사회를 근대화하는 데 기여하였으며, 양반들의 권력 독점 체제를 해체시키는 계기가 되었다.

4 민권 운동의 전개

(1) 독립 협회의 운동

① 독립 협회의 창설: 갑신정변 후 미국으로 망명하였다가 돌아온 서재필은 문호 개방 이후 계속 성장한 국내 신지식층과 합세하여 〈독립신문〉을 발행하고 독립 협회를 창설하였다. 독립 협회는 이전의 개화 운동과는 달리 새로운 형태의 자강 운동을 전개하였다.

② 독립 협회의 활동: 독립 협회는 주권 독립운동, 민권 운동을 전개하였다. 이 가운데 민권 운동은 인권 확대 운동과 참정권 실현 운동으로 전개되었다.

　㉠ 인권 확대 운동: 천부 인권 사상을 근거로 국민의 생명과 재산권을 보호할 목적으로 한 운동이다. 이는 오랜 전제 군주제 및 양반 관료제의 횡포로부터 백성을 보호하려는 것이었다.

　㉡ 참정권 실현 운동

　　• 참정권의 실현은 의회 설립 운동으로 나타났다.

　　• 독립 협회가 정부에 제출한 의회 설립안은 갑오개혁 때 제 기능을 발휘하지 못하였던 중추원을 개편하여 의회로 만들고, 의원의 반수는 독립 협회 회원에서 선발하여 구성해 달라고 요구하였다.

> **사료**　**민권론**
>
> 대저 동양 풍속이 나라를 정부가 독단하는 고로 나라가 위태한 때를 당하여도 백성은 권리가 없으므로 나라 흥망을 전혀 정부에다가 미루고 수수방관만 하고, 정부는 나중에 몇몇 사람이 순절만 할 줄로 성사를 삼는 고로 나라 힘이 미약하여 망하는 폐단이 자주 날 뿐더러 …(중략)… 그런즉 지금 폐단을 없앨 방법과 재략은 다름 아니라, 갑자기 백성의 권리를 모두 주어 나라 일을 하려 할 것도 아니오. 관민이 합심하여 정부와 백성의 권리가 서로 절반씩 된 후에야 대한이 억만 년 무강할 줄로 나는 아노라.　　　〈독립신문〉, 1898.12.15.

　㉢ 독립 협회의 해체

　　• 독립 협회가 관민 공동회를 개최하고 고종에게 올리는 「헌의 6조」를 가결하여 입헌 군주제를 지향하는 움직임을 보이자, 정부는 의회 개설 운동과 입헌 군주제 실시 주장을 왕조의 존립까지 위협하는 것으로 받아들였다.

　　• 정부는 황국 협회를 동원하여 탄압함으로써 독립 협회의 운동은 결국 실패하였다.

③ 독립 협회 활동의 의의

　㉠ 민중의 자발적 참여

　　• 독립 협회의 운동이 실패로 끝났지만 민중과 연결되어 있다는 것은 이전과 다른 점이었다.

　　• 서울에서는 민중들이 자발적으로 참여하여 정부의 잘못을 공격하였으며, 독립 협회의 지도자들은 이를 적절히 이용하여 자신들의 주장을 펴 나갔다.

　㉡ 평등 의식의 확산: 관민 공동회에서 천민이 연사로 나서고, 시전 상인이 회장으로 선출된 사실은 민권 사상과 평등 사상이 확산되고 있었음을 보여 준다.

> **사료**　**백정 박성춘의 관민 공동회 연설문(1898)**
>
> 나는 대한의 가장 천한 사람이고 무지몰각합니다. 그러나 충군 애국의 뜻은 대강 알고 있습니다. 이에, 이국편민(利國便民)의 길인즉, 관민이 합심한 연후에야 가하다고 생각합니다. 저 차일에 비유하건대, 한 개의 장대로 받친즉 역부족이나, 많은 장대를 합한즉 그 힘이 공고합니다. 원컨대, 관민이 합심하여 우리 황제의 성덕에 보답하고, 국운(國運)이 만만세 이어지게 합시다.

ⓒ 독립 협회의 기본 사상
- 3대 사상: 자주 국권 사상, 자유 민권 사상, 자강 개혁 사상이었다.
- 자유 민권 사상: 국민의 평등과 자유 및 국민 주권을 확립하여 국민의 기본적 권리를 보장하고, 국민의 단합된 힘으로 자주 국권을 수호하며, 나아가 근대 의회 정치를 구현하여 근대 국민 국가를 수립하려는 민주주의 사상이다.

ⓓ 근대화 사상의 계승: 독립 협회의 근대화 사상은 이후 대한 제국 말기의 애국 계몽 사상으로 이어졌다.

사료 윤치호 등의 인권 옹호 상소

어떤 자는 말하기를 백성의 권한이 성하면 임금의 권한이 반드시 줄어들리라 하니, 사람의 무식함이 …(중략)… 더욱 심하겠습니까. 만일 오늘날에 이와 같은 민의가 없다면, 정치와 법률은 따라서 무너져서 어떤 모양의 재앙의 기미가 어디에서 일어날지 모르는데, 폐하께서는 홀로 생각이 여기에 미치지 아니하십니까. 신 등의 충성된 분노가 격하여 품고 있는 생각을 진술하였지만 대단히 황송하여 조처할 바를 알지 못하겠습니다. 엎드려 바라옵건대 폐하께서는 재량하여 살펴 주십시오   『승정원일기』

(2) 애국 계몽 운동

① 활동 내용: 독립 협회의 운동은 대한제국 시기에 애국 계몽 운동으로 계승되어 사회·교육·경제·언론 등 각 분야에서 폭넓게 추진되어 국민의 근대 의식과 민족 의식을 고취시켰다.

② 영향
   ㉠ 사회 인식의 전환: 국민의 교육열이 고양되어 근대 교육이 널리 보급되었고, 근대 지식과 근대 사상이 점차 보편화되어 사회 인식의 전환을 가져왔다.
   ㉡ 민주주의 사상의 진전
   - 애국 계몽 운동은 일제의 보호국 체제하에서 적극적 정치 투쟁으로 전개되지는 못하였지만, 민주주의 사상을 한 단계 진전시켰다.
   - 독립 협회는 민주주의 실현과 국민 국가의 건설을 목표로 활동하였으나, 이를 공개적으로 거론하지는 못하였다.
   - 20세기 초에는 애국 계몽 운동가들이 민주 공화정체의 우월성과 국민 국가 건설의 필요성을 공개적으로 주장할 만큼 상당한 사회 의식의 변화를 보여 주었다.

○ 평등 사회로의 이행

갑신정변 (「개혁 정강」)	• 내용: 문벌 폐지, 인민 평등권 확립, 지조법 개혁, 행정 기구의 개편, 내각제 도입 등 추구 • 목적: 근대적 국민 국가 건설 • 실패: 청의 군사적 개입, 보수 세력의 방해, 피지배층의 지지 기반 미약
동학 농민군 (「폐정개혁안」)	• 내용: 노비 문서의 소각, 지벌의 타파, 청상과부의 재가 허용, 백정의 평량립 폐지 • 목적: 인간 평등과 인권 존중의 반봉건적 사회 개혁 추구 • 의의: 대내적으로 양반 중심의 전통적 신분제 사회 붕괴에 기여하고, 대외적으로 동북아 정세의 변화를 초래
갑오·을미개혁	• 사회적: 반상 구분 철폐, 천민의 신분 폐지, 공·사노비 제도 혁파 • 봉건적 폐습 타파: 조혼 금지, 과부의 재가 허용, 연좌법 폐지 • 인재 등용: 과거제 폐지, 새로운 관리 임용제 채택 • 의의: 갑신정변과 동학 농민 운동에서 주장한 내용을 일부 반영, 양반 중심의 신분제 폐지
대한제국 (광무개혁)	호적 제도 개편: 호적에 신분 대신 직업 기재

03 개항 이후의 문화

1 근대 문명의 수용

19세기 후반에서 20세기 초에 이르는 시기에 우리나라에서는 서양의 과학 기술을 비롯한 근대 문물이 수용되고 근대 시설도 점차 보급되어 갔다.

사료   문명과 개화

❶ 지금 판세를 가만히 보면, '개화'니 '문명'이니 한다고 머리를 잘들 깎았나 보네만, 속에는 전판 완고의 구습이 가득하여, 겉으로는 어째 개명 진취의 뜻이 있는 듯 하나 실상은 잠을 깨지 못하여 실상은 길에 다니는 자들이 말짱 코를 골고 다니니, 비유컨대 고목나무 겉은 성하나 속은 좀이 먹어 들어가는 모양이라. 참, '겉 개화'라 할 만하여…(후략)….   〈대한매일신보〉, 1905

---

(1) 서양 과학 기술의 수용

① 등장

ㄱ 근대 이전 : 서양의 과학 기술에 대한 관심은 17세기 이후 실학자들에 의하여 싹트기 시작하였다.

ㄴ 개항 이후

• 개화파는 서양 과학 기술의 우수성을 인식하고, 우리의 정신문화는 지키면서 서양의 과학 기술을 수용하자는 동도서기론(東道西器論)을 제창하였다.

• 정부의 개화 정책 추진과 함께 과학 기술을 비롯한 서양의 근대 문물이 도입되었다.

② 수용 과정

ㄱ 개항 이전 : 1860년대 흥선 대원군 집권기에도 서양의 침략에 대응하기 위하여 서양의 무기 제조술에 많은 관심을 기울였다.

ㄴ 개항 이후 : 무기 제조술 외에 산업 기술의 수용에도 관심이 높아져서, 1880년대에는 양잠·방직·제지·광산 등에 관한 기계를 도입하고, 외국 기술자를 초빙하는 등 서양의 기술을 도입하는 데 힘썼다.

ㄷ 1890년대

• 개화 지식인들은 근대적 과학 기술의 수용을 위해서는 교육 제도의 개혁이 급선무임을 인식하게 되었다. 이에 갑오개혁 이후 정부는 유학생의 해외 파견을 장려하고, 교육 시설을 갖추는 데 노력하였다.

• 그 결과 경성 의학교·철도 학교·광업 학교 등 각종 근대적인 기술 교육 기관이 설립되었다.

③ 결과 : 기술 교육의 향상을 위한 정책은 재정의 곤란으로 많은 시행착오가 있었지만, 국권을 빼앗기기 전까지 꾸준히 계속되어 어느 정도의 성과를 거두었다.

사료   서양 과학 기술의 수용

❶ 외국의 교(敎)는, 즉 사(邪)로서 마땅히 멀리해야 하지만, 그 기(器)는, 즉 이(利)로서 가히 이용후생(利用厚生)의 바탕이 될 것인즉, 농·공·상·의약·갑병(甲兵)·주차(舟車) 등의 종류는 어찌 이를 꺼려서 멀리 하겠는가?   『일성록』 곽기락의 상소, 1881

■ **동도서기론**

우리의 전통적인 정신문화를 지키되 서양의 과학 기술은 수용하자는 주장으로서, 중국 양무 운동의 중체서용(中體西用), 일본 문명 개화론의 화혼양재(和魂洋才)와 같은 맥락이다.

■ **흥선 대원군의 무기 제조**

흥선 대원군은 제너럴셔먼호의 증기 기관을 이용해 배를 만들거나 방탄복을 제작하는 등 무기 제조에 관심이 많았다.

❷ 옛날의 범선과 오늘의 증기선은 선박의 옛날과 지금이 다릅니다. 옛날의 소나 말이 끄는 수레와 오늘의 증기 기차는 차(車)의 옛날과 지금이 다릅니다. 옛날의 파발과 오늘의 전신에 의한 통첩으로 순식간에 왕래하여 마치 서로 얼굴을 마주봄과 같은 것은 역전의 옛날과 지금이 다릅니다. 오늘날 나라를 다스리는 이가 서법(서양 문물)의 편리함을 인정하지 아니하고 옛 제도의 불편하고 현실에 맞지 아니한 것을 전적으로 쓴다면 부강(富强)의 도를 생각하지 않는 것입니다. …(중략)… 군신·부자·부부·붕우·장유의 윤리는 인간의 본성에 부여된 것으로서 천지를 통하는 만고불변(萬古不變)의 이치이고, 위에 존재하는 것으로서 도(道)가 됩니다. 이에 대하여 배·수레·군사·농사·기계의 편민이국(便民利國)하는 것은 외형적인 것으로서 기(器)가 됩니다. 신(臣)이 변혁(變革)을 꾀하고자 하는 것은 기(器)이지 도(道)가 아닙니다.

윤선학의 상소문, 1882

❸ 서양 각국에 사신을 파견하여 그 우호를 신장시키는 한편, 거기서부터 기술 교사를 청하여 우리나라 상하 인민들에게 새 기술을 습득시키고 …(중략)… 정부와 따로 공의당(公議堂)을 특설하여 시무(時務)에 밝은 인사들을 참여시키고 그들로 하여금 정사 논의(政事論議)를 돕게 하고 …(중략)… 도하(都下)에 큰 규모 상인들을 불러 모아 그들의 이해 및 편리함과 불편함을 상의케 하고 그 손해에 따라 징세(徵稅)토록 하며 …(중략)… 법에 따라 채광(採鑛)을 장려하고 화폐 유통을 장려하며, 놀고먹는 자를 없애도록 하자.　「일성록」

(2) 근대 시설의 수용

개항 이후 근대 문물과 과학 기술이 도입되어 교통·통신·전기·의료·건축 등 각 분야에 새로운 시설이 갖추어졌다. 이에 따라 생활 양식도 변화하게 되었다.

① 근대적 기술 도입의 계기

　㉠ 개항 직후 수신사 파견을 시작으로 1880년대에 신사 유람단(조사 시찰단)의 일본 파견과 영선사의 청 파견, 보빙사의 미국 파견은 근대적 기술 도입에 중요한 계기가 되었다.

　㉡ 정부는 박문국·기기창·전환국 등 근대 시설을 갖추어 신문을 발간하고, 무기를 제조하였으며, 화폐를 주조하였다.

② 근대 시설의 도입

▲ 전화 교환원

▲ 우정총국
개항기에 우편 업무를 담당하던 관청으로서, 현재는 체신 기념관으로 쓰이고 있다.

근대 시설		연도	기능 및 성격
인쇄	박문국	1883	신문의 발간(〈한성순보〉, 새로운 지식의 확대에 기여)
	광인사	1884	• 최초의 근대식 출판사(민간), 근대 기술에 관한 서적 출판 • 농업과 목축의 근대화를 이론화한 안종수의 『농정신편』 인쇄
화폐 주조	전환국	1883	은전(5냥, 1냥), 백동전(1전 5푼), 동전(5푼), 황동전(1푼) 주조
무기 제조	기기창	1883	영선사의 건의로 서울에 설치
통신	전신	1885	• 청의 차관을 도입하여 최초 설치(인천 ~ 서울 ~ 의주) • 독일로부터 차관을 얻어 서울 ~ 부산 가설(1888)
	전화	1898	• 경운궁 안에 처음 가설
	전등	1887	• 경복궁에 최초로 전등 설치(1887) • 서울 시내에 전등 가설(1900)
	우편	1884	• 갑신정변으로 우정국 중지 → 을미개혁 이후 우체사로 부활(1895) • 만국 우편 연합에 가입(1900) → 여러 나라와 우편물 교환

		서대문 ~ 청량리	1899	황실과 미국인 콜브란의 합자로 설립된 한성 전기 회사가 발전소를 건설하고 최초로 전차 운행
교통	전차			
	철도	경인선	1899	미국인 모스(Morse)에 의해 착공되었지만, 일본 회사에 이권이 전매되어 완공된 최초의 철도(노량진 ~ 인천, 1899) → 한강 철교가 준공되어 서울까지 연결(1900)
		경부선	1905	러일 전쟁 중에 일본이 군사적 목적으로 부설
		경의선	1906	
통신·교통 시설의 의의				• 긍정적인 면 : 국민 생활의 편리와 생활 개선에 기여 • 부정적인 면 : 외세의 이권 또는 침략 목적에 이용
의료	광혜원		1885	정부의 지원으로 알렌이 세운 최초의 왕립 서양식 병원 (후에 제중원으로 고침)
	광제원		1899	정부에서 설립하여 지석영의 종두법 등을 보급
	세브란스 병원		1904	경성 의학교와 함께 의료 요원의 양성
	대한 의원		1907	신식 의료 요원 양성 기관(의학부·약학부·간호과 등)
	자혜 의원		1909	도립 병원(전주·청주·함흥 등 전국 각지에 설립)
건축	경복궁 내 관문각		1888	최초의 서구식 건물
	약현 성당		1892	천주교 성당이며, 최초의 고딕식 벽돌 건축물
	손탁 호텔		1902	최초의 서양식 호텔이며, 최초의 커피 전문점이 개설됨
	독립문		1897	프랑스의 개선문을 모방하여 건립
	명동(종현) 성당		1898	중세 고딕식의 건물
	덕수궁 석조전		1910	착공한 지 10년 만에 완성된 르네상스식의 건물

③ 근대 시설 수용의 의의 : 근대적 시설은 외세의 이권 침탈이나 침략 목적에 이용되기도 하였으나, 한편으로는 국민 생활의 편리와 생활 개선에 이바지하였다.

바로 확인문제

● **아관파천 기간에 사람들이 볼 수 있었던 사실로 적절한 것은?** 16. 지방직 7급

① 청량리행 전차를 운행하는 기사
② 〈한성순보〉를 배부하는 관리
③ 대한천일은행에서 근무하는 은행원
④ 백동화를 주조하는 주전관

● **다음 사건 중 발생 연도가 다른 하나는?** 19. 경찰직 1차

① 박문국이 설립되어 〈한성순보〉를 발간하기 시작하였다.
② 전환국이 설립되어 당오전(當五錢)을 발행하였다.
③ 우리나라 최초의 근대적 사립 학교인 원산 학사가 설립되었다.
④ 우리나라 최초의 철도인 경인선이 개통되었다.

단권화 MEMO

▲ 서울의 전차(1903)

■ **의료 요원 양성**

경성 의학교와 세브란스 병원 등에서는 의료 요원을 양성하였다.

▲ 명동 성당

|정답해설| 아관파천 기간은 1896년 2월부터 1897년 2월(고종이 경운궁으로 환궁하기 이전)까지이다. 백동화는 전환국에서 1892년부터 1904년까지 제작되었던 동전이다.

|오답해설|
① 전차가 처음 개통된 것은 1899년이다.
② 〈한성순보〉는 박문국에서 1883년 창간되었으나, 갑신정변(1884) 이후 폐간되었다.
③ 대한천일은행은 1899년 설립된 민족 은행이었다.

|정답| ④

|정답해설| 1899년 우리나라 최초의 철도인 경인선(제물포 ~ 노량진)이 개통되었다.

|오답해설|
①②③ 1883년에 있었던 사실이다.

|정답| ④

2 근대 교육과 학문의 보급

(1) 근대 교육의 발전

① 근대 교육의 실시 : 1880년대부터 개화 운동의 일환으로 근대 교육이 보급되었다.
  ㉠ 원산 학사(1883) : 최초의 근대적 사립 학교로서, 함경도 덕원 주민들이 개화파 인물들의 권유로 설립하였으며, 외국어·자연 과학 등 근대 학문과 무술을 가르쳤다.
  ㉡ 동문학(同文學, 1883) : 관립 외국어 교육 기관이며 영어, 일어 등을 교육하였고 통변(通辯) 학교로도 불렸다.
  ㉢ 육영 공원(1886) : 정부는 보빙사 민영익의 건의로 육영 공원을 세우고, 벙커·길모어·헐버트 등 미국인 교사를 초빙하여 **상류층의 자제들을 뽑아** 영어를 비롯한 수학·지리학·정치학 등 각종 근대 **학문을 교육**하였으나, 1894년 폐교되었다.

> **사료** 육영 공원(학교 운영 규칙)
>
> 1. 학교를 설립하고 '육영 공원(育英公院)'이라 부른다.
> 2. 외국인으로 성품이 선량하고 재간 있으며 총명한 사람 3명(헐버트·길모어·번커가 초빙됨)을 초빙하여 '교사(敎師)'라고 부를 것이며 가르치는 일을 전적으로 맡도록 한다.
> 3. 원(院)은 좌원(左院)과 우원(右院)을 설립하고 각각 학생을 채워서 매일 공부한다.
> 4. 별도로 과거 급제 출신의 7품 이하 관료로서 나이가 젊고 원문(原文)에 밝은 문벌 있는 집안의 재능 있는 사람을 선발하여 10명을 한정해 좌원에 넣어 공부하게 한다.
> 5. 재주가 있고 똑똑한 나이 15세부터 20세까지의 사람 20명을 선발하여 우원에 넣어 공부하게 한다.
>   …(후략)… 「고종실록」

② 근대적 교육 제도
  ㉠ 교육 제도의 정비
    • 갑오개혁 이후에는 근대적 교육 제도의 마련으로 소학교·중학교 등의 각종 관립 학교가 설립되어 근대 교육의 보급이 확산되었다.
    • 「교육입국 조서」 반포(1895) : 고종은 '국가의 부강은 국민의 교육에 있다.'는 내용의 「교육입국 조서」를 반포하였다.

> **사료** 「교육입국 조서(敎育立國詔書)」
>
> 세계의 형세를 보면 부강하고 독립하여 잘사는 모든 나라는 다 국민의 지식이 밝기 때문이다. 이 지식을 밝히는 것은 교육으로 된 것이니 교육은 실로 국가를 보존하는 근본이 된다. …(중략)… 이제 짐은 정부에 명하여 널리 학교를 세우고 인재를 길러 새로운 국민의 학식으로써 국가 중흥의 큰 공을 세우고자 하니, 국민들은 나라를 위하는 마음으로 지(智)·덕(德)·체(體)를 기를지어다. 왕실의 안전이 국민들의 교육에 있고, 국가의 부강도 국민들의 교육에 있도다.

  ㉡ 사립 학교 : 개신교 선교사들도 배재 학당·이화 학당 등의 사립 학교를 설립하여 학생들에게 근대 학문을 가르치고, 민족의식의 고취와 민주주의 사상의 보급에 이바지하였다.

▲ 이화 학당

○ 개신교 선교사 : 배재·이화·경신·정신·숭실 학교 등을 세웠다.

구분	설립 연대	설립자(교파)	소재지
배재 학당	1885	아펜젤러(북 감리교)	서울
이화 여학교	1886	스크랜턴(북 감리교)	서울
경신 학교	1886	언더우드(북 장로회)	서울
정신 여학교	1887	엘러스(북 장로회)	서울
숭실 학교	1897	베어드(북 장로회)	평양
배화 여학교	1898	남 감리회	서울
호수돈 여숙	1899	남 감리회	개성
신성 학교	1906	북 장로회	선천
기전 여학교	1907	남 장로회	전주

○ 민족주의계 : 보성·양정·휘문·진명·숙명·중동·오산·대성 학교 등을 세웠다.

구분	설립 연대	설립자	소재지
보성 학교	1905	이용익	서울
양정 의숙	1905	엄주익	서울
휘문 의숙	1906	민영휘	서울
진명 여학교	1906	엄준원	서울
숙명 여학교	1906	엄귀비	서울
중동 학교	1906	오규신, 유광렬, 김원배	서울
서전 서숙	1906	이상설	간도
오산 학교	1907	이승훈	정주
대성 학교	1908	안창호	평양

③ 민족주의 계통의 학교
  ㉠ 민족 지도자들의 학교 설립
    • 배경 : 을사늑약(1905) 이후 국권 회복을 목표로 애국 계몽 운동을 전개한 민족 지도 자들은 "배우는 것이 힘이다."라는 구호를 내걸고, 근대 교육이 민족 운동의 기반이며 본질이라고 주장하였다.
    • 학교의 설립 : 애국 계몽 운동의 영향으로 보성 학교, 진명 여학교, 숙명 여학교, 오산 학교, 대성 학교 등 많은 사립 학교가 곳곳에 세워졌다. 이에 사립 학교를 중심으로 구국 교육 운동이 벌어졌고, 민족 의식의 고취를 위한 교육 활동이 성행하였으며 근 대 학문과 사상이 보급되었다.
    • 일제는 1908년 「사립학교령」을 발표하여 사립 학교의 설립과 운영을 통제하였다.

ⓒ 학회의 구국 교육 운동
- 대한 제국 말기 근대 학교 설립에 의한 민족주의 교육이 크게 발흥하였다.
- 대한 자강회, 신민회 등 정치·사회 단체와 서북 학회, 호남 학회, 기호 흥학회, 교남 교육회, 관동 학회 등 많은 학회의 구국 교육 운동이 밑바탕이 되었다.

구분	대표	활동 내용
서북 학회	이동휘	『서북학보』의 발행, 순회 강연, 임업 강습소 설치
기호 흥학회	정영택	『기호학보』의 발행, 기호 학교의 설립(1908)
교남 학회	이하영	『교남교육회잡지』 발행
호남 학회	강엽	『호남학보』의 발행
관동 학회	남궁억	강원도 출신 인사들을 중심으로 조직
여자 교육회	진학신	양규 의숙(養閨義塾)의 설립(1906)

④ 여성 교육
ⓐ 1898년 9월 서울 북촌 양반 부인들이 〈황성신문〉에 최초의 여성 선언문인 「여성 통문」을 발표하여 당시 사회에 적지 않은 충격을 주었다.
ⓑ 〈독립신문〉은 정부가 여성 교육을 위해 예산을 집행할 것을 주장하였고, 여성들은 여성 교육 단체인 찬양회를 조직하기도 하였다.
ⓒ 1899년 우리 민족이 만든 최초의 여성 사립 학교인 순성 여학교가 건립되었다.

> **사료** 최초의 여성 선언문 – 「여성 통문」(1898)
>
> 첫째, 여성은 장애인이 아닌 남성과 평등한 권리를 갖는 온전한 인간이어야 한다. 여성은 먼저 의식의 장애로부터 해방되어야 한다.
> 둘째, 여성도 남성이 벌어다 주는 것에만 의지하여 사는 경제적으로 무능력한 장애에서 벗어나 경제적 능력을 가져야만 평등한 인간 권리를 누릴 수 있다.
> 셋째, 여성 의식을 깨우치고 사회 진출 능력을 갖기 위해서는 무엇보다 여성들이 남성과 동등한 교육을 받아야 한다.

> **바로 확인문제**
>
> ● 근대 교육 기관 및 교육에 대한 설명으로 가장 적절한 것은? 　　　　16. 경찰직 2차
> ① 고종은 광무개혁의 일환으로 「교육입국 조서」를 반포하며 지·덕·체를 아우르는 교육을 내세웠고, 이에 따라 소학교, 한성 사범 학교 등이 설립되었다.
> ② 배재 학당, 숭실 학교, 경신 학교, 정신 여학교는 개신교 선교사들이 설립한 사립 학교이다.
> ③ 최초의 사립 학교인 육영 공원은 함경도 덕원 주민들과 개화파 인사들의 합자로 설립되었으며, 외국어·자연 과학·국제법 등 근대 학문과 함께 무술을 가르쳤다.
> ④ 대성 학교, 오산 학교, 서전서숙, 보성 학교는 국내에 설립된 교육 기관이다.

(2) 국학 연구의 진전

① 배경 : 국학 연구는 실학에서 그 원류를 찾을 수 있고, 실학파의 민족 의식과 근대 지향 의식은 개화 사상으로 연결되어 근대적 민족주의로 발전하였다.
② 국학 운동의 전개 : 애국 계몽 운동의 일환으로 국사와 국어를 연구하여 민족 의식과 애국심을 고취하려는 국학 운동이 전개되었다.

③ 국사 연구 분야

    ㉠ 근대 계몽 사학의 성립 : 장지연, 신채호, 박은식 등이 근대 계몽 사학을 성립시켰다.

       • 구국 위인 전기 : 「을지문덕전」, 「강감찬전」, 「이순신전」 등 우리 역사상 외국의 침략에 대항하여 승리한 전쟁 영웅들의 전기를 써서 널리 보급함으로써 일본의 침략에 직면한 국민들의 사기를 북돋우고, 애국심을 불러일으켰다.

       • 외국의 역사 소개 : 『미국 독립사』, 『월남 망국사』 등 외국의 건국 또는 망국의 역사를 번역하여 소개함으로써 국민들의 독립 의지와 역사 의식을 높이려고 노력하였다.

       • 일제 침략 비판 : 황현의 『매천야록』, 정교의 『대한계년사』는 일제의 침략을 비판하고, 민족정신을 강조하였다.

    ㉡ 민족주의 사학의 방향 제시 : 신채호는 『독사신론(讀史新論)』(1908)을 저술하여 민족주의 사학의 연구 방향을 제시하였다.

    ㉢ 국사 교과서 간행

       • 현채의 『유년필독』은 어린아이들이 읽는 국사 교과서 대용 서적이며, 『동국사략』은 청소년들을 위한 국사 교과서였다.

       • 『유년필독』은 일제의 출판법에 의해 압수된 책 중 가장 많은 부수를 차지하였다.

    ㉣ 조선 광문회(1910, 朝鮮光文會) : 최남선은 박은식과 함께 조선 광문회를 만들어 민족 고전을 정리·간행하였다.

    ㉤ 외국인의 한국사 연구 : 『은둔의 나라 한국(The Hermit Nation Corea)』(1882, 윌리엄 그리피스가 저술), 『한국의 비극(The tragedy of Korea)』(1908, 영국의 기자 매켄지가 일제의 국권 침탈 과정을 목격하고 저술)

사료 「독사신론」

내가 지금 각 학교 교과용의 역사를 보건대 가치가 있는 역사는 거의 없다. 제1장을 보면 우리 민족이 중국 민족의 일부인 듯 하고, 제2장을 보면 우리 민족이 선비족의 일부인 듯 하고 …(중략)… 오호라 과연 이 같을진대 우리 수만 리의 토지가 이들 남만북적의 수라장이며, 우리 4천여 년의 산업이 이들 조량모초(朝梁暮楚)의 경매물이라 할지니, 어찌 그렇다고 할 수 있을 것인가? 즉, 고대의 불완전한 역사라도 이를 상세히 살피면 동국의 주족(主族)으로 단군의 후예인 우리의 발달한 실제 자취가 뚜렷하거늘 무슨 까닭으로 우리 선조들을 헐뜯음이 이에 이르렀는가.

사료 국사 연구

오호라. 어떻게 하면 우리 이천만 동포의 귀에 애국이란 단어가 못이 박히도록 할까? 오직 역사로써 해야 할 것이다. 오호라. 어떻게 하면 우리 이천만 동포의 눈에 항상 애국이란 단어가 어른거리게 할까? 오직 역사로써 해야 할 것이다. …(중략)… 성스럽다 역사여! 위대하다 역사여! 일곱 겹, 여덟 겹의 화려한 누각으로 일국 산하를 장엄하게 수놓을 자, 역사가 아닌가?

                    신채호, 「역사와 애국심과의 관계」

---

④ 국어 연구

    ㉠ 국·한문체의 보급 : 갑오개혁 이후 관립 학교의 설립과 함께 국·한문 혼용의 교과서가 간행되면서 국·한문체 또는 국문체의 문장이 보급되었다.

       • 『서유견문(西遊見聞)』 : 1895년 출간한 유길준의 저서로, 새로운 국·한문체의 보급에 공헌하였다.

       • 언론의 한글 사용 : 〈독립신문〉과 〈제국신문〉은 한글을 사용하였다. 그 밖의 여러 신문에서 국문과 한문을 혼용함으로써 전통적인 한문체에서 탈피하는 획기적인 문체의 변혁을 가져왔다.

▲ 「을지문덕전」

■ 지석영과 주시경

• 지석영 : 독립 협회의 주요 회원으로 활약하였다. 또한, 개화가 늦어지는 이유가 어려운 한문을 쓰기 때문이라 보고 알기 쉬운 한글을 쓸 것을 주장하였다. 1908년 국문 연구소 위원에 임명되었고, 이듬해 한글로 한자를 해석한 『자전석요(字典釋要)』를 저술하였다.

• 주시경 : 〈독립신문〉 발간에 관여하였고, 독립신문사 안에 '국문동식회(國文同式會)'를 조직했으며, 1897년 4월에 '국문론'이라는 글을 발표하기도 했다. 그는 당시의 문장들이 한문에 토를 다는 형식에 그치고 있다면서 실제로 말하는 대로 글을 쓰는 '언문일치'가 필요하다고 주장했다.

▲ 지석영

ⓛ 국문 연구소의 설립(1907): 문체의 변화에 따라 **우리말 표기법 통일**의 필요성이 높아져 국어 연구가 크게 진전되면서 설립되었고, 지석영의 건의가 계기가 되어 1907년 대한제국 학부 소속으로 설립되었다.

ⓒ 국어 문법 연구서: 유길준의 『조선문전』(1897~1902)에 이어 이봉운의 『국문정리』(1897), 지석영의 『신정국문』(1905), 주시경의 『국어문법』(1910), 『말의 소리』(1914) 등이 저술되었다.

사료 국어 연구

나라를 뺏고자 하는 자는 그 나라의 글과 말을 먼저 없이 하고, 자기 나라의 글과 말을 전파하며, 자기 나라를 흥성케 하고자 하거나 나라를 보전하고자 하는 자는 자국의 글과 말을 먼저 닦고, 백성의 지혜로움을 발달케 하고, 단합을 공고케 한다.   주시경 선생 유고

바로 확인문제

● 밑줄 친 '그'에 대한 설명으로 옳은 것은?   18. 국가직 7급

> 독립신문 발간에 관여했던 그는 독립신문사 안에 '국문동식회(國文同式會)'를 조직했으며, 1897년 4월에 '국문론'이라는 글을 발표하기도 했다. 그는 당시의 문장들이 한문에 토를 다는 형식에 그치고 있다면서 실제로 말하는 대로 글을 쓰는 '언문일치'가 필요하다고 주장했다.

① 우리말 큰 사전의 편찬을 주도하였다.
② 문법 서적인 『국어문법』을 저술하였다.
③ 조선어 연구회를 주도적으로 조직하였다.
④ 한글 맞춤법 통일안을 만들어 발표하였다.

＊언론 기관의 발달
개항기 각 신문의 특징은 빈출 주제이다. 특히 〈황성신문〉의 「시일야방성대곡」이 을사늑약 이후 발표되었음을 알아두어야 한다.

---

(3) 언론 기관의 발달＊

① 〈한성순보〉(1883)
  ㉠ 근대적 신문의 효시로 박문국에서 간행하였다.
  ㉡ 순 한문체로 간행하였다.
  ㉢ 정부의 공문서를 우선으로 취급하여 관보(官報)적 성격을 가지고 있었다.
  ㉣ 갑신정변 이후 박문국이 폐지되면서 폐간되었다(1884).
② 〈한성주보〉(1886): **최초로 국·한문 혼용체를 사용**하였으며, 우리 신문 사상 최초로 상업 광고를 실었다.
③ 〈독립신문〉(1896): 정부의 지원을 받아 서재필이 창간한 우리나라 **최초의 민간 신문**으로, 국문판과 영문판이 발행되었다.

사료 〈독립신문〉 창간사

우리 신문이 한문은 아니 쓰고 다만 국문으로만 쓰는 것은 상하귀천이 다 보게 하려 함이다. …(중략)… 각국에서 사람들이 남녀를 막론하고 자기 나라의 국문을 먼저 배워 능통한 후에야 외국 글을 배우는 법인데 조선에서는 조선 국문은 아니 배우더라도 한문만 공부하는 까닭에 국문을 잘 아는 사람이 드물다. 우리 신문은 빈부귀천에 구별 없이 신문을 보고, 외국 물정과 내지 사정을 알게 하려는 뜻이니, 남녀노소, 상하귀천 간에 우리 신문을 몇 달 동안 보면 새 지각과 새 학문이 생길 것을 미리 아노라.   〈독립신문〉, 1896

---

③ 〈제국신문〉(1898. 8.)

   ㉠ 개신 유학자 이종일에 의하여 순한글로 발간되었다.

   ㉡ 주로 부녀자와 일반 대중 등을 대상으로 발행하였다.

④ 〈황성신문〉(1898. 9.)

   ㉠ 개신 유학자 남궁억 등에 의하여 국·한문 혼용판으로 발간하였다.

   ㉡ 을사늑약 체결 후 장지연의 「시일야방성대곡」이라는 사설을 발표하고, 「오조약청체전말(五條約請締顚末)」이라는 제목으로 을사늑약의 강제적 체결 과정을 상세히 보도하였다.

   ㉢ 광무 정권이 표방한 '구본신참'의 원칙에 따라 온건하면서도 점진적인 개혁을 제시하였다.

   ㉣ 강점(국권 피탈, 경술국치, 1910. 8. 29.) 직후 〈한성신문(漢城新聞)〉으로 제호가 바뀌게 되었고, 얼마 후 폐간되었다(마지막 신문 발행일: 1910. 9. 14.).

⑤ 〈대한매일신보〉(1904)

   ㉠ 영국인 베델과 양기탁에 의해 한·영 합작으로 발행되었다.

   ㉡ 비교적 활동이 자유로워 가장 강경한 항일 논조를 펼쳤고, 국채 보상 운동에 앞장섰다. 특히 신문사 정문에 '일본인 출입 금지'라는 문구를 붙여놓고 강력히 일제의 침략을 규탄하였다. 또한 을사늑약 때 황제가 서명하지 않았다는 친서를 보도하였다.

⑥ 〈만세보〉(1906)

　　㉠ 1906년 오세창·손병희를 중심으로 발행된 천도교계 신문이었다. 국한문을 혼용하면서 한자를 잘 모르는 독자들도 쉽게 읽을 수 있도록 한자 옆에 한글로 음을 달기도 하였다.

　　㉡ 이 신문은 친일 단체인 일진회(一進會)를 강경한 논설로 계속 공격하였으며 반민족적인 행위 등을 단호히 규탄하였다.

⑦ 기타 : 〈경향신문〉은 천주교의 기관지였으며, 개신교(장로회)에서는 〈그리스도 신문〉을 발행하였고, 지방 신문으로는 진주에서 발간된 〈경남일보〉가 있었다(1909). 대한 협회의 기관지인 〈대한민보〉에서는 이완용 내각 및 일진회를 풍자하는 만화를 게재하였다(만화는 이도영이 담당).

⑧ 친일 신문

　　㉠ 〈한성신보〉 : 1895년 일본인에 의해 창간되었다.

　　㉡ 〈국민신보〉 : 1906년 이용구 등이 만든 친일 단체인 일진회의 기관지였다.

　　㉢ 〈대한신문〉 : 1907년 7월 18일 이인직이 천도교계의 〈만세보〉를 인수하여 제호를 고쳐 창간하였다. 이 신문은 이완용이 언론 기관의 필요성을 인식하여 이인직으로 하여금 경영하게 한 것으로서, 이완용 내각의 기관지로서의 역할을 하였다.

　　㉣ 기타 : 〈시사신문〉(1910)

⑨ 일제의 탄압

　　㉠ 일제는 조선 강점 과정에서 신문지법(1907)과 출판법(1909)으로 언론을 통제하였다.

　　㉡ 일제는 각종 결사체와 정치 집회를 해산할 수 있도록 보안법(1907) 및 학회령(1908)을 제정하였다.

사료　일제의 언론 탄압

❶ 신문지법(1907. 7.)

제1조　신문지를 발행하려는 자는 발행지를 관할하는 관찰사(경성에서는 관무사)를 경유하여 내부대신에게 청원하여 허가를 받아야 한다.

제21조　내부대신은 신문지가 안녕질서를 방해하거나 풍속을 어지럽힌다고 인정할 때는 그 발매 반포를 금지하고 압수하여 발행을 정지하거나 금지할 수 있다.

❷ 보안법(1907. 7.)

제1조　내부대신은 안녕질서를 지키기 위해 필요한 경우에 결사의 해산을 명령할 수 있다.

제2조　내부대신은 안녕질서를 지키기 위해 필요한 경우에 집회 또는 다중의 운동 또는 군집을 제한 금지하거나 해산시킬 수 있다.

❸ 출판법(1909. 2.)

제2조　문서나 도서를 출판하고자 할 때는 저작자 또는 그 상속자 및 발행자가 날인하고, 원고를 첨가하여 지방 장관을 경유하여 내부대신에게 허가를 신청해야 한다.

제12조　외국에서 발행한 문서나 도서 또는 외국인이 국내에서 발행한 문서나 도서로서 안녕질서를 방해하거나 풍속을 어지럽힌다고 인정될 때는 내부대신은 그 문서나 도서를 국내에서 발매 또는 반포함을 금지하고, 그 인본을 압수할 수 있다.

3 문예와 종교의 새 경향

(1) 문학의 새 경향

① 신소설(新小說) : 근대 문화의 수용과 더불어 문학에서도 새로운 경향이 나타났다.

　㉠ 특징

　　• 순 한글로 쓰였다.

　　• 주제는 아직 구소설의 틀에서 크게 벗어나지는 못하였다.

　　• 언문일치의 문장을 사용하였다.

　　• 봉건적인 윤리 도덕의 배격과 미신 타파를 주장하였다.

　　• 남녀평등 사상과 자주독립 의식을 고취하였다.

　㉡ 대표작 : 이인직의 「혈의 누」, 이해조의 「자유종」, 안국선의 「금수회의록」 등의 신소설이
　　등장하여 계몽 문학의 구실을 하였다.

■「금수회의록」

1908년 안국선이 발표한 신소설이다. 동물들의 입을 빌려 개화기 당시의 사회를 비판하였다. 특히 여우를 통해 외국인에게 빌붙어 나라를 망하게 하고 동포를 압박하는 사람을 비판하였다.

> **사료**　신소설, 「금수회의록」(1908)
>
> 나의 지식이 저 사람보다 조금 낫다고 하면 남을 가르쳐준다고 하면서 실상은 해롭게 하며, 남을 인도하여준다고 하고 제 욕심 채우는 일만 하여, 어떤 사람은 제 나라 형편도 모르면서 타국 형편을 아노라고 외국 사람을 부동(附同 : 빌붙는다) 하여, 임금을 속이고 나라를 해치며 백성을 위협하여 재물을 도둑질하고 벼슬을 도둑질하며 개화하였다고 자칭하고, 양복 입고, 단장 짚고, 궐련 물고, 시계 차고, 살죽경 쓰고, 인력거나 자전거 타고, 제가 외국 사람인 체하여 제나라 동포를 압제하며, 혹은 외국 사람 상종함을 영광으로 알고 아첨하며, 제 나라 일을 변변히 알지도 못하는 것을 가르쳐주며, 남의 나라 정탐꾼이 되어 애매한 사람 모함하기, 어리석은 사람 위협하기로 능사를 삼으니, 이런 사람들은 안다 하는 것이 도리어 큰 병통이 아니오?

② 신체시(新體詩) : 최남선은 신체시인 「해에게서 소년에게」를 써서 근대시의 형식을 개척하였다(「소년」에서 발표).

③ 외국 문학의 번역

　㉠ 작품 : 외국 문학의 번역도 이루어져 「천로 역정」, 「이솝 이야기」, 「로빈슨 표류기」 등의
　　작품이 널리 읽혀졌다.

　㉡ 의의 : 외국 문학의 소개는 신문학의 발달에 이바지하였고, 근대 의식의 보급에도 기여
　　하였다.

■「천로 역정」

영국의 작가 존 버니언의 종교적 우화 소설로서, 1895년 선교사 게일이 번역한 한국 근대의 첫 번역 소설이다.

④ 문학 활동의 비판 및 의의 : 대한 제국 말기의 역사적 상황 속에서 일부 외국 문화에 대한
분별 없는 수입과 소개로 인하여 식민지 문화의 터전을 만들어 주기도 하였지만, 일반적으로 민족의식을 높이는 역할을 하였다.

(2) 예술계의 변화

서양 근대 문화의 도입으로 예술 분야에도 큰 변화가 나타났다.

① 음악

　㉠ 서양 음악 소개 : 크리스트교가 수용되어 찬송가가 불려지면서 서양의 근대 음악이 소개되었다.

　㉡ 창가의 유행 : 서양식 악곡에 맞추어 부르는 창가(唱歌)라는 신식 노래가 유행하였다.
　　「애국가」, 「권학가」, 「독립가」 등의 창가가 이 시기에 널리 애창되었다.

▲ 원각사

② 연극
- ⊙ 민속 가면극 : 양반 사회에서 천시되었던 전통적인 민속 가면극이 민중들 사이에 여전히 성행하였다.
- ⓒ 신극 운동 : 우리나라 최초의 서양식 극장인 원각사(圓覺社)가 세워지고 「은세계」, 「치악산」 등의 작품이 공연되었다(1908).

③ 미술
- ⊙ 서양식 유화 도입 : 미술가들이 직업인으로서의 위치를 굳혀 갔으며, 서양의 화풍이 소개되어 서양식 유화도 그려지기 시작하였다.
- ⓒ 전통 회화의 발전 : 김정희 계통의 문인 화가들이 한국 전통 회화를 발전시켰다.

(3) 종교 운동의 새 국면

① 천주교 : 오랫동안 박해를 받아오던 천주교가 1880년대부터 자유롭게 선교 활동을 벌여 교육·언론·사회사업 등에 공헌하였고, 애국 계몽 운동을 전개하였다.

② 개신교
- ⊙ 종교 운동은 개신교의 수용과 발전으로 크게 활기를 띠어 갔다. 선교사들은 교육과 의료 사업 등에 많은 업적을 남겼다.
- ⓒ 선교 과정에서 한글의 보급, 미신의 타파, 평등 사상의 전파, 근대 문명의 소개 등 사회·문화면에서도 업적을 남겼다.

▲ 정동 교회

③ 천도교
- ⊙ 전통 사회의 붕괴 : 개항 이후 농민을 기반으로 하여 민중 종교로 성장한 동학은 1890년대에 동학 농민군을 조직하여 반봉건·반침략 운동을 전개함으로써 전통 사회를 무너뜨리는 데 크게 기여하였으나, 동학 농민 운동의 실패로 동학은 커다란 타격을 받았다.
- ⓒ 대한 제국 시기 : 이용구 등 친일파가 일진회를 조직하고 동학 조직을 흡수하려 하자, 제3대 교주인 손병희는 동학을 천도교로 개칭하고 동학의 정통을 계승하여 민족 종교로 발전시켰다.

▲ 천도교 중앙 대교당

- ⓒ 민족의식 고취 : 〈만세보〉라는 민족 신문을 발간하여 민족의식을 고취하기도 하였다.

| 심화 | 천도교와 시천교 |

동학의 기반을 이용하여, 일진회를 조직하여 친일적 정치를 하고 있던 이용구는 1905년 일본에 망명 중이던 손병희가 귀국하여 천도교 중앙총부를 설립하자, 천도교의 순수교단화를 반대하고, 친일적 단체를 표방하였다가 제명당하였다. 이에 이용구는 김연국 등과 함께 시천교를 창립하여 얼마간 번성하다가 이용구 사망 이후 유명무실화되었다.

④ 대종교(大倧敎)

　㉠ 창시: 나철·오기호 등은 단군 신앙을 기반으로 대종교를 창시하여 민족적 입장을 강조하고 항일 운동에 적극 참여하였다.

　㉡ 성격·활동: 보수적 성격을 지니고 있었으나, 민족적 입장을 강조하는 종교 활동을 전개하였다. 특히 간도·연해주 등지에서의 항일 운동과 밀접한 관련을 가지면서 성장하였다.

⑤ 불교

　㉠ 개화기의 불교는 조선 왕조의 억불 정책에서 벗어났으나, 그 뒤 통감부의 간섭으로 일본 불교에 예속당하였다.

　㉡ 한용운 등은 「조선 불교 유신론(朝鮮佛敎維新論)」을 내세워 불교의 혁신과 자주성 회복을 위한 움직임이 일어났다.

⑥ 유교(儒敎)

　㉠ 위정척사 운동의 중심체였던 유교는 외세에 저항하는 반침략적 성격은 강하였으나, 시대의 흐름에 역행한다는 비판을 받게 되었다.

　㉡ 개명한 유학자들은 유교의 개혁을 주장하였는데, 박은식의 「유교 구신론(儒敎求新論)」이 그 대표적인 것이다.

⑦ 친일 종교 단체: 일제는 대동 학회(친일 유교 단체), 동양 전도관(친일 기독교 단체), 본원사(친일 불교 단체) 등을 만들어 종교계 내부의 갈등을 유도하였다.

바로 확인문제

● 다음 개화기의 언론에 대한 설명으로 옳지 <u>않은</u> 것은?　　　13. 서울시 9급

① 〈황성신문〉은 국·한문 혼용으로 발간되었고, 「시일야방성대곡」을 게재하였다.

② 순한글로 간행된 〈제국신문〉은 창간 이듬해 이인직이 인수하여 친일지로 개편되었다.

③ 〈독립신문〉은 한글과 영문을 사용하였으며, 근대적 지식 보급과 국권·민권 사상을 고취하였다.

④ 우리나라 최초의 신문인 〈한성순보〉는 관보의 성격을 띠고 10일에 한 번 한문으로 발행되었다.

⑤ 영국인 베델을 발행인으로 내세운 〈대한매일신보〉는 양기탁을 중심으로 국채 보상 운동에 앞장섰다.

■ **불교의 혁신 주장**

통감부의 종교 간섭이 심해지면서 일본 종교가 침투해 왔다. 이에 한용운은 「조선 불교 유신론」에서 미신적 요소의 배격을 통해 불교의 쇄신을 주장하였다.

■ **「유교 구신론」**

박은식은 「유교 구신론」에서 국민의 지식과 권리를 계발하는 새로운 유교 정신을 강조하고, 진취적인 교화 활동의 전개와 간결하고 실천적인 유교 정신의 회복을 주장하였다.

│정답해설│ 〈제국신문〉은 부녀자 및 대중을 위해 한글로 제작된 민족지였고, 한편 이인직은 천도교 기관지였던 〈만세보〉를 인수하여 〈대한신문〉(1907)을 창간하였다. 〈대한신문〉은 〈국민신보〉와 함께 대표적 친일 신문이었다.

│정답│ ②

OX PART VI. 근대사(개항기)

CHAPTER 01	흥선 대원군의 개혁 정치와 문호의 개방

최신 지문

01 16. 국가직 7급
흥선 대원군은 임오군란으로 집권하여 5군영을 복구하였다. (O / X)

02 19. 서울시 7급
만동묘 철폐와 서원 정리, 동포법 시행은 정부의 재정 수입 증가에 기여하였다. (O / X)

03 19. 지방직 9급
미국이 초지진과 덕진진을 점령한 사건을 계기로 척화비가 세워졌다. (O / X)

04 17. 지방직 9급
『조선책략』이 소개된 이후 최익현은 일본과 통상을 반대하는 오불가소(五不可疏)를 올렸다. (O / X)

05 16. 국가직 7급
『대전회통』은 법규 교정소에서 만국 공법에 기초하여 제정하였다. (O / X)

06 16. 국가직 7급
강화도 조약 이후 일본은 '조일 수호 조규 부록'과 '조일 무역 규칙'을 체결하였다. (O / X)

07 19. 국가직 9급
조일 무역 규칙에서는 양곡의 무제한 유출과 일본 정부에 소속된 선박은 항세를 납부하지 않는다는 규정이 들어 있었다. (O / X)

08 19. 지방직 9급
조일 무역 규칙과 조일 통상 장정(1883) 사이에 조청 상민 수륙 무역 장정이 체결되었다. (O / X)

09 19. 국가직 7급
미국은 청의 알선으로 조선과 불평등 조약을 체결하였다. (O / X)

빈출 지문

10 흥선 대원군은 왕권 강화를 목적으로 의정부를 축소하고 비변사를 강화하였다. (O / X)

11 흥선 대원군은 『대전통편』을 편찬하고 시행 세칙, 세목을 모아 『육전조례』를 편찬하였다. (O / X)

12 흥선 대원군은 상민에게만 부과되던 군포를 양반에게도 부과하였다. (O / X)

13 흥선 대원군은 원납전을 징수하고 당오전을 발행하였다. (O / X)

정답 & X해설

CHAPTER 01

04 최익현의 오불가소(五不可疏)는 강화도 조약(1876)에 반대하는 상소문이다.

05 『대전회통』은 흥선 대원군 섭정 시기 '국왕 중심의 통치 질서를 확립'하기 위해 1865년 편찬된 법전이다. 한편 법규 교정소(1897년 교전소가 1899년 법규 교정소로 분리 개편)에서 만국 공법에 기초하여 제정한 것은 『대한국 국제』이다.

10 흥선 대원군은 왕권 강화를 목적으로 비변사를 폐지하고 정치는 의정부, 군사 업무는 삼군부로 이관하였다.

11 『대전통편』을 『대전회통』으로 바꿔야 한다.

13 당오전을 당백전으로 바꿔야 한다.

CHAPTER 01									
01	O	02	O	03	O	04	X	05	X
06	O	07	O	08	O	09	O	10	X
11	X	12	O	13	X				

14 병인양요 때 프랑스군의 침입에 대항하여 어재연 등이 이끄는 조선의 수비대가 광성보, 갑곶 등지에서 싸웠다. (O / X)

15 강화도 조약은 일본의 강요와 국내 개화 세력의 개항 주장으로 체결되었다. (O / X)

16 최초로 외국인의 치외 법권을 인정한 것은 조일 수호 조규이다. (O / X)

17 1882년 조미 수호 통상 조약은 일본의 알선으로 이루어졌다. (O / X)

18 황쭌셴의 『조선책략』에서는 러시아의 남하를 막기 위해서 친중국, 결일본, 연미국 할 것을 주장 하였다. (O / X)

19 『조선책략』은 위정척사파들이 정부의 개화 정책에 반대하여 집단적 저항 운동을 전개할 빌미 를 제공하였다. (O / X)

20 제1차 수신사로 파견된 김기수는 『조선책략』을 조선에 가지고 들어왔다. (O / X)

정답 & X해설

14 1866년 병인양요 때 활약한 사람 은 한성근, 양헌수이며, 어재연은 1871년 신미양요 시기에 해당한다.

17 조미 수호 통상 조약은 조선에 영 향력을 확보하려는 청의 알선으로 이루어졌다.

20 1차 수신사 김기수는 『일동기유』를 저술하였고, 2차 수신사 김홍집이 『조선책략』을 국내에 반입하였다.

CHAPTER 02

04 조청 상민 수륙 무역 장정은 임오 군란 이후 체결된 조약이다.

08 장교를 육성하고 징병제를 실시할 것은 (제2차 갑오개혁 직전 발표 된) 「홍범 14조」 중 하나이다.

CHAPTER 02　근대 국가 수립 운동

최신 지문

16. 지방직 9급
01 임오군란이 일어났을 당시 정부의 개화 정책에 반대하는 서울의 하층민들도 참여하였다. (O / X)

17. 서울시 기술직 9급
02 민영환이 자결로써 저항하였을 당시, 민종식이 의병을 일으켰다. (O / X)

16. 국가직 9급
03 갑신정변 시기에는 일본 공사관이 불타고, 일본군이 청군에 패퇴하였다. (O / X)

16. 국가직 9급
04 갑신정변 이후 조청 상민 수륙 무역 장정을 체결하여 청나라 상인에게 통상 특혜를 허용하 였다. (O / X)

17. 서울시 사복직 9급
05 톈진 조약에서는 장차 조선에서 변란이나 중대사로 두 나라 중 한 나라가 출병할 필요가 있을 때는 먼저 문서로 조회하고 사건이 진정된 뒤에는 즉시 병력을 전부 철수하여 잔류시키지 않 을 것이 제시되었다. (O / X)

16. 서울시 9급
06 박영효는 국권 피탈 이후 일본의 작위를 받고 〈동아일보〉사 초대 사장, 중추원 의장·부의장, 일본 귀족원 의원 등을 역임하였다. (O / X)

16. 국가직 7급
07 우금치 전투가 진행된 당시에 동학 농민군은 정부가 개국 기년을 사용하기로 하였음을 알 수 있었다. (O / X)

16. 지방직 7급
08 동학 농민 운동 당시 농민군은 장교를 육성하고 징병제를 실시할 것을 주장하였다. (O / X)

14	X	15	O	16	O	17	X	18	O
19	O	20	X						

CHAPTER 02

01	O	02	O	03	O	04	X	05	O
06	O	07	O	08	X				

09 19. 국가직 9급

동학 농민군의 재봉기 이후, 남접군과 북접군이 논산에서 합류하여 연합군을 형성하였다.
(O / X)

10 19. 법원직 9급

제2차 갑오개혁에서는 재판소 등을 설치하여 사법권을 독립시켰고, 8도를 23부로 개편하였다.
(O / X)

11 17. 지방직 7급

활빈당은 1900년 전후 충청과 경기, 낙동강 동쪽의 경상도 등에서 활동하였다. (O / X)

12 16. 지방직 9급

제1차 갑오개혁 시기 공·사노비 제도를 모두 폐지하고, 인신매매를 금지한다는 내용이 공포되었다.
(O / X)

13 17. 서울시 사복직 9급

「헌의 6조」에서 전국의 재정은 궁내부 내장원으로 이속하고 예산과 결산은 중추원의 승인을 거칠 것을 제시하였다.
(O / X)

14 14. 법원직 9급

독립 협회는 입헌 군주제를 추구하였고, 국민 참정권 실현을 목표로 하였다. (O / X)

15 12. 경찰 순경

독립 협회는 국무원을 개편하여 의회를 설립할 것을 주장하였다. (O / X)

16 16. 서울시 9급

고종은 연호를 광무라 하고 경운궁에서 황제 즉위식을 거행하였다. (O / X)

17 19. 지방직 7급

대한제국 정부는 지계아문을 두고 일부 지주에게 지계를 발급하였다. (O / X)

18 16. 지방직 7급

광무개혁 시기에 산업 정책을 담당하는 공무아문을 설치하였다. (O / X)

19 16. 국가직 9급

대한제국 시기에는 한성은행, 대한천일은행 등 민족계 은행을 지원하였다. (O / X)

20 16. 국가직 9급

한청 통상 조약(1899)은 대한 제국 황제와 청 황제가 대등한 위치에서 조약을 체결한 것이다.
(O / X)

빈출 지문

21 영선사의 파견은 기기창 설치의 배경이 되었다. (O / X)

22 보빙사는 미국에 파견된 문화 사절단이다. (O / X)

23 1880년대 조선 정부는 개화 정책을 추진하기 위한 개혁 기구로 통리기무아문을 설치하였다.
(O / X)

24 1860년대 위정척사 세력들은 흥선 대원군의 통상 수교 거부 정책을 지지하였다. (O / X)

25 최익현은 개항 당시 왜양일체론을 주장하고, 고종에게 개항 반대 5불가소를 바쳤다. (O / X)

13 「헌의 6조」에서는 재정을 탁지부로 일원화할 것을 제시하였다.

15 독립 협회는 왕실 자문 기구인 중추원을 개편하여 의회 설립을 추진하였다.

16 고종은 원구단(환구단)에서 황제 즉위식을 거행하였다.

18 공무아문은 제1차 갑오개혁 시기 개편된 부서이며, 제2차 갑오개혁에서는 농상무아문과 공무아문이 통합되어 농상공부가 되었다.

09	O	10	O	11	O	12	O	13	X
14	O	15	X	16	X	17	O	18	X
19	O	20	O	21	O	22	O	23	O
24	O	25	O						

26 기정진 등 영남 유생들이 만인소를 올려 『조선책략』을 들여온 김홍집의 처벌을 요구하였다.　(○ / X)

27 임오군란 이후 제물포 조약이 체결되어 일본 경비병의 주둔이 허용되었다.　(○ / X)

28 1882년 임오군란의 결과 조선과 청은 조청 상민 수륙 무역 장정을 체결하였다.　(○ / X)

29 급진 개화파는 1884년 갑신정변을 일으켜 문벌을 폐지하고 인민 평등을 실현하려고 하였다.　(○ / X)

30 갑신정변 시기 『혁신 정강』의 내용 중에는 규장각 확충, 혜상공국과 내시부의 혁파 등이 규정되었다.　(○ / X)

31 갑신정변 이후 조선과 일본은 톈진 조약을 체결하였다.　(○ / X)

32 거문도 사건은 영국이 러시아의 극동 진출을 견제하기 위하여 일으킨 것이다.　(○ / X)

33 동학 농민 운동을 주도한 전봉준은 을미사변과 단발령을 계기로 거병하였다.　(○ / X)

34 동학 농민 운동 시기 남접과 북접은 처음부터 공조하여 종교 투쟁을 정치 투쟁으로 전환하였다.　(○ / X)

35 『폐정개혁안 12개조』에서는 반외세, 반봉건적 성격을 확인할 수 있다.　(○ / X)

36 동학 농민군의 제1차 봉기 이후 정부는 개혁을 추진하기 위해 교정청을 설치하였다. (○ / X)

37 동학 농민 운동 시기 농민들의 요구는 대부분 갑오개혁에서 수용되었다.　(○ / X)

38 과거제는 갑신정변 시기 폐지되었다.　(○ / X)

39 갑오개혁 시기에는 신식화폐발행장정을 공포하여 은본위제를 채택하였다.　(○ / X)

40 갑오개혁에서는 조혼 금지, 과부의 재가 허용, 연좌제 금지 등이 채택되었다.　(○ / X)

41 『홍범 14조』는 최초의 헌법적 성격을 가졌으며 국가 통치의 기본 강령을 규정한 것이다. (○ / X)

42 삼국 간섭으로 일본이 요동 지역을 포기하자, 조선 정계에서는 친러적 경향이 대두하였다.　(○ / X)

43 제1차 갑오개혁 시기부터는 태양력이 사용되었다.　(○ / X)

44 독립 협회는 러시아가 절영도 조차를 요구하자 이에 반대하였다.　(○ / X)

45 광무개혁은 황권 강화를 위해, 구본신참의 원칙 아래 급진적 개혁이 추진되었다.　(○ / X)

46 광무개혁 시기 지계 발급은 토지를 새로 분급하여 근대적 토지 소유권 제도를 확립하고자 한 것이다.　(○ / X)

최신 지문

16. 서울시 9급

01 일본은 1904년 제1차 한일 협약(한일 협정서)을 체결하여 재정 고문과 외교 고문을 파견하였다.
(O / X)

16. 서울시 9급

02 고종은 을사늑약의 불법성을 폭로하는 친서를 양기탁과 영국인 베델의 〈대한매일신보〉를 통하여 발표하였다.
(O / X)

19. 2월 서울시 7급

03 메가타 다네타로, 스티븐스는 '을사늑약' 체결 이후 각각 대한제국의 재정과 외교를 감독했다.
(O / X)

16. 서울시 9급

04 송수만, 심상진은 대한 자강회를 조직하고 일본의 황무지 개척에 반발하는 운동을 전개하여 이를 철회시켰다.
(O / X)

18. 경찰직 1차

05 헌정 연구회는 대한 자강회보다 먼저 결성되었다.
(O / X)

16. 서울시 7급

06 신민회는 통감부가 설치된 직후에 정치 집회가 금지되면서 해산당하였다.
(O / X)

17. 경찰 간부

07 헐버트는 세계 각국의 산천, 풍토 등을 소개한 『사민필지』를 저술하였다.
(O / X)

빈출 지문

08 정미의병 시기부터 평민 의병장이 활동하는 등 농민의 광범위한 참여가 이루어졌다.
(O / X)

09 전국 의병 부대들이 연합 전선을 펴서 서울 진공 작전을 감행하기도 하였다.
(O / X)

10 1904년 한일 의정서가 체결되어 일제가 우리나라의 군사적 요충지를 점령할 수 있게 되었다.
(O / X)

11 한일 의정서가 체결된 이후 일제에 의한 고문 정치가 시작되었다.
(O / X)

12 을사늑약에는 한국의 외교를 관장하기 위하여 황제 아래 일본인 통감을 둔다고 규정하였다.
(O / X)

13 정미 7조약(한일 신협약)에는 사법권을 이양한다는 내용이 들어 있다.
(O / X)

14 1883년에 부분 수정한 조일 통상 장정은 1876년 조약에서 체결된 무관세 부분을 수정하여 관세를 규정하였다. 또한 최혜국 대우 조항 및 방곡령 조항이 추가되었다.
(O / X)

15 황국 중앙 총상회는 시전 상인들이 모여 만든 단체로서, 독립 협회와 더불어 상권 수호 운동을 전개하였다.
(O / X)

정답 & X해설

CHAPTER 03

03 메가타와 스티븐스는 '제1차 한일 협약' 이후 대한제국에 들어온 고문들이다.

04 송수만, 심상진 등은 보안회를 조직하고 일제의 황무지 개간권 요구를 좌절시켰다.

06 신민회는 강점 이후인 1911년 105인 사건을 계기로 해체되었다. 한편 통감부가 설치된 것은 1905년 을사늑약 직후이며, 1910년 강점 이후에는 조선 총독부로 업무가 이관되었다.

08 신돌석과 같은 평민 출신 의병장이 등장한 것은 을사의병 시기부터이다.

11 고문 정치는 제1차 한일 협약을 통해 이루어졌다.

13 사법권 및 감옥 사무 이양은 1909년 기유각서에서 규정되었다.

CHAPTER 03

01	O	02	O	03	X	04	X	05	O
06	X	07	O	08	X	09	O	10	O
11	X	12	O	13	X	14	O	15	O

16 개항 초기 객주와 여각은 외국 상품을 개항장에서 내륙 시장으로 연결하면서 성장하였다.

(O / X)

17 국채 보상 운동은 김광제와 서상돈 등이 중심이 되어 대구에서 시작되었다. (O / X)

18 러일 전쟁에서 우세를 점한 일본이 토지를 강탈하기 위해 황무지 개간권을 요구해오자, 송수 만, 심상진 등은 보안회를 결성하여 이를 철회토록 하였다. (O / X)

19 대한 자강회는 고종 퇴위 반대 운동을 추진하다가, 통감부에 의해 강제로 해산되었다. (O / X)

20 신민회는 전제 군주제를 입헌 군주제로 고쳐야 한다고 주장하였다. (O / X)

21 신민회는 독립군 양성과 무장 독립운동의 거점으로 활용할 해외 독립운동 기지를 건설하였다.

(O / X)

CHAPTER 04 개항 이후의 경제 · 사회 · 문화

최신 지문

17. 서울시 사복직 9급

01 〈한성순보〉는 우리나라 최초의 신문으로 1883년 창간되었으며, 한문체로 발간된 관보의 성 격을 띠었다. (O / X)

17. 서울시 사복직 9급

02 〈황성신문〉은 국한문 혼용체를 사용한 일간지로 주로 유학자층의 계몽에 앞장섰다. (O / X)

빈출 지문

03 〈대한매일신보〉는 영국인 베델이 경영하여, 강력한 항일 논조를 유지할 수 있었다. (O / X)

04 〈제국신문〉은 서민들과 부녀자층을 대상으로 한 순한글 신문이었다. (O / X)

05 〈만세보〉는 천도교, 〈경향신문〉은 개신교단의 지원을 받았다. (O / X)

06 최초의 근대식 사립 학교는 원산 학사이다. (O / X)

07 우리나라 최초의 근대식 병원은 광제원이다. (O / X)

08 명동 성당은 고딕 양식, 덕수궁 석조전은 르네상스식 건물이다. (O / X)

09 우리나라에서 최초로 부설된 철도는 경부선이다. (O / X)

10 민족 종교로써 설립된 동학은 이후 나철 등에 의해서 교세가 확장되었다. (O / X)

11 박은식은 「유교 구신론」을 통해 양명학 수용을 통한 유교 혁신을 주장하였다. (O / X)

정답 & X해설

20 신민회에서는 공화정을 지향하였다.

CHAPTER 04

05 〈경향신문〉은 천주교의 지원을 받았다.

07 광제원을 광혜원으로 바꿔야 한다.

09 우리나라 최초의 철도는 경인선이다.

10 나철, 오기호 등은 대종교와 관련된 인물이다.

16	O	17	O	18	O	19	O	20	X
21	O								

CHAPTER 03									
01	O	02	O	03	O	04	O	05	X
06	O	07	X	08	O	09	X	10	X
11	O								

VII

일제 강점기

5개년 챕터별 출제비중 & 출제개념

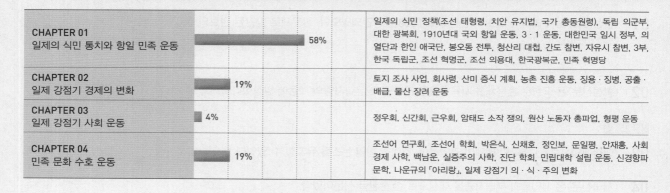

CHAPTER 01 일제의 식민 통치와 항일 민족 운동	58%	일제의 식민 정책(조선 태형령, 치안 유지법, 국가 총동원령), 독립 의군부, 대한 광복회, 1910년대 국외 항일 운동, 3 · 1 운동, 대한민국 임시 정부, 의열단과 한인 애국단, 봉오동 전투, 청산리 대첩, 간도 참변, 자유시 참변, 3부, 한국 독립군, 조선 혁명군, 조선 의용대, 한국광복군, 민족 혁명당
CHAPTER 02 일제 강점기 경제의 변화	19%	토지 조사 사업, 회사령, 산미 증식 계획, 농촌 진흥 운동, 징용 · 징병, 공출 · 배급, 물산 장려 운동
CHAPTER 03 일제 강점기 사회 운동	4%	정우회, 신간회, 근우회, 암태도 소작 쟁의, 원산 노동자 총파업, 형평 운동
CHAPTER 04 민족 문화 수호 운동	19%	조선어 연구회, 조선어 학회, 박은식, 신채호, 정인보, 문일평, 안재홍, 사회 경제 사학, 백남운, 실증주의 사학, 진단 학회, 민립대학 설립 운동, 신경향파 문학, 나운규의 「아리랑」, 일제 강점기 의 · 식 · 주의 변화

한눈에 보는 흐름 연표

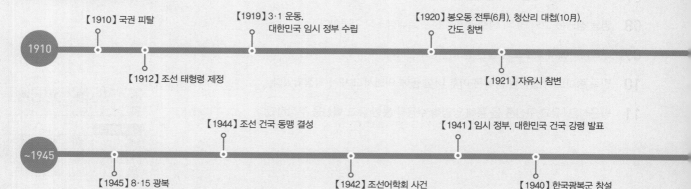

【1910】국권 피탈
【1919】3·1 운동, 대한민국 임시 정부 수립
【1920】봉오동 전투(6月), 청산리 대첩(10月), 간도 참변

1910

【1912】조선 태형령 제정
【1921】자유시 참변

【1944】조선 건국 동맹 결성
【1941】임시 정부, 대한민국 건국 강령 발표

~1945

【1945】8·15 광복
【1942】조선어학회 사건
【1940】한국광복군 창설

10%

학습목표

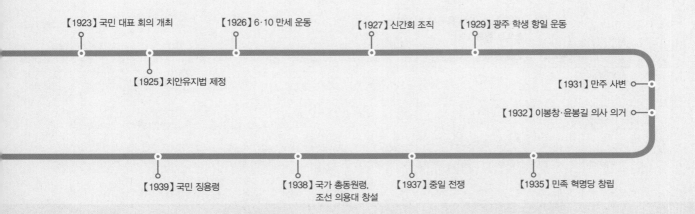

【1923】국민 대표 회의 개최　　【1926】6·10 만세 운동　　【1927】신간회 조직　　【1929】광주 학생 항일 운동

【1925】치안유지법 제정

【1931】만주 사변

【1932】이봉창·윤봉길 의사 의거

【1939】국민 징용령　　【1938】국가 총동원령, 조선 의용대 창설　　【1937】중일 전쟁　　【1935】민족 혁명당 창립

VII 일제 강점기

1 일제의 식민 정책

통치	시기	사건
무단 통치	1910. 3. 26.	안중근, 여순 감옥에서 사형
	6.	한국 경찰권 위탁 각서 조인
	8. 22.	한일 합병 조약 체결
	10.	총독으로 데라우치 통감 임명
	12. 15.	범죄 즉결례 공포
	12. 29.	회사령 공포
	1911. 6. 3.	어업령 공포
		사찰령 공포
	6. 20.	산림령 공포
	6. 29.	국유 미간지 이용법 시행 규칙 공포
	1912. 3. 18.	조선 태형령 공포
	8.	토지 조사령 및 시행 규칙 공포
	1915	조선 광업령 공포
	1918	토지 조사 사업 완결로 임시 토지 조사국 폐지
	1919. 3. 3.	고종의 국장
	8.	사이토(齊藤實) 총독 부임
문화 통치	1920. 1.	〈조선일보〉, 〈동아일보〉 발간 허가
	3.	태형령 폐지
	4.	회사령 폐지(신고제)
	12.	산미 증식 계획(토지 개량 사업 보조 규칙 발표)
	1923. 9.	관동 대지진(한국인 학살)
	1925. 4.	치안 유지법 공포
	1926. 1.	경복궁 앞 조선 총독부 청사에서 총독부 업무 시작
	4. 25.	순종 승하

통치	시기	사건
민족 말살 통치	1931. 7.	만보산 사건
	9.	만주 사변 발발
	1932. 3.	만주국 수립
	4.	윤봉길, 훙커우 공원 의거
	7.	농촌 진흥 운동 시작
	1937. 7.	중일 전쟁 발발
		신사 참배 강요
	1938. 2.	조선 육군 특별 지원병 제도 창설
	5.	국가 총동원령 공포
	1939. 10.	국민 징용령 공포
	11.	창씨개명령 발표
	1940. 2.	창씨개명 시행
	8.	〈조선일보〉, 〈동아일보〉 폐간
	1941. 3.	학도 정신대 조직−근로 동원 실시
	4.	생활 필수 물자 통제령 공포
	1943. 3.	징병제 공포
	1944. 4. 28.	학도 동원 본부 규정(국민학교 4학년 이상, 대학생, 전문대생까지 동원 체제 확립)
	6. 17.	미곡 강제 공출제 시행
	8. 23.	여자 정신대 근무령 공포

2 1910년대(무단 통치기) 국내외 독립운동

시기	사건
1910. 8. 12.	블라디보스토크 신한촌에서 성명회 조직 안명근 체포(안악 사건)
1911. 7. 9. 1911. 국외	안악 사건 공판 105인 사건 북간도에서 중광단 조직 블라디보스토크에서 권업회 조직 삼원보에서 경학사 조직
1912 1912. 국외	독립 의군부 조직 서간도 삼원보 −(경학사 →) 부민단 조직
1913	안창호, 미국에서 흥사단 조직 송죽회 조직(평양 숭의 여학교 교사와 학생 중심) 채기중 등, 풍기에서 대한 광복단 조직 임병찬, 일본 총리대신에게 국권 반환 요구서 제출
1914. 국외	블라디보스토크에 대한 광복군 정부 수립(권업회 중심) 박용만, 하와이에서 대조선 국민 군단을 조직하여 군사 훈련 시작
1915. 국내	조선 국권 회복단 조직(경북 달성을 중심으로) 박상진, 대한 광복단 → 대한 광복회로 개칭
1916. 9.	대종교 교주 나철, 자결
1918. 8. 국외	김규식, 여운형, 김구 등, 상하이에서 신한 청년당 조직
1919. 국외	삼원보에 신흥 무관 학교 설립

시기	대한민국 임시 정부
1919. 3. 17. 4. 11. 4. 23. 9. 11.	연해주에 대한 국민 의회 수립(노령 정부) 대한민국 임시 정부 수립 13도 대표 24명 국민 대회의 이름으로 한성 정부 수립 제1차 개헌: 여러 임시 정부를 통합하는 임시 정부 헌법 개정안 통과
1923. 1.	상하이에서 국민 대표 회의 소집
1925. 3. 23. 4. 7.	이승만 대통령의 탄핵안 통과 제2차 개헌: 내각 책임제 개헌
1927. 3. 5.	제3차 개헌안 공포: 국무 위원 중심의 집단 지도 체제
1932	상하이에서 항저우로 이주
1940. 9. 10.	충칭 정착 제4차 개헌안 통과: 주석제
1944. 4.	제5차 개헌안 통과: 주석·부주석제

시기	3·1 운동
1919. 2. 2. 8. 2. 21. 2. 22. 3. 1. 4. 1. 4. 15.	무오 독립 선언(길림성에서 대한 독립 선언 발표) 2·8 독립 선언(도쿄 유학생 600여 명, 조선 청년 독립단 명의로 독립 선언문 발표) 천도교, 기독교, 불교 대표가 모여 민족 대표 33인 구성 합의 학생 대표 33인의 민족 대표 합류 결정 민족 대표 33인, 태화관에서 독립 선언서 낭독(시민은 파고다 공원에서 낭독) 유관순, 천안 아우내 장터에서 독립 만세 운동 중 체포 화성 제암리 사건

3 3·1 운동 이후 무장 독립 전쟁

(1) 1920년대 국내 독립운동

시기	사건
1919 3.	천마산대 조직
1919 9.	노인(동맹)단 강우규, 서울역에서 사이토 총독에게 폭탄 투척
1920. 6.~8.	구월산대 조직(황해도 구월산) : 6월 조직 → 7월 해체 → 8월 재조직 → 9월 해체
1920. 8.	의주 동암산에서 보합단 조직
1926. 6.10.	6·10 만세 운동
12.28.	의열단원 나석주, 동양 척식 회사에 폭탄 투척 후 일경과 맞싸우다 자결
1929. 11. 3.	광주 학생 항일 운동

(2) 1920~1940년대 국외 무장 독립 전쟁

시기	사건
1919. 3.	간도 국민회에서 대한 독립군 조직(총사령 홍범도)
4.	서간도에서 한족회 중심으로 서로 군정부 조직(11월, 서로 군정서로 개편)
12.	북로 군정서 결성
11.	김원봉 등 만주 길림성에서 의열단 조직
1920. 6.4.~7.	봉오동 전투(대한 독립군, 홍범도의 지휘로 일본군 대파)
9.	훈춘 사건
10.	청산리 대첩
10.~ 1921. 5.	간도 참변(1920. 10.~1921. 5.)
1921. 6.	자유시 참변
1923. 8.	육군 주만 참의부 조직(대한민국 임시 정부 직할)
1924. 1. 4.	의열단원 김지섭, 일본 도쿄 궁성의 니주바시(二重橋)에 폭탄 투척
1925. 6.	미쓰야 협정 체결
1931	한인 애국단 조직(임시 정부 국무령 김구)
1932. 1. 8.	한인 애국단원 이봉창, 도쿄 사쿠라다몬 밖에서 히로히토에게 폭탄 투척(실패)
4.29.	한인 애국단원 윤봉길, 홍커우 공원 의거
5.	임시 정부, 상해에서 항저우로 이동
1935. 7.	한국 독립당·조선 혁명당·의열단 등 난징(南京)에서 민족 혁명당으로 통합
1936	만주에서 동북 항일 연군 편성, 조국 광복회 조직
1937. 6.	보천보 전투
1938	조선 민족 혁명당 산하에 조선 의용대 편성
1940	대한민국 임시 정부, 한국광복군 편성(총사령관 지청천), 한국 독립당 결성(김구)
1941. 11.	대한민국 임시 정부 건국 강령 발표(조소앙의 삼균주의 바탕)
12. 9.	임시 정부, 대일 선전 포고
1942	김원봉 등 조선 의용대 지휘부, 대한민국 임시 정부에 합류 조선 독립 동맹 결성

4 사회 · 경제 · 문화적 민족 운동

시기	사건
1911. 8.	제1차 조선 교육령 발표
1920. 8.	조선 물산 장려회 창립(평양)
6.	조선 교육회 창립
1921. 12.	조선어 연구회 창립(1931. 1. 10. 조선어학회로 개편)
1922. 1.	조선 민립대학 설립 기성회 조직
2.	제2차 조선 교육령 공포
6.	한국 최초의 비행사 안창남, 도쿄 ~ 오사카(東京 ~ 大阪) 간 비행 성공
1923. 1.	조선 물산 장려회 창립(서울)
3.	조선 민립대학 기성회 총회 개최(민립대학 발기 취지서 채택 – 1,000만 원 모금 운동)
	연희 전문 학교 설립
	천도교 소년회, 잡지 〈어린이〉 창간
4.	진주에서 조선 형평사 창립
1924. 1.	이광수, 〈동아일보〉에 「민족적 경륜」 발표
4.	조선 노농 총동맹 조직
1925. 4.	김재봉 · 조봉암 등이 조선 공산당 조직
6.	조선사 편수회 설치(최남선, 이능화, 이병도 등 참여)
1926. 4.	정우회 창립
7.	조선 민흥회 창립
10.	나운규의 「아리랑」이 단성사에서 상영됨
11.	정우회 선언
1927. 2.	신간회 창립
5.	근우회 창립
9.	조선 노농 총동맹 → 조선 농민 총동맹과 조선 노동 총동맹으로 분리
1929. 1.	원산 총파업
7.	〈조선일보〉, 문자 보급 운동 시작
1931. 5.	신간회 해소
7.	〈동아일보〉, 브나로드 운동 시작(1935, 총독부의 명령으로 중단)
1933. 10.	조선어학회, '한글 맞춤법 통일안' 발표
1934. 5.	이병도 · 김윤경 · 이병기 등 진단 학회 창립
11.	〈진단학보〉 창간
1936. 8. 9.	손기정, 베를린 올림픽 마라톤 우승
8. 25.	〈동아일보〉, 일장기 말소 보도(29일, 해당 사건으로 〈동아일보〉 정간)
1938. 3.	제3차 조선 교육령 공포
1941. 3.	국민학교령(소학교를 국민학교로 개칭)
1942. 10.	최현배 등 30여 명, 조선어학회 사건으로 체포
1943. 3.	제4차 조선 교육령 공포(교육에 관한 전시 비상 조치령)

01 일제의 식민 통치와 항일 민족 운동

단권화 MEMO

＊일제의 식민 정책
일제의 식민 통치 정책을 무단 통치,
문화 통치, 민족 말살 통치 시기로 구
분하여 파악해 두어야 한다.

■ **일제의 식민 통치 기구**

1 일제의 식민 정책＊

(1) 조선 총독부(朝鮮總督府)

① 총독부의 설치 : 국권을 강탈한 일제는 식민 통치의 중추 기관으로 조선 총독부를 설치하고 강력한 헌병 경찰 통치를 실시하여 언론·출판·집회·결사의 자유를 박탈하고, 독립운동을 말살하려 하였다.

② 총독부의 조직

ㄱ 조선 총독 : 일본군 현역 대장 중에서 임명하였고, 일본 내각의 통제를 받지 않고 일본 국왕에 직속되어 입법·사법·행정권 및 군대 통수권까지 장악한 절대 권력을 행사하였다.

ㄴ 조직 체계 : 총독부의 조직은 총독 아래에 행정을 담당하는 정무 총감과 치안을 담당하는 경무 총감이 있었으며, 총독부의 관리는 거의 일본인이 차지하였다.

ㄷ 중추원(中樞院)

• 자문 기관인 중추원을 두어 친일파 한국인을 정치에 참여시키는 형식을 취하였으나, 이는 한국인을 회유하기 위한 술책에 불과하였다.

• 중추원이 3·1 운동 때까지 거의 10년간 한 차례의 정식 회의도 소집되지 않았던 것만 보더라도 이름만 있는 기관이었음을 알 수 있다.

◉ **역대 조선 총독**

제1대	데라우치 마사다케(寺內 正毅, 1910. 10.~1916. 10.)
제2대	하세가와 요시미치(長谷川 好道, 1916. 10.~1919. 08.)
제3대	사이토 마코토(齋藤 實, 1919. 08.~1927. 04.)
제4대	야마나시 한조(山梨 半造, 1927. 12.~1929. 08.)
제5대	사이토 마코토(齋藤 實, 1929. 08.~1931. 06.)
제6대	우가키 가즈시게(宇垣 一成, 1931. 06.~1936. 08.)
제7대	미나미 지로(南 次郎, 1936. 08.~1942. 05.)
제8대	고이소 구니아키(小磯 國昭, 1942. 05.~1944. 07.)
제9대	아베 노부유키(阿部 信行, 1944. 07.~1945. 09.)

(2) 헌병 경찰 통치(무단 통치, 1910~1918)

① 실시 : 국권이 강탈되면서 일제는 한반도에 일본군 2개 사단과 2만여 명의 헌병 경찰과 헌병 보조원을 전국에 배치하여 무단 식민 통치를 자행하였다.

② 조직 : 조선 주둔 헌병 사령관이 중앙의 경무 총감을 겸직하였고, 각 도의 헌병 대장이 해당 도의 경무 부장이 되었으며, 전국 각지에 헌병 경찰이 배치되었다.

③ 임무와 권한
　　㉠ 임무: 헌병 경찰의 주된 업무는 경찰의 임무를 대행하고 독립운동가를 색출하여 처단하는 것이었다.
　　㉡ 권한
　　　• 즉결 처분권이 있어 우리 민족에게 태형(笞刑)을 가할 수 있었다.
　　　• 한국인의 모든 행위는 헌병 경찰의 판단에 따라 재판 없이 구류(拘留)에 처하거나 무거운 벌금이 부과되었다.
　　㉢ 이를 위해 일제는 범죄 즉결례(1910. 12.), 경찰범 처벌 규칙(1912) 및 조선 태형령(1912)을 제정하였다.

| 사료 | 경찰범 처벌 규칙(1912) |

제1조　다음 각 호에 해당하는 자는 구류 또는 벌금에 처한다.
19. 함부로 대중을 모아 관공서에 청원 또는 진정을 한 자
30. 이유 없이 관공서의 소환에 응하지 아니한 자
32. 경찰 관서에서 특별히 지시 또는 명령한 사항을 위반한 자
49. 전선(電線)에 근접하여 연을 날리는 자
50. 돌 던지기(石戰) 등 위험한 놀이를 하거나 시키는 자 또는 길거리에서 공기총이나 활을 갖고 놀거나 놀게 시키는 자

| 사료 | 조선 태형령(笞刑令, 1912) |

태형은 태 30 이하일 경우 이를 한번에 집행하되, 30을 넘을 때마다 횟수를 증가시킨다. 태형의 집행은 하루 한 번을 넘길 수 없다.

제1조　3개월 이하의 징역 또는 구류에 처하여야 할 자는 그 정상에 따라 태형을 처할 수 있다.
제13조　**본령은 조선인에 한하여 적용한다.**
시행세칙 1조　태형은 형을 받는 자의 양손을 좌우로 벌려 형틀 위에 거적을 펴고 엎드리게 하고, 양손 관절 및 양다리에 수갑을 채우고 옷을 벗겨 둔부를 드러나게 하여 집행하는 것으로 한다.

④ 제복과 칼의 착용: 일반 관리는 물론 학교 교원들에게까지도 제복을 입히고 칼을 차게 하였던 것은 위협적인 헌병 경찰 통치의 한 수단이었다.
⑤ 독립운동의 탄압
　　㉠ 우리 민족은 일제의 헌병 경찰 통치를 통하여 언론·출판·집회·결사의 자유를 박탈당하였고, 수만 명의 인사가 구국 운동을 하다가 투옥되고 수난을 당하였다.
　　㉡ 일제는 이른바 105인 사건과 여러 독립운동 결사에 관련되었던 독립지사를 체포·고문하여 독립운동을 탄압하였다.

바로 확인문제

● 〈보기〉의 사건 이후 한반도의 상황에 대한 설명으로 가장 옳지 <u>않은</u> 것은?　19. 2월 서울시 7급

| 보기 |

일본은 일진회를 사주하여 「합방청원서」를 제출하도록 하였다. 그리고 1910년 초 일본은 러시아와 영국, 프랑스로부터 한국 병합에 대한 승인을 받아 국제적인 여건을 충족시킨 뒤 한국 병합 조약을 강제로 체결하였다. (1910. 8. 22.)

① 일본은 자국의 '헌법'과 '법률'을 적용하여 한국에 무단 통치를 실시하였다.
② 일본은 한국을 일본의 새로운 영토의 일부로 병합하고, 국가명이 아닌 지역명 '조선'으로 호칭했다.
③ 육해군 대장 중에서 임명된 조선 총독은 일본 천황에 직속되어 한반도에 대한 입법, 사법, 행정권을 장악하고 있었다.
④ 헌병 경찰은 구류, 태형, 3개월 이하의 징역 등에 해당하는 한국인의 범죄에 대해 법 절차나 재판 없이 즉결 처분할 수 있는 권한이 있었다.

(3) 문화 통치(1919~1930)

① 배경 : 우리 민족은 일제의 무자비한 식민 통치에 대항하여 거족적인 3·1 운동을 일으켰으나, 일제의 잔인한 무력 탄압으로 좌절되었다. 그러나 한민족의 거족적인 3·1 운동과 그로 인하여 악화된 국제 여론에 직면한 일제는 식민 통치 정책의 전환을 모색하지 않을 수 없었다.
② 문화 통치의 내용과 본질
　㉠ 총독의 임명 제한 철폐
　　• 내용 : 일제는 지금까지 현역 군인으로 조선 총독을 임명·파견하던 것을 고쳐 문관도 그 자리에 임명할 수 있게 하였다.
　　• 실상 : 가혹한 식민 통치를 은폐하기 위한 간악하고 교활한 통치 방식에 지나지 않았고, 우리나라에서 일제가 축출될 때까지 단 한 명의 문관 총독도 임명되지 않았다.
　㉡ 보통 경찰제 실시
　　• 내용 : 헌병 경찰제를 보통 경찰제로 바꾸었다.
　　• 실상 : 보통 경찰 제도로의 이행은 헌병 경찰을 제복만 바꾸어 입히는 데 지나지 않았다. 오히려 경찰력의 수와 장비, 유지비 등은 더욱 증가하였다.
　　• 고등 경찰제 실시 : 전국 각 경찰서에 '고등 경찰계'를 두어 우리 민족에 대한 감시와 탄압을 더욱 강화시켰다.
　　• 치안 유지법 제정(1925) : 치안 유지법은 1925년 4월 천황제 및 식민 체제를 부정하는 반정부·반체제 운동이나 사유 재산제, 자본주의 체제를 부정하는 사회주의 단체의 조직과 활동을 금하는 법이다.

사료　치안 유지법

제1조　국체(國體)의 변혁을 꾀하거나 또는 사유 재산 제도를 부인할 목적으로 결사를 조직하거나, 또 그 정황을 알고 이에 가입한 자는 10년 이하의 징역 또는 금고에 처한다.
제7조　본법은 누구를 막론하고 본법의 시행 구역 밖에서 범한 자에게도 역시 이를 적용한다.

ⓒ 언론 활동의 허가와 교육 기회의 확대
- 내용: 〈조선일보〉와 〈동아일보〉 등 우리 민족의 신문 발행을 허가하였고, 동시에 교육의 기회를 확대해 준다고 내세웠다.
- 실상: 이 모든 것은 기만 정책의 표면적 구호였을 뿐, 실제로 언론에 대해서는 검열을 강화하여 자신들의 비위에 맞지 않는 기사는 마음대로 삭제하였고, 신문의 정간·폐간을 일삼았다. 또한 도(道), 부(府), 면(面)에 평의회 혹은 협의회라는 이름의 자문 기구를 설치하였으나, 일부 친일 인사 등만 의원이 될 수 있었다.
- 본질: 소수의 친일 분자를 키워 우리 민족을 이간·분열시키고, 민족의 근대 의식 성장을 오도하며, 초급의 학문과 기술 교육만을 허용하여 일제의 식민지 지배에 도움이 될 인간을 양성하기 위한 것이었다.

사료   친일파 양성책

- 일본에 절대 충성하는 자로서 관리를 강화한다.
- 조선인 부호에게는 노동 쟁의·소작 쟁의를 통하여 노동자·농민과의 대립을 인식시키고, 일본 자본을 도입하여 연계(連繫)·매판화(買辦化)시켜 일본 측에 끌어들인다.
- 농민을 통제·조정하기 위하여 전국 각지에 유지가 이끄는 친일 단체를 만들어 국유림의 일부를 불하(拂下)해 주는 한편, 수목 채취권(樹木採取權)을 주어 회유·이용한다.

사이토 총독의 「조선 민족 운동에 대한 대책」

바로 확인문제

● **다음 주장에서 강조하고 있는 내용으로 가장 적절한 것은?**   12. 국가직 9급

> 그러면 지금의 조선 민족에게는 왜 정치적 생활이 없는가?
> 일본이 조선을 병합한 이래로 조선에게는 모든 정치 활동을 금지한 것이 첫째 원인이다. 지금까지 해 온 정치적 운동은 모두 일본을 적대시하는 운동뿐이었다. 이런 종류의 정치 운동은 해외에서나 할 수 있는 일이고, 조선 내에서는 허용되는 범위 내에서 일대 정치적 결사를 조직해야 한다는 것이 우리의 주장이다.

① 무장 투쟁을 통해 독립을 이루어야 한다.
② 농민, 노동자를 단결시켜 일제를 타도해야 한다.
③ 일제의 식민 지배를 인정하고 그 밑에서 정치적 실력 양성을 해야 한다.
④ 국제적인 외교를 통해서 일제의 만행을 알리고 우리나라의 독립을 알려야 한다.

|정답해설| 제시된 사료는 1924년 발표된 이광수의 「민족적 경륜」의 일부이다. 이광수는 일본의 식민 지배를 인정하고, 자치를 통해 민족의 역량을 키우기 위해 노력해야 한다고 주장하였다(자치론─ 타협적 민족주의론).

|정답| ③

(4) 민족 말살 정치(1931~1945)

① 병참 기지화 정책(1931~1945)

　㉠ 배경 : 1920년대 후반에 세계적으로 불어닥친 경제 공황의 난국을 타개하기 위하여 일제는 일본 본토와 식민지를 하나로 묶는 경제 블록을 형성하였고, 노동력과 자원은 철저히 수탈하였다.

　㉡ 경과 : 1930년대에 일제는 만보산 사건 등을 빌미로 만주 사변을 일으켜 만주를 점령(1931)하고, 더 나아가 중일 전쟁(1937)을 도발하여 대륙 침략을 본격화하면서 한반도를 대륙 침략의 병참 기지로 삼았다. 또한 중일 전쟁이 장기화되면서 국가 총동원령(1938)을 통해 조선을 급속하게 동원 체제로 전환하였다.

　㉢ 결과 : 식민 정책을 강화하여 우리 민족을 더욱 탄압하였고, 모든 방면에 걸쳐 식민지 수탈 정책을 강화하였다.

사료	국가 총동원령

제1조　국가 총동원이란 전시에 국방 목적을 달성하기 위하여, 국가의 전력(全力)을 가장 유효하게 발휘하도록 인적·물적 자원을 운용하는 것을 말한다.

제4조　정부는 전시에 국가 총동원상 필요할 때는 칙령이 정하는 바에 따라 제국 신민을 징용하여, 총동원 업무에 종사하게 할 수 있다.

제8조　정부는 칙령이 정하는 바에 따라 물자의 생산, 수리, 배급, 기타의 처분 등에 관하여 필요한 명령을 내릴 수 있다.

② 전시 동원 체제

　㉠ 황국 신민화 정책 : 일제는 내선일체, 일선 동조론, 동조 동근론 등에 입각하여 조선인의 민족정신을 말살하려 하였다. 이는 중일 전쟁 이후 더욱 강화되었다.

▲ 황국 신민 서사 암송

　　• 일제는 신사 참배를 강요하였고 황국 신민 서사를 암송하게 하였으며, 궁성 요배(1938), 애국 저축, 일본어 상용(1938) 등을 강요하였다.

　　• 창씨개명을 위해 조선 민사령을 개정하고(1939), 1940년 2월부터 시행하였다. 거부하는 자에게는 진학, 취업, 물자 배급 등에서 불이익을 주었고 우선적 노무 징용 등 탄압을 가하였다.

　　• 〈조선일보〉·〈동아일보〉 폐간(1940), 조선어학회 사건(1942), 진단 학회 활동의 중단(1942) 등을 단행하여 민족 문화를 철저히 탄압하였다.

　　• 일제는 국민 정신 총동원 조선 연맹을 결성하였고(1938. 7.), 10호 단위로 애국반을 조직하였다. 특히 애국반 반상회를 통해 일장기 게양, 궁성 요배, 신사 참배, 일본어 사용 등을 강요하였다.

　　• 전국 각지에 대화숙[시국대응전선사상보국 연맹(1938)이 1941년 개편]을 설치하여 사상범에게 전향을 강요하였다.

| 사료 | 황국 신민 서사 |

〈아동용〉

1. 우리는 대일본 제국의 신민입니다.
2. 우리들은 마음을 합하여 천황 폐하에게 충의를 다합니다.
3. 우리들은 괴로움을 참고 견디며 단련을 하여 훌륭하고 강한 국민이 되겠습니다.

〈성인용〉

1. 우리는 황국 신민이다. 충성으로써 군국(君國)에 보답한다.
2. 우리 황국 신민은 신애협력(信愛協力)하여 단결을 굳게 하련다.
3. 우리 황국 신민은 인고단련의 힘을 길러 황도를 선양하련다.

ⓒ 인적·물적 수탈
- 중일 전쟁을 치르면서 병력과 노동력이 부족해지자 육군 지원병제(1938. 2.), 징용령(1939)을 공포하였다. 태평양 전쟁 이후에는 학도 지원병 제도(1943), 강제적 징병 제도(1943 법령 공포, 1944 실시)를 실시하였다. 또한 여자 정신대 근무령을 공포하여(1944. 8.) 한국의 미혼 여성을 군수 공장에서 일하게 하거나, 전쟁터로 끌고가 일본군 위안부로 삼는 만행을 저질렀다.
- 산미 증식 계획을 재개하고, 전쟁 수행을 위한 공출(금속류 회수령, 1941)과, 배급 제도(물자 통제령, 1941)를 시행하는 등 물적 동원도 강화하였다.

| 심화 | 조선사상범 보호 관찰령과 조선사상범 예방 구금령 |

일제는 1936년 조선사상범 보호 관찰령을 발표하였다. 그 내용은 일제가 사상 통제책의 일환으로 공포한 법령이다. 치안 유지법 위반자 중 집행 유예나 형집행 종료 또는 가출옥한 자들을 보호·관찰할 수 있도록 한 것으로서, 독립운동 관련자들을 감시하기 위한 법이다. 한편 일제는 1941년 민족정신이 강한 사람을 사상범으로 분류하고, 그들을 탄압하기 위하여 조선사상범 예방 구금령(拘禁令)을 공포하여 민족 운동이나 민족 계몽 운동을 하는 한국인을 마음대로 구속할 법적 규정을 마련하였다.

| 심화 | 일본군 위안부의 실상 |

일본 제국주의는 1932년 무렵부터 침략 전쟁을 확대해 가면서, 점령 지구에서 "군인들의 강간 행위를 방지하고 성병 감염을 방지하며 군사 기밀의 누설을 막기 위한다."는 구실로 우리나라와 타이완 및 점령 지역의 20만 명에 이르는 여성들을 속임수와 폭력을 통해 연행하였다. 이들은 만주·중국·미얀마·말레이시아·인도네시아·파푸아 뉴기니·태평양에 있는 여러 섬들과 일본·한국 등에 있는 점령지에서 성노예로 혹사당하였다. 열한 살 어린 소녀로부터 서른이 넘는 성년에 이르기까지 다양한 연령의 여성들은 '위안소'에 머물며 일본 군인들을 상대로 성적 행위를 강요당하였다. …(중략)… 이들은 군대와 함께 옮겨 다니거나 트럭에 실려 군대를 찾아다니기도 하였다. 이들의 인권은 완전히 박탈되어 군수품·소비품 취급을 받았다. 전쟁이 끝난 후 귀국하지 않은 피해자들 중에는 현지에 버려지거나, 자결을 강요당하거나, 학살당한 경우도 있다. 운 좋게 생존하여 고향으로 돌아온 일본군 '위안부' 피해자들은 사회적인 소외와 수치심, 가난, 병약해진 몸으로 인해 평생을 신음하며 살아가야 하였다.

『한국 정신대 문제 대책 협의회 교육 자료 1』

○ 식민 통치 방식의 변화

구분	통치 방식	주요 내용
1910년대	무단 통치 (헌병 경찰 통치)	• 조선인 억압 : 언론·출판·집회·결사의 자유 박탈, 안악 사건과 105인 사건 조작 • 위협적 분위기 조성 : 관리와 교원들까지 제복을 입히고 칼을 차게 함 • 헌병 경찰제 : 헌병 경찰의 즉결 처분권 행사, 태형 처벌, 체포 및 구금(영장 불요), 헌병의 경찰 업무 대행
1920년대	문화 통치 (이간·분열 통치)	• 배경 : 거족적인 3·1 운동의 전개, 국제 여론에 따라 통치 방식 전환 • 명목상의 내용 : 문관 출신 총독 임명 규정, 보통 경찰제 실시, 신문 발행 허가, 교육의 기회 확대 • 실상 : 총독 모두 현역 대장 임명, 경찰 수 및 비용의 증가, 치안 유지법 제정, 신문의 검열 및 기사 삭제, 초급 학문과 기술 교육 위주 • 목적 : 식민 통치의 본질에 변함이 없는 기만 정책, 민족의 이간 및 분열 도모, 식민지 지배에 도움이 되는 인간 양성 추구
1930년대 이후	민족 말살 통치	• 배경 : 대공황의 타개책에 따라 경제 블록화 정책, 경제적 수탈의 강화, 산미 증식 계획 재개 • 병참 기지화 정책 : 군수 물자 생산, 자금 흐름의 통제 • 민족 말살 정책 : 한국어 및 한국사 교육 금지, 일본식 성명 강요, 내선일체, 일선동조론, 황국 신민 서사 암송, 궁성 요배(遙拜), 신사 참배 등

바로 확인문제

● 다음 법령이 실시되었던 시기에 일제가 실시한 정책을 〈보기〉에서 고른 것은?   14. 법원직 9급

> 제1조 국가 총동원이란 전시에 국방 목적을 달성하기 위해 국가의 전력을 가장 유효하게 발휘하도록 인적 및 물적 자원을 운용하는 것이다.
> 제4조 정부는 전시에 국가 총동원상 필요할 때에는 칙령이 정하는 바에 따라 제국 신민을 징용하여 총동원 업무에 종사하게 할 수 있다.
> 제8조 정부는 전시에 국가 총동원상 필요할 때에는 칙령이 정하는 바에 따라 물자의 생산, 수리, 배급, 양도, 기타의 처분, 사용, 소비, 소지 및 이동에 관하여 필요한 명령을 내릴 수 있다.

> ┤ 보기 ├
> ㉠ 한글을 사용하는 신문과 잡지를 강제 폐간시켰다.
> ㉡ 소학교 대신 국민학교라는 명칭을 사용토록 하였다.
> ㉢ 조선 태형령과 경찰범 처벌 규칙을 만들어 시행하였다.
> ㉣ 사회주의자들을 탄압하기 위해 치안 유지법을 만들었다.

① ㉠, ㉡   ② ㉠, ㉣   ③ ㉡, ㉢   ④ ㉢, ㉣

● 다음의 법률에 근거하여 실시된 식민지 정책으로 옳지 않은 것은?   18. 국가직 9급

> 제4조 정부는 전시에 국가총동원상 필요하다고 인정될 때에는 칙령이 정하는 바에 따라서 제국 신민을 징용하여 총동원 업무에 종사하도록 할 수 있다.
> 제7조 정부는 칙령이 정하는 바에 따라 노동 쟁의의 예방 혹은 해결에 관한 명령, 작업소 폐쇄, 작업 혹은 노무의 중지 …(중략) … 등을 명할 수 있다.

① 국민 징용령을 공포하여 강제적인 노무 동원을 실시하였다.
② 금속류 회수령을 제정하여 주요 군수 물자를 공출하였다.
③ 육군 특별 지원병령을 제정하여 지원병을 선발하였다.
④ 물자 통제령을 공포하여 배급제를 확대하였다.

|정답해설| 제시된 사료는 1938년에 공포된 국가 총동원령이다. 즉, 전시 동원 체제에 대한 내용을 〈보기〉에서 고르면 된다.
㉠ 한글로 된 〈동아일보〉와 〈조선일보〉는 1940년 폐간되었다.
㉡ 일제가 소학교를 국민학교로 개정한 것은 1941년 4월이다.

|오답해설|
㉢ 조선 태형령(1912), 경찰범 처벌 규칙(1912)은 1910년대 무단 통치 시기에 해당한다.
㉣ 치안 유지법(1925)은 1920년대 문화 통치 시기에 해당한다.

|정답| ①

|정답해설| 제시된 사료는 1938년 5월 공포된 국가 총동원령 중 일부이다. 따라서 국가 총동원령 발표 이전에 실시된 ③ 육군 특별 지원병령(1938. 2.)이 정답이다.

|오답해설|
① 일제는 1939년 국민 징용령을 공포하여 강제적인 노무 동원을 실시하였다.
② 일제는 1941년 금속류 회수령을 제정하여 주요 군수 물자를 공출하였다.
④ 일제는 1941년 물자 통제령을 공포하여 배급제를 확대하였다.

|정답| ③

☑ 1910년대 국내외의 민족 운동

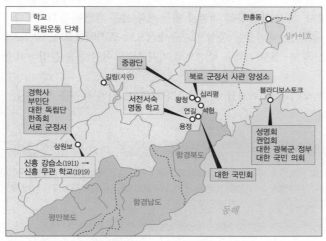

▲ 1910년대 만주 지역 독립운동 단체

(1) 1910년대 국내 민족 운동

① 국권이 피탈된 이후 헌병 경찰에 의한 무단 통치가 실시되면서 국내에서의 독립운동은 더욱 어려워졌다.

② 채응언과 같은 의병장은 국권 피탈 이후에도 평안남도 등에서 일제에 대한 무력 항쟁을 계속하였으나, 대부분의 국내 민족 운동은 일제의 탄압 때문에 비밀 결사를 중심으로 전개되었다.

(2) 국내의 비밀 결사 운동

① 독립 의군부(1912)

　㉠ 임병찬이 고종의 밀지를 받아 조직하였고, 복벽주의(고종 복위)를 그 바탕으로 하였다.

　㉡ 일제의 총리대신과 조선 총독에게 국권 반환 요구서를 보내 조선 강점의 부당성을 알리고자 하였으나 실패하였다.

사료	임병찬이 보낸 국권 반환 요구서

어떤 자들은 말하기를 한국민은 이미 일본에 동화되었다고 한다. 그러나 진정으로 복종한 자는 수백 명을 넘지 못했으며, 그들은 모두 간사한 자들이며 백성들이 원수처럼 생각하는 자들이다. 그 외의 2천만 국민은 모두 울분을 품고 있다. 우리 대한제국 국민은 윤리의 근원에 밝고 효제충신(孝悌忠信)하며, 임금을 사랑하는 정성이 골수에 깊이 사무쳐 결코 무력으로 굴복시키거나 화복(禍福)으로 위협할 수 없다. …(중략)… 지금 하늘의 뜻으로 헤아려보고 사람의 도리로 따져볼 때 한국을 돌려주고 정족(鼎足)의 형세로 천하의 대의(大義)를 실현하고 동아시아의 백성들을 보전하면 일본의 광명이 클 것이다.

독립 의군부 임병찬이 조선 총독 데라우치에게 보낸 국권 반환 요구서(1913)

■ 채응언

채응언은 1907년 군대 해산을 계기로 의병 활동을 시작하여, 백년산에서 체포된 1915년까지 서북 지역을 근거로 활약하였다.

■ 1910년대 대표적 비밀 결사 단체

독립 의군부	임병찬이 고종의 비밀 지령을 받고 결성한 비밀 결사(복벽주의 단체)
대한 광복회	의병 운동 계열과 애국 계몽 운동 계열의 통합 단체 (공화정 지향)
그 외	조선 국권 회복단(단군 신앙, 유생), 송죽회(여성 단체) 등

대한 광복회 강령에는 독립 전쟁을 통해 국권 회복을 추구하는 모습이 잘 드러나 있다. 이를 위해 국내에서 군자금 모금을 위한 다양한 활동을 전개하였다. 의연금 협조를 거부하는 경북 칠곡의 부호 장승원, 충남 아산 도고 면장 박용하 등을 처단하였으며, 경주에서 세금 수송차를 탈취하기도 하였다.

② 대한 광복회(1915)
- ㉠ 공화주의를 표방하고, 대한(풍기) 광복단과 조선 국권 회복단 일부가 통합하여 결성된 조직으로서, 한말 의병 운동 계열과 애국 계몽 운동 계열이 통합하였다.
- ㉡ 박상진, 김좌진, 채기중을 중심으로 군대식으로 조직되었으며, 각 도에 지부를 설치하고, 충청·황해·경상 지역을 중심으로 미곡 상점, 여관 등을 운영하며 군자금을 조달하였다.
- ㉢ 군자금을 모아 무관 학교를 설립하고자 하였고, 친일 세력을 처단하는 등 활발하게 활동하였다.

사료 대한 광복회 강령

오인은 대한 독립 광복을 위하여 오인의 생명을 희생에 이바지함은 물론 오인이 일생의 목적을 달성치 못할 시는 자자손손이 계승하여 수적(讐敵) 일본을 온전 구축하고 국권을 광복하기까지 절대 불변하고 일심육력(一心戮力)할 것을 천지신명에게 맹서하여 고함

1. 부호의 의연 및 일본인이 불법 징수하는 세금을 압수하여 무장을 준비한다.
2. 만주에 사관 학교를 설치하여 독립 전사를 양성한다.
3. 중국, 러시아 등에 의뢰하여 무기를 구입한다.
4. 무력이 준비되는 대로 일본인 섬멸전을 진행하여 최후 목적을 달성한다.

③ 조선 국권 회복단(1915)
- ㉠ 윤상태, 서상일, 이시영 등 단군 신앙을 바탕으로 한 경북 지방의 유림들로 구성된 비밀 결사 조직이다.
- ㉡ 3·1 운동 당시 만세 운동을 주도하였고, 상하이의 대한민국 임시 정부에 군자금을 송금하였으며, 파리 강화 회의에 제출할 독립 청원서 작성에도 참여하였다.

④ 송죽회(1913) : 평양 숭의 여학교 학생, 여교사들을 중심으로 국외에서 활동하는 독립운동가 가족 돌보기, 독립군 군자금 지원, 여성 계몽과 실력 양성 운동을 목적으로 활동하였다.

⑤ 그 외 비밀 결사 조직
- ㉠ 기성단(1914) : 평양 대성 학교 출신 학생들이 주도한 단체
- ㉡ 민단 조합(1915) : 유생들이 주도한 의병 후신 단체(복벽주의 표방)
- ㉢ 조선 국민회(1915) : 박용만의 '대조선 국민 군단' 국내 지부로 결성
- ㉣ 조선 산직 장려계(1915) : 교원과 사회 인사들이 결성한 경제 자립 운동 단체
- ㉤ 자립단(1915) : 함경남도 단천에서 방주익 등 기독교인들을 중심으로 조직된 단체

국외 각 지역별 주요 단체와 인물을 구분하여 기억해야 한다.

(3) 1910년대 국외 민족 운동＊

구분	주요 단체
서간도	삼원보 개척, 경학사(부민단, 한족회로 발전), 신흥 강습소, 서로 군정서
북간도	간민회, 서전서숙, 명동 학교, 중광단(북로 군정서로 발전), 용정촌, 명동촌 형성
연해주	신한촌 건설, 권업회(대한 광복군 정부로 발전), 전로 한족회 중앙 총회(대한 국민 의회로 발전)
상하이	동제사, 신한 청년당(김규식을 파리 강화 회의에 파견), 대동 보국단
미주 지역	대한인 국민회, 대조선 국민 군단, 흥사단

① 만주 지방
  ㉠ 서간도(남만주)
    • 삼원보 : 신민회 인사들이 중심이 되어 세운 독립군 기지로서 자치 기관인 경학사를 설립하였고, 경학사에서는 **신흥 강습소**(이후 신흥 무관 학교)를 세워 **독립군 간부를 양성**하였다. 경학사 해체 이후 부민단으로 발전하여 부민단 간부들은 백서 농장이라는 독립군 부대를 편성하였으며, 3·1 운동 이후에는 **부민단을 한족회**로 개편하고, 군사 기관인 **서로 군정서**를 설립하였다.
    • 대한 독립단(1919) : 국내에서 의병 활동을 주도한 박장호, 백삼규 등이 복벽주의를 표방하며 조직하였다.
  ㉡ 북간도(북만주)
    • 간민회 : 한인 자치 기구였던 간민교육회가 모체가 되어, 1913년 간민회를 설립하였다. 그러나 1914년 일본을 의식한 중국 정부가 간민회를 폐쇄시키면서 북간도의 독립운동은 큰 타격을 받았다.
    • **중광단** : 대종교계가 설립하였으며, 1919년 2월 김좌진, 서일, 유동열 등 39명의 서명으로 「대한독립선언」을 발표하였다. 3·1 운동 이후 대한 정의단으로 확대·개편되었고, 무장 독립운동을 전개하기 위하여 서일 등이 대한 군정서를 조직하였다. 대한민국임시 정부의 지시로 **북로 군정서**로 개칭하고, 총사령관에 김좌진이 선임되었다.
    • 교육 기관 : 용정촌과 명동촌을 중심으로 서전서숙(이상설 설립), 명동 학교(김약연 주도), 정동 학교 등 민족 교육 기관을 설립하였다. 특히 이동휘의 노력으로 왕청현 나자구에 동림 무관 학교(일명 대전 학교)를 설립하였다(1913).
  ㉢ 소·만 국경 지대의 밀산부에는 이상설, 이승희 등이 한흥동이라는 독립군 기지를 건설하였다(1909).
② 연해주 : 연해주 지역에 이주한 조선인들은 한민회 조직(1905), 한민 학교(1909) 설립, 〈해조신문〉 발행 등 민족 독립운동을 활발히 전개하였다. 또한 1910년 6월에는 국내에서 망명한 의병 운동 계열을 중심으로 13도 의군을 조직하였으며, 같은 해 8월 성명회를 조직하여 국내 진공 작전을 계획하였다.
  ㉠ 권업회(1911)
    • 이종호 등의 주도로 블라디보스토크 신한촌에서 조직되었다.
    • 권업회에는 최재형 등 러일 전쟁 이전에 이주하여 러시아에 귀화한 계열, 이범윤, 홍범도 등 의병장 계열, 국내 신민회 좌파 계열 등이 참여하였다.
    • 기관지로 〈권업신문〉(주필 : 신채호)을 간행하여 국내, 간도, 미주까지 보급하였다.
  ㉡ 대한 광복군 정부(1914) : 권업회가 모체가 되어 블라디보스토크에 이상설, 이동휘를 정·부통령으로 하는 망명 정부를 수립하였다. 대한 광복군 정부는 독립군 조직이었으나, 장차 민주 공화제의 임시 정부가 수립될 수 있는 길을 마련하였다.
  ㉢ 대한 국민 의회(1919)
    • 1917년 러시아에서 2월 혁명이 일어나자 블라디보스토크의 신한촌에서 2천여 명의 회원이 **전로 한족회 중앙 총회**를 조직하였다(1917. 05.).
    • 제1차 세계 대전이 끝나고 전후 문제를 처리하기 위한 파리 강화 회의가 개최되는 등 새로운 국제 질서가 전개되자, 전로 한족회 중앙 총회를 대한 국민 의회로 개편하였다.

■ **간민회**
간민회는 원래 간민자치회(墾民自治會)였으나, 중국 당국이 '자치'라는 말을 삭제하도록 요구함으로써 간민회로 개칭하였다. 이후 대한 국민회로 개편하고, 국민회군이라는 독립군 부대를 편성하였다.

- 1919년 3월 17일 블라디보스토크에 세워진 **대한 국민 의회(노령 임시 정부)**는 대통령 손병희, 부통령 박영효, 국무총리 이승만 등을 추대하고, 80여 명의 위원으로 구성되었다.
      ② 한인 사회당(1918): 러시아 혁명 후 **이동휘** 등은 하바롭스크에서 한인 최초의 사회주의 정당인 한인 사회당을 결성하였다.
    ③ 중국
      ㉠ 동제사(1912)
        - 신규식은 신해 혁명에 참가하여 중국의 혁명 인사들과 긴밀한 관계를 맺는 한편, 본국에서 망명한 독립운동가, 유학생들을 규합하여 동제사를 조직하였다.
        - 중국 혁명 지도자들도 가입시켜 신아 동제사로 개칭하였고, 1913년 박달 학원을 설립하여 젊은이들을 교육하다가 1917년 조선 사회당으로 변모하였다.
      ㉡ 신한 혁명당(1915)
        - 상하이에서 결성된 독립운동 단체로서, 노령에서 상하이로 피신해 온 이상설, 이동휘 등과 동제사 간부인 신규식, 박은식 등이 참여하였다.
        - 신한 혁명당은 제정(帝政)주의를 표방하면서 고종을 망명시켜 망명 정부를 수립하고자 하였으나, 고종 접촉 추진이 실패하면서 활동이 거의 중단되었다.
        - 박은식 등 신한 혁명당 인사들은 1917년 대동단결 선언에 주도적으로 참여하였다.
      ㉢ 대동 보국단(1915): 박은식, 신규식 등은 대동 보국단을 창립하고 〈진단〉이라는 잡지를 발간하였다.
      ㉣ 신한 청년당(1918)
        - 김규식, 여운형, 김구 등이 발기하여 조직한 독립운동 단체로 대한 독립, 사회 개조, 세계 대동을 단강으로 정하였다.
        - 김규식을 파리 강화 회의에 파견하는 등 활발한 외교 활동을 전개하였다.
    ④ 미국
      ㉠ 대한인 국민회(1910)
        - 전명운, 장인환 의사의 스티븐스 암살 사건(1908. 3.)을 계기로 1909년 이승만, 박용만, 안창호 등이 주도하여 (하와이의) 한인 합성 협회와 (미국 본토의) 공립 협회를 통합하여 국민회를 조직하였다. 이후 대한인 국민회로 개편하였다.
        - 1917년 무렵 안창호, 박용만을 정·부회장으로 한 중앙 총회와 북미, 하와이 등지에 5개 지방 총회를 두어 조직을 넓혔다.
        - 기관지인 〈신한민보〉를 국내외에 전달하여, 항일 여론을 선도하였다.
        - 국권 회복의 방법으로 독립 전쟁을 지향하는 세력(박용만), 실력 양성 세력(안창호), 외교를 통한 독립 청원 세력(이승만)으로 분열되어 큰 활약을 하지 못하였다.
      ㉡ 흥사단(1913): 샌프란시스코에서 안창호가 중심이 되어 사회 교육, 국민 훈련, 민족 부흥을 목적으로 설립되었다.
      ㉢ 대조선 국민 군단(1914): 1914년 6월 하와이에서 박용만을 중심으로 창설되었고, 독립군 사관을 양성할 목적으로 만든 군사 교육 단체이다.

● 〈보기〉 자료의 민족 운동가들이 추진한 독립운동에 대한 서술로 가장 옳은 것은?

19. 2월 서울시 9급

> ┤ 보기 ├
>
> 8월 초에 여러 형제분이 모여서 같이 만주로 갈 준비를 하였다. 비밀리에 땅과 집을 파는데, 여러 집을 한꺼번에 처분하니 얼마나 어려우리요. 그때만 해도 여러 형제분 집은 예전 대갓집이 그렇듯이 종살이를 하는 사람이 수없이 많았고 …(중략)… 우리 집 어른(이회영)은 옛날 범절을 따지지 않고 위아래 구분 없이 뜻만 같으면 악수하여 동지로 대접하였다. …(중략)… 1만여 석의 재산과 가옥을 모두 팔고 경술년(1910) 12월 30일에 큰집, 작은집이 함께 압록강을 건너 떠났다.
>
> 이은숙, 『민족 운동가 아내의 수기, 서간도 시종기』

① 신흥 강습소를 만들어 민족 교육과 독립군 양성을 추진하였다.
② 대한 광복군 정부, 대한 국민 의회 등의 독립운동 기지를 설립하였다.
③ 간민회를 기반으로 서전서숙과 명동 학교 등 학교를 세워 민족 교육을 실시하였다.
④ 나라를 되찾은 후 고종을 복위시키려는 목표를 세우고 전국적인 의병 봉기를 준비하였다.

3 3·1 운동*

(1) 배경

① 러시아 혁명 : 1914년 일어난 제1차 세계 대전과 1917년 러시아 혁명으로 변화된 세계 정세는 민족 문제에 대한 자각을 높이고, 여러 지역에서 피압박 약소 민족의 해방을 고무시켰다.

② 민족 자결주의 : 러시아 혁명 이후 레닌은 러시아 내의 100여 소수 민족에게 민족 자결을 선언하고, 세계 약소민족의 해방 운동을 지원하겠다고 약속하였다. 또한 윌슨의 민족 자결주의는 3·1 운동에 영향을 주었다.

③ 대동단결 선언 : 1917년 7월 조소앙, 신석우, 한진교 등이 박은식, 신채호, 박용만 등의 지도를 받아 대동단결 선언을 만들어 각지의 독립운동 세력에게 보냈다. 이들은 국민 주권설에 따른 공화정의 이념을 바탕으로 임시 정부를 세우기 위해 민족 대회를 열자고 요구하였다.

④ 대한 독립 선언 : 1919년 2월 만주·노령에서 활동하던 독립 운동가 39명이 발표한 우리나라 최초의 독립 선언서이다. 작성자는 조소앙으로 알려져 있다.

⑤ 2·8 독립 선언 : 1919년 2월 8일 최팔용, 송계백, 백관수, 김도연, 최근우 등 600여 명의 동경 유학생이 조선 기독교 청년회관에서 2·8 독립 선언서를 발표하고, 송계백, 최근우가 국내에 파견되어 이를 널리 알렸다.

사료 독립 선언서

❶ 대동단결 선언(1917)

융희 황제가 삼보(영토, 인민, 주권)를 포기한 경술년(1910) 8월 29일은, 즉 우리 동지가 이를 계승한 시점이다. 우리 동지는 완전한 상속자니 저 황제권 소멸의 때가, 즉 민권 발생의 때요, 구한국의 마지막 날은 신한국 최초의 날이니, 무슨 까닭인가. 우리 대한은 과거 이래로 한인(韓人)의 한(韓)이다. 한인 사이에 주권을 주고받는 것은 역사상 불문법의 국헌(國憲)이오, 비한인에게 주권 양여는 근본적 무효이며, 한국의 국민성이 절대 불허하는 바이다. 고로 경술년 융희 황제의 주권 포기는, 즉 우리 국민 동지에 대한 묵시적 선위이니, 우리 동지는 당연히 삼보를 계승하여 통치할 특권이 있고, 또 대통을 상속할 의무가 있도다.

|정답해설| 이회영 등 6형제는 집안 재산을 정리하여 서간도로 이주하였다. 특히 이회영은 서간도에서 신흥강습소를 만들어 민족 교육과 독립군 양성을 추진하였다.

|오답해설|
② 대한 광복군 정부, 대한 국민 의회 등은 연해주에 설립된 독립운동 조직이다.
③ 북간도에서는 간민회를 기반으로 서전서숙, 명동 학교 등 학교를 세워 민족 교육을 실시하였다.
④ 독립 의군부는 나라를 되찾은 후 고종을 복위시키려는 목표를 세우고(복벽주의), 전국적 의병 봉기를 준비하였다.

|정답| ①

＊3·1 운동

3·1 운동의 원인, 과정, 결과는 빈출 주제이니 기억해야 한다.

■ 민족 자결주의

민족 자결주의는 전승국인 일본의 식민지인 조선에 대해선 직접적으로 해당되지 않았다. 다만 민족 자결주의의 세계사적 흐름이 독립운동의 외연을 확대시켰다.

■ 무오 독립 선언서

우리나라 최초의 독립 선언서인 무오 독립 선언서는 만주 길림에서 주로 중광단의 인사를 중심으로 독립운동가 39명의 이름으로 발표되었다. 정식 이름은 대한 독립 선언서이며, 조소앙이 집필하였다.

■ 2·8 독립 선언

일본에 유학하고 있던 우리 유학생들은 도쿄에 모여 독립을 요구하는 선언서와 결의문을 선포하고, 이를 일본 정부에 통고한 뒤 시위를 전개하였다. 2·8 독립 선언은 국내에서 3·1 운동을 준비하는 데 자극을 주었다.

▲ 2·8 독립 선언의 주역인 도쿄 유학생들

❷ 대한 독립 선언서(무오 독립 선언서)

봉기하라! 독립군아 일제히 독립군은 천지를 휩쓸라. 한 번 죽음은 인간의 면할 수 없는 바이니, 개, 돼지와 같은 일생을 누가 구차히 도모하겠는가? 살신성인하면 2천만 동포는 하나 되어 부활하니 어찌 일신을 아끼며 집안 재산을 바쳐 나라를 되찾으면 3천리 옥토는 자기의 소유이니 어찌 일가의 희생이 아까우랴 …(중략)… 국민의 본령을 자각한 독립임을 기억하고, 동양의 평화를 보장하고, 인류의 평등을 실시하기 위한 자립임을 명심하여 황천의 명령을 받들고, 일체의 못된 굴레에서 해탈하는 건국임을 확신하여 육탄 혈전으로 독립을 완성하라.

❸ 2·8 독립 선언

조선 청년 독립단

대표자 최팔용(崔八鏞) 이종근(李琮根) 김도연(金度演) 송계백(宋繼白) 이광수(李光洙) 최근우(崔謹愚) 김철수(金喆壽) 김상덕(金尙德) 백관수(白寬洙) 서춘(徐椿) 윤창석(尹昌錫)

결의문

1. 본단(本團)은 일한 합병이 우리 민족의 자유의사에서 나온 것이 아니며 우리 민족의 생존과 발전을 위협하고 또 동양의 평화를 교란하는 원인이 된다는 이유로 독립을 주장함
2. 본단은 일본 의회 및 정부에 조선 민족대회(朝鮮民族大會)를 소집하여 해당 회의 결의로 우리 민족의 운명을 결정할 기회를 줄 것을 요구함
3. 본단은 만국 강화 회의(萬國講和會議)에 민족 자결주의(民族自決主義)를 우리 민족에게도 적용할 것을 청구함. 이 목적을 달성하기 위하여 일본 주재 각국 대사, 공사에게 본단의 주의(主義)를 각각 그 정부에 전달하기를 의뢰함 동시에 위원 2인을 만국 강화 회의에 파견함. 이 위원은 이미 파견한 우리 민족의 위원과 일치 행동을 취함
4. 전항(前項)의 요구가 실패할 때에는 우리 민족은 일본에 대하여 영원한 혈전(血戰)을 선언함. 이로써 생기는 참화는 그 책임이 우리 민족에게 있지 아니함

❹ 3·1 독립 선언서

우리는 이에 우리 조선이 독립된 나라인 것과 조선 사람이 자주하는 국민인 것을 선언하노라. 이것으로써 세계 모든 나라에 알려 인류가 평등하다는 큰 뜻을 밝히며, 이것으로써 자손만대에 일러 겨레가 스스로 존재하는 마땅한 권리를 영원히 누리도록 하노라.

⑥ 고종의 승하: 1919년 1월 21일 고종이 승하하자 고종 황제의 독살설이 유포되어 민족을 분노하게 하였다. 또한 국내외에서 꾸준히 전개되던 민족 운동은 3·1 운동의 내적 기반이 되었다.

(2) 전개 과정

① 권동진, 오세창은 송계백 등과 의논하여 손병희의 지도하에 구체적 추진 계획을 세웠다.
② 독립운동을 대중화할 것, 일원화할 것, 비폭력적으로 할 것을 3대 원칙으로 정하고, 민족 대표 33인을 결정하였다.
③ 최남선이 「독립 선언서」를 기초(「기미 독립 선언서」, 공약 3장은 한용운이 씀)하였고, 2월 28일부터 각지에 배포하기 시작하였다.

사료	「기미 독립 선언문」 공약 3장(한용운)

❶ 오인의 이번 거사는 정의, 인도, 생존, 존영을 위하는 민족적 요구이니 오직 자유적 정신을 발휘할 것이요, 결코 배타적 감정으로 일주(逸走: 도망쳐 달아남)하지 말라.
❷ 최후의 일인, 최후의 일각까지 민족의 정당한 의사를 쾌히 발표하라.
❸ 일체의 행동은 가장 질서를 존중하여 오인의 주장과 태도로 하여금 어디까지든지 광명정대하게 하라.

■ **민족대표 33인**

• 천도교 측에서는 손병희, 권동진, 오세창, 임예환, 나인협, 홍기조, 박준승, 양한묵, 권병덕, 김완규, 나용환, 이종훈, 홍병기, 이종일, 최린 등 15명이 선정되었다.
• 기독교에서는 이승훈, 박희도, 이갑성, 오화영, 최성모, 이필주, 김창준, 신석구, 박동완, 신홍식 양전백, 이명룡, 길선주, 유여대, 김병조, 정춘수 등 16명이 선정되었다.
• 불교 대표로는 한용운과 백용성 2명이었다.

④ 1919년 3월 1일 인사동 태화관에 모인 민족 대표들은 독립을 선언하고, 만세를 부른 후 일본 정부와 의회, 미국의 윌슨 대통령, 파리 강화 회의의 각국 대표들에게 독립 선언서와 청원서를 송부하였다. 이후 그들은 자진 체포되었다.

⑤ 파고다 공원(탑골 공원)에 운집한 학생들이 「독립 선언서」를 낭독하고, 시내로 나와 시위행진을 하자, 많은 사람들이 호응하였다.

⑥ 일본군은 2개 사단 규모의 병력을 동원하여, 시위 군중을 대량으로 살상하고, 수원 화성 인근의 제암리에서 집단 학살을 자행하기도 하였다.

⑦ 만세 시위는 주요 도시로부터 전국 농촌 각지로 확산되는 과정에서 무력적인 저항으로 변모하였다.

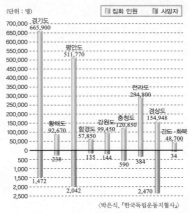

▲ 3·1 운동 참가 인원 및 피해 상황

(3) 결과

① 민족의 독립을 위한 열망을 세계에 과시하였고, 이후 아시아 약소국가의 독립운동(중국의 5·4 운동, 인도의 비폭력·무저항 민족 운동, 중동 지방의 민족 운동 등)에 영향을 주었다.

② 대한민국 임시 정부 수립의 계기를 마련하였다.

③ 3·1 운동은 만주·용정·연해주·미주·일본 등으로 전파되어 우리 민족의 독립 의지를 알렸다. 특히 미국에서는 서재필이 주도하여 필라델피아 한인 자유 대회를 개최하여 독립을 위한 시가행진을 하였다.

④ 한편 일제는 3·1 운동 이후 소위 '문화 통치'로 식민 정책을 개편하였다.

⑤ 당시 3·1 운동을 목격한 영국 기자 매켄지는 『자유를 위한 한국의 투쟁(Korea's Fight for Freedom)』을 저술하였다.

(4) 의의

① 대외적으로는 거족적 항일 운동이었으며, 공화주의 운동이었다.

② 비폭력 운동으로 계획된 만세 운동이 실패하자, 무장 독립운동을 본격적으로 전개하였다.

③ 만세 운동에 참여한 농민·노동자 계층의 정치·사회적 의식이 높아져 1920년대 노동 운동·농민 운동이 크게 발전하는 계기를 마련해 주었다.

사료 **제암리 학살 사건**

(1919년 4월 16일) 그들(선교사들과 각국 외교관)은 이야기로 듣던 것보다 훨씬 더 참혹한 장면을 목격하였다. 제암리 교회 터에는 재와 숯처럼 까맣게 타버린 시체뿐이었고, 타들어간 시체 냄새로 속이 메슥거릴 정도였다. 곡식 창고와 가축들도 같이 타 버렸다. 노블, 『3·1 운동, 그날의 기록』

사료 **중국의 5·4 운동**

조선은 독립을 꾀하여 "독립하지 못하면 차라리 죽겠다."라고 하였다. 모름지기 국가가 망하고 영토를 넘겨 주어야 하는 문제가 눈앞에 닥쳐도 국민이 큰 결심을 하여 끝내 떨쳐 일어서지 않는다면, 이는 20세기 열등 민족이며, 인류의 대열에 서 있다고 말할 수도 없다. …(중략)… 중국이 살아남느냐 망하느냐 하는 것이 오직 이번 일에 달려있다. 전체 학생 천안문 선언, 1919. 5. 4.

＊대한민국 임시 정부
대한민국 임시 정부의 활동은 상하이 시대, 각 지역으로 이동한 시대, 충칭 시대로 구분하여 알아두어야 한다.

▲ 대한민국 임시 정부 인사들

● 밑줄 친 ㉠ 이후에 일어난 사실로 옳지 **않은** 것은?   19. 국가직 9급

> 상쾌한 아침의 나라라는 뜻을 지닌 조선은 일본의 총칼 아래 민족정신을 무참하게 유린당했다. … (중략) … 조선 민족은 독립 항쟁을 줄기차게 계속하였다. 그중에서도 중요한 것은 ㉠ <u>1919년의 독립 만세 운동</u>이었다.
>
> 네루, 『세계사 편력』

① '암태도 소작 쟁의'가 일어났다.
② '정우회 선언'이 발표되었다.
③ 임병찬이 독립 의군부를 조직하였다.
④ 조선 민립대학 기성회가 창립되었다.

● (가)에 대한 설명으로 옳은 것은?   한국사능력검정시험 고급 33회

> 이 건물은 옛 중앙 학교 숙직실을 복원한 것입니다. 일본 도쿄 유학생 송계백은 중앙 학교 교사 현상윤을 찾아와 일본 유학생들의 거사 계획을 알리고 '2·8 독립 선언서'의 초안을 전달하였습니다. 현상윤은 이곳 숙직실에서 송진우 등과 향후 계획을 협의하였고, 이는 [(가)]이/가 추진되는 계기 중 하나가 되었습니다.

① 신간회로부터 진상 조사단이 파견되었다.
② 대한민국 임시 정부 수립의 계기가 되었다.
③ 〈동아일보〉의 적극적인 지원을 받아 진행되었다.
④ 순종의 인산일을 기해 대규모 시위가 계획되었다.
⑤ 한국인 학생과 일본인 학생 간의 충돌에서 비롯되었다.

---

4 대한민국 임시 정부＊

(1) 임시 정부의 수립과 통합

① 통합 이전의 임시 정부

㉠ 상황: 3·1 운동을 계기로 독립을 선포한 우리 민족은 조직적인 독립운동과 독립 전후의 국민 국가 건설을 위하여 정부를 수립하고자 하였다. 그러나 당시 국내외에서 활동하던 민족 지도자들은 일제의 감시와 상호 연락의 어려움으로 단일 정부를 수립하지 못하고 여러 지역에서 각각 별개의 임시 정부를 수립하였다.

㉡ 대한 국민 의회: 연해주에서는 손병희를 대통령으로 하는 대한 국민 의회를 조직하였다.

㉢ 한성 정부: 국내에서는 13도 국민 대표 명의로 이승만을 집정관 총재로 하고 이동휘를 국무총리로 하는 한성 정부를 수립하였다.

㉣ 대한민국 임시 정부: 중국 상하이에서 민주 공화제의 대한민국 임시 정부가 수립되어 이승만을 국무총리로 추대하였다. 이 세 정부가 하나로 통합되어 상하이에서 대한민국 임시 정부가 출범하였다.

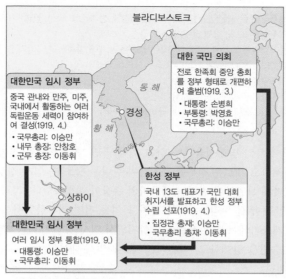

▲ 여러 지역에 수립된 임시 정부

② 세 개의 임시 정부 통합(1919): 정부 통합 운동은 민족 지도자들에 의하여 성사되었다. 즉, 국내에서 수립된 한성 정부를 계승하고 대한 국민 의회를 흡수하여 상하이에 통합 정부인 대한민국 임시 정부를 수립하였다(1919. 9.)

(2) 대한민국 임시 정부의 체제

① 체제

ㄱ 임시 의정원(臨時議政院)의 구성: 1919년 4월 11일 임시 의정원을 구성하고 각도 대의원 30명이 모여서 임시 헌장 10개조를 채택하였다.

ㄴ 입헌 공화제: 대한민국 임시 정부는 민주주의에 입각한 근대적 헌법을 갖추고 대통령제를 채택하였다.

ㄷ 3권 분립: 1919년 4월 제정된 임시 헌장에서는 임시 의정원(입법 기관), 법원(사법기관), 국무원(행정 기관)을 규정하였다. 이것은 대한민국 임시 정부가 우리나라 최초의 3권 분립에 입각한 민주 공화제 정부로 출범하였음을 의미한다.

ㄹ 1차 개헌: 세 개의 임시 정부가 통합된 후(1919. 9.), 1차 개헌을 통해 3권 분립을 기초로 대통령이 국정을 총괄하는 형태였다(대통령 중심제). 대통령으로는 이승만, 국무총리로는 이동휘가 취임하였다(내각책임제의 절충).

사료   대한민국 임시 헌장

대한민국 임시 헌장 선포문

신인(神人)의 일치로, 중외(中外)가 협응하여, 서울에서 일어난 지 30여 일 만에 평화적 독립을 300여 주에 광복하고, 국민의 신임으로 완전히 다시 조직한 임시 정부는 항구적이고 완전한 자주독립의 복리에 우리 자손 만민에게 대대로 계승케 하기 위하여 임시 의정원의 결의로 임시 헌장을 선 배포한다.

제1조   대한민국은 민주공화제로 한다.
제2조   대한민국은 임시 정부가 임시 의정원의 결의에 따라 통치한다.
제3조   대한민국의 인민은 남녀의 귀천(貴賤) 및 빈부의 계급(階級)이 없고, 일체 평등하다.
제4조   대한민국의 인민은 종교, 언론, 저작, 출판, 결사, 집회, 신서(信書), 주소, 이전, 신체 및 소유의 자유를 향유한다.

제5조 대한민국의 인민으로 공민(公民) 자격이 있는 사람은 선거권 및 피선거권을 가진다.
제6조 대한민국의 인민은 교육, 납세 및 병역의 의무를 가진다.
제7조 대한민국은 신(神)의 의사에 의하여 건국한 정신을 세계에 발휘하며 나아가 인류의 문화 및 평화에 공헌하기 위하여 국제 연맹에 가입한다.
제8조 대한민국의 구황실을 우대한다.
제9조 생명형 신체형 및 공창제를 모두 폐지한다.
제10조 임시 정부는 국토 회복 후 만 1년 내에 국회를 소집한다.   대한민국 원년(1919) 4월

■ 북경군사통일회의 국민 대표 회의 소집 요구
북경군사통일회는 1921년 북경에서 독립운동 군사 조직의 대표자들이 모여 '통일된 군사 조직'을 논의하였던 모임이며, 박용만·신채호 등이 제기하였다. 북경군사통일회는 반임시 정부 노선을 견지하며, 국민 대표 회의를 소집하여 군사 기관 문제를 해결하기로 결의하였다.

■ 임시 정부의 노선

구분	주장
창조파	• 임시 정부 해체, 새 정부 조직 • 신채호, 문창범 등
개조파	• 임시 정부 개편, 실력 양성과 외교 강조 • 안창호 등
현상 유지파	• 임시 정부 유지 • 김구, 이동녕 등

② 1923년에 임시 정부의 방향성을 논의하기 위해 국민 대표 회의를 진행하였다. 여기에서 임시 정부를 해체하고 새로운 정부를 조직해야 한다는 창조파, 임시 정부를 그대로 유지하면서 실정에 알맞게 보완해야 한다는 개조파의 주장이 대립하였다.
③ 창조파가 개조안을 부결 처리하자 개조파가 회의를 전면 거부하면서 회의는 결렬되었다. 결국 창조파와 개조파에서 이탈 세력이 많아지면서 임시 정부 세력은 약화되었다.
④ 임시 정부는 이승만을 탄핵하고, 박은식을 제2대 임시 대통령으로 추대하여 개헌을 추진하였다(제2차 개헌).

심화 국민 대표 회의 선언(1923. 2. 20.)

본 국민 대표 회의는 이천만 민중의 공정한 뜻에 바탕을 둔 국민적 대화합으로 최고의 권위를 가지고 국민의 완전한 통일을 공고케 하며 광복 대업의 근본 방침을 수립하여 우리 민족의 자유를 회복하며 독립을 완성하고자 하여 이로써 우리 민족의 자유를 만회하며 독립을 완성하기를 기도하고 이에 선언하노라. …(중략)… 본 대표 등은 국민이 위탁한 사명을 받들어 국민적 대단결에 힘쓰며, 독립운동이 나아갈 방향을 확립하여 통일적 기관 아래서 대업을 완성하고자 한다.

◎ 헌정의 변천: 헌정 체제는 5차에 걸친 개헌을 통하여 주석·부주석 체제로 개편

구분	시기	체제
제1차 개헌	1919	대통령 중심제(대통령 지도제)와 내각책임제 절충
제2차 개헌	1925	국무령 중심제(내각 책임제)
제3차 개헌	1927	국무 위원 중심제(집단 지도 체제)
제4차 개헌	1940	주석 중심제
제5차 개헌	1944	주석·부주석 체제

(3) 임시 정부의 활동

① 역할: 초기의 임시 정부는 온갖 어려움에도 불구하고 국내외의 민족 독립운동을 좀 더 조직적이고 효과적으로 추진하는 중추 기관의 임무를 담당하였다. 그리고 우리 민족에게 끊임없이 조국 독립의 희망을 불어넣어 주었으며 국가 건설의 방략을 제시하였다.
② 조직
  ㉠ 비밀 행정 조직망: 임시 정부의 **연통제(聯通制)**와 **교통국(交通局)**은 국내외를 연결하는 비밀 행정 조직망으로서, 군자금 모금과 정보 수집에 기여하였다.
    • 연통제: 임시 정부의 지방 행정 기관으로 국내의 각 도·군·면에 독판·군감·면감을 두어 정부 문서와 명령 전달, 군자금의 송부, 정보 보고 등의 업무를 담당하였다.
    • 교통국: 통신 기관으로서, 정보의 수집·분석·교환·연락의 업무를 관장하였다.
  ㉡ 조직의 정비: 1921년 국내의 연통제는 일제에 적발되었다.

③ 활동
　㉠ 군자금의 조달
　　• 임시 정부의 활동에는 막대한 군자금이 필요하였다. 군자금은 독립 공채(獨立公債)를 발행하고 국민의 의연금(義捐金)을 받아 마련하였다. 국내외에서 수합된 자금은 연통제나 교통국의 조직망에 의해 임시 정부에 전달되었으며, 만주의 이륭 양행이나 부산의 백산 상회를 통하여 전달되기도 하였다.
　　• 이와 같이 마련된 자금은 임시 정부의 활동비로 사용되었을 뿐만 아니라, 각지에서 활동하고 있던 독립운동가에게 전달되어 그들의 사기를 북돋워 주었다.
　㉡ 외교 활동
　　• 임시 정부는 외교 활동에도 많은 힘을 쏟았다. 파리 강화 회의에 김규식을 대표로 파견하여 독립을 주장하게 하였고, 미국에 구미 위원부를 두어 이승만을 중심으로 적극적인 외교 활동을 전개하도록 함으로써 한국의 독립 문제를 국제 여론화하는 데 노력하였다.
　　• 국제 연맹과 워싱턴 회의에 우리 민족의 독립 열망을 전달하게 하였다.
　㉢ 문화 활동: 임시 정부는 기관지로 〈독립신문〉을 간행·배포하고, 사료 편찬소를 두어 『한·일 관계 사료집』을 간행함으로써, 안으로는 민족의 독립 의식을 고취시키고 밖으로는 한국의 자주성과 민족 문화의 우월성을 인식시켰다.
　㉣ 군사 활동
　　• 육군 무관 학교의 설립: 임시 정부는 상하이에 육군 무관 학교를 설립하여 독립 전쟁을 수행할 초급 지휘관 양성에 노력하였다.
　　• 한인비행학교 설립(1920): 노백린 등은 미국 캘리포니아에 독립군 비행사를 양성하기 위해 한인비행학교를 설립하였다.
　　• 임시 정부 직할 군대 개편: 만주에서 활동하고 있는 무장 독립군을 임시 정부 직할의 군대로 개편하였다. 그리하여 광복군 사령부·광복군 총영·육군 주만 참의부 등이 결성되었다.
　　• 한국광복군의 창설: 임시 정부가 직접 무장 부대를 편성하여 항전을 주도적으로 전개한 것은 한국광복군이 창설된 이후였다.
　　• 한계: 임시 정부 수립 직후 각종 군사에 관한 법령을 제정하여 군사 활동을 전개하고자 하였으나, 중국 영토 내에서 직접 군사 활동을 하는 데에는 많은 제약과 한계가 있었다.
　㉤ 정부의 이동: 상하이에서 출범한 임시 정부는 1932년 4월 윤봉길의 의거로 일제의 반격을 받아 상하이를 떠나 1940년 중경(충칭)에 안착하였다.

▲ 임시 정부의 위치

단권화 MEMO

■ 이륭 양행(怡隆洋行)
아일랜드계 영국인 조지 루이스 쇼가 1919년 5월 중국 단동에 설립한 무역 선박 회사로서, 비밀리에 대한민국 임시 정부의 군자금을 조달하였다.

■ 백산 상회
1914년 안희제 등이 부산에 설립한 회사이며, 임시 정부에 막대한 경비를 조달해 주었다. 그러나 재정난과 일제의 감시로 인해 결국 1927년 폐업하였다.

ⓑ 지도 이념
- 1941년 11월 발표된 「대한민국 건국 강령」에서 임시 정부의 지도 이념으로 확정된 조소앙의 삼균주의는 임시 정부의 기초 정당인 한국 독립당(1940. 5.)의 정강이자, 한국광복군(1940. 9.)의 강령이 되었다.
- 삼균주의에서는 정치, 경제, 교육의 균등(균권, 균부, 균학)을 통하여 보통 선거, 주요 재산의 국유화, 국비 의무 교육 실행을 강조하였다.

심화 충칭 임시 정부와 한국 독립당

1930년대 중반 이후 민족주의 세력은 크게 3당으로 나누어 있었다. 김구(金九)의 한국 국민당, 조소앙·홍진 등이 주도하고 있던 한국 독립당(재건), 지청천·최동오 등 만주 지역에서 활동하던 인사들이 중심을 이룬 조선 혁명당이 그것이다. 이들 3당은 1937년 8월 임시 정부를 옹호·유지한다는 전제하에 한국 광복 운동 단체 연합회를 결성하여 연합을 이루고 있었지만, 각기 독자적인 조직과 세력을 유지하며 활동하고 있었다. 당시 임시 정부는 이들 3당의 통합을 추진하였다. 그 결과 1940년 5월 8일 한국 독립당 창당 대회를 개최하고, 한국 국민당·한국 독립당·조선 혁명당 3당의 과거 조직을 공동 해소하였다(한국 독립당의 창당).

바로 확인문제

● ㉠에 대한 설명으로 옳은 것은? 19. 국가직 7급

> 민국 23년에 채택한 [㉠]에는 언론과 종교의 자유를 보장하며, 무상 교육을 시행하겠다는 내용이 담겨 있다. …(중략)… 현재 우리의 급무는 연합군과 같이 일본을 패배시키고 다른 추축국을 물리치는 데에 있다. 우리는 독립과 우리가 원하는 정부, 국가를 원한다. 이를 위해 [㉠]의 정신을 바탕으로 독립된 나라를 건설해 나가야 한다. 〈신한민보〉

① 보통 선거 실시를 주장하였다.
② 조선 건국 동맹에서 발표하였다.
③ 파괴와 폭동 등에 의한 민중의 직접 혁명을 강조하였다.
④ 남북 제정당 사회단체 대표자 회의의 소집을 요구하였다.

● 1940년대 대한민국 임시 정부에 대한 설명으로 옳은 것만을 모두 고르면? 18. 국가직 7급

> ㄱ. 의열 활동을 위해 한인 애국단을 결성하였다.
> ㄴ. 삼균주의를 바탕으로 한 건국 강령을 발표하였다.
> ㄷ. 대일 선전 포고를 하고 연합군과 합동 작전을 전개하였다.
> ㄹ. 정부의 형태가 대통령제에서 국무령 중심의 의원 내각제로 바뀌었다.

① ㄱ, ㄴ ② ㄱ, ㄹ ③ ㄴ, ㄷ ④ ㄷ, ㄹ

5 국내 항일 운동

심화

❶ 1920년대 민족주의와 사회주의에서의 민족 운동

1920. 4.	조선 노동 공제회 창립	1925. 4.	조선 공산당 창립
1923. 1.	조선 물산 장려회 창립	1926. 6.	6·10 만세 운동
1923. 3.	조선 민립대학 기성회 총회	1927	신간회 창립(2월), 근우회 창립(5월)
1924. 4.	조선 청년 총동맹 발족	1929. 11.	광주 학생 항일 운동

❷ 민족주의 계열의 분화(1920년대 중반)

민족 개량주의자 (타협적 민족주의자)	• 이광수, 최린 등 • 일제의 식민 지배 인정, 자치 운동 전개, 기회주의자로 비판됨
비타협적 민족주의자	• 이상재, 안재홍 등 • 즉각적인 독립 추구, 사회주의자들과 연대 모색

❸ 자치 운동

일제가 이른바 문화 통치 시기에 민족 운동 세력을 분열시키려는 의도에서 유도한 것으로서, 절대 독립·독립 전쟁 대신 일제의 지배를 인정하는 범위 내에서 자치를 주장한 운동이다. **이광수는 「민족 개조론(民族改造論)」과 「민족적 경륜(民族的經綸)」을 발표하여 자치론을 뒷받침하였다.**

(1) 국내 무장 항일 투쟁

3·1 운동 이후 무장 항일 투쟁은 주로 만주와 연해주를 중심으로 전개되었으나, 국내에서도 독립군 부대가 결성되어 일본 군경과 치열한 전투를 전개하였다.

① 평북 동암산을 근거지로 한 **보합단**, 평북 천마산을 근거지로 한 **천마산대**, 황해도 구월산의 **구월산대** 등이 대표적인 무장 단체였다.

② 이들은 만주의 독립군과 긴밀한 연락을 취하면서 일제의 식민 통치 기관 파괴, 일본 군경과의 교전, 친일파 처단, 군자금 모금 등의 무장 항일 투쟁을 벌였다.

(2) 6·10 만세 운동(1926)

① 배경

㉠ 1920년대에 이르러 민족주의계와 사회주의계의 대립 속에서, 독립운동은 진로 모색에 어려움을 겪었다.

㉡ 3·1 운동 이후 학생들은 일제의 감시와 탄압 속에서도 민중 계몽 활동과 일제의 차별 교육에 반대하는 활동을 전개하였다.

㉢ 그들은 주로 비밀 결사를 조직하여 개별적인 활동을 전개하였으나, 6·10 만세 운동이나 광주 학생 항일 운동과 같은 대규모의 조직적인 운동도 일으켰다.

㉣ 밑바탕에는 일제의 수탈 정책과 식민지 교육에 대한 반발이 깔려 있었다.

② 경과

㉠ 학생들은 대한 제국의 마지막 황제인 순종의 인산일을 기하여 격문을 배포하고 독립 만세를 외침으로써 대규모 군중 시위운동을 전개하였다.

㉡ 6·10 만세 운동은 3·1 운동에서 이미 중추적 역할을 하였던 학생들을 중심으로 우리 민족이 다시금 전개한 독립운동이었다.

■ **천마산대**

1919년 3·1 운동 이후 최시흥을 대장으로 한말의 군인들이 조직한 독립 운동 단체이다. 500여 명의 단원이 평북 천마산을 근거로 유격전을 벌였다. 1920년 일본 경찰의 공격을 피하여 만주로 건너가 독립군에 편입되었다.

▲ 6·10 만세 운동
일본 경찰이 만세 시위를 벌이려는 군중을 진압하고 있다.

③ 추진 세력 : 전문학교와 고등 보통학교의 학생, 사회주의 세력과 연계한 천도교 계열로 각각 추진되었다. 그러나 사회주의 세력과 천도교 계열이 준비한 계획은 사전에 발각되었다.

④ 결과 : 일제의 수탈과 식민지 교육에 대한 반발로 일어난 만세 운동은 이후 각급 학교로 확산되었으며, 이로 인하여 수많은 학생들이 체포·투옥되었다.

⑤ 의의 : 청년 학생들에게 민족 자주 의식을 불러일으켰고, 스스로가 민족 독립 투쟁의 중요한 존재임을 자각하게 하였다.

사료 6·10 만세 운동 때의 격문

조선 민중아!
우리의 철천지원수는 자본·제국주의 일본이다.
이천만 동포야! 죽음을 각오하고 싸우자!
만세 만세 조선 독립 만세.

■ **광주 학생 항일 운동**

1929년 광주로 가는 통학 열차 안에서 일본 남학생이 조선 여학생을 희롱한 일을 계기로 일어났다. 당시 광주 학생들의 비밀 조직이었던 독서회(성진회가 확대 개편된 조직)가 주도하여 동맹 휴학이 시작되었고, 전국적으로 확대되었다.

(3) 광주 학생 항일 운동(1929)

① 배경

㉠ 청년·학생들의 자각 : 3·1 운동 이후 활발하게 전개된 각종 민족 운동과 국내외의 항일 투쟁은 청년 학생들에게 민족 자주 의식을 불러일으켰고, 스스로가 민족 독립 투쟁의 중요한 존재임을 자각하게 하였다.

㉡ 식민지 교육에 대한 항거 : 6·10 만세 운동 직후부터 전국 각지의 각급 학교에는 크고 작은 항일 결사가 조직되어 식민지 교육에 항거하는 동맹 휴학 등의 방법으로 항일 투쟁을 전개하였다. 더욱이 민족 유일당 운동으로 조직된 신간회의 활동은 국민들의 자각을 높여 주었다.

② 전개

㉠ 발단 : 6·10 만세 운동 이후 항일 결사를 조직하여 투쟁을 전개하던 학생들은 광주에서 발생한 한·일 학생 간의 충돌 사건을 일본 경찰이 편파적으로 처리하자 일제히 궐기하였다.

㉡ 경과 : 학생들의 투쟁에 일반 국민들이 가세하여 전국적인 규모의 항일 투쟁으로 확대되었고, 만주 지역의 민족 학교 학생들과 일본 유학생들까지 궐기하였다. 단순한 동맹 휴학에 그치지 않고 적극적인 가두시위 형태로 전개하였다. 식민지 교육 제도의 철폐와 조선인 본위의 교육 제도 확립을 주장하였다.

㉢ 신간회에서는 광주 학생 항일 운동에 김병로를 대표로 진상 조사단을 파견하였다.

③ 의의 : 광주 학생 항일 운동은 약 5개월 동안 전국의 194개의 각급 학교 학생 5만 4천여 명이 참여함으로써 3·1 운동 이후 최대의 민족 운동으로 발전하였다.

사료 광주 학생 항일 운동 때의 격문

학생, 대중이여 궐기하라!
검거된 학생은 우리 손으로 탈환하자.
언론·결사·집회·출판의 자유를 획득하라.
식민지 교육 제도를 철폐하라.
조선인 본위의 교육 제도를 확립하라.
용감한 학생, 대중이여!
최후까지 우리의 슬로건을 지지하라.
그리고 궐기하라.
전사여, 힘차게 싸워라.

▲ 광주 학생 항일 운동 기념탑

1953년 10월 20일 국회에서, 광주 학생 항일 운동(1929)이 시작된 날짜인 11월 3일을 '학생의 날'로 지정하는 결의안을 의결하였다. 이에 따라 매년 정부가 '학생의 날'을 기념하여 왔으나, 유신 직후인 1973년 3월 30일 폐지되었다. 이후 1984년 9월 22일 국가 기념일로서 '학생의 날'이 다시 부활되었고, 2006년 학생 독립운동 기념일로 변경되어 현재에 이르고 있다.

바로 확인문제

● 다음 독립운동과 관련된 설명으로 가장 적절하지 <u>않은</u> 것은?　　11. 정보통신 경찰

> ㉠ 3·1 운동
> ㉡ 6·10 만세 운동
> ㉢ 광주 학생 항일 운동

① ㉠은 비폭력적 시위에서 무력적인 저항 운동으로 확대되어 갔다.
② ㉡은 일제의 수탈 정책과 식민지 교육에 대한 반발로 발생하였다.
③ ㉢은 3·1 운동 이후 최대의 민족 운동으로 신간회 설립에 영향을 주었다.
④ ㉠으로 인해 일제는 식민 통치 방식을 무단 통치에서 문화 통치로 바꾸었다.

6 항일 독립 전쟁의 전개*

(1) 애국지사들의 항일 의거

① 의열단: 의열단은 1919년 김원봉, 윤세주 등이 조직한 독립운동 단체이다. 공약 10조, 5파괴, 7가살(可殺)을 행동 강령으로 채택하였다.

㉠ 「조선 혁명 선언」(1923): 신채호가 의열단 선언문으로 작성하였다.
- 신채호는 일본을 조선의 국호와 정권, 생존권을 박탈해 간 '강도'로 규정하고, 강도를 물리치기 위해 폭력(파괴) 혁명은 정당하다고 천명하였다.
- 자치론, 참정권론, 내정 독립론, 문화 운동 등을 비판하고 이승만의 외교론, 안창호의 실력 양성론 등을 부정하였다.

㉡ 의거 활동
- 부산 경찰서 폭파 의거(1920. 9., 박재혁)
- 밀양 경찰서 폭파 의거(1920. 12., 최수봉)
- **조선 총독부 폭파 의거(1921, 김익상)**
- 상하이 일본군 대장 다나카 저격 기도(1922, 오성륜·김익상 등의 황포탄 의거)
- 종로 경찰서 폭파 의거(1923, 김상옥)
- 일본 동경 궁성 이중교(니쥬바시) 폭파 의거(1924, 김지섭)
- 동양 척식 주식회사, 조선 식산 은행 폭파 의거(1926, 나석주)

㉢ 의열단 세력은 개별적 의열 활동의 한계를 인식하고, 간부 양성(조선 혁명 간부 학교 설립), 정당 조직(민족 혁명당) 등으로 방향을 전환하였다.

단권화 MEMO

|정답해설| 광주 학생 항일 운동은 1929년에 일어났으며, 민족 유일당 단체인 신간회는 1927년 창립되었다.
|정답| ③

＊**항일 독립 전쟁의 전개**
의열단과 한인 애국단의 활동은 구체적 의거와 연결해서 기억해야 한다.

■ **의열단의 파괴 대상**
의열단의 파괴 대상은 총독부, 동양 척식 주식회사, 매일신보사, 경찰서 등 왜적 중요 기관이었으며, 조선 총독 이하 고관, 일본 군부 수뇌, 대만 총독, 매국노, 친일파 거두, 밀정(적탐), 반민족적 토호 등이 살해 대상이었다.

■ **의열단**
"그들의 생활은 밝음과 어두움이 기묘하게 혼합된 것이다. 언제나 죽음을 눈앞에 두고 있었으므로 살아 있는 동안이라도 마음껏 즐기려 하였던 것이다. 그들은 놀라울 정도로 멋진 친구들이었다. …… 사진 찍기를 아주 좋아하였으며, 언제나 이번이 죽기 전에 마지막으로 찍는 것이라 생각하였다."
님 웨일즈(Wales, N), 「아리랑」

■ **애국지사들의 의거 활동**
항일 무장 투쟁을 전개하는 과정에서 의거를 일으켜 민족의 독립 의지를 고취하고 일제의 침략을 저지하려 한 사람들이 있었다. 이들은 개별적으로 활동하거나 김구가 조직한 한인 애국단과 김원봉이 조직한 의열단과 같은 단체에 가담하여 활동하기도 하였다. 일찍이 한국 침략의 원흉인 이토 히로부미를 살해한 안중근을 비롯하여 이봉창·윤봉길·강우규·김상옥·김익상·나석주 등의 활동이 특히 두드러졌다.

사료 「조선 혁명 선언」

강도(強盜) 일본이 우리의 국호를 없이 하며 우리의 정권을 빼앗으며 우리 생존의 필요조건을 다 박탈하였다. …(중략)… 이상의 사실에 의거하여 우리는 일본 강도 정치, 곧 이족(異族) 통치가 우리 조선 민족 생존의 적(敵)임을 선언하는 동시에, 우리는 혁명 수단으로 우리 생존의 적인 강도 일본을 살벌(殺伐)함이 곧 우리의 정당(正當)한 수단임을 선언하노라. …(중략)… 혁명(革命)의 길은 파괴(破壞)부터 개척(開拓)할지니라. 그러나 파괴만 하려고 파괴하는 것이 아니라 건설하려고 파괴하는 것이니, 만일 건설할 줄을 모르면 파괴할 줄도 모를지며, 파괴할 줄을 모르면 건설할 줄도 모를지니라. 건설과 파괴가 다만 형식상에서 보아 구별될 뿐이요, 정신상에서는 파괴가 곧 건설이니 이를테면 우리가 일본 세력을 파괴하려는 것이 제1은, 이족 통치(異族統治)를 파괴하고자 함이다. 왜? '조선'이란 그 위에 '일본'이란 이민족(異民族) 그것이 전제(專制)하여 있으니, 이족 전제(異族專制)의 밑에 있는 조선은 고유적 조선(固有的朝鮮)이 아니니, 고유적 조선을 발견하기 위하여 이족 통치를 파괴(破壞)함이니라. …(후략)…

신채호, 1923. 1.

② 한인 애국단
   ○ 조직 : 1931년 상하이에서 김구가 조직하였다.
   ○ 활동
     • 이봉창 의거(1932. 1.) : 일본 국왕 폭살 기도 사건은 수류탄이 불발이 되어 실패하였으나, 중국 언론이 "일본 국왕이 불행히도 명중되지 않았다(日皇不幸不中)."라고 표현하자, 이에 분격한 일본이 상하이를 공격하였다(상하이 사변).
     • 윤봉길 의거(1932. 4.) : 일제가 상하이 홍커우 공원에서 전승 축하식을 거행하자 윤봉길은 식장에 폭탄을 던져 단상에 있던 시라카와 대장을 비롯하여 많은 고관들을 살상하였고, 식장을 아수라장으로 만들었다. 중국의 장제스는 윤봉길의 의거를 두고 "중국의 100만 대군도 해내지 못한 일을 한국 용사가 단행하였다."라고 높이 평가하였다.
③ 기타 : 강우규(노인단 소속), 조명하, 백정기, 양근환의 의거가 있었다.

애국 지사	활동 내용
강우규	사이토 총독 투탄 → 실패, 처형
조명하	타이중 의거 : 일본 국왕 장인 폭사
백정기	상하이에서 주중 일본 공사를 사살하려다 실패
양근환	일본에서 친일파 민원식 사살

사료 한인 애국단

나는 적성(참된 정성)으로써 조국의 독립과 자유를 회복하기 위해 한인 애국단의 일원이 되어 적국과의 수괴(首魁)를 도륙하기로 맹서하나이다.

대한민국 13년 12월 한인 애국단, 이봉창

심화 여성 독립운동가

• **박차정** : 김원봉의 부인으로 1938년 조선 의용대 부녀 복무단장으로 무장 투쟁을 전개하였다.

• **박자혜** : 궁녀 출신인 그녀는 일제 강점기 이후 궁궐에서 나와 근대 교육을 받고 총독부 의원의 간호사가 되었다. 이후 3·1 운동으로 부상자들이 속출하였을 때 이들을 간호한 것이 계기가 되어, 간호사들의 독립운동 단체인 '간우회'를 설립하여 만세 운동에 참가하였다. 이후 중국으로 망명하여, 신채호를 만나 결혼하였고 그의 독립운동을 후방에서 지원하였다. 특히 나석주 의사의 폭탄 투탄 사건 때에는 서울 지리에 익숙하지 않았던 나석주를 돌보고 안내하는 등 의열단 활동을 후방에서 지원하는 역할을 수행하였다.

• **남자현** : 1932년 국제 연맹 리튼 조사단이 하얼빈에 오자 흰 수건에 '조선 독립원(朝鮮獨立願)'이라는 혈서를 써서 조사단에 보내 우리의 독립을 호소하였다.

• **김마리아** : 1919년 2·8 독립운동에 가담하였으며, 대한민국 애국 부인회, 근화회 등에서 활동하였다.

• **윤희순** : 「안사람 의병가」, 「병정의 노래」 등의 의병가를 지어 의병의 사기를 진작시키고 직·간접으로 춘천 의병 활동을 적극 후원하였다.

● 다음 선언문을 강령으로 하였던 단체의 활동으로 옳지 않은 것은?   16. 국가직 9급

> 우리는 일본 강도 정치, 즉 이족 통치가 우리 조선 민족 생존의 적임을 선언하는 동시에, 우리는 혁명 수단으로 우리 생존의 적인 강도 일본을 살벌함이 곧 우리의 정당한 수단임을 선언하노라.

① 민족 혁명당 창당에 가담하였다.
② 경성 부민관에 폭탄을 투척하였다.
③ 일본 제국 의회와 황궁을 공격할 계획을 세웠다.
④ 임시 정부 요인과 제휴한 투탄 계획을 추진하였다.

|정답해설| 제시된 사료는 의열단의 강령인 「조선 혁명 선언」(신채호 작성, 1923) 중 일부이다. ② 경성 부민관 의거는 1945년 7월 부민관에서 대의당이 개최한 아세아 민족 분격 대회 때 조문기 등 애국 의사들이 폭탄을 설치하여 일제 고위 간부와 민족 반역자들의 제거를 기도한 사건이다.

|정답| ②

● 밑줄 친 '이 단체'에 대한 설명으로 옳은 것은?   한국사능력검정시험 고급

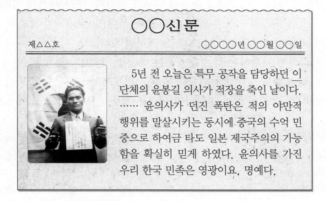

> ○○신문
>
> 제△△호   ○○○○년 ○○월 ○○일
>
> 5년 전 오늘은 특무 공작을 담당하던 이 단체의 윤봉길 의사가 적장을 죽인 날이다. …… 윤의사가 던진 폭탄은 적의 야만적 행위를 말살시키는 동시에 중국의 수억 민중으로 하여금 타도 일본 제국주의의 가능함을 확실히 믿게 하였다. 윤의사를 가진 우리 한국 민족은 영광이요, 명예다.

① 「조선 혁명 선언」을 지침으로 활약하였다.
② 도쿄에서 일어난 이봉창의 의거를 계획하였다.
③ 복벽주의를 내세우며 의병 전쟁을 준비하였다.
④ 신흥 무관 학교를 세워 무장 투쟁을 준비하였다.
⑤ 조선 혁명 간부 학교를 설립하여 군사 훈련을 하였다.

|정답해설| 윤봉길은 한인 애국단 소속이었다. ② 이봉창도 한인 애국단 단원으로서 일왕에게 폭탄을 던졌으나 실패하였다.

|오답해설|
① 의열단은 1919년 김원봉을 중심으로 조직되었고, 「조선 혁명 선언」(신채호 작성, 1923)을 활동 지침으로 삼았다.
③ 임병찬은 고종의 밀명을 받아 1912년 국내에서 독립 의군부를 조직하였다.
④ 서간도 지역에서는 신흥 무관 학교가 설립되어 독립군 간부를 양성하였다.
⑤ 의열단은 개별 의열 활동에 한계를 느끼고, 조선 혁명 간부 학교를 설립하여 독립군 간부를 양성하였다.

|정답| ②

● ㉠ 조직에 대한 설명으로 옳은 것은?   18. 지방직 9급

> 1922년 3월, 중국 상하이에서 (㉠)이/가 일본 육군대장 타나카 기이치(田中義一)를 암살하고자 한 사건이 발생했다. 이때 체포된 독립운동가들은 일본 경찰에 인도되어 심문을 받게 되었는데, 그 심문 과정에서 (㉠)에 속한 김익상이 1921년 9월 조선 총독부 건물에 폭탄을 던진 의거의 당사자라는 사실이 밝혀졌다.

① 공화주의를 주창하는 내용의 대동단결 선언을 작성해 발표하였다.
② 이 조직에 속한 이봉창이 일왕이 탄 마차 행렬에 폭탄을 던졌다.
③ 일부 구성원을 황푸 군관 학교에 보내 군사 훈련을 받도록 하였다.
④ 새로 부임하는 사이토 조선 총독에게 폭탄을 투척하는 의거를 일으켰다.

|정답해설| 의열단 단원 김익상은 1921년 조선 총독부에 폭탄을 던졌고, 1922년에는 상하이에서 일본 육군대장 타나카 기이치를 암살하려고 하였다(황포탄 의거). 김원봉 등 의열단 일부 구성원은 1925년 황푸 군관 학교(중국 정부의 사관 학교)에 입교하여 군사 교육을 받았다.

|오답해설|
① '신한 혁명당' 인사들은 공화주의를 표방하는 대동단결 선언을 작성해 발표하였다.
② '한인 애국단' 소속 이봉창은 도쿄에서 일왕이 탄 마차 행렬에 폭탄을 던졌으나 실패하였다(1932).
④ '노인단' 소속 강우규는 3·1 운동 이후 새로 부임하는 사이토 총독에게 폭탄을 투척하는 의거를 일으켰다.

|정답| ③

■ 훈춘 사건
일제가 마적(馬賊)으로 하여금 훈춘을 습격하게 하고, 마적 토벌(馬賊討伐)을 구실로 훈춘의 조선인과 독립운동가들을 대량 학살한 사건이다. 독립군 연합 부대는 이 사건을 계기로 세 방향으로 진격해 온 일본군을 청산리에서 대파하였다.

■ 청산리 대첩의 전과
대한민국 임시 정부의 발표는 일본군 사망 1,254명, 박은식의 『한국 독립운동 지혈사』에서는 약 2,000명, 이 전투에 참전하였던 이범석의 『우등불』에서는 사상자를 3,300명이라 기록하고 있다.

(2) 간도·연해주에서의 항일 운동＊

① 배경 : 3·1 운동을 계기로 민족 지도자들은 비폭력 항일 운동의 방식을 지양하고 조직적인 무장 독립 전쟁을 전개하였다. 1920년대에 들어와서는 만주와 연해주 일대에서 30여 개의 독립군 부대가 조직되어 활동하였다.

② 전개 : 압록강과 두만강을 건너 국내의 일제 식민지 통치 기관을 습격하여 파괴하고 일본 군경과 치열한 전투를 전개하였다. 이 밖에도 독립군은 군자금 모금, 밀정 처단, 친일파 숙청 등의 활동을 벌이기도 하였다.

   ㉠ 봉오동 전투(1920. 6.) : 홍범도가 이끈 **대한 독립군**은 최진동의 군무 도독부군, 안무의 국민회군과 연합하여 **봉오동**을 기습해 온 일본군 1개 대대 병력을 포위·공격하여 대승리를 거두었다.

   ㉡ 청산리 대첩(1920. 10.)

     • 일본군은 얕보던 독립군에게 뜻밖에 참패를 당하자, 훈춘 사건을 빌미로 한반도에 주둔하고 있던 부대와 관동 지방에 주둔 중인 부대 및 시베리아에 출병 중인 부대를 동원하여 세 방향에서 독립군을 포위·공격하여 왔다.

     • 당시 김좌진이 지휘하는 북로 군정서는 백운평, 천수평, 맹개골, 만기구 전투에서 승리하였고, 홍범도의 대한 독립군은 완루구 전투에서 일본군을 격퇴하였다. 특히 **북로 군정서, 대한 독립군** 등이 연합하여 어랑촌 전투, 천보산 전투 등에서 승리하였다.

사료 청산리 대첩

❶ 교전은 아침부터 저녁까지 계속되었다. 굶주림! 그러나 이를 의식할 시간도, 먹을 시간도 없었다. 마을 아낙네들이 치마폭에 밥을 싸 가지고 빗발치는 총알 사이로 산에 올라와 한 덩이, 두 덩이 동지들 입에 넣어 주었다. …(중략)… 얼마나 성스러운 사랑이며, 고귀한 선물이랴! 그 사랑 갚으리. 우리의 뜨거운 피로! 기어코 보답하리, 이 목숨 다하도록! 우리는 이 산과 저 산으로 모든 것을 잊은 채 뛰고 달렸다.

이범석, 『우등불』

❷ 청산리 대첩 당시의 군가
하늘은 미워한다. 배달족의 자유를 억탈하는 왜적들을 삼천리 강산에 열혈이 끓어 분연히 일어나는 우리 독립군.
백두의 찬 바람은 불어 거칠고 압록강 얼음 위에 은월이 밝아 고국에서 불어오는 피비린 바람 갚고야 말 것이다.
골수에 맺힌 한을.
하느님 저희들 이후에도 천만대 후손의 행복을 위해 이 한 몸 깨끗이 바치겠으니 빛나는 전사를 하게 하소서.

▲ 북로 군정서군
청산리 대첩 승리 후 찍은 기념 사진이다.

(3) 독립 전쟁의 시련

독립군의 거듭된 승리로 사기가 충천해 있던 만주의 한민족에 대해 일본군은 한인촌에 대한 대량 학살과 방화·약탈·파괴를 자행하였다.

① **간도 참변**(1920. 10.)
  ㉠ 일제는 독립군의 항전을 자기들의 식민 통치에 대한 위협이라 판단하고, 이 기회에 만주에 있는 한국 독립운동의 근거지를 소탕하기로 하였다.
  ㉡ 이에 일제는 독립군은 물론 만주에 사는 한국인을 무차별 학살하고 마을을 초토화시키는 간도 참변을 일으켰다.

② **자유시 참변**(1921. 6.)
  ㉠ 독립군의 이동
    • 독립군은 한때 각지로 분산하여 대오를 정비하였고, 그중 4,000여 명 규모의 주력 부대는 소·만 국경에 위치한 밀산부에 집결하였다.
    • 그곳에서 서일을 총재로 하는 대한 독립 군단을 조직한 후, 일본군의 추격을 피하여 연해주를 거쳐 자유시로 이동하였다.
  ㉡ 자유시 참변
    • 시베리아에 출병한 일본군이 백군을 지원하고 있었기 때문에 소련 영내의 자유시로 이동한 독립군은 적색군과 백군(러시아군)의 내전에서 적색군(적군)을 도왔다.
    • 승리한 적군이 독립군의 무장을 강제로 해제하려 하자, 이에 저항하던 독립군은 무수한 사상자를 내고 큰 타격을 받았다.

▲ 1920년대 무장 독립운동

▲ 3부의 성립

■ **간도 참변**(1920)

독립군에 패한 일본군은 간도 일대에서 동포 1만여 명을 학살하고, 민가 2,500여 채와 학교 30여 채를 불태우는 만행을 저질렀다. 간도 지방에서 일본군에 의하여 학살된 한국인은 훈춘현에서 242명, 연길현에서 1,124명, 화룡현에서 572명, 왕청현에서 347명, 영안현에서 17명, 그 밖의 현에서 804명이나 되었다.

■ **1920년대 무장 독립 운동의 전개**

봉오동 전투(1920. 6.)
↓
청산리 전투(1920. 10.)
↓
간도 참변(1920. 10.)
↓
대한 독립 군단 성립(1920. 12.)
↓
자유시 참변(1921. 6.)
↓
3부 성립(1923 ~ 1925)
↓
미쓰야 협정(1925. 6.)
↓
3부 통합 운동(1928 ~ 1929)

● **(가), (나) 인물에 대한 설명으로 옳은 것은?** 한국사능력검정시험 중급 29회

① (가) – 의열단을 조직하였다.
② (가) – 이토 히로부미를 처단하였다.
③ (나) – 미국인 스티븐스를 사살하였다.
④ (나) – 조선 총독부에 폭탄을 투척하였다.
⑤ (가), (나) – 청산리 전투를 승리로 이끌었다.

● **(가), (나) 사이의 시기에 있었던 사실로 옳은 것은?** 한국사능력검정시험 고급

> (가) 독립군은 일본군의 맹공을 피하고, 전열을 정비하기 위해 러시아 스보보드니로 이동하였다. 그러나 이곳에서 서로 다른 계열의 독립군 사이에서 지휘권을 놓고 내분이 일어났다. 이때 러시아 적군(赤軍)은 독립군에게 무장 해제를 요구하였고, 이를 거부하는 독립군의 강제 해산 과정에서 수많은 독립군이 사망하거나 포로가 되었다.
> (나) 조선 총독부 경무국장 미쓰야와 중국 봉천성 경무처장 우진 사이에 독립군의 활동을 방해하기 위한 협정이 체결되었다. 그 내용은 만주 지역에서 활동하는 항일 한인 단체의 해산과 무기 몰수, 그리고 지도자 체포 및 인도 등이었다.

① 조선 혁명군이 영릉가에서 일본군에 승리하였다.
② 대한민국 임시 정부 직할 부대로 참의부가 결성되었다.
③ 조선 민족 전선 연맹 산하에 조선 의용대가 조직되었다.
④ 일본의 사주를 받은 마적단이 훈춘 일본 영사관을 불태웠다.
⑤ 북로 군정서군 등 연합 부대가 청산리 일대에서 일본군에 승리하였다.

(4) 독립군의 재정비

① 독립군의 통합 운동 추진 : 적색군의 배신으로 와해된 독립군은 이에 굴하지 않고 다시 만주로 탈출하여 조직을 재정비하면서 역량을 강화한 다음 각 단체의 통합 운동을 추진하였다.

② 독립군의 재편성 : 3부의 구성

참의부(1923)	압록강 건너에 설치된 임시 정부 직할부대(육군 주만 참의부)이며, 수십 차례의 국내 진공작전을 시행
정의부(1924)	길림(지린)과 봉천(선양)을 중심으로 하는 남만주 일대를 담당
신민부(1925)	북만주 일대에 소련 영토에서 되돌아온 독립군(대표적 인물 – 김좌진)을 중심으로 조직

③ 3부의 활동

  ㉠ 각각 민주적 민정 기관을 두고 입헌 정부 조직까지 갖추었으며, 독립군의 훈련과 작전을 맡는 군정 기관을 설치하였다.

  ㉡ 자체의 무장 독립군을 편성하여 국경을 넘나들며 일제와 치열한 전투를 벌였다.

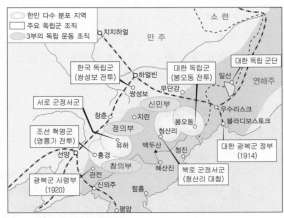

▲ 무장 독립군의 대일 항쟁

(5) 미쓰야 협정(1925. 6.)

① 독립군은 일제와 만주 군벌 사이에 독립군의 탄압을 위하여 맺어진 이른바 미쓰야 협정에 의해 다시금 큰 타격을 받았다.

② 협정은 일제와 만주 군벌이 공동으로 독립군을 소탕하고 체포된 독립군을 일본 측에 인도한다는 내용이었다.

> **사료** 미쓰야 협정 내용(1925. 6. 11.)
>
> 만주에 있는 한국 독립군을 근절시키기 위하여 중국의 봉천성 경무처장 우진과 조선 총독부 경무국장 미쓰야 사이에 맺어진 협정이다. 그 주요 내용은 다음과 같다.
>
> 1. 한국인의 무기 휴대와 한국 내 침입을 엄금하며, 위반자는 검거하여 일본 경찰에 인도한다.
> 2. 재만 한인 단체를 해산시키고 무장을 해제하며, 무기와 탄약을 몰수한다.
> 3. 일제가 지명하는 독립운동 지도자를 체포하여 일본 경찰에 인도한다.
> 4. 한국인 취체(取締)의 실황을 상호 통보한다.

3부 통합에서 가장 큰 문제는 개인 본위로 통합할 것인가(개인 자격으로 새로운 조직에 합류), 단체 본위로 통합할 것인가(기존 조직을 인정하고 조직과 조직을 통합할 것인가)의 문제였다. 결국 개인 본위의 통합을 주장한 사람들이 중심이 되어 혁신 의회를 구성하고, 단체 본위의 통합을 주장한 사람들을 중심으로 국민부가 결성되었다.

*1930년대의 독립 전쟁
1930년대 한·중 연합 작전에서 한국 독립군과 조선 혁명군의 주요 전투를 암기하자.

■ 만주 사변
1931년 일제가 남만주 철도 폭파 사건을 조작하고 이를 구실로 만주를 무력으로 점령한 사건이다. 이듬해 일제는 괴뢰국인 만주국을 세워 대륙 침략의 근거지로 삼았다.

(6) 3부의 통합 운동

민족 운동 전선의 통일을 위한 민족 유일당의 기치 아래 만주에서는 3부의 통합 운동이 추진되었는데, 완전한 통합은 이루지 못하였다.

① 혁신 의회(1928): 북만주의 독립운동 세력인 김좌진·지청천 등을 중심으로 혁신 의회로 통합되었다.

② 국민부(1929): 신민부 내의 민정부를 중심으로 통합되었다.

③ 한국 독립당(1930): 혁신 의회 계통은 김좌진 중심의 한족총연합회를 구성하였으나, 그가 암살된 이후 상해에서 홍진, 지청천, 조소앙 등을 중심으로 한국 독립당을 조직하였고, 산하에 한국 독립군을 결성하였다.

④ 조선 혁명당(1929): 국민부 계통은 현정경, 현익철 등을 중심으로 조선 혁명당과 조선 혁명군을 길림에서 결성하여 남만주 일대에서 활동하였다.

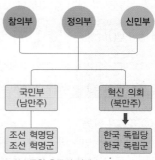

▲ 3부 통합 운동의 전개

(7) 1930년대의 독립 전쟁*

① 중국군과의 연합 작전

ㄱ 계기

• 일제가 1931년 만주 사변을 일으키고, 괴뢰 정권인 만주국을 수립한 이후 만주 일대를 장악함으로써, 이곳을 근거지로 활동하던 독립군은 더욱 큰 위협을 받게 되었다.

• 그럼에도 불구하고 우리 독립군은 온갖 어려움을 극복하며 항전을 계속하는 가운데, 중국군과 연합하여 항일전을 전개하여 많은 전투에서 승리하였다.

ㄴ 북만주에서 활동한 한국 독립군(1930)

• 지청천이 인솔하는 한국 독립군은 중국의 호로군과 한·중 연합군을 편성하고, 쌍성보 전투(1932), 경박호 전투(1932), 사도하자 전투(1933), 동경성 전투(1933)에서 일본군을 크게 격파하였다.

• 대전자령 전투(1933)에서는 4시간의 격전 끝에 승리하여 막대한 전리품을 획득하였다.

ㄷ 남만주에서 활동한 조선 혁명군(1929): 양세봉이 지휘하는 조선 혁명군도 중국 의용군과 연합하여 영릉가 전투(1932)와 흥경성 전투(1933)에서 일본군을 크게 격퇴하였다.

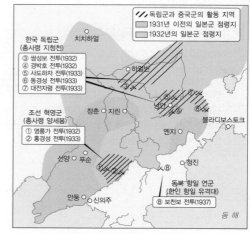

▲ 1930년대 만주 지역의 무장 독립 전쟁

사료 한·중 연합 작전

❶ 한국 독립군과 중국 호로군의 합의 내용(1931)

- 한·중 양군은 최악의 상황이 오는 경우에도 장기간 항전할 것을 맹세한다.
- 중동 철도를 경계선으로 하여 서부 전선은 중국이 맡고, 동부 전선은 한국이 맡는다.
- 전시의 후방 전투 훈련을 한국 장교가 맡고, 한국군에 필요한 군수품 등은 중국군이 공급한다.

『광복』, 제2권

❷ 조선 혁명군과 중국 의용군의 합의 내용(1932)

중국과 한국 양국의 군민(軍民)은 한마음 한뜻으로 일제에 대항하여 싸우고, 인력과 물자는 서로 나누어 쓰며, 합작의 원칙하에 국적에 관계없이 그 능력에 따라 항일 공작(抗日工作)을 나누어 맡는다.

『광복』, 제4권

② 독립군의 이동

ⓐ 1930년대 중반까지 계속된 한·중 연합 작전은 그 후 일본군의 대토벌 작전, 중국군의 사기 저하, 한·중 양군의 의견 대립으로 더 이상 계속되지 못하였다.

ⓑ 임시 정부가 직할 군단 편성을 위하여 만주에 있는 독립군의 이동을 요청하자, 대부분의 독립군은 중국 본토로 이동하여 한국광복군 창설에 참여하였다.

③ 조선 의용대(1938)

ⓐ 김원봉이 중심이 된 무장 단체로서, 중국 관내(본토)에서 창설된 최초의 부대이다.

ⓑ 조선 의용대는 중국 국민당의 지원을 받아 창설되었다.

ⓒ 조선 의용대 화북 지대는 중국 공산당군(팔로군)과 연합하여 호가장 전투(1941) 및 반소탕전 등에서 큰 전과를 올렸다. 이들은 1942년 창립된 조선 독립 동맹으로 편입되었다 (이후 조선 의용군으로 편성). 한편 김원봉 중심의 최고 지도부와 일부 병력은 한국광복군에 편입되었다(1942).

▲ 조선 의용대의 항일 북상 경로

지도 내 표기:
- 광복 이후 만주·한국 이동
- 1941. 7. 조선 의용대 화북 지대
- 1942. 5. 반소탕전
- 1942. 7. 조선 의용군으로 개편
- 1944. 3. 옌안으로 이동
- 1941. 12. 호가장 전투
- 1941. 3. 조선 의용대 집결 타이항산으로 이동
- 1940. 11. 항일 북상 결정
- 1938. 10. 조선 의용대 창설
- 베이징, 스자좡, 옌안, 타이항산, 뤄양, 라오허커우, 우한, 중국, 한국, 동해

바로 확인문제

● **다음 전투를 이끈 한국인 부대에 대한 설명으로 옳은 것은?**   19. 국가직 9급

> 아군은 사도하자에 주둔 병력을 증강시키면서 훈련에 여념이 없었다. 새벽에 적군은 황가둔에서 이도하 방면을 거쳐 사도하로 진격하여 왔다. 그런데 적군은 아군이 세운 작전대로 함정에 들어왔고, 이에 일제히 포문을 열어 급습함으로써 적군은 응전할 사이도 없이 격파되었다.

① 양세봉이 총사령관이었다.
② 미쓰야 협정이 체결되기 직전까지 활약하였다.
③ 한국 독립당의 산하 부대로 동경성 전투도 수행하였다.
④ 조선 민족 전선 연맹이 중국 국민당의 지원을 받아 창설하였다.

|정답해설| 사도하자 전투에서 승리한 부대는 지청천의 '한국 독립군'이다. 한국 독립군은 한국 독립당의 산하 부대로 쌍성보 전투, 경박호 전투, 대전자령 전투, 동경성 전투에서도 승리하였다.

|오답해설|
① 양세봉은 조선 혁명군 사령관이었다.
② 미쓰야 협정이 체결된 것은 1925년이며, 한국 독립군은 주로 1930년대 초에 활약하였다.
④ 조선 민족 전선 연맹의 김원봉은 중국 국민당의 지원을 받아 1938년 조선 의용대를 창설하였다.

|정답| ③

▲ 한국광복군

④ 한국광복군의 창설(1940)*

　㉠ 창설 : 대한민국 임시 정부의 김구와 지청천 등은 만주와 시베리아에서 항전하던 신흥 무관 학교 출신의 독립군과 중국 대륙에 산재하여 독립운동에 참여하던 무장 투쟁 세력을 모아 충칭(重慶)에서 한국광복군을 창설하였다.

　㉡ 조직 : 지청천을 총사령관, 이범석을 참모장으로 조직하였다.

　㉢ 군사력 증강 : 김원봉의 조선 의용대를 일부 통합하여 군사력을 증강하고, 중국 국민당 정부와의 적극적인 협력하에 연합군의 일원으로서 대일전에 참전하기 위해 노력하였다.

　㉣ 선전 포고 및 참전

　　• 태평양 전쟁을 계기로 일본에 선전 포고(1941)를 한 후 한영 군사 협정에 따라 영국군과 함께 인도와 미얀마 전선 등에 참전하였다(1943).

　　• 이들은 주로 암호 분석, 포로 심문, 통역 및 심리전 활동을 전개하였다.

　㉤ 국내 진입 작전 준비 : 중국에 주둔하고 있던 미국과 협조하여, 1945년 9월에 실행하려고 국내 진입 작전을 준비하였으나, 일제의 패망으로 실현하지는 못하였다.

사료　한국광복군의 활동

❶ 「한국광복군 선언」(1940)

대한민국 임시 정부는 대한민국 원년(1919)에 정부가 공포한 군사 조직법에 의거하여 …(중략)… 광복군을 조직하고 …(중략)… 공동의 적(敵)인 일본 제국주의자들을 타도하기 위하여 연합군의 일원으로 항전을 계속한다. …(중략)… 우리 민족의 확고한 독립 정신은 불명예스러운 노예 생활에서 벗어나기 위하여 무자비한 압박에 대한 영웅적 항쟁을 계속하여 왔다. …(중략)… 이때 우리는 큰 희망을 갖고 우리 조국의 독립을 위하여 우리의 전투력을 강화할 시기가 왔다고 확신한다. …(중략)… 우리들은 한·중 연합 전선에서 우리 스스로의 부단한 투쟁을 감행하여 동아시아를 비롯한 아시아 민중(民衆)들의 자유와 평등을 쟁취할 것을 약속하는 바이다.

❷ 한국광복군의 대일본 선전 포고(1941. 12.)

우리는 3천만 한국 인민과 정부를 대표하여 삼가 미·영·중·소·캐나다 기타 제국의 대일 선전이 일본을 격패(擊敗)하게 하고 동아(東亞)를 재건하는 가장 중요한 수단이 됨을 축하하여 이에 특히 다음과 같이 성명(聲明)한다.

• 한국 전 인민은 현재 이미 반침략 전선에 참가하였으니 한 개의 전투 단위로서 추축국(樞軸國)에 선전한다.

• 1910년의 합방 조약과 일체의 불평등 조약의 무효를 거듭 선포하며, 아울러 반침략 국가인 한국에 있어서의 합리적 기득권을 존중한다.

• 한국·중국 및 서태평양으로부터 왜구(倭寇)를 완전히 구축(驅逐)하기 위하여 최후 승리를 거둘 때까지 혈전한다.

　　　　　　　　　　　　　　대한민국 임시 정부 주석 김구, 외무부장 조소앙

❸ 김구의 한탄

왜적이 항복한다 하였다. 아! 왜적이 항복! 이것은 내게 기쁜 소식이라기보다는 하늘이 무너지는 듯한 일이었다. 천신만고 끝에 수년 동안 애를 써서 참전할 준비를 한 것도 다 허사이다.

시안과 푸양에서 훈련을 받은 우리 청년들에게 여러 가지 비밀 무기를 주어 산동에서 미국 잠수함에 태워 본국으로 들여보내어 국내의 중요한 곳을 파괴하거나 점령한 뒤에 미국 비행기로 무기를 운반할 계획까지도 미국 육군성과 다 약속이 되었던 것을 한 번 해 보지도 못하고 왜적이 항복하였으니 …(후략)…

　　　　　　　　　　　　　　　　　　　　　　김구, 「백범일지」

⑤ 조선 의용군의 조직(1942)
  ㉠ 조선 독립 동맹
    • 중국의 화북 지방에서 중국 공산당과 연계하여 독립운동을 추진하던 사회주의 세력
      은 화북 조선 독립 동맹을 결성(김두봉, 김무정)하였다.
    • 그 산하에 조선 의용군을 조직하여 항일전을 전개하였다.
  ㉡ 활동: 조선 의용군은 임시 정부의 광복군에 참여하지 않았으며, 해방 후 중국 공산군에
      편입되었다가 1950년 4월 북한 인민군에 속해 6·25 전쟁에 참여하였다.
⑥ 1930년대 만주에서의 무장 활동
  ㉠ 동북 인민 혁명군(1933): 항일 유격대로 만주에 남아 있던 사회주의 계열의 무장 독립
      군은 중국 공산당 유격대와 함께 중국 공산당 소속의 동북 인민 혁명군을 결성하였다.
  ㉡ 조국 광복회(1936)
    • 목적: 동북 인민 혁명군을 확대 개편한 동북 항일 연군(1936)의 한국인 간부들이 반
      일 민족 연합 통일 전선을 실현하고 독립적인 인민 정부를 수립한다는 목적 아래 조직
      되었다.
    • 구성원: 동북 항일 연군의 사회주의자뿐만 아니라 일제에 저항하는 모든 사람을 구성
      원으로 하는 항일 단체였다.
    • 조직의 확대: 국내의 민족주의자 및 공산주의자들과 연합하여 함경도 일대에도 조직
      을 확대하였다.
    • 활동: 일제의 식민 통치 기구들을 습격하기도 하였다.
  ㉢ 보천보 전투(1937. 6.): 동북 항일 연군 대원들이 압록강을 건너 함경남도 보천보를 점
      령하였다. 이들은 국내 조직의 도움을 받아 경찰 주재소를 공격하고, 면사무소와 소방
      서 등 일제의 행정 관청을 불태우고 철수하였다.
⑦ 1930년대 중국 관내 민족 연합 전선의 형성 과정: 일제의 만주 침략 이후 위기의식이 고조
    되면서 1930년대에는 통일 전선 운동이 다시 활성화되었다.
  ㉠ 한국 대일 전선 통일 동맹(1932): 의열단, 한국 독립당, 조선 혁명당, 한국 혁명당, 한
      국광복 동지회 등 5개의 단체가 협의 기관으로 한국 대일 전선 통일 동맹을 두었다.
  ㉡ 민족 혁명당(1935): 우익의 조소앙, 지청천 등과 좌익계인 김원봉의 의열단은 참여하
      였으나, 김구의 임시 정부 세력(한국 국민당)은 불참하였다. 그러나 조직의 주도권을 김
      원봉의 의열단계가 장악하자 조소앙, 지청천 등이 탈당하여 조선 민족 혁명당으로 개편
      되었다.
  ㉢ 조선 민족 전선 연맹(1937): 중일 전쟁 이후 조선 민족 혁명당 중심의 좌익계 통일 전선
      조직이며 그 예하 군대로 조선 의용대를 조직하였다.
  ㉣ 한국 광복 운동 단체 연합회(1937): 민족 혁명당에서 탈당한 조소앙, 지청천 계열과 김
      구 등의 임정 고수파 계열의 우익 통일 전선 조직이다.
  ㉤ 전국 연합 진선 협회(1939): 조선 민족 전선 연맹과 한국 광복 운동 단체 연합회의 통일
      체 조직이다.

■ 추수 투쟁·춘황 투쟁(1931)
만주 사변 후 한인 공산주의자들은 소
작료 인하와 농민들의 생존권 및 자치
권 확보를 요구하며 각지에서 소규모
유격대를 중심으로 항일 무장 투쟁을
전개하였다.

사료 「민족 혁명당 강령」(1935)

❶ 원수 일본의 침략 세력을 박멸하여 우리 민족의 자주독립을 완성한다.

❷ 봉건 세력 및 일체 반혁명 세력을 숙청함으로써 민주 집권제 정권을 수립한다.

❸ 토지는 국유로 하고 농민에게 분배한다.

❹ 대규모 생산 기관 및 독점 기업은 국영으로 한다.

바로 확인문제

● **괄호 안에 들어갈 단체의 활동으로 옳은 것은?** 16. 지방직 7급

> 대한민국 임시 정부는 대한민국 원년에 정부가 공포한 군사조직법에 의거하여 (   )을/를 조직하고, 공동의 적인 일본 제국주의자들을 타도하기 위해 연합군의 일원으로 항전을 계속한다. …(중략)… 이때 우리는 큰 희망을 갖고 우리 조국의 독립을 위해 우리의 전투력을 강화할 시기가 왔다고 확신한다.

① 중국군과 연합하여 쌍성보 전투를 수행하였다.

② 조선 본토에 투입할 국내 정진군을 편성하였다.

③ 중국 팔로군과 함께 태항산 지구에서 일본군과 교전하였다.

④ 연해주에서 러시아 적군과 연합 전선을 구축하려고 하였다.

● **다음은 일제 강점기 독립운동 단체에 대한 설명이다. (가)~(다)에 각각 들어갈 가장 알맞은 단어를 순서대로 바르게 나열한 것은?** 17. 서울시 7급

> 1920년대 자유시 참변 이후 만주 독립군의 활동은 3부를 중심으로 전개되었다. 3부 중 대체로 (가)는 북만주 지역 조선인 사회의 자치를 담당하였다. 1920년대 말 3부는 통합 운동을 벌인 결과 남북 만주에서 양대 세력으로 재편되었는데, 남만주에서는 (나)가 수립되고, 정당의 성격을 띤 조선 혁명당과 군사 성격을 띤 조선 혁명군이 결성되었다. 일제가 만주를 점령한 다음 중국 내의 독립운동 단체들 사이에서는 통합 운동이 제기되었다. 1937년 중일 전쟁이 일어나자 민족 혁명당은 통합에 찬성하는 단체들과 연합하여 (다)을 결성하였다.

① 신민부 – 국민부 – 조선 민족 전선 연맹

② 신민부 – 혁신 의회 – 조선 독립 동맹

③ 정의부 – 국민부 – 조선 민족 전선 연맹

④ 정의부 – 혁신 의회 – 조선 독립 동맹

|정답해설| 괄호 안에 들어갈 군사 조직은 '한국광복군'이다. 한국광복군은 미국 OSS부대의 지원을 받아 국내 정진군을 편성하여 국내 진입 계획을 추진하였으나, 실행되지는 못하였다.

|오답해설|

① 지청천이 지휘하는 한국 독립군은 중국군과 연합하여 쌍성보 전투에서 일본군에 승리하였다(1932).

③ 조선 의용대 화북 지대는 중국 팔로군(중국 공산당군)과 함께 1941년 태항산 지구에서 일본군과 교전하였다.

④ 간도 참변(경신 참변) 이후 서일을 중심으로 대한 독립 군단이 결성되었고, 연해주에서 러시아 적군과 연합 작전을 구축하려고 하였다.

|정답| ②

|정답해설| (가) 북만주 지역을 담당한 곳은 3부 중 **신민부**에 해당한다. (나) 3부 통합을 통해 혁신의회와 국민부 양대 세력으로 개편되었고, 이 중 **국민부**는 남만주에 거점을 두고, 조선 혁명당과 조선 혁명군을 결성하였다. (다) 한편 1937년 중일 전쟁 이후 김원봉이 주도하는 민족 혁명당을 중심으로 좌익 세력의 통합단체인 **조선 민족 전선 연맹**이 결성되었다.

|정답| ①

일제 강점기 경제의 변화

1 식민지 수탈 경제
2 경제적 민족 운동

1 식민지 수탈 경제*

(1) 식민지 경제 체제

국권 피탈 후 일제는 우리 경제를 식민지 경제 체제로 개편하였다. 그중에서도 핵심적인 것은 농업 부문에서 강행된 토지 조사 사업이다.

(2) 토지 조사 사업(1910 ~ 1918)

① 목적
  ㉠ 표면적 목적 : 일제는 근대적 소유권이 인정되는 토지 제도와 지세 제도를 확립한다고 선전하였다.
  ㉡ 실제적 목적 : 실제로는 **토지를 약탈**하고 지주층을 회유하기 위한 것이었으며, 정확한 토지 면적과 생산량을 측정하여 지세를 확보하기 위한 것이었다.

② 절차
  ㉠ 토지 조사령(1912) : 일제는 1910년 임시토지조사국을 설치하고, 1912년 토지조사령을 공포하였다. 이후 막대한 자금과 인원을 동원하여 전국적인 토지 조사 사업을 벌였다.

> **사료** | **토지 조사령**
>
> ❶ 토지 소유권은 조선 총독 또는 그 권한을 위촉받은 자가 결재·확정한다.
> ❷ 소유권의 주장은 신고주의(申告主義)를 원칙으로 한다.
> ❸ 불복자(不服者)에 대해서는 증거주의를 채택한다.
> ❹ 토지의 지주는 조선 총독이 정하는 기간 내에 그 주소·성명 또는 명칭 및 소유지의 소재·결수(結數)를 임시 토지 조사 국장에게 통지한다.

  ㉡ 기한부 신고제
    • 우리 농민이 토지 소유에 필요한 서류를 갖추어 지정된 기간 안에 신고해야만 소유권을 인정받게 하였다.
    • 당시 토지 신고제가 농민에게 널리 알려지지 않았으며, 신고 기간도 짧고 절차가 복잡하여 신고의 기회를 놓친 사람이 많았다.
    • 일제가 이렇게 까다로운 신고 절차를 택한 것은 한국인의 토지를 빼앗기 위한 것이었다.

단권화 MEMO

*식민지 수탈 경제
토지 조사 사업, 회사령, 산미 증식 계획, 농촌 진흥 운동, 인적 수탈, 물적 수탈을 시기별로 구분하고, 특징을 암기해야 한다.

▲ 동양 척식 주식회사
1908년 일제가 조선의 토지와 자원을 수탈할 목적으로 설치하였다.

■농가구 호수 구성비
(단위 : %)

연도	지주	자작	자·소작	소작
1916	2.5	20.1	40.6	36.8
1920	3.3	19.5	37.4	39.8
1932	3.5	16.3	25.4	52.7

(1932년에 화전민 비중이 2.1%)
『조선 총독부(조선 소작연보)』1집

③ 결과
　㉠ 토지의 약탈
　　• 약탈 대상 : 일제는 미신고 토지는 물론 소유자가 불분명한 마을이나 문중 소유 토지를 조선 총독부 소유로 만들었다. 토지 조사 사업에 의하여 탈취당한 토지는 전국 농토의 약 40%나 되었다.
　　• 불하 대상 : 조선 총독부는 탈취한 토지를 동양 척식 주식회사를 비롯한 일본인의 토지 회사나 개인에게 헐값으로 불하하였다.
　　• 일제는 1914년 지세령을 공포하였고, 1918년 지세령을 개정하여 지역별 지가(토지 가격)와 그것의 1.3%를 토지세로 하는 과세 표준을 명시하였다.
　㉡ 농민 생활의 피폐
　　• 소작농으로의 전락 : 종래 농민은 토지의 소유권과 함께 경작권도 보유하고 있었는데, 일제의 토지 조사 사업으로 우리 농민은 많은 토지를 빼앗기고 기한부 계약에 의한 소작농으로 전락하였다.
　　• 지주제의 강화 : 토지 조사 사업이 끝난 1918년에는 겨우 3%의 지주가 경작지의 50% 이상을 소유하였으며, 이 과정에서 이전의 소작권은 인정하지 않고 지주의 소유권만 인정하여 지주제가 강화되었다.
　　• 고율의 소작료 부담 : 소작을 하지 않고는 살 수 없는 농가가 77%나 되었고, 소작농은 50~70%에 이르는 고율의 소작료를 내야 하였다.
　㉢ 해외로의 이주 : 생활 기반을 상실한 농민은 일본인의 고리대에 시달리게 되었고, 생계 유지를 위해 화전민이 되거나 만주·연해주·일본 등지로 이주하기도 하였다.

(3) 산미 증식 계획(1920~1934)
농민들의 생활은 1920년대부터 실시된 산미 증식 계획으로 더욱 악화되었다.

① 목적 : 제1차 세계 대전 후 일제는 고도성장을 위한 공업화 추진에 따라 일본의 부족한 식량을 우리나라에서 착취하려는 산미 증식 계획을 세워 우리 농촌에 강요하였다.

> **사료** 　산미 증식 계획 요강
>
> 일본 내 쌀 소비는 연간 약 6,500만 석인데, 생산고는 약 5,800만 석을 넘지 못해 해마다 그 부족분을 식민지 및 외국의 공급에 의지하는 형편이다. 게다가 일본의 인구는 해마다 약 70만 명씩 증가하고 있으며, 국민 생활의 향상과 함께 1인당 소비량도 역시 점차 증가하게 될 것은 필연적인 대세이다. …(중략)… 따라서 지금 미곡의 증수 계획을 수립하여 일본 제국의 식량 문제를 해결하는 데 도움을 주는 것은 진실로 국책상 급무라고 믿는다.
> 조선 총독부 농림국(1926)

② 경과
　㉠ 목표량 : 1920년부터 15년 계획으로 추진된 산미 증식 계획은 920만 석 증산이라는 무리한 목표를 설정하였기 때문에 증산량을 달성하지는 못하였다. 이에 일제는 토지 개량 사업을 통한 증산을 꾀하였으나, 역시 목표를 달성하지 못하였다.
　㉡ 쌀 중심의 단작형(單作型) 농업 구조 : 일제는 산미 증식 계획을 추진하면서 수리 조합 사업, 토지 개량 사업 등의 비용을 농민에게 전가하고 쌀 생산을 강요하여 논농사 중심의 농업 구조로 바꾸었다.
　㉢ 농촌 경제 파탄 : 미곡 수탈은 목표한 대로 수행함으로써 우리나라 농촌 경제는 파탄에 이르렀다.

○ 쌀 생산량, 수탈량, 소비량

연도	쌀 생산량 (천 석)	일본 수출량 (천 석)	한국인 연간 1인당 소비량(석)	일본인 연간 1인당 소비량(석)
1912	11,568	2,910	0.772	1.068
1915	14,130	2,058	0.738	1.111
1917	13,933	1,296	0.720	1.126
1919	15,294	2,874	0.725	1.124
1921	14,882	3,080	0.675	1.153
1923	15,014	3,624	0.647	1.153
1925	13,219	4,619	0.519	1.128
1926	14,773	5,429	0.533	1.131
1927	15,300	6,136	0.523	1.095
1928	17,298	7,405	0.540	1.129
1929	13,511	5,609	0.446	1.110
1930	13,511	5,426	0.451	1.077

조선 총독부 농림국, 「조선 미곡 요람」

③ 결과
　㉠ 식량 부족의 심화: 증산량보다 훨씬 초과한 양의 미곡을 수탈당함으로써 우리 농민의 식량 부족이 심화되었다.
　㉡ 농민 생활의 악화: 소작료가 점차 올라가고 수리 조합비·비료대·증산에 투입된 운반비 등을 부담하게 되어 농민들의 생활은 갈수록 악화되었다.
　㉢ 잡곡(雜穀)의 배급제 실시: 일제는 부족한 식량을 만주에서 생산되는 값싼 잡곡으로 충당하였지만, 근본적인 해결책이 되지는 못하였다.

(4) 산업의 침탈

① 일제의 식민지 경제 정책
　㉠ 이중 착취: 우리나라의 미곡과 각종 원료를 헐값으로 사가고, 일본에서 만든 제품을 들여와 비싼 값으로 팔아 이중으로 착취하였다.
　㉡ 산업의 통제: 일제는 우리의 자원을 약탈하기 위하여 광업령·임야 조사 사업·어업령 등을 실시하여 민족 경제가 성장할 수 있는 토대를 빼앗았다. 그리하여 우리의 산업 경제 활동은 일제가 설립한 금융 조합·농공은행 등을 통하여 통제되었다. 한편 평남선(1910), 호남선(1914), 함경선(1914 ~ 1928) 등의 철도망을 확대하여 조선을 일본 경제권에 편입시키고자 하였다.

▲ 산업의 통제

■ 조선 식산 은행
조선 식산 은행은 1918년 산업 개발을 명분으로 종래의 농공 은행(農工銀行)을 통합하여 설립되었고, 동양 척식 주식회사의 실질적인 지배를 받으며 성장하였다.

■ 민족별 연해 어업 상황(1918)

구분	한국	일본
출어 어선 수	39,000	14,118
출어 인원(명)	272,077	74,349
1척당 어획고 (원)	376	1,289
1인당 어획고 (원)	54	245

『최근 조선 사정 요람』 1920

- 삼림령(1911): 삼림령에 따른 임야 조사 사업이 실시되어 막대한 국·공유림과 소유주가 명확하지 않았던 임야가 거의 일본인에게 넘어가 전체 임야의 50% 이상이 조선 총독부와 일본인에게 점탈되었다.
- 어업령(1911): 일찍부터 한국 해안에 침입하여 우리 어민보다 우수한 선박과 기구로 많은 어획고를 올리던 일본 어민은 1910년 이후 조선 총독부의 후원하에 우리 어장을 독점하였다. 총독부는 어업령을 공포하여 일본 어민의 성장을 지원하고 우리 어민의 활동을 억압하였다. 이 때문에 우리 어민들은 빼앗긴 어업권의 회복과 수호를 위한 항쟁을 전국의 어장에서 치열하게 전개하였다.
- 조선 광업령(1915): 조선 총독부는 전국의 광산 자원을 광범위하게 조사하고, 우리 민족의 광업 활동을 제약하는 광업령을 제정·공포한 후 일본인 재벌에게 많은 광산을 넘겼다. 특히 제1차 세계 대전으로 군수 광산물의 수요가 격증하자, 이 수요를 충당하기 위하여 본격적인 광산물 약탈이 자행되었다. 이때 일본의 대재벌들이 광업에 참여하였고, 생산물의 대부분은 일본으로 반출되었다.

② 민족 자본의 성장 억제

㉠ 회사령(會社令)

- 1910년 공포된 회사령은 일제가 민족 기업을 규제하기 위하여 제정·공포한 법령이다. 회사령은 기업의 설립을 총독의 허가제로 하고, 허가 조건을 위반할 때는 총독이 사업의 금지와 기업의 해산을 명령할 수 있게 규제하였다.
- 1920년대에는 종래의 회사령을 폐지하고, 신고제(계출제)로 전환(1920)하였다. 또한 관세 철폐(1923) 등을 통해 일본 자본의 한국 진출을 용이하게 하였다.
- 결과: 민족 자본의 성장은 억제되고 일본인이 한국 공업을 주도하였다.

사료	회사령

제1조 회사의 설립은 조선 총독의 허가를 받아야 한다.

제5조 회사가 본령이나 혹 본령에 의거하여 발하는 명령이나, 허가 조건에 위반하거나 또는 공공 질서와 선량한 풍속에 반하는 행위를 할 때 조선 총독은 사업의 정지, 지점의 폐쇄 또는 회사의 해산을 명한다.

㉡ 일제의 독점 경영

- 독점: 조선 총독부, 일본의 대기업이 철도·항만·통신·항공·도로 등을 독점하였다.
- 조선 총독부의 독점 판매: 1920년 홍삼 전매령, 1921년 연초 전매령을 공포하여 홍삼과 담배의 전매(독점 판매)를 통해 식민지 재정을 확대하고자 하였다.
- 결과: 민족 자본은 위축되고 경제 발전의 길이 막히게 되었다.

● 다음 자료와 관련된 사업에 대한 설명으로 가장 옳지 <u>않은</u> 것은?　　　　16. 서울시 9급

> 만약 지주가 정해진 기한 내에 조사국 혹은 조사국 출장소원에게 신고 제출을 게을리 하거나 신고
> 를 제출하지 아니하는 때는 당국에서 이 토지에 대해 지주의 소유권 유무 등을 심사하여 만약 소유
> 자로 인정하지 못할 경우에는 이 토지를 지주가 없는 것으로 간주하여 당연히 국유지로 편입하는
> 수단을 집행할 것이니, 일반 토지 소유자는 고시에 의한 신고 제출을 게을리 하지 말도록 하였더라.
>
> 〈매일신보〉

① 소유권 분쟁을 인정하지 않아 분쟁은 발생하지 않았다.

② 명의상의 주인을 내세우기 어려운 동중, 문중 토지의 상당 부분이 조선 총독부의 소유가 되
었다.

③ 한일 병합 조약이 체결된 직후 신속하게 사업이 시작되었다.

④ 사업의 결과 조선 총독부의 재정 수입이 크게 증가하였다.

|정답해설| 제시된 사료에서 '토지를
기한을 정해 신고한다.'고 서술되어
있다. 따라서 '이 사업'은 토지 조사
사업임을 알 수 있다. 토지 조사 사업
당시 소유권 분쟁은 3만 3937건에 달
하였다.

|정답| ①

● 일제의 경제 침탈에 관한 설명으로 가장 적절하지 <u>않은</u> 것은?　　　　14. 경찰직 1차

① 1910년대 시작된 토지 조사 사업은 토지의 소유권, 토지 가격, 지형 및 용도를 조사한 것으
로, 토지에 대한 지주의 권리와 농민의 경작권을 함께 인정하였다.

② 1920년대 산미 증식 계획은 더 많은 쌀을 일본으로 가져가기 위해 추진되었으며, 수리 시설
의 확대와 품종 교체, 화학비료 사용 증가 등을 통해 이루어졌다.

③ 1930년대 이후 일제는 일본을 발전된 공업 지역으로, 만주를 농업과 원료 생산 지대로 만들
고, 한반도를 경공업 중심의 중간 지대로 만들기 위해 조선 공업화 정책을 펼쳤다.

④ 1940년대 전시 동원 체제하에서 세금을 늘리고 저축을 강요하여 마련된 자금은 군수 기업
에 집중 지원되었다.

|정답해설| 토지 조사 사업의 결과, 전
통적으로 인정되어 온 경작권이 부정
되어 조선 농민들의 삶은 더욱 피폐해
졌다.

|정답| ①

● 무단 통치 시기에 조선 총독부가 실시한 경제 정책으로 옳지 <u>않은</u> 것은?　　　　16. 지방직 7급

① 조선 광업령으로 일본 자본의 광산 진출을 촉진하였다.

② 회사령을 공포하여 회사를 설립할 때 총독의 허가를 받도록 하였다.

③ 토지 조사령에서 황무지의 국유지 편입을 규정하였다.

④ 조선 어업령으로 황실 소유 어장을 일본인 소유로 재편하였다.

|정답해설| 1912년 공포된 토지 조사
령에서는 '토지 소유권을 확인'하는
것을 중심으로 규정이 만들어졌으며,
황무지의 국유지 편입이 규정되지는
않았다. 다만 이후 진행된 토지 조사
사업의 결과 황무지 등은 조선 총독부
소유로 편입되었다.

|정답| ③

(5) 1930년대 일제의 경제 침탈

① 일제 독점 자본의 침투

　㉠ 1920년대

　　• 계기: 제1차 세계 대전을 계기로 성장한 일제 독점 자본은 1920년대부터 한국에 본
격적으로 침투하기 시작하였다. 이들 독점 자본들은 광업·비료·섬유 회사 등을 설립
하고 우리나라의 공업 생산을 장악하였다.

　　• 변화: 1920년대 중반으로 들어서자 일본인의 자본 투자는 경공업(輕工業)에서 중공
업(重工業) 분야로 옮겨졌다. 1926년 함경도에 부전강 수력 발전소가 완성되고,
1927년에 그 전력을 이용한 조선 질소 비료 공장이 흥남에 세워지면서 중공업 분야의
투자가 활기를 띠기 시작하였다.

■ 남면북양 정책
공업 원료 증산을 위해 남부 지방에서
는 면화를 재배하고, 북부 지방에서는
양을 기르도록 강요한 일제의 정책이
다. 이는 일본의 방직 자본가를 보호하
고자 한 조치였다.

ⓒ 1930년대 : 일본이 만주와 중국을 침략함에 따라 우리나라는 군수 물자를 공급하는 병
참 기지(兵站基地)가 되어 일본인의 중공업 투자가 더욱 증가하였다.

② 남면북양 정책(南綿北羊政策) : 일제는 산미 증식 계획이 어려움에 부딪히자, 공업 원료 증
산 정책으로 방향을 전환하여 **면화(綿花)의 재배와 면양(綿羊)의 사육**을 시도하는 이른바
남면북양 정책을 수립하고, 이를 우리 농촌에 강요하였다.

③ 병참 기지화 정책 : 일본 대기업들의 경제 침략은 대공황으로 극심한 타격을 받은 1930년
대에 한층 강화되었다. 이것은 모두 일제의 전쟁 수행을 위한 것이었고, 한반도의 경제를
식민지 경제 체제로 철저히 예속시키기 위한 것이었다.

ⓐ 농촌 진흥 운동

- 세계 대공황의 여파로 한국 농촌은 농산물 가격 폭락 등이 계속되어, 조선 농민들의
삶은 더욱 악화되었다. 이에 소작 쟁의가 극심해지고, 사회주의 세력이 농촌에 침투
하여 적색 농민 조합 운동이 확산되었다.

- 일제는 조선 농민 회유책의 일환으로 1932년부터 관제 운동인 조선 농촌 진흥 운동을
실시하였다. 그 내용으로는 춘궁 퇴치, 차금(借金) 예방을 위해 자작 농지 설정 사업
및 소작 조정령을 제정하고, 1933년 농가 경제 갱생 계획을 발표하였다. 또한 1934
년 조선 농지령을 발표하여 농민의 소작권을 3년간 보호하는 규정을 마련하였다.

- 그러나 침략 전쟁이 확대되는 과정에서 결국 실효를 거두지는 못하였다.

사료	조선 농지령(1934)

제3조 임대인이 마름 등 소작지의 관리자를 둘 때는 조선 총독이 정하는 바에 의하여 부윤, 군수에게 신청
한다.

제4조 부윤, 군수 또는 도사가 마름·기타 소작지의 관리자가 부당하다고 인정할 때는 부·군·도의 소작
위원회의 의견을 듣고 임대인에게 그 변경을 명령할 수 있다.

제7조 소작자의 임대차 기간은 3년을 내려갈 수 없다. 단, 영년 작물(오랫동안 생육이 계속되는 작물) 재배
를 목적으로 하는 임대차는 7년을 내려갈 수 없다.

제16조 불가항력에 의해 수확고가 현저히 감소하였을 때는 임차인은 임대인에게 소작료의 경감 또는 면
제를 요청할 수 있다.

제19조 임대인은 임차인의 배신행위가 없는 한 임대차의 갱신을 거절할 수 없다. 단, 임대인에게 정당한
사유가 있으면 이 적용을 받지 않는다.

ⓑ 1930년대 말 : 중일 전쟁을 일으켜 대륙 침략을 본격화한 일제는 국가 총동원령을 내리
고 한국에서 인적·물적 자원의 수탈을 강화하였다.

ⓒ 산미 증식 계획 재개(1940) : 군량 확보를 위해 중단되었던 산미 증식 계획을 재개하고
목표량을 설정하여 각 도에 할당하였으며, 이것을 다시 부·군·읍·면을 거쳐 각 마을,
각 개인에게까지 할당하였다.

ⓓ 식량의 배급 및 수탈의 강화 : 소비 규제를 목적으로 **식량 배급제**를 실시하였고, 더 나
아가 미곡 공출 제도도 시행하였다. 또한 총독부는 일본군의 군수품을 충당하기 위하여
각종 가축 증식 계획을 수립하여 가축의 수탈도 강화하였다.

④ 1940년대 : 태평양 전쟁으로 확대되면서 한국에는 전시 통제 경제가 실시되고, 식량 배급
제도와 각종 물자의 공출 제도를 강행하였다.

   ㉠ 물적 수탈 : 모든 금속제 그릇을 강제로 공출하였는데, 농구·식기·제기는 물론, 교회나
      사원의 종까지도 징발하여 전쟁 무기 제작에 이용하였다.

   ㉡ 인적 수탈 : 일제는 우리나라의 청·장년과 부녀자까지 일본·중국·동남아시아·사할린
      등지로 강제 동원하여 전쟁에 투입하거나 노역에 종사하게 하였다.

병참 기지화 정책	• 남면북양 정책 실시 : 공업 원료 증산 정책(면화와 면양) • 식민지 공업화 추진 : 중일 전쟁 도발 후 본격 추진 → 발전소 건립, 군수 공장 설립, 광산 개발, 중화학 공업 육성 • 중요 산업 통제법(1937. 3.), 임시 자금 조정법(1937) 제정
인적·물적 자원 수탈	• 국가 총동원법(1938) 시행 : 전시 동원 체제 확립 • 물자 수탈 강화 : 산미 증식 계획의 재개, 식량 배급제 실시, 미곡 공출 제도 시행, 금속제 그릇 강제 징발(1941년 이후) • 인적 수탈 강화 : 지원병제, 징병제, 징용제, 여자 근로 정신대, 일본군 '위안부' 등

2 경제적 민족 운동

(1) 민족 기업의 육성

① 배경

   ㉠ 형태 : 3·1 운동 이후, 민족 운동의 열기 속에서 민족 산업을 육성하여 경제적 자립을
      도모하려는 움직임이 고조되었다. 그러나 일제의 각종 규제로 민족 기업 활동은 큰 회
      사의 설립보다는 소규모 공장의 건설에서 두드러지게 나타났다.

   ㉡ 경공업 중심 : 공업 분야에서는 일제가 유통·무역·자본을 독점하는 상황에서도 서울을
      비롯한 평양·대구·부산 등 대도시에서 순수한 민족 자본에 의하여 직포 공장, 메리야
      스 공장, 고무신 공장 등 경공업 관련 공장들이 세워졌다.

② 기업의 규모와 유형

   ㉠ 기업의 규모 : 공장의 규모 면에서도 1910년대까지는 소상인이나 수공업자들이 1∼2
      대에서 3∼4대의 기계로 제품을 생산하는 정도에 불과하였으나, 1920년대에 이르러서
      는 노동자의 수가 200명이 넘는 공장도 나타났다.

   ㉡ 기업의 유형

대지주 출신 기업	대지주 출신 기업인이 지주와 상인의 자본을 모아 대규모의 공장을 세운 것으로서, 대표적인 것이 경성 방직 주식회사였다.
서민 출신 기업	서민 출신 상인들이 자본을 모아 새로운 기업 분야를 개척한 것으로서, 대표적인 것이 평양의 메리야스 공장이었다.

③ 기업 운영 형태 및 제품의 특성

   ㉠ 운영 : 민족 기업은 순수한 한국인만으로 운영하였다.

   ㉡ 제품 : 한국인의 기호에 맞게 내구성이 강하고 무게 있는 제품을 만들어 시장에 내놓았다.

④ 민족계 은행의 설립 : 금융업에도 한국인의 진출이 활발하여 3·1 운동 이후에 설립된 민족
계 은행으로는 삼남은행 등이 있었다.

단권화 MEMO

■ 미곡 생산량과 강제 공출량

(단위 : 천 석)

연도	생산량	공출량	비율(%)
1941	21,527	9,208	42.7
1942	24,885	11,255	45.2
1943	15,687	8,750	55.7
1944	18,919	11,957	63.2

『일제의 경제 침탈사』 아세아 문제 연구소

■ 평양의 메리야스 공업

평양 지역의 메리야스 공업은 전통적인 직물 제조 기술을 토대로 기계를 수입하여 1920년대에는 공장 공업 단계로 발전하였으며 전국을 제패하였다. 1929년 공황으로 타격을 받았지만 1933년 이후 호황으로 전동 직조기를 도입하는 등 종합 메리야스 공업으로 발전하여 만주와 중국 등지로 수출하기도 하였다.

⑤ 민족 기업의 위축: 민족 기업은 1930년대에 들어와 식민 통치 체제가 강화되면서 일제의 교묘한 탄압으로 해체되거나 일본인 기업에 흡수·통합되는 경우가 많았다. 따라서 이 시기의 민족 기업 활동은 1920년대에 비하여 크게 위축되었다.

　　㉠ 통제에 따른 경쟁력 상실: 영세한 자본을 가진 민족 기업은 일본의 독점 자본과의 경쟁에서 점차 밀려났고, 특히 전시 체제하에서는 총독부의 물자 통제로 큰 타격을 받았다.

　　㉡ 기업 정비령(1942): 총독부는 기업 정비령을 통하여 민족 기업을 억압하여 강제 청산하거나 일본 공장에 흡수·합병하게 되었다.

(2) 물산 장려 운동

① 배경: 1920년대에는 점차 증가하고 있었던 민족 기업을 지원하고 민족 경제의 자립을 달성하기 위한 물산 장려 운동이 전개되었다.

② 목적: 민족 산업을 육성함으로써 민족 경제의 자립을 기하려는 민족 운동이었다.

③ 조선 물산 장려회 조직

　　㉠ 중심인물: 조만식 등이 중심이 되어 서북 지방의 사회계·종교계·교육계 인사들을 규합하여 평양에서 조직하였고(1920), 1923년 서울에서도 조직되었다.

　　㉡ 회칙 내용: '조선 물산을 장려하여 조선인의 산업 진흥을 도모하며, 조선인으로 하여금 경제상 자립을 얻게 함'이었다.

④ 운동의 확산

　　㉠ 성격과 방향: '내 살림 내 것으로', '조선 사람 조선 것으로', '우리는 우리 것으로 살자.'라는 구호를 통해 이 운동의 성격과 방향을 잘 알 수 있다.

▲ 경성 방직 주식회사의 국산품 애용 선전 광고

　　㉡ 확산: 일본 상품을 배격하고 국산품을 애용하자는 것으로서, 전국적인 민족 운동으로 확산되었다. 또한 민족 자본의 육성을 위하여 소비 절약이 필요하다고 보고 근검 저축·생활 개선·금주 및 단연 운동도 추진하였다.

　　㉢ 자작회(自作會) 운동(1922): 학생들 간에 전개된 절약·저축 및 금주·금연 운동으로서, 물산 장려 운동의 일환이다.

⑤ 결과: 초기에는 전국적으로 확산되면서 활발하게 추진되었으나, 일제의 탄압으로 큰 성과를 거둘 수 없었다.

사료　물산 장려 운동

❶ 조선 물산 장려회 취지서(1923. 11.)

우리에게 먹을 것이 없고 입을 것이 없고 의지하여 살 것이 없으면 우리의 생활은 파괴가 될 것이다. …(중략)… 부자(富者)와 빈자(貧者)를 막론하고 우리가 우리의 손에 산업 권리 생활의 제일 조건을 장악하지 아니하면 우리는 도저히 우리의 생명(生命)·인격(人格)·사회(社會)의 발전(發展)을 기대하지 못할지니, 우리는 이와 같은 견지에서 우리 조선 사람의 물산(物産)을 장려(獎勵)하기 위하여 조선 사람은 조선 사람이 지은 것을 사 쓰고, 조선 사람은 단결하여 그 쓰는 물건을 스스로 제작하여 공급하기를 목적하노라.

❷ 조선 물산 장려회 궐기문

내 살림 내 것으로!
보아라! 우리의 먹고 입고 쓰는 것이 다 우리의 손으로 만든 것이 아니었다.
이것이 세상에 제일 무섭고 위태한 일인 줄을 오늘에야 우리는 깨달았다.
피가 있고 눈물이 있는 형제들아, 우리가 서로 붙잡고 서로 의지하여 살고서 볼 일이다.
입어라! 조선 사람이 짠 것을
먹어라! 조선 사람이 만든 것을
써라! 조선 사람이 지은 것을
조선 사람, 조선 것

심화   일제 강점기 경제의 평가 : 수탈인가, 개발인가

2005년에 발표된 한·일 역사 공동 연구 결과에 의하면, 일본 측은 과학적 경영 기법이나 대규모 백화점, 신여성 등의 출현을 예로 들면서 종전처럼 일본의 식민 정책으로 한국에 근대적 측면이 나타났다는 점을 강조하였다.

반면에, 한국 측은 일본 역사 교과서에 서술된 내용 가운데 식민 지배 미화론에 문제를 제기하였다. 그 근거로 일본 역사 교과서에서 내세운 식민 근대화론에 대해 "근대성이 보이기는 하지만, 이는 일제의 수탈적 식민 지배의 다른 측면이므로 수탈적 구조를 명확하게 해야 한다."고 주장하였다.

바로 확인문제

● **다음 설명을 내용으로 하는 일제 식민지 지배 정책은?**   13. 해양 경찰

> 1. 농민에게 식량을 지급하고 농촌의 경제적 향상을 도모한다는 명목으로 1932년경부터 추진되었다.
> 2. 일제의 수탈로 궁핍화된 농민들이 소작 쟁의 등의 형태로 저항하는 상황에 대응하여 마련하였다.
> 3. 농촌이 피폐해진 원인을 농민 자신의 게으름, 낭비벽, 무식함에 있는 것처럼 돌렸다.
> 4. 자작 농지 설정 사업, 조선 소작 조정령, 조선 농지령 등 개량적인 토지 정책을 추진하였다.

① 토지 조사 사업
② 산미 증식 계획
③ 농촌 진흥 운동
④ 브나로드 운동

● **1920년대 산미 증식 계획에 대한 설명으로 옳은 것은?**   15. 지방직 9급

① 춘궁 퇴치, 자력갱생 등을 내세웠다.
② 쌀, 잡곡에 대한 배급 제도와 공출 제도가 실시되었다.
③ 소작농을 보호한다는 명목으로 소작 조정령을 발표하였다.
④ 공업화로 인한 일본의 식량 부족 문제를 해결하고자 실시하였다.

● **조선 총독부의 식민지 경제 정책으로 옳지 않은 것은?**   16. 국가직 7급

① 1910년대 – 회사 설립을 허가제로 한 회사령을 공포하였다.
② 1920년대 – 미곡 증산을 표방한 산미 증식 계획을 수립하였다.
③ 1930년대 – 농공 은행을 통합하여 조선 식산 은행을 설립하였다.
④ 1940년대 – 전체 농민까지 식량 공출을 강제한 식량 관리령을 제정하였다.

단권화 MEMO

| 정답해설 | 1932년경 시작된 일제가 주도한 농촌 진흥 운동은 자작 농지 설정 사업, 조선 소작 조정령, 조선 농지령 등을 핵심적 내용으로 하고 있다.

| 정답 | ③

| 정답해설 | 공업화가 진행되며, 일본의 식량 부족 문제가 심화되자, 일제는 1920년부터 산미 증식 계획을 단행하였다.

| 오답해설 |
①③ 춘궁 퇴치, 자력 갱생, 소작 조정령 등은 1930년대 일제의 농촌 진흥 운동에 해당한다.
② 공출 제도와 배급 제도는 전시 체제기에 해당한다(1938년 국가 총동원령 이후를 전시 체제기로 시대 구분한다).

| 정답 | ④

| 정답해설 | 조선 식산 은행은 1918년 산업 개발을 명분으로 종래의 농공 은행을 통합하여 설립되었고, 동양 척식 주식회사의 실질적인 지배를 받으며 성장하였다.

| 오답해설 |
① 1910년 공포된 회사령에서는 기업의 설립을 총독의 허가제로 하고, 허가 조건을 위반하였을 때는 총독이 사업의 금지와 기업의 해산을 명령할 수 있었다.
② 일제는 자국의 안정적 식량 공급을 위해 1920년부터 산미 증식 계획을 추진하였다.
④ 1938년 「국가 총동원령」 발표 이후 강제적 공출 제도와 배급 제도를 시행하였다.

| 정답 | ③

03 일제 강점기 사회 운동

단권화 MEMO

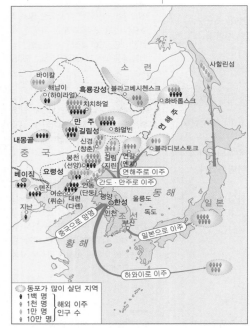

▲ 한민족의 해외 이주(1890 ~ 1930년대)

1 한인의 국외 이주와 독립운동

(1) 19세기 중엽의 국외 이주

① 이주 목적: 19세기 중엽부터 조선인들이 압록강·두만강을 건너 간도와 연해주 등지로 본격적인 이주를 하게 된 직접적인 동기는 기아와 빈곤 등 열악한 경제 상황을 타개하기 위해서다.

② 지리적 조건: 지리적으로 간도와 연해주 등지는 한반도와 연접해 있어서 이동하기가 쉬웠고, 풍토 역시 우리나라와 비슷해서 이주하여 사는 데 큰 문제가 없었다.

③ 이주 전의 상황: 이전에도 변경 지대의 조선인 중 두만강과 압록강을 건너 간도 땅에서 농사를 짓고 가을이면 타작한 곡식을 가지고 돌아오는 계절 출가 이민이 있기는 하였지만, 많은 수는 아니었다.

(2) 을사늑약 이후 국외 이주

① 이주 목적: 일제의 침략이 노골화되자 이에 반감을 품은 인사들 가운데 일부는 국외로 건너가 새로운 삶을 도모하였다. 을사늑약(1905)이 체결되자 일제의 국권 침탈과 경제적 수탈이 가중되는 상황에서 국권 회복을 도모하고 일제의 탄압을 피하기 위한 정치적 망명자들의 국외 이주가 급격히 늘어났다.

② 국외 독립운동 전개

  ㉠ 배경: 국내에서 활동하던 의병과 애국지사들은 중국·연해주·미국·일본 등으로 망명하여 1910년대부터 본격적인 국외 독립운동을 전개하였다.

  ㉡ 독립운동 기지 건설: 민족 운동가들은 주로 서·북간도를 비롯한 남·북만주와 시베리아 연해주에서 독립운동을 위한 기지 건설을 활발히 추진하였다.

  ㉢ 지역적 성격: 이 지역들은 국내 진공이 유리한 국경 지역이라는 점 이외에도 수많은 한인들이 이주하여 폭넓은 한인 사회를 형성하고 있어서 지역 주민들의 협조와 지지를 얻을 수 있었기 때문이다.

③ 독립운동 단체들의 활동

  ㉠ 표방: 대부분의 독립운동 단체들은 자유로운 활동을 위하여 국내와 마찬가지로 중국과 일제의 눈을 피할 목적으로 경제 및 교육 단체를 표방하였다.

  ㉡ 강조: 그들은 향후 독립 전쟁을 위한 동포들의 생활 대책을 강구하고자 하는 목적과 대중적인 운동 방법으로 경제 활동을 강조하였다.

(3) 만주 이주

① 이주 목적

   ㉠ 이주 초기 : 우리 민족이 만주 지역으로 이주하기 시작한 것은 19세기 후반부터였다. 처음에는 국내의 정치적·경제적·사회적 모순으로 궁핍하게 된 농민들이 생활 터전을 찾아 국외로 이주하였다.

   ㉡ 일제 침략 이후 : 20세기에 들어와 일제의 침략이 가속화되자 확고한 민족 의식을 가진 사람들이 항일 운동을 전개하기 위하여 많이 건너갔다. 이들은 지식 수준이 상당히 높았으며 경제적 여유도 있어 국권 회복 운동의 지도자적 역할을 하였다.

② 이주 동포들의 활동

   ㉠ 독립운동의 기반 마련 : 간도와 연해주에서 활동한 독립운동가들은 간도를 독립운동 기지로 삼아 무력으로 독립을 쟁취하고자 하였다.

     • 생활 근거지 마련 : 이주 동포들은 현지 토착민들로부터 핍박을 받으면서도 황무지를 개간하여 생활 근거지를 마련하였다.

     • 학교 설립 : 수많은 민족 학교를 설립하여 항일 의식과 애국심을 고취하고, 항일 운동 단체를 결성하여 군사 훈련을 실시하는 등 무장 항일 운동을 준비하였다.

   ㉡ 독립군 편성 : 3·1 운동 이후에는 독립군을 편성하여 국경을 넘나들면서 일본 군경과 치열한 항일전을 전개하였으나, 일제의 가혹한 탄압과 중국 군벌의 이해 부족으로 많은 어려움을 겪었다.

③ 만주 동포들의 시련

   ㉠ 간도 참변(1920) : 일본군 대부대가 만주로 출병하여 독립운동 기지를 초토화하면서 무차별 학살한 간도 참변으로 많은 동포들이 희생되었다.

   ㉡ 일제의 대륙 침략 : 1930년대에 우리 동포들은 일제의 본격적인 대륙 침략으로 근거지를 상실하면서 갖은 수난을 당하였고, 만주에 있던 무장 부대의 활동은 점차 약화되어 갔다.

(4) 연해주 이주

① 삶의 조건 : 러시아가 변방 개척을 위하여 처음에는 한국인의 연해주 이주를 허용하고 토지를 제공하기도 하여 만주로 이주한 동포보다 삶의 조건이 나았다.

② 이주 동포들의 활동

   ㉠ 한인촌의 형성 : 1905년 이후 이주 한인이 급증하여 여러 곳에 한인 집단촌이 형성되었으며, 많은 민족 단체들과 학교가 설립되었다.

   ㉡ 한민회 설치(1905) : 시베리아의 연해주 지방에 한인 자치 기구인 한민회가 설치되었다.

   ㉢ 13도 의군 결성 : 국내의 의병 운동에 호응하여 의병 활동을 전개함으로써 국외 의병 운동의 중심지가 되었고, 1910년대에는 연해주 의병의 통합체인 13도 의군이 결성되었다.

   ㉣ 정부의 수립

     • 대한 광복군 정부 : 1914년 블라디보스토크에서 이상설과 이동휘를 정·부통령으로 하는 대한 광복군 정부를 수립하여 무장 투쟁의 기반을 닦았다.

     • 대한 국민 의회 : 3·1 운동 때에는 대한 국민 의회를 조직하여 손병희를 대통령으로 하는 정부를 수립하였다.

▲ 간도 동포의 생활 모습

■ **만보산 사건(萬寶山事件)**
1931년 일제의 악의적인 한·중 양국 이간책으로 조선 농민과 중국 농민 사이에 벌어진 '유혈 농지 분쟁 사건(流血農地紛爭事件)'이다.

③ 이주 동포들의 시련
- ㉠ 1920년대 초: 시베리아 내전이 종식되고 볼셰비키가 정권을 장악한 후 한국인의 무장 활동을 금지하고 무장 해제를 강요함으로써 연해주에서의 민족 운동은 약화되었다.
- ㉡ 1930년대 말: 1937년에는 연해주의 한인들이 소련 당국에 의해 중앙아시아로 강제 이주되었으며, 그 과정에서 수많은 한인들이 희생되고 재산을 잃어버렸다.

(5) 미주 이주

① 이주 동포들의 생활
- ㉠ 하와이 이주: 1903년부터 하와이에 정착한 한국 사람들은 사탕수수 노동자와 그 가족이었다. 1905년까지 약 7,000여 명이 이주하였으며 가혹한 노동에 시달렸다.
- ㉡ 미국 본토 이주: 미국 본토로 이주한 한국인들은 대부분 유학생이나 관리 출신으로 하와이 이주 한인들과는 달랐다. 다만, 샌프란시스코에는 소수의 인삼 장수와 지식인들이 이주하였다.

② 이주 동포들의 활동
- ㉠ 교민 단체의 조직: 하와이에 한인 합성 협회(1907)가 있었고, 미국 본토에는 샌프란시스코 지역을 중심으로 공립 협회가 결성되었다가 뒤에 국민회로 재조직되었다. 안창호도 흥사단을 조직하여 활동하였다.
- ㉡ 독립운동 자금의 송금: 한국인들이 미국이나 하와이로 이주하게 된 것은 주로 고국에서의 경제적 어려움 때문이었지만, 이들은 미국에 도착한 뒤 모국을 위한 활동을 열렬히 전개하였다. 어려운 생활 속에서도 민족의식이 투철하여 애국 단체를 결성하고 독립운동 자금을 거두어 국내로 송금하는 일이 많았다.
- ㉢ 애국심의 고취: 신문사를 설립하고 신문과 잡지를 발행하여 애국심을 고취하였다.
- ㉣ 대한인 국민회 조직(1910): 통합 단체로 대한인 국민회를 조직하여 항일 운동을 전개하였다. 이 단체는 미국 사회에 일제의 야만성을 폭로·규탄하고, 한국의 독립을 주장하는 외교 활동도 활발히 전개하였다.
- ㉤ 대한민국 임시 정부 지원: 1919년 대한민국 임시 정부가 수립된 이후에는 각종 의연금을 거두어 임시 정부에 송금하였으며, 임시 정부의 외교 기관인 구미 위원부의 활동을 적극적으로 지원하였다.
- ㉥ 태평양 전쟁 참전: 제2차 세계 대전 때 군사 활동을 전개하여 한인군을 편성하였고, 많은 한인 청년이 미국군에 자원 입대하여 태평양 전쟁에서 일본군과 싸웠다.

(6) 일본 이주

① 이주 형태
- ㉠ 19세기 말: 일본으로 건너간 한인들은 학문을 배우기 위한 유학생들이 주종을 이루었다.
- ㉡ 국권 강탈 후: 일제가 주권을 강탈하고 경제적 수탈을 강화하자, 생활 터전을 상실한 농민들이 일본으로 건너가 산업 노동자로 취업함으로써 그 수가 증가하였다.

② 이주 동포들의 활동: 일본에서는 최팔용이 중심이 되어 조선 청년 독립단을 구성하고 2·8 독립 선언을 발표하여 3·1 운동의 도화선을 제공하였다.

③ 이주 동포들의 시련
- ㉠ 민족 차별: 이주 동포들은 일제의 자본가에게 착취당하면서 열악한 노동 환경에서 고생을 해야 하였으며, 일본인의 민족 차별로 온갖 수모를 당하였다.

ⓒ 관동 대지진 : 1923년 일본 관동 지방에서 발생한 지진으로 재일 동포 6,000여 명이 일본인에게 학살당하는 대참사가 발생하였다.

사료	한인 이주민의 노래

고향(故鄉)

작자 미상

산 설고 물 선 이곳에 와서 죽으나 사나 아는 이 없네
기적성 멀리 들릴 적마다 심장은 비이네
고향아 열려! 따뜻한 품을 헐벗은 영혼 안기우고저
황혼의 품 속에 피곤이 쉬는 고향의 형상이 눈앞에 뜨네
문 잡은 어머니 한숨지실 때 한 깊은 처자는 눈물을 지네
쓴 눈물지네

2 일제 강점기의 사회 변화

(1) 독립운동 세력의 분화

① 계기 : 1919년 3·1 운동이 좌절된 후, 독립운동 진영 사이에 이견이 나타났다.

ⓐ 독립운동의 방법과 독립 이후의 국가 체제 등에 대한 인식의 차이에서 비롯되었다.

ⓑ 독립운동 진영은 민족주의 운동, 사회주의 운동, 아나키스트 운동 등으로 갈라졌다.

② 운동의 전개

ⓐ 민족주의 세력

- 이념 : 일제의 지배에서 벗어나 독립을 이루고, 독립한 다음에는 자본주의 국가를 세우고자 하였다.
- 전개 : 민립대학 설립 운동, 물산 장려 운동 같은 실력 양성 운동을 추진하였다.

ⓑ 사회주의 세력

- 이념 : 노동자, 농민이 중심이 되는 사회주의 국가의 실현을 주장하였다.
- 전개 : 노동자와 농민을 조직하여 노동조합과 농민 조합을 만들고, 이를 중심으로 한 계급 운동과 독립운동을 전개하였다.

ⓒ 아나키스트 세력

- 이념 : 사유 재산을 부정하고 일체의 계급 투쟁을 배격하였다.
- 전개 : 외교 독립론, 실력 양성론, 자치론 등을 비판하였다.

사료	자치 운동의 대두

그러면 지금의 조선 민족에게는 왜 정치적 생활이 없는가? …(중략)… 일본이 조선을 병합한 이래로 조선인에게는 모든 정치 활동을 금지한 것이 첫째 원인이다. 또 병합 이래로 조선인은 일본의 통치권을 승인해야만 할 수 있는 모든 정치적 활동. 즉 참정권, 자활권 운동 같은 것은 물론이요, 일본 정부를 상대로 하는 독립운동조차 원치 아니하는 강렬한 절개 의식이 있었던 것이 둘째 원인이다. …(중략)…
지금까지 해 온 정치적 운동은 모두 일본을 적대시하는 운동뿐이었다. 이런 종류의 정치 운동은 해외에서나 할 수 있는 일이고, 조선 내에서는 허용되는 범위 내에서 일대 정치적 결사를 조직해야 한다는 것이 우리의 주장이다.

이광수, 「민족적 경륜」, 〈동아일보〉

(2) 사회주의 사상의 유입

① 사회주의 운동의 대두

   ⊙ 국내외의 민족 운동 : 3 · 1 운동 이후 국외에서는 대한민국 임시 정부를 수립하고 무장 항일 운동이 활발해짐으로써 민족 운동이 고조되었으며, 국내에서는 민족의 역량을 배양하여 일제를 몰아내려는 민족 실력 양성 운동이 각 방면에서 일어났다. 이 무렵 국내외에서 사회주의 운동이 대두되었다.

   ⓛ 사회주의의 수용 : 1917년 러시아 혁명에 성공한 레닌이 세계 적화의 한 수단으로 약소 민족의 독립운동을 지원하겠다고 하자, 일부 민족 지도자들도 사회주의와 연결하여 독립운동을 추진하려는 움직임을 보였다. 이에 따라 사회주의 사상을 처음 받아들인 사람들은 러시아와 중국 지역에서 활동하고 있던 독립운동가들이었다.

② 사회주의 운동의 중심 세력

   ⊙ 초기의 사회주의 운동은 소수의 지식인이나 청년 · 학생이 중심이었고, 노동자 · 농민의 참여는 오히려 적었다.

   ⓛ 국내에서 사회주의 운동을 본격적으로 시작하면서 노동 · 농민 · 청년 · 학생 · 여성 운동과 형평 운동 등이 전개되기 시작하였다.

③ 영향

   ⊙ 의의 : 사회주의 사상은 청년 · 지식인층을 중심으로 널리 파급되면서 사회 · 경제 운동을 활성화시키기도 하였다. 그리하여 청년 운동, 소년 운동, 여성 운동과 농민 · 노동 운동 등 각 방면에 걸쳐 사회주의 사상은 우리 민족의 권익과 지위 향상을 위한 활동에 영향을 주었다.

   ⓛ 비판

     • 노선의 대립 : 사회주의 운동은 그 노선에 따라 이해를 달리하는 계열이 있어 마찰과 갈등이 심화되었다.

     • 민족주의 운동과의 대립 : 민족주의 운동과는 사상적인 이념과 노선의 차이로 대립이 격화되어 민족 운동 자체에 커다란 차질을 초래하였다.

④ 결과 : 이와 같은 상황을 극복하기 위하여 민족 유일당 운동이 일어났다.

사료   민족 유일당 운동의 전개

❶ 제1차 세계 대전 이후 민족주의 진영에서는 경제 발전과 교육 진흥을 통하여 실력을 양성하자는 문화 운동을 전개하였다. 민족주의 운동이 활발해지자 일제는 친일파를 육성하는 한편, 민족주의 세력을 회유하여 민족 운동을 약화시켰다. 민족주의 진영은 자치 운동 문제를 둘러싸고 타협적인 세력과 비타협적인 세력으로 대립하였다.

❷ 지금 우리 사회에는 두 가지 조류가 있다. 하나는 민족주의 운동(民族主義運動 : 민족 해방)의 조류요, 또 하나는 사회주의 운동(社會主義運動 : 계급 해방)의 조류인가 한다. 이 두 가지 조류가 물론 해방의 근본적 정신에 있어서는 조금도 다를 것이 없다. 그러나 운동의 방법과 이론적 해석에 이르러서는 털끝의 차이로 1,000리의 차이가 생겨 도리어 민족 운동의 전선을 혼란스럽게 하여, 결국은 (일제로 하여금) 어부지리(漁父之利)의 이를 취하게 하며 골육(骨肉)의 다툼을 일으키는 것은 어찌 우리 민족의 장래를 위하여 통탄(痛歎)할 바가 아니랴. 〈동아일보〉, 1925. 9. 27.

❸ 조선 민흥회(朝鮮民興會)는 조선 민족의 공동 권익을 쟁취하고, 조선민의 단일 전선을 결성할 목적으로 창설되었다. 조선 민흥회는 산업 종사자 · 종교인 · 학생 · 지식인 등 전국민의 단합과 통일을 주장한다. 민족적 통합의 그 목적은 '조선 해방'에 있다. …(중략)… 유럽의 프롤레타리아 계급이 봉건주의와 독재주의를 타파할 목적으로 자본가들과 뭉쳤던 것처럼, 조선의 사회주의자들도 반제국주의 운동에서 공동 권익을 지향하는 계급들의 일체적 동원에 대한 필요성을 절감하고 있다. …(후략)… 〈조선일보〉, 1926. 7. 11.

❶ 해외에서의 사회주의 운동

- 상해파 고려 공산당: 1918년 6월 이동휘가 러시아 혁명의 볼세비즘을 바탕으로 한인 사회당을 조직하였다. 상하이 임정 수립 이후에는 한인 공산당을 조직하고 이동휘 등이 임정에 참여하면서 1921년 고려 공산당이라 이름을 바꾸고 그 본부를 상하이로 옮겼다.
- 이르쿠츠크파 고려 공산당: 1919년 오하묵, 김철훈 등이 이르쿠츠크에서 전로 한인 공산당을 조직하였고, 1921년에는 전로 고려 공산당으로 개칭하였다.
- 상해파와 이르쿠츠쿠파의 갈등
  - 사회주의 혁명을 우선적으로 지향하는 측(이르쿠츠크파) 고려 공산당과 민족 해방을 우선적 과제로 설정하자는 측(상해파)으로 갈리어 양 세력의 갈등이 첨예하였다.
  - 결국 코민테른(1919년 모스크바에서 러시아 공산당에 의해 조직된 '국제 공산당' 기구)의 지시에 의해 양 세력은 모두 해체되고, 조선 공산당 조직을 위한 준비 기관인 오르그뷰로(조직국)가 설치되었다(1924).
- 흑도회(1921): 재일한국인 사회주의 단체의 효시이다. 무정부주의자와 공산주의자 간의 이념 분쟁으로 곧 해체되었다. 이후 무정부주의 세력이 흑우회를 조직하였고, 비밀 결사인 불령사를 조직하였다.
- 북성회(이후 북풍회): 흑도회의 공산주의자 김약수 등이 1923년 동경에서 북성회를 조직하고, 이를 기반으로 1924년 서울에서 북풍회를 조직하였다.

❷ 국내에서의 사회주의 운동

- 토요회: 1923년 민태흥, 현칠종 등이 중심이 되어 조직한 사회주의 단체로서, 공산주의 청년회 조직에 역점을 두고 활동하였다.
- 화요회: 1925년 4월 조선 공산당 창립을 주도한 단체로서, 조봉암, 박헌영이 참가하였다.
- 정우회(1926): 화요회가 주도하여 북풍회, 조선 노동당, 무산자 동맹회 4개의 단체가 참여하였다. 1926년 6·10 만세 운동을 계기로 지도부 대부분 체포되었다. 동경 유학생 사회주의 단체인 일월회가 주도하여 민족주의자와의 공동 전선 형성 등의 내용을 담은 정우회 선언을 하고 민족 협동 전선을 모색하였다. 이에 신간회의 창립이 가능하게 되었다.
- 공산당의 창건
  - 소련에서 활동하던 이동휘, 정재달은 김재봉과 신철에게 각각 공산당과 공산 청년회를 조직할 것을 명하였다. 이에 1924년 김사국을 책임 비서로 서울계 공산당, 이정윤을 책임 비서로 서울계 공산 청년회를 조직하였다.
  - 1925년 김재봉을 책임 비서로 화요회계 공산당, 박헌영을 책임 비서로 화요계 공산 청년회가 조직되었다. 이에 1국 1당 원칙에 따라 서울계가 화요계에 가입되었다.
  - 일제는 이를 탄압하기 위하여 1925년 치안 유지법을 제정하여 '국체 또는 정체를 변혁하고, 사유 재산제의 부정을 목적으로 결사를 조직하거나 그 점을 알고, 이에 가입한 자는 10년 이하의 징역 또는 금고에 처한다.'는 내용으로 일제는 반일 운동을 탄압할 구실을 만들었다.
  - 1차 조선 공산당(1925. 4.): 김재봉을 책임 비서로 화요회계와 북풍회계가 중심이 되었다. 일본인 지주에게 소작료를 내지말 것, 일본인 교사에게 배우지 말 것, 일제 타도, 조선의 완전 독립 등을 내세우다 신의주에서 청년회원의 변호사 구타 사건을 계기로 조직이 탄로나 지도부 220여 명이 검거되고, 80명이 유죄 판결을 받았다(제1차 조선 공산당 사건).
  - 2차 조선 공산당(1925. 12.): 화요회계 강달영을 책임 비서로 당을 재건하였으나, 6·10 만세 운동에 연루되어, 조직이 붕괴되었다(제2차 조선 공산당 사건).
  - 3차 조선 공산당(1926. 10.): 김철수를 책임비서로 조직을 재건하여 당명을 ML당이라 함. 이후 안광천, 김준연, 김세연 등으로 책임 비서가 교체되었다. '조선 공산당은 민족적 단일 협동 전선의 매개 형태'로서 신간회에 적극 참여하였으나, 1928년 2월 제3차 공산당 사건으로 해체되었다.
  - 4차 조선 공산당(1928. 3.): 차금봉을 책임 비서로 조직되었다. 1928년 12월 코민테른 6차 대회에서 채택된 12월 테제에서 "공산당 조직의 곤란성은 다만 객관적 조건에서만 초래되는 것이 아니라 조선 공산주의 운동을 수 년 동안 괴롭히고 있었던 내부의 알력 과정에서도 초래되고 있었다."고 지적하면서 인텔리 중심의 당의 해체와 노동자 농민 중심의 당의 재조직을 명령하였다. 이후 프로핀테른(코민테른 산하 기관: 적색 노동조합 인터네셔널)에서 9월 테제를 채택하여, 신간회를 민족 개량주의 단체로 규정하고, 혁명적 노동조합을 건설할 것을 제시하였다.

■ 국공 합작
국공 합작은 중국 국민당과 중국 공산당의 협력관계를 지칭하는 용어이다. 제1차 국공 합작(1924.1~1927.7)은 북방의 군벌과 그 배후에 있는 제국주의 열강에 대항하기 위하여 맺어진 것으로서, 국민 혁명(북벌)에 크게 기여하였다. 제1차 국공 합작은 신간회 창립에 영향을 주었다고 평가된다. 한편 제2차 국공 합작(1937. 9.~1945. 8.)은 일본 제국주의에 대하여 통일전선을 결성한 것으로서, 대일 전쟁에서 결정적인 역할을 수행하였다.

(3) 민족 유일당 운동 – 신간회*

① 신간회 창립 배경

㉠ 1920년대 후반 민족 유일당을 건설하려는 움직임이 활발하게 전개되었다. 중국에서는 '민족 혁명의 유일한 전선을 만들라.'는 주장에 따라 '한국 독립 유일당 북경 촉성회'(1926)가 결성되었다.

> **사료** 한국 독립 유일당 북경 촉성회 선언서(1926)
>
> 동일한 목적과 동일한 성공을 위해 운동하고 투쟁하는 혁명자들은 반드시 하나의 기치 아래 모여 하나의 호령 아래 단결해야만 비로소 상당한 효과를 거둘 수 있다는 것은 말할 필요도 없다.
> 바란다. 일본 제국주의를 타도하라! 한국의 절대 독립을 주장하라! 민족 혁명의 유일한 전선을 만들라! 전 세계 피압박 민중은 단결하라!

㉡ 한편 국내에서는 소수의 비타협적 민족주의 세력과 사회주의 세력이 연합하여 조선 민흥회를 창립하였고(1926), 사회주의 세력인 정우회에서는 「정우회 선언」(1926. 11.)을 통해 비타협적 민족주의 세력과의 연대를 모색하였다.

> **사료** 「정우회 선언」
>
> …(중략)… 우리가 승리를 향해 나아가기 위해서는 현실적으로 가능한 모든 조건을 충분히 이용하지 않으면 안 될 것이며, …(중략)… 민족주의적 세력에 대해서도 그것이 타락한 형태로 나타나지 않는 한 적극적으로 제휴하여, 대중의 개량적 이익을 위해서도 종래의 소극적 태도를 버리고 세차고 꿋꿋하게 떨쳐 일어나 싸워야 할 것이다.

> **심화** 민족주의 세력의 분화
>
> 이광수는 잡지 〈개벽(開闢)〉에 「민족개조론」을 발표(1921)하였고, 1924년 「민족적 경륜」을 〈동아일보〉에 게재하였다. 이후 자치론(타협적 민족주의)이 확산되기 시작하였다. 1924년 초에는 〈동아일보〉의 송진우와 천도교의 최린이 중심이 되어 자치론이 제기되었는데, 연정회와 같은 조직을 만들려고 하다가 강한 반발 여론에 부딪쳐 미수에 그쳤다. 1926년 후반에 다시 최린과 김성수, 송진우 등이 비밀리에 자치 운동 단체를 조직하려 하다 무산되는 일이 있었는데, 이들 자치 운동 단체 재결성 움직임은 신간회를 결성시키는 계기 중 하나가 되었다. 자치론에 반대하는 비타협적 민족주의자(조선 물산 장려회계)들이 사회주의자(서울 청년회)와 연합하여 조선 민흥회를 만들었는데(1926. 7.), 자치론으로 말미암아 결국 민족주의 계열이 타협적 민족주의와 비타협적 민족주의로 분화하게 되었다.

② 내용 : 사회주의 운동의 침체를 극복하기 위해 분파 투쟁의 청산, 사상 단체의 통일, 민족주의 세력과의 타협, 경제 투쟁에서 정치 투쟁으로의 전환 등을 표방하였다.

③ 참여 인사 및 구성
- 언론계(〈조선일보〉 계열) 신석우·안재홍 등, 기독교계 이승훈, 천도교 권동진, 불교계 한용운, 공산당 한위건 등 좌·우익 인사 28명이 발의하였고, 개별 가입제를 채택하여 이상재를 회장, 홍명희를 부회장으로 선출하여, 합법 단체인 신간회를 결성하였다(1927).
- 신간회는 전국 조직으로서 서울에 중앙 본부를 두고 지방에 지회를 두었는데, 143개 군에 지회가 만들어지고 회원 수도 4만여 명에 이르렀다. 중앙 조직은 민족주의 계열이 중심이 되고, 지회는 사회주의 계열이 중심이 되었다.

❶ 언론, 집회, 출판, 결사의 자유 확보
❷ 단결권, 파업권, 단체 계약권의 확립
❸ 조선 민족을 억압하는 모든 법령 철폐
❹ 경작권의 확립
❺ 일본인의 조선 이민 반대
❻ 8시간 노동제 실시
❼ 부당한 납세 반대
❽ 최저 임금, 최저 봉급제 실시
❾ 모든 학교 교육을 조선인 본위로 실시할 것

④ 활동
　㉠ 한국인에 대한 착취 기관의 철폐, 타협적 정치 운동의 배격, 한국인 본위의 교육, 사회 과학 사상 연구의 보장 등을 내걸고 노동 쟁의, 소작 쟁의, 동맹 휴학 등의 대중 운동을 지도하였다.
　㉡ 광주 학생 항일 운동에 김병로를 단장으로 조사단을 파견하였고, 원산 노동자 총파업을 지원하였다. 그러나 1929년 민중 대회를 추진하다가 일제의 탄압을 받아 큰 위기에 봉착하였다.
　㉢ 갑산 화전민 학살 사건 진상 규명 운동과 단천 산림조합 사건 지원 운동을 하였다.
　㉣ 자매 단체로 여성 단체들을 규합한 근우회가 조직되었다.

사료　근우회

❶ 취지문
인류 사회는 많은 불합리를 생산하는 동시에 그 해결을 우리에게 요구하여 마지않는다. 여성 문제는 그중의 하나이다. …(중략)… 그러나 회고(回顧)해 보면 조선 운동은 거의 분산되어 있었다. 그것에는 통일된 조직이 없었고 통일된 목표와 지도 정신(指導精神)도 없었다. 그러므로 그 운동은 효과를 충분히 내지 못하였다. 우리는 운동상 실천으로부터 배운 것이 있으니 우리가 실지로 우리 자체를 위하여 우리 사회를 위하여 분투하려면 우선 조선 자매 전체의 역량을 공고히 단결하여 운동을 전반적으로 전개하지 아니하면 아니된다. 일어나라! 오너라! 단결하자! 분투하자! 조선의 자매들아! 미래는 우리의 것이다.

❷ 행동 강령
1. 여성에 대한 사회적·법률적 일체 차별 철폐
2. 일체 봉건적인 인습(因襲)과 미신(迷信) 타파
3. 조혼(早婚) 방지 및 결혼의 자유
4. 인신 매매 및 공창(公娼) 폐지
5. 농촌 부인의 경제적 이익 옹호
6. 부인 노동의 임금 차별 및 산전 산후 임금 지불
7. 부인 및 소년공의 위험 노동 및 야업 폐지

『한국 근대 민족 해방 운동사』

⑤ 신간회 해소: 일제의 탄압, 타협적 민족주의 세력의 진출에 따른 지도부의 우경화 경향, 코민테른의 지시를 받은 사회주의자들의 연대 포기 등으로 해소되었다(1931).

사료　사회주의자들의 신간회 해소 주장과 비판

❶ 소시민(봉급 생활자, 자영업자 등)의 개량주의적 정치 집단으로 변질한 현재의 신간회는 무산 계급(농민, 노동자)의 투쟁욕 성장에 장애가 되고 있다. 노동자 투쟁과 농민 투쟁을 강력하게 펼치기 위해서는 신간회를 해소하고 노동자는 노동조합으로, 농민은 농민 조합으로 돌아가야 한다.　『삼천리』 1931년 4월호

❷ 조선인의 대중적 운동의 목표는 정면의 일정한 세력(일본 제국주의)을 향해 집중되어야 할 것이니, 민족 운동과 계급 운동은 동지적 협동으로 함께 나란히 나아가야 할 것이요, 그 내부에 영도권이 다른 세력이 섞여 있으므로 전체적으로 협동하여 일을 진행하기는 어려우므로, 역량을 분산시키거나 제 살 깎아 먹는 식의 과오를 범하지 않도록 하는 데 주력해야 한다.　「해소파에게 충고함(『비판』 1931년 7·8월호)」, 안재홍

■ 신간회의 강령
1. 우리는 정치적·경제적 각성을 촉구한다.
2. 우리는 단결을 공고히 한다.
3. 우리는 기회주의를 일체 배격한다.

■ 신간회 해소론
해소는 단순히 해체하는 것이 아니라, 다른 운동 형태로 발전한다는 의미로 쓰였다. 사회주의자들은 신간회를 해소하고 노동자, 농민이 중심이 되는 계급 투쟁을 더욱 적극적으로 전개할 것을 주장하였다.

|정답해설| 제시된 지문은 이광수의 자치론에 해당한다. 일제는 1920년대 문화 통치를 통해 민족주의자들 중 일부를 친일화시켜 민족 운동을 분열시키려 하였다. 이에 사회주의 계열과 비타협적 민족주의 계열 통합 운동(민족 유일당 운동)이 진행되었고, 그 결과 1927년 신간회가 조직되었다.

|정답| ①

● 다음 주장을 배격하면서 나타난 민족 운동은?

> 지금의 조선 민족에게는 왜 정치적 생활이 없는가? 일본이 조선을 병합한 이래로 조선인에게는 모든 정치 활동을 금지한 것이 첫째 원인이다. 지금까지 해 온 정치 운동은 모두 일본인을 적대시 하는 운동뿐이었다. 이런 종류의 운동은 해외에서나 할 수 있는 일이고, 조선 내에서는 허용되는 범위 내에서 일대 정치적 결사를 조직해야 한다는 것이 우리의 주장이다.   이광수, 「민족적 경륜」

① 신간회가 조직되었다.
② 조선사 편수회가 조직되었다.
③ 실력 양성 운동이 전개되었다.
④ 해외에서 독립운동 기지가 건설되었다.

|정답해설| 제시된 글은 1926년 발표된 「정우회 선언」이다. 정우회는 1926년 6·10 만세 운동 당시 타격을 입은 사회주의 계열의 연합 단체이다.

|오답해설|
① 1927년, ③ 1929년, ④ 1932년에 해당한다.

|정답| ②

● 다음과 같은 주장을 한 단체가 결성된 해에 전개된 사건은?   12. 국가직 7급

> 민족주의 세력에 대하여는 그 부르주아 민주주의적 성질을 분명히 인식함과 동시에 과정상의 동맹자적 성질도 충분하게 승인하여, 그것이 타락되지 않는 한 적극적으로 제휴하여 대중의 개량적 이익을 위해서도 종래의 소극적인 태도를 버리고 싸워야 할 것이다.

① 근우회 발족
② 6·10 만세 운동
③ 광주 학생 항일 운동
④ 홍커우 폭탄 투척

|정답해설| 〈보기〉의 단체는 '신간회'이다. 신간회는 비타협적 민족주의 계열과 사회주의 계열이 합작하여 만들어진 단체이며, 1927년 창립되어 1931년까지 활동하였다. 암태도 소작쟁의는 1923~1924년에 진행되었다.

|오답해설|
① 광주 학생 독립운동(광주 학생 항일 운동)은 1929년 일어났다.
② 원산 총파업은 1929년 발생하였다.
③ 1930년 단천 산림조합 시행령 반대 운동이 일어났다.

|정답| ④

● 〈보기〉의 단체가 존속한 기간에 발생한 사건이 아닌 것은?   18. 서울시 기술직 9급

> ┤ 보기 ├
> • 사회주의 계열과 비타협적 민족주의 계열의 합작으로 구성되었다.
> • 설립 당시 회장은 이상재, 부회장은 홍명희가 맡았다.
> • 전국에 140여 개소의 지회를 두고, 약 4만 명의 회원을 확보하였다

① 광주 학생 독립운동
② 원산 총파업
③ 단천 산림조합 시행령 반대 운동
④ 암태도 소작 쟁의

3 농민 운동과 노동 운동

(1) 민중의 생존권 투쟁

① 민중의 집단적 저항: 국권 피탈 직후부터 식민지 수탈에 저항하는 민중의 생존권 투쟁이 활발하게 전개되었다. 농민·노동자들은 토지 조사 사업, 임야 조사 사업, 각종 잡세의 신설과 증세(增稅) 등에 집단적으로 저항하였다.

② 투쟁의 변화 양상

   ㉠ 초기: 이들의 투쟁은 가혹한 수탈에 항거하는 경제적 투쟁부터 시작되었다.

   ㉡ 후기: 점차 정치적 요구를 내세운 투쟁으로 발전하였다.

   ㉢ 변화: 1910년대 말엽에는 폭력 투쟁의 성격도 띠게 되어 주재소, 면사무소, 우편국 등 일제의 지배 기구에 대한 습격으로 변화하였다.

(2) 농민 운동

① 소작 쟁의: 농민 운동은 주로 소작 쟁의를 중심으로 추진되었다.

   ㉠ 1920년대 전반기: 주로 소작인 조합이 중심이 된 소작 쟁의로 50% 이상이었던 고율의 소작료 인하와 소작권 이동 반대가 목적이었다(대표적 – 암태도 소작 쟁의).

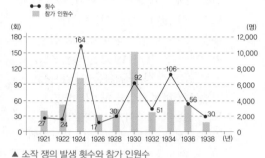

▲ 소작 쟁의 발생 횟수와 참가 인원수

   ㉡ 1920년대 후반기: 자작농까지 포함하는 농민 조합이 소작 쟁의를 주도하였다. 이 시기에는 1930년 일어난 단천 산림 조합 시행령 반대 운동이 대표적 사건이다.

② 농민 운동의 성격 변화

   ㉠ 일본인 대지주나 일본 지주 회사들을 대상으로 한 소작 쟁의는 농장이나 회사에 속한 농민의 수가 많았기 때문에 그 규모도 크고 격렬해졌다.

   ㉡ 지주를 상대로 한 소작 쟁의뿐 아니라 일제의 경제적 약탈 전반에 대항하는 투쟁으로 변화하였다.

   ㉢ 규모가 확대되고 기간도 장기화되었으며, 형태도 대중적 봉기 형태로 옮겨 갔다.

   ㉣ 동양 척식 주식회사 농장의 소작 쟁의는 항일 운동의 성격을 띠었다.

사료   농민 운동 – 소작인 조합의 요구 사항

❶ 소작 조건을 보장하고 소작료는 실제로 수확하는 양의 40%를 한도로 할 것

❷ 지세(地稅)·공과금(公課金)은 지주가 부담할 것

❸ 지주나 마름의 선물(膳物) 및 부역 강요에 대해서는 거절할 것

❹ 머슴 및 일용 노동자들과의 단결을 도모할 것

❺ 동양 척식 주식회사의 일본인 이민(移民)을 반대할 것   경상남도 노동 운동자 협의회(1924)

■ **암태도 소작 쟁의**

1923년 전라도 신안군 암태도에서 악질 지주 문재철을 상대로 소작농들이 1년 여에 걸쳐 소작 쟁의를 펼쳤다. 당시 문재철은 7~8할이 넘는 고율의 소작료로 농민들을 착취하였는데, 소작농들은 1923년 8월 추수기를 앞두고, 암태 소작회를 만들어 소작료를 4할로 인하할 것을 요구하면서 소작 쟁의를 시작하였다. 이후 암태도 소작 농민들의 끈질긴 투쟁의 결과 소작료를 4할로 낮추는 데 합의하였다.

■ **1920년대 노동·농민 단체의 조직**

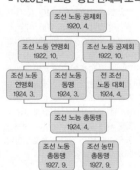

(3) 노동 운동

① 노동조합의 결성 : 노동 운동은 자유 노동자를 중심으로 상당수의 노동조합이 결성되어 임금 인상과 처우 개선 등을 내걸고 파업 투쟁을 벌여 나갔다.

② 열악한 노동 조건

　㉠ 열악한 환경 : 한국인 노동자들의 경우 임금은 낮고 노동 시간은 길었으며, 작업 환경도 극히 열악하였다.

　㉡ 초과 이윤의 획득 : 일본의 독점 자본주의는 노동 입법이 이루어지지 않은 조선의 상황을 최대한 이용하여 초과 이윤을 얻고자 하였다.

　㉢ 민족적 차별 : 이러한 상태에서 노동자들은 일본 노동자의 절반에도 못 미치는 임금의 인상 요구와 8시간 노동제의 시행을 중심으로 쟁의를 벌였다.

③ 노동 운동의 확산

　㉠ 요구 조건 : 노동 쟁의의 쟁점은 임금 인상 외에 단체 계약권의 확립, 8시간 노동제의 실시, 악질 일본인 감독의 추방, 노동 조건의 개선 등으로 점차 확대되었다. 특히 1923년에는 경성 고무 공장 여성 노동자들이 '아사동맹'을 체결하여 파업을 하기도 하였다.

▲ 노동 쟁의의 발생 횟수

　㉡ 노동 운동의 대중화 : 1920년대 후반기에는 서울·인천·목포 등의 대도시에 한정되던 노동 쟁의가 전국 각지로 확산되었으며, 영흥 노동자 총파업·원산 노동자 총파업 등 지역 총파업이 진행되어 노동 운동이 대중화하는 양상을 보였다.

④ 원산 노동자 총파업(1929)

　㉠ 계기 : 한 석유 회사의 일본인 감독이 한국인 노동자를 구타한 사건을 계기로 3,000여 명이 참가한 원산 노동자 총파업은 일제 강점기 노동 운동에서 가장 규모가 컸다.

　㉡ 경과 : 이 파업은 일제가 폭압적으로 탄압하는 상황에서 조선 노동자들이 단결하여 조직적으로 파업을 진행시키면서 투쟁하였고, 항일 투쟁 정신을 고취시켰다. 이로 인하여 노동자 파업이 전국 각지에서 잇따랐다.

　㉢ 결과 : 이 운동은 비록 실패로 끝났지만, 노동 운동이 항일적 성격을 띤 좋은 본보기가 되었다.

4 여성 운동과 청년 운동

(1) 여성 운동

① 여성 운동의 전개

　㉠ 의식 계발의 계기: 3·1 운동을 비롯한 국내외 항일 독립운동에서 여성들의 목숨을 건 참여와 희생의 경험은 이들의 정치적·사회적 의식을 획기적으로 계발시키는 계기가 되었다.

　㉡ 여성의 계몽 운동: 민족 실력 양성 운동에서 사회 개조와 신문화 건설에 여성들의 역할이 요구되자, 이들은 스스로의 힘으로 이를 성취하기 위해서는 여성의 계몽과 교육이 무엇보다 선결 조건임을 자각하고, 문맹 퇴치·구습 타파·생활 개선의 실현을 위한 여성 교육 계몽 운동을 활발히 전개하였다.

② 여성 단체의 조직

　㉠ 1920년대 초반기: 민족주의의 영향 아래 가부장제 혹은 전통적 인습 타파라는 주제로 계몽 차원에서 전개되었다.

　　• 전국적 규모의 단체: 여자 청년회·부인회·조선 여자 교육회·조선 여자 청년회가 있었으며, 종교 계통으로는 조선 여자 기독교 청년회 등이 여성 계몽 운동을 목적으로 활동하였다.

　　• 지방의 단체: 야학·강연회 등을 통한 문맹 퇴치·풍습 개량·지식 계발을 목적으로 하는 단체들이 조직되었다.

　㉡ 1920년대 중반기: 여성 해방의 문제를 계급 해방·민족 해방의 문제와 연결 지으며 사회주의 운동과 결합되는 모습으로 변화하였다. 대표적으로 한국 최초의 사회주의 여성 단체인 조선 여성 동우회(1924)가 있었다.

　㉢ 1920년대 후반기: 여성의 지위 향상을 취지로 여성 직업 단체들이 조직되어 여성에 대한 기술 교육·저축 장려·부업 알선 등을 실시하였으므로 더욱 많은 여성이 사회 활동에 참여하게 되었다.

▲ 여성 잡지 〈신여성〉

■ 조선 여자 교육회
1920년에 조직된 여성 계몽 교육 단체로 전국을 순회하며 계몽 강연회를 개최하였다. 또한 여학교 설립을 도모하며 1921년에는 근화학원을 설립하였다.

사료　일제하 여성 노동자의 생활

어두컴컴한 공장에서, 감독의 무서운 감시와 100도 가까운 열기 속에서 뜨거운 공기를 마시며 육골이 쑤시고 뼈가 으스러지도록 노동을 하는 여성 노동자는 대개 15～16세 혹은 20세 전후로 그 대부분은 각지 농촌에서 모집되어 온 사람이다. 그들은 하루 최고 15～16전으로 6～7년간 이런 환경 속에서 괴로운 훈련을 겪은 다음에야 겨우 40～50전을 받는다. …(중략)… 이 여성들의 낯빛은 중병 직후의 환자와 같고 몸은 쇠약할 대로 쇠약하여 졸도하는 일이 허다한데, 공장 내에는 특별한 규율이 있어 조금이라도 그 규율을 어기면 즉각 매를 맞는 형편이었다.　　〈조선일보〉 1936. 7. 2.

(2) 청년 운동

① 방향: 1920년 조직된 조선 청년 연합회 등 1920년대 초 청년 조직은 100여 개가 되었으며, 이들 청년 운동 단체들은 표면적으로는 청년의 품성 도야·지식의 계발·체육 장려·단체 훈련 강화 등을 내세웠고, 풍속 개량과 미신 타파 등을 통하여 사회 개선을 추구하였다. 그러나 이들 단체들은 실제로는 민족의 생활과 역량을 향상시킴으로써 자주독립의 기초를 이룩하려 하였다.

② 활동

  ㉠ 청년 단체들은 강연회·토론회 등을 개최하고, 학교·강습소·야학 등을 설치하고 운영하여 지식의 향상을 꾀하였으며, 운동회·조기회 등을 통하여 심신의 단련을 도모하였다.

  ㉡ 단연회·금주회·저축 조합 등을 결성하여 사회 교화와 생활 개선을 꾀하였다.

③ 학생 운동

  ㉠ 전개: 학생 운동은 대개 동맹 휴학의 형태로 전개되었다. 처음에는 시설 개선이나 일인 교원 배척 등의 요구가 많았다. 그러나 점차 식민지 노예 교육 철폐, 조선 역사의 교육, 교내 조선어 사용, 학생회 자치, 언론 및 집회의 자유 등의 요구가 대두되었다.

  ㉡ 광주 학생 항일 운동(1929): 일반 학생의 반일 감정을 토대로 일어난 민족 운동으로서, 청년 운동의 절정을 이루었다.

④ 조선 청년 총동맹(1924): 1920년대 초에 사회주의 사상이 유입된 이후, 청년 단체들은 민족주의 계열과 사회주의 계열로 나뉘었다. 이와 같은 청년 운동의 분열을 수습하기 위하여 조직된 것이 조선 청년 총동맹이었다.

(3) 소년 운동

① 전개

  ㉠ 본격화: 소년 운동은 천도교 청년회가 소년부를 설치함으로써 본격화되었다.

  ㉡ 전국적 확산: 방정환은 천도교 소년회(1921)를 조직하였고, 색동회에서는 어린이날을 제정(1923)하였다.

② 발전

  ㉠ 조선 소년 연합회(1927): 전국적 조직체로서, 조선 소년 연합회가 조직되어 체계적인 소년 운동을 전개하였다.

  ㉡ 소년 운동에 공헌: 방정환(색동회, 1923), 조철호 등은 소년 운동을 통하여 어린이들에게 용기와 애국심을 북돋워 주었다.

③ 중단

  ㉠ 분열: 지도자들 사이에 사상과 이념의 대립으로 소년 운동도 분열되었다.

  ㉡ 일제의 탄압: 중일 전쟁 발발 후에는 일제가 한국의 청소년 운동을 일체 금지하고 단체를 해산함으로써 청소년 운동은 중단되었다.

(4) 형평 운동(1923)

① 배경 : 천대를 받아 오던 백정들은 갑오개혁에 의해 법제적으로는 권리를 인정받았으나, 사회적으로는 오랜 관습 속에서 지속적인 차별을 받고 있었다.

② 조직 : 이에 반발하여 이학찬을 중심으로 한 백정(白丁)들은 진주에서 조선 형평사(朝鮮衡平社)를 창립(1923)하였다.

③ 전개 : 사회적으로 평등한 대우를 요구하는 형평 운동을 전개하였다.

▲ 조선 형평사의 전국 대회 포스터

사료 조선 형평사 취지문

공평(公平)은 사회의 근본이고, 사랑은 인간의 본성이다. 고로 우리는 계급을 타파하고, 모욕적인 칭호를 폐지하여, 교육을 장려하고 우리도 참다운 인간으로 되고자 함은 본사(本社)의 주지이다. 지금까지 조선의 백정은 어떠한 지위와 압박을 받아왔던가? 과거를 회상하면 종일 통곡하고도 피눈물을 금할 수 없다.

바로 확인문제

● 다음 사실들을 시기 순으로 바르게 나열한 것은?   16. 지방직 9급

> ㄱ. 김좌진을 중심으로 한 신민부가 조직되었다.
> ㄴ. 민족 협동 전선론에 따라 정우회가 조직되었다.
> ㄷ. 노동 조건의 개선을 요구한 원산 노동자 총파업이 일어났다.
> ㄹ. 백정의 사회적 차별을 철폐하고자 하는 형평사가 창립되었다.

① ㄱ → ㄴ → ㄹ → ㄷ   ② ㄱ → ㄹ → ㄷ → ㄴ

③ ㄹ → ㄱ → ㄴ → ㄷ   ④ ㄹ → ㄷ → ㄱ → ㄴ

|정답해설| 제시된 내용은 ㄹ. 조선 형평사 창립(1923) → ㄱ. 신민부 조직(1925) → ㄴ. 정우회 조직(1926) → ㄷ. 원산 노동자 총파업(1929) 순으로 일어났다.

|정답| ③

● 다음 선언문이 발표된 때로부터 가장 먼 시기에 있었던 사실로 적절한 것은?   18. 경찰직 3차

> 1. 어린이를 재래의 윤리적 압박으로부터 해방하여 그들에 대한 완전한 인격적 예우를 허하게 하라.
> 2. 어린이를 재래의 경제적 압박으로부터 해방하여 만 14세 이하의 그들에 대한 무상 또는 유상의 노동을 폐하게 하라.
> 3. 어린이 그들이 고요히 배우고 즐겁게 놀기에 족한 각양의 가정 또한 사회적 시설을 행하게 하라.

① 신채호는 김원봉의 요청으로 '조선 혁명 선언'을 지어 의열단의 투쟁 노선과 행동 강령을 제시하였다.

② 박상진을 총사령으로 하여 군대식 조직을 갖추고, 공화 정부 수립을 목표로 활동한 대한 광복회가 결성되었다.

③ 백정은 자신들에 대한 차별 대우를 폐지하여 저울처럼 평등한 세상을 만들겠다는 의지를 모아, 경남 진주에서 조선 형평사를 창립하였다.

④ 국내외의 독립 운동 상황을 점검하고 새로운 활로를 모색하기 위하여 상하이에서 국민 대표 회의가 열렸다.

|정답해설| 제시된 사료는 1923년 발표된 '어린이 선언문'이다. 대한 광복회는 1915년에 결성되었다.

|오답해설| ①③④ 1923년에 있었던 사실이다.

|정답| ②

단권화 MEMO

04 민족 문화 수호 운동

단권화 MEMO

1 식민지 문화 정책

(1) 우민화 교육과 언론 정책

① 우민화 교육: 일제는 우민화 교육과 동화 정책을 통하여 이른바 한국인의 **황국 신민화**를 꾀하였다.

　㉠ 중일 전쟁 이전: 우리 민족은 우리말 대신 일본어를 배우도록 강요당하였고, 각급 학교의 교과서는 일제의 침략 정책에 맞도록 편찬되었다. 또한 일제는 사립 학교나 서당 등 민족주의 교육 기관을 억압하였다. 다만 초급의 실업 기술 교육을 통하여 식민지 통치에 유용한 기술 인력의 양성만을 꾀하였다.

　㉡ 중일 전쟁 이후: 1930년대 후반 이후에는 더욱 혹독한 식민지 교육 정책이 실시되었다. 즉, 일제가 내세운 내선일체·일선 동조론·황국 신민화와 같은 허황된 구호 아래 우리말과 우리 역사의 교육은 금지되었으며, 항거하는 학교는 폐쇄되었다. 이에 일부의 지도층 인사들은 민족적 양심을 저버리고 일제의 강요에 굴복하여 친일 행각을 벌이기도 하였다.

사료　일제의 식민지 교육 정책

❶ **제1차 조선 교육령(1911)**

　제1조　조선에서의 조선인의 교육은 본령에 따른다.

　제2조　교육은 교육에 관한 칙어(勅語)의 취지에 따라 충량한 국민을 육성하는 것을 본의로 한다.

　제5조　보통 교육은 보통의 지식, 기능을 부여하고 특히 국민된 성격을 함양하여 국어(일본어)를 보급함을 목적으로 한다.

　제6조　실업 교육은 농업, 상업, 공업에 관한 지식, 기능을 가르쳐주는 것을 목적으로 한다.

　제9조　보통학교의 수업 연한은 4년으로 한다. 단 지방 실정에 따라 1년을 단축할 수 있다.

❷ **제2차 조선 교육령(1922)**

　• 보통학교의 수업 연한을 4년에서 6년으로, 고등 보통학교는 4년에서 5년으로 연장한다.

　• 조선인과 일본인의 공학을 원칙으로 한다.

　• 사범 학교를 설치하고, 조선에서의 대학 교육을 허용한다.

　• 교육 시설을 3면 1교로 확대한다.

❸ **제3차 조선 교육령(1938)**

　• 초등 교육 시설을 확장하고(1면 1교), 황국 신민 서사를 제정하였다.

　• 조선어를 수의(선택) 과목으로 규정하였다. 학제상 조선어를 선택 과목으로 두었지만, 일상생활에서 조선어 사용을 금지하여 실질적으로는 우리말 교육을 금지하였다.

　• 학교 명칭을 일본과 동일하게 수정하였다(보통학교 → 심상소학교, 여자 고등 보통학교 → 고등 여학교). 1941년 소학교의 명칭을 국민학교로 고쳤다.

❹ 제4차 조선 교육령(1943)
- 군부에 의한 교육 통제를 강화하고, 조선어 과목을 완전히 폐지하였다.
- 수업 연한을 단축하고, 사범 학교 교육을 확충하여 황국 신민을 양성하려 하였다.

바로 확인문제

● 다음 법령이 제정된 때와 가장 가까운 시기에 있었던 사실로 가장 적절한 것은?   18. 경찰직 2차

> 제1조 소학교는 국민 도덕의 함양과 국민 생활의 필수적인 보통의 지능을 갖게 함으로써 충량한 황국신민을 육성하는데 있다 .
>
> 제13조 심상소학교의 교과목은 수신, 국어(일어), 산술, 국사, 지리, 이과, 직업, 도화, 소공, 창가, 체조이다. 조선어는 수의 과목으로 한다.

① '재만 한인 단속 방법에 관한 협약'이 맺어짐으로써 독립군의 활동은 큰 위협을 받게 되었다.
② 조선 청년 독립단의 이름으로 독립 선언서를 발표하였다.
③ 일제는 한글 연구로 민족의식이 고취되는 것을 막기 위해 조선어학회를 강제로 해산시켰다.
④ 조선 민족 혁명당은 민족 연합 전선을 강화하기 위해 다른 단체들과 함께 조선 민족 전선 연맹을 결성하였다.

② 언론의 탄압
　㉠ 국권 침탈: 한국인의 언론·집회·결사의 자유가 박탈되고, 일제의 식민 통치에 항거하는 신문은 모두 폐간되었다. 그러나 3·1 운동 이후에는 이른바 문화 통치에 의해 〈조선일보〉와 〈동아일보〉의 발행이 허가되기도 하였다.
　㉡ 일제의 박해: 민족지들은 일제의 검열에 의해 기사가 삭제되거나 정간·폐간되었고, 언론인들이 구속되는 등 온갖 박해를 받았다.

(2) 한국사의 왜곡

① 식민 사관
　㉠ 일제는 우리 민족의 긍지와 정체성을 심어 주는 한국사를 왜곡하여 한국인의 민족의식을 약화시키고, 나아가 이를 말살하려고 하였다.
　㉡ 이에 한국사의 타율성·정체성·당파성 등이 강조되었고, 한국사의 자율성과 독창성 등은 무시되었다.
② 조선사 편수회: 식민 사관을 토대로 일제가 설치한 **조선사 편수회**는 조선사를 편찬하여 **한국사 왜곡**에 앞장섰다.
③ 청구 학회: 경성 제국 대학 역사학 교수들과 조선사 편수회 식민 사학자들은 **청구 학회**를 통해 식민 사관을 널리 알리려 하였다.

단권화 MEMO

|정답해설| 제시된 사료에서 '조선어는 수의 과목(선택 과목)으로 한다.'는 내용을 통해 1938년 공포된 제3차 조선 교육령임을 알 수 있다. 따라서 1938년과 가장 가까운 시기인 조선 민족 전선 연맹(1937) 결성을 정답으로 고르면 된다.

|오답해설|
① 1925년 미쓰야 협정('재만 한인 단속 방법에 관한 협약')이 맺어짐으로써 독립군의 활동은 큰 위협을 받게 되었다.
② 1919년 2월 8일 동경 유학생들이 조선 청년 독립단의 이름으로 독립 선언서를 발표하였다(2·8 독립 선언).
③ 일제는 한글 연구로 민족의식이 고취되는 것을 막기 위해 조선어학회를 강제로 해산시켰다(조선어학회 사건, 1942).

|정답| ④

■ **일제의 한국사 왜곡**
- **정체성론**: 한국사는 역사적 발전을 제대로 겪지 못해서, 근대 사회로의 이행에 필요한 봉건 사회를 거치지 못하고, 고대 국가 정도에 머물러 있다는 주장(중세 부재론)
- **타율성론**: 한국사의 전개 과정이 한국인의 자주적 역량에 의해 자율적으로 이루어지지 못하고, 외세의 간섭과 압력에 의해서 타율적으로 이루어졌다는 주장
- **당파성론**: 한국인은 분열성이 강하여 항상 내분으로 싸웠다는 주장
- **반도성론**: 반도 국가의 지리적 특수성을 강조하며, 한국사의 독자적 발전을 부정

조선인은 다른 식민지의 야만인 혹은 반개민족(半開民族)과는 달리 독서를 하는 문화에 속해 있으며 문명인보다 열등하지 않다. 옛날부터 전해져 오는 역사서들이 많으며, 또한 새롭게 저술된 것도 적지 않다. 그런데 전자는 독립 시대의 저술로서 현대와는 관계가 없으며, 단지 독립국의 옛 꿈을 되새기게 만드는 폐단이 있다. 후자는 근대 조선에서 일청, 일로 사이의 세력 경쟁을 서술하면서 조선의 나아갈 바를 설명하고 있거나, 혹은 한국통사(韓國痛史)라고 불리는 재외 조선인의 저서와 같이 사건의 진상을 밝히려 하지 않고 함부로 헛된 주장을 마음대로 하고 있다. 이러한 역사 서적이 인심을 고혹하는 해독은 진실로 이루 말할 수 없을 것이다. 그러나 이를 제거하는 방책으로, 절멸의 방책을 강구하는 것은 헛된 노력만 기울이고 효과가 없을 뿐아니라 오히려 그 전파를 촉진하게 될 수도 있다. 차라리 옛 역사를 금지하는 것 대신 공명 정확한 역사서를 만드는 것이 지름길이며, 효과가 더욱 현저해질 것이다. 이것이 조선반도사의 편찬이 필요한 주된 이유이다.

조선 총독부 조선사 편수회, 『조선사 편수회 사업 개요』, 1938

2 민족 문화 수호 운동의 전개

일제의 민족 말살 정책에 대항하여 애국지사들은 민족 문화 수호 운동을 꾸준히 전개하였다. 이 운동의 핵심은 우리말과 우리 역사를 연구·보존하고 민족의식을 배양하려는 것이었다.

(1) 국학 운동

① 한글 보급 운동

　㉠ 조선어 연구회(1921)

조직	3·1 운동 이후 이윤재·최현배 등은 국문 연구소의 전통을 이은 조선어 연구회를 조직하여 국어 연구와 한글의 보급에 힘썼다.
활동	한글의 연구와 함께 〈한글〉이라는 잡지를 간행하고 '가갸날'을 정하여 한글의 보급과 대중화에 공헌하였다.

　㉡ 조선어학회(1931)

개편	조선어 연구회가 조선어학회로 개편되면서 그 연구도 더욱 심화되었다.
활동	한글 교육에 힘써 한글 교재를 출판하기도 하였으며, 회원들이 전국 각 지방을 순회하면서 한글을 보급하는 데 앞장섰다. 또한 '한글 맞춤법 통일안'(1933)과 '표준어'를 제정(1936)하였으며, 『우리말 큰사전』의 편찬에 착수하였으나, 일제의 방해로 성공하지 못하였다.
해산	1942년 일제는 조선어학회 사건을 일으켜 수많은 회원들을 체포·투옥하여 강제로 해산시켰다.

② 한글 보급 운동의 의의: 한글 보급 운동은 일제의 우리말·우리글 말살 정책에 정면으로 대항한 항일 운동인 동시에 민족 문자 수호라는 측면에서 중요한 의의가 있다.

피고인 이극로를 중심으로 하여, 문화 운동 중 그 기초적 중심이 되는 어문 운동의 방법을 취하여, …(중략)… 겉으로 문화 운동의 가면을 쓰고, 조선 독립을 목적한 실력 배양 단체로서, 검거되기까지 10여 년이나 조선 민족에 대하여 조선 어문 운동을 전개해 온 것이니 그 중 조선어사전의 편찬 사업 같은 것은 민족적 대사업으로 촉망되었다.

『한글학회 50년사』

❶ 조선어 연구회는 각 학교에서 조선어를 가르치던 주시경(周時經)의 제자들이 1921년 "조선어의 정확한 법리를 연구"할 목적으로 설립하였다. 조선어 연구회는 주로 한글 철자법을 연구하였고, 동인지 『한글』을 중심으로 활동하였다. 1926년에는 훈민정음 반포 480주년을 맞아 훈민정음 반포일을 '가갸날'로 명명하고 기념식을 개최하는 등 한글 보급을 위해 활발한 활동을 벌였다.

조선어 연구회는 '조선어 사전 편찬회'를 조직하였는데, 이는 정확한 한글 사전 편찬을 통해 우리말과 우리글의 의미를 정리하고 체계화시키며, 민족의 글과 정신을 일깨워 궁극적으로는 민족의 갱생을 꾀하려는 목적이었다. 그런데 사전 편찬을 위해서는 통일된 표준어와 맞춤법 등이 필요하였다. 이에 1930년 12월 조선어 연구회는 한글 맞춤법 통일안을 제정하기로 결의하였다.

❷ 1931년 1월 조선어 연구회를 "조선어문의 연구와 통일"을 위한 기관인 조선어학회로 개편하여 보다 적극적으로 한글 사전 편찬 사업을 추진하였다. 조선어학회는 1933년 '한글 맞춤법 통일안'을 시작으로 '조선어 표준어 사정안', '외래어 표기법 통일안'을 차례로 확정하였다. 1940년에는 그동안의 성과를 바탕으로 '한글 맞춤법 통일안'을 수정 발간하였으며, 본격적으로 한글 사전 편찬에 노력을 기울였다.

❸ 한글 사전은 1940년 조선 총독부에 『조선어대사전』 출판을 허가받았고, 1942년 원고를 출판사에 넘겨 간행할 예정이었다. 하지만 1942년 10월에 발생한 이른바 조선어학회 사건으로 한글 사전 편찬은 중단되었고, 원고와 서적은 전부 압수되었다. 조선어학회 사건은 일제가 사전 편찬에 참여하던 교사 정태진(丁泰鎭)에게서 강제로 조선어학회가 민족주의 단체로서 독립운동을 하고 있다는 자백을 받아내면서 시작되었다. 일제는 1942년 10월부터 1943년 4월까지 조선어학회 핵심 회원과 사전 편찬을 후원하는 찬조 회원을 대거 검거하였다. 이들에게는 치안 유지법의 내란죄가 적용되었고, 재판 과정에서 이윤재와 한징은 옥사하였으며, 이극로, 최현배, 이희승, 정인승, 정태진의 5명은 실형을 선고받았다. 이 사건으로 조선어학회의 활동은 사실상 중단되었다.

사료　『우리말 큰사전』 머리말

말은 사람의 특징이요, 겨레의 보람이요, 문학의 표상이다. 조선말은 우리 겨레가 반만 년 역사적 생활에서 문화 활동의 말미암던 길이요, 연장이요, 또 결과이다. 그 낱낱의 말은 다 우리의 무수한 조상들이 잇고 이어 보태고 다듬어서 우리에게 물려준 거룩한 보배이다. 그러므로 우리말은 곧 우리 겨레가 가진 정신적·물질적 재산의 총목록이라 할 수 있으니, 우리는 이 말을 떠나서는 하루 한때라도 살 수 없는 것이다.

▲ 조선어학회 회원들

(2) 한국사의 연구*

① 민족주의 사학

   ㉠ 민족 문화 수호 운동은 한국사 연구에서도 활발하게 일어났다.

   ㉡ 일제의 한국사 왜곡에 맞서 민족주의 사학자들은 우리 민족 문화의 우수성, 한국사의 주체적 발전 등을 강조하였다. 그들 가운데 대표적인 사람은 박은식, 신채호, 정인보 등이다.

② 박은식

   ㉠ 개관

     • 1898년 〈황성신문〉 주필을 지냈으며, 1909년 「유교 구신론」을 발표하였다. 이후 신규식과 함께 동제사 및 대동 보국단을 조직하였다.

     • 역사학자로서 『안중근전』, 『한국 독립운동 지혈사』를 간행하였으며, 1924년 상하이 〈독립신문〉 사장, 1925년 3월에는 임시 정부 제2대 대통령에 취임하였다.

   ㉡ 역사 인식 : 박은식은 원래 성리학적 사관을 가졌으나, 1898년 양명학을 받아들여 실천적이고 민중적인 유교로 개신하고(「유교 구신론」 주장), 1910년 대종교 역사의식도 수용하였다. 이를 토대로 근대적 민족주의 역사관을 확립하였다. 박은식은 여타 민족주의 사학자들이 고대사에 치중한 것과는 달리 근대사에 치중하였다.

＊한국사의 연구

민족주의 사학자 박은식, 신채호, 정인보, 문일평의 주장과 저서를 기억해야 한다. 또한 사회 경제 사학자들이 일제의 정체성론을 비판했음을 알아야 한다.

ⓒ 『한국통사』
- 박은식이 1915년 상하이에서 편찬한 역사서로서, 최초의 근대적 역사 인식에 기초한 한국 근대사이다. 서론에서는 단군, 부여, 고구려, 발해의 역사를 강조하며, 고종 즉위 이전까지를 긍정적으로 서술하였다.
- 본론에서는 고종 즉위에서 105인 사건을 상술하면서 근대 역사의 여러 사건들 속에서 국가의 멸망 원인을 파악하였다.
- '나라는 형(形: 형체, 魄: 몸)이며, 역사는 신(神: 정신, 혼)이다.'라고 강조하면서 국가의 외형적 요소는 멸망할 수 있지만 정신 또는 국혼(국어, 국사)이 멸망하지 않으면 반드시 국권을 회복할 수 있다고 강조하였다.

ⓔ 『한국 독립운동 지혈사』
- 『한국 독립운동 지혈사』는 『한국통사』의 속편이라고 할 수 있다. 박은식은 3·1 운동에 자극받아 임시 정부의 사료 조사 편찬회(임시 사료 편찬 위원회)에서 『한·일 관계 사료집』 4권을 편찬한 후 수집된 자료를 토대로 1920년 간행하였다.
- 내용: 한국이 일본에 동화될 수 없고 계속되는 독립 투쟁, 특히 거족적인 3·1 운동에서 보듯이 한국의 국혼이 멸하지 않았으므로 투쟁을 계속하면 반드시 국권이 회복될 것이라는 데 중점을 두었다.

ⓜ 기타
- 태백광노(太白狂奴) 또는 무치생(無恥生)의 별호를 사용하였으며 윤세복이 만주에 세운 동창 학교에 참여하였다.
- 1911년 만주 고대사 유적지를 답사하면서 『동명성왕실기』, 『발해태조건국지』, 『몽배금태조』, 『명림답부전』, 『연개소문전』 등 무장 투쟁을 뒷받침하는 영웅주의적 역사를 서술하였다.
- 『안중근전』, 『단조사고』 등을 저술하고 최남선과 함께 조선 광문회를 설립하여 민족의 고전을 정리·간행하였다.

▲ 『한국 독립운동 지혈사』

심화 박은식의 역사 인식

"옛 사람이 말하기를, 나라는 가히 멸할 수 있으나 역사는 가히 멸할 수 없으니, 대개 나라는 형(形)이요, 역사는 신(神)이기 때문이다."라고 갈파하고, 국가가 유지되는 데 내면적·정신적 혼(魂)과 외형적·물질적인 백(魄)이 필요한데, 정신적인 혼이 따르지 아니하면 백은 살아 있어도 죽은 것이라고 보았다.

③ 신채호
ⓐ 개관
- 성균관 박사를 지내고 〈황성신문〉 기자(1905), 〈대한매일신보〉 주필(1906), 신민회 참여(1907) 이후 1910년 블라디보스토크로 건너가 〈권업신문〉 주필, 상하이 임시 정부 의정원 의원을 지냈다.
- 1923년 국민 대표 회의 시기에는 창조파에 가담하였으며, 1923년 의열단 강령인 『조선 혁명 선언』을 작성하였고(이후 무정부주의적 활동), 1928년 체포되어 10년 형을 받고 복역하다가 여순(뤼순)에서 옥사하였다(1936).
ⓑ 초기의 역사 인식
- 「독사신론」(1908, 〈대한매일신보〉에서 연재): 민족주의 사학의 기틀을 마련하였다고 평가되며, 기존 유교 사관인 단군-기자-위만이나 단군-기자-삼한의 고대사 체계를 부정하고, 단군의 전통이 부여·고구려로 계승되었다고 주장하였다. 임나일본부설을

▲ 신채호

부정하고 고대 한민족의 일본 경영과 중국에 대한 식민 활동을 강조하면서 민족 주체성을 부각하였다.

- 영웅 사관과 고대사 유적 답사: 신채호는 국외로 망명하기 전 신문 기고 등을 통해 「을지문덕전」, 「최도통전(최영 장군전)」, 「이순신전」 등 영웅 전기를 발표하였다. 1914년에는 대종교 3대 종사 윤세복의 초청으로 서간도 환인현의 동창 학교에서 1년간 국사를 가르쳤다. 이때 만주의 고구려 유적을 답사하였다.

ⓒ 1920년대 이후 역사 인식
- 1920년대 초 3·1 운동의 실패와 이승만 등 외교 독립론자들이 주도하는 임시 정부의 무능함에 실망하고, 민중의 직접적 폭력 혁명에 의해서만 식민지를 타파할 수 있다고 생각하였다. 이러한 민중 중심 역사관은 전근대적 유교 사관과 제국주의적 사회 진화론을 부정한 것으로 평가된다.
- 신채호의 혁명 사관은 「조선 혁명 선언」, 『조선사연구초』, 『조선상고사』(1931)에 잘 나타나 있다.

ⓔ 『조선사연구초』
- 『조선사연구초』는 〈동아일보〉에 1924년 10월부터 1925년 3월까지 연재한 6편의 논문을 1929년 동 제목으로 간행한 것이다.
- 내용: 묘청의 서경 천도 운동을 '조선 역사 일천년래 제일 대사건'으로 높이 평가하면서 조선이 사대주의의 노예가 된 원인을 묘청이 보수적 사대주의자인 김부식에게 패한 데서 찾고, 묘청의 몰락으로 자주적·진취적 사관이 소멸되었다고 보았다.

ⓜ 『조선상고사』
- 1931년 〈조선일보〉에 연재한 『조선상고사』에서는 역사를 '시간에서부터 발전하여 공간으로 확대되는 심적 활동 상태의 기록'으로 정의하고 시간, 공간, 인간을 역사의 3요소로 규정하였다.
- 인간의 정신적 요소를 강조하면서 비타협적, 폭력 혁명적, 저항적인 민족주의 의식을 분명히 하였다.
- 역사를 '아(我)와 비아(非我)의 투쟁'으로 보아 대내적으로는 계급 간, 제 세력 간, 대외적으로는 민족 간 끊임없는 투쟁과 항쟁사로 규정하였다. 즉, 변증법적 발전론의 입장에서 역사를 파악하였다.

ⓗ 기타: 신채호는 민족의 고유 사상을 화랑도의 낭(낭가) 사상에서 찾으려 하였고, 시론인 「천희당시화」를 〈대한매일신보〉에 연재하였다. 또한 『동국고대선교고』(1910), 단편 소설인 『꿈하늘』(1916), 『조선상고문화사』(1931), 『조선사론』(신채호의 유고, 1946년 발행) 등을 저술하였다.

▲ 『조선상고사』

사료   **신채호의 역사 인식**

역사란 무엇이뇨. 인류 사회의 아(我)와 비아(非我)의 투쟁이 시간에서 발전하여 공간까지 확대하는 심적 활동의 상태의 기록이니. 세계사라 하면 세계 인류의 그리 되어 온 상태의 기록이며, 조선사라 하면 조선 민족이 그리 되어 온 상태의 기록이니라. 그리하여 아에 대한 비아의 접촉이 많을수록 비아에 대한 아의 투쟁이 더욱 맹렬하여 인류 사회의 활동이 휴식할 사이가 없으며, 역사의 전도가 완결될 날이 없다. 그러므로 역사는 아와 비아의 투쟁의 기록이니라.   『조선상고사』

④ 정인보

  ㉠ 계승: 신채호를 계승하여 고대사 연구에 치중하였고, 「오천 년간 조선의 얼」을 신문에 연재하였다.

  ㉡ 조선사 연구: 일제의 식민 사관에 대항하여 광개토대왕릉비를 새롭게 해석하고, 한사군의 실재성을 부인하였다. 양명학과 실학 사상을 주로 연구하였다.

  ㉢ 민족 사관: '얼' 사상을 강조하였고, 안재홍 등과 조선학 운동을 전개하였다.

| 심화 | 조선학 운동 |

1934년 다산 정약용 서거 100주년을 맞아 조선 문화 부흥 운동, 즉 조선학 운동이 일어났다. 정인보는 「오천 년간 조선의 얼」(1935) 등을 저술하여, 민족 사관을 고취시켰다. 또한 정인보, 안재홍 등은 「여유당전서」를 교열하여 「정다산전서」라는 이름으로 간행하는 등 실학 연구에 주력하였다. 역사학에서의 조선학 운동은 안재홍, 정인보, 문일평 등 비타협적 민족주의 사학자들에 의해 주도되었는데, 신채호 등의 민족주의 사학을 계승하되, 이전 민족주의 사학의 한계를 인식하고, 민족의 고유성, 특수성과 세계사적 보편성을 동시에 추구하였다.

한편 1930년대로 갈수록 식민 사학의 침투가 강화되자, 비타협적 민족주의 사학자 정인보, 문일평 등은 당시 활발하던 문화사적인 방법론과 계급 투쟁 사관, 민중 사학도 도입하여 민족주의 사학을 한 단계 발전시키는 역할을 하였다.

⑤ 기타

문일평	• 「대미관계 50년사」, 「호암 전집」을 저술하고, 개항 후의 근대사 연구에 역점을 두었다. • '조선심(朝鮮心)'을 강조하면서 1930년대 조선학 운동을 전개하였다.
안확	「조선문명사」에서 붕당 정치를 긍정적으로 인식하여 일제의 당파성론을 비판하였다.
최남선	• 「아시조선」, 「고사통」, 「조선역사」 등을 저술하고 백두산 중심의 불함문화론(不咸文化論)을 전개하여 식민 사관에 대항하였다. • 조선 광문회를 조직하여 고전의 정리·간행에 노력하였다.
장도빈	「국사」, 「이순신전」, 「대한 위인전」 등을 저술하고, 민족주의 사학의 발전에 공헌하였다.
이능화	「조선 불교 통사」, 「조선 도교사」 등을 저술하고, 한국 종교 및 민속 방면의 연구에 공헌하였다.
안재홍	• '대내적으로는 민주주의적 방법으로 계급 모순을 해소하고, 대외적으로 민족적 자주성을 확고히 해야 한다.'는 신민족주의자로 1930년대 조선학 운동을 전개하였다. • 「조선상고사감」을 저술하고, '민족 정기(民族正氣)'를 강조하였으며, 해방 이후에는 신민족주의와 신민주주의를 제창하였다.
손진태	「조선 민족사 개론」, 「국사 대요」를 저술하였으며, 신민족주의 사관을 확립하고자 노력하였다.
기타	「대한계년사」(정교), 「동국사략」 및 「유년필독(幼年必讀)」(현채)

(3) 실증 사학

① 특징: 문헌 고증에 의한 실증적인 방법으로 한국학을 연구함으로써 역사 상황을 정확하고 올바르게 인식하고자 하였다.

② 진단 학회 조직(1934): 청구 학회 등 일제 어용학자들의 한국사 및 한국 문화 왜곡에 대항하여 이병도, 손진태 등 역사학자들과 이윤재, 이희승, 조윤제 등 국어학자들이 모여 1934년 창립하였다. 이후 기관지인 〈진단학보〉를 발간하였다. 한편 국가 총동원령 발표 이후 일제의 탄압이 계속되어 〈진단학보〉는 1941년까지만 발행되었고, 진단 학회에 참여하였던 국어학자들이 1942년 조선어 학회 사건으로 구속되면서 활동이 중단되었다.

문일평은 남조선 경영설, 만선사관 등 식민 사관을 부정하고, '조선심'을 강조하였다. 그는 한글 창제, 실학을 조선심 발양의 대표적 사례로 제시하였다. 또한 신채호, 마르크스주의 역사학의 영향도 받아 「조선 과거의 혁명 운동」(1923)과 「사안으로 본 조선」(1933)에서는 민중 중심적 역사관을 제시하고, 고려, 조선에서 계급 간 투쟁이 있었음을 지적하였다. 대표적 저서인 「대미관계 50년사」(별칭: 한미 50년사, 1934)에서 제국주의의 침략을 국제적 안목에서 파악하였다.

■ 안재홍의 신민족주의와 신민주주의

안재홍은 「신민족주의와 신민주주의」(1945)라는 저서를 통해 신민족주의 이론을 처음으로 제창하였다. 그는 식민지에서 해방된 한국이 모든 계급, 집단, 정치 세력을 끌어 안는 초계급적 통합 민족 국가를 건설해야 한다고 강조하였다. 또한 부르주아 민주주의, 프롤레타리아 민주주의를 낡은 민주주의라고 비판하면서 경제 균등을 바탕으로 정치·교육(문화)의 평등을 실현하는 새로운 신(新)민주주의를 강조하였다. 그가 지향한 사회는 모든 계급이 정치·경제·사회 평등의 권리를 누리는 초계급적 통합 민족 국가였다.

(4) 사회 경제 사학

① 백남운

- ⊙ 연희 전문 학교 경제학 교수로 재임하면서 사적 유물론을 바탕으로 한국사 이해를 최초로 시도한 학자이다.
- ⊙ 『조선 사회 경제사』(1933, 원시 공산제, 고대사 서술)와 속편인 『조선 봉건 사회 경제사』를 저술하였다.
- ⊙ 원시 공산 사회(삼국 이전) – 노예제 사회(삼국) – 아시아적 봉건 사회(통일 신라~개항 이전) – 이식 자본주의(개항 이후)로 한국사의 전개를 상정하고, 한국사도 세계사적·보편적·일원론적 발전 법칙에 의해 역사가 발전하였음을 강조하였다.
- ⊙ 해방 후 남조선 신민당 위원장으로 활동하였다. 그는 **연합성 신민주주의론**을 제시하였다. 이는 좌우익의 민족 통일 전선 수립을 가능하게 하는 이론이라는 점에서 특히 중간파 지식인들의 호응을 받았다. 이후 분단 국가 수립 이전 월북하여 북한 정권 초대 교육상을 역임하였다.

> **사료** 백남운의 사회 경제 사학
>
> 우리 조선의 역사적 발전의 전 과정은, 지리적인 조건, 인종적인 골상, 문화 형태의 외형적인 특징 등 다소의 차이를 인정한다 하더라도, 외관상 특수성이 다른 문화 민족의 역사적 발전 법칙과 구별되어야 할 독자적인 것은 아니며, 세계사적 일원적인 역사 법칙에 의해 다른 제 민족과 거의 궤적인 발전 과정을 거쳐 왔다.
>
> 『조선 사회 경제사』

② 이청원 : 이청원은 1936년 『조선 사회사 독본』과 『조선 독본』을, 1937년에는 『조선 역사 독본』을 저술하여 사적 유물론을 한국사에 적용하였다. 그는 백남운과는 달리 삼국 시대부터 고려 시대까지를 고대 노예제 사회로 규정하였다는 점이 주목된다.

바로 확인문제

● 〈보기〉에서 나타내고 있는 인물에 대한 설명으로 가장 옳지 <u>않은</u> 것은? 19. 2월 서울시 7급

┌ 보기 ┐
- 독립운동가이자 민족주의 역사학자
- 태백광노(太白狂奴) 또는 무치생(無恥生)이라는 별호를 쓰기도 함
- 상해에서 『안중근전』을 저술함

① '혼'과 '백' 중 '혼'을 잃지 않으면 나라를 되찾을 수 있다고 주장하였다.
② 윤세복이 만주에 세운 동창 학교에 참여하였다.
③ 대한민국 임시정부의 대통령을 역임하였다.
④ 한인 애국단을 조직하였다.

단권화 MEMO

■ 마르크스주의 역사학

마르크스주의 역사학은 세계사적 발전 법칙인 사적 유물론(원시 공산 사회 – 고대 노예제 사회 – 중세 봉건 사회 – 근대 자본주의 사회 – 공산 사회)을 우리 역사에도 적용하여 한국사의 특수성에 매몰된 민족주의 사학을 비판하였다. 또한 일제 식민 사학자들의 **정체성론을 비판**하였으며, 중세 부재론(봉건제 결여론)이 허구임을 밝히는 데 역점을 두었다. 1930년대 이후 활동한 대표적 마르크스주의 역사학자에는 백남운, 이청원, 김태준, 김광진, 전석담 등이 있다.

■ 백남운의 연합성 신민주주의

백남운은 해방 정국을 '변혁기'와 같은 의미를 지닌 '건국기'로 표현하면서, '건국'이 현 단계 조선 민족의 최대 과제임을 강조하였다. 새로 세우는 나라의 정치 체제는 자유 민주주의도, 프롤레타리아 민주주의도 아닌 신민주주의이며, 정권의 구성 형태는 좌·우익 연합 정권으로 제시하였다.

| 정답해설| 〈보기〉의 서술은 박은식에 대한 설명이다. 김구는 1931년 상해에서 한인 애국단을 조직하였다.

| 정답 | ④

● 밑줄 친 '그'에 대한 설명으로 옳은 것은?

19. 지방직 7급

> 일제의 침략이 거세지자 그는 국외로 망명했다. 그는 의열단장 김원봉의 요청을 받아 '조선 혁명 선언'을 작성하였다. 이 선언에는 외교 운동에 주력하자는 주장에 반대하고 더욱 적극적인 독립운동을 추진하자는 내용이 담겨 있다.

① 민족주의 역사학을 지향한 「독사신론」을 저술하였다.
② 철저한 문헌 고증을 지향하며 진단 학회를 조직하였다.
③ 동학을 천도교로 개편하고 친일적 인물들을 교단에서 내쫓았다.
④ 보편적 역사 발전 법칙에 따라 역사를 기술한 「조선 사회 경제사」를 집필하였다.

● 다음 주장을 한 인물에 대한 설명으로 옳은 것은?

17. 국가직 9급, 사복직 9급

> 계급 투쟁은 민족의 내부 분열을 초래할 것이며, 민족의 내쟁은 필연적으로 민족의 약화에 따르는 다른 민족으로부터의 수모를 초래할 것이다. 계급 투쟁의 길은 우리가 반드시 취해야 할 필요는 없고, 민족 균등이 실현되는 날 그것은 자연 해소되는 문제. …(중략)… 이 세계적 기운과 민족적 요청에서 민족 사관은 출발하는 것이며, 민족사는 그 향로와 방법을 명백하게 과학적으로 지시하여야 할 것이다.
>
> 「조선 민족사 개론」

① 「조선상고사」와 「조선사연구초」를 저술하였다.
② 대동사상을 수용한 「유교 구신론」을 주장하였다.
③ 〈진단학보〉를 발간한 진단 학회의 발기인으로 활동하였다.
④ 「5천 년간 조선의 얼」이라는 글을 〈동아일보〉에 연재하였다.

(5) 신민족주의 사학

① 해방 이후 좌·우 이데올로기적 분열이 심해지자, 계급보다는 민족이 우선 한다는 신민족주의 역사관이 제시되었다. 이는 계급 자체를 부정하는 것이 아니라 상위 개념인 민족 아래 계급 간 융화를 주장한 것이다.

② 신민족주의 사학은 식민 사학을 부정하되, 일제하 민족주의 사학, 마르크스주의 사학, 문헌 고증 사학(실증주의 사학)을 통합하는 새로운 민족주의 사학을 제시하였다.

(6) 신민족주의 역사학자

① 안재홍
  ㉠ 1934년 정인보 등과 함께 「여유당전서」를 교열·편찬하기 시작하여(조선학 운동) 1938년 완성하였다.
  ㉡ 그의 연구는 고대사 연구에 중점을 두었으나, 비교언어학적 방법과 인류학적 이론에 근거한 사회 발전 단계론을 원용하였다.
  ㉢ 1930년 「조선상고사관견」을 〈조선일보〉에 연재하였는데, 해방 후 「조선상고사감」(1947~1948)으로 간행되었다
  ㉣ 「신민족주의와 신민주주의」라는 저서(1945. 12.)를 통해 신민족주의 이론을 처음으로 제창하였다. 그는 식민지에서 해방된 한국이 모든 계급, 집단, 정치 세력을 끌어안는 초계급적 통합 민족 국가를 건설해야 한다고 강조하였다.

㉒ 부르주아 민주주의, 프롤레타리아 민주주의를 낡은 민주주의라고 비판하면서 경제 균등을 바탕으로 정치·교육(문화)의 평등을 실현하는 새로운 신(新)민주주의를 강조하였다. 그가 지향한 사회는 모든 계급이 정치·경제·사회 평등의 권리를 누리는 초계급적 통합 민족 국가였다.

② 손진태
　㉠ 일제 강점기에는 민속학에 관심을 기울였으며, 진단 학회에도 참여하였으나, 기본적으로는 민족주의 사관을 가지고 있다.
　㉡ 그는 해방 공간에서 신민족주의를 강조하였으며, 대표적 저서로는 『조선 민족사 개론』(1948), 『국사대요』(1948)가 있다.

> **사료**　손진태의 신민족주의 사학
>
> 진정한 민족주의는 민족 전체의 균등한 행복을 위한 것이 아니면 안 될 것이다. 민족의 전체가 정치·경제·사회·문화적으로 균등한 의무·권리와 지위 아래 행복을 누릴 수 있을 때에 비로소 완전한 민족 국가의 이상이 실현될 것이며, 민족의 친화와 단결도 비로소 완성될 것이다.　　　　『조선 민족사 개론』

③ 이인영 : 손진태의 연구를 비판적으로 계승하였으며, 『한국 만주 관계사』를 저술하였다 (1954).

③ 민족 교육 진흥 운동

(1) 조선 교육회

① 일제하의 교육
　㉠ 취학률 : 한국인의 초등학교 취학률은 일본인의 6분의 1에 지나지 않았다. 이와 같은 현상은 상급 교육 기관으로 올라갈수록 더욱 심하였다.
　㉡ 식민지 교육의 강화 : 3·1 운동 이후 일제 식민 통치의 변화로 교육 시설이 확장되었지만, 그것은 일본인을 위한 교육 시설의 확장이지 한국인을 위한 것이 아니었다. 뿐만 아니라 정규 학교에서의 교육은 철저한 식민지 교육으로서 한국인을 위한 민족 교육은 거의 존재하지 않았다.
　㉢ 민족 교육 기관 : 일제 강점기에 정규 공립 학교에서는 우리 민족을 위한 민족 교육이 어려웠으나, 사립 학교나 개량 서당 및 야학에서는 민족의식의 배양을 위한 민족 교육 운동이 활발하게 일어났다.

② 조선 교육회 창설 : 1920년대에는 실력 양성 운동의 일환으로 민족 교육 진흥 운동이 일어났다. 한규설과 이상재 등은 조선 교육회를 조직하고 한민족 본위의 민족 교육의 진흥에 노력하였다.

③ 민립대학 설립 운동
　㉠ 배경 : 고등 교육 기관을 설립하여 우수한 인재를 양성하는 것이 긴요하다고 판단하여 총독부에 대학 설립을 요구하였다.

■ 민족 교육 기관
개량 서당(改良書堂)은 1910년대 일제의 교육 제도에 편입되는 것을 거부한 한국인들에게 교육의 기회를 제공하였다. 이에 일제는 1918년에 서당 규칙을 제정하여 탄압하였다. 민족 교육 운동은 1920년대 야학(夜學)으로 계승되어 가난한 사람들과 그 자녀들에게 민족 교육을 실시하였다. 교재로는 『대한 역사(大韓歷史)』, 『고등 소학 수신서(高等小學修身書)』 등을 이용하였다.

▲ 서당(1900년경)

ⓛ 경과 : 총독부가 이를 묵살하자 조선 교육회는 우리 손으로 대학을 설립하려는 **민립대학 설립 운동**을 전개하였다.
  • 조선 민립대학 기성 준비회 결성(1922) : 민족 교육 진흥 운동의 중추적 역할을 하던 조선 교육회의 노력으로 이상재를 대표로 하는 민립대학 기성 준비회가 결성되었다.
  • 조선 민립대학 기성회 : 대학 설립이 한국인의 재력과 노력으로만 이루어져야 한다는 원칙을 세우고, 각지에 지방 지부 조직 구성을 서둘렀다.
  • 모금 운동의 전개 : '한민족 1,000만이 한 사람 1원씩'이라는 구호를 내걸고 1,000만 원 모금 운동을 전개하였다. 전 민족의 참여를 위하여 100여 개소에 지방 조직이 구성되었으며, 만주·미국·하와이 등 해외에서도 모금 운동이 전개되었다.
ⓒ 결과
  • 이 운동은 각 지역의 유지들과 사회단체의 후원으로 한때 순조롭게 진행되었으나 일제의 방해와 자연재해로 모금이 어려워져 결국 좌절되었다.
  • 이후로도 연희 전문 학교, 보성 전문 학교, 이화 학당 등을 대학으로 승격시키려는 노력이 계속되었으나, 일제의 방해로 실현되지 못하였다.
  • 일제는 1924년 **경성 제국 대학(京城帝國大學)**을 설립하여 조선인의 불만을 무마하려고 하였다.

> **사료** 조선 민립대학 설립 기성회의 발기 취지서
>
> 우리의 운명을 어떻게 개척할까? …(중략)… 가장 급한 일이 되고 가장 먼저 해결할 필요가 있으며, 가장 힘 있고, 필요한 수단은 교육이 아니면 아니 된다. …(중략)… 민중의 보편적 지식은 보통 교육으로도 가능하지만 심오한 지식과 학문은 고등 교육이 아니면 불가하며, …(중략)… 오늘날 조선인이 세계 문화 민족의 일원으로 남과 어깨를 견주고 우리의 생존을 유지하며 문화의 창조와 향상을 기도하려면, 대학의 설립이 아니고는 다른 방도가 없도다.

(2) 문맹 퇴치 운동
① 배경
  ⊙ 우리 민족은 일제의 가혹한 식민지 차별 교육 정책으로 교육의 기회를 상실하였기 때문에 문맹자가 증가하였다.
  ⓛ 문맹자의 증가는 민족의 역량을 약화시키는 것이며, 바로 일제가 목표로 하였던 한국인의 우민화를 뜻하는 것이다.
② 전개 : 우리 민족은 3·1 운동을 계기로 문맹 퇴치가 급선무임을 자각하여, 이를 실천에 옮겼다.
  ⊙ 교육 기회의 박탈 : 공립 보통학교는 수용 능력이 많이 제한되어 있었을 뿐만 아니라 학비가 비싸서 우리 노동자나 농민, 그리고 도시 빈민에게는 교육의 기회가 주어질 수 없었다.
  ⓛ 야학의 설립 : 1920년대에는 각지에 **야학**이 설립되었다.
    • 성격 : 민족주의 색채가 강하여 가르치는 교과목도 조선어 중심이었다. 야학에서는 우리말로 수업을 하였고, 우리글을 가장 중요시함으로써 공립 학교와는 대조적이었다. 또한 야학은 미취학 아동뿐만 아니라 성인 남녀까지 받아들여 민족 교육 기관으로서 중요한 몫을 차지하였다.

- 일제의 탄압: 민족주의 색채가 강한 야학을 탄압하여 문을 닫게 하였고, 이른바 '1면 1교주의' 시책을 강행하여 공립 보통학교를 증설하였으나, 이곳에 수용된 한국 아동은 학령 아동의 5분의 1에 지나지 않았다.

③ 언론의 활동: 1920년대 초부터 학생·지식 청년·문화 단체 등이 계몽 운동을 시작하였다. 이어서 1930년을 전후한 시기에는 언론계와 청년 학생이 힘을 합쳐 문맹 퇴치와 농촌 계몽을 통하여 민족의 자강을 이룩하고자 노력하였다.

ㄱ 문자 보급 운동(1929): 〈조선일보〉는 민중 문화의 향상을 위한 문자 보급 운동을 시작하였다. "아는 것이 힘, 배워야 산다."는 표어를 내걸고 방학 중에 귀향하는 중등 이상의 남녀 학생을 동원하여 전국 각지에서 문맹 퇴치에 힘쓰도록 하였다.

ㄴ 브나로드 운동: 〈동아일보〉는 문맹자에게 글을 가르치면서, 한편으로 미신 타파·구습 제거·근검 절약 등 생활 개선을 꾀하려는 브나로드 운동을 전개하였다(1931년 시작).

ㄷ 조선어학회의 참여: 언론사의 활동이 활발해지자 조선어학회도 협조를 아끼지 않았다. 문자 보급 운동에 사용할 교재를 만들었으며, 조선어학회 회원들은 솔선하여 전국을 순회하면서 한글 강습회를 열었다.

ㄹ 일제의 탄압: 대규모의 순회 강습이나 문맹 퇴치 운동도 금지한다는 명령이 내려져, 민족 교육 운동으로서의 문맹 퇴치 운동은 막을 내렸다.

▲ 문자 보급 운동

■ 브나로드

'브나로드(Vnarod)'란 말은 원래 러시아어로 '민중 속으로'라는 뜻이다. 〈동아일보〉가 전개한 문맹 퇴치 운동은 민중의 생활 개선과 문화 생활을 계몽하려는 의도에서 어원을 그대로 사용하였다.

▲ 브나로드 운동

4 일제 강점기의 종교 활동

일제 강점기에 종교계도 민중 계몽, 문화 사업, 민족 교육, 항일 운동 등의 분야에서 많은 노력을 기울였다.

(1) 천도교

동학의 후신인 천도교 지도자들은 제2의 3·1 운동을 계획하여「자주독립 선언문」을 발표하였고, 〈개벽〉, 〈어린이〉, 〈학생〉 등의 잡지를 간행하여 민중의 자각과 근대 문물의 보급에 기여하였다.

사료 「자주독립 선언문」

존경하는 천도교인과 민중 여러분!
우리 대한은 당당한 자주독립국이며, 평화를 애호하는 세계의 으뜸 국민임을 재차 선언합니다. 지난 기미년의 독립 만세 운동은 곧 우리의 전통적인 독립의 의지를 만방에 천명한 것이고, 국제정세의 순리에 병진(竝進)하는 자유·정의·진리의 함성이었습니다. 그럼에도 불구하고, 일본의 무력적인 압박으로 말미암아 우리의 자유와 평등을 주장한 자주독립 운동은 가슴 아프게도 꺾였습니다. …(중략)… 우리의 독립을 위한 투쟁은 이제부터가 더욱 의미가 있고 중요합니다. 뜻이 맞는 동지끼리 다시 모여 기미년의 감격을 재현하기 위해 신명을 바칠 것을 결의하고 선언합니다. …(후략)…

---

(2) 개신교

① 개신교는 천도교와 함께 3·1 운동에 적극 참여하였고, 민중 계몽과 각종 문화 사업을 활발하게 전개하였다.
② 1930년대 후반에는 일제가 강요하는 신사 참배(神祠參拜)를 거부하여 탄압을 받기도 하였다.

(3) 천주교

① 개화기 이래 전개해 온 고아원, 양로원 등 사회 사업을 계속 확대시키면서 〈경향〉 등의 잡지를 통해 민중 계몽에 이바지하였다.
② 일부 천주교도들은 만주에서 항일 운동 단체인 의민단(義民團)을 조직하여 항일 무장 투쟁에 나서기도 하였다.

(4) 대종교

① 천도교와 더불어 민족 종교의 양대 세력을 형성한 대종교는 교단 본부를 만주로 이동하여 단군 숭배 사상을 널리 전파하여 민족의식을 고취하였으며, 민족 교육과 항일 무장 투쟁에도 적극적으로 나섰다.
② 대종교 지도자들은 항일 무장 단체인 중광단(重光團)을 조직하였고, 3·1 운동 직후에는 북로 군정서(北路軍政署)로 개편하여 청산리 대첩에 참여하였다.

(5) 불교

① 호국 불교의 전통을 이어 온 불교계도 3·1 운동에 참여하였다.
② 한용운을 비롯한 승려들이 한국 불교를 일본 불교에 예속시키려는 조선 총독부의 정책에 맞서 민족 종교의 전통을 지키려 노력하였다.
③ 교육 기관을 설립하여 민족 교육 운동에 이바지하였다.

■ 대종교
1909년 나철, 오기호 등은 단군교를 창시하였고, 1910년 대종교로 개칭하였다. 이후 북간도에 지사를 설치하였고, 1914년에는 본사를 북간도로 옮겨 포교 영역을 만주 일대까지 넓혔다.

■ 사찰령
일제는 사찰령(1911)을 제정하여 불교를 통제하였다. 사찰령의 핵심은 사찰 재산의 처분, 주지 임명을 조선 총독부에서 허가제로 운영한 것이다.

(6) 원불교

박중빈이 창시(1916)한 원불교는 불교의 현대화와 생활화를 주장하며 개간 사업과 저축 운동을 통하여 민족의 역량을 배양하였고, 남녀평등, 허례허식의 폐지 등 생활 개선 및 새 생활 운동에도 앞장섰다.

○ **각 종교별 활동**

종교	대표적인 활동, 저술, 사건	
천도교	• 제2의 3·1 운동 계획 • 어린이날 제정, 어린이 선언문 제정	「자주독립 선언문」
개신교	신사 참배 반대	의료 및 교육 활동
천주교	잡지 〈경향〉 발간, 의민단 조직	고아원·양로원 설립 등 사회사업 전개
대종교	• 단군 숭배 • 항일 무장 단체인 중광단 조직	만주 교포 사회에서 발전, 북로 군정서로 개편
불교	3·1 운동에 참여	한용운의 「조선불교유신론」
원불교	• 저축·개간 운동 전개 • 남녀평등, 허례허식 폐지 등	생활 개선, 새 생활 운동 전개
유교	1919년 파리 장서 사건(유림단 사건)	박은식의 「유교구신론」

(7) 종교계의 친일 활동

일부 종교계 인사들은 일제의 강압에 굴복하여 친일적 성향을 보이기도 하였다.

5 일제 강점기의 문예 활동

(1) 문학 활동

① 근대 문학 활동의 전개 : 우리나라의 근대 문학은 일제의 식민지 지배 체제 때문에 자유로운 발전이 억제되었으나, 이러한 악조건 속에서도 저항적이고 자주 사상을 고취하는 문학 활동을 활발히 전개하였다.

　㉠ 1910년대 : 근대 문화 예술의 태동기로 이광수·최남선 등은 근대 문학의 개척에 공헌하였다.

이광수	소설 「무정(無情)」(1917년 〈매일신보〉 연재)은 계몽기 신문학의 대표적인 작품이다.
최남선	새로운 시(詩) 형태를 꾀하여 근대시의 발전에 공헌하였으며, 언문일치의 우리말 문장을 확립하는 데 선구적 역할을 하였다.

　㉡ 근대 문학의 발전
- 민족 문학 : 한용운, 김소월, 염상섭 등은 민족 정서와 민족의식을 담은 「님의 침묵」, 「진달래꽃」, 「삼대」 등의 작품을 통하여 근대 문학 발전에 이바지하였다. 특히 김소월의 아름다운 서정시는 많은 사람들이 널리 애송하였다.
- 저항 문학 : 심훈, 이육사, 윤동주 등도 민족의식을 담은 작품을 발표하여 민족 정기를 일깨워 주었다.

■「삼대(三代)」

1931년 〈조선일보〉에 연재된 염상섭의 장편 소설로서, 일제 강점기 한국인 지주 가문의 몰락을 통해 우리 민족의 삶을 사실적(寫實的)으로 그려 내고 있다.

▲ 이육사

▲ 윤동주

사료	심훈의 「그날이 오면」

> 그날이 오면, 그날이 오면은
> 삼각산이 일어나 더덩실 춤이라도 추고
> 한강물이 뒤집혀 용솟음칠 그날이
> 이 목숨이 끊어지기 전에 와 주기만 하량이면
> 나는 밤 하늘에 나는 까마귀와 같이
> 종로의 인경(人磬)을 머리로 들이받아 울리오리다
> 두개골은 깨어져 산산조각이 나도
> 기뻐서 죽사오매 오히려 무슨 한이 남으오리까

② 3·1 운동 이후 문학: 3·1 운동 이후, 일제가 우리 민족을 회유·동화하는 기만 술책으로 이른바 문화 통치를 내세우자, 문예 활동을 하던 지식인들은 일제에 타협하거나 항일 운동에 적극 나서기도 하였다.

   ㉠ 새로운 사조의 등장: 이전까지의 계몽주의적 성격과는 다른 새로운 사조가 들어왔고, 이때 일부 작가들이 동인지를 간행하였다. 그중에서 대표적인 동인지는 김동인이 주동이 된 〈창조〉와 염상섭이 주관한 〈백조〉였다.

   ㉡ 순수 문학의 추구: 계몽주의적 성향의 작품 활동을 지양하고 순수 문학을 추구하였으나, 염상섭, 이상화 등은 현실 타파와 현실 개조의 의지를 표현하였다.

   ㉢ 종합 잡지의 간행: 〈개벽〉, 〈조선지광〉 등의 잡지가 많이 출간되어 작품 발표의 기회가 많아져 문학 활동이 왕성해졌다. 그러나 이들 잡지는 독립운동의 내용을 담은 작품을 발표함으로써 일제의 탄압을 받았다.

③ 1920년대 중반 문학: 문학 활동은 식민지적 현실을 극복하는 데 노력하여, 새로운 문학의 기반과 사조를 형성하였다.

   ㉠ 신경향파 문학의 대두

     • 신경향파 문학은 3·1 운동 이후 노동자, 농민들이 활발히 조직화되는 추세에서 문학의 사회적 기능이 강조되면서 등장하였다.

     • 이들은 순수 예술을 표방하는 문인들의 각성을 촉구하면서 문학이 현실과 생활을 반영할 것을 강조하였다.

   ㉡ 프로 문학의 대두: 신경향파 문학 이후 프로 문학이 등장하여 극단적인 계급 노선을 추구하였기 때문에 대중과의 연대성이 약화되기도 하였다.

   ㉢ 국민 문학 운동의 전개

     • 민족주의 계열에서는 국민 문학 운동을 일으켜 계급주의에 반대하고, 문학을 통해 민족주의 이념을 선양하려 하였다.

     • 민족의식과 민족애의 고취, 모국어 사랑, 전통문화의 부흥 등을 주요 내용으로 하는 문학 운동을 전개하였다.

④ 1930년대 문학

   ㉠ 순수 문학 잡지의 간행: 1930년대에는 순수 문학의 경향이 뚜렷하게 부각되어 순수 문학 잡지가 간행되었다. 정지용과 김영랑은 〈시문학〉 동인으로 활약하면서 순수 문학과 서정시의 발전에 이바지하였다.

   ㉡ 분야의 다양성: 문학의 분야가 소설, 희곡, 평론, 수필 등으로 다양해졌을 뿐 아니라, 그 내용에서도 세련미를 갖추게 되었다.

⑤ 일제 말기의 문학: 침략 전쟁의 확대와 함께 일제의 탄압이 극심해져 한국 문학이 암흑기에 접어들었다.

　　㉠ 문인들은 작품 활동을 중단하고 침묵으로 일관하기도 하였으나 이광수, 최남선 등의 일부 문인들은 침략 전쟁을 찬양하는 활동에 참여하였다.

　　㉡ 저항 문학
　　　　• 전문적 문인: 일제의 탄압 속에서도 한용운, 이육사, 윤동주 등은 항일 의식과 민족 정서를 담은 작품을 창작하였다.
　　　　• 비전문적 문인: 독립운동가 조소앙은 「카이로의 그 소식」 등으로 일제에 저항하는 작품을 남겼다.
　　　　• 역사 소설: 역사 의식과 민족의식을 고취하기 위하여 김동인, 윤백남 등은 많은 역사 소설을 남겼다.

심화　저항 문학 및 친일 문학

이상화는 「빼앗긴 들에도 봄은 오는가」에서 식민지 현실의 참혹함과 독립의 염원을 표현하였다. 한용운은 「님의 침묵」(1926), 「당신을 보았습니다」(1930) 등을 통해 일제에 대한 저항 의식을 표현하였으며, 심훈은 「그날이 오면」(1930)을 통해 광복을 희구하였다. 그 외 이육사(「청포도」, 「광야」, 「절정」)와 윤동주(「하늘과 바람과 별과 시」) 등도 대표적 저항 문인이다. 한편 최남선, 이광수, 주요한, 모윤숙, 노천명, 김춘수, 서정주 등은 대동아 공영권을 찬양하면서 조선 청년들을 전쟁에 동원하기 위해 활동하였다.

---

(2) 민족 예술

① 음악: 우리 민족은 식민지 지배하에서도 항일 독립 의식과 예술적 감정을 창작 음악과 연주 활동을 통해 표현하였다.

　　㉠ 창가와 트로트
　　　　• 1910년대에는 서양 음악에 기반을 두고 창가를 작곡하기도 하였다. 그리하여 국권 피탈 후 '학도가', '한양가', '거국가' 등 망국민의 슬픔과 일제에 대한 저항적 성격의 노래가 크게 유행하였다.
　　　　• 1930년대 중반에는 일본 주류 대중음악의 영향을 받은 트로트 양식이 정립되었다.

　　㉡ 가곡, 동요
　　　　• 가곡: 창가 이후 우리 민족의 창작 음악은 가곡과 동요의 형태로 나타났는데 홍난파, 현제명, 윤극영 등이 많은 작품을 남겼다. 홍난파는 당시 한민족의 심정과 상황을 잘 표출한 '봉선화'를 작곡·발표하였다.
　　　　• 동요: '반달', '고향의 봄' 등이 만들어졌고, 이들 동요는 민족적 정서로 오늘날까지 애창되고 있다.

　　㉢ 한국(코리아) 환상곡: 국외에서는 안익태가 '애국가'와 이를 주제로 한 '한국 환상곡'을 작곡하였다. '한국 환상곡'은 유럽 각국에서 안익태의 지휘로 연주되었고, 합창은 대부분 우리말로 불려졌다.

② 미술: 안중식이 한국 전통 회화를 발전시켰으며, 고희동과 이중섭은 서양화를 대표하는 화가였다.

■ **김은호·김인승**
일제의 대륙 침략 정책에 협조하는 그림을 그리고, 친일 미술 단체에 참여하여 전시 체제에 협력하였다.

많은 연극 단체가 곳곳에 창립되어 당시 피압박 민족의 비참한 현실을 고발하고, 일제 수탈 정책의 모순을 폭로하였다. 그리고 이들 극단은 전국 순회 공연을 통하여 민족을 각성시키고 민족의식을 고취하였다.

③ 연극: 연극은 민족의식을 고취하는 수단으로서 다른 어느 분야보다 파급 효과가 컸다. 연극인들은 연극을 통하여 민중을 계몽하였고, 은연중에 독립 정신을 고취하는 데 앞장섰다.

  ㉠ 3·1 운동 이전: 신파극단들이 서민들의 사랑을 받아 왔다. 주로 사랑과 눈물을 자아내게 하는 신파극단들은 공연을 통해 민중과 더불어 일제하의 나라 잃은 슬픔과 외로움을 나누었다.

  ㉡ 3·1 운동 이후

    • 극예술 협회(1920): 민족 계몽 운동이 확산되자, 동경 유학생들이 조직한 극예술 협회는 연극 공연을 민중 계몽의 수단으로 삼아 이 운동에 활기를 불어넣었다.

    • 토월회(1923), 극예술 연구회(1931): 본격적인 근대 연극은 토월회, 극예술 연구회가 조직되어 활동한 이후에 등장하였다. 그리고 이들 극단은 전국 순회 공연을 통하여 민족을 각성시키고 민족 의식을 고취하였다.

  ㉢ 일제의 탄압

    • 일제가 중일 전쟁을 계기로 혹독한 탄압을 가하여 연극 무대는 오락 일변도의 가극 무대로 변하였고, 일제의 강요에 못 이겨 일제를 찬양하는 연극도 공연하게 되었다.

    • 일제 말기에는 일본어를 쓰지 않는 연극은 공연이 허가되지 않았다.

④ 영화

  ㉠ 영화 활동은 다른 어느 분야보다 발전이 늦었다. 처음 일본 영화의 보조 수단으로 출발하여 한국 영화로 독립하기까지 자본·기술·기재 등에 있어서 많은 어려움을 겪었다.

  ㉡ 나운규의 「아리랑」 발표: 1926년 나운규는 「아리랑」을 제작하였는데, 이는 한국 영화 사상 기념비적인 작품으로 남아 있다. 고유의 향토적인 정서가 은은히 배어 있는 슬픈 가락을 깔고 당시 일제 지배하의 망국과 통분의 슬픔을 자아내는 한편, 항일 의식과 애국심을 일깨워 주었다. 또한 예술성도 매우 뛰어난 작품이었다.

▲ 나운규와 영화 제작진

  ㉢ 일제의 탄압: 1930년대까지 어느 정도 민족적인 색채를 띠던 영화 예술은 1940년 '조선 영화령'이 발표되면서 심한 탄압을 받았다.

⑤ 문화·예술 활동의 탄압: 제2차 세계 대전이 일어난 후 일제는 모든 문화·예술 분야에 대한 통제를 강화하여 조선 문인 협회·조선 음악 협회·조선 연극 협회 등을 조직하고, 모든 활동을 침략 전쟁과 일제의 식민 통치를 찬양하도록 강요하였다. 이와 같은 내용이 아닌 것은 모두 활동을 금지시켰다.

바로 확인문제

● **1930년대의 사회·문화 활동으로 가장 옳은 것은?**   15. 경찰 간부

① 나운규가 민족의 비애를 담은 영화 「아리랑」을 발표하였다.

② 손기정 선수가 올림픽에서 마라톤 금메달을 획득하였다.

③ 조선 여성들의 공고한 단결과 지위 향상을 도모하는 근우회가 조직되었다.

④ 신분 차별을 폐지하고 평등한 세상을 만들겠다는 신념 아래 진주에서 조선 형평사가 창립되었다.

|정답해설| 손기정은 1936년 베를린 올림픽에서 마라톤 금메달을 획득하였다.

|오답해설|
① 나운규의 「아리랑」은 1926년 발표되었다.
③ 여성계 민족 유일당 단체인 근우회는 1927년 조직되었다.
④ 조선 형평사는 진주에서 1923년 조직되었다.

|정답| ②

6 일제 강점기 사회 구조와 생활 모습의 변화

(1) 사회 계층 구조의 변화

① 1910~1920년대
  ㉠ 일제의 식민지 경제 정책은 한국의 사회 구조에 큰 변화를 가져왔다.
  ㉡ 농민층의 분해: 토지 조사 사업과 산미 증식 계획으로 토지가 소수의 대지주에게 더욱 집중되어 농민층의 분해 현상이 나타났다.
    • 자작농이나 자소작농이 줄고 소작농이 크게 늘어났으며, 소작농이 화전민이나 도시 빈민 등으로 몰락하는 경우도 많았다.
    • 이와 함께 만주, 연해주, 일본 등으로 이주하는 농민도 늘어났다.
③ 1930년대 이후 노동자의 급증
  ㉠ 1930년대 이후 일제가 공업화 정책을 본격적으로 추진하면서 노동자의 수는 빠르게 증가하였다.
  ㉡ 노동자의 상당수는 '막 노동자', '지게꾼', '수레꾼' 등 날품팔이 미숙련 노동자로서, 도시 빈민층을 형성하였다.
  ㉢ 공장 노동자의 경우에도 한국인이 고급 기술을 가진 경우는 극소수이고, 대부분 단순 노동자였다. 이들은 낮은 임금을 받으며 열악한 조건 속에서 일해야만 하였다.

(2) 식민지 도시화

① 개항장의 도시화: 개항 이후 서울, 평양 등과 함께 일제 침략의 전진 기지였던 개항장이 근대적 도시로 변화해 갔다.
② 교통의 발전과 도시화
  ㉠ 철도 교통이 발전함에 따라 대전과 신의주 등이 물산의 집산지로서 성장하였다.
  ㉡ 일본과의 교역량이 늘어나면서 군산, 목포 등 항만 도시가 발전하였다.
③ 공업화의 발전과 도시화
  ㉠ 식민지 공업화의 결과 함흥, 청진 등 북부 지방의 공업 도시가 빠르게 성장하였다.
  ㉡ 공주, 개성 등은 식민 지배 정책에서 소외되면서 성장이 정체되었다.
④ 시가지의 형성
  ㉠ 도시에는 신작로가 뚫리고 새로운 시가지가 형성되었다.
  ㉡ 일본인은 시가지 중심을 차지하고 도시의 경제권을 차지하였다.
  ㉢ 일본인이 거주하는 도시의 중심 상권이 외형적으로 크게 발전하고, 화신 백화점(박흥식, 1931)과 같은 백화점도 만들어졌다.
  ㉣ 도시 외곽의 토막촌에서 어렵게 살아가는 도시 빈민층도 크게 늘었다

(3) 의식주의 변화

① 의생활의 변화
  ㉠ 한복에 고무신을 신고 모자를 쓰는 차림이 주를 이루었다.
  ㉡ 도시의 직장인들에게는 양복이 점차 보편화되어 갔고, 여성은 단발머리나 파마머리를 하고 블라우스와 스커트 차림에 하이힐을 신는 경우가 늘었다.
  ㉢ 특히 1920년대 말 서울 거리에는 '모던 걸'과 '모던 보이'가 등장하였는데, 이들은 최신의 서양식 옷차림으로 한껏 멋을 부리고 다니며 쇼핑과 외식을 즐기는 젊은 남녀들을 말한다.

② 1940년대 일제가 전시 통제 정책을 추진하면서 남성은 국방색의 국민복, 여성은 '몸뻬'라는 일 바지를 입도록 강요당했다.

② 식생활의 변화

㉠ 일제의 수탈 정책으로 1인당 쌀 소비량이 갈수록 줄어들어 잡곡밥을 먹거나 풀뿌리, 나무껍질로 연명하였다.

㉡ 다만 도시의 상류층을 중심으로 일본 음식과 커피, 과자, 빵, 케이크, 아이스크림 등의 서양식 식품이 소비되면서 대중에게도 소개되었다.

③ 주거 생활

㉠ 농촌은 대부분 초가나 기와로 된 전통 한옥이 주류를 이루었다.

㉡ 도시에는 상류층이 거주하는 2층 양옥의 문화 주택이 곳곳에 들어섰고, 대청마루에 유리문을 단 개량 한옥이 만들어졌다.

㉢ 군수 산업체에 근무하는 노동자의 주택 부족 문제를 해결하기 위해 **영단 주택**이 많이 지어졌다(조선주택영단령, 1941).

사료 모던 걸, 모던 보이

혈색 좋은 흰 피부가 드러날 만큼 반짝거리는 엷은 양말에, 금방 발목이나 삐지 않을까 보기에도 조마조마한 구두 뒤로 몸을 고이고, 스커트 자락이 비칠 듯 말 듯 한 정강이를 지나는 외투에 단발 혹은 미미가쿠시(당시 유행하던 머리 모양)에다가 모자를 푹 눌러 쓴 모양 …(중략)… 분길 같은 손에 경복궁 기둥 같은 단장을 휘두르면서 두툼한 각테 안경, 펑퍼짐한 모자, 코 높은 구두를 신고 …(후략)… 〈별건곤〉(1927년 12월호)

바로 확인문제

● 일제 강점기 조선인의 생활 모습으로 옳지 않은 것은?   17. 국가직 9급 추가

① 도시 외곽의 토막촌에는 빈민이 살았다.

② 번화가에서 최신 유행의 모던 걸과 모던 보이가 활동하였다.

③ 몸뻬를 입은 여성들이 근로 보국대에서 강제 노동을 하였다.

④ 상류층이 한식주택을 2층으로 개량한 영단 주택에 모여 살았다.

● 다음 〈보기〉의 내용과 같은 분위기가 유행한 시대에 대한 설명으로 가장 옳지 않은 것은?

17. 서울시 7급

┌ 보기 ┐

혈색 좋은 흰 피부가 드러날 만큼 반짝거리는 엷은 양말에, 금방 발목이나 삐지 않을까 보기에도 조마조마한 구두 뒤로 몸을 고이고, 스커트 자락이 비칠 듯 말 듯한 정강이를 지나는 외투에 단발 혹은 미미가쿠시(당시 유행하던 머리 모양)에다가 모자를 푹 눌러 쓴 모양 …(중략)… 분길 같은 손에 경복궁 기둥 같은 단장을 휘두르면서 두툼한 각테 안경, 펑퍼짐한 모자, 코 높은 구두를 신고 …(후략)…

〈별건곤〉 모년 12월호

① 〈신여성〉, 〈삼천리〉 등의 잡지는 새로운 패션이나 화장법을 소개하여 유행을 이끌었다.

② 대한 천일 은행, 한성 은행, 조선 은행 등이 설립되어 경성 상인에게 자본을 빌려주어 유행을 뒷받침하였다.

③ 조선 총독부는 기존의 우측 통행 방침을 바꾸어 좌측 통행을 일반화하였다.

④ 사회주의 운동의 영향으로 식민지 현실의 계급 모순을 비판하는 프로 문학이 등장하였다.

OX PART Ⅶ. 일제 강점기

CHAPTER 01, 02 일제의 식민 통치와 항일 민족 운동, 일제 강점기 경제의 변화

최신 지문

16. 지방직 9급

01 조선 태형령이 적용된 시기에 회사령 공포를 듣고 있는 상인의 모습을 확인할 수 있다.

(O / X)

16. 지방직 7급

02 무단 통치 시기 일제는 조선 광업령을 공포하여 일본 자본의 광산 진출을 촉진하였다.

(O / X)

19. 국가직 7급

03 회사령이 시행되던 시기에 경찰범 처벌 규칙이 제정되었다.

(O / X)

17. 국가직 7급 추가

04 일제는 1910년대 일본인 업자에게 특혜를 주는 연초 전매령을 공포하였다.

(O / X)

19. 2월 서울시 7급

05 일본은 자국의 '헌법'과 '법률'을 적용하여 한국에 무단 통치를 실시하였다.

(O / X)

18. 지방직 7급

06 문화 통치 시대에는 문관도 총독으로 임명될 수 있도록 하였으나 무관 총독만이 부임하였다.

(O / X)

18. 서울시 기술직 9급

07 김상옥의 종로 경찰서 폭탄 투척 사건은 치안 유지법에 의해 처벌되었다.

(O / X)

17. 국가직 9급, 사복직 9급

08 국가 총동원령 이후 국민 징용령을 공포하여 강제적인 노무 동원을 실시하였다.

(O / X)

17. 국가직 9급 추가

09 임시 토지 조사국이 존속한 시기에 신문에 연재 중인 소설 「무정」을 읽는 학생을 볼 수 있었다.

(O / X)

16. 국가직 9급

10 토지 조사 사업 과정에서 지역별 지가와 그것의 1.3 %를 지세로 하는 과세 표준을 명시하였다.

(O / X)

18. 서울시 7급

11 소작 농민들은 고율의 소작료 외에도 수리 조합비를 비롯한 여러 비용을 부담해야 했다.

(O / X)

16. 국가직 7급

12 1930년대 일제는 농공 은행을 통합하여 조선 식산 은행을 설립하였다.

(O / X)

CHAPTER 01, 02									
01	X	02	O	03	O	04	X	05	X
06	O	07	X	08	O	09	O	10	X
11	O	12	X						

13 19. 경찰직 1차

미국 대통령 윌슨의 민족 자결주의는 제1차 세계 대전 이후 지구상의 모든 식민지 처리에 적용되었다. (O / X)

14 17. 국가직 9급, 사복직 9급

하와이에서는 1914년 군사 양성 기관인 대조선 국민 군단이 조직되었다. (O / X)

15 17. 국가직 9급, 사복직 9급

미주 지역에서 독립운동 단체인 권업회가 조직되었다. (O / X)

16 19. 경찰직 1차

1919년 9월 통합된 대한민국 임시 정부 초대 대통령에는 이승만, 국무총리에는 안창호가 임명되었다. (O / X)

17 16. 국가직 9급

1920년대 한국 독립군이 한중 연합 작전으로 동경성에서 승리하였다. (O / X)

18 16. 국가직 7급

1930년대 대한민국 임시 정부는 국무 위원 중심제를 중심으로 개헌하였다. (O / X)

19 17. 지방직 7급

대한민국 임시 정부는 민주주의에 입각한 정치 형태를 갖추었으나, 국내와는 연결된 적이 없었다. (O / X)

20 17. 지방직 9급

조소앙은 임시 정부의 국무 위원을 지냈다. (O / X)

21 17. 서울시 사복직 9급

의열단 단원 나석주는 1926년 식민지 대표 착취 기관인 식산 은행과 동양 척식 주식회사에 들어가 폭탄을 던지고 권총으로 관리들을 저격하였다. (O / X)

22 18. 지방직 9급

지청천의 한국 독립군은 만주 지역에서 활동했던 한국 독립당의 산하 조직이었다. (O / X)

23 16. 지방직 7급

한국광복군은 조선 본토에 투입할 국내 정진군을 편성하였다. (O / X)

24 18. 국가직 7급

1940년대 대한민국 임시 정부는 삼균주의를 바탕으로 한 건국 강령을 발표하였다. (O / X)

25 19. 국가직 7급

대한민국 건국 강령에서는 보통 선거 실시, 주요 재산 국유화, 무상 교육 등의 내용을 담고 있다. (O / X)

26 16. 지방직 7급

조선 의용대 화북 지대는 중국 팔로군과 함께 1941년 태항산 지구에서 일본군과 교전하였다. (O / X)

13 윌슨의 민족 자결주의는 제1차 세계 대전 패전국(독일 제국, 오스만 투르크 제국, 오스트리아 – 헝가리 제국 등)의 식민지였던 지역에만 적용된다는 한계가 있었다(제1차 세계 대전의 승전국이었던 일본 식민지인 조선은 해당되지 않았다).

15 연해주에서 독립운동 단체인 권업회가 조직되었다(1911). 권업회는 이후 대한 광복군 정부(1914)의 모태가 되었다.

16 초대 대통령에는 이승만, 국무총리에는 **이동휘**가 임명되었다.

17 만주 사변(1931) 이후 한국 독립군은 중국 호로군과 함께 한중 연합 작전을 전개하여 쌍성보 전투, 사도하자 전투, 대전자령 전투, 동경성 전투(1933) 등에서 승리하였다.

18 임시 정부의 제3차 개헌(1927)으로 국무 위원 중심의 집단 지도 체제가 채택되었다.

19 대한민국 임시 정부는 연통제와 교통국을 통해 국내와 연결되었다.

13	X	14	O	15	X	16	X	17	X
18	X	19	X	20	O	21	O	22	O
23	O	24	O	25	O	26	O		

27 헌병 경찰 통치 기간 중 중추원을 통해 조선인의 요구가 일정 부분 반영되었다. (O / X)

28 일제는 1912년 조선 태형령을 제정하였다. (O / X)

29 일제의 토지 조사 사업은 도지권 등 토지에 대한 소작농의 권리를 부분적으로 인정하였다. (O / X)

30 일제는 1910년 회사령을 제정하여 회사 설립을 신고제로 운영하였다. (O / X)

31 삼림령, 조선 어업령, 조선 광업령 등은 1910년대 제정되었다. (O / X)

32 일제는 문화 통치 시기에 헌병 경찰 제도를 보통 경찰 제도로 전환하였다. (O / X)

33 치안 유지법은 1910년대 식민지 수탈 체제 구축 노력의 일환이었다. (O / X)

34 1920년대 산미 증식 계획의 실시로 조선 농민들의 삶은 더욱 피폐해졌다. (O / X)

35 1930년대 전쟁이 확대되면서 일제는 병참 기지화 정책과 남면북양 정책 등을 추진하였다. (O / X)

36 1930년대 조선 농민들의 자생적 운동인 농촌 진흥 운동이 실시되었다. (O / X)

37 중일 전쟁 이후 국민 생활 전반을 철저히 통제하기 위하여, 국민 정신 총동원 조선 연맹이 결성되고, 10호를 기준으로 애국반이 만들어졌다. (O / X)

38 여성들에게 몸빼를 입게 하던 시기에 인적·물적 수탈이 강화되었다. (O / X)

39 일제는 제4차 조선 교육령을 통해 황국 신민 서사 암송을 강요하고, 조선어, 조선 역사 교육을 수의(선택) 과목으로 변경하였다. (O / X)

40 조선 태형령이 시행되었던 시기에 독립 의군부와 대한 광복회 등의 비밀 결사가 활동하였다. (O / X)

41 1910년대 비밀 결사 조직인 독립 의군부는 복벽주의 단체에 해당한다. (O / X)

42 대한 광복회는 박상진을 총사령으로 한 군대식 조직이었다. (O / X)

43 일제 강점기 평양 숭의 여학교의 여교사들은 송죽회를 결성하였다. (O / X)

44 일제 강점기 독립군 간부를 양성한 신흥 무관 학교가 설치된 지역은 북간도 지방이다. (O / X)

45 북간도 지역의 중광단은 대종교 계열의 무장 단체였다. (O / X)

46 연해주에 대한 광복군 정부가 설립된 것은 이후 임시 정부 수립의 기틀이 되었다. (O / X)

47 1915년 신규식은 박은식과 함께 중국 상하이에서 대동 보국단을 결성하였다. (O / X)

48 미주 지역에서는 안창호가 흥사단을 조직하였다. (O / X)

27 중추원은 3·1 운동까지 정식 회의가 한 번도 열리지 않는 등 형식적 기구에 불과하였다.

29 토지 조사 사업으로 도지권(영구적으로 소작할 수 있는 권리) 등 경작권에 관한 내용은 부정되었다.

30 1910년 회사령은 허가제로 운영되어 민족 자본의 성장을 억제하였다.

33 치안 유지법은 1925년에 제정되어, 사회주의 세력 및 항일 운동을 탄압하는 근거로 활용되었다.

36 농촌 진흥 운동은 일제가 주도한 관제 운동이었다.

39 제시된 내용은 1938년 개정된 제3차 조선 교육령의 내용이다.

44 신흥 무관 학교는 서간도 지역에 설립되었다.

27	X	28	O	29	X	30	X	31	O
32	O	33	X	34	O	35	O	36	X
37	O	38	O	39	X	40	O	41	O
42	O	43	O	44	X	45	O	46	O
47	O	48	O						

49 1919년 3월 1일 탑골 공원에서 수많은 학생과 시민이 모여든 가운데, 민족 대표 33인은 독립 선언서를 낭독하였다. (O / X)

50 3·1 운동은 비폭력주의를 원칙으로 하였으며 이는 만세 운동 과정 내내 철저히 지켜졌다. (O / X)

51 3·1 운동의 영향으로 이후 민족 운동에서 노동자, 농민의 역할이 두드러졌다. (O / X)

52 3개의 임시 정부 통합 논의 때 이승만은 상하이 임시 정부를 정통으로 할 것을 주장하였다. (O / X)

53 대한민국 임시 정부는 연통제를 운영하였고, 〈독립신문〉을 기관지로 발행하였다. (O / X)

54 1923년 임시 정부의 방향성을 논의하기 위해 국민 대표 회의가 소집되었다. (O / X)

55 안창호는 미국에 구미 위원회를 설립하여 외교 활동을 하였다. (O / X)

56 홍범도의 대한 독립군은 봉오동 전투에서, 김좌진의 북로 군정서군은 청산리 대첩에서 크게 승리하였다. (O / X)

57 일제는 자유시 참변을 자행하여, 독립군 세력을 탄압하였다. (O / X)

58 참의부, 정의부, 신민부는 1920년대 후반 이후 통합 운동을 진행하여, 혁신 의회와 국민부로 통합되었다. (O / X)

59 1930년대 초 만주에서의 독립 전쟁은 한국 독립군과 조선 혁명군을 중심으로 추진되었다. (O / X)

60 조선 혁명군은 지청천의 지휘하에 중국군과 연합하여 쌍성보 전투를 승리로 이끌었다. (O / X)

61 1931년 김구는 한인 애국단을 조직하였다. (O / X)

CHAPTER 03, 04	일제 강점기 사회 운동, 민족 문화 수호 운동

최신 지문

17. 서울시 기술직 9급
01 1923년 경성 고무 공장 여성 노동자들은 '아사 동맹'을 조직하여 파업을 하였다. (O / X)

17. 서울시 사복직 9급
02 1926년 정우회 선언을 계기로, 1927년 1월 신간회를 발기하였다. (O / X)

17. 서울시 기술직 9급
03 신간회에서는 암태도 소작 쟁의를 지원하였다. (O / X)

19. 지방직 7급
04 신간회는 광주 학생 항일 운동 당시 진상 조사단을 현지에 파견하였다. (O / X)

49	X	50	X	51	O	52	X	53	O
54	O	55	X	56	O	57	X	58	O
59	O	60	X	61	O						

CHAPTER 03, 04

| 01 | O | 02 | O | 03 | X | 04 | O | | |

19. 2월 서울시 7급

05 박은식은 태백광노(太白狂奴) 또는 무치생(無恥生)의 별호를 사용하였으며 윤세복이 만주에 세운 동창 학교에 참여하였다. (O / X)

19. 국가직 9급

06 「유교구신론」의 저자는 '나라는 형(形)이고 역사는 신(神)'이라고 주장하였다. (O / X)

19. 지방직 7급

07 「조선 혁명 선언」을 작성한 인물은 민족주의 역사학을 지향한 『독사신론』을 저술하였다. (O / X)

17. 국가직 9급, 사복직 9급

08 『조선 민족사 개론』을 저술한 손진태는 진단 학회의 발기인으로 활동하였다. (O / X)

16. 서울시 7급

09 안재홍은 좌우 협력의 민족 운동인 신간회 운동을 주도한 인물 중 한 사람으로 조선학 운동을 통해 민족 문화 수호에 앞장섰다. (O / X)

17. 국가직 9급, 사복직 9급

10 정인보는 「오천 년간 조선의 얼」 이라는 글을 〈동아일보〉에 연재하였다. (O / X)

18. 서울시 기술직 9급

11 1920년대 민중 생활에 관심을 기울인 신경향파 문학이 대두하여 식민 통치에 대한 저항 문학으로 발전했다. (O / X)

17. 국가직 9급 추가

12 일제 강점기에는 상류층이 한식 주택을 2층으로 개량한 영단 주택에 모여 살았다. (O / X)

빈출 지문

13 신채호의 「조선 혁명 선언」에는 무정부주의적 색채가 강하게 나타나 있다. (O / X)

14 1919년 조직된 의열단 단원 중 김익상, 김지섭, 나석주 등의 의거가 대표적이다. (O / X)

15 의열단에서는 경성 부민관 의거를 주도하였다. (O / X)

16 중국 정부가 중국 영토 내에서 우리 민족의 무장 독립 활동을 승인함으로써, 한국광복군이 탄생할 수 있었던 계기는 1932년 윤봉길의 상하이 훙커우 공원 의거이다. (O / X)

17 1940년 결성된 한국광복군에는 이후 조선 의용군 대원도 일부 참여하였다. (O / X)

18 1920년대 후반 사회 운동의 방향 전환론이 활성화되면서 조선 노동 총동맹과 조선 농민 총동맹은 조선 노농 총동맹으로 통합되었다. (O / X)

19 1920년대 최대 규모의 항일 운동은 광주 학생 항일 운동이다. (O / X)

20 '공평은 사회의 근본이며, 모욕적인 칭호를 폐지하자.'는 표어는 형평 운동에서 확인된다. (O / X)

21 물산 장려 운동은 1910년대 경제적 구국 운동이었다. (O / X)

22 민립대학 설립 운동은 실패하였고, 일제는 1924년 경성 제국 대학을 설립하였다. (O / X)

12 영단 주택은 노동자의 주택 문제를 해결하기 위해서 만든 집단 주거지이다.

15 경성 부민관 의거는 1945년 7월 부민관(府民館)에서 대의당(大義黨: 친일파 박춘금이 조직한 단체)이 개최한 아세아 민족 분격 대회 때 조문기 등 애국 의사들이 일제 고위 간부와 민족 반역자들을 제거하기 위해 폭탄을 설치한 사건이다.

17 조선 의용군을 조선 의용대로 바꿔야 한다.

18 1927년 농민·노동 운동이 활성화되면서, 조선 노농 총동맹이 조선 노동 총동맹과 조선 농민 총동맹으로 분화되었다.

21 물산 장려 운동은 1920년대 초반부터 시작되었다.

05	O	06	O	07	O	08	O	09	O
10	O	11	O	12	X	13	O	14	O
15	X	16	O	17	X	18	X	19	O
20	O	21	X	22	O				

23 1926년 조선 민흥회의 설치와 「정우회 선언」은 신간회 창립의 계기가 되었다. (O / X)

24 일제는 신간회를 비합법적 단체로 규정하고 탄압하였다. (O / X)

25 신간회는 6·10 만세 운동을 지원하였다. (O / X)

26 박은식은 「한국통사」, 「한국 독립운동 지혈사」를 통해 민족의 혼과 정신을 강조하였다. (O / X)

27 신채호는 「조선상고사」에서 역사를 '아(我)와 비아(非我)의 투쟁'으로 인식하였다. (O / X)

28 백남운은 「조선 사회 경제사」를 저술하였고, 사적 유물론의 입장에서 역사를 인식하였다. (O / X)

29 천도교는 제2의 3·1 운동을 계획하였다. (O / X)

30 일제 강점기 원불교는 개간·간척 사업과 새 생활 운동을 전개하였다. (O / X)

31 조선어학회에서는 '가갸날'을 제정하여 우리말 쓰기를 권장하였다. (O / X)

32 일제 강점기 미술에는 안중식이 서양화를 대표하였다. (O / X)

23	O	24	X	25	X	26	O	27	O
28	O	29	O	30	O	31	X	32	X

믿음이 있는 사람에게는 설명이 필요없다.
그러나 믿음이 없는 사람에게는 어떠한 설명도 충분하지 않다.
– 토마스 아퀴나스

PART

VIII

현대 사회의 발전

5개년 챕터별 출제비중 & 출제개념

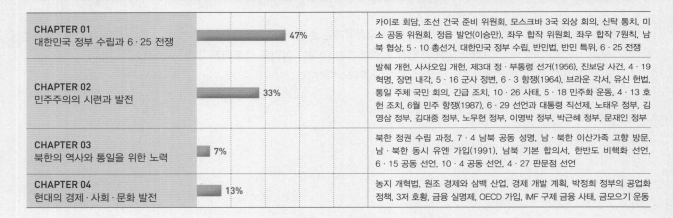

CHAPTER 01 대한민국 정부 수립과 6·25 전쟁	47%	카이로 회담, 조선 건국 준비 위원회, 모스크바 3국 외상 회의, 신탁 통치, 미소 공동 위원회, 정읍 발언(이승만), 좌우 합작 위원회, 좌우 합작 7원칙, 남북 협상, 5·10 총선거, 대한민국 정부 수립, 반민법, 반민 특위, 6·25 전쟁
CHAPTER 02 민주주의의 시련과 발전	33%	발췌 개헌, 사사오입 개헌, 제3대 정·부통령 선거(1956), 진보당 사건, 4·19 혁명, 장면 내각, 5·16 군사 정변, 6·3 항쟁(1964), 브라운 각서, 유신 헌법, 통일 주체 국민 회의, 긴급 조치, 10·26 사태, 5·18 민주화 운동, 4·13 호헌 조치, 6월 민주 항쟁(1987), 6·29 선언과 대통령 직선제, 노태우 정부, 김영삼 정부, 김대중 정부, 노무현 정부, 이명박 정부, 박근혜 정부, 문재인 정부
CHAPTER 03 북한의 역사와 통일을 위한 노력	7%	북한 정권 수립 과정, 7·4 남북 공동 성명, 남·북한 이산가족 고향 방문, 남·북한 동시 유엔 가입(1991), 남북 기본 합의서, 한반도 비핵화 선언, 6·15 공동 선언, 10·4 공동 선언, 4·27 판문점 선언
CHAPTER 04 현대의 경제·사회·문화 발전	13%	농지 개혁법, 원조 경제와 삼백 산업, 경제 개발 계획, 박정희 정부의 공업화 정책, 3저 호황, 금융 실명제, OECD 가입, IMF 구제 금융 사태, 금모으기 운동

한눈에 보는 흐름 연표

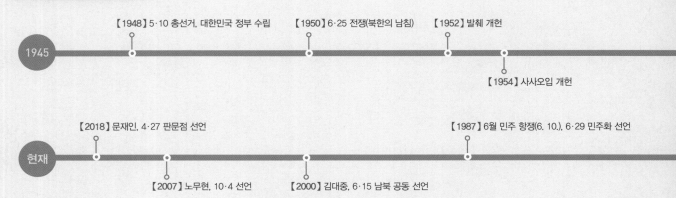

1945

【1948】 5·10 총선거, 대한민국 정부 수립 　【1950】 6·25 전쟁(북한의 남침) 　【1952】 발췌 개헌

【1954】 사사오입 개헌

현재

【2018】 문재인, 4·27 판문점 선언 　【1987】 6월 민주 항쟁(6. 10.), 6·29 민주화 선언

【2007】 노무현, 10·4 선언 　【2000】 김대중, 6·15 남북 공동 선언

10%

※최근 5개년(국, 지, 서)
출제비중

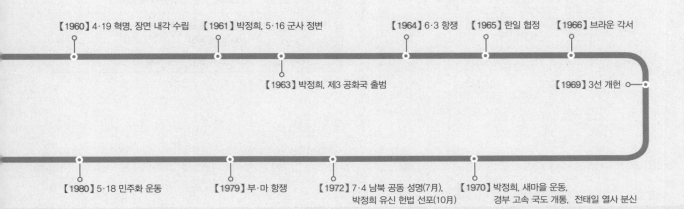

【1960】 4·19 혁명, 장면 내각 수립　　【1961】 박정희, 5·16 군사 정변　　【1964】 6·3 항쟁　　【1965】 한일 협정　　【1966】 브라운 각서

【1963】 박정희, 제3 공화국 출범　　【1969】 3선 개헌

【1980】 5·18 민주화 운동　　【1979】 부·마 항쟁　　【1972】 7·4 남북 공동 성명(7월), 박정희 유신 헌법 선포(10월)　　【1970】 박정희, 새마을 운동, 경부 고속 국도 개통, 전태일 열사 분신

VIII 현대 사회의 발전

1 해방 이후의 정치적 변화

시기	사건
1945. 9. 7.	미국 극동군 사령부, 남한 군정 시행 선포
9. 16.	한국 민주당 결성(송진우, 김성수)
10. 23.	독립 촉성 중앙 협의회 결성(총재 이승만)
12. 16.~12. 25.	모스크바 3국 외상 회의(미, 영, 소)
12. 28.	반탁 국민 총동원 중앙 위원회 결성(12. 31. 전국에서 반탁 데모 단행)
1946. 1. 2.	조선 공산당, 신탁 통치 지지 선언
1. 15.	남조선 국방 경비대 발족
3.	북조선 임시 인민 위원회, 토지 개혁 법령 공포(무상 몰수, 무상 분배 원칙)
3. 20.	제1차 미소 공동 위원회 소집(5. 6. 무기 결렬)
6. 3.	이승만, 정읍 발언(남한 단독 정부 수립 계획 발표)
7. 25.	좌우 합작 위원회 회담 개시(10. 7. 좌우 합작 7원칙 발표)
8. 10.	북한, 주요 산업의 국유화 실시
8. 29.	북한에서 북조선 공산당과 조선 신민당이 합당, 북조선 노동당 결성
11. 30.	월남한 사람들을 중심으로 서북 청년단 결성
1947. 5. 21.	제2차 미소 공동 위원회 개최(7. 10. 사실상 결렬)
9.	한국 문제를 UN에 이관
11. 14.	유엔 총회, 한국 총선안 및 UN 한국 임시 위원단 설치안 가결
1948. 1. 8.	유엔 한국 임시 위원단 입국(12일 소련 사령부에 입북 요구, 23일 입북 거부)
2. 26.	유엔 소총회, 유엔 한국 위원회의 접근 가능 지역(남한)에서만의 총선거안 가결
3. 8.	김구, 남북 협상 제의
4. 3.	제주도에서 4·3 사건 발생
4. 19.	남북 협상 개최
5. 10.	유엔 감시 아래 남한만의 총선거 실시(좌익계·남북 협상파 불참)
7. 17.	헌법 및 정부 조직법 등 공포
7. 20.	국회, 대통령에 이승만, 부통령에 이시영 선출(24일 취임)
8. 15.	대한민국 수립 선포(하지 중장, 미군정 폐지 선포)
9.	반민족 행위 처벌법 제정
10. 19.	여수·순천 10·19 사건 발생
12. 12.	유엔 총회, 한국 정부를 유일한 합법 정부로 승인
1949. 12.	교육법 공포로 '6-3-3 학제' 공식화
1950. 6. 1.	초등 의무 교육 실시
1950. 6. 25.	북한군 불법 남침으로 6·25 전쟁 발발(6. 28. 서울 함락)
6. 27.	유엔 안보리, 대북 제제 결의(7. 1. 연합군 지상 부대, 부산 상륙)
9. 15.	유엔군, 인천 상륙 작전 개시(9. 28. 서울 수복 → 10. 1. 38선 돌파 → 10. 19. 평양 탈환)
10. 25.	중공군, 한국전 개입 시작
1951. 1. 4.	1·4 후퇴
4. 12.	맥아더 장군 해임
4. 30.	국회에서 국민 방위군 해체 결의
1953. 6. 18.	이승만 반공 포로 석방
7. 27.	정전 협정 조인
10.	한미 상호 방위 조약 체결

② 민주주의의 시련과 발전

시기	〈제1 공화국〉 이승만 정부
1950. 5. 30.	제2대 국회 의원 선거(反이승만 성향의 무소속 의원 대거 진출)
1952. 1. 18. 7. 4. 8. 5.	평화선 발표(독도에 대한 영토 주권 공표) 발췌 개헌 통과 정·부통령 선거 실시(대통령 이승만, 부통령 함태영 당선)
1954. 11. 27.	국회, 개헌안 부결(11. 29. 사사오입 개헌: 사사오입 이론을 적용, 통과 처리)
1956. 5. 5. 5. 15.	신익희 민주당 대통령 후보, 유세 중 이리(현재의 익산)에서 급서(5. 23. 국민장) 제3대 정·부통령 선거(대통령에 자유당 이승만, 부통령에 민주당 장면 당선)
1957	『우리말 큰사전』 완간
1958. 1. 13. 12. 19.	진보당 사건 발생(위원장 조봉암 간첩 혐의로 구속, 1959. 2. 27. 사형 확정) 보안법 개정안 통과(1959. 1. 5. 보안법 반대 데모 전국으로 확산)
1959	〈경향신문〉 폐간
1960. 2. 15. 3. 15. 4. 11. 4. 18. 4. 19. 4. 25. 4. 26. 6. 15. 7. 29.	조병옥 민주당 대통령 후보 미국 월터리드 육군 병원에서 사망(2. 25. 국민장) 제4대 정·부통령 선거 실시 마산에서 부정 선거 규탄 데모 피살된 김주열의 시체 발견 고려대학교 학생들, 정치 깡패들의 습격으로 부상 4·19 혁명(피의 화요일) 전국 대학 교수단 – 시국 선언문 발표("학생들의 피에 보답하라") 이승만, 대통령 하야 성명(4. 28. 허정 과도 내각 성립) 내각 책임제 개헌안 국회 통과·공포 민의원·참의원 선거 실시(민주당의 압승)

시기	〈제2 공화국〉 장면 내각과 박정희 군정
1960. 8. 12. 8. 19. 9. 22. 11. 29. 12.	민·참 합동 회의, 제2 공화국 대통령에 윤보선 선출 민의원, 총리에 장면 인준 민주당 구파 분당 선언 개헌(부정 선거 관련자 처벌을 위한 소급 입법 근거 마련) 반민주행위자공민권 제한법 제정
1961. 4. 29. 5. 16. 5. 18. 5. 19.	충주 비료 공장 준공(국가 기록원 기록 기준) 군사 정변 군사 혁명 위원회 발족(의장 장도영, 부의장 박정희) 장면 내각 총사퇴 군사 혁명 위원회 → 국가 재건 최고 회의로 개편
1962. 1. 13. 3. 16. 11. 12. 12. 17.	제1차 경제 개발 5개년 계획 발표 정치 활동 정화법 공포 김종필–오히라 메모 작성 헌법 개정안 국민 투표 가결(1963. 10. 15. 직선제로 박정희 대통령 당선)

시기	〈제3 공화국〉 박정희 정부
1964. 4. 1.	김종필–오히라 메모 공개
5. 7.	울산 정유 공장 준공
6. 3.	6·3 항쟁
10.31.	한·월남, 월남 지원을 위한 국군 파견에 관한 협정 체결
1965. 6.22.	한일 협정(한일 기본 조약) 조인
7. 2.	국무 회의, 1개 전투 사단 월남 파병 의결
1968. 1.21.	1·21 사태, 북한 무장 공비 31명 서울 침입
1.23.	미 해군 정보함 푸에블로호(Pueblo 號), 북한에 피랍
4. 1.	향토 예비군 창설
11. 2.	울진, 삼척 지구 무장 공비 침투 사건
12. 5.	국민 교육 헌장 발표
1969. 2. 5.	중학교 무시험 진학 제도 실시
9.14.	3선 개헌안, 국민 투표 법안 국회에서 변칙 통과 (10.17. 개헌안 국민 투표로 통과)
1970. 4. 8.	와우 아파트 붕괴 사고
4.22.	새마을 운동 제창
7. 7.	경부 고속 국도 개통
11.13.	전태일 열사 분신
1971. 4. 2.	교련 반대 운동(연세대학교에서 시작)
4.27.	제7대 대통령 선거(박정희 당선)
1972. 7. 4.	7·4 남북 공동 성명
8. 3.	경제 안정과 성장에 관한 긴급 명령(8·3 조치)
10.17.	비상 계엄 선포(12. 27. 유신 헌법 공포)

시기	〈제4 공화국〉 박정희 정부(유신 체제)
1973	김대중 납치 사건
	개헌 청원 백만 명 서명 운동
	1차 오일 쇼크
1974	고등학교 입학 시험이 연합 고사로 바뀜
9.26.	천주교 정의구현 전국사제단 출범
1975. 3.18.	동아 자유 언론 수호 투쟁 위원회 결성
1976. 3. 1.	민주 구국 선언
8.18.	판문점 도끼 만행 사건
1977	수출 100억 불 달성
1978	2차 오일 쇼크
1979	YH사건 → 신민당 총재 김영삼 국회 의원 제명 → 부마항쟁 → 10·26 사태 → 12·12 사태
1980. 5.17.	비상계엄 전국 확대
5.18.	광주 민주화 운동
5.31.	국가 보위 비상 대책 위원회 설치
7.30.	과외 금지
10.27.	개헌 헌법 공포(대통령 선거인단에 의한 간선제, 7년 단임제)

시기	〈제5 공화국〉 전두환 정부
1981. 3.	제5 공화국 출범
1982	통행 금지 해제
1983	아웅산 테러 사건
1985	남북한 이산가족 상호 방문
1986	금강산 댐 사건
1987. 1.14.	박종철 고문치사 사건
4.13.	호헌 조치
6. 9.	이한열 열사 최루탄 피격(7. 5. 사망)
6.10.	6월 민주 항쟁(6. 10. ~ 6. 29.)
6.29.	6·29 선언(대통령 직선제 수용, 10·29 직선제 개헌 헌법 공포)
11.29.	대한항공(KAL) 858기 피격 사건

시기	〈제6 공화국〉 노태우 정부
1988. 2. 25.	노태우 정부 출범
9. 1.	헌법 재판소 개소
9. 17.	서울 올림픽 개최(~ 10. 2.)
1989. 2.	헝가리와 수교
3.	문익환 목사 방북 사건
11.	폴란드와 수교
1990	소련과 수교
1991. 9.	남북한 동시 UN 가입
12. 9.	국제 노동 기구(ILO) 가입
12. 13.	남북 기본 합의서 채택
12. 31.	한반도 비핵화 선언
1992. 8. 24.	한중 수교
12. 22.	한베트남 수교

시기	〈문민 정부〉 김영삼 정부
1993. 3.	북한, NPT(핵 확산 금지 조약) 탈퇴
8.	금융 실명제 실시
1994. 9.	북미 제네바 회담(한반도 핵 문제의 전면적 해결을 위한 협상)
1995 3. 9.	KEDO(한반도 에너지 개발 기구) 설립
3. 20.	부동산 실명제법 공포
8. 15.	조선 총독부 청사 철거 시작
1996. 3.	학교운영위원회 설치
12.	OECD(경제 협력 개발 기구) 가입
1997. 12.	IMF 구제 금융 사태

시기	〈국민의 정부〉 김대중 정부
1998. 11.	금강산 관광 시작(해로)
1999. 6. 15.	제1차 연평 해전
9. 29.	동티모르 평화 유지군 상록수 부대 창설(10. 4. 출국, 10. 22. 작전 시작)
2000. 6. 15.	6·15 공동 선언(제1차 남북 정상 회담)
8.	개성 공단 조성 합의
9.	경의선 복구 작업 착공(2003. 6. 14. 경의선 연결식 개최)
2002. 6. 29.	제2차 연평 해전

시기	〈참여 정부〉 노무현 정부
2003. 6.	개성 공단 착공(2004. 6. 개성 공단 시범 단지 완공)
2007. 10. 4.	10·4 공동 선언(제2차 남북 정상 회담)

시기	2008. 이명박 정부
2010. 3.	천안함 피격 사건
11.	연평도 포격 사건

시기	2013. 박근혜 정부
2017	박근혜 대통령 탄핵

시기	2017. 문재인 정부
2018. 4. 27.	판문점 선언

01 대한민국 정부 수립과 6·25 전쟁

1 광복 직후의 국내 정세
2 국토의 분단
3 대한민국 정부의 수립

단권화 MEMO

1 광복 직후의 국내 정세

(1) 광복 직전의 건국 준비 활동

① **국외에서의 건국 준비 활동**: 국내외의 끈질긴 독립 전쟁과 연합군의 승리로 우리 민족은 일제의 지배에서 벗어나 광복을 맞이하였다(1945. 8. 15.). 그동안 국내외에서 민족의 독립을 쟁취하기 위하여 노력하던 우리 민족은 제2차 세계 대전에서 일본의 패전을 확신하고 건국을 준비하였다.

㉠ 대한민국 임시 정부

■ **대한민국 건국 강령**
임시 정부의 기초 정당인 한국 독립당에서 조소앙의 삼균주의(三均主義)에 따라 정치·경제·교육의 균등을 규정하였다.

■ **건국 강령(建國綱領)의 주요 내용**
- 삼균 제도를 골자로 하는 헌법의 실시
- 경자유전(耕者有田)의 원칙에 따른 토지 제도 구상
- 보통 선거 제도와 의무 교육의 실시
- 정치·경제·교육의 균등 실시

- 대한민국 건국 강령의 제정·공포(1941): 민족주의 계열의 독립운동 단체들을 한국 독립당으로 통합하여 그 지지 기반을 강화한 후, 보통 선거를 통한 민주 공화국의 수립을 규정한 대한민국 건국 강령을 제정·공포하였다.
- 정부 체제의 개편: 조선 민족 혁명당의 지도자들을 받아들여 정부의 체제를 개편하였으며, 김원봉 중심의 조선 의용대 일부를 흡수하여 한국광복군을 보강하고, 항일 전쟁을 더욱 적극적으로 전개하였다.

> **사료** 대한민국 임시 정부의 건국 강령
>
> ❶ 구성: 총강(總綱)·복국(復國)·건국(建國)의 3장 24개 항
> - 제1장 총강: 민족의 과거 내력과 민족 국가 건설에 대한 방향을 제시하였다.
> - 제2장 복국: 독립운동의 단계와 임무를 규정하였다.
> - 제3장 건국: 광복 후 건설할 국가의 정체(政體)는 '민주 공화국(民主共和國)'이고, '균등 사회(均等社會)'를 실현한다는 전제하에 이를 위한 구체적이고 세부적인 방안들을 정리하였다.
>
> ❷ 제3장 건국
> 삼균 제도를 골자로 한 헌법을 실시하여 정치·경제·교육의 민주적 시설로 실제상 균형을 도모하며, 전국의 토지와 대생산 기관의 국유가 완성되고, 전국의 학령 아동 전체가 고급 교육의 무상 교육이 완성되고, 보통 선거 제도가 구속 없이 완전히 실시되어 …(중략)… 개인 간·민족 간·국가 간 균등을 추구한다.

㉡ **조선 독립 동맹(1942)**: 중국 화북 지방의 사회주의 계열 독립운동가들도 민주 공화국의 수립을 강령으로 내세우고 건국 준비에 나섰다.

> **사료** 조선 독립 동맹의 강령
>
> 본 동맹은 조선에 대한 일본 제국주의의 지배를 전복(顚覆)하고 독립 자유의 조선 민주 공화국을 수립할 목적으로 다음 임무를 실현하기 위하여 싸운다.
> 1. 전 국민의 보통 선거에 의한 민주 정권의 수립
> 2. 국민 의무 교육 제도를 실시하고, 이에 필요한 경비는 국가가 부담하는 것으로 함

② 국내의 건국 준비 활동

　⑤ 조선 건국 동맹 조직(1944): 국내에서도 일제의 가혹한 탄압 속에 일부의 지도자들이 조선 건국 동맹을 조직하고, 일제 타도와 민주주의 국가 건설을 추구하였다.

　ⓒ 조선 건국 준비 위원회 조직(1945): 조선 건국 동맹은 여운형이 중심이 된 단체로서, 해방 직후 조선 건국 준비 위원회로 개편하고 본격적인 건국 작업에 착수하였다.

> **사료** 　조선 건국 준비 위원회 – 조선 건국 동맹의 여운형이 조선 총독에게 요구한 5개 조항
>
> ❶ 정치·경제범을 즉시 석방할 것
> ❷ 3개월분 식량을 확보할 것
> ❸ 조선인의 치안 유지와 건국 운동을 위한 정치 활동에 대하여 절대로 간섭하지 말 것
> ❹ 학생과 청년을 조직·훈련하는 데 간섭하지 말 것
> ❺ 노동자와 농민을 건국 사업에 동원하는 데 절대로 간섭하지 말 것

---

③ 건국 준비 활동의 공통성: 국내외를 불문하고 독립운동을 추진하던 민족 지도자들은 일제의 패망 후 민주 공화국을 수립한다는 데 뜻을 같이 하였다.

바로 확인문제

● **빈칸에 들어갈 인물에 대한 설명으로 가장 옳은 것은?** 　　　16. 서울시 7급

> ⬜⬜⬜은(는) 조선 총독에게 정치·경제범의 즉시 석방, 서울의 3개월분 식량 확보, 치안 유지 등을 위한 정치 운동·학생 및 청년 활동·노동자와 농민 동원 등에 대한 불간섭 등을 요구하였다.

① 만주 길림시에서 의열단을 조직하여 일본을 무너뜨리고 '민중적 조선'을 건설하는 것을 목표로 민족 투쟁을 벌였다.

② 김규식과 함께 좌우익의 대표로서 10인의 좌우 합작 위원회를 구성하여 남북한 통일 정부 수립 운동을 벌였다.

③ 단독 정부 수립 운동에 반대하며 분단을 막고 통일 정부 수립을 위하여 북한에 남북 지도자 연석 회의를 제안하였다.

④ 좌우 협력의 민족 운동인 신간회 운동을 주도한 인물 중 한 사람으로 조선학 운동을 통해 민족 문화 수호에 앞장섰다.

---

(2) 8·15 광복

1945년 8월 15일, 우리 민족은 일제의 지배로부터 벗어나 광복을 맞이하게 되었다. 우리 민족의 광복은 미국·영국·중국·소련 등 연합군이 승리한 결과이기도 하지만, 우리 민족이 국내외에서 줄기차게 전개해 온 독립 투쟁의 결실이었다.

▲ 8·15 광복

■ **기타 정당의 활동**

한국 민주당	송진우, 김성수	민족주의 우파 세력 중심. 임시 정부 지지. 미군정에 적극 참여
독립 촉성 중앙 협의회	이승만	이승만을 중심으로 한국 민주당, 국민당, 조선 공산당을 비롯한 2백여 개 단체가 모여 구성한 협의체로 독립 쟁취를 위하여 공동 투쟁·공동 노선을 취할 것을 결의함
한국 독립당	김구	통일 정부 수립을 위한 활동 전개
국민당	안재홍	중도 우파, 신민주주의 및 신민족주의 표방
조선 인민당	여운형	중도 좌파, 좌우합작 운동 전개

|**정답해설**| 제시된 내용은 '여운형'이 해방 직전 조선 총독에게 요구한 사항들이다. 여운형은 1944년 조선 건국 동맹을 조직하였고, 해방 직후 안재홍과 함께 조선 건국 준비 위원회를 설립하였다. 조선 건국 준비 위원회는 완전한 독립과 진정한 민주주의 확립을 목표로 치안대를 조직하고, 전국에 145개 지부 건설을 단행하였다. 미군정의 지원을 받아 김규식과 함께 좌우 합작 운동을 주도하였으나, 1947년 7월 혜화동에서 암살되었다.

|**오답해설**|
① 김원봉은 1919년 만주 길림에서 의열단을 조직하였다.
③ 김구는 통일 정부를 수립하기 위해 북한에 남북 지도자 연석 회의를 제안하였다.
④ 안재홍은 신간회에 주도적으로 참여하였고, 정인보 등과 함께 조선학 운동을 추진하였다.

|**정답**| ②

미국·영국·소련 3국 수뇌는 얄타 협정을 체결하여 소련의 대일 참전을 결정하였다. 얄타 협정에 의하여 소련군이 대일 전쟁에 참전하게 되고, 미국은 소련군의 점령 지역이 과도하게 확대되는 것을 방지하기 위하여 북위 38도선을 경계로 일본군의 무장을 해제시킬 것을 제의하였으며, 소련이 이에 동의하였다. 한편 이 회담에서 미국의 루스벨트 대통령이 20~30년간의 신탁 통치 안을 처음으로 제안하였다고 알려져 있다.

2 국토의 분단

(1) 열강의 한국 독립 논의

① 카이로 회담(1943. 11.): 미국·영국·중국의 3국 수뇌는 카이로 회담에서 한국 인민의 노예 상태에 유의하여, 적당한 시기에 한국을 독립시킬 것을 결의하였다.

② 포츠담 선언(1945. 7.): 카이로 회담의 결의는 그 뒤 포츠담 선언에서도 재확인됨으로써 우리나라의 독립은 이미 국제 사회에서 약속된 것이었다.

> **사료** 카이로 선언(1943. 12. 1.)
>
> 3대 동맹국은 해로와 육로, 항공로로 야만적인 적국에 대하여 끊임없는 압박을 가할 결의를 표명하였다. 이 압박은 이미 증대하고 있다. 3대 동맹국은 일본의 침략을 정지시키고 이를 벌하기 위하여 지금 전쟁을 속행하고 있다. 위 동맹국은 자국을 위하여 하등 이익을 요구하는 것이 아니며 또 영토를 확장할 아무런 생각도 가지고 있지 않다. 위 동맹국의 목적은 일본국으로부터 1914년 제1차 세계 전쟁 이후 일본이 탈취하고 또는 점령한 태평양의 도서를 일체 박탈할 것과 만주·타이완 및 펑후 제도와 같이 일본국이 중국인으로부터 훔친 일체의 지역을 중화민국에 반환함에 있고, 일본은 또 폭력과 탐욕에 의하여 약탈한 다른 일체의 지역으로부터 구축될 것이다. 앞의 3대국은 조선 인민의 노예 상태에 유의하여 적당한 시기에 조선이 자유 독립할 것을 결의한다.

(2) 국토의 분단

① 민족 독립운동의 의의

    ㉠ 8·15 광복은 온 민족이 일제의 지배에 맞서서 투쟁해 온 결실이었기 때문에 수많은 사람의 희생과 헌신은 민족 운동사의 위대한 업적으로 남게 되었다.

    ㉡ 민족의 독립을 되찾기 위한 노력은 정치·경제·사회·문화·외교 등 모든 영역에 걸쳐 지속적으로 전개되었다.

    ㉢ 독립운동의 방법도 무장 투쟁, 외교 활동, 민족 문화 수호 운동 또는 민족 실력 양성 운동 등으로 전개되었다.

    ㉣ 이처럼 줄기차게 전개된 민족 독립운동이 국내외에 널리 알려짐에 따라 국제적으로도 우리 민족의 독립 국가 수립은 당연히 이루어져야 하는 것으로 여겨졌다.

② 38도선의 확정: 우리나라는 감격적인 광복을 곧바로 독립으로 이어 가지 못하였다. 일본군의 무장 해제를 이유로 미·소 양군이 38도선을 경계로 하여 한반도의 남과 북에 각각 진주하였기 때문이다.

③ 군정의 실시: 남한에 주둔한 미군은 곧 군정을 실시하면서 친미적인 우익 정부의 수립을 후원하였다. 북한에서도 소련군과 공산주의자들이 중심이 되어 민족주의 계열의 인사들을 숙청하고, 공산주의 정권을 수립하기 위한 기반을 닦아 나갔다.

④ 민족 분단의 고착화: 우리 민족은 스스로의 능력이나 의지와는 관계없이 자주독립의 통일 국가를 수립하지 못하고 민족 분단의 비극을 맞게 되었다.

▲ 38도선 표시판

> **사료** 국토 분단의 배경
>
> 「일본국 대본영 일반 명령 제1호」(1945. 9. 2.)
> - 만주·북위 38도선 이북의 한국, 사할린, 쿠릴 열도에 있는 일본군은 소련 극동군 사령관에게 항복할 것
> - 일본국과 일본국 본토에 인접한 여러 소국, 북위 38도선 이남의 한국, 류큐 제도 및 필리핀 제도에 있는 일본군은 미합중국 태평양 육군 부대 최고 사령관에게 항복할 것
> - 위에 지정한 각 지휘관만이 항복을 수락할 권한이 부여된 연합국 대표이며, 모든 일본국 군대는 이 지휘관 또는 그 대표자에게만 항복할 것

● 다음 선언문을 발표한 회담과 관련한 설명으로 옳은 것은?　　　　　16. 국가직 7급

> 우리 동맹국은 일본이 제1차 세계 대전 이후에 탈취하거나 점령한 태평양의 도서 일체를 박탈할 것과 만주, 펑호도와 같이 일본이 청국에게서 빼앗은 지역을 모두 중화민국에 반환할 것을 목표로 한다. …(중략)… 그리고 우리 세 나라는 현재 한국 국민이 노예 상태하에 있음을 유의하여 적당한 시기에 한국을 자주·독립 국가로 할 결의를 가지고 있다.

① 회담 당사국은 미국, 영국, 소련이었다.
② 4개국에 의한 최장 5개년의 한반도 신탁 통치를 결정하였다.
③ 회담의 영향으로 임시 정부가 건국 강령을 발표하였다.
④ 제2차 세계 대전 중 최초로 한국의 독립을 국제적으로 보장하였다.

(3) 광복 이후 남·북한의 정세

① 조선 건국 준비 위원회(1945. 8. 15.)와 조선 인민 공화국의 성립
　㉠ 광복 직후 조선 건국 동맹의 여운형(중도 좌익)을 중심으로, 안재홍 등의 우익이 참여하여 조선 건국 준비 위원회가 조직되었다. 조선 건국 준비 위원회는 완전한 독립과 진정한 민주주의 확립을 목표로 치안대를 조직하고, 전국에 145개 지부를 설치하였다.

사료	조선 건국 준비 위원회 강령

> 조선 전 민족의 총의(總意)를 대표하여 이익을 보호할 만한 완전한 새 정권이 나와야 하며 이러한 새 정권이 확립되기까지의 일시적 과도기에 있어서 본 위원회는 조선의 치안을 자주적으로 유지하며 한걸음 더 나가 조선의 완전한 독립 국가 조직을 실현하기 위하여 새 정권을 수립하는 산파적인 사명을 다하려는 의도에서 아래와 같은 강령을 내세운다.
>
> [강령]
> 우리는 완전한 독립 국가의 건설을 기함
> 우리는 전 민족의 정치적 경제적, 사회적, 기본 요구를 실현할 수 있는 민주주의적 정권의 수립을 기함
> 우리는 일시적 과도기에 있어서 국내 질서를 자주적으로 유지하며 대중 생활의 확보를 기함

　㉡ 연합군에게 정부로 인정받기 위하여 이승만을 주석, 여운형을 부주석, 허헌을 국무총리로 하는 조선 인민 공화국을 선포하고, 발전적으로 해체하였다(1945. 9. 6.). 그러나 실권은 조선 공산당을 재건한 박헌영이 장악하여 좌익 정부나 다름없었다.
　㉢ 1945년 9월 9일 주한 미육군사령관 하지(John R. Hodge) 중장은 아베 노부유키 조선 총독으로부터 정식으로 항복 문서를 접수하였다. 이어 9월 12일 하지 중장은 아놀드(A. V. Arnold) 소장을 군정 장관에 임명한 뒤, 20일 군정청의 성격·임무·기구 및 국·과장급 인사를 발표함으로써 남한에 본격적인 미군정 통치가 시작되었다. 미군정은 조선 인민 공화국을 정부로 인정하지 않았고, 친미적인 우익 정부의 수립을 지원하기 위해 한국 민주당 인사들과 긴밀하게 접촉하였다.
　㉣ 한국 민주당은 대한민국 임시 정부 법통을 계승하려 한 반면(임시 정부 봉대론), 미군정은 중국과 친밀하고 민족주의적 성격을 지닌 임시 정부를 인정하지 않았으며, 주석인 김구의 귀국도 개인 자격으로만 허용하였다.

◎ 1945년 10월에 귀국한 이승만은 독립 촉성 중앙 협의회를 결성하고, '선 좌우익 통합·후 친일파 제거'를 주장하였다.

⑭ 한국 사정에 어두웠던 미군정은 총독부 체제를 그대로 유지하고, 친일파를 존속시켰다.

② 북한의 정세: 소련군의 진주로, 자주적으로 독립 국가를 수립하려던 민족주의 인사들의 활동이 금지되었으며, 그 대신 소련군과 함께 북한에 들어 온 김일성 등 공산주의자들을 중심으로 정치 활동이 전개되었다.

＊신탁 통치 문제
모스크바 3국 외상 회의의 결정 내용을 알아두도록 한다.

(4) 신탁 통치 문제＊

① 모스크바 3국 외상 회의(1945. 12.)

㉠ 38도선을 경계로 남과 북에 미군과 소련군의 군정이 실시되는 가운데 미국·영국·소련의 3국 외상은 모스크바에서 회의를 열어 한반도 문제를 협의하였다.

㉡ 이 회의에서 한국에 임시 민주 정부를 수립하기 위하여 미소 공동 위원회를 설치하고, 한국을 최고 5년 동안 미·영·중·소 4개국의 신탁 통치하에 두기로 결정하였다.

사료 모스크바 3국 외상 회의 결정서(1945. 12.)

❶ 조선을 독립 국가로 재건하기 위하여 조선 민주주의 임시 정부를 수립하여 이로써 조선의 산업·교통·농업 발전과 민족의 문화 향상을 도모하게 할 것이다.

❷ 조선에 민주적인 임시 정부 수립을 실현하며, 이에 대한 방침을 강구하기 위하여 남조선의 미국군 사령부 대표와 북조선의 소련군 사령부 대표로서 공동 위원회(共同委員會)를 설치한다. 이 위원회는 조선의 민주적 제(諸) 정당 및 사회단체들과 협의한다. 이 위원회의 건의는 미·소·영·중 4개국 정부에 제출되어 검토된 후 미·소 양(兩) 정부가 최종 결정한다.

❸ 위 공동 위원회는 조선 민주주의 임시 정부를 기타 각 민주주의 단체와 협력하여 조선을 정치적·사회적 및 경제적으로 발전시키며, 민주주의적 자치 정부를 수립하여 독립 국가로 육성시키는 데 사명이 있다. 공동 위원회의 제안은 조선 임시 정부와 타협한 후 미·영·중·소 정부에 제출하여 최고 5년간의 4개국 조선 신탁 통치에 관한 협정을 할 것이다.

❹ 남한 및 북한에 관한 긴급 문제의 심의를 위하여 남한의 미군 사령부와 북한의 소련군 사령부 사이에 행정·경제 분야에서 부단한 협력을 확립하기 위한 방법을 검토하기 위하여 미·소 점령 사령관의 대표로 구성되는 공동 위원회(共同委員會)를 2주일 내에 개최한다.

---

② 신탁 통치안의 결정

㉠ 신탁 통치안의 성격: 신탁 통치는 강대국이 독립할 능력이 없는 나라를 일정 기간 동안 통치하는 것인데, 실제로 우리 민족에게는 식민지 지배와 크게 차이가 없는 것이었다. 그러므로 모스크바 3국 외상 회의에서 한반도 신탁 통치 결정은 우리 민족에게는 모욕으로 생각될 수밖에 없었다.

㉡ 반탁 운동의 전개: 이 소식이 국내에 전해지자 전국적으로 신탁 통치 반대 운동이 치열하게 전개되었으며, 이는 제2의 광복 운동과 같은 성격을 띠게 되었다. 특히 김구를 비롯한 임시 정부 세력은 조직적인 반탁 운동을 전개하려는 목적에서 탁치(신탁 통치) 반대 국민 총동원 위원회를 결성하였다(1945. 12. 28.).

㉢ 좌·우익의 대립: 처음에는 좌익 세력도 신탁 통치에 반대하였다. 하지만 박헌영이 소련과 협의한 후 신탁 통치의 본질이 임시 정부 수립에 있다고 판단하고 모스크바 3국 외상 회의의 결정을 받아들이기로 하였다.

○ 좌·우익의 대립

좌익 세력의 통일전선 (민주주의 민족전선)	• 일시 : 1946년 2월 • 주체 : 조선 공산당, 조선 인민당, 독립 동맹(조선 신민당) 등 • 인물 : 임시 정부 세력에서 이탈한 김원봉, 성주식, 김창숙, 장건상 등 • 목적 : 조선 민족의 완전한 독립 달성과 민주주의 정권 수립을 위시하여 …… 역사적 임무를 달성하기 위해 조직(규약 제2조) • 성격 : 조선 인민 공화국의 후신
우익 세력의 통일전선 (비상 국민 회의)	• 일시 : 1946년 2월 • 주체 : 임시 정부 세력 중심(김구, 이승만) • 개최 : 비상 정치 회의 주비회(1월 20일) • 목적 : 우익의 통일 전선 구축 • 주장 : 좌·우익의 연립을 요구하고 반탁을 중심으로 모든 정당이 통일할 것을 주장

사료 반탁 시위 대회 선언문

카이로 선언, 포츠담 선언과 국제 헌장으로 세계에 공약한 한국의 독립은 이번에 모스크바에서 열린 3국 외상 회의의 신탁 관리 결의로써 수포로 돌아갔으니, 다시 우리 3,000만 명은 영예로운 피로써 자주독립을 이루지 않으면 안 될 단계에 들어섰다. / 동포! …(중략)… 완전한 자주독립을 이루는 날까지 3,000만 전 민족은 최후의 피 한 방울이 다하도록 항쟁할 것을 선언한다.

심화 해방 직후 좌익과 우익 정당

❶ 좌익(사회주의 계열)
- 조선 공산당(박헌영, 조선 공산당 산하에 노동 조직인 조선 노동조합 전국 평의회와 농민 조직인 전국 농민 조합 총연맹이 존재함)
- 남조선 신민당(백남운, 조선 신민당 남조선 분국)
- 조선 인민당(여운형, 중도 좌파, 좌우 합작 추진)
→ 좌익 3당은 1946년 11월 통합하여 남조선 노동당이 되었다. 이 과정에서 여운형은 참가하지 않았다.

❷ 우익(민족주의 계열)
- 한국 민주당(김성수·송진우 계열, 대지주 출신, 도시 부유층 출신, 특히 많은 친일 세력들이 가담함)
- 독립 촉성 중앙 협의회(이승만 계열)
- 한국 독립당(김구 계열 임시 정부 세력)
- 조선 국민당(안재홍, 신민족주의, 신민주주의, 중도 우파)

바로 확인문제

● 〈보기〉의 결정을 내린 회의에 대한 설명으로 가장 옳지 <u>않은</u> 것은?   18. 서울시 7급

┤ 보기 ├
- 첫째, 한국을 독립 국가로 재건하기 위해 민주주의 임시정부를 수립한다.
- 둘째, 한국 임시 정부 수립을 위해 미·소 공동 위원회를 설치한다.
- 셋째, 미국, 영국, 중국, 소련의 4개국이 공동 관리하는 최고 5년 기한의 신탁 통치를 시행한다.

① 1945년 12월 모스크바에서 개최하였다.
② 미국, 영국, 소련 세 나라의 외무장관이 참석하였다.
③ 한국의 신탁 통치에 대하여 처음 국제적으로 논의하였다.
④ 이 회의의 결정 소식은 국내 좌우익의 극심한 분열을 일으켰다.

|정답해설| 제시된 내용은 1945년 12월 개최된 모스크바 3국(미, 영, 소) 외상(외무장관) 회의의 결과이다. 신탁 통치는 1945년 2월 얄타 회담에서 최초로 논의되었다.

|정답| ③

(5) 미소 공동 위원회와 좌우 합작 운동*

① 제1차 미소 공동 위원회(1946. 3.)

ⓐ 반탁 운동이 거세게 일어나는 가운데 미국과 소련은 서울에서 미소 공동 위원회를 열었으나, 처음부터 난항에 직면하였다.

ⓑ 소련의 입장: 소련은 신탁 통치 결정을 지지하는 정치 단체만을 미소 공동 위원회와의 협의 대상으로 참여시키자고 주장하였다. 소련의 주장은 신탁 통치를 지지하는 공산당만을 임시 정부 수립에 참여시키려는 의도였다.

ⓒ 미국의 입장: 미국은 모든 정치 단체를 참여시켜야 한다고 주장하였다.

② 이승만의 정읍 발언(1946. 6. 3.): 제1차 미소 공동 위원회가 결렬되자, 이승만은 남한만의 단독 정부 수립을 공식적으로 주장하였다.

사료   정읍 발언

이제 우리는 무기 휴회된 공위(共委)가 재개될 기색도 보이지 않으며 통일 정부를 고대하나 여의케 되지 않으니 남방만이라도 임시 정부 혹은 위원회 같은 것을 조직하여 38선 이북에서 소련이 철퇴되도록 세계 공론에 호소하여야 될 것이니 여러분도 결심하여야 될 것이다. 그리고 민족 통일 기관 설치에 대하여 지금까지 노력하여 왔으나, 이번에는 우리 민족의 대표적 통일 기관을 귀경한 후 즉시 설치하게 되었으니 각 지방에서도 중앙의 지시에 순응하여 조직적으로 활동하여 주기 바란다.

---

③ 좌우 합작 운동(1946. 7.)

ⓐ 이승만의 정읍 발언 이후 단독 정부 수립 운동이 일어나자, 여운형, 김규식 등을 중심으로 좌우 합작 위원회를 조직하였다(1946. 7.). 미군정도 좌우 합작 위원회를 지원하였다.

ⓑ 좌우 합작 위원회는 1946년 10월 좌우 합작 7원칙을 발표하였으나, 조선 공산당 및 한국 민주당의 강력한 반발로 별다른 성과를 거두지 못하였다.

사료   좌우 합작 7원칙(1946. 10.)

❶ 모스크바 3국 외상 회의 결정에 의해 좌우 합작으로 임시 정부 수립

❷ 미소 공동 위원회의 속개를 요청하는 공동 성명 발표

❸ 몰수·유조건(有條件) 몰수 등으로 농민에게 토지 무상 분여 및 중요 산업의 국유화

❹ 친일파 및 민족 반역자 처리 문제는 장차 구성될 입법 기구에서 처리

❺ 정치범의 석방과 테러적 행동의 중단

❻ 합작 위원회에 의한 입법 기구의 구성

❼ 언론·집회·결사·출판·교통·투표 등의 자유 절대 보장

ⓒ 미군정이 1946년 12월 좌우 합작 위원회와 한국 민주당을 결합하여 남조선 과도 입법 의원(의장 – 김규식)을 구성하자, 여운형 등은 위원회를 탈퇴하였다.

ⓓ 1947년 2월 행정부의 최고 책임자인 민정 장관에 안재홍이 취임하였으며, 6월 「군정법령 제141호」로 38선 이남 지역의 입법·사법·행정 각 부문의 모든 행정기관을 '남조선 과도 정부'라 부르게 되었다. 한편 7월에는 미국에 거주하던 서재필이 귀국하여 과도 정부의 고문인 한미 최고 의정관에 취임하였으나, 별다른 성과를 얻지 못하였다.

ⓔ 결과: 1947년부터는 미국이 소련에 대한 봉쇄 정책으로 입장이 전환되면서 합작 운동이 난관에 빠지게 되었다.

● 밑줄 친 '입법 기구'에 대한 설명으로 옳지 <u>않은</u> 것은?   17. 지방직 7급

> 1. 조선의 민주 독립을 보장한 3상 회의 결정에 의하여 남북을 통한 좌우 합작으로 민주주의 임시 정부를 수립할 것
> 2. 미소 공동 위원회 속개를 요청하는 공동 성명을 발(發)할 것
> 3. 토지 개혁에 있어 몰수, 유조건 몰수, 체감매상 등으로 토지를 농민에게 ……
> 4. …… 본 합작 위원회에서 <u>입법 기구</u>에 제안하여 <u>입법 기구</u>로 하여금 심리 결정케 하여 실시케 할 것. …(후략)…

① 입법의원 의원선거법을 제정하였다.
② 초대 의장으로 여운형이 선임되었다.
③ 관선과 민선 두 종류의 의원이 있었다.
④ 민족반역자·부일협력자·간상배에 대한 특별법을 제정하였다.

④ 제2차 미소 공동 위원회(1947. 5.)
　㉠ 1947년 트루먼 독트린이 발표되면서 미소 간 갈등과 냉전이 시작되었다.
　㉡ 이승만은 미국에서 단독 정부의 수립을 주장하였고, 미국 국무성도 단독 정부의 수립을 시사한 후 제2차 미소 공동 위원회도 사실상 결렬되었다.
　㉢ 미국이 제의한 미·영·중·소 4개국 회의에 대해 소련이 거부하였다.
　㉣ 두 차례의 미소 공동 위원회의 회의는 미·소 간의 서로 다른 주장으로 끝내 아무런 합의도 얻지 못한 채 결렬되고 말았다.

심화　해방 이후 조선 공산당의 활동과 남조선 노동당(남로당)의 설립

❶ 조선 공산당의 재건
　• 박헌영 등 경성콤그룹(화요파) 계열은 1945년 8월 20일 '조선 공산당 재건 준비 위원회'를 결성하였다. 이후 1945년 9월 8일 '조선 공산당 재건 준비 위원회' 중심의 당 재건을 결의하여 사실상 조선 공산당의 창립대회가 되었다.
　• 조선 공산당은 「현 정세와 우리의 임무(8월 테제)」를 발표하였다. 그 내용은 첫째, 조선의 해방이 소·영·미·중 등 진보적 민주주의 국가에 의해 실현됨으로써 평화적으로 혁명의 성공이 가능함을 보여 주었고 둘째, 조선은 부르주아 민주주의 혁명의 단계에 있으므로 민족적 완전 독립과 토지 문제의 혁명적 해결이 가장 중요한 과제이고 셋째, 진보적 민주주의 정치를 실시하기 위해 노동자·농민이 중심이 되고 도시 소시민과 인텔리켄차의 대표와 기타 모든 진보적 요소가 정견과 계급과 단체 여하를 막론하고 참여하는 통일 전선을 결성하여 대중이 지지하는 혁명적 인민 정권을 수립해야 한다는 등의 정치 노선을 제시하였다.

❷ 조선정판사 위조 지폐 사건(1946. 5.)
　조선 공산당이 남한의 경제 혼란과 활동 자금 확보 목적으로 조선정판사에서 위조 지폐를 대량으로 제작하여 유통시킨 사건이다. 이 사건으로 조선 공산당에 대한 미군정의 탄압이 시작되었다.

❸ 신 전술발표(1946. 7.)
　조선정판사 위폐 사건 이후 미군정의 탄압이 계속되자, 조선 공산당은 미군정과의 협조 노선을 포기하고, 테러, 파업 등 강경 대중 투쟁을 통해 미군정에 압력을 가한다는 신 전술을 발표하였다.

단권화 MEMO

|정답해설| 제시된 사료는 좌우 합작 위원회에서 1946년 10월 발표한 좌우 합작 7원칙 중 일부이다. 또한 밑줄 친 입법 기구는 1946년 12월 설립된 남조선 과도 입법 의원이다. 남조선 과도 입법 의원의 초대 의장은 김규식이었다.

|정답| ②

■ 트루먼 독트린
1947년 3월 미국 대통령 트루먼이 의회에서 선언한 미국 외교 정책에 관한 원칙이다. 그 내용은 공산주의 세력의 확대를 저지하기 위하여 자유와 독립의 유지에 노력하며, 당시 공산 세력으로부터 직접적 위협에 직면하고 있던 그리스와 터키의 반공(反共) 정부에 대하여 미국의 경제적·군사적 원조가 제공된다는 것이다. 이 시기부터 미국과 소련의 냉전이 시작되었다.

❹ 9월 총파업(1946. 9.)
- 조선 공산당 산하 조선노동조합전국평의회(전평)는 극심한 인플레이션, 식량난에 불만을 가진 노동자들의 파업을 지도하였다.
- 전국 철도 노동자의 총파업 이후 전신, 체신, 전기, 운송 등 각 산업 부분으로 파업이 확산되자, 미군정은 전평 주도 세력을 검거하는 등 강력하게 대응하였다.

❺ 10월 인민 항쟁(대구 10·1 사건, 1946. 10.)
- 전국에서 9월 총파업이 진행되는 가운데, 10월 1일 대구에서 군중과 경찰이 충돌하면서 경찰의 발포로 노동자가 사망하는 일이 일어났다. 다음날 시민들이 부청(府廳)과 경찰서를 포위하고 경찰의 사과와 책임자의 처벌을 요구하며 점거하였다.
- 이후 대구 전역에서 시민들이 경찰과 우파 인물을 공격하여 사망자와 부상자가 대거 발생하였다.

❻ 남조선 노동당의 결성(1946. 11.)
조선 공산당과 남조선 신민당, 조선 인민당이 통합하여 창당되었다. 다만 통합 과정에서 여운형은 참여하지 않았다.

바로 확인문제

● 8·15 광복 직후에 결성된 정당의 중심 인물과 주요 내용을 정리하였다. 이와 관련된 정당을 바르게 연결한 것은?   14. 국가직 9급

> ㉠ 여운형 등이 중심이 되어 결성하였으며, 진보적 민주주의를 표방하면서 좌우 합작을 추진하였다.
> ㉡ 송진우 등이 중심이 되어 결성하였으며, 인민 공화국을 부정하고, 대한민국 임시 정부의 법통을 계승하려 하였다.
> ㉢ 안재홍 등이 중심이 되어 결성하였으며, 신민족주의를 내세워 평등 사회를 건설하려 하였다.

	㉠	㉡	㉢
①	조선 인민당	한국 민주당	한국 독립당
②	조선 신민당	민족 혁명당	한국 독립당
③	조선 신민당	한국 민주당	국민당
④	조선 인민당	한국 민주당	국민당

● 다음 내용과 관련이 없는 것은?

> - 모스크바 3국 외상 회의 결정에 의해 좌우 합작으로 임시 정부를 수립할 것
> - 몰수·유조건 몰수 등으로 농민에게 토지 무상 분여 및 중요 산업 국유화
> - 친일파, 민족 반역자 처리 문제는 장차 구성될 입법 기구에서 처리할 것
> - 남북 좌·우의 테러적 행동을 일체 제지하도록 노력할 것

① 한국 민주당과 조선 공산당은 적극적으로 반대하였다.
② 여운형, 김규식 등이 주도하였다.
③ 위 내용이 발표된 이후 정판사 위폐 사건이 발생하였다.
④ 미군정은 위 자료를 발표한 세력을 지원하였다.

3 대한민국 정부의 수립

(1) 유엔 한국 임시 위원단의 활동

① 한국 독립 문제의 유엔 총회 상정

　㉠ 원인: 미소 공동 위원회가 실패로 돌아가자 미국과 소련은 각기 남·북한에서 별도의 정부를 세우는 데 관심을 가지게 되었다.

　　• 북한의 상황: 소련은 북한에서 공산주의자들에 의한 사실상의 정부를 세워 통치 체제를 확립하였으며, 이를 남한으로 확대하려고 노력하였다. 그러므로 광복 이후 공산당을 중심으로 하는 공산주의 활동은 점점 무력 투쟁의 양상을 띠게 되었다.

　　• 남한의 상황: 이승만 등의 정치 지도자들은 시급히 독립 국가를 수립하여 모든 국민의 열망을 성취해야 한다고 주장하였다. 한편 좌우 합작 운동을 주도했던 여운형은 1947년 7월 혜화동에서 암살당했다.

　㉡ 한반도 문제의 유엔 이관(1947. 9.): 미소 공동 위원회의 결렬로 미국과 소련이 한반도에서 통일 정부를 수립하는 문제에 관해 의견을 달리하게 되자, 미국은 한반도 문제를 유엔에 이관하기로 결정하였다.

② 유엔 한국 임시 위원단의 구성

　㉠ 유엔의 결정

　　• 유엔은 한반도에서 합법적이고 정통성 있는 정부 수립이 필요하다고 인식하여 남북한 총선거를 결의하였다(1947. 11.).

　　• 이를 위해 유엔 한국 임시 위원단을 파견하고(1948. 1.), 조속한 시일에 선거를 통하여 통일된 독립 정부를 한반도에 수립하도록 하였다.

　㉡ 소련의 반대: 소련은 남한까지도 공산화하려 하였기 때문에 이 제안에 반대하였으며, 유엔 한국 임시 위원단이 북한에 들어오는 것조차 거절하였다.

　㉢ 총선거 실시 결정(1948. 2. 26.): 소련의 반대로 남·북한 총선이 불가능해지자, 유엔은 소총회에서 우선 선거가 가능한 지역에서만이라도 총선거를 실시하여 정부를 수립하도록 결정하였다.

사료　유엔 총회의 남북한 총선거 결의

총회가 당면하고 있는 한국 문제는 근본적으로 한국민 자체의 문제이며, 그 자유와 독립에 관련된 문제이므로, …(중략)… 총회는 한국 대표가 한국 주재 군정 당국에 의하여 지명된 자가 아니라 한국민에 의하여 실제로 정당하게 선출된 자라는 것을 감시하기 위하여, 조속히 유엔 한국 임시 위원단을 설치하여 한국에 주재케 하고, 이 위원단에게 한국 전체를 여행·감시·협의할 수 있는 권한을 부여할 것을 결의한다.

유엔 총회의 남북한 총선거 결의(1947. 11.)

---

③ 남북 협상(1948. 4.)*

　㉠ 남·북한에서 총선거를 실시하여 통일 정부를 수립하려는 유엔의 결의는 소련과 공산주의자들이 반대하였기 때문에 남한에서만 선거가 실시될 수밖에 없었다.

　㉡ 이때 김구·김규식·조소앙 등은 남한만의 선거로 단독 정부가 수립되면 남북의 분단이 계속될 것을 우려하여 남·북한이 협상을 통해서 통일 정부를 수립하자고 주장하였다. 이에 따라 김구·김규식 등은 남북 협상을 추진하였으나 결국 실패하였다.

　㉢ 그들의 노력은 미·소 간의 냉전 체제하에서는 실현되기 어려운 것이었다.

■ **유엔 한국 임시 위원단**

"남북한의 인구 비례에 따라 남북한 자유 총선거를 실시한다."는 유엔 총회의 결의에 따라 1948년 1월 한국에 파견되었다. 호주, 프랑스, 캐나다, 중국, 인도, 엘살바도르, 필리핀, 시리아, 우크라이나 등 9개국의 대표 35명으로 구성되었다(우크라이나는 불참). 의장은 인도인 크리슈나 메논이었다.

＊**남북 협상**

김구의 통일 정부 수립 운동과 남북 협상의 내용을 파악해야 한다.

■ **남북 협상**

1948년 4월 19～30일까지 평양에서 열린 회담이다. 당시 5월 10일 남북의 총선거를 통해 통일 정부를 구성한다는 유엔의 결의를 북한과 소련 측이 반대하자, 남한 단독 선거라도 추진하자는 국제 여론이 점차 지지를 얻었다. 그리하여 점차 분단이 확정되어 갔다. 이에 남측의 김구와 김규식이 분단을 막기 위한 마지막 수단으로 평양을 방문하였다. 그러나 김일성은 통일 대신, 북한의 권력 장악을 꿈꾸고 있었기 때문에 아무런 성과를 얻지 못하였다.

사료　남북 협상 이후 합의문 발표(남북정당사회단체지도자협의회의 공동성명서)

❶ 소련이 제의한 바와 같이 외국 군대는 우리 강토로부터 즉시 동시에 철거하는 것이 조선 문제를 해결하는 가장 정당하고 유일한 방법이다.

❷ 남·북조선 정당·사회단체 지도자들은 외군이 철거한 이후 내전이 발생할 수 없다는 것을 확인한다. 이들 大 정당·사회단체들 간에 성취된 약속은 우리 조국의 완전한 질서를 수립하는 튼튼한 담보이다.

❸ 외국 군대가 철거한 이후에 下記 제 정당들의 공동 명의로 전조선 정치 회의를 소집하여 조선 인민의 각 계각층을 대표하는 민주주의 임시 정부가 즉시 수립될 것이며 국가의 일체 정권과 정치·경제·문화생활의 일체 책임을 가지게 될 것이다. 이 정부는 그 첫 과업으로서 일반적·직접적·평등적 비밀 투표에 의하여 통일적 조선 입법 기관 선거를 실시할 것이며 선거된 입법 기관은 조선 헌법을 제정하며 통일적 민주 정부를 수립할 것이다.

❹ 남조선 단독 선거는 절대로 우리 민족의 의사를 표현하지 못할 것이며, 이 성명서에 서명한 정당·사회단체들은 남조선 단독 선거의 결과를 결코 승인하지 않을 것이며 지지하지 않을 것이다.

사료　김구의 통일 정부 수립 주장

조국이 있어야 한국 사람이 있고, 한국 사람이 있어야 민주주의도 공산주의도 무슨 단체도 있을 수 있는 것이다. 그러면 우리의 자주독립적 통일 정부를 수립하려는 이때에 있어서 어찌 개인이나 자기 집단의 사리사욕에 탐하여 국가 민족의 백년대계를 그르칠 자가 있으랴? …(중략)… 현실에 있어서 나의 유일한 염원은 3천만 동포가 다 손을 잡고 통일된 조국의 달성을 위하여 공동 분투하는 것 뿐이다. 이 육신을 조국이 필요로 한다면 당장에라도 제단에 바치겠다. 나는 통일된 조국을 건설하려다 38선을 베고 쓰러질지언정 일신의 구차한 안일을 위하여 단독 정부를 세우는 데는 협력하지 않겠다. 　　　　김구, 「삼천만 동포에게 읍고함」(1948. 2.)

사료　김구의 '나의 소원'

네 소원(所願)이 무엇이냐 하고 하느님이 내게 물으시면, 나는 서슴지 않고 "내 소원은 대한 독립(大韓獨立) 이오."하고 대답할 것이다. 그다음 소원은 무엇이냐 하면, 나는 또 "우리나라의 독립이오."할 것이요, 또 그다음 소원이 무엇이냐 하는 세 번째 물음에도, 나는 더욱 소리를 높여서 "나의 소원은 우리나라 대한의 완전한 자주독립(自主獨立)이오."하고 대답할 것이다.

동포(同胞) 여러분! 나 김구의 소원은 이것 하나밖에는 없다. 내 과거의 칠십 평생을 이 소원을 위하여 살아왔고, 현재에도 이 소원 때문에 살고 있고, 미래에도 나는 이 소원을 달(達)하려고 살 것이다.

독립이 없는 백성으로 칠십 평생에 설움과 부끄러움과 애탐을 받은 나에게는, 세상에 가장 좋은 것이, 완전하게 자주독립한 나라의 백성으로 살아보다가 죽는 일이다. 나는 일찍이 우리 독립 정부의 문지기가 되기를 원하였거니와, 그것은 우리나라가 독립국만 되면 나는 그 나라의 가장 미천(微賤)한 자가 되어도 좋다는 뜻이다. 　　　　　　「백범일지」

바로 확인문제

|정답해설| 제시된 사건의 순서는 다음과 같다. (다) 이승만의 정읍 발언 (1946. 6.) → (가) 좌우 합작 7원칙의 발표(1946. 10.) → (라) 남조선과도입법의원 구성(1946. 12.) → (마) 제2차 미소 공동 위원회 개최(1947. 5.) → (나) 여운형 암살(1947. 7.)

|정답| ③

● 〈보기〉는 해방 후 통일 정부 수립을 위해 노력하던 과정에서 발생한 사건들이다. 시간 순으로 바르게 나열한 것은?　　　　19. 2월 서울시 7급

┤ 보기 ├
(가) 미군정의 지원과 대중적 지지 속에 결성된 좌우 합작 위원회는 '좌우 합작 7원칙'을 발표했다.
(나) 서울의 혜화동에서 여운형이 암살되었다.
(다) 이승만은 전라북도 정읍에서 단독 정부를 수립하자고 연설했다.
(라) 미군정은 좌우 합작 위원회와 한민당을 주축으로 남조선과도입법의원을 구성했다.
(마) 모스크바 3국 외상 회의의 결정 사항을 이행하기 위해 제2차 미소 공동 위원회가 재개되었다.

① (가) - (나) - (다) - (라) - (마)　　　② (가) - (라) - (마) - (나) - (다)
③ (다) - (가) - (라) - (마) - (나)　　　④ (마) - (가) - (다) - (나) - (라)

● 밑줄 친 '나'에 대한 설명으로 옳은 것은?   14. 지방직 9급

14. 지방직 9급

> 우리가 기다리던 해방은 우리 국토를 양분하였으며, 앞으로는 그것을 영원히 양국의 영토로 만들 위험성을 내포하고 있다. …(중략)… <u>나</u>는 통일된 조국을 건설하려다가 38도선을 베고 쓰러질지언 정 일신의 구차한 안일을 취하여 단독 정부를 세우는 데에는 협력하지 아니하겠다.

① 통일 정부 수립을 위한 남북 협상을 추진하였다.
② 한국 민주당을 결성하여 미군정에 적극적으로 참여하였다.
③ 미국에서 귀국한 후 독립 촉성 중앙 협의회를 구성하였다.
④ 조선 건국 준비 위원회를 조직하고 위원장으로 활동하였다.

(2) 대한민국의 수립

① **총선거 실시(1948. 5. 10.)** : 유엔의 결의에 따라 남한에서 5 · 10 총선거가 실시되어 제헌 국회가 구성되었다.

② **헌법 제정(1948. 7. 17.)** : 제헌 국회는 대한민국 임시 정부의 법통을 계승한 민주 공화국 체제의 헌법을 제정하였다.

③ **정부 수립(1948. 8. 15.)** : 제헌 국회에서 이승만을 대통령으로, 이시영을 부통령으로 선출하였다. 대통령 이승만은 정부를 구성하고 대한민국 정부 수립을 국내외에 선포하였다. 이후 1948년 12월 개최된 제3차 유엔 총회에서 '대한민국은 한반도에서 유일한 합법 정부'임을 공식적으로 승인받았다.

▲ 대한민국 정부 수립 기념식

| 사료 | 제헌 헌법의 일부 |

❶ **제4장 정부**

제1절 대통령

제53조 대통령과 부통령은 국회에서 무기명 투표로써 각각 선거한다.

제55조 대통령과 부통령의 임기는 4년으로 한다. 단, 재선에 의하여 1차 중임할 수 있다. 부통령은 대통령 재임 중 재임한다.

❷ **제6장 경제**

제86조 농지는 농민에게 분배하며 그 분배의 방법, 소유의 한도, 소유권의 내용과 한계는 법률로써 정한다.

❸ **제10장 부칙**

제101조 이 헌법을 제정한 국회는 단기 4278년 8월 15일 이전의 악질적인 반민족 행위를 처벌하는 특별법을 제정할 수 있다.

제102조 이 헌법을 제정한 국회는 이 헌법에 의한 국회로서의 권한을 행하며 그 의원의 임기는 국회개회일로부터 2년으로 한다.

(3) 대한민국 수립 전후 국내 정세

건국 초기에는 국내 질서의 확립과 일제 잔재의 청산이 시급한 과제였다.

① 4·3 사건과 10·19 사건

　㉠ 제주도 4·3 사건(1948. 4.): 제주도에서 벌어진 단독 선거 반대 시위를 진압하는 과정에서 수만 명의 인명 피해가 발생한 사건이었다.

　㉡ 여수·순천 10·19 사건(1948. 10.)

　　• 제주도 4·3 사건의 진압 출동 명령을 거부한 14연대 일부 좌익 군인들이 반란을 일으키고, 여수·순천 일대를 장악한 사건이었다.

　　• 진압: 결국 국군과 경찰의 토벌로 이 사건은 진압되었으나, 그 과정에서 다수의 민중들이 사망하였다.

　㉢ 이승만 정부의 반공 정책 강화: 이승만 정부는 이러한 좌우 갈등을 극복하고 사회 질서를 확립한다는 명분으로 반공 정책을 강화하였다.

심화　4·3 사건과 10·19 사건

• 제주도의 3·1절 기념 행진에서 경찰의 발포로 사상자가 발생하자, 주민들이 항의 시위를 벌였다(1947. 3. 1.). 시위자를 검거하는 과정에서 수많은 일반인이 체포되자 미군정에 대한 제주도 주민들의 반감이 높아졌다. 이러한 분위기 속에서 제주도의 좌익 세력은 5·10 총선거를 앞두고 단독 선거 저지와 통일 정부 수립을 내세우면서 봉기하였다(1948. 4. 3.). 미군정은 무력 진압을 시도했지만, 제헌 의회 선거에서 3개 선거구 중 2곳에서 선거가 실시되지 못했다. 제주도의 저항은 대한민국 정부가 수립된 이후에도 계속되었다(1954년 9월 최종 종결).

• 한편 이승만 정부는 여수에 주둔한 군부대(국군 제 14연대)에게 제주도로 출동을 명령하였다. 그러나 부대 내의 좌익 세력은 '제주도 출동 반대', '통일 정부 수립' 등의 구호를 내세우고 무장봉기하여 여수와 순천 일대를 장악하였지만(1948. 10. 19.) 정부군에 의해 진압되었다. 이후 대한민국 내의 좌익 세력을 척결한다는 명목으로 1948년 12월 국가보안법을 제정하였다.

• 제주 4·3 사건과 여수·순천 10·19 사건을 진압하는 과정에서 국가 공권력에 의한 대규모 민간인 학살이 일어났다. 2000년 '제주 4·3 사건 진상 규명 및 명예 회복에 관한 특별법'이 제정되었고, 2005년에는 '진실과 화해를 위한 과거사 정리 기본법'이 만들어져, 여수·순천 10·19 사건에 대한 조사도 진행되었다.

---

② 민주 국가로의 기틀 확립

　㉠ '반민족 행위 처벌법'의 제정(1948. 9.)

　　• 목적: 민족적 과제인 일제의 잔재를 청산하기 위하여 제헌 국회에서는 '반민족 행위 처벌법'을 제정하였다.

　　• 내용: 대한민국 정부 수립 후 친일파 처단을 요구하는 국민적 열망이 고조되어 1948년 8월 헌법 제101조에 의거하여 국회에 '반민족 행위 처벌법 기초 특별 위원회'가 구성되고, 9월 22일 법률 3호 '반민족 행위 처벌법'이 통과되었다. 주요 내용은 일제 강점기에 친일 행위를 한 사람들을 처벌하고 공민권을 제한하는 것 등이었다.

　㉡ 반민 특위의 활동: 이 법에 따라 국회 의원 10명으로 구성된 '반민족 행위 특별 조사 위원회'에서 친일 혐의를 받았던 주요 인사들을 조사하였다.

　㉢ 결과: 반공을 우선시하던 이승만 정부의 소극적인 태도로 친일파 처벌은 좌절되었다.

5·10 총선거를 통해 출범한 제헌 국회는 우리 민족의 정기를 바로잡기 위해 1948년 9월 22일 친일파를 처벌하기 위한 반민족 행위 처벌법(반민법)을 제정·공포하였다. 1948년 7월 17일 제정된 헌법 제101조 "국회는 1945년 8월 15일 이전의 악질적인 반민족 행위를 처벌하는 특별법을 제정할 수 있다."는 조항에 의거하여 반민법이 제정되었다.

이 법의 집행을 위해 김상덕 위원장과 김상돈 부위원장 등 국회 의원으로 구성된 반민족 행위 특별 조사 위원회(반민 특위)가 설치되었고, 친일 혐의를 받았던 주요 인사들의 명단을 작성하여 조사가 이루어졌다. 반민 특위는 반민족 행위자 제1호로 화신 재벌의 총수로 일제 침략 전쟁에 협력한 화신 산업 사장 박흥식을 체포하면서 본격적인 활동을 하였다. 이어 일제 경찰 간부를 지내면서 독립운동가들을 체포·고문한 악질 경찰 노덕술과 김태석·이종형, 이토 히로부미의 수양딸 행세를 하며 밀정 노릇을 한 배정자, 친일 행위를 한 최남선과 이광수, 문명기, 이성근 등을 구속하였다.

이에 대해 이승만 정부가 조금씩 불만을 표시하던 중 국회 프락치 사건(1949), 경찰의 반민 특위 습격 사건 등이 일어나게 되었다. 결국 1950년 9월로 규정된 반민법의 시효 기간을 단축시키는 법안이 통과되면서 반민 특위는 해체되고, 반공 정책을 우선시한 이승만 정부의 소극적 태도로 성과를 거두지 못하고 종료되고 말았다.

● **다음의 헌법 전문이 공포된 시기의 일로서 가장 적절하지 <u>않은</u> 것은?**　　　19. 경찰직 2차

> 유구한 역사와 전통에 빛나는 우리들 대한 국민은 기미 3·1 운동으로 대한민국을 건립하여 세계에 선포한 위대한 독립 정신을 계승하여, 이제 민주 독립 국가를 재건함에 있어서, 정의·인도와 동포애로써 민족의 단결을 공고히 하여, 모든 사회적 폐습을 타파하고 민주주의 제도를 수립하여 정치·경제·사회·문화의 모든 영역에서 각인의 기회를 균등히 하고 …(하략)…

① 이 헌법에서는 친일 반민족자의 처벌, 토지 개혁을 통한 지주제 폐지, 지하자원과 산업의 국유화, 사기업에서 노동자들의 이익 참가권 등을 규정하였다.

② 국회에서 간선제 방식으로 대통령에 이승만, 부통령에 이시영이 선출되었고, 이승만 대통령은 대한민국 정부의 수립을 국내외에 선포하였다.

③ 이승만은 국회에서 차지한 의석 비율을 참고하여 여러 당파를 아우르는 내각을 구성하고, 조봉암 등 중도 세력도 등용하여 정치적 안정을 도모하였다.

④ 그동안 이승만과 노선을 같이 했던 한국 민주당은 각료 배분에서 최대 다수석을 차지함으로써 여당으로서의 면모를 과시하였다.

● **연표의 (가)~(라) 시기에 있었던 사실로 옳은 것은?**　　　13. 국가직 9급

① (가)─대한민국 임시 정부에서 건국 강령을 제정하였다.

② (나)─북한 정부가 수립되었다.

③ (다)─김구·김규식이 남북 협상을 위해 북한을 방문하였다.

④ (라)─국회에서 반민족 행위 처벌법을 제정하였다.

|정답해설| 제시된 자료의 "기미 3·1 운동으로 대한민국을 건립", "정치·경제·사회·문화의 모든 영역에서 각인(=각자)의 기회를 균등" 등의 내용을 통해 1948년 제정된 제헌 헌법임을 알 수 있다. 한국 민주당은 제헌 의회 선거에서 29명의 당선자를 배출하였으나 초대 내각 구성에서는 소외되었다. 그 결과 한국 민주당은 이승만과 대립하게 되었다.

|오답해설|
③ 대통령 이승만은 조봉암을 농림부 장관으로 임명하는 등 중도 세력도 등용하여 정치적 안정을 도모하였다.

|정답| ④

|정답해설| 제시된 연표의 각 사건이 일어난 시기는 광복(1945. 8. 15.), 모스크바 3국 외상 회의(1945. 12.), 5·10 총선거(1948. 5. 10.), 대한민국 정부 수립(1948. 8. 15.), 6·25 전쟁(1950. 6. 25.)이다. 반민법은 1948년 9월 제정되었다.

|오답해설|
① 임시 정부의 건국 강령은 1941년에 제정되었다.
② 북한 정부는 1948년 9월 9일에 수립되었다.
③ 남북 협상은 1948년 4월에 이루어졌다.

|정답| ④

■ **국민방위군 사건**
(1951. 1. ~ 1951. 4.)

· 국민방위군은 1950년 12월 21일 공포된 '국민방위군 설치법'에 의하여, 만 17세 이상 40세 미만의 제2국민병이었다.

· 국민방위군 간부들이 약 25억 원의 국고금과 물자를 부정하게 착복하여, 방위군 수 만 여명이 아사(餓死, 굶어 죽음)하거나 질병에 걸렸다(국민방위군 사건).

· 국민방위군 사건으로 당시 국방장관이었던 신성모가 물러나고 이기붕이 그 후임으로 임명되었으며 사건의 직접적 책임자인 김윤근, 윤익헌 등 국민방위군 간부 5명에게 사형이 집행되었다.

■ **소련과 중국의 북한 지원**

1948. 2.	인민군 창설 : '민주기지론(民主基地論)'에 의거함
1949	소련 및 중국과 군사 협정 체결
1949. 7. ~ 1950. 4.	옌안 조선 의용군이 귀국, 인민군에 편입
1950. 3.~4.	· 김일성, 스탈린 비밀 회담 : 경제·문화 협정 체결 · 스탈린 : 북한의 '통일 과업 개시(전쟁)'에 동의
1950. 5.	· 김일성, 마오쩌둥과 회담 : 베이징 · 마오쩌둥 : 미국이 참전할 경우 중국군의 파병 언급

(4) 6·25 전쟁

① 배경

　㉠ 애치슨 선언(1950. 1.)으로 한반도가 미국 극동 방위선에서 제외되었고, 미군이 철수하기 시작하였다.

　㉡ 북한은 민주 기지론을 제기하면서, 소련·중국과 군사 비밀 협정을 맺는 등 군사력을 증강하는 한편 조선 의용군을 인민군에 편입시켰다.

> **심화** 애치슨 선언(1950.1.)
>
> 미국의 극동 방위선은 알류산 열도·일본 본토를 거쳐 류큐로 이어진다. …(중략)… 방위선은 류큐에서 필리핀으로 연결된다. …(중략)… 이 방위선 밖에 위치한 나라의 안보에 대해서는 군사적 공격에 대하여 아무도 보장할 수 없다. 만약 공격이 있을 때에는 …(중략)… 제1차 조치는 공격받은 국민이 이에 저항하는 것이다.
>
> 애치슨 미 국무장관, 대아시아 정책 설명 중

② 전개 과정 : 북한의 남침(1950. 6. 25.) → 국군, 낙동강 방어선까지 후퇴 → 인천 상륙 작전(1950. 9. 15.) → 서울 탈환(1950. 9. 28.) → 38도선 돌파(1950. 10. 1.) → 평양 탈환(1950. 10. 19.) → 중국군과 유엔군 최초 전투(1950. 10. 25.) → 흥남 철수 작전(1950. 12.) → 1·4 후퇴(서울 재철수, 1951. 1. 4.) → 서울 수복(1951. 3. 14.)

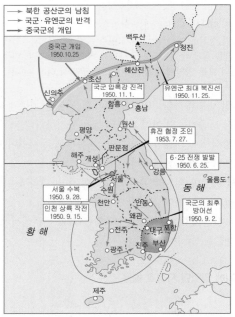

▲ 6·25 전쟁의 전개

③ 휴전

　㉠ 소련 유엔 대표 말리크의 제안으로 1951년 7월 개성에서 휴전 회담이 시작되었다.

　㉡ 포로 상환 방식에 대한 입장 차이(북 : 강제 송환, 유엔 : 자유 송환)가 합의되지 않아 난항을 거듭하였고, 이후 이승만 대통령의 반공 포로 석방 사건(1953. 6.)이 있었으나, 결국 휴전이 성립(1953. 7. 27.)되었다.

　㉢ 한국과 미국 간에 한미 상호 방위 조약이 체결(1953. 10.)되었다.

　㉣ 중립국 감시 위원국 : 스웨덴, 스위스, 체코, 폴란드

심화 휴전 협정 과정

❶ 유엔군 측과 공산군 측은 1951년 7월 10일부터 1953년 7월 27일까지 개성(처음 시작)과 판문점 등지에서 휴전 회담을 지속하였다. 양측 간에 합의된 협상 의제는 첫째 군사 분계선의 설정, 둘째 휴전 감시 방법 및 그 기구의 설치, 셋째 포로 교환에 관한 협정, 넷째 쌍방의 당사국 정부에 대한 건의 등이었다.

❷ 먼저 군사 분계선 설정에 관한 협상은 현재의 접촉선을 군사 분계선으로 하자는 유엔군 측의 주장과 38도선을 군사 분계선으로 설정해야 한다는 공산군 측의 주장이 팽팽하게 맞서 회담이 교착되기도 하였다. 그러나 결국 이 문제는 현재 접촉선을 군사 분계선으로 하자는 유엔군 측의 주장이 관철되었다.

❸ 중립국 감시 위원회의 구성 문제는 소련의 포함 여부를 두고 양측의 견해가 팽팽하게 맞서 협상이 교착상태에 빠지기도 하였다. 결국 이 문제는 1952년 5월에 재개된 본회의에서 공산군 측이 유엔군 측 제안을 수락하여 5월 7일 쌍방은 소련을 제외한 공산군 측이 지명한 폴란드와 체코슬로바키아 2개국과 유엔군 측이 지명한 스웨덴과 스위스 2개국 등 4개 중립국으로 휴전 감시 위원회를 구성하는 데 합의하였다.

❹ 휴전 회담에서 가장 난관이었던 문제는 포로 처리 문제였다. 유엔군 측은 포로 개개인의 자유 의사에 따라 한국·북한·중국 또는 대만을 선택하게 하는 이른바 '자유 송환 방식'을 주장한 반면, 공산군 측은 모든 중공군과 북한군 포로는 무조건 각기 고국에 송환되어야 한다는 이른바 '강제 송환 방식'을 고집하였다.

❺ 이승만 대통령의 반공 포로 석방 사건(1953. 6.)이 있었으나, 자유 송환을 원칙으로 결국 휴전이 성립(1953. 7. 27.)되었다. 이후 한국과 미국 간의 한미 상호 방위 조약(1953. 10.)이 체결되었다.

심화 한미 상호 방위 조약

한국의 변영태 외무장관과 미국의 덜레스 국무장관이 서명한 것을 이승만 대통령과 아이젠하워 대통령이 비준함으로써 1954년 11월 18일부터 발효되었다. 평화 애호와 방위에 바탕을 두었으며, 국제 연합의 정신을 준수함으로써 국제 평화 유지에 기여하고자 하였다. 주요 내용은 ① 공산주의자들의 오판에 의한 재침 방지, ② 한국 정부나 국민들에게 외부로부터 침략이 있을 때 미국의 개입을 정식으로 확인하는 것 등이었으나, 한국군에 대한 작전 통제권이 휴전 후에도 유엔 사령관에게 귀속되는 결과를 초래하였다.

사료 한미 상호 방위 조약

제2조 당사국 중 어느 일국의 정치적 독립 또는 안전이 외부로부터의 무력 공격으로 위협을 받고 있다고 인정할 때에는 언제든지 당사국은 서로 협의한다.

제4조 상호 합의로 미합중국의 육군, 해군과 공군을 대한민국의 영토 내와 그 부근에 배치하는 권리를 대한민국은 허여(許與)하고 미합중국은 이를 수락한다.

한미 상호 방위 조약(1953)

④ 결과

  ㉠ 전쟁은 남북을 가릴 것 없이 엄청난 인명 피해와 재산 손실을, 그리고 적대적 대립 체제의 고착화를 가져왔다. 또한 전쟁 과정에서 발생한 보도 연맹 관련자 처형, 거창 양민 학살, 노근리 학살 사건 등은 아직도 해결되지 못한 난제로 남아 있다.

  ㉡ 남한에서는 미국의 영향력이 더욱 커졌고, 반공 체제 강화는 이승만 독재 정권을 강화하는 당위가 되었다.

  ㉢ 북한에서는 '미제'에 대한 인민들의 적개심이 어우러지면서 오늘날 북한 사회의 원형이 만들어졌다.

  ㉣ 일본은 6·25 전쟁 특수를 계기로 미국의 원조와 시장 제공 등에 힘입어 경제 성장의 발판을 마련하였다.

■ **6·25 전쟁의 피해 상황**
사상자는 약 150만 명에 달하였고, 국토는 초토화되었으며, 건물·도로·공장·발전소 시설 등 대부분의 산업 시설이 파괴되었다.

심화 | 보도 연맹

1948년 12월 시행된 국가 보안법에 따라 좌익 사상에 물든 사람들을 전향시켜 보호하고 인도한다는 취지 하에 결성되었는데, 일제 강점기 사상 탄압에 앞장섰던 '시국 대응 전선 사상 보국 연맹' 체제를 그대로 모방 하였다. 1949년 말에는 가입자 수가 30만 명에 달했고, 서울에만도 거의 2만 명에 이르렀다. 주로 사상적 낙 인이 찍힌 사람들을 대상으로 하였지만 지역별 할당제가 있어 사상범이 아닌 경우에도 등록되는 경우가 많 았다. 6·25 전쟁이 발발하자 정부와 경찰은 초기 후퇴 과정에서 이들에 대한 무차별 검속과 즉결 처분을 단 행하였다.

바로 확인문제

● **연표의 (가), (나) 시기에 있었던 사실로 옳은 것은?**　　　　15. 국가직 9급

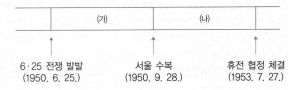

	(가)	(나)	

6·25 전쟁 발발　　　서울 수복　　　휴전 협정 체결
(1950. 6. 25.)　　　(1950. 9. 28.)　　　(1953. 7. 27.)

① (가) – 인천 상륙 작전이 실시되었다.
② (가) – 중국군의 참전으로 인해 한국군은 서울에서 후퇴하게 되었다.
③ (나) – 애치슨 선언이 발표되었다.
④ (나) – 유엔 안전 보장 이사회에서 유엔군 파병이 결정되었다.

단권화 MEMO

|정답해설| 6·25 전쟁이 발발하고 3 일 만에 서울이 함락당하였다. 이후 국군은 낙동강 전선까지 후퇴하였다.
③ 1950년 1월 발표된 애치슨 선언은 '미국의 극동 방위선에서 한반도를 제외한다.'는 내용으로 6·25 전쟁 의 배경이 되었다.
④ 당시 유엔은 안전 보장 이사회를 개최하여 북한의 남침을 불법적 침 략 행위로 규정하고, 유엔군 파병 을 결정하였다.
① 유엔군 참전 이후 인천 상륙 작전 으로 전세를 반전시켰으며, 9월 28 일에는 서울을 탈환하고, 빠르게 북진하였다.
② 그러나 1950년 10월 중국군의 참 전으로 한때 서울에서 후퇴하였으 나(1951. 1·4 후퇴), 곧이어 반격 이 이루어져 서울을 재탈환하였다.

|정답| ①

02 민주주의의 시련과 발전

1 4·19 혁명과 민주주의의 성장*

(1) 이승만 정부

① 자유당의 정치 횡포

발췌 개헌 (1952. 7.)	자유당을 창당하고 재선을 위해 **대통령 직선제**로 헌법을 고치는 이른바 발췌 개헌안을 강압적인 방법으로 국회에서 통과시켜 장기 집권을 획책하였다.
사사오입 개헌 (1954. 11.)	국민의 직선으로 재선된 이승만은 장기 집권을 위해 사사오입 개헌을 통과시켰다. 사사오입 헌법에서는 '**헌법 공포 당시의 대통령(이승만)은 중임 제한에 규정되지 않는다**'는 내용을 담고 있다. 이 헌법의 개정을 반대하였던 정치인들은 민주당을 조직해서 이승만 정부를 비판·견제하였다.
1956년 선거	1956년 실시된 제3대 정·부통령 선거에서 당시 집권당인 자유당에서는 이승만(대통령 후보)과 이기붕(부통령 후보)이 출마하였으며, 야당인 민주당에서는 신익희(대통령 후보)와 장면(부통령 후보)이 출마하였다. 한편 진보 세력인 조봉암도 대통령에 입후보하였다. 선거 과정 중 신익희가 갑자기 사망하였고 그 후 치러진 선거를 통해 대통령에 이승만, 부통령에 장면이 당선되었다. 조봉암은 대통령 선거의 득표율 2위를 차지하였다.

② 진보당 사건(1958. 1.): 이승만 정권에서는 조봉암 등 진보당 간부들이 북한과 내통했다는 혐의를 씌워 관련자들을 체포하였다(조봉암의 사형 집행은 1959년 7월임). 이후 반공 체제 강화를 표방하며 신국가 보안법을 통과시켰고(1958. 12.), 언론 탄압을 자행하여 〈경향신문〉을 폐간시켰다(1959. 4.).

심화　자유당의 정치 횡포

❶ **부산 정치 파동과 발췌 개헌(1952)**

부산 정치 파동은 1952년 5월 25일의 계엄령 선포로부터 같은 해 7월 7일의 제1차 개정 헌법 공포에 이르기까지 전시 임시 수도였던 부산에서 일어난 정치적 사건이다. 이 과정에서 1952년 6월 21일 국회에 상정된 발췌 개헌안은, 정부가 제출한 대통령 직선제와 상·하 양원제를 규정하고, 국무총리의 요청에 의한 국무 위원의 면직과 임명, 국무 위원에 대한 국회의 불신임 결의권 등을 덧붙인 절충안이었다.

❷ **사사오입 개헌(1954)**

- 1948년 대한민국 수립 시에 대통령을 국회에서 간접 선거로 선출하도록 되어 있던 헌법을 1952년에는 대통령 직선제 헌법으로 개정하여(발췌 개헌) 이승만이 중임되었다. 이승만과 자유당은 3선을 하고자 하였으나, 당시의 헌법에 따르면 대통령의 임기는 4년제이며 1차에 한하여 중임할 수 있다고 제한하고 있었다. 이에 이승만과 자유당은 초대 대통령에 대한 중임 제한 철폐를 골자로 한 개헌을 준비하였다.
- 국회에서 비밀 투표를 한 결과(1954. 11. 27.), 재적 의원 203명, 참석 의원 202명 중, 찬성이 135표, 반대가 60표, 기권이 7표로 나타났다. 당시의 개헌 가능 의결 정족수는 재적 의원의 3분의 2 이상이었으므로 이 개헌안이 가결되기 위한 충분한 선은 136명이어야 하였다(재적 의원 3분의 2는 135.33…명이

단권화 MEMO

＊4·19 혁명과 민주주의의 성장
이승만 정부의 독재 정치의 내용과 4·19 혁명의 전개 과정을 파악해야 한다.

■ **자유당(1951)**
1951년 8월 15일 대통령 이승만의 '신당 조직 의사 표명'을 계기로 당시 이승만의 지지 기반이었던 원내의 공화 민정회(共和民政會) 소속 의원들과 국민회(國民會)·대한 청년단(大韓靑年團)·대한 노동조합 총연맹(大韓勞動組合總聯盟)·농민 조합 연맹(農民組合聯盟)·대한 부인회(大韓婦人會) 등 5개 우익 사회단체를 결합하여 자유당이 결성되었다.

■ **사사오입 개헌(2차 개헌)**
- 제31조: 입법권은 국회가 행한다. 국회는 민의원과 참의원으로써 구성한다.
- 제55조: 대통령과 부통령의 임기는 4년으로 한다. 단, 재선에 의하여 1차 중임할 수 있다. 대통령이 궐위된 때에는 부통령이 대통령이 되고 잔임 기간 중 재임한다.
- 부칙: 이 헌법 공포 당시의 대통령에 대하여는 제55조 제1항 단서의 제한을 적용하지 아니한다.

단권화 MEMO

므로, 자연인은 136명이어야 함). 따라서 당시 사회자였던 부의장 최순주는 부결을 선포하였다. 그러나 자유당은 수학의 4사5입론을 적용하여 135.33명은 논리적으로 성립되지 않으며 0.33이란 자연인으로 존재할 수 없으므로, 반(半)도 안 되는 소수점 이하는 삭제하는 것이 이론상 옳다고 주장하였다. 결국 야당의 반대에도 불구하고 개헌안을 통과시켰다.

바로 확인문제

● 1950년대 정치와 사회에 대한 설명으로 가장 옳지 않은 것은?   16. 서울시 9급

|정답해설| 대통령 직선제 개헌은 1952년 발췌 개헌안에 해당되며, 1954년 사사오입 개헌에서는 '초대 대통령에 한하여 중임 제한을 철폐'한 것이 핵심 내용이다.

|정답| ④

① 이승만 정권은 1951년 국민회, 대한 청년당, 노동 총연맹, 농민 총연맹, 대한 부인회 등 우익 단체를 토대로 자유당을 조직하였다.
② 이승만 정권은 신국가 보안법을 제정하였고 반공 청년단을 조직하였으며 진보당의 조봉암을 간첩 혐의로 사형에 처하였다.
③ 미국의 원조로 소비재 공업이 성장하였고 밀가루, 설탕, 면화 산업 등 삼백 산업이 중심을 이루었다.
④ 이승만 정권은 1954년 의회에서 부결된 대통령 직선제 개헌안을 사사오입의 논리로 통과시켰다.

● 〈보기〉의 ㉠과 ㉡에 들어갈 인물들의 이름을 옳게 짝지은 것은?   19. 서울시 7급

> ┤ 보기 ├
>
> 1956년의 제3대 정·부통령 선거에서는 평화 통일과 혁신 노선을 내세운   ㉠   후보가 대통령 선거에 출마하여 전체 유효표의 30%를 차지하였고, 부통령 선거에서는 민주당의   ㉡   후보가 자유당의 이기붕 후보를 누르고 당선되었다.

|정답해설| 1956년 제3대 정·부통령 선거에서는 평화통일과 혁신 노선을 내세운 ㉠ 조봉암이 유효표의 30%를 획득하였다(1위는 이승만, 70% 획득). 한편 민주당의 부통령 후보였던 ㉡ 장면은 46.4%의 득표율로 자유당의 이기붕 후보를 누르고 당선되었다.

|정답| ①

	㉠	㉡
①	조봉암	장면
②	신익희	장면
③	조봉암	김성수
④	신익희	김성수

▲ 4·19 혁명

(2) 4·19 혁명(1960)

① 3·15 부정 선거에 대한 마산 시민들의 시위가 있었다. 이 과정에서 김주열 군이 사망한 사건이 발생하였다.
② 4월 18일 고려대학교 학생들이 시위 도중 정치 깡패와 충돌하여 많은 사상자가 발생하였다.
③ 4월 19일에는 전국 학생, 시민들의 반독재 시위가 일어났다(4·19 혁명, 피의 화요일).
④ 4월 25일 대학교수들은 시국 선언(쓰러진 학생의 피에 보답하라)을 발표하였다.
⑤ 4월 26일 이승만 대통령이 '국민이 원한다면'이라는 말을 남기고 하야하였고, 혁명 후의 혼란 상태를 수습하기 위해 허정을 내각 수반으로 하는 과도 정부가 수립되었다.
⑥ 한편 4·19 혁명 이후 통일 운동이 활발해지면서 1960년 9월 '민족자주통일중앙협의회'가 조직되었다.

❶ 4·19 혁명 선언문

민주주의와 민중의 공복(公僕)이며 중립적 권력체인 관료와 경찰은 민주를 위장한 가부장적 전제 권력의 하수인으로 발 벗었다. 민주주의 이념의 최저의 공리(公利)인 선거권마저 권력의 마수 앞에 농단되었다. …(중략)… 나가자! 자유의 비결은 용기일 뿐이다.

❷ 자유의 종을 난타하는 타수의 일익을(서울대학교 문리대 학생회 4월 혁명 제1 선언)

상아의 진리탑을 박차고 거리에 나선 우리는 질풍과 같은 역사의 조류에 자신을 참여시킴으로써, 지성과 진리, 그리고 자유의 대학 정신을 현실의 참담한 박토에 뿌리려 하는 바이다. …(중략)… 보라! 우리는 기쁨에 넘쳐 자유의 햇불을 올린다. 보라! 우리는 캄캄한 밤의 침묵에 자유, 자유의 종을 난타하는 타수의 일원임을 자랑한다. 일제의 철추(鐵鎚)하에 미칠 듯 자유를 환호한 나의 아버지, 나의 형들과 같이 양심은 부끄럽지 않다. 외롭지도 않다. 영원한 민주주의의 사수파는 영광스럽기만 하다.

사료 　이승만 하야 성명

나는 해방 후 본국에 들어와서 우리 여러 애국애족하는 동포들과 더불어 잘 지내왔으니 이제는 세상을 떠나도 한이 없으나, …(중략)…

첫째는 국민이 원하면 대통령직을 사임할 것이며,

둘째는 지난번 정·부통령 선거에 많은 부정이 있었다고 하니 선거를 다시 하도록 지시하였고,

셋째는 선거로 인연한 모든 불미스러운 것을 없애게 하기 위해서 이미 이기붕 의장이 공직에서 완전히 물러가겠다고 결정한 것이다.

넷째는 내가 이미 합의를 준 것이지만 만일 국민이 원하면 내각 책임제 개헌을 할 것이다.

---

(3) 장면 내각

① 허정의 과도 정부에서는 내각 책임제와 양원제 국회의 권력 구조로 헌법을 개정하였다 (1960. 6.). 이후 이 헌법에 따라 총선거가 실시되어 민주당 정부(장면 내각)가 수립되었다 (1960. 8.).

② 장면 내각의 과제

ⓧ 장면 내각은 사회 질서를 안정시키고 국가의 안보 체제를 확립하면서 경제·사회의 발전을 통하여 국력을 신장하고, 민족의 숙원인 평화 통일을 앞당겨야 하는 과제를 안고 있었다.

ⓛ 민주당 내의 정치적 갈등(구파 – 윤보선 중심, 신파 – 장면 중심)과 계속되는 시위 등으로 과업은 실현되지 못하였다.

사료 　장면 내각의 시정 방침

❶ 일본과의 국교 정상화 및 유엔 감시하의 남북한 자유선거에 의한 통일

❷ 관료 제도의 합리화와 공무원 재산 등록 및 경찰 중립화를 통한 민주주의의 구현

❸ 부정 선거의 원흉과 발포 책임자, 부정 및 불법 축재자 처벌

❹ 외자 도입과 경제 원조 확대를 통한 경제 개발 계획의 추진

❺ 군비 축소와 군의 정예화 추진을 통한 국방력 강화 및 군의 정치적 중립 확보

4·19 혁명 이후 실시한 제5대 국회 의원 선거(1960. 7. 29.)에서는 민의원 233명, 참의원 58명이 동시에 선출되었다. 민주당은 민의원 233석 중 175석을, 참의원 58석 중 31석을 장악하였으며, 당시 혁신 정당으로 분류할 수 있는 사회 대중당(혁신 정당의 재건을 목표로 구진보당 간부와 민주 혁신당 일부가 결성한 정당)은 민의원 4석, 참의원 1석을 획득하는 데 그쳐 원내 진출이 예상 외로 부진하였다.

■ 내각의 구성

총선의 결과로 민주당이 압승하여 새로 구성된 국회에서 윤보선을 대통령으로, 장면을 국무총리로 선출하였다.

|정답해설| ㉠ 마산을 시작으로, 3·15 부정 선거에 대한 규탄 시위가 전국적으로 확산되었고 → ㉡ 4월 18일 고려대학교 학생들의 시위 → ㉢ 4월 19일 서울 지역 대학생과 고등학생 및 시민들의 궐기 → ㉣ 4월 25일 대학교수단의 시국 선언문 발표 → ㉤ 4월 26일 이승만의 하야가 이루어졌다.

|정답| ②

|정답해설| 제시된 자료에 나타난 '김주열'은 1960년 3·15 부정 선거를 규탄하는 마산 시위 과정에서 사망한 학생이다. 1960년에 일어난 4·19 혁명으로 이승만 대통령이 사임하였고, 이후 허정의 과도 정부가 수립되어 내각 책임제와 양원제(민의원, 참의원)를 중심으로 개헌을 단행하였다.

|오답해설|
② 1980년 광주를 중심으로 일어난 5·18 민주화 운동은 신군부의 비상계엄 확대 조치(5·17 전국적 계엄 확대 조치)에 저항하여 일어났다.
③ 1980년대 중반에 일어난 민주화 운동의 핵심적인 고리는 대통령 직선제였다.
④ 민주화 운동과 관련한 유네스코 세계 기록 문화유산은 5·18 민주화 운동 기록물이다.
⑤ 1987년 6월 민주 항쟁의 결과 6·29 민주화 선언이 발표되었다. 이로써 대통령 직선제로의 개헌이 이루어졌다.

|정답| ①

|정답해설| 제시된 내용은 1960년 3·15 부정 선거와 관련된 내용이다. 4·19 혁명으로 이승만 대통령이 하야한 후 허정을 중심으로 과도 정부가 구성되었으며 내각 책임제, 양원제를 골자로 헌법을 개정한 후 총선거를 실시하였다. 그 결과 민주당이 양원(민의원, 참의원)의 다수를 차지하여 장면 총리가 중심이 된 제2 공화국이 출범하였다.

|오답해설|
①③ 3·15 부정 선거는 자유당 부통령 후보인 이기붕의 당선을 위해 자행되었으며 4·19 혁명 발발의 직접적 계기가 되었다.
④ 당시 자유당 정부에서는 이 선거를 규탄하는 시위의 배후에 공산주의 세력이 개입되었다고 발표하였다.

|정답| ②

● 다음 4·19 혁명 당시 일어났던 사실들을 순서대로 바르게 나열한 것은?

> ㉠ 마산에서 부정 선거를 규탄하는 대규모 시위가 발생하였다.
> ㉡ 고려대학교 학생들이 국회 의사당으로 행진하며 연좌 시위를 전개하였다.
> ㉢ 서울 지역 대학교수들이 학생들의 시위를 지지하는 시위를 벌였다.
> ㉣ 이승만이 '국민이 원한다면 대통령직을 물러나겠다.'는 하야 성명을 발표하였다.
> ㉤ 서울 지역 대학생·고등학생과 시민들이 대규모 시위를 전개하며 경무대로 진출하였다.

① ㉠ → ㉡ → ㉢ → ㉤ → ㉣
② ㉠ → ㉡ → ㉤ → ㉢ → ㉣
③ ㉠ → ㉤ → ㉡ → ㉢ → ㉣
④ ㉡ → ㉤ → ㉢ → ㉣ → ㉠

● 다음 선언문이 발표된 민주화 운동에 대한 설명으로 옳은 것은? 한국사능력검정시험 고급 28회

> 민주주의와 민중의 공복이며 중립적 권력체인 관료와 경찰은 민주를 위장한 가부장적 전제 권력의 하수인으로 발 벗었다. 민주주의 이념의 최저의 공리인 선거권마저 권력의 마수 앞에 농단되었다. …… 나이 어린 학생 김주열의 참시를 보라! 그것은 가식 없는 전제주의 전횡의 발가벗은 나상밖에 아무것도 아니다.

① 허정 과도 정부 성립의 배경이 되었다.
② 신군부의 비상 계엄 확대에 반대하여 일어났다.
③ 4·13 호헌 조치에 국민들이 저항하며 시작되었다.
④ 관련 기록물이 유네스코 세계 유산으로 등재되었다.
⑤ 직선제 개헌을 약속한 6·29 민주화 선언을 이끌어냈다.

● 다음 자료에 해당하는 선거에 대한 설명으로 가장 옳지 <u>않은</u> 것은? 15. 서울시 9급

> • 총 유권자의 40%에 해당하는 표를 자유당 후보에게 기표하여 투표 당일 투표함에 미리 넣어 놓는다.
> • 나머지 60%의 유권자는 3인, 5인, 9인조로 묶어 매수 혹은 위협을 통해 자유당 후보에게 투표하도록 한다.
> • 투표소 부근에 여당 완장을 착용한 완장 부대를 배치하여 야당 성향의 유권자를 위협한다.
> • 야당 참관인은 적당한 구실을 만들어 투표소 밖으로 내쫓는다.
>
> 〈동아일보〉, 1960년 3월 4일

① 4·19 혁명 발발의 중요한 계기가 되었다.
② 장면 정부는 이 선거 결과를 무효로 하고 재선거를 실시하였다.
③ 이승만의 대통령 당선 가능성이 높은 상황에서 실시되었다.
④ 정부는 이 선거를 규탄하는 시위의 배후에 공산주의 세력이 개입되었다고 발표하였다.

2 5·16 군사 정변과 민주주의의 시련

(1) 5·16 군사 정변(1961)

① 4·19 혁명 이후 출범하였던 장면 내각은 자유 민주주의의 실현을 위해 노력하였으나, 박
정희를 중심으로 한 군부 세력이 사회의 혼란을 구실로 군사 정변을 일으켜 정권을 잡음으
로써 9개월의 단명으로 끝나게 되었다.

② 박정희는 군사 혁명 위원회를 설치하고 **혁명 공약**을 발표하였다.

③ 이후 군사 혁명 위원회를 국가 재건 최고 회의로 개칭(의장 박정희)하고 1962년 제1차 경
제 개발 5개년 계획 실시 및 정치 활동 정화법을 제정하였다(1962. 3. 16.).

사료 5·16 혁명 공약

❶ 반공을 국시의 제일로 삼고 반공 태세를 재정비 강화한다.

❷ 유엔 헌장과 국제 협약을 충실히 이행하고, 미국을 비롯한 자유 우방과의 유대를 더욱 공고히 한다.

❸ 이 나라 사회의 모든 부패와 구악을 일소(一掃)하고 퇴폐한 국민 도의와 민족정기를 바로잡기 위하여 청
신한 기풍을 진작시킨다.

❹ 민생고를 시급히 해결하고, 국가 자주 경제 재건에 총력을 경주한다.

❺ 민족의 숙원인 국토 통일을 위하여 공산주의와 대결할 수 있는 실력 배양에 전력을 집중한다.

❻ 양심적인 정치가에게 민정 이양을 한다.

---

(2) 박정희 정부(1963 ~ 1972)

① 출범

　㉠ 대통령 직선제, 단원제 국회의 권력 구조로 헌법을 개정하고(1962. 12.), 민정 복귀의
약속을 저버린 채 민주 공화당을 창당하였다(1963. 2.).

　㉡ 1963년 10월 15일에 실시된 제5대 대통령 선거에서, 민주공화당 후보 박정희가 당선
되면서 제3 공화국이 출범하였다.

② 박정희 정부의 정책

　㉠ 정치 체제 : 대통령에 당선된 박정희는 군사 정부에 의해 추진되었던 주요 과제들을 대
부분 그대로 실천하려 하였다. 강력한 대통령 중심제와 단원제의 권력 구조를 바탕으로
하는 헌법에 의거하여 국정을 운용하였다.

　㉡ 경제 정책 : 조국 근대화의 실현을 국정의 주요 목표로 삼고 경제 성장 정책을 추진하였
다. 경제 성장 정책은 공업화의 급속한 추진으로 나타났다. 이 과정에서 외국으로부터
공업화에 필요한 자본을 도입하고, 일본과의 관계를 개선하여 '한일 협정'을 체결하였다.

③ 6·3 항쟁(1964)

　㉠ 군사 정권은 경제 개발에 필요한 자본 확보가 당면 과제였다. 이에 김종필·오히라 간
비밀 협약을 추진하여 일본으로부터 차관을 제공받는 조건으로 한·일 국교 정상화를
추진하였다.

　㉡ 식민 통치에 대한 사과나 배상은 요구하지 않은 채 차관 도입에만 관심을 둔 군사 정권
에 반대하는 수만 명의 학생 시위가 전개되었고(1964. 6·3 항쟁), 야당은 '대일 굴욕
외교 반대 범국민 투쟁 위원회'를 결성하였다.

　㉢ 시위가 더욱 확대되자, 학생 운동을 용공으로 몰아(북한의 사주를 받았다고 명분을 만
들어) 시위 열기를 가라앉히려 하였고, 이내 한일 협정(한일 기본 조약)이 조인되었다
(1965. 6. 22.).

■ **김종필 – 오히라 메모(1962)**

무상 원조 3억 달러, 차관 2억 달러,
상업 차관 1억 달러(정식 체결 때 2억
달러 추가) 이상 등의 대일 청구권 자금
과 경제 협력 자금 공여에 합의하였다.

한일 기본 조약(한일 협정)

기본 조약에 의하여 한일 양국은 외교·영사 관계를 개설하고 「한일 병합 조약」과 그 전에 양국 간에 체결된 모든 조약 및 협정이 무효임을 확인하였으며, 일본 측은 대한민국 정부가 한반도에서의 유일한 합법 정부임을 인정하였다.

부속 협정인 「청구권·경제 협력에 관한 협정」을 통해 일본이 3억 달러의 무상 자금과 2억 달러의 장기 저리 정부 차관 및 3억 달러 이상의 상업 차관(교환 공문)을 공여하기로 합의하였다. 이에 따라 1966년부터 1975년까지 5억 달러의 대일 청구권 자금이 도입되었다.

「어업 협정」에서는 양국 연안 12해리의 어업 전관 수역을 설정하고, 어업 자원의 지속적 생산성을 확보하기 위해 일정한 공동 규제 수역을 설정하였다. **「재일 교포의 법적 지위와 대우에 관한 협정」에 의하여 재일 한국인이 영주권을 획득**할 수 있게 되었으며, 「문화재·문화 협력에 관한 협정」을 통하여 일제 강점기 일본으로 유출된 다수의 문화재를 반환받을 수 있게 되었다.

그러나 일본의 침략 사실 인정과 가해 사실에 대한 진정한 사죄가 선행되지 않았고, 청구권 문제, 어업 문제, 문화재 반환 문제 등에서 한국이 지나치게 양보하여 국내에서 크게 논란을 일으켰다. 특히 「청구권·경제협력에 관한 협정」은 그 뒤 일제 강점기 피해자 보상과 위안부 보상 문제 등과 관련하여 발생한 갈등의 원인이 되었다.

　ⓔ 6·3 항쟁 중 미국의 요구를 수용하여 국회에서는 '국군의 베트남 파병안'을 통과시켰고, 1965년부터 전투 병력을 파병하였다.
④ 브라운 각서 : 미국은 한국군의 증파를 요구하면서 1966년 브라운 각서를 제시하였다. 브라운 각서의 핵심 내용은 국군의 전력 증강과 경제 개발에 필요한 기술 및 차관 제공을 미국이 약속한다는 것이었다.

브라운 각서

A. 군사 원조
　1. 한국에 있는 한국군의 현대화 계획을 위하여 앞으로 수년 동안에 걸쳐 상당량의 장비를 제공한다.
　2. 월남에 파견되는 추가 증파 병력에 필요한 장비를 제공하는 한편, 증파에 따른 모든 추가적 경비를 부담한다.
　3. 월남에 파견되는 추가 병력을 완전히 대치하게 될 보충 병력을 장비하고 훈련하며 이에 따른 재정을 부담한다.

B. 경제 원조
　…(중략)…
　4. 수출을 진흥시키기 위한 모든 분야에서 한국에 대한 기술 원조를 강화한다.
　5. 1965년 5월에 한국에 대해 약속했던 1억 5천만 달러 규모의 차관에 덧붙여 미국 정부는 적절한 사업이 개발됨에 따라 1억 5천만 달러 제공 약속에 적용되는 같은 정신과 고려 밑에 한국의 경제 발전을 돕기 위한 추가 AID차관을 제공한다.

⑤ 3선 개헌(1969. 9.) : 박정희의 장기 집권을 위한 3선 개헌이 강행되자, 여·야 국회 의원들 사이에는 극심한 대립과 갈등의 양상이 나타나게 되었다. 이를 가능하게 하였던 외적 변수로는 1968년 1·21 사태 및 푸에블로호 피랍 사건과(이후 1968년 4월 1일 향토 예비군 창설) 11월에 일어난 울진·삼척 무장 공비 침투 사건이 있었다. 이로 인해 대북 관계가 악화되었다.

■ **국민 교육 헌장**

1968년 공포된 국민 교육 헌장은 우리나라 교육이 지향해야 할 이념과 근본 목표를 세우고, 민족 중흥의 새 역사를 창조할 것을 표방하고 있다. 그러나 국가주의 이념을 강조했다는 비판을 받고 있다.

■ **3선 개헌(三選改憲)**

일요일 새벽 2시 국회 본회의장에서 3선 개헌안의 통과를 저지하기 위하여 점거 농성을 하고 있던 신민당 의원들을 피하여 여당계 의원 122명은 국회 제3별관에 모여 기명 투표 방식으로 찬성 122표, 반대 0표로 개헌안을 변칙 통과시켰다. 그 내용은 대통령의 3선 연임 허용, 대통령에 대한 탄핵 소추 발의를 의원 30인 이상에서 50인 이상으로 상향 조정, 국회 의원의 각료 및 기타 직위 겸직을 허용하는 것 등이었다.

우리는 이제 3선 개헌을 강행하여 자유 민주에의 반역을 기도하는 어떤 명분이나 위장된 강변에도 현혹됨이 없이 헌정 20년간 모든 호헌 세력의 공통된 신념과 결단 위에서 전 국민의 힘을 뭉쳐 단호히 이에 대처하려 한다. 집권자에 의해서 자유 민주에의 기대가 끝내 배신당할 때, 조국을 수호하려는 전 국민은 요원의 불길처럼 봉기할 것이다. 우리는 날로 그 우방을 확장시키고 있고, 선악의 대결과 진부(眞否)의 결전에서 용솟음치는 결의를 가지고 있다.

자유 국민의 조국은 영원하다. 영원한 조국을 가진 국민은 용감하다.

전 국민이여 자유 민주의 헌정 수호 대열에 빠짐없이 참여하라.　　　　3선 개헌 반대 범국민 투쟁 위원회

바로 확인문제

● **(가)와 (나) 사이에 있었던 역사적 사실로 옳은 것을 〈보기〉에서 모두 고르면?**　　13. 국가직 7급

> (가) 이번 4월의 참사는 학생 운동 사상 최대 비극이요, 이 나라의 정치적 위기를 극복하기 위한 중대 사태이다. 이에 대한 철저한 반성 없이는 이 민족의 불행한 운명을 도저히 만회할 길이 없다. 우리 전국 대학교 교수들은 이 비상시국에 대처하여 양심의 호소를 하는 바이다.
>
> (나) 대한민국과 일본국은 양국 국민 관계의 역사적 배경을 고려하며, 선린 관계 및 주권 상호 존중 원칙에 입각한 양국 관계의 정상화를 상호 의망(意望)함을 고려하고, 양국의 공동 복지 및 공동 이익을 증진하고 국제 평화 및 안전을 유지하는데 양국이 …(중략)… 협력하는 것이 중요하다는 사실을 인식한다.

┌ 보기 ├

㉠ 진보당 사건, 〈경향신문〉 폐간이 이어졌다.
㉡ 한일 회담에 반대하여 6·3 시위가 일어났다.
㉢ 국가 재건 최고 회의가 구성되어 군정이 실시되었다.
㉣ 부산 정치 파동으로 야당 국회 의원이 정치적 공격을 받았다.

① ㉠, ㉡　　　　② ㉡, ㉢　　　　③ ㉡, ㉣　　　　④ ㉢, ㉣

● **(가)에 들어갈 내용으로 가장 옳은 것은?**　　20. 법원직 9급

> 3차 개헌(1960.6.) – 의원 내각제, 양원제 채택
> 5차 개헌(1962.12.) – 대통령 직선제
> 6차 개헌(1969.10.) – (　　　가　　　)
> 7차 개헌(1972.12.) – 대통령 권한 강화

① 대통령 간선제
② 중임 제한 철폐
③ 국회 양원제 규정
④ 대통령의 3선 허용

(3) 유신 체제(1972)

① 배경 : 1970년대로 들어서면서부터 국제 정세는 급변하기 시작하였다. 미국은 이른바 닉슨 독트린을 선언하고 베트남에서 미군을 철수시켰으며, 그 뒤 베트남은 공산화되었다. 또한 미국은 주한 미군 병력의 감축을 결정하였다.

② 성립
  ㉠ 박정희 정부는 국가 안보와 사회 질서를 최우선적 과제로 내세우면서 지속적인 경제 성장을 이룩하기 위해서는 강력하고도 안정된 정부가 필요하다는 주장을 내세워 헌법을 개정하면서까지 장기 집권을 추구하였다.
  ㉡ 박정희 대통령은 비상계엄을 선포하고 비상 국무 회의에서 유신 헌법을 제정하는 등 10월 유신을 단행하여 민주적 헌정 체제를 부정하는 독재 체제를 구축하였다.

③ 유신 헌법의 내용
  ㉠ 대통령의 중임 제한을 없앴으며(임기 6년), 통일 주체 국민 회의에서 간접 선출하도록 하여 사실상 영구 집권을 꾀하였다.
  ㉡ 대통령은 유신정우회(유정회) 의원들을 통해 입법부를 장악할 수 있었으며, 법관 인사권을 장악하여 사법부도 아우를 수 있었다.
  ㉢ 긴급 조치권, 국회 해산권 등의 절대 권력을 가지게 되었다.

■ 통일 주체 국민 회의
박정희가 조국의 평화적 통일을 추진한다는 명분으로 설립하였다. 통일 주체 국민 회의는 국민의 직접 선거에 의하여 선출된 2,000인 이상 5,000인 이하의 대의원으로 구성되었으며, 대의원으로 출마할 수 있는 자는 국회의원 피선거권이 있고, 선거일 현재 30세에 달한 자로서 조국의 평화적 통일을 위하여 국민 주권을 성실히 행사할 수 있는 사람이어야 하였다. 주요 임무는 통일에 관한 중요 정책을 결정하거나 변경할 때 국론 통일을 위하여 필요한 경우에 통일 주체 국민 회의 심의에서 재적 대의원 과반수의 찬성을 얻은 통일 정책은 국민의 총의로 보는, 통일 정책의 최종 결정 기관이었다. 또한 토론 없이 무기명 투표로 대통령을 선거하고, 정수의 3분의 1에 해당하는 국회 의원을 선거하였으며, 그 밖에 국회 의원이 제안한 헌법 개정안을 국회 의결 후 최종적으로 확정하는 권한을 가졌다.

사료　닉슨 독트린 발표(1969)

미국은 앞으로 베트남 전쟁과 같은 군사적 개입을 피한다.
미국은 아시아 여러 나라와의 조약상 약속을 지키지만, 강대국의 핵에 의한 위협을 제외하고 내란이나 침략에 대해서는 아시아 각국이 스스로 협력하여 그에 대처하여야 할 것이다.
미국은 '태평양 국가'로서 그 지역에서 중요한 역할을 계속하지만, 직접적, 군사적 또는 정치적인 과잉 개입은 하지 않으며 아시아 각국의 자주적 행동을 측면 지원한다. 아시아의 각국에 대한 원조는 경제 중심으로 바꾸며, 여러 나라 상호 원조 방식을 강화하여 미국의 과중한 부담을 피한다. 아시아 각국이 5~10년의 장래에는 상호 안전 보장을 위한 군사 기구를 만들기를 기대한다.

사료　유신 헌법

제39조　제1항 대통령은 통일 주체 국민 회의에서 토론 없이 무기명 투표로 선거한다.
제40조　제1항 통일 주체 국민 회의는 국회의원 정수의 1/3에 해당하는 수의 국회의원을 선거한다.
제47조　　대통령의 임기는 6년으로 한다.
제53조　　대통령은 천재·지변 또는 중대한 재정·경제상의 위기에 처하거나, 국가의 안전 보장 또는 공공의 안녕질서가 중대한 위협을 받거나 받을 우려가 있어, 신속한 조치를 할 필요가 있다고 판단할 때에는 내정·외교·국방·경제·재정·사법 등 국정 전반에 걸쳐 필요한 긴급 조치를 할 수 있다.
제59조　　대통령은 국회를 해산할 수 있다.

심화　긴급 조치권

유신 헌법의 대표적인 독소 조항으로서, 대통령은 긴급 조치권을 발동하여 헌법에 보장되어 있는 국민의 자유와 권리를 잠정적으로 정지·제한할 수 있었다(유신 헌법 53조). 1974년 1월 긴급 조치 1·2호를 시작으로 1975년 긴급 조치 9호가 발표되었는데, 그 내용을 보면, 유신 헌법을 부정하는 행위나 학생들의 정치 활동을 금지하는 것 이외에도 재산 해외 도피나 불법 이주, 그리고 체제 비방을 보도하는 언론 기관은 즉시 정간이나 폐간 조치도 가능하도록 하였다. 특히 필요하면 병력을 동원하여 해결할 수 있도록 하였다.

④ 유신 체제에 대한 저항
　㉠ 국내적 저항: 학원·언론·종교·정계 등 각 분야에서 민주 헌정의 회복과 개헌을 요구하는 시위가 일어났다. 이에 박정희는 긴급 조치와 같은 강압적인 방법을 동원하였으며, 시위와 관련된 사람들을 구속하였다. 한편 전국 민주 청년 학생 연맹 사건(민청학련 사건, 1974. 4.) 이후 반(反)유신 민주화 운동을 결집하기 위해 민주 회복 국민 회의가 결성되었고(1974. 11. 27.), 1976년에는 3·1 민주 구국 선언문이 발표되었다.
　㉡ 국제적 비판: 미국과 일본 등 우방 국가에서도 유신 체제의 인권 탄압을 비판하였으며, 이 때문에 한때 외교 관계에 부정적인 영향을 끼치기도 하였다.

사료 　전국 민주 청년 학생 총연맹의 선언서

극심한 물가고와 공포 정치에 짓눌린 우리의 현실을 타개하고자 우리의 동지인 한국신학대학, 경북대학교, 서강대학교, 연세대학교 학우들이 피의 항쟁을 벌여 왔다.

앞서간 애국 시민 학생의 뒤를 이으며 민중의 편에 서서 민중의 이익을 대변하고자 전국의 모든 학생들은 이 시각을 기하여 총궐기하였다.

국민이여 모두 민주 전선에 우리의 뜨거운 피를 뿌리자!
근로 대중이여 궐기하라!
핍박 받는 민중이여 궐기하라!
지식인 언론인 종교인이여 궐기하라!
1. 굶어 죽을 자유 말고 먹고 살 권리 찾자.
2. 배고파서 못 살겠다. 기아 임금 인상하라!
3. 유신이란 간판 걸고 국민 자유 박탈 마라.
4. 남북통일 사탕발림 영구 집권 최후 수단
5. 재벌 위한 경제 성장 정권 위한 국민 총화
6. 왜놈 위한 공업화에 민중들만 죽어난다. 　　　　　　1974년 4월 3일 전국 민주 청년 학생 총연맹

심화 　유신 체제에 대한 저항

❶ 김대중 납치 사건(1973)
　• 내용: 1973년 8월 8일 일본 도쿄에서 당시 야당 지도자였던 김대중이 중앙정보부(이후락 부장)에 의해 납치된 사건이다. 김대중은 1971년 대선에 신민당 후보로 출마하여, 94만 표 차로 박정희에게 패하였다. 이후 그는 해외에 머물며 유신 반대 활동을 전개하였다.
　• 경과
　　– 납치: 김대중은 도쿄 그랜드 팰리스 호텔 2212호로 양일동 씨를 만나러 갔다가 납치돼 오사카로 옮겨졌다. 이후 배(용금호)로 부산에 도착한 뒤, 납치 129시간 만인 8월 13일 서울 동교동 자택 부근에서 풀려났다.
　　– 외교 문제로 비화: 일본 경찰은 당시 사건 현장에서 김동운 주일 한국 대사관 서기관의 지문을 채취하였고, 한·일 양국 간 외교 문제로 비화되었다.
　• 결과: 한국 정부는 관련이 없다고 하였다. 이후 관련자 증언 등으로 당시 이후락 부장을 비롯한 중정 요원(中情要員)들의 조직적 개입 의혹이 뚜렷해졌다. 김대중은 "나를 수장(水葬)시키려 하였다."고 하였다.

❷ 전국 민주 청년 학생 연맹 사건
　1974년 유신 체제 반대 운동이 일어나자 정부가 학생·민주화 인사들을 탄압하기 위하여 조작한 사건으로서, '전국 민주 청년 학생 연맹(이하 민청학련)'을 중심으로 180명이 구속·기소되어 그 배후로 지목된 인혁당(人革黨)에 대한 사형 집행이 있었다. 이후 1976년 명동 성당에서 개최된 3·1절 기념 미사와 기도회에서 윤보선·김대중·함석헌 등 18명이 주도한 「민주 구국 선언」이 발표되었다. 이들 모두에게는 실형을 선고하였다.

❸ 「3·1 민주 구국 선언문」(1976. 3. 1.)
- 경제 입국(經濟立國)의 구상과 자세가 근본적으로 재검토되어야 한다. …(중략)… 현 정권은 경제력이 곧 국력(國力)이라는 좁은 생각을 가지고 모든 것을 희생시켜 가면서 경제 발전에 전력을 쏟아 왔다. …(중략)…
- 민족 통일은 오늘 이 겨레가 짊어진 최대의 과업이다. 국토 분단의 비극은 광복 후 30년 동안 남과 북에 독재의 구실을 마련해 주었고, 국가의 번영과 민족의 행복과 창조적 발전을 위하여 동원되어야 할 정신적·물질적 자원을 고갈시키고 있다.

⑤ 유신 체제의 종말(1979)
ㄱ 부산·마산 등지에서 유신 체제에 반대하여 대학생과 시민들의 시위가 연일 계속되었으며, 집권 세력 내부에서도 갈등이 생기게 되었다.
ㄴ 민주주의를 열망하는 민중의 끊임없는 저항과 독재 체제에 대한 도전 속에서 박정희 대통령이 피살되는 10·26 사태가 일어나 유신 체제는 막을 내렸다.

바로 확인문제

● 다음 〈보기〉를 시대 순으로 가장 적절하게 나열한 것은?   15. 경찰직 1차

┌ 보기 ├
ㄱ 한미 상호 방위 조약 체결   ㄴ 사사오입 개헌
ㄷ 휴전 협정 조인   ㄹ 발췌 개헌
ㅁ 향토 예비군 창설

① ㄷ → ㄹ → ㄱ → ㅁ → ㄴ   ② ㄷ → ㄱ → ㄹ → ㅁ → ㄴ
③ ㄹ → ㄷ → ㄱ → ㄴ → ㅁ   ④ ㄹ → ㄱ → ㄷ → ㄴ → ㅁ

● 다음과 같이 개원한 국회가 운영되었던 시기의 정치 상황으로 옳은 것은?

한국사능력검정시험 중급 33회

제9대 국회 개원 당시 정당별 국회 의원 분포

① 3선 개헌안이 통과되었다.
② 4·13 호헌 조치가 발표되었다.
③ 대통령의 긴급 조치권이 발동되었다.
④ 지방 자치제가 전면적으로 실시되었다.
⑤ 반민족 행위 특별 조사 위원회가 활동하였다.

● 다음 사건들을 일어난 순서대로 바르게 나열한 것은?

16. 서울시 9급

> (가) 김영삼 신민당 당수 국회 제명
> (나) 김대중 납치 사건 발생
> (다) 유신 헌법의 국민 투표 통과
> (라) 국민 교육 헌장 제정
> (마) 7 · 4 남북 공동 성명 발표

① (라) → (마) → (다) → (가) → (나) ② (라) → (마) → (다) → (나) → (가)
③ (마) → (다) → (라) → (가) → (나) ④ (마) → (다) → (라) → (나) → (가)

|정답해설|
(라) 국민 교육 헌장 제정(1968) →
(마) 7 · 4 남북 공동 성명 발표(1972.
7. 4.) → (다) 유신 헌법은 1972년 10
월 17일 제정되었고, 동년 11월 21일
국민 투표로 확정되었다. → (나) 중앙
정보부에 의해 김대중 납치 사건이 발
생(1973)하였다. → (가) YH 사건
(1979) 이후, 반유신 운동을 추진하였
던 김영삼이 국회에서 제명당하였다
(1979. 10.).
|정답| ②

3 신군부 세력의 등장과 5 · 18 민주화 운동

(1) 12 · 12 사태(1979)

10 · 26 사태로 정치 · 사회는 심한 혼란 상태에 빠지게 되었고, 유신 체제의 마지막 총리이던 최규하가 통일 주체 국민 회의에서 대통령으로 선출되었다. 이후 계엄령이 선포되었고, 이 무렵 등장한 신군부 세력이 일부 병력을 동원하여 군권을 차지하여, 국민들의 민주화 요구를 무력으로 진압한 뒤 통치권을 장악하였다.

(2) 5 · 18 민주화 운동(1980)

민주화를 열망하는 국민의 요구는 5 · 18 민주화 운동으로 이어졌다. 이때 민주주의 헌정 체제의 회복을 요구하는 시민들과 진압군 사이에 충돌이 일어났으며, 이 과정에서 다수의 무고한 시민들도 살상되어, 국내외에 큰 충격을 안겨주었다.

(3) 전두환 정부

① 국가 보위 비상 대책 위원회(1980. 5. 31.): 신군부 세력은 국가 보위 비상 대책 위원회(국보위)를 구성하여 국가의 통치권을 장악하였다.
② 전두환 정부의 출범: 신군부 세력은 7년 단임의 대통령을 간접 선거로 선출하는 헌법을 공포하였고, 전두환이 대통령으로 선출되었다. 전두환 정부는 정의 사회의 구현 · 복지 사회의 건설 등을 통치 이념으로 내세웠으나, 민주화 운동을 탄압하고 인권을 유린하여 국민적 저항에 부딪쳤다.

■ 서울의 봄
1979년 10 · 26 사태 이후 1980년 5월
17일 전국적인 계엄령 선포 이전까지
의 정치적 과도기를 일컫는 말로서, 체
코의 '프라하의 봄'에 비유한 것이다.
이 시기 대학가에는 자율화 바람이 거
세게 불어 학내 민주화 운동과 정치 민
주화 운동으로 발전하였다.

■ 5 · 18 민주화 운동
1980년 5월 신군부의 집권 의도를 반
대하고 민주화를 요구하는 대규모 시
위가 광주에서 일어났다. 5 · 17 비상
계엄 확대 조치 및 계엄군의 과잉 진
압으로 광주에서는 사상자가 발생하
였고, 이에 시민군이 결성되어 계엄군
과 시가전을 벌이는 과정에서 수많은
시민과 학생이 희생되었다.

4 6월 민주 항쟁(1987)*

(1) 배경

1980년대 중반에 일어난 민주화 운동의 핵심 주장은 대통령 직선제 요구였다. 당시 시민 · 학생들은 선거인단에 의한 간접 선거 방식으로는 군사 정권을 종식시킬 수 없다고 판단하였고, 대통령 직선제를 지속적으로 요구하였다. 그 과정에서 1987년 1월 박종철 고문치사 사건이 발생하였다.

▲ 6월 민주 항쟁
이한열의 장례식(1987. 7.)

*6월 민주 항쟁
6월 민주 항쟁의 결과 6 · 29 선언이
발표되었고, 대통령 직선제로의 개헌
이 있었음을 알아둔다.

(2) 내용

① 전두환 정부는 4·13 호헌 조치를 발표하여 직선제 요구를 거부하였다.

② 민주화 세력들은 5월 27일 민주헌법쟁취 국민운동본부를 결성하여 조직적 항쟁을 시작하였다.

③ 6·10 민주 항쟁(연세대학교 학생 이한열의 죽음, 6월 민주 항쟁)에 굴복하여 6·29 민주화 선언을 발표하였다.

④ 이후 5년 단임의 대통령 직선제를 내용으로 하는 개헌을 진행하였다(현행 9차 개헌).

사료 6·10 대회 선언문

오늘 우리는 전 세계 이목이 우리를 주시하는 가운데 40년 독재 정치를 청산하고, 희망찬 민주 국가를 건설하기 위한 거보를 전 국민과 함께 내민다. 국가의 미래요, 소망인 꽃다운 젊은이를 야만적인 고문으로 죽여 놓고 그것도 모자라서 뻔뻔스럽게 국민을 속이려 했던 현 정권에 국민의 분노가 무엇인지를 분명히 보여 주고, 국민적 여망인 개헌을 일방적으로 파기한 4·13 호헌 조치를 철회시키기 위한 민주 장정을 시작한다.

호헌 반대 민주 헌법 쟁취 운동 본부

○ 헌법 개정의 역사

구분	주요 내용	비고
제1차 개헌(1952)	대통령 직선제	발췌 개헌
제2차 개헌(1954)	초대 대통령에 대한 대통령 중임 제한 철폐	사사오입 개헌, 이승만의 장기 집권 의도
제3차 개헌(1960)	의원 내각제, 양원제	부통령제 폐지, 민주당 정권 수립
제4차 개헌(1960)	3·15 부정 선거 관련자 처벌	소급 특별법 제정
제5차 개헌(1962)	대통령 직선제, 국회 단원제	공화당 정권 수립 의도
제6차 개헌(1969)	3선 개헌	박정희 장기 집권 의도
제7차 개헌(1972)	대통령 간선제(임기 6년, 무제한 연임 가능, 통일 주체 국민 회의)	박정희 종신 집권 가능
제8차 개헌(1980)	대통령 간선제(7년 단임)	국가 보위 비상 대책 위원회 주도
제9차 개헌(1987)	대통령 직선제(5년 단임)	여야 합의에 의한 현행 헌법

심화 전두환 정부 시기의 주요 사건

❶ 언론 통폐합

1980년 11월 12일 전두환을 정점으로 한 신군부 세력이 언론을 장악하기 위하여 물리적·강제력으로 언론 매체를 폐지 또는 통합한 조치이다.

---

❷ 4·13 호헌 조치

전두환 정부는 1987년 4월 13일에 담화문을 발표하여 국민이 열망하였던 대통령 직선제 개헌과 민주화 요구를 외면하고, 사회 혼란을 구실로 대통령 간선제의 헌법을 고수하려 하였다.

---

❸ KAL기 폭파 사건(1987)

· 내용 : 1987년 11월 29일 이라크 바그다드에서 서울로 향하던 대한항공(KAL) 858기가 미얀마 상공에서 폭발한 사건이다. 이 사고로 승객과 승무원 115명이 희생되었다.

· 경과 : 정부(당시 안기부장 안무혁)는 북한의 지령을 받은 특수 공작원 김현희와 김승일이 88 서울 올림픽 대회를 방해하기 위해 저지른 범행이라고 발표하였다.

· 결과 : 김승일은 바레인 공항에서 체포 직후 자살하였고, 김현희는 국내로 압송되었다. 1990년 대법원에서 사형을 선고받은 김현희는 한 달 만에 특별 사면(特別赦免)을 받았다.

● 다음 (가)~(라)를 내용으로 하는 헌법이 적용되던 시기에 일어난 사건으로 바르게 연결한 것은?

> (가) 대통령의 임기는 7년이며 중임할 수 없다.
> (나) 대통령과 부통령은 국회에서 무기명 투표로 각각 선거한다.
> (다) 대통령과 부통령의 임기는 4년으로 하며, 1차 중임할 수 있다. 단, 이 헌법 공포 당시의 대통령에 대하여 중임 제한을 적용하지 아니한다.
> (라) 6년 임기의 대통령은 통일 주체 국민 회의에서 선출된다.

① (가) – 남한과 북한은 함께 유엔에 가입하였다.
② (나) – 판문점에서 휴전 협정이 체결되었다.
③ (다) – 평화통일론을 주장한 진보당의 정당등록이 취소되었다.
④ (라) – 민족 통일을 위한 남북 공동 성명이 발표되었다.

● 다음은 같은 해에 벌어졌던 사건들이다. 이러한 사건들로 말미암아 나타난 사실로 옳은 것은?

> • 박종철 고문치사 사건
> • 6·10 국민 대회 개최
> • 4·13 호헌 조치
> • 민주 헌법 쟁취 국민 운동 본부 결성

① 국가 보위 비상 대책 위원회가 구성되었다.
② 5년 단임의 대통령 직선제 개헌이 이루어졌다.
③ 전국에 계엄령을 선포하고, 모든 정치 활동을 정지시켰다.
④ 대통령의 중임 제한을 없애고 간선제를 골자로 하는 헌법을 제정하였다.

5 민주주의의 발전

(1) 노태우 정부(1988~1993)

① 6·29 민주화 선언: 1987년 6월에는 전국에서 격렬한 시위가 연일 심야까지 계속되었다. 이에 대통령 직선제를 골자로 하는 시국 수습 방안인 6·29 민주화 선언을 노태우(민주 정의당 대표)가 발표하였다.

심화 6·29 민주화 선언

❶ 배경: 박종철 고문 살인 은폐 조작 규탄 및 민주 헌법 쟁취를 위한 범국민 대회를 6·10 대회라 한다.

❷ 내용: '6·29 민주화 선언'의 주요 내용은 다음과 같다.
• 여·야 합의하에 조속히 대통령 직선제로 개헌하고 새 헌법에 의한 대통령 선거를 통하여 평화적 정부 이양을 실현한다.
• 자유로운 출마와 공정한 경쟁이 보장되어 올바른 심판을 받을 수 있는 내용으로 대통령 선거법을 개정하여야 한다.
• 자유 민주주의적 기본 질서를 부인한 반국가 사범이나 살상·방화·파괴 등으로 국가를 흔들었던 극소수를 제외한 시국 관련 사범들도 석방되어야 한다.
• 인간의 존엄성은 더욱 존중되고, 국민 개개인의 기본적 인권은 최대한 신장되어야 한다.
• 언론 자유의 창달을 위하여 관련 제도와 관행을 개선하여야 한다.
• 지방 의회 구성은 예정대로 진행되어야 하고, 대학의 자율화와 교육 자치도 조속히 실현되어야 한다.

| 정답해설 | (가) 1980년 국가 보위 비상대책 위원회가 주도한 제8차 개헌의 내용이다. (나) 1948년 제정된 제헌 헌법이다. (다) 1954년 사사오입을 통해 통과된 제2차 개헌이다. (라) 1972년 10월 공포된 유신 헌법 내용이다. ③ 진보당 사건은 1958년 발생하였으며, 이 시기는 사사오입 개헌(제2차 개헌)이 적용되고 있던 시점이다.

| 오답해설 |
① 남북한이 함께 유엔에 가입한 것은 1991년이며, 당시는 제9차 개헌(1987년 개헌)이 적용된 시기이다.
② 휴전 협정은 1953년 7월 27일 체결되었고, 이 시기는 발췌 개헌(1952, 제1차 개헌)이 적용되고 있었던 시기이다.
④ 민족 통일을 위한 남북 공동 성명(1972년 7·4 남북 공동 성명)은 유신 헌법 이전 발표되었다.

| 정답 | ③

| 정답해설 | 제시된 내용은 1987년 6월 민주 항쟁과 관련된 사건들이다. 6월 민주 항쟁 이후 6·29 민주화 선언이 발표되어 5년 단임의 대통령 직선제 개헌안이 이루어졌다.

| 오답해설 |
① 전두환 정권 출범 과정의 권력 기구, ③④ 유신 체제에 해당한다.

| 정답 | ②

② 노태우 정부 수립 : 6월 민주 항쟁을 계기로 5년 단임의 대통령 직선제를 골자로 하는 헌법이 마련되었다. 이 헌법에 따라 대통령 선거에서 신군부 출신의 노태우가 당선되었다.

③ 노태우 정부의 정책

　㉠ 국정 지표 : 민족 자존·민주 화합·균형 발전·통일 번영으로 설정하였으며, 지방 자치제를 부분적으로 실시하였다.

　㉡ 국위 선양 : 제24회 서울 올림픽 대회가 성공적으로 개최되었다.

　㉢ 북방 정책 : 동구 공산주의 국가 및 소련·중국과 외교 관계를 수립하는 북방 정책을 추진하였다. 또한 국제 연합(UN)에 남북한이 함께 가입하는 등 적극적인 외교를 펼쳤다.

④ 3당 합당(1990)

　㉠ 1988년 4월, 제13대 국회의원 총선거에서 당시 집권 여당이었던 민주정의당은 과반수 의석 확보에 실패하여 여소야대(與小野大) 정국이 출현하였다.

　㉡ 이에 노태우 정부는 여소야대 정국을 극복하려 하였고, 그 결과 1990년 1월, 민주정의당, 통일민주당(김영삼), 신민주공화당(김종필)을 통합하여 민주자유당이 창당되었다.

(2) 김영삼 정부(1993, 문민 정부)

① 문민 정부 출범 직후 금융 실명제 실시(1993), 고위 공직자 재산 공개, 지방 자치제 전면 실시 등 개혁 조치가 진행되었다.

② 신군부의 뿌리인 하나회를 해체하여 군의 정치적 중립을 확보하였고, '역사 바로 세우기'를 내세워 전두환, 노태우 두 전직 대통령을 반란 및 내란죄로 수감시켰다. 또한 조선 총독부 건물을 해체하기도 하였다(1995).

③ 1996년 경제 협력 개발 기구(OECD)에 가입하였으나, 임기 말 외환 위기를 맞아 국제 통화 기금(IMF)에 지원을 요청하였다(1997).

(3) 김대중 정부(1998, 국민의 정부)

① 최초의 선거를 통한 여야 정권 교체가 이루어졌다. 외환 위기 극복에 노력하였는데, 1998년 '금 모으기 운동'이 대표적 사례이다.

② 1999년 국민 기초 생활 보장법을 제정하였고, 2001년 여성부를 신설하여 성차별 극복에 힘썼다.

③ 분단 이후 최초로 남북 정상 회담을 개최하여 2000년 6·15 남북 공동 선언을 이끌어냈다.

(4) 노무현 정부(2003, 참여 정부)

① 노무현 정부는 참여 정부를 표방하고, 저소득층을 위한 복지 정책을 강화하였다.

② 2004년 한−칠레 자유 무역 협정이 발표되었다.

③ 김대중 정부의 대북 정책을 계승하여 2007년 제2차 남북 정상 회담을 성사시켰다.

(5) 이명박 정부(2008)

이명박 정부는 4대강 살리기를 포함한 친환경 녹색 성장 등을 추진하였고, 한미 FTA가 비준되어, 2012년 4월부터 발효되었다.

(6) 박근혜 정부와 문재인 정부

① 2013년 2월 취임한 박근혜 대통령은 5년 임기를 채우지 못하고, 2017년 3월 10일 탄핵되었다.

■ 북방 정책

노태우 정부는 1988년 '7·7 특별 선언'을 발표하고 북방 정책을 추진하였다. 1989년 헝가리·폴란드, 1990년 체코슬로바키아·불가리아·소련, 1991년 남북 유엔 동시 가입, 1992년 중국 등과 수교하였다.

■ 지방 자치제

지방 의회 선거는 노태우 정부 때 실시되었고, 지방 자치 단체장 선거는 김영삼 정부 때 시행되었다.

② 이후 2017년 5월 9일 제19대 대통령 선거가 실시되어, 문재인 대통령이 41.1%의 득표율로 당선되었다.

심화 역대 대통령 선거

대	실시	대통령	선거 방식(주체)
제1대	1948. 7. 20.	이승만	간접 선거(제헌 국회 의원)
제2대	1952. 8. 5.	이승만	직접 선거
제3대	1956. 5. 15.	이승만	직접 선거
제4대	1960. 3. 15.	이승만	직접 선거(4·19 혁명으로 무효 처리)
제4대	1960. 8. 12.	윤보선	간접 선거(국회에서 간선)
제5대	1963. 10. 15.	박정희	직접 선거
제6대	1967. 5. 3.	박정희	직접 선거
제7대	1971. 4. 27.	박정희	직접 선거
제8대	1972. 12. 23.	박정희	간접 선거(통일 주체 국민 회의)
제9대	1978. 7. 6.	박정희	간접 선거(통일 주체 국민 회의)
제10대	1979. 12. 6.	최규하	간접 선거(통일 주체 국민 회의)
제11대	1980. 8. 27.	전두환	간접 선거(통일 주체 국민 회의)
제12대	1981. 2. 25.	전두환	간접 선거(대통령 선거인단)
제13대	1987. 12. 16.	노태우	직접 선거
제14대	1992. 12. 18.	김영삼	직접 선거
제15대	1997. 12. 18.	김대중	직접 선거
제16대	2002. 12. 19.	노무현	직접 선거
제17대	2007. 12. 19.	이명박	직접 선거
제18대	2012. 12. 19.	박근혜	직접 선거
제19대	2017. 5. 9.	문재인	직접 선거

바로 확인문제

● 우리나라의 역대 대통령 선거와 관련된 내용으로 옳지 <u>않은</u> 것은?   16. 서울시 7급

① 1979년 대통령 선거에서 10대 대통령으로 최규하가 당선되었다.
② 1980년 대통령 선거에서 11대 대통령으로 전두환이 당선되었다.
③ 1978년 대통령 선거에는 민주 공화당 후보로 박정희가 단독 출마하였다.
④ 1972년 대통령 선거에는 민주 공화당 후보로 박정희, 신민당 후보로 김대중이 출마하였다.

|정답해설| 민주 공화당 후보 박정희와 신민당 후보 김대중이 출마한 선거는 제7대 대통령 선거로서 1971년 실시되었다.

|정답| ④

● 〈보기〉에 제시된 헌법 개정의 주요 내용을 시간 순으로 바르게 나열한 것은?   19. 2월 서울시 7급

┌ 보기 ┐
ㄱ. 대통령을 직선으로 선출하고 임기는 5년으로 하였다.
ㄴ. 대통령을 대통령 선거인단에서 선출하고, 임기는 7년으로 하였다.
ㄷ. 대통령과 부통령을 직선으로 선출하고, 임기는 4년으로 하였다.
ㄹ. 대통령을 통일 주체 국민 회의에서 선출하고, 임기는 6년으로 하였다.

① ㄱ - ㄴ - ㄷ - ㄹ   ② ㄴ - ㄹ - ㄷ - ㄱ
③ ㄷ - ㄹ - ㄴ - ㄱ   ④ ㄹ - ㄷ - ㄴ - ㄱ

|정답해설| 제시된 헌법의 개정 순서는 다음과 같다.
ㄷ. 발췌 개헌안(1952, 제1차 개헌)
ㄹ. 유신 헌법(1972, 제7차 개헌)
ㄴ. 제5 공화국 헌법(1980, 제8차 개헌)
ㄱ. 제6 공화국 헌법(1987, 제9차 개헌)

|정답| ③

03 북한의 역사와 통일을 위한 노력

1 북한의 정치
2 통일을 위한 노력

■ **북한의 공산화 과정**
북조선 임시 인민 위원회 조직(1946. 2. 8.) → 토지 개혁(1946. 3.): 무상 몰수, 무상 분배 → 중요 산업체 국유화 법령 발표(1946. 8.) → 북조선 노동당 창당(1946. 8. 29.) → 북조선 인민 위원회 조직(1947. 2. 22.) → 남북 정치 협상 제의(1948. 1.) → 조선 인민군 창설(1948. 2. 8.) → 조선 최고 인민 회의 구성(1948. 9. 2.) → 조선 민주주의 인민 공화국 수립(1948. 9. 9.)

1 북한의 정치

(1) 북한 정권의 수립

① 해방 이후 북한에서도 건국 준비 활동이 전개되었다. 평양에서는 조만식을 중심으로 평남 건국 준비 위원회가 결성되었고(1945. 8. 17.), 각지에서 자생적인 정치 조직들이 만들어졌다.

② 북한에 소련군이 진주하면서 각 지역의 건국 준비 조직들은 도 단위의 인민 위원회로 통합되었다.

③ 소군정은 치안 담당, 공공 기관과 산업 기관의 접수, 관리 기구였던 인민 정치 위원회 활동을 통합·조정하기 위하여 북조선 행정 10국(1945. 11. 19.)을 조직하였다. 이듬해 2월에는 중앙 행정 기관인 북조선 임시 인민 위원회가 구성되었다. 반면 우익 세력들은 1945년 11월 신의주 학생 시위 등 반공 운동을 전개하고, 조만식 등이 모스크바 3국 외상 회의 결정에 반대하면서 소군정과 대립하였다.

④ 소련군과 함께 북한에 들어온 김일성은 조선 공산당 북조선 분국을 설립하고, 당 비서로 선출되었다. 김일성은 신탁 통치에 반대하던 조만식(조선 민주당)을 제거하고, 북조선 임시 인민 위원회 위원장으로 선출되었다.

⑤ 북조선 임시 인민 위원회(위원장 김일성, 부위원장 김두봉)는 민주 개혁의 일환으로 5정보를 상한으로 무상 몰수, 무상 분배 방식의 토지 개혁을 실시하였다. 또한 동년 6월에는 8시간 노동제 등을 규정한 노동 법령, 7월에 남녀 평등권에 대한 법률, 8월에는 주요 산업 국유화 법령을 공포하여 일제와 일본인, 그리고 친일파가 소유하던 주요 시설과 공장, 회사 등을 접수하였다.

사료 　북한의 토지 개혁

북조선 토지 개혁에 대한 법령(1946. 3. 5.)
제1조　북조선 토지 개혁은 역사적 또는 경제적 필요성으로 된다.
　　　　토지 개혁의 과업은 일본인 토지 소유와 조선인 지주들의 토지 소유 및 소작제를 철폐하고 토지 이용권은 경작하는 농민에게 있다. 북조선에서의 농업 제도는 지주에게 예속되지 않은 농민의 개인 소유인 농민 경제에 의거한다.
제2조　몰수되어 농민 소유지로 넘어가는 토지들은 아래와 같다.
　　　　ㄱ. 일본 국가, 일본인 및 일본인 단체의 소유지
　　　　ㄴ. 조선 민족의 반역자, 조선 인민의 이익에 손해를 주며 일본 제국주의자의 정권 기관에 적극 협력한 자의 소유지와 일본 압박 밑에서 조선이 해산될 때에 자기 지방에서 도주한 자들의 소유

제3조 몰수하여 무상으로 농민의 소유로 분여하는 토지는 아래와 같다.
　　　ㄱ. 1 농호에 5정보 이상 가지고 있는 조선인 지주의 소유지
　　　ㄴ. 스스로 경작하지 않고 전부 소작 주는 소유자의 토지
　　　ㄷ. 면적에 관계없이 계속적으로 소작 주는 전 토지
　　　ㄹ. 5정보 이상을 소유한 성당, 사원 기타 종교 단체의 소유지

⑥ 소위 민주 개혁은 북한 지도부, 특히 김일성이 대중적 지지를 확보하는 결정적 계기가 되면서 북한에 혁명 기지를 건설한다는 '민주 기지론'으로 정립되었다.

⑦ 이어 1946년 8월 북조선 노동당 결성, 1947년 2월 북조선 인민 위원회 조직, 1948년 2월 조선 인민군 창설 및 8월 25일 최고 인민 회의 대의원 선거를 거쳐, 1948년 9월 9일 조선 민주주의 인민 공화국이 수립되었다.

바로 확인문제

● 〈보기〉의 북한 정권 수립 과정을 시간 순으로 바르게 나열한 것은?　　17. 서울시 기술직 9급

┌ 보기 ┐
ㄱ. 북조선 임시 인민 위원회 성립
ㄴ. 조선 인민군 창설
ㄷ. 토지 개혁 실시
ㄹ. 최고 인민 회의 대의원 선거 실시
ㅁ. 북조선 노동당 결성
ㅂ. 조선 민주주의 인민 공화국 성립

① ㄱ→ㄴ→ㄷ→ㄹ→ㅁ→ㅂ　　　② ㄱ→ㄷ→ㅁ→ㄴ→ㄹ→ㅂ
③ ㄱ→ㅁ→ㄷ→ㄹ→ㄴ→ㅂ　　　④ ㄱ→ㅁ→ㄴ→ㄷ→ㄹ→ㅂ

(2) 김일성 체제의 강화 과정

① 북한 초기의 권력 구조
　㉠ 갑산파, 연안파, 남로당, 소련파의 연립 형태였으나, 전쟁을 치르면서 김일성계를 제외한 다른 계파의 인물이 차례로 제거되었다.
　㉡ 허가이를 비롯한 소련파의 일부가 1950년 10월 당 조직을 잘못 정비한 책임을 이유로 제거되고, 직권 남용을 이유로 연안파 김무정 장군이 군에서 숙청되었다.
　㉢ 1952년 말에는 박헌영, 이승엽 등의 남로당계에 미제국주의의 스파이로서 쿠데타 음모를 시도하였다는 혐의가 씌워졌다.
　㉣ 1956년 8월 종파 사건으로 연안파와 소련파가 제거되었다.

■ 북한 초기의 권력 구조
1948년 9월 2일 평양에서 최고 인민 회의 제1차 회의가 개최되어, 최고 인민 회의 의장단 구성, 헌법 채택, 내각 구성 등이 논의되었다. 당시 북한은 김일성의 갑산파, 박헌영의 남조선 노동당 세력, 허가이의 소련파, 김두봉의 연안파 등이 각축을 벌이고 있었다. 결국 집행 기관으로 권력의 핵심이었던 내각 수상에는 김일성, 부수상에는 박헌영, 홍명희, 김책, 최고 인민 회의 의장에는 허헌, 상임 위원회 의장에는 김두봉이 선출되었다. 이렇게 볼 때 초기 북한 정권의 권력 구조는 집단 지도 체제의 성격을 띤 것이 특징이었다.

심화　**8월 종파 사건**

김일성은 전쟁 후 스탈린 노선을 모델로 하여 자립 경제를 목표로 중공업과 경공업 병진 정책을 추진하였으나, 연안파의 최창익 등은 집단 지도 체제와 인민 생활 향상을 위한 경공업 우선 정책을 주장하였다. 이즈음 1953년 스탈린이 사망하고, 흐루쇼프가 집권하여 스탈린을 비판하자, 북한에서도 김일성 개인 숭배에 대한 연안파, 소련파의 비판이 있었다. 그러나 김일성은 연안파 등을 종파주의, 사대주의, 교조주의, 반혁명주의로 몰아 권력을 내세워 숙청하였다. 김일성이 주체를 강조하고 나선 것이 이 무렵이었다.

■ 주체 사상 구현
북한은 교조주의를 '남의 것을 기계적으로 옮겨다 놓은 비과학적인 사고방식'이라고 비판하면서 이를 극복하기 위해서는 주체 사상과 이를 구현하기 위한 당 노선과 정책을 깊이 연구하고, 철저히 관철해야 한다고 강조하였다.

|정답해설| 제시된 자료는 1956년 8월 종파 사건에 대한 내용이다. 이를 계기로 김일성은 연안파와 소련파 등 반대파 세력을 숙청하였다.

|오답해설|
① 6·25 직후, ② 1946년 8월, ③ 1958년의 상황이다.

|정답| ④

|오답해설|
① 종파 사건(1956. 8.), ② 천리마 운동(1958년 시작), ③ 3선 개헌(1969년), 1971년 대통령 선거이다.

|정답| ④

② 사상 검토 작업 전개(1958 ~ 1959), 천리마 운동(1958 시작), 3대 혁명 운동(1958, 사상·기술·문화)을 전개하였다. 한편 1954년부터 1956년까지 3개년 계획을 통해 대체로 경제를 전쟁 이전 수준으로 복구할 수 있었다. 이 기간에 협동 농장 체제로 전환하였으며, 1957년부터 시행된 5개년 경제 계획에서는 본격적인 사회주의 경제 체제를 확립하였다.

바로 확인문제

● 다음 자료에 나타난 문제를 해결하고, 권력을 자신에게 집중시키기 위해 김일성이 추진한 일은?

> 소련 수상 흐루쇼프는 스탈린에 대한 평가를 격하시키고, 개인 숭배를 비판하였다. 반 김일성 세력은 1956년 8월 노동당 중앙 위원회 전원 회의에서 김일성 개인 숭배에 대해 비판하였다.

① 남로당과 그 중심 인물인 박헌영을 제거하였다.
② 연안파의 김두봉과 연합하여 북조선 노동당을 창건하였다.
③ 일반 주민에 대한 대대적인 사상 검토 사업을 시행하였다.
④ 김두봉 등 연안파 세력과 소련파 세력을 숙청하였다.

● 1960~1970년대에 남북한에서 일어났던 사실로 옳은 것은?

① 김일성은 1968년 '8월 종파 투쟁 사건'을 계기로 연안파를 숙청하였다.
② 북한은 1960년부터 대중들에게 생산 경쟁을 유도하는 천리마 운동을 시작하였다.
③ 박정희는 1971년 3선 개헌을 강행하여 1972년의 대통령 선거에서 야당의 김대중 후보와 경합을 벌였다.
④ 유신 헌법은 대통령에게 국회 의원 정원의 3분의 1을 임명하고 국회를 해산할 수 있는 권한을 부여하였다.

---

③ 1960년대에 들어서 4대 군사 노선을 강조하였고, 1967년 갑산파 온건 세력을 숙청하여 김일성 체제가 강화되었다. 한편 1961년부터는 제1차 7개년 계획(1961 ~ 1967)을 추진하여 공업의 양적·질적 개선과 전면적인 기술 개혁 및 문화 혁명, 그리고 인민 생활의 급속한 개선을 목표로 하였다. 그러나 소련의 경제 원조 중단과 군사비 증액으로 1970년에 가서야 마무리되었다.

④ 사회주의 헌법(1972)을 통해 주체사상을 사회 이념으로 공식화하고, 국가 주석제를 도입하여, 김일성을 주석으로 하는 유일 체제가 성립되었다.

심화 북한 사회주의 헌법에 담긴 주체사상

조선 민주주의 인민 공화국은 마르크스와 레닌주의를 우리나라의 현실에 창조적으로 적용한 조선 노동당의 주체사상을 자기 활동의 지도적 지침으로 삼는다.

---

⑤ 1973년부터는 김정일 후계화가 시작되었는데, 3대 혁명 소조 운동을 추진하여 당 내 기반을 넓히고, 사회 전반에 대한 세대 교체를 촉진시킴으로써 1980년 제6차 조선 노동당 대회에서 세습이 공식화되었다.

⑥ 1971년에 북한은 6개년 계획을 세워 공업 설비의 근대화와 기술 혁명을 추진하고자 하였다. 그러나 자본의 축적과 기술 발전이 뒤따르지 않아 경제 발전에는 한계가 있었고, 1977년에 가서야 계획이 끝났다.

(3) 1980년대 이후

경제 위기에서 벗어나고, 김정일 후계 체제 강화를 위한 제도를 마련하였다.

① 경제 부분: 합영법(1984), 나진·선봉 자유 무역 지대 설치(1991), 외국인 투자법(1992), 합작법(1993), 제네바 기본 합의서(1994, 북·미 관계 정상화 추진), 신의주 경제 특구(2002)

　㉠ 1990년대 이후 북한의 경제 성장률

연도	1990	1991	1992	1993	1994	1995	1996	1997	1998	1999	2000
경제 성장률(%)	-3.7	-3.5	-6.0	-4.2	-2.1	-4.1	-3.6	-6.3	-1.1	6.2	1.3

　㉡ 합영법(合營法: 1984. 9. 제정, 1994. 1. 개정)

제1조	조선 민주주의 인민 공화국 합영법은 우리나라와 세계 여러 나라 사이의 경제 기술 협력과 교류를 확대·발전시키는 데 이바지한다.
제5조	합영 기업은 당사자들이 출자한 재산에 대한 소유권을 가지며 독자적으로 경영 활동을 한다.
제7조	공화국 영역 밖에 거주하고 있는 조선 동포들과 하는 합영 기업, 일정한 지역에 창설된 합영 기업에 대하여 세금의 감면, 유리한 토지 이용 조건의 제공 같은 우대를 한다.

　㉢ 개정 헌법의 경제 관련 조항(1998)

첫째	개인 소유 범위 확대
둘째	특수 지대(特殊地帶)에서의 기업의 창설 및 운영 장려
셋째	독립 채산제 실시 및 원가·가격·수익성 개념 도입
넷째	국가 이외의 사회 협동 단체가 대외 무역의 주체가 될 수 있도록 허용

　㉣ 북한 경제의 침체
- 원인: 사회주의 경제 체제가 가져 온 생산력 저하, 동유럽 공산주의 국가의 몰락으로 교역 상대국 상실, 에너지와 원자재 부족으로 공장 가동률의 저하 등으로 1990년대 이후 대부분 마이너스 경제 성장을 하였다.
- 위기 극복 정책: 나진·선봉 자유 무역 지대 설치(1991), 외국인 투자법 제정(1992)·합영법을 외국인 투자가 좀 더 유리하도록 개정(1994), 개정 헌법에 경제적 실용주의 노선을 반영(1998)하여 일정 부분 시장 경제적 요소를 수용하는 내용을 담고 있다.
- 2000년대: 2001년 중국과 합의하여 중국의 단둥과 북한의 신의주에 경제 특구를 설치하기로 하였고, 2002년 7월부터는 일부 생필품의 배급제를 시장 기능으로 보완하였다.

② 김정일 후계 부분: 1992년 헌법 개정(국방 위원회 권한 강화, 주석 약화), 1993년 김정일 국방 위원장 취임, 1998년 헌법 개정(김일성 헌법, 유훈 통치)

심화　유엔 북한 인권 규탄 결의안 '요지' – 조선 민주주의 인민 공화국의 인권 상황

❶ 식량 부족에 대한 인식

유엔 인권 위원회는 북한의 열악한 인도주의적 상황과 특히 상당수 어린이의 신체적·정신적 성장에 영향을 미칠 영양 부족 사태에 깊은 우려를 표명한다.

❷ 유엔의 촉구

우리는 이런 보고들을 국제 사회가 확인할 수 있도록 할 여건을 북한 당국이 조성하지 않는 것을 유감스럽게 여기고, 북한 정부가 긴급히 답변할 것을 촉구한다.
- 사상·양심·종교·의견과 표현, 평화적 집회와 결사의 자유, 정보 접근권, 국내외의 자유로운 여행을 원하는 모든 시민에게 부과된 제한 조치

■ 김일성 유일 체제 확립

정권 수립 초기	• 연립 정권 형태: 김일성 + 박금철 + 이효순(갑산파)· 김두봉 + 최창익(연안파)· 박헌영(남로당)·허가이 + 박창옥(소련파)
1950년대	• 6·25 전쟁 이후 남로당계 숙청 • 8월 종파 사건: 소련파와 연안파가 김일성 개인 숭배 비판(1956. 8.) • 소련파와 연안파 숙청 • 중앙당 집중 지도 사업: 주민들에 대한 사상 검토 작업
1960년대	• 김일성 중심의 통치 체제를 뒷받침하기 위하여 유일 사상 체계 확립 • 주체사상: 정치의 자주, 국방의 자위, 경제의 자립
1970년대	• 사회주의 헌법 공포(1972): 국가 주석제 도입 • 김일성의 유일 지도 체계를 확립하는 권력의 기초 마련

- 고문과 그 밖의 잔혹하고 비인간적인 처벌과 대우·공개 처형·정치적 이유에 따른 사형·상당수의 강제 수용소 존재·강제 노동·자유를 박탈당한 사람들의 권리 존중 미약
- 장애 아동(障碍兒童)에 대한 부당한 차별 대우
- 여성의 인권과 기본적 자유에 대한 지속적인 침해

바로 확인문제

● **1945년 해방 이후 남북한의 정치 상황에 대한 설명으로 옳은 것은?** 07. 국가직 9급

① 1948년 김일성은 남로당과 연안파 인사들을 배제하고 북한 정부를 구성하였다.
② 1965년 한국군은 UN군의 일원으로 베트남에 파병되었다.
③ 1969년 3선 개헌에 성공한 박정희는 간접 선거를 통해 1971년 대통령에 당선되었다.
④ 1972년 북한은 사회주의 헌법을 공포하여 수령 유일 지도 체제를 확립하였다.

---

2 통일을 위한 노력

(1) 해방 이후 남북한의 통일 논의

① 1950년대
　㉠ 광복 이후 민족 통일 국가의 수립이 좌절되면서, 민족의 최대 과제의 하나는 민족 분단을 극복하고 통일 국가를 수립하는 일이었다.
　㉡ 6·25 전쟁을 겪으면서 분단은 고착화되었고, 남한의 반공 정책과 북한의 적화 통일 정책으로 남북한 사이에는 통일을 위한 논의조차 이루어지지 않았다.

② 1960년대
　㉠ 4·19 혁명 직후 학생들과 일부 정치인들을 중심으로 통일 논의가 활발하게 개진되어 중립화 통일론이나 남북 협상론 등이 제기되었다.
　㉡ 이러한 통일 논의는 5·16 군사 정변, 남북한 간의 대립 등으로 더 이상 진전될 수 없었다.

③ 1970년대
　㉠ 1970년대 들어와서 정부는 냉전 체제의 완화, 민주화의 요구 등 내외 여건의 변화에 따라 남북 교류를 제의하고, 남북 간에 이산가족 찾기 운동을 위한 적십자 대표의 예비 회담을 열었다.
　㉡ 서울과 평양에서 7·4 남북 공동 성명이 동시에 발표되어(1972. 7. 4.), 자주·평화·민족 대단결의 통일 원칙을 내세운 것으로 이후 통일 논의의 기본 원칙이 되었다.

④ 1980년대
　㉠ 1980년대에 이르러 남한의 '민족 화합 민주 통일 방안'과 북한의 '고려 민주주의 연방 공화국 방안'이 제시되었다.
　㉡ 남북한의 이산가족이 각각 서울과 평양을 방문하였다(1985. 9.). 이산가족 상봉은 부분적이기는 하지만 분단 후 처음 있는 역사적 사건이었다.

⑤ 1990년대
　㉠ 급격한 국제 정세의 변화 속에서 적극적인 북방 외교 정책이 추진되었다.
　㉡ 남북한이 동시에 유엔에 가입하였으며, 남북 고위급 회담이 열리고, 문화·체육의 교류가 이루어졌다.

|오답해설|
① 김일성은 남로당과 연안파 인사들을 흡수하였다.
② 한국군은 미국의 요청으로 베트남에 파병하였다.
③ 박정희는 직접 선거로 대통령에 당선되었다.

|정답| ④

■ 남북한의 대립

구분	남한의 정책	북한의 정책
1950년대	• 남한 지역만의 자유 총선거 • 무력 북진 통일론	1950년대 중반 이후: 평화 통일 위장 공세 강화
1960년대	• 유엔 감시 하에 남북한 자유 총선거: 장면 내각 • 국토 통일을 위한 실력 배양 주장: 군사 정부 • '선 건설 후 통일' 주장: 박정희 정부	연방제 통일 방안 (1960)

■ 7·4 남북 공동 성명
1972년 7월 4일에 발표된 분단 이후 최초의 남북 간 합의 문서로서, 이를 계기로 국내·외적인 평화 분위기가 조성되었으나, 곧 박정희 정부는 10월 유신을 선포하여 장기 집권을 꾀하였고, 북한도 사회주의 헌법을 개정하여 유일 지도 체제를 더욱 강화하였다.

ⓒ '남북 사이의 화해와 불가침 및 교류·협력에 관한 합의서(남북 기본 합의서)'가 채택되고(1991. 12.), 한반도의 비핵화 선언이 발표되었다(1991. 12. 31.).

ⓔ 민간 차원의 적극적 통일 노력도 전개되어 평화 통일을 위한 논의가 활성화되었다.

ⓜ 1994년에는 남북 정상 회담을 위한 예비 접촉이 이루어져 남북 관계가 진전될 기미를 보였지만 김일성의 사망으로 정상 회담이 무산되고, 김일성 조문 문제로 남북 관계는 다시 냉각되었다.

ⓗ 1998년에 김대중 정부가 들어선 이후 남북 교류는 활성화되었다. 정부는 이른바 남북 화해 협력 정책을 추진하여 민간 차원의 교류를 크게 확대하였다.

⑥ 2000년대

ⓐ 2000년 남북 정상 회담이 이루어져 6·15 남북 공동 선언이 발표되고, 남북 이산가족이 만나는 등 남북 간의 긴장 완화와 화해 협력이 진전되었다.

ⓛ 노무현 정부(2003년 출범)에서는 김대중 정부의 대북 햇볕 정책을 계승하였다. 그 결과 2007년 노무현 대통령은 육로로 북한을 방문하여, 남북 관계 발전과 평화 번영을 위한 선언(10·4 남북 공동 선언)을 발표하였다.

(2) 통일 정책의 추진*

① 1970년대

ⓐ 자주 국방 : 국력 신장을 바탕으로 자주 국방을 추진함과 동시에 한반도에서의 평화 정착을 이룩하기 위해서 대북 교섭을 추구하게 되었다.

ⓛ 8·15 선언(1970) : 북한에 대하여 선의의 체제 경쟁을 제의하였는데, 한반도에서 평화 정착을 이룩하기 위한 것이었다.

ⓒ 남북 적십자 회담 제의(1971) : 대한 적십자사가 북한에 남북한의 이산가족 찾기를 제의하였다. 북한이 이 제의를 받아들임으로써 남북한 적십자 회담이 이루어졌고, 평화 협상의 길이 최초로 열리게 되었다.

ⓔ 7·4 남북 공동 성명(1972)

민족 통일의 3대 원칙	자주 통일, 평화 통일, 민족적 대단결
합의 사항	남북한 당국자들은 통일 문제를 협의하기 위해서 '남북 조절 위원회'를 두기로 합의함

▲ 남북 정상 회담

사료   7·4 남북 공동 성명(1972. 7. 4)

❶ 쌍방은 다음과 같은 조국 통일 원칙들에 합의를 보았다.
• 첫째 : 통일은 외세에 의존하거나 외세의 간섭을 받음이 없이 **자주적(自主的)**으로 해결하여야 한다.
• 둘째 : 통일은 서로 상대방을 반대하는 무력 행사에 의거하지 않고 **평화적(平和的)** 방법으로 실현하여야 한다.
• 셋째 : 사상과 이념, 제도의 차이를 초월하여 우선 하나의 민족으로서 **민족적 대단결(民族的大團結)**을 도모하여야 한다.

❷ 쌍방은 …(중략)… 서로 상대방을 중상(重傷)·비방(誹謗)하지 않으며 …(중략)… 무장 도발을 하지 않으며 불의의 군사적 충돌 사건을 방지하기 위한 적극적인 조치를 취하기로 합의하였다.

❸ 쌍방은 지금 온 민족의 거대한 기대 속에 진행되고 있는 남북 적십자 회담이 하루빨리 성사되도록 적극 협조하는 데 합의하였다.

❹ 쌍방은 …(중략)… 남북 사이에 제기되는 문제들을 직접·신속·정확히 처리하기 위하여 서울과 평양 사이에 상설 직통 전화를 놓기로 합의하였다.

❺ 쌍방은 …(중략)… 남북 조절 위원회를 구성·운영하기로 합의하였다.

*통일 정책의 추진
7·4 남북 공동 선언, 남북 기본 합의서, 6·15 공동 선언, 10·4 남북 공동 선언의 내용은 사료와 함께 기억해야 한다.

ⓜ 6·23 평화 통일 선언(1973) : 남북한의 유엔 동시 가입과 호혜 평등의 원칙하에 모든 국가에 대한 문호 개방을 주요 내용으로 하였다.

ⓗ 상호 불가침 협정의 체결(1974) 제안 : 평화 통일의 3대 기본 원칙에 입각해서 북한에 대하여 제안하였다.

② 1980년대

ⓖ 민족 화합 민주 통일 방안(1982) : 민족 자결의 원칙에 의거해서 겨레 전체의 자유의사가 반영되는 민주적 절차와 평화적 방법으로 민족·자주·자유·복지의 이상을 추구하는 통일 국가를 수립하자는 것이다. 이 무렵 북한은 고려 민주주의 연방 공화국 방안을 제시하였다.

ⓛ 남북 이산가족 고향 방문(1985) : 남북한 당국자 간의 통일 논의의 재개를 추진하여 남북 이산가족 고향 방문단 및 예술 공연단의 교환 방문이 성사되었다.

ⓒ 7·7 선언(민족자존과 통일번영을 위한 특별선언, 1988) : 이 선언에서는 북한을 상호 신뢰·화해·협력을 바탕으로 공동 번영을 추구하는 민족 공동체 일원으로 인식하였다.

ⓔ 한민족 공동체 통일 방안(1989) : 정부는 서울 올림픽 대회를 계기로 하여 북방 정책의 추진과 함께 통일 정책에도 전진적인 자세를 취하였다. 그리하여 자주·**평화**·민주의 원칙 아래 '한민족 공동체 통일 방안'을 제시하기에 이르렀다.

사료 7·7 특별 선언(1988. 민족자존과 통일 번영을 위한 특별 선언)

❶ 남북동포 간의 상호교류 및 해외동포의 자유로운 남북왕래를 위한 문호 개방

❷ 이산가족의 서신 왕래 및 상호방문 적극 지원

❸ 남북 간 교역을 위한 문호 개방

❹ 비군사 물자에 대한 한국의 우방과 북한 간의 교역 찬성

❺ 남북 간의 소모적인 경쟁 대결 외교 지양 및 남북 대표 간의 상호협력

❻ 북한과 한국 우방과의 관계 개선 및 사회주의 국가와 한국과의 관계 개선을 위한 상호협조

---

③ 1990년대

ⓖ 남북 기본 합의서 : 1991년 9월에 남과 북이 동시에 UN에 가입하였다. 이후 남북 기본 합의서가 채택되었으며(1991. 12. 13.) 한반도 비핵화 선언이 발표되었다(1991. 12. 31.). 그러나 1993년 북한이 핵 확산 금지 조약(NPT)를 탈퇴하여, 북한의 핵 문제가 국제적 관심이 되었다. 이후 1994년 북미 제네바 회담(9. 23.~10. 21.)에서 한반도 핵 문제의 전면적 해결을 위한 협상이 진행되었다. 그리고 1995년 KEDO(한반도 에너지 개발 기구)가 설립되어 북한의 경수로 건설 공사를 시작하였다.

사료 남북 기본 합의서(1991. 12. 13.)

남과 북은 …… 7·4 남북 공동 성명에서 천명된 조국 통일 3대 원칙을 재확인하고, 정치적·군사적 대결 상태를 해소하여 민족적 화해를 이룩하고 …… 쌍방 사이의 관계가 나라와 나라 사이의 관계가 아닌 통일을 지향하는 과정에서 잠정적으로 형성되는 특수 관계라는 것을 인정하고, …… 다음과 같이 합의하였다.

❶ 제1장 남북 화해

• 제1조 남과 북은 서로 상대방의 체제를 인정하고 존중한다.
• 제2조 남과 북은 상대방의 내부 문제에 간섭하지 아니한다.
• 제4조 남과 북은 상대방에 대한 비방·중상을 하지 아니한다.

■ **북미 제네바 기본 합의서**

1994년 10월 스위스 제네바에서 한반도 핵 문제의 전반적 해결을 위해 북한과 미국 간에 이루어진 합의서로서, 북한의 핵 개발 동결, 미국의 경수로 제공, 북한의 한반도 비핵화 공동 선언의 이행과 남북 대화의 재개, 북미 관계 정상화 추진 등을 주요 내용으로 하였다.

- 제5조 남과 북은 …… 평화 상태가 이룩될 때까지 현 군사 정전 협정을 준수한다.
- 제7조 남과 북은 …… 판문점에 남북 연락 사무소를 설치·운영한다.

❷ 제2장 남북 불가침
- 제9조 남과 북은 상대방에 대하여 무력을 사용하지 않으며 상대방을 무력으로 침략하지 아니한다.
- 제13조 남과 북은 우발적인 무력 충돌과 그 확대를 방지하기 위하여 쌍방 군사 당국자 사이에 직통 전화를 설치·운영한다.

❸ 제3장 남북 교류·협력
- 제15조 남과 북은 …… 자원의 공동 개발, 민족 내부 교류로서의 물자 교류, 합작 투자 등 경제 교류 와 협력을 실시한다.
- 제16조 남과 북은 과학·기술·교육 …… 라디오·텔레비전 …… 등 여러 분야에서 교류와 협력을 실 시한다.

   ⓒ 3단계 3기조 통일 정책(1993): 정부는 화해·협력, 남북 연합, 통일 국가 완성의 3단계 통일 방안과 이를 효율적으로 실천하기 위해 민주적 국민 합의, 공존·공영, 민족 복리 의 3대 기조를 바탕으로 하는 통일 정책을 마련하였다.

   ⓒ 민족 공동체 통일 방안(1994. 8.): 정부는 민족의 염원인 통일을 조속히 성취하기 위하 여 한민족 공동체 건설을 위한 3단계 통일 방안으로서 자주·평화·민주의 3원칙과 화 해·협력, 남북 연합, 통일 국가 완성의 3단계 통일 방안을 발표하였다. 이는 한민족 공 동체 통일 방안과 3단계 3기조 통일 정책을 수렴하여 종합한 것으로서, 민족 공동체 통 일 방안 또는 공동체 통일 방안이라고 한다.

④ 2000년대

   ㉠ 6·15 남북 공동 선언(2000)
- 통일 문제의 자주적 해결
- 통일을 위한 연합제(聯合制)와 연방제(聯邦制)의 공통성 인정
- 이산가족 방문단의 교환과 비전향 장기수 문제 해결을 위한 노력
- 경제 협력을 통한 민족 경제의 균형적 발전과 사회·문화·체육·보건·환경 등 제 분 야의 협력과 교류의 활성화 합의
- 당국 간의 대화

사료   6·15 남북 공동 선언

- 남과 북은 나라의 통일 문제를 그 주인인 우리 민족끼리 서로 힘을 합쳐 자주적으로 해결해 나가기로 하 였다.
- 남과 북은 나라의 통일을 위한 남측의 연합제 안과 북측의 낮은 단계의 연방제 안이 서로 공통성이 있다 고 인정하고, 앞으로 이 방향에서 통일을 지향시켜 나가기로 하였다.
- 이산가족과 친척 방문단을 교환하며, 비전향 장기수 문제를 해결하는 등 인도적 문제를 조속히 풀어나가 기로 하였다.
- 남과 북은 경제 협력을 통하여 민족 경제를 균형적으로 발전시키고 사회·문화·체육·보건 등 제반 분야 의 협력과 교류를 활성화하여 서로의 신뢰를 다져 나가기로 하였다.

ⓒ 10·4 남북 공동 선언(2007)

- 6·15 공동 선언을 적극 구현하는 가운데, 자주적으로 통일 문제를 해결하며 민족의 존엄과 이익을 중시한다.
- 사상과 제도의 차이를 초월하여 법률적·제도적 장치들을 정비하고, 양측 의회 등 각 분야의 대화와 접촉을 적극 추진한다.
- 군사적 적대 관계를 종식시키고, 서해 평화 수역 지정을 위한 남측 국방 장관과 북측 인민 무력부 부장 간 회담을 평양에서 개최하기로 한다.
- 현 정전 체제를 평화 체제로 구축하기 위해 3자 또는 4자 정상들이 만나 종전을 선언하는 문제를 추진하기로 하고, 핵 문제 해결을 위한 6자 회담에서의 성명과 합의가 순조롭게 이행되도록 공동 노력한다.
- 민족 경제의 공동 발전을 위해 서해 **평화 협력 특별 지대**를 설치하고 '개성 – 신의주 철도'와 '개성 – 평양 간 고속도로'를 공동으로 이용하기 위해 개보수 문제를 협의 추진한다. 안변과 남포에 조선 협력 단지를 건설하며 농업·보건 의료·환경 보호 등 분야에서 협력하기로 하고, 현재의 남북 경제 협력 추진 위원회를 부총리급 남북 경제 협력 공동 위원회로 격상한다.
- 사회 문화 분야의 교류와 협력을 발전시켜 나가고, 백두산 관광을 실시하며 이를 위해 '백두산 – 서울 직항로'를 개설하기로 한다.
- 이산가족의 상봉을 확대하며 영상 편지 교환 사업을 추진하고, 금강산 면회소가 완공되는 데 따라 쌍방 대표를 상주시킨다.
- 국제 무대에서 협력을 강화해 나가는 가운데, 이 선언의 이행을 위해 남북 총리 회담을 개최하기로 하고, 남북 관계 발전을 위해 정상들이 수시로 만나 현안 문제들을 협의하기로 한다.

ⓒ 2018년 4·27 판문점 선언(2018, '한반도의 평화와 번영, 통일을 위한 판문점 선언'의 핵심 내용 발췌)

양 정상은 한반도에 더 이상 전쟁은 없을 것이며 새로운 평화의 시대가 열리었음을 8천만 우리 겨레와 전 세계에 엄숙히 천명하였다.

1. 남과 북은 남북 관계의 전면적이며 획기적인 개선과 발전을 이룩함으로써 끊어진 민족의 혈맥을 잇고 공동 번영과 자주 통일의 미래를 앞당겨 나갈 것이다.
   ① 남과 북은 우리 민족의 운명은 우리 스스로 결정한다는 민족 자주의 원칙을 확인하였으며 이미 채택된 남북 선언들과 모든 합의를 철저히 이행함으로써 관계 개선과 발전의 전환적 국면을 열어나가기로 하였다.
   ③ 남과 북은 당국 간 협의를 긴밀히 하고 민간 교류와 협력을 원만히 보장하기 위하여 쌍방 당국자가 상주하는 남북 공동 연락 사무소를 개성 지역에 설치하기로 하였다.
   ⑥ 남과 북은 민족 경제의 균형적 발전과 공동 번영을 이룩하기 위하여 10·4 선언에서 합의된 사업들을 적극 추진해 나가며 일차적으로 동해선 및 경의선 철도와 도로들을 연결하고 현대화하여 활용하기 위한 실천적 대책을 취해 나가기로 하였다.

2. 남과 북은 한반도에서 첨예한 군사적 긴장 상태를 완화하고 전쟁 위험을 실질적으로 해소하기 위하여 공동으로 노력해 나갈 것이다.
   ① 남과 북은 지상과 해상, 공중을 비롯한 모든 공간에서 군사적 긴장과 충돌의 근원으로 되는 상대방에 대한 일체의 적대 행위를 전면 중지하기로 하였다. 당면하여 5월 1일부터 군사 분계선 일대에서 확성기 방송과 전단 살포를 비롯한 모든 적대 행위를 중지하고 그 수단을 철폐하며 앞으로 비무장 지대를 실질적인 평화 지대로 만들어 나가기로 하였다.
   ② 남과 북은 서해 북방 한계선 일대를 평화 수역으로 만들어 우발적인 군사적 충돌을 방지하고 안전한 어로 활동을 보장하기 위한 실제적인 대책을 세워나가기로 하였다.

3. 남과 북은 한반도의 항구적이며 공고한 평화 체제 구축을 위하여 적극 협력해 나갈 것이다. 한반도에서 비정상적인 현재의 정전 상태를 종식시키고 확고한 평화 체제를 수립하는 것은 더 이상 미룰 수 없는 역사적 과제이다.

① 남과 북은 그 어떤 형태의 무력도 서로 사용하지 않을 때 대한 불가침 합의를 재확인하고 엄격히 준수해 나가기로 하였다.

② 남과 북은 군사적 긴장이 해소되고 서로의 군사적 신뢰가 실질적으로 구축되는 데 따라 단계적으로 군축을 실현해 나가기로 하였다.

③ 남과 북은 정전 협정 체결 65년이 되는 올해에 종전을 선언하고 정전 협정을 평화 협정으로 전환하며 항구적이고 공고한 평화 체제 구축을 위한 남·북·미 3자 또는 남·북·미·중 4자 회담 개최를 적극 추진해 나가기로 하였다.

④ 남과 북은 완전한 비핵화를 통해 핵 없는 한반도를 실현한다는 공동의 목표를 확인하였다. 당면하여 문재인 대통령은 올해 가을 평양을 방문하기로 하였다.

　　　 2018년 4월 27일
　　　 판 문 점
　　　 대한민국 대통령 문재인　　　　　　　　 조선 민주주의 인민 공화국 국무위원회 위원장 김정은

바로 확인문제

● **다음과 같은 남북 합의가 이루어진 정부에서 일어난 사실은?** 17. 서울시 9급

> 제1조　남과 북은 서로 상대방의 체제를 인정하고 존중한다.
> 제2조　남과 북은 상대방의 내부 문제에 간섭하지 아니한다.
> 제3조　남과 북은 상대방에 대한 비방·중상을 하지 아니한다.
> 제4조　남과 북은 상대방을 파괴·전복하는 일체 행위를 하지 아니한다.

① 남북 조절 위원회 회담
② 금융 실명제 전면 실시
③ 남북 정상 회담 개최
④ 북방 외교의 적극 추진

● **다음 ㉠, ㉡, ㉢에 대한 설명으로 옳은 것은?** 14. 서울시 9급

> ㉠ 6·15 남북 공동 선언
> ㉡ 7·4 남북 공동 성명
> ㉢ 남북 간의 화해와 불가침 및 교류 협력에 관한 합의서

① ㉠ - 한반도 비핵화를 선언하였다.
② ㉠ - 남북한 동시 유엔 가입에 합의하였다.
③ ㉡ - 통일의 3대 원칙을 천명하였다.
④ ㉢ - 남북 정상 회담의 성과였다.
⑤ ㉠ - ㉡ - ㉢ 순으로 발표되었다.

| 정답해설 | 제시된 사료는 1991년 12월 채택된 '남북 기본 합의서'의 내용이다. 이때는 노태우 정부 시기였으며, 당시에는 북방 외교가 활발히 추진되었다.

| 오답해설 |
① 남북 조절 위원회는 1972년 7·4 남북 공동 성명 이후 남북 대화를 위해 설치한 기구이다(박정희 정부).
② 금융 실명제는 1993년 김영삼 정부에서 전격적으로 실시하였다.
③ 남북 정상 회담은 김대중 정부(1차, 2000. 6.)와, 노무현 정부(2차, 2007. 10.) 시기에 2차례에 걸쳐 이루어졌다.

| 정답 | ④

| 오답해설 |
① 한반도 비핵화는 한반도 비핵화 공동 선언(1991. 12. 채택)에서 합의되었다.
② 남북한 동시 유엔 가입은 1991년 9월의 일이고, 6·15 남북 공동 선언은 2000년에 해당한다.
④ 남북 기본 합의서는 1991년에 서울에서 열린 5차 남북 고급 회담에서 채택된 것이다. 남북 정상 회담은 2000년(김대중 – 김정일), 2007년(노무현 – 김정일) 두 차례 이루어졌다.
⑤ ㉠ 6·15 남북 공동 선언(2000), ㉡ 7·4 남북 공동 성명(1972), ㉢ 남북 기본 합의서(1991)이다. 따라서 시기상 순서는 ㉡ - ㉢ - ㉠이다.

| 정답 | ③

심화 | 남북한 통일 정책 비교

❶ 1950~1960년대 초

	남한	북한
이승만 정부	• 북진 통일론 • 평화 통일론 탄압 → 반공 강조	• 무력 통일 • 연방제 통일
장면 내각	• 남북한 총선거에 의한 평화 통일 : 유엔 감시하의 인구 비례 남북한 총선거 • 선경제 건설, 후통일론	• 제네바 회담(1954) : 중립국 감시하의 총선거 주장 • 남북 연방제(1960) : 통일 정부 수립까지 과도 단계로 연방제 실제

❷ 1960 ~ 1970년대

		남한	북한
박정희 정부		• 선경제 건설, 후통일론 계승 • 국력으로 북한 압도 후 통일 논의	• 7·4 남북 공동 성명(1972) 　 – 사회주의 헌법 제정 　 – 주체사상 명시 　 – 주석제 신설 • 고려 연방제 제안(1973)
	1969	닉슨 독트린 후 긴장 완화	
	1970	• 8·15 평화 통일 구상 선언 　 – 선의의 경쟁 주장 　 – 유엔이 아닌 당사국 협상에 의한 통일	
	1971	남북 적십자 회담	
	1972	• 7·4 남북 공동 성명 　 – 자주·평화·민족 대단결의 3원칙 합의 　 – 남북 조절 위원회 설치 　　 → 남한은 10월 유신, 북한은 사회주의 헌법 제정, 두 국가 모두 독재 강화에 이용	
	1973	• 6·23 평화 통일 외교 　 – 유엔 동시 가입 제안 → 1991년에 실현 　 – 조국 통일 5대 강령	
	1974	상호 불가침 협정 제안	

❸ 1980년대

남한			북한

전두환 정부	1982	• 민족 화합 민주 통일 방안
		  − 국민 투표로 통일 헌법 제정
		  − 남북한 총선거로 통일 국가 수립
			• 고려 민주 연방 공화국 창설 방안(1980)
			  − 1민족 1국가 2제도 2정부
			  − 남북 연합(X)
			  − 국가 통일 → 민족 통일
			• 조선 합자 경영법(합영법)(1984)
			  − 외국의 선진 자본과 기술 도입
			  − 중국의 경제 특구, 개방 도시 모방

	1984	남북한 교역 및 경제 협력 교류 제의	

	1984	• 남북 경제 회담
		  − 북한의 수재 물자 제공
		  − 최대의 물자 교류	

	1985	남북 이산가족·예술단 교환 방문	
노태우 정부	1988	7·7 선언: 북한을 적대 관계에서 협력의 관계로 인식	• 남북 기본 합의서 합의(1991) • 나진·선봉 자유 무역 지대 설치(1991) • 외국인 투자법 제정(1992) • NPT(핵 확산 금지 조약) 탈퇴(1993)

	1989	• 한민족 공동체 통일 방안
		  − 자주, 평화, 민주 원칙
		  − 남북 연합이라는 중간 단계	

	1990	남북 고위급 회담	
	1991. 9.	남북한 유엔 동시 가입	

	1991. 12.	• 남북 기본 합의서
		  − 상대국 내부 간섭 안함
		  − 상호 화해·불가침·교류와 협력 추진
		  − 남북은 통일을 지향하는 과정에서 잠정적으로 형성되는 특수 관계를 인정한다.
		• 한반도 비핵화 공동 선언
		  − NPT(핵 확산 금지 조약) 가입 → 1993년 북한의 NPT 탈퇴 선언	

❹ 1990년대 이후

남한			북한

김영삼 정부	1994	• 민족 공동체 통일 방안
		  − 1민족 1국가 1체제 1정부
		  − 남북 연합
		  − 민족 통일 → 국가 통일
			• 신합영법(1994)
			  − 북한은 세계 여러 나라 사이에 경제 기술 협력과 교류를 확대 발전
			  − 해외 조선 동포들과 하는 합영 기업, 일정한 지역에 창설된 합영 기업에 대하여 세금 감면, 유리한 토지 이용 조건 제공

김대중 정부	1998	금강산 관광 시작(해상 교통)	• 6·15 남북 공동 선언(2000) • 신의주 경제 특구(2002)

	2000	• 6·15 남북 공동 선언
		  − 최초의 남북 정상 회담
		  − 금강산 육로 관광 추진(2003. 9. 시작)
		  − 개성 공단 조성 합의(2000. 8.), 2003. 6. 착공, 2004. 6. 시범단지 완공
		  − 경의선 복원(2000. 9. 착공, 2002. 12. 31 남측 구간 완료)	

04 현대의 경제·사회·문화 발전

☐ 1 회독　　월　　일
☐ 2 회독　　월　　일
☐ 3 회독　　월　　일
☐ 4 회독　　월　　일
☐ 5 회독　　월　　일

1 현대 경제의 발전
2 현대 사회의 변화·발전
3 현대 문화의 성장과 발전

단권화 MEMO

＊현대 한국 경제의 특징
한국 경제의 특징을 1950, 1960,
1970, 1980년대 및 1990년대 이후로
구분해서 기억하자.

■ 미군정기 원조
미군정기의 원조는 독일·일본의 경우
처럼 점령지 통치를 위한 점령지 행정
구호 원조(GARIOA)를 중심으로 이루
어졌다. GARIOA 원조(약 4억 979만
달러)는 1946~1948년간 미국 대외
원조 총액의 4.5%를 차지하였다. 식료
품, 농업용품, 피복류 등 소비재가 중
심 품목으로 경제 재건보다는 긴급 구
호에 초점을 맞추었다. 한편 1947년
부터의 원조는 한·일 간 수직적 분업
구조 속에서 일본 경제 재건을 위해
한국이 일본 상품을 구매하도록 하는
방침하에 운영되었다.

■ 신한공사
신한공사는 일제 강점기 동양 척식 주
식회사와 여타 일본인(회사·개인) 소
유였던 토지를 관할하여 그 보전과 이
용 및 회계 등을 담당한 미군정의 회
사이다. 신한공사의 법적 근거는 미군
정 법령 제52호(1946년 2월 21일)에
의해 마련되었고, 그 실효는 1946년 3
월 3일부로 개시되었다. 신한공사의
운영은 미군정 장관의 지시에 따라 이
루어졌고, 미군정 장교들이 신한공사
의 최종적 권한을 행사하였다.
1948년 3월 22일 중앙 토지 행정처
설치령과 신한공사 해산령에 의거하여
그 재산 일체를 중앙 토지 행정처에 넘
기고 해산하였다.

01 현대 경제의 발전＊

1 8·15 광복과 새로운 경제 질서 형성

(1) 광복 직후의 경제 상황

① 광복 이후의 경제적 상황: 8·15 광복은 우리 손으로 국가를 수립하고 일제 지배의 잔재 청산과 각종 개혁 실시 및 제도 정비 등을 수행할 출발점이었다.

　㉠ 경제적 빈곤: 남북 분단과 정치적 혼란으로 경제적 어려움은 가중되었다.

　㉡ 공장 폐쇄: 광복 직후에 주로 일본 자본으로 운영되던 많은 기업이 원료와 기술, 자본 부족 등의 어려움으로 공장의 문을 닫아야만 하였다.

② 국토 분단과 경제 혼란의 계속

　㉠ 미군정 체제: 미군정하에서 우리 경제는 극심한 인플레이션, 원자재와 소비재 부족, 식량 부족 등으로 큰 어려움을 겪게 되었다.

　㉡ 남북 분단: 지하자원과 중공업 시설이 북한에 치우쳐 있는 상황에서 국토가 분단되고 북으로부터 전기 공급마저 중단되자, 농업과 경공업 중심의 남한 경제는 어려움이 가중 되었다.

　㉢ 월남민의 증가: 북한의 공산주의 체제에서 벗어나기 위하여 많은 동포가 월남함으로써 남한에서는 실업률의 증대와 식량 부족으로 경제 혼란이 심화되었다.

(2) 경제 회복을 위한 노력

① 경제 정책의 기본 방향

　㉠ 대한민국 수립 이후: 정부는 경제 정책의 기본 방향을 농업과 공업의 균형 발전, 소작 제의 철폐, 기업 활동의 자유 보장, 사회 보장 제도의 실시, 인플레이션의 극복 등으로 설정하고 이를 실천하기 위하여 노력하였다.

　㉡ 경제 안정 시책의 추진

　　• 미국과 경제 원조 협정(經濟援助協定)을 체결하고, 일본인이 소유하였던 공장을 민간 기업에 매각하였다.

　　• '농지 개혁법'을 제정·시행하여 농촌 경제의 안정을 꾀하였고, 귀속 재산을 매각하여 산업 자본의 형성에 기여하였다.

사료   한미 원조 협정 체결(1948.12.)

대한민국 정부는 대한민국의 경제적 위기를 방지하며 국력 부흥을 촉진하고 국내 안정을 확보하기 위하여 미합중국 정부에 재정적 물질적 및 기술적 원조를 요청하였으며, 미합중국 국회는 1948년 6월 28일에 통과된 법률(제80의회, 법률 제793호)에 의하여 대한민국 국민에게 원조를 제공할 권한을 미합중국 대통령에게 부여하였으며, 대한민국 정부 및 미합중국 정부는 대한민국 정부의 독립과 안전 보장에 합치되는 조건에 의한 그 원조의 제공이 국제 연합 헌장의 근본 목적과 1947년 11월 14일의 국제 연합 총회 결의의 근본 목적을 달성함에 유효하고 미국 국민 및 한국 국민 간의 우호적 유대를 한층 강화할 것을 확신하므로, 아래 서명인은 각자 정부가 그 목적을 위하여 부여한 권한에 의하여 아래와 같이 협정하였다. …(후략)…

② **농지 개혁법(農地改革法)** (1949. 6. 제정, 1950년 실시)

㉠ **목적** : 소작제를 철폐하고 자영농을 육성하여 민생의 안정을 도모하고자 경자유전(耕者有田)의 원칙(농사를 짓는 사람이 토지를 소유하는 원칙)에 따라 시행하였다.

㉡ **원칙**

• 3정보를 상한으로 하여 그 이상의 농지는 유상 매입·유상 분배하고 대신 지가 증권을 발급하여 5년간 지급하도록 하였다.

• 매수한 토지는 영세 농민에게 3정보를 한도로 유상 분배하여 5년간 수확량의 30%씩을 상환하도록 하였다.

㉢ **결과**

• 지주제가 정리되어 많은 농민이 자기 농토를 가질 수 있게 되었다. 또한 미군정이 접수했던 귀속 재산을 민간에 매각하는 정책도 추진하였다.

■ **귀속 재산 처리법과 한미 경제 조정 협정**

귀속 재산을 유효 적절하게 활용하여 산업 부흥과 국민 경제의 안정을 도모하기 위해, 1949년 12월 귀속 재산 처리법이 제정되었다. 한편 1952년 5월, 한미 경제 조정 협정이 체결되어 원조에 대한 한·미의 역할과 두 나라의 관계가 조율되었다.

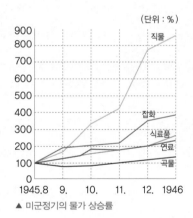

▲ 미군정기의 물가 상승률

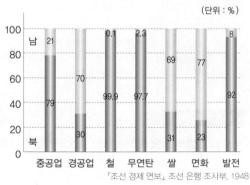

「조선 경제 연보」 조선 은행 조사부, 1948

▲ 분단이 경제 구조 파행에 끼친 영향

사료   농지 개혁법

제1조   본법은 헌법에 의거하여 농지를 농민에게 적정히 분배함으로써 농가경제의 자립과 농업생산력의 증진으로 인한 농민생활의 향상 내지 국민경제의 균형과 발전을 기함을 목적으로 한다.

제3조   본법에 있어 농가라 함은 가주 또는 동거가족이 농경을 주업으로 하여 독립생계를 영위하는 합법적 사회단위를 칭한다.

제5조   정부는 아래에 의하여 농지를 취득한다.

1. 아래의 농지는 정부에 귀속한다.

   (가) 법령 내지 조약에 의하여 몰수 또는 국유로 된 농지

   (나) 소유권의 명의가 분명하지 않은 농지

2. 아래의 농지는 적당한 보상으로 정부가 매수한다.
    (가) 농가 아닌 자의 농지
    (나) 자경(自耕)하지 않는 자의 농지

제12조 농지의 분배는 농지의 종목, 등급 및 농가의 능력 및 기타에 기준한 점수제에 의거하되 1가구당 총 경영 면적 3정보를 초과하지 못한다.

제15조 분배받은 농지는 분배받은 농가의 대표자 명의로 등록하고 가산으로서 상속한다.

심화 **농지 개혁의 실시**

❶ '농지 개혁법'의 주요 내용
  • 법령 및 조약에 의하여 몰수하거나 국유로 된 농지, 직접 땅을 경작하지 않는 사람의 농지, 직접 땅을 경작하더라도 농가 1가구당 3정보를 초과하는 농지는 정부가 사들인다.
  • 분배 농지는 1가구당 총 경영 면적이 3정보를 넘지 못한다.
  • 분배받은 농지에 대한 상환액은 평년작을 기준으로 하여 주요 생산물의 1.5배로 하고, 5년 동안 균등 상환하도록 한다.

❷ 농지 개혁 실시 전후 소작지 면적의 변화
  1947년 소작지의 89.1%가 1951년까지 자작지로 바뀌었다. 그중 미국 군정청에 귀속되었던 농지를 유상 분배한 것이 18.9%였고, 지주의 임의 처분에 의한 것이 49.2%였다. 따라서 농지 개혁의 실시로 소작지에서 자작지로 바뀐 것은 31.9%에 불과하였다. 　　　　　　　　　　　　　　　　　　　이종범, 『농지 개혁사 연구』

사료 **귀속 재산 처리법(1949. 12.)**

제2조 본 법에서 귀속 재산이라 함은 …(중략)… 대한민국 정부에 이양된 일체의 재산을 지칭한다. 단, 농경지는 따로 농지 개혁법에 의하여 처리한다.
제3조 귀속 재산은 본 법과 본 법의 규정에 의하여 발하는 명령이 정하는 바에 의하여 국용 또는 공유재산, 국영 또는 공영 기업체로 지정되는 것을 제외하고는 대한민국의 국민 또는 법인에게 매각한다.

바로 확인문제

● 다음 법령의 시행 결과에 대한 설명으로 옳은 것은?　　　　　　　　　　　16. 지방직 9급

> 제5조 정부는 다음에 의하여 농지를 매수한다.
>
> 1. 다음의 농지는 정부에 귀속한다.
>   (가) 법령 및 조약에 의하여 몰수 또는 국유로 된 토지
>   (나) 소유권의 명의가 분명하지 않은 농지
> 2. 다음의 농지는 본법 규정에 의하여 정부가 매수한다.
>   … (중략) …
> 제12조 농지의 분배는 1가구당 총 경영 면적 3정보를 초과하지 못한다.

① 협동조합이 모든 농지를 소유하게 되었다.
② 많은 일반 민유지가 총독부 소유로 되었다.
③ 소작지가 크게 줄어들고 자작지가 늘어났다.
④ 지주 소유 토지를 몰수하여 농민에게 무상으로 분배하였다.

|정답해설| 제시된 자료 제5조 중 '농지를 매수', 12조 중 '3정보'를 통해 '이 법령'은 1949년 6월 (대한민국 정부에서) 공포한 농지 개혁법임을 알 수 있다. 1950년 초부터 시작된 농지 개혁의 결과 자작농이 증가하면서 소작지가 크게 줄어들었다.

|오답해설|
① 농지 개혁에서 토지는 농민에게 유상으로 분배되어 지급된 토지는 개인 사유지가 되었다.
② 일제 강점기 토지 조사 사업의 결과 많은 민유지가 총독부 소유가 되었다.
④ 무상 몰수, 무상 분배는 북한의 토지 개혁 방식이다.

|정답| ③

② 6·25 전쟁의 피해와 원조 경제

(1) 6·25 전쟁으로 인한 경제적 피해

① 생산 시설의 파괴 : 6·25 전쟁으로 남한 생산 시설의 42%가 파괴되었다. 도로, 철도 등 물류 교통 시설이 파괴되었고, 제조업도 생산 시설의 절반이 파괴될 정도였다. 특히 격심한 피해를 입은 것은 경인 지방에 밀집되어 있던 섬유 공업과 인쇄 공업 분야였다.

② 물가 상승 : 전비 지출(戰費支出)로 인플레이션이 가속화되었고, 물가 폭등과 물자 부족으로 국민들의 생활이 어려워졌다.

(2) 원조 경제

① 본격적 시행
  ㉠ 휴전 이후 경제 복구 사업이 본격화되었는데, 전쟁 중에는 물론 전후 복구 기간에도 미국은 많은 경제 원조를 제공하였다.
  ㉡ 주로 식료품·농업 용품·피복·의료품 등 소비재와 면방직·제당·제분 공업의 원료에 집중되었다.

② 삼백 산업(三白産業)의 발달 : 1950년대 후반기부터 원조 물자에 토대를 둔 제분(製粉, 밀가루)·제당(製糖, 설탕)·섬유(纖維, 면방직) 공업이 성장하였다.

③ 영향 : 미국의 원조 물자로 식량이나 생활 필수품이 대량 공급되어 물자 부족이 해소되고, 소비재 공업도 성장하였다. 그러나 밀이나 면화 같은 농산물이 값싸게 들어와 당시 농촌 경제는 타격을 입었다.

④ 문제점
  ㉠ 생산재 공업의 발달 저하 : 소비재 산업이 급속하게 성장한 데 비하여 기계 공업 등의 생산재 산업은 발전하지 못하였다. 이로 인하여 한국 경제는 생산재에서 원료에 이르기까지 수입에 의존할 수밖에 없는 취약성을 안게 되었다.

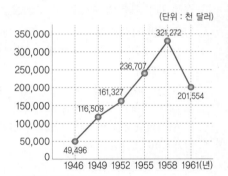

(단위 : 천 달러)

321,272
350,000
300,000
236,707
250,000
200,000
161,327
150,000
201,554
116,509
100,000
50,000
49,496
0
1946 1949 1952 1955 1958 1961(년)

▲ 미국의 경제 원조 상황

  ㉡ 농업 분야의 복구 미비 : 농업 분야의 복구가 제대로 이루어지지 못하였고, 원조가 줄어들면서 우리 경제는 상당한 어려움을 겪게 되었다.
  ㉢ 차관으로의 전환 : 1950년대 후반에 미국의 경제 원조가 차관으로 전환되면서 미국의 원조에 의존하였던 한국 경제는 타격을 입었다. 공장의 가동률이 떨어지면서 많은 중소기업이 파산하였으며, 서민들은 생활에 어려움을 겪었다.
  ㉣ 삼분 산업(三粉産業) : 시멘트·비료·밀가루 등의 생산도 증가하였다.

▲ 6·25 전쟁으로 잿더미가 된 대도시 (서울 충무로 일대)

▲ 직업을 찾아 거리에 나선 구직자의 모습(1953, 서울)

한 나라에서 통용되는 모든 지폐 및
동전의 액면(額面)을 동일한 비율의
낮은 숫자로 변경하는 조치를 말한다.
예컨대 100원을 1환(가칭)으로 바꾸
는 방식이다. 디노미네이션은 화폐·
채권·주식 등의 액면 금액 자체를 의
미하며, 액면 금액을 변경하는 것과는
구분된다.

| 정답해설 | 1970년대 3·4차 경제 개
발 5개년 계획에서 추진된 내용이다.

| 정답 | ④

○ 화폐 개혁의 역사
(우리나라는 정부 수립 후 3차례에 걸쳐 화폐 개혁을 단행하였다. 이는 경제적 이유보다는 정치적 목적으로 이루어졌다.)

구분	내용
제1차 화폐 개혁 (1950. 8.)	북한군이 1950년 6월 한국은행 본점에서 탈취한 화폐 사용을 막기 위해 단행하였다. 단, 화폐 단위의 변경은 없었다.
제2차 화폐 개혁 (1953. 2.)	높은 인플레이션을 막기 위한 조치로 통화 및 예금의 봉쇄 조치를 병행하였다. 100대 1의 비율로 화폐의 액면을 절하하고, 화폐 단위를 '원(圓)'에서 '환(圜)'으로 변경·조치하였다.
제3차 화폐 개혁 (1962. 6.)	과잉 유동성을 흡수하고, 퇴장 자금을 산업 자금으로 활용할 목적에서 단행하였다. 통화 및 예금의 봉쇄 조치를 병행하였다. 10대 1의 비율로 화폐의 액면을 절하하고, 화폐 단위를 '환(圜)'에서 '원(圓)'으로 변경하였다.

〈조선일보〉

바로 확인문제

● 6·25 전쟁 직후의 경제 정책에 대한 설명으로 옳지 <u>않은</u> 것은?

① 정부는 산업 복구 국채를 발행하여 내자를 마련하였다.

② 정부는 한국은행에서 돈을 빌려서 적자 재정을 보충하였다.

③ 정부의 특혜로 원조 물자가 일부 기업에 집중적으로 배당되었다.

④ 소비재 중심의 공업보다는 기간 산업인 중공업 건설에 치중하였다.

(3) 경제 개발 계획의 추진과 고도 성장

① 경제 개발 계획의 수립

　㉠ 최초 계획: 정부의 경제 개발 계획이 처음 수립된 것은 이승만 정부가 작성한 7개년 계획이었다.

　㉡ 수정: 장면 내각은 처음의 7개년 계획안을 5개년 계획안으로 수정하였다.

　㉢ 실천: 1960년대에 들어서 박정희 정부는 경제 개발 5개년 계획을 추진하여 공업을 발전시키고 수출을 증대시키는 등 획기적인 경제 발전을 이룩하였다.

② 경제 개발 계획의 추진

　㉠ 1960년대: 1차(1962~1966)·2차(1967~1971) 경제 개발 5개년 계획에서는 기간 산업의 육성과 경공업의 발전에 주력하였다. 한편 국내의 실업을 완화하고, 외화를 획득하기 위하여 국내 노동자들의 해외 파견을 장려하였다. 특히 1963년부터 1977년까지 8,000명의 광부가 서독의 석탄 광산에 파견되었고, 1965년부터 1976년까지 1만여 명의 간호사가 서독의 병원에 취업하였다. 이들은 고국으로 매년 1,000만 달러에 이르는 외화를 송금했으며, 이는 국제 수지 개선 및 국민 소득 향상 등 경제 성장의 밑거름이 되었다.

　• 경제 성장률이 매년 10% 안팎에 이를 정도로 고도 성장이 이루어졌다.

　• 광·공업의 비중이 높아지는 등 경제 구조의 변화도 뚜렷해졌다.

　• 경제 성장은 외국에서 도입한 차관과 국내의 풍부한 노동력을 결합시켜 섬유·신발 등 경공업 제품을 만들어 수출하는 방식으로 이루어졌다.

　• 정부는 수출 산업을 적극적으로 지원하는 한편, 수출품의 가격 경쟁력을 위해 저임금 정책을 펼쳤다.

ⓒ 1970년대: 이 무렵에는 갚아야 할 차관의 원금과 이자가 늘어나고 경공업 제품의 수출이 차츰 벽에 부딪히면서, 그동안 이룩해 온 경제 성장이 위기를 맞아 정책을 재조정할 필요가 있었다.

- 정부는 외국인의 직접 투자 유치, 기업에 대한 각종 특혜 제공, 중화학 공업화 정책의 추진 등으로 문제를 해결하였다.
- 마산·익산(구 이리)에 수출 자유 지역이 만들어져 많은 외국인 기업이 들어섰다. 울산·창원·포항·여수(구 여천)·구미 등에 새로운 공업 단지를 조성하여 철강, 조선, 기계, 전자, 비철 금속, 석유 화학 등 중화학 공업 등이 크게 발전하였다.
- 결과: 1970년대 중반부터 중화학 공업 제품의 비중은 전체 제조업 분야의 수출 상품 구성에서 큰 비중을 차지하게 되었다. 특히 1977년에는 수출 100억 불을 달성하기에 이른다.

■ 포항 종합 제철
1968년 4월 정부 주도로 설립되었으며, 1973년 7월에는 조강 능력 103만 톤이 가능한 제철 공장이 완성되었다.

심화 1960 ~ 1970년대 무역의 특징

❶ 원자재와 기술의 외국 의존도가 높아 외화 가득률이 낮았다. 1962년에서 1973년까지 공산품의 외화 가득률은 34%에서 62%로 증가하였지만, 수출 전체의 외화 가득률은 82%에서 65%로 줄었다.

❷ 수출 위주의 정책으로 국가 경제의 무역 의존도가 높아졌다. 무역 의존도는 1961년의 21%에서 1975년에는 74%로 증가하였다.

❸ 무역 상대국이 다변화되지 못하고 일본과 미국에 편중되어 있었다. 원자재와 기계를 일본에서 들여온 다음 상품을 만들어 주로 미국에 수출하는 구조를 가지고 있었다. 1967년에는 미국과 일본에 대한 편중도가 69%인데 1972년에는 72%로 증가하는 추세였다.

❹ 산업 구조는 중화학 공업 중심으로 고도화되었다.

강만길, 『고쳐 쓴 한국 현대사』

---

③ 경제 개발 계획의 추진 결과

㉠ 전국의 일일생활권화: 경부 고속 도로(1970년 완공)를 비롯한 도로와 항만·공항 등의 사회 간접 시설도 확충되어 전국이 일일생활권에 들어갔다. 이로 인해 물류의 유통이 원활해져 산업의 발전이 가속화되었다.

㉡ 식량 생산의 증대: 녹색 혁명의 기치 아래 간척 사업이 진행되고 작물의 품종 개량이 이루어져 식량 생산도 증대되었다.

㉢ 고도 경제 성장

- 경제 개발 5개년 계획의 계속적인 추진과 성공으로 1962~1981년 사이에 수출이 비약적으로 증대되는 등 고도 경제 성장을 이룩하였다.
- 이 과정에서 국내 자본의 축적이 이루어져 외국 자본에 의존하던 자본 구조가 어느 정도 개선되었다.

■ 녹색 혁명
1950년대 이후 개발 도상국에서 일어난 대규모의 식량 증산 정책을 일컫는다.

▲ 포스코(포항 제철소)
1968년 설립되어 1973년 1차 공사를 완료하였다.

▲ 경부 고속 국도
1968년에 착공하여 1970년에 개통하였다.

④ 폐단

　㉠ 자본의 집중이 심화되어 소수의 재벌이 생산과 소득에서 지배적인 위치를 차지하게 되었다.

　㉡ 국내 산업의 수출 의존도가 심화되었다.

○ 경제 개발 5개년 계획의 추진

구분	시기	특징
제1차	1962 ~ 1966년	수출 산업 육성, 사회 간접 자본 확충
제2차	1967 ~ 1971년	경공업 중심의 수출 주도형 공업화 추진, 베트남 특수
제3차	1972 ~ 1976년	수출 주도형 중화학 공업화 추진 : 철강·조선·전자 등
제4차	1977 ~ 1981년	수출과 건설업의 중동 진출로 석유 파동 극복

○ 국내 총생산의 산업별 구조와 공업 구조의 변화 (단위 : %)

구분	농림·어업	광·공업	건설·전기· 가스·수도업	서비스업	제조업 비중	
					경공업	중화학 공업
1960	36.8	15.9	4.1	43.2	76.6	23.4
1980	14.8	29.7	10.1	45.3	46.2	53.8
2000	4.6	31.8	11.0	51.6	22.8	77.2

한국은행, 「국민계정」

바로 확인문제

● **1962년 이후 실시된 경제 개발 5개년 계획에 대한 설명으로 옳지 않은 것은?**　07. 법원서기보

① 정부 주도로 수출 주도형 산업에 집중한 성장 우선 정책이다.

② 1970년대 말에는 공업 구조가 중공업 중심으로 바뀌는 성과를 보였다.

③ 적극적 외자 도입을 통해 경제 개발의 재원을 마련하였다.

④ 산업 간, 도농 간의 격차는 심화되었으나 빈부 격차는 완화되었다.

(4) 경제 위기 극복과 경제력 집중

① 경제 위기의 극복

　㉠ 1970년대 말

　　• 대외적 요인 : 석유 파동(오일 쇼크)이 발생하여 세계 경제가 침체되면서 외국 자본과 대외 무역에 의존하던 한국 경제는 위기를 맞았다.

　　• 대내적 요인 : 정부의 적극적인 중화학 공업화 정책에 따라 많은 기업이 경쟁적인 과잉 투자를 함으로써 경제 위기는 더욱 심각해졌다.

심화　8·3 조치

1972년 8월 3일 '경제 안정과 성장에 관한 긴급 명령'을 선포하였다. 8·3 긴급 조치의 주요 내용은 기업과 사채권자의 모든 채권·채무 관계는 1972년 8월 3일 현재로 무효화되고 새로운 계약으로 대체된다는 것이었다. 채무자(기업)는 신고한 사채를 3년 거치, 5년 분할 상환(3년 후부터, 즉 4년째부터 8년째까지 5년 동안 나눠 상환) 조건으로 동결하고 월 이자는 1.35%(연 16.2%)로 하였다. 당시 기업들이 쓰고 있던 사채의 가중 평균 금리가 월 3.84%였는데 긴급 조치에 의해 기업의 사채 이자 부담이 약 3분의 1로 경감되었다.

ⓛ 1980년대
- 초기 : 전두환 정부는 경제 안정화 정책을 내세워 구조 조정에 적극 개입하였다. 과잉 투자 조정과 부실기업 정리, 재정·금융의 긴축 정책 실시 등을 단행하여 경제 활성화에 기여하였다.
- 중기 : 구조 조정 결과, 한국 경제는 안정되었고 저금리·저유가·저달러의 3저 호황을 맞아 자동차, 가전제품, 기계, 철강 등 중화학 분야를 주력으로 한 고도 성장을 계속해 나갈 수 있었다.

② 경제력 집중 : 경제 성장과 함께 경제력의 집중도 심화되었다.
- ㉠ 대기업 : 소수의 대기업은 자본력을 토대로 사업 분야를 확대하여 영향력을 키웠다.
- ㉡ 중소기업 : 자본의 취약성으로 경쟁에서 뒤쳐지는 현상을 가져왔다.
- ㉢ 경쟁력의 위기 : 세계 경제 구조가 고도의 기술력을 중심으로 재편되는 과정에서 한국 기업들의 독자 기술 개발 능력이 부족하여 경쟁력의 위기를 겪기도 하였다.

(5) 산업화의 진전과 경제적 갈등

① 산업화의 진전
- ㉠ '한강의 기적'이라고 일컬어지는 고도 성장으로 제조업이 차지하는 비중이 크게 늘어났고, 산업별 인구 구성도 크게 바뀌었다.
- ㉡ 전통적인 농업 사회가 해체되면서 대다수의 인구가 도시에서 생활하게 되었고, 노동자의 비중도 크게 늘어났다.
- ㉢ 경제 개발 5개년 계획으로 국민 총생산은 연평균 9% 이상 높은 성장률을 이룩하였고, 수출 신장률도 거의 4%에 육박하였다. 그 결과 1977년에는 수출 100억 불을 달성하였다.
- ㉣ 국민 소득이 증대되고, 수출 상품도 다양화되었으며, 수출 대상 지역도 종전과는 달리 널리 확대되었다.

② 경제적 갈등
- ㉠ 산업화 과정에서 농촌의 희생
  - 1950년대 : 농촌은 값싼 외국 농산물의 원조로 큰 타격을 받았다.
  - 1960년대 : 낮은 농산물 가격 정책으로 어려움에 처하였다.
  - 결과 : 이에 따라 많은 농민이 도시로 이주하게 되었는데, 이는 도시 빈민이나 실업자의 증가로 이어졌다.
- ㉡ 노동 조건의 악화
  - 제조업에 종사하였던 많은 노동자는 산업화 과정에서 나쁜 작업 환경 아래 저임금과 장시간 노동이라는 악조건에 시달려야만 하였다.
  - 물가 상승으로 명목 임금은 계속 올라갔지만, 실질 임금의 증가율은 노동 생산성의 증가율에 미치지 못하는 한계를 보이기도 하였다.
  - 땅값과 집값, 전세 및 월세 상승, 물가 상승 등으로 서민의 생활이 어려워지기도 하였다.

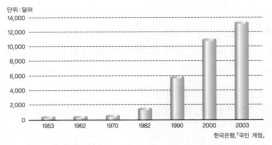

▲ 1인당 국민 총소득

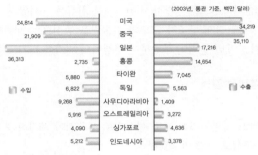

▲ 10대 교역국과의 수출입

(6) 세계 속의 한국 경제

① 경제 규모의 확대 : 1960년대부터 계속된 고도 성장으로 경제 규모는 비약적으로 커졌다.
- ㉠ 경제적 비중의 증대 : 무역 규모의 확대로 세계 경제에서 차지하는 한국의 비중은 크게 늘어났다. 기업의 해외 진출도 빠르게 늘어났으며, 우리나라 제품이 세계 여러 나라에 수출되고 있다.
- ㉡ 원조 제공국으로의 변화 : 우리나라는 원조를 받던 나라에서 원조를 제공하는 나라로 바뀌었다. 이러한 한국 경제의 성장은 적극적인 외자 도입과 수출 주도의 성장 정책 추진 등 세계 경제와의 밀접한 관련 속에서 이루어졌다.

② 시장 개방의 요구 : 상품과 자본의 자유로운 이동을 중시하는 새로운 국제 질서가 수립되었다.
- ㉠ 무역 경쟁의 심화 : 1993년에 타결된 우루과이 라운드 협정과 다음 해에 세계 무역 기구(WTO)가 출범함으로써 국제 무역 경쟁은 더욱 치열해졌다.
- ㉡ 산업의 위축 : 수입 개방 추세로 농업을 비롯한 1차 산업은 큰 타격을 받았다.

③ 정부의 노력
- ㉠ 산업의 조정 : 우리나라는 수입 자유화에 대응하여 1차 산업의 구조 조정을 추진하고 있다.
- ㉡ 무역 협정의 체결 : 다른 나라들과 자유 무역 협정을 체결하여 수출을 증대시키려고 노력하고 있는 가운데, 2007년 한미 자유 무역 협정(KORUS)을 체결하였다.

(7) 21세기 선진 복지 경제를 향한 노력

① 외환 위기 : 1997년에 우리나라는 국제 통화 기금(IMF)을 비롯한 국제 사회로부터 급하게 돈을 빌려 외환 위기를 극복한 경험이 있다.
- ㉠ 외국에 갚아야 할 외환 부족으로 시작된 위기는 많은 기업의 도산과 대량 실업으로 이어졌다.

■ 우루과이 라운드(UR)
1989년 우루과이에서 개최된 GATT(관세 무역 일반 협정)에서의 다자 간 무역 협정으로서. 우루과이 라운드 타결로 우리나라는 공산품 수출이 확대된 반면에. 쌀 시장과 서비스 시장이 개방되었다.

ⓛ 국민의 헌신적인 노력과 정보 통신 기술, 자동차 공업, 선박 제조업, 반도체 생산 등과 같은 새로운 산업의 성장을 통해 외환 위기에서 벗어나게 되었다.

② 경제적 개방: 경제 성장 속에서 국민 경제가 외국인에게 개방되었다.

　ⓐ 그 결과 적지 않은 기업이 외국인의 손에 넘어가기도 하였다.

　ⓛ 기업이 경쟁력을 내세워 구조 조정을 추진함으로써 비정규직 노동자들도 많이 늘어났으며, 이러한 구조 조정과 개방 과정에서 빈부 격차가 확대되었다.

③ 개선 과제: 한국 경제가 무한 경쟁의 세계 경제 질서 속에서 성장을 지속하고, 경제 성장의 성과를 바탕으로 삶의 질을 꾸준히 개선하기 위해서는 해결할 문제가 많다.

　ⓐ 정부: 경제의 구조와 체질을 개선하는 데 노력하고 있다.

　ⓛ 기업: 지식 산업을 발전시킬 인재 양성과 연구 개발에 많은 투자를 하고 있다.

　ⓒ 공동의 노력: 지역 간, 계층 간, 산업 간 불평등성을 극복하고 모든 국민이 고루 혜택을 누릴 수 있는 합리적인 경제 규범과 투명하고 공정한 감시 기구를 마련함으로써, 성장과 분배를 동시에 달성해 나갈 수 있는 길을 찾기 위해 노력하여야 한다.

심화　한국 경제의 발전

경제 규모의 변화 추이

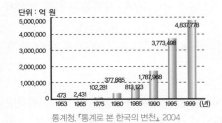

단위 : 억 원
통계청, 『통계로 본 한국의 변천』, 2004

산업 구조의 변화 추이

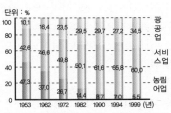

단위 : %
광공업 / 서비스업 / 농림어업
한국 경제, 『반세기 정책 자료집』, 한국 개발 연구원

심화　국제 통화 기금(IMF) 「양해 각서」의 주요 내용

- 거시 경제 정책: 1998년 경제 성장률은 3% 수준, 물가 상승률은 5% 이내로 유지해야 한다.
- 통화 정책: 긴축적으로 운용하고 일시적으로 금리 상승을 허용하며, 탄력적인 환율 제도를 계속 유지해야 한다.
- 재정 정책: 강력한 긴축 재정을 유지해야 하며, 세수 확대를 위하여 교통세와 특별 소비세의 인상, 기업의 법인세와 내국세, 부가 가치세의 적용 범위의 확대가 필요하다.
- 금융 부문 구조 조정: 12월 대통령 선거 후에 금융 개혁 법안 연내 처리, 부실 금융 기관의 퇴출 제도(폐쇄·인수 및 합병)와 바젤 협약 기준※에 부합하는 금융 기관 건전성 감독 기준을 마련해야 한다.

※ 바젤 협약 기준: 국제 결제 은행(BIS)이 정한 은행의 위험 자산 대비, 자기 자본 비율 8% 이상

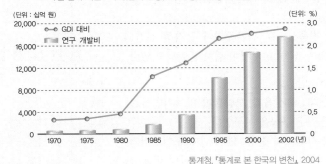

▲ 연구 개발 투자 추이

통계청, 『통계로 본 한국의 변천』, 2004

■ IMF
가맹국들의 고용 증대·소득 증가 등에 기여하는 것을 목표로 하는 국제 기구이다.

■ 거시 경제 정책
각 경제 주체(가계·기업·정부) 활동의 통합을 다루는 정책이다.

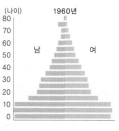

단권화 MEMO

|정답해설| 1971년 무렵 외자를 통해 성장해 왔던 기업들의 도산이 속출하자. 박정희 정부는 8·3 조치를 통해 대기업들의 사채를 동결시켜 금융 특혜를 제공하였다. 그리고 이들을 중화학 공업으로 끌어들이는 조치를 취하였다.

|오답해설|
① 분배받은 토지에 대해 농민이 지주나 정부에 갚아야 하는 부담이 컸다.
② 1960년대 박정희 정부는 미국의 권유로 차관 도입을 통한 수출 주도형 정책을 추진하게 되었고, 이로써 대외 의존도가 크게 높아졌다.
④ 3저 호황이란 1980년대 중반, 금리·유가·달러의 호조로 무역 흑자가 지속된 것을 말한다.

|정답| ③

바로 확인문제

● 해방 이후의 경제 정책과 경제 생활에 관한 설명으로 옳은 것은?

08. 지방직 7급

① 1950년대에는 농지 개혁법의 시행으로 농민층의 부담은 경감되고, 지주층은 불리해졌다.
② 1960년대에는 두 차례에 걸친 경제 개발 계획으로 경제의 대외 의존도가 크게 완화되었다.
③ 1970년대에는 '8·3 조치'를 통해 기업에 특혜를 주었고, 중화학 공업화를 추진하였다.
④ 1980년대에는 '3저 현상'에 따른 한국 경제의 고속 성장으로 노동 운동이 위축되었다.

---

02 현대 사회의 변화·발전

1 인구의 변화

(1) 변화의 추이

① 광복 직전: 우리나라 인구는 2,600만 명 정도였다.
　㉠ 1950년대 초: 1953년 휴전 이후에 출산율이 갑자기 높아져 이른바 '베이비 붐'이 나타났다. 1955~1960년 사이 평균 출산율은 6.3명에 달한 반면, 사망률은 점차 낮아져 인구는 폭발적으로 늘어났다.
　㉡ 1950년대 중엽: 1955년 남한의 인구는 2,150만 명 정도였는데, 1960년에 2,500만 명을 넘었다.
② 1960년대
　㉠ 가족 계획 사업의 시행: 정부는 가족 계획 사업을 시작하여 출산율을 낮추려 노력하였다. 여기에 여성의 혼인 연령 상승, 자녀 교육비 증가, 자식에 대한 가치관의 변화, 피임 확산 등으로 출산율은 점점 낮아졌다.
　㉡ 출산율: 1965년부터 1970년까지의 평균 출산율은 1가구당 4.6명이었다.
　㉢ 산업화의 영향: 가족 제도의 변화와 함께 연령별 인구 구성도 달라졌다. 1960년대까지만 해도 출산율과 사망률이 높았다.

(2) 핵가족화의 진전

① 출산율의 감소
　㉠ 저출산의 영향: 1980년대 들어와서는 2명으로 떨어지다가, 2005년에는 1.23명으로 더욱 낮아졌다.
　㉡ 결과: 저출산으로 핵가족화가 급격히 진전되고 있으며, 남녀 성차별이 점차 둔화되고 있다.

② 인구 구성의 안정화
　㉠ 1990년대: 출산율과 사망률이 낮아지면서 안정적인 인구 구성을 이루었다.
　㉡ 고령화 사회로의 진행: 2000년대에 이르러 낮은 출산율이 지속되고 인구 고령화의 빠른 진전으로 고령화 사회와 출산율 감소가 사회 문제로 대두되었다.

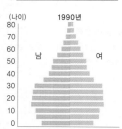

▲ 우리나라 인구 구조의 변화

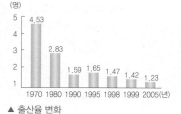

▲ 출산율 변화

▲ 고령화 사회

❶ 일제 강점기 우리나라에 거주한 외국인 수

구분	1910년대	1920년대	1930년대	1940년대
일본인	17만여 명	35만여 명	50만여 명	75만여 명
중국인	1만 5천여 명	2만 4천여 명	6만 7천여 명	
서양인			1,300여 명	

『조선 총독부 통계 연보』

❷ 우리나라(남한) 총인구 수

(단위: 천 명)

구분	1945년대	1960년대	1970년대	1980년대	1990년대	2000년대	2005년대
총인구	16,136	25,012	32,241	38,124	42,869	47,008	48,294
서울 인구	901	2,445	5,686	8,516	10,473	10,078	10,033

한국은행 경제 통계국, 『숫자로 보는 광복 60년』, 2005. 8.

2 산업화와 도시화

(1) 산업화의 진전

① 사회 모습의 변화

ㄱ 1960년대: 경제 개발 정책이 본격적으로 추진되면서 우리나라는 전통적인 농업 사회에서 산업 사회로 빠르게 바뀌어 갔다.

ㄴ 1960년대 이후: 경제적으로 어려움을 겪고 있던 농촌 사람은 일자리를 찾아 대도시나 신흥 산업 도시로 나갔다. 이에 따라 처음에는 서울과 부산, 영남의 신흥 공업 도시의 인구가 급팽창하였다.

ㄷ 지역적 불균형: 농업 위주의 다른 지역 인구는 크게 줄어 지역적 불균형을 낳았다. 또한 전체 인구 중에 도시에 거주하는 비율은 2005년에 80%를 넘어서 매우 불균형한 수치를 보여 준다.

② 사회적 문제의 발생

ㄱ 인구의 집중: 도시로 인구가 집중되면서 주택, 교통, 실업, 교육, 빈민, 환경 오염 등 여러 사회 문제를 낳았다.

ㄴ 정부의 노력: 정부는 신도시의 건설과 대규모 아파트 단지 조성, 지하철 건설과 도로망 확충, 사회 복지 제도 도입, 환경부 신설 등 각종 정책을 마련하여 사회 문제를 해결하기 위해 노력하고 있다.

(2) 도시화로의 변화

① 생활의 변화

ㄱ 핵가족화: 급격한 산업화와 도시화는 사람들의 의식과 생활에 큰 변화를 가져왔다. 도시로 이주한 가족은 대부분 핵가족의 모습을 띠었다.

ㄴ 의식의 변화: 공동체 의식은 크게 약화되고 개인주의적 성향이 강해졌다.

② 가치관의 변화: 물질적 가치가 정신적 가치보다 우선시되는 물질 만능주의가 사회를 지배하게 되었고, 범죄의 증가 등 적지 않은 사회 문제를 낳았다.

■ **4H 운동**

19세기에 미국에서 시작된 농촌 지역 운동으로서, 머리(Head)·가슴(Heart)·손(Hands)·건강(Health)의 첫 글자를 따서 만든 용어이다.

■ **새마을 운동**

'근면, 자조, 협동'을 강조하며 농촌에서 도시까지 확대된 운동이다. 그러나 수출 위주 저곡가 정책으로 도시와 농촌 간의 소득 격차는 줄지 않았다.

▲ 쌀 수입 반대 시위(1993)

3 농촌 사회의 변화

(1) 농지 개혁

① 1950년대

ㄱ 1950년 3월, 땅이 없던 농민은 비록 적은 농토이기는 하지만 농지 개혁으로 자기 땅을 가지게 되었다. 하지만 농촌은 과잉 인구와 만성적인 빚으로 어려움을 겪고 있었다.

ㄴ 정부는 사회 문제의 해결을 위해 4H 운동을 확대하였다.

② 1970년대

ㄱ 새마을 운동을 전개(1970)하여 농촌의 생활 환경을 개선함으로써, 농촌의 모습을 크게 바꾸어 놓았다.

ㄴ 다수확 품종의 개발로 쌀의 자급자족이 가능해졌고, 농민은 원예·축산 등 영농의 다각화를 시행하였다.

ㄷ 농촌과 도시의 소득 격차는 좁혀지지 않았고, 교육과 일자리 등을 찾아 젊은층이 도시로 나가기 시작하였다.

(2) 경제적 개방 정책

① 1980년대

ㄱ 대외 경제 개방 정책은 농촌에 큰 영향을 끼쳤다.

ㄴ 곡물에서 가공 식품 원료에 이르기까지 대부분의 농산물 수입이 개방됨으로써 농촌 경제는 커다란 타격을 받았다.

② 1990년대

ㄱ 우리나라도 다른 나라에 농수산물 시장에 이어 쌀 시장까지 개방해야만 했다.

ㄴ 정부의 농촌 지원 대책에도 불구하고 농촌의 상황은 좀처럼 나아지지 않았고, 농촌 인력은 갈수록 고령화되었다.

③ 농민 운동의 전개

ㄱ 1990년대 이후 농민들은 자신들의 권익을 지키고자 적극적으로 나섰다.

ㄴ 각지에서 농민회를 조직하고, 이를 중심으로 농산물 수입 개방 반대, 농가 부채 해결 등을 요구하는 농민 운동을 전개하였다.

통계청, 『인구 주택 총조사』 2002

▲ 도시와 농촌의 인구 변화

4 노동 계층의 확대와 노동 운동

(1) 노동 계층의 확대

① 노동자의 증가

　㉠ 1960년대 이후 급속한 산업화가 진전됨에 따라 노동자 수가 크게 증가하였다.

　㉡ 산업화 초기에 노동자는 낮은 임금과 열악한 노동 환경 등으로 큰 고통을 겪었다.

② 전태일 분신 사건(1970)

　㉠ 1970년 11월, 서울 청계천 평화 시장에서 재단사로 일하던 전태일이 "근로 기준법을 지켜라.", "우리는 기계가 아니다." 등의 구호를 외치며 자기 몸을 불살라 암울한 노동 현실을 사회에 고발하는 사건이 일어났다.

　㉡ 이 사건은 노동자뿐만 아니라, 학생·지식인·종교계 등에 큰 충격을 주었다.

▲ 전태일의 분신 사건
1970년 근로 기준법을 지키라고 외치며 분신한 전태일의 장례식에서 가족들이 울음을 터뜨리고 있다.

사료 전태일이 대통령에게 보내는 편지(1969. 11.)

대통령 각하.
저는 서울특별시 성북구 쌍문동 208번지 2통 5반에 거주하는 22살의 청년입니다. 직업은 의류 계통의 재단사로서 5년의 경력을 가지고 있습니다. 저의 직장은 시내 동대문구 평화 시장으로서 종업원은 3만여 명이 됩니다. …(중략)… 그러나 저희들은 근로 기준법의 혜택을 조금도 못 받으며 더구나 3만여 명을 넘는 종업원의 90% 이상이 평균 18세의 여성입니다. 인간으로서 어떻게 여자에게 하루 15시간의 작업을 강요합니까? …(중략)… 하루에 70원 내지 100원의 급료를 받으며 1일 15시간의 작업을 합니다. …(중략)… 저희들의 요구는 1일 15시간의 작업 시간을 1일 10시간 ~ 12시간으로 단축해 달라는 것입니다. 1개월에 휴일 2일을 늘여서 일요일마다 휴일로 쉬기를 원합니다. 건강 진단을 정확하게 하여 주십시오. 시다공의 수당을 50% 인상하십시오. 절대로 무리한 요구가 아님을 맹세합니다. 인간으로서 최소한의 요구입니다.

조영래, 「전태일 평전」

---

(2) 노동 운동의 탄압

① 1970년대

　㉠ 전태일 분신 사건 이후, 노동자들은 노동자의 생존권 쟁취 운동, 노동조합 설립 운동 등을 전개하였다.

　㉡ 박정희 정부는 노동자의 노동 3권을 크게 제한하여 노동 운동을 탄압하였다. 급기야 1979년에 야당(신민당) 당사에서 생존권 보장을 요구하며 농성하던 YH 무역 여성 노동자를 진압하는 과정에서 여성 노동자가 숨지는 사건이 일어났다.

② 1980년대

　㉠ 전두환 정권기에도 노동 운동의 상황은 나아지지 않았다. 1970년대 중반 이후 중화학 공업화의 진전으로 대규모 사업장이 등장하였고, 노동자의 수도 크게 늘어났지만, 노동자는 노동조합조차 제대로 조직할 수 없었다.

　㉡ 1987년 민주 항쟁 이후 전국적으로 수많은 노동조합이 새로이 결성되었다.

③ 1990년대

　㉠ 1991년 정부는 국제 노동 기구(ILO)에 가입하여 국제 수준의 노동 규칙을 따르고자 하였다.

　㉡ 1997년 외환 위기로 국제 통화 기금(IMF)의 관리를 받게 되면서 노동자의 대량 실직 사태가 발생하였다. 이에 김대중 정부는 노사정 위원회를 구성하여 구조 조정에 따른 실업이나 노사 문제 등을 해결하고자 하였다.

▲ 농성하는 YH 무역 여성 노동자들 (1979)

■ YH 사건

가발 생산 업체인 YH 무역이 1979년에 폐업하자, 종사자들은 정상화를 요구하며 야당인 신민당사에 들어가 농성하였다. 농성은 경찰에 의해 강제 해산되었다. YH 사건은 유신 체제 몰락의 한 원인이 되었다.

5 시민운동의 성장

(1) 시민운동 단체(NGO)

① NGO의 증가
   ㉠ 1987년 6월 민주 항쟁 이후로 시민운동 단체가 많이 늘어났다.
   ㉡ 정치적 민주화의 진전, 냉전 종식에 따른 이데올로기 대립의 퇴조, 중산층의 형성, 사회의 다양화, 자연 생태와 환경의 위기 심화 등이 시민운동의 활성화를 가져왔다.
② NGO의 역할
   ㉠ 사회·경제의 민주화와 '삶의 질' 향상 등 사회 문제 해결에 노력하였다.
   ㉡ 국가 권력의 부패와 권력 남용, 불투명한 기업 운영, 정부·자치 단체나 기업의 환경 파괴 등을 감시하는 활동을 폄으로써 정부와 기업에 대한 강력한 견제 세력으로 등장하였다.

(2) 국제적 연대 도모

① 1990년대 이후: 세계화의 본격적인 전개에 따라 국제·환경·경제·노동·통일 등의 문제도 국제화되었다. 이에, 관련 시민 단체들은 국제적 연대를 통한 문제 해결을 적극적으로 모색하고 있다.
② 기타 활동
   ㉠ 여성·빈민층 등 약자를 보호하려는 활동을 전개하고 있다.
   ㉡ 외국인 노동자 등 소수자의 보호 운동을 활발히 전개하고 있다.

6 의식주 생활의 변화

(1) 의생활의 변화

① 1950년대
   ㉠ 광복이 되자, 사람들은 일제의 강요로 입었던 국민복과 몸빼를 벗고 한복을 다시 입었다.
   ㉡ 6·25 전쟁 후에 여성은 질기고 오래가는 나일론으로 만든 블라우스를 입었고, 남성은 옷감이 부족하여 군복을 물들여 입기도 하였다.
   ㉢ 여성의 복장은 유행에 따라 변하였다. 플레어 스커트, 타이트 스커트, 맘보 바지 등이 유행하였다.
② 1960년대
   ㉠ 1961년 군사 정권은 '신생활 재건 운동'을 추진하면서 남성은 작업복 스타일의 '재건복'을, 여성은 '신생활복'을 입도록 권장하였다.
   ㉡ 치마 길이가 짧은 미니 스커트와 바지통이 넓은 판탈롱이 등장하였다.
③ 1970년대
   ㉠ 여성복이 맞춤복 시대에서 기성복 시대로 넘어갔다.
   ㉡ 양장은 미니, 맥시, 판탈롱, 핫팬츠 등 다양한 모델을 선보였다. 젊은층 사이에서는 통기타와 팝송을 상징으로 하는 청년 문화의 복장으로 청바지와 장발 등이 크게 유행하였다.
④ 1980년대
   ㉠ 남성복은 1980년대에 기성복 시대로 변화되었고, 컬러 텔레비전의 보급으로 의복의 색상이 더 화려하고 다채로워졌다.
   ㉡ 캐주얼 웨어가 큰 인기를 끌었고, 스포츠·레저용 의류의 소비도 크게 늘었다.

▲ 신생활 간소복 패션(1961)

▲ 장발 단속

❶ 1898년에 장옷을 폐지하고 대신 우산을 지니도록 청하는 상소를 시작으로, 사회 활동을 하는 여성과 여학생은 장옷을 벗고 활동하였다.

❷ 1930년대에는 양복과 양장을 입는 사람이 늘었으나, 전시 체제로 전환됨에 따라 일제는 국민복과 몸뻬를 입도록 강요하였다.

❸ 1950년대에는 구호 물자로 한복에서 양복으로 빠르게 변화하였으며, 1960년대 이후에는 양복의 착용이 보편화되었다. 1970년대에는 기성복이 정착 단계에 이르렀고, 오늘날에는 생활 수준의 향상으로 개성 있는 옷을 입는 현상이 나타나고 있다.

(2) 식생활의 변화

① 1950년대
  ㉠ 광복 이후 인구의 빠른 증가와 6·25 전쟁 후 베이비 붐 등으로 식량난은 계속되었다.
  ㉡ 이때 미국에서 들여온 잉여 농산물은 밀가루가 주종을 이루었고, 정부는 분식·보리 혼식 등을 장려하여 식량난을 해결하고자 하였다.

② 1970년대
  ㉠ 주식(主食)인 쌀의 자급을 달성하였으나, 오히려 밀·옥수수·콩 등의 수입은 늘어났다.
  ㉡ 전체 곡물 자급률은 1977년의 65%에서 1986년에는 45%로 떨어졌다.

③ 1980년대
  ㉠ 식생활이 서구화되면서 밀가루 음식 소비가 부쩍 늘어남에 따라 쌀 생산은 과잉 상태에 이르렀다.
  ㉡ 서구화된 식생활 습관이 일반화되어 가공 식품과 동물성 식품의 섭취량이 빠르게 늘어났다.
  ㉢ 동물성 식품의 증가는 영양의 불균형과 영양 과잉 상태를 초래하여 생활 습관병과 비만 등의 문제를 낳았다.

④ 1990년대 : 안전하고 건강한 식품을 찾는 사람이 늘어났고, 농산물에 남아 있는 농약을 우려하는 목소리가 높아지면서 무공해 유기 농산물에 대한 관심도 높아졌다.

(3) 주택 문화의 변화

① 1950년대
  ㉠ 광복에 이어 6·25 전쟁으로 주택난은 더욱 심각해졌다.
  ㉡ 휴전 이후, 파괴된 주택을 복구하고자 재건 주택이 지어졌다.

② 1960년대 : 서울 마포에 아파트가 처음 등장하였고, 이후 아파트는 도시의 새로운 주거 형태로 등장하였다.

③ 1970년대
  ㉠ 아파트 단지가 강남과 잠실 등지에 건립되면서 도시의 주거 문화도 빠르게 변화하였다.
  ㉡ 서울의 높은 지대와 변두리에 '달동네'라는 빈민촌이 생겨났다.

④ 1980년대 : 서울과 수도권 도시, 지방 대도시 곳곳에 아파트 단지가 건설되었고, 달동네나 판자촌도 재개발되어 아파트 단지로 탈바꿈하였다.

■ 재건 주택(再建住宅)
유엔 한국 재건단(UNKRA)의 원조로 건립된 주택으로서, 9평 정도의 흙벽 돌집이다.

▲ 도시 재개발로 철거 위기에 놓인 판자촌(1970)

⑤ 1990년대

　㉠ 수도권으로 인구가 몰려들어 주택난이 계속되자, 정부는 서울 주변에 대규모 아파트 단지를 중심으로 한 신도시를 건설하였다.

　㉡ 지방 중소 도시까지 아파트가 공급되면서 아파트에 사는 사람이 국민의 절반을 넘었다.

바로 확인문제

● 다음은 한국 현대사에서 있었던 사건들이다. 시간 순으로 바르게 된 것은?

> ㉠ 다수확 품종의 개발로 쌀의 자급자족이 가능해졌다.
> ㉡ 전태일은 '근로 기준법을 지켜라'를 외치며 분신하였다.
> ㉢ 생존권 투쟁을 외치던 YH 무역 여성 노동자가 사망하였다.
> ㉣ 직선제 개헌과 민주 헌법 제정을 요구하는 6월 항쟁이 일어났다.

① ㉠ → ㉡ → ㉢ → ㉣　　　　　　② ㉠ → ㉡ → ㉣ → ㉢

③ ㉡ → ㉠ → ㉢ → ㉣　　　　　　④ ㉡ → ㉢ → ㉣ → ㉠

|정답해설| ㉠ 제3차 경제 개발 계획 기간(1972~1976) 당시에 다수확 품종인 유신벼 및 통일벼의 재배를 정부 차원에서 권장하였다. ㉡ 1970년. ㉢ 1979년. ㉣ 1987년의 일이다.

|정답| ③

03 현대 문화의 성장과 발전

1 한국학 연구의 발전

(1) 전통문화의 복원

① 일제 잔재의 청산

　㉠ 광복을 맞으면서 우리나라의 학술계는 자유로운 연구와 교육 활동을 바탕으로 일제 식민지 잔재를 일소하고자 하였다.

　㉡ 단절된 전통문화를 복원하여 현대 문화와 조화를 이루는 노력을 기울였다.

② 1950년대

　㉠ 학회의 창립 : 역사학회, 국어 국문학회, 한국 철학회 등이 창립되어 한국학에 관련된 많은 연구 업적이 축적되기 시작하였다.

　㉡ 국어 발전에 공헌 : 한글 학회가 일제에 의해 강제로 중단되었던 『우리말 큰사전』을 완간하여 국어 발전에 이바지하였다.

③ 1960년대

　㉠ 한국학 연구 활동 : 새롭게 창립된 학회와 대학, 연구 기관 등을 중심으로 한국학 분야의 연구 활동이 눈에 띄게 활발해졌다.

　㉡ 민족주의적 성격 강화 : 식민 문화의 극복과 남북통일이 주요 주제로 부각되면서 한국학 연구는 민족주의적 성격이 강화되었다.

(2) 서구 문화의 수용과 전통문화의 계승

① 서구 문화의 수용

　㉠ 일제의 탄압과 왜곡 속에서 파괴되었던 우리의 전통문화는 서구 문화가 본격적으로 유입되자 더욱 어려움을 겪게 되었다.

ⓛ 서구 문화의 수용은 국제 사회에 대한 이해와 근대적 사고 형성에 기여하였다. 반면에 무비판적인 수용으로 전통문화의 소외와 물질 위주의 향락 문화를 조장하는 폐단도 나타났다.

② 전통문화의 계승

ⓐ 1970년대 이후에는 무비판적으로 수용하였던 서구 문화에 대한 반성이 일어나면서 전통문화를 되살리는 노력이 펼쳐졌다.

ⓛ 대학가에서는 탈춤과 사물놀이가 유행하였고, 사회 전반에 걸쳐 전통문화의 대중화가 확산되었다.

③ 발전 : 이러한 노력은 전통문화와 서구 문화를 접목하여 자기화하려는 움직임으로 발전하였다.

2 언론 활동의 발달

(1) 언론의 확대

① 매체의 다양화 : 광복 이후 언론은 양적인 팽창을 거듭하고 있다. 신문과 잡지, 라디오와 텔레비전 방송도 급속하게 팽창하였고, 케이블 방송과 인터넷 신문, 방송도 등장하였다.

② 기능 : 언론의 확대는 정보의 독점을 막고 여론의 힘을 강화시키는 역할을 하고 있다.

(2) 언론의 통제

① 정부의 통제 : 역대 권위주의적 정부들은 언론을 장악해서 통제하려 하였다.

ⓐ 박정희 정부와 전두환 정부는 강제로 언론을 통폐합하고 비판적인 언론인들을 구속하거나 해직시키는 등 언론 탄압을 강행하였다.

ⓛ 전두환 정부는 보도 지침을 통해 언론의 보도 내용을 강제로 규정하기도 하였다.

② 자유의 확대 : 1987년 6월 민주 항쟁을 거치면서 언론에 대한 정부의 통제와 간섭은 줄어들고 언론의 자유는 확대되었다.

(3) 사회적 책임

① 여론의 비등 : 1990년대 이후에는 언론의 상업주의 경향 및 편향적인 정보의 취사선택으로 언론의 정화와 사회적 책임을 요구하는 여론이 높아지고 있다.

② 폐단 : 인터넷 매체가 기존 언론에 대한 대안으로 제시되고 있지만, 여론 형성 과정에서 나타난 익명성(匿名性)에 의한 부정적 문제점이 지적되고 있다.

3 교육의 확대

(1) 광복 이후

① 학제 : 미국식 교육 제도의 영향으로 6·3·3 학제가 도입되어 지금까지 유지되고 있다.

ⓐ 이념 : 교육 이념으로는 홍익인간(弘益人間)을 채택하였다.

ⓛ 목표 : 민주 시민의 양성을 교육 목표로 확립하였다.

② 교육 기관의 설립

ⓐ 광복 이후 대학을 비롯한 고등 교육 기관을 설립하고 중등 교육 기관도 크게 늘어났다.

ⓛ 현재에는 중학교까지 의무 교육이 실시되어 교육 인구가 급속히 늘어나고 문맹률은 크게 감소하였다.

단권화 MEMO

■ 방송의 변화

연도	특징
1927	라디오 최초 방송
1947	대한민국 국적의 라디오 최초 방송
1954	라디오 민간 방송 시작
1961	전국적인 TV 방송
1965	라디오 FM 방송 시작
1980	컬러 TV 방송 시작
1994	케이블 TV의 전국 방송 실시

■ 광복 이후의 교육 정책
광복 이후의 교육 정책은 미군정청 산하의 학무국 중심으로 시행되었다. 미군정 시기 학무국은 미국식 민주주의 교육을 실시함과 동시에 6-3-3-4의 단선형 학제를 결정하였다. 또한 기존의 5년제 중학교를 중학교 3년 및 고등학교 3년으로 분리시키고, 학기도 2학기제로 바꾸었다.
한편 대한민국 정부 수립 이후에는 미군정 시대의 교육 제도를 바탕으로 1949년 12월 교육법이 공포되어 학제가 공식화되었고(1951년부터 실시), 1950년 6월부터는 초등 교육을 의무 교육화하였다.

(2) 고도 성장의 기초

① 교육열 : 6·25 전쟁 중에도 피난지의 천막 학교 등에서 수업이 진행될 정도로 높은 교육열을 가지고 있었다.

    ㉠ 성장의 원동력 : 1950년대 후반부터 해외 유학이나 연수를 마치고 돌아온 전문가와 기업인들을 중심으로 고도 성장을 이루었다.

    ㉡ 인적 자원 : 이들은 1960년대 이후 경제와 사회 발전에 중요한 밑바탕이 되었다.

② 사회적 폐단 : 높은 교육열은 경제 성장의 바탕이 되었다는 긍정적인 측면이 많았지만, 일류 학교 진학을 위한 과열 경쟁으로 과외 열풍과 학교 교육의 파행이라는 사회적 문제를 일으켰다.

③ 개선책

    ㉠ 입시 과열을 막기 위해 1969년부터 중학교 무시험 진학 제도가 도입되었다.

    ㉡ 1974년부터 고교 평준화 정책과 연합고사(고등학교 입학 선발고사제)가 시작되었다.

    ㉢ 1980년대 이후에는 고등 교육의 대중화를 위하여 대학이 많이 세워졌다.

(단위 : 명)

구분	초등학교	중학교	고등학교	
			일반계	실업계
1970	62.1	62.1	60.1	56.1
1975	56.7	65.5	59.8	57.0
1980	51.5	65.5	59.9	59.6
1985	44.7	61.7	58.0	55.5
1990	41.4	50.2	53.6	51.5
1995	36.4	48.2	48.0	47.9
2000	35.8	38.0	44.1	40.3
2003	33.9	34.8	34.1	31.0

「교육 통계 연보」

▲ 학급당 학생 수

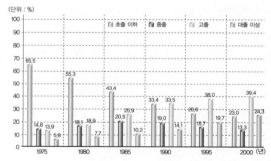
통계청, 「한국의 사회 지표」 2004
▲ 25세 이상 인구의 학력 구성비

사료   국민 교육 헌장

우리는 민족 중흥의 역사적 사명을 띠고 이 땅에 태어났다. 조상의 빛난 얼을 오늘에 되살려 안으로 자주독립의 자세를 확립하고 밖으로 인류 공영에 이바지할 때다. 이에 우리의 나아갈 바를 밝혀 교육의 지표로 삼는다. 성실한 마음과 튼튼한 몸으로 학문과 기술을 배우고 익히며 타고난 저마다의 소질을 계발하고 우리의 처지를 약진의 발판으로 삼아 창조의 힘과 개척의 정신을 기른다. 공익과 질서를 앞세우며 능률과 실질을 숭상하고 경애와 신의에 뿌리박은 상부상조의 전통을 이어받아 명랑하고 따뜻한 협동 정신을 북돋운다. 우리의 창의와 협력을 바탕으로 나라가 발전하며 나라의 융성이 나의 발전임을 깨달아 자유와 권리에 따르는 책임과 의무를 다하여 스스로 국가 건설에 참여하고 봉사하는 국민정신을 드높인다. 반공 민주 정신에 투철한 애국애족이 우리의 삶의 길이며 자유 세계의 이상을 실현하는 기반이다. 길이 후손에 물려줄 영광된 통일 조국의 앞날을 내다보며 신념과 긍지를 지닌 근면한 국민으로서 민족의 슬기를 모아 줄기찬 노력으로 새 역사를 창조하자.

1968년 12월 5일 대통령 박정희

● **시대별 교육문화의 변화에 대한 설명으로 옳지 않은 것은?**   17. 지방직 9급

① 미군정기 : 미국식 민주주의 교육과 6-3-3학제가 도입되었다.

② 1950년대 : 경제적 어려움 속에서도 초등학교 의무 교육제가 시행되었다.

③ 1960년대 : 입시 과열을 막기 위해 중학교 무시험 추첨제가 도입되었다.

④ 1970년대 : 국가주의 이념을 강조한 국민 교육 헌장이 제정되었다.

4 대중문화의 성장

(1) 미국 문화의 유입

① 유행 : 미군정기와 6·25 전쟁을 겪으면서 미국의 대중문화가 급속히 흘러들어와 미국식 춤과 노래가 크게 유행하였다.

② 대중 문화의 성장 : 우리나라의 대중문화는 경제 발전 및 대중 전달 매체의 보급이 확산되는 1960년대부터 본격적으로 성장하기 시작하였다.

(2) 1970년대

① 텔레비전으로 방영된 가요, 드라마, 코미디가 대중문화의 중심이 되었다.

② 청소년층이 본격적으로 대중문화 소비의 주인공으로 대두하였다.

(3) 1980~1990년대

① 정치적 민주화와 사회·경제적 평등의 확대를 지향하는 민중 문화 활동이 대중문화에 영향을 미치기도 하였다.

② 1990년대에 들어 영화 산업은 미국 할리우드 대자본의 물량 공세에 맞서 한국적 특성이 담긴 영화를 제작하여 국내는 물론, 세계 영화계에서 각광을 받고 있다.

(4) 한류(韓流) 열풍

① 문화의 전파 : 다양하게 발전한 우리의 대중문화는 최근 '한류'라는 이름으로 일본, 중국, 동남아시아 등지에서 선풍적인 인기를 끌고 있다. 대중가요와 영화에서 시작된 한류는 우리의 대중문화뿐만 아니라 전통문화도 다른 나라에 전파하는 역할을 하고 있다.

② 영향 : 대중문화는 시장이 확대되면서 상업적 이익만이 아니라 국가의 이미지를 높이는 데에도 큰 영향을 미치게 되었다.

5 문학과 예술, 종교의 발달

(1) 문화계의 활동

광복 직후 문화계는 좌·우익의 이념 대립과 남북 분단으로 갈등이 나타났으며, 전통문화의 계승도 활발하지 못하였다. 그러나 시간이 흐름에 따라 여러 분야에서 다양한 활동을 전개하고 있다.

| 정답해설 | 광복 이후 교육 정책은 미군정청 산하의 학무국 중심으로 시행되었다. 국민 교육 헌장이 제정된 것은 1968년이다.

| 오답해설 |
① 미군정 시기 학무국에서는 미국식 민주주의 교육 실시와 6-3-3-4의 단선형 학제로 결정하였는데, 기존의 5년제 중학교를 중학교 3년 및 고등학교 3년으로 분리시키고, 학기도 2학기제로 바꾸었다. 한편 대한민국 정부 수립 이후에는 미군정 시대의 교육 제도를 바탕으로 1949년 12월 교육법이 공포되어 학제가 공식화되었고(1951년부터 실시), ② 1950년 6월부터는 초등 교육을 '의무 교육'화하였다. 한편 ③ 입시 과열을 막기 위해 1969년부터 중학교 무시험 진학 제도가 도입되었다.

| 정답 | ④

(2) 문학의 발달

① 순수 문학 : 6·25 전쟁 이후 서정성을 중시하였다.
② 민족 문학 : 1960년대에는 민족 문학이 대두하였다.
  ㉠ 1970년대 : 민족 문학이 확산되면서 문학의 장르가 다양해지고 독자층이 넓어졌다.
  ㉡ 1980년대 : 민주화의 진전과 발맞추어 더욱 다양하게 확대되었다.

(3) 음악·미술의 활동

① 1980년대에 국악 등 전통문화에 대한 이해가 깊어졌다.
② 노동자, 농민 및 통일 문제 등 사회 현실에 대한 문제 인식이 심화되면서 민중 예술 활동이 활발해졌다.
③ 이러한 경향은 다양한 문화 예술 발전의 토대가 되었다.

(4) 종교의 발달

① 광복 직후 : 분단과 전쟁으로 불안해진 대중에게 정신적 안식처를 제공하였다.
② 전쟁 이후 : 사회가 안정되면서 종교계는 양적 팽창을 하는 과정에서 분열하여 새로운 종파가 생겨났다.
③ 1970년대 : 일부 종교 지도자가 박정희 정부에 맞서 민주화 운동에 앞장서거나 노동·농민·통일 운동을 적극적으로 지원하기도 하였다.
④ 1990년 이후 : 종교계는 시민운동 등에 다양하게 참여하면서 포교 활동은 물론 갈등과 투쟁을 지양하고 사랑과 화해를 위해 노력하고 있다.

6 체육 활동의 성장

(1) 성장

① 의의 : 광복 이후 국민을 단합시키고, 우리나라를 세계에 알리는 데 큰 기여를 한 것은 체육 활동이었다.
② 국위 선양 : 1947년 보스턴 마라톤 대회에서 우리나라 선수가 우승함으로써 신생 독립 국가의 위상을 국내외에 알렸다.

(2) 박정희 정부

① 지원 : 1960년대에 들어 정부의 적극적인 지원으로 체육 활동은 활기를 띠었다.
② 선수촌 건립 : 정부는 태릉 선수촌을 건립하는 등 엘리트 체육에 체계적인 지원을 하였다.
③ 올림픽 우승 : 이에 힘입어 몬트리올 올림픽 대회(1976) 레슬링 종목에서 광복 이후 최초로 금메달을 획득하였다.

(3) 국제 대회의 개최

① 제10회 아시아 경기 대회(1986)와 제24회 서울 올림픽 대회(1988)를 성공적으로 개최하여 우리나라의 발전상을 전 세계에 알렸다.
② 시드니 올림픽 대회(2000) : 태권도가 공식 종목으로 채택되었다.
③ 월드컵 축구 대회 개최(2002) : 우리나라가 일본과 공동으로 월드컵 축구 대회를 개최하여 한국에 대한 세계의 인식을 새롭게 하였다. 한국 축구는 4강 진출의 성과를 올렸고, 거리 응원이라는 세계에 자랑할 만한 응원 문화도 만들어 냈다.

▲ 2002년 한·일 월드컵 거리 응원

(4) 체육 정책의 반성과 지원

① 국민 소득이 증가하고 삶의 질에 대한 관심이 높아지면서 국가 주도의 엘리트 체육 정책에 대한 반성이 일어나고 있다.

② 현재에는 국민 건강과 삶의 질 향상에 기여하는 사회 체육에 대한 관심이 높아지고 이에 대한 지원도 활발해지고 있다.

(5) 남북 간의 교량 역할

① 남과 북을 오가는 통일 축구(1990)가 열린 이후, 일본 지바 세계 탁구 선수권 대회(1991)에서는 단일팀을 구성하여 우승하였다.

② 시드니 올림픽 대회(2000)에서는 남북한이 한반도 기(旗)를 들고 함께 입장하여 한민족임을 세계에 알렸다.

7 과학 기술의 놀라운 발전

(1) 과학 기술의 발전

① 정부의 지원

　㉠ 광복 이후 한동안 과학 기술 분야는 정체된 상태였으나, 정부의 지속적인 과학 기술 육성책에 힘입어 비약적인 발전을 거듭하고 있다.

　㉡ 1950년대 후반에 원자력 연구소가 만들어지고, 1966년에 한국 과학 기술 연구소(KIST)가 설립되면서 본격적인 과학 기술 개발을 시작하였다.

② 과학 기술 진흥의 선도

　㉠ 정부는 장기적인 과학 기술 발전 계획을 수립하여 시행하였다.

　㉡ 외국에 유학한 재능 있는 과학자들을 유치하는 등 많은 지원을 하였다.

　㉢ 1950년대 후반에는 과학 기술처가 창설되어 과학 기술 진흥을 선도하였다.

(2) 초고속 성장

① 과학 기술의 투자

　㉠ 정부와 민간의 꾸준한 과학 기술 투자를 바탕으로 여러 과학 분야에서 큰 발전을 가져왔다.

　㉡ 통신·교통·컴퓨터·반도체 등의 분야에서는 초고속 성장을 거듭하고 있다.

② 항공 산업

　㉠ 우주 항공 산업에서는 다목적 실용 위성 아리랑호를 비롯하여 무궁화 7호까지 잇따라 발사에 성공하여 현재 상용 서비스를 하고 있다.

　㉡ 군사 기술에서도 외국 의존을 벗어나 독자적인 기술 개발이 이루어지고 있다. 현재는 군사 항공 분야에서 독자 기술로 초음속 전투 연습기를 만들어 낼 정도로 큰 발전을 보이고 있다.

③ 전자 산업

　㉠ 반도체 등 여러 분야에서 세계 최고의 기술력을 가지고 있다. 특히 플래시 메모리 분야에서는 신제품을 개발할 때마다 항상 세계 최초 발명이라고 할 정도로 기술을 주도하고 있다.

　㉡ 놀라운 과학 기술 발전에 힘입어 무역 규모가 확대되는 등 빠른 경제 성장을 하였고, 생활 수준도 크게 향상되었다.

▲ 아리랑 위성 2호

(3) 오늘날의 과제

① 투자 부문 : 경제 성장 과정에서 정부와 민간 기업이 소외시켰던 기초 학문에 대한 적극적인 투자가 이루어져야 한다.

② 갈등의 해결 : 과학 기술도 인간 윤리 및 자연환경과 조화를 이루면서 발전해야 하기 때문에 유전 공학 분야에서는 생명에 관한 윤리적 갈등을 풀어야 한다.

8 북한 문화와 예술의 이해

(1) 북한 문화의 이해

① 발전 : 북한의 문화와 예술은 아름다움을 추구하는 목적보다는 대중에게 공산주의 혁명 정신을 가르치는 당(黨)의 무기로써 발전하였다.

② 이론 : 김일성 주체사상에 바탕을 둔 문예 이론을 철저하게 지켰다.

③ 문학

　㉠ 성격 : 문학에서는 주체 문예 이론이 대두한 1970년대부터 계급 혁명을 찬양하는 「피바다」, 「꽃 파는 처녀」 등의 혁명 투쟁 연극을 고쳐서 소설화하였다.

　㉡ 내용 : 김일성 부자를 찬양하는 문학 외에, 남녀 애정을 주제로 하는 「청춘송가」 같은 소설이 발표되기도 하였다.

④ 음악

　㉠ 성격 : 민족 음악을 표방하였지만, 당과 김일성 부자를 찬양하는 노래가 대부분이다.

　㉡ 남북 교류가 활발해지면서 우리 예술인의 평양 공연이 이루어지고, 남한의 노래도 알려지고 있다.

(2) 예술의 이해

① 영화 중시 : 북한에서는 예술 장르 중 영화가 가장 중시되고 있는데, 대중을 상대로 선전 시에 호소력과 전파력이 가장 강하여 정치 선전에 유리하다고 판단하였기 때문이다.

② 집단 문화 발전 : 사회주의 국가의 특징으로 집단 체조, 카드 섹션, 서커스(교예) 등의 집단 문화가 발전하였다.

(3) 언어의 이질화

① 이질화 : 북한은 우리의 표준어와 구분되는 문화어를 새로 만들었다.

　㉠ 1966년부터 말 다듬기 운동을 전개하여 『조선말 대사전』을 편찬하였다.

　㉡ 『조선말 대사전』은 1992년 간행하였으며, 33만 어휘가 수록되어 있고 새로 만든 문화어도 5만 개 중에서 2만 5천 개가 수록되어 있다.

② 문제점 : 분단의 장기화로 남북한 언어의 이질화가 심화되고 있다.

심화　　**남북한 통일을 위하여**

북한말은 맞춤법부터 남한말과 다르다. 북한에서는 노동자를 '로동자'로 쓴다. 띄어쓰기와 문장 부호도 다르다. 북에서는 거위를 '게사니'로, 헬리콥터를 '직승기'라 부른다. 그래서 탈북 어린이는 수업 받는 내용의 절반 이상을 알아듣지 못한다고 한다. 옛날 이야기도 다르다. '토끼와 자라'를 보면 용왕은 "날마다 술만 퍼먹으면서 흥땅흥땅(흥청망청) 놀기만 해서 병에 걸렸고, 자라는 높은 벼슬과 재물을 바래서 뭍으로 갔다."라고 써 있다. 역사책은 더욱 다르다. 북의 어린이 책은 6·25 전쟁을 승리한 '인민 해방 전쟁'이라 적었다. 북에서 온 아이들이 역사 수업을 가장 버거워함은 너무나 당연하다. 수업 듣기도 벅찬 아이들이 북한 사투리 때문에, 또는 북에서 왔다는 이유로 놀림을 당한다고 들었다. 　　　　　통일 교실. 통일 교육원

CHAPTER 01 대한민국 정부 수립과 6·25 전쟁

최신 지문

16. 국가직 7급

01 카이로 선언은 제2차 세계 대전 중 최초로 한국의 독립을 국제적으로 보장한 것이다. (O / X)

16. 지방직 7급

02 여운형은 미군정의 지원을 받은 좌우 합작 위원회에 참가하였다. (O / X)

16. 지방직 7급

03 안재홍은 신민족주의를 주장하였고, (조선) 국민당을 창당하였다. (O / X)

16. 국가직 9급

04 모스크바 3국 외상 회의에서는 조선에 임시 민주주의 정부를 수립하기 위해 미소 공동 위원회를 개최하고, 이후 최고 5년간 4개국(미, 영, 중, 소)의 신탁 통치가 결정되었다. (O / X)

19. 지방직 7급

05 미소 공동 위원회에서는 소련 대표는 미국·소련·영국 외무장관이 합의한 사항에 동의하는 사회단체와 정당을 한국 민주주의 임시 정부 수립 문제를 논의할 협의 대상으로 하자고 하였다. 또 합의한 사항에 반대하는 세력을 협의 대상에서 배제해야 한다고 주장하였다. (O / X)

18. 경찰직 3차

06 좌우 합작 위원회에서는 미소 공동 위원회의 속개를 요청하는 내용을 담은 성명을 발표하였다. (O / X)

17. 국가직 9급, 사복직 9급

07 김구는 남조선 과도 입법의원의 의장을 역임하였다. (O / X)

16. 국가직 7급

08 유엔 한국 임시 위원단은 소련의 방해로 남한 지역에서만 총선거를 감시하였다. (O / X)

16. 서울시 9급

09 제주도 4·3 사건은 대한민국 정부 수립 이후 발생하였다. (O / X)

18. 경찰직 2차

10 제헌 헌법에서는 대통령과 부통령은 국민의 보통·평등·직접·비밀 선거에 의하여 각각 선출한다고 규정하였다. (O / X)

19. 경찰직 2차

11 제헌 국회에서 간선제 방식으로 대통령에 이승만, 부통령에 이시영을 선출하였고, 이승만 대통령은 대한민국 정부의 수립을 국내외에 선포하였다. (O / X)

16. 지방직 9급

12 농지 개혁 이후 소작지가 크게 줄어들고 자작지가 늘어났다. (O / X)

정답 & X해설

CHAPTER 01

07 남조선 과도 입법 의원의 의장을 역임한 인물은 김규식이다.

09 제주도 4·3 사건은 1948년 4월 3일, 즉 대한민국 정부 수립(1948. 8. 15.) 이전 발생하였다.

10 제헌 헌법에서는 대통령과 부통령은 국회에서 무기명 투표로 각각 선거할 것을 규정하고 있다. 즉 국민의 직선제가 아니라, 국회 간선제에 해당한다.

CHAPTER 01				
01 O	02 O	03 O	04 O	05 O
06 O	07 X	08 O	09 X	10 X
11 O	12 O			

13 반민족 행위 처벌법은 제헌 헌법에 명시된 사항이었다. (O / X)

14 정전 협정에서 양측은 현 전선을 군사 분계선으로 정하고, 군사 분계선 남북 각각 2km 지역을 비무장지대로 설치하였다. (O / X)

15 이승만 정권은 1951년 국민회, 대한 청년당, 노동 총연맹, 농민 총연맹, 대한 부인회 등 우익 단체를 토대로 자유당을 조직하였다. (O / X)

CHAPTER 02 민주주의의 시련과 발전

최신 지문

01 이승만 정권은 1954년 의회에서 부결된 대통령 직선제 개헌안을 사사오입의 논리로 통과시켰다. (O / X)

02 1954년 개헌에서는 당시 재임 중인 대통령에 대해서는 중임 제한 규정을 적용하지 않는다는 내용이 있었다. (O / X)

03 이승만 정권은 신국가 보안법을 제정하였고 반공 청년단을 조직하였으며 진보당의 조봉암을 간첩 혐의로 사형에 처하였다. (O / X)

04 4·19 혁명 이후 실시된 총선거에서 혁신 세력들이 약진하였다. (O / X)

05 4·19 혁명 당시 야당 정치인과 종교인 등이 민주 회복 국민 회의를 결성하여 저항하였다. (O / X)

06 민주당 정부는 반공을 국시의 제일로 삼아 반공 태세를 재정비·강화할 것을 제시하였다. (O / X)

07 베트남 파병은 브라운 각서를 체결하는 이유가 되었다. (O / X)

08 1968년 국민 교육 헌장이 제정되었다. (O / X)

09 유신 시대에 김대중 납치 사건이 발생하였다. (O / X)

10 유신 체제에서는 통일 주체 국민 회의 대의원들의 간접 선거로 대통령이 선출되었다. (O / X)

CHAPTER 02

01 대통령 직선제 개헌은 1952년 발췌 개헌안에 해당되며, 1954년 사사오입 개헌에서는 '초대 대통령에 한하여 중임 제한을 철폐'한 것이 핵심 내용이다.

04 4·19 혁명 이후 실시한 제5대 국회 의원 선거(1960년 7월 29일) 혁신 정당으로 분류할 수 있는 사회 대중당(혁신 정당의 재건을 목표로 구진보당 간부와 민주 혁신당 일부가 결성한 정당)은 민의원 4석, 참의원 1석을 획득하여 원내 진출이 부진하였다.

05 민주 회복 국민 회의는 민청학련사건(1974. 4.) 이후 활발해진 반(反) 유신 민주화 운동을 결집하기 위해 조직된 단체이다(1974. 11. 27.).

06 반공을 국시의 제일로 삼아 반공 태세를 재정비·강화할 것을 제시한 것은 1961년 5·16 군사 정변 직후 발표된 혁명 공약 중 일부이다.

| 13 | O | 14 | O | 15 | O | | | | |

CHAPTER 02

| 01 | X | 02 | O | 03 | O | 04 | X | 05 | X |
| 06 | X | 07 | O | 08 | O | 09 | O | 10 | O |

11 유신 정권 시기에 재야인사들이 명동성당에 모여 '3·1 민주구국선언'을 발표하였다. (O / X)

12 1972년 대통령 선거에는 민주 공화당 후보로 박정희, 신민당 후보로 김대중이 출마하였다.

(O / X)

13 1979년 김영삼 신민당 당수가 국회에서 제명되었다. (O / X)

14 남북 기본 합의서 채택 당시, 활발한 북방 외교가 추진되었다. (O / X)

빈출 지문

15 제2차 세계 대전 당시 한국의 독립을 확약한 연합군의 회담은 카이로 회담과 포츠담 회담이다.

(O / X)

16 해방 이전 대한민국 임시 정부, 조선 독립 동맹 및 조선 건국 동맹 등은 해방 이후 새로운 국가 건설을 준비하였다. (O / X)

17 건국 준비 위원회는 여운형을 위원장, 안재홍을 부위원장으로 하는 좌·우익 통일 전선체였다.

(O / X)

18 한국에 진주한 미군은 조선 인민 공화국을 인정하지 않았다. (O / X)

19 해방 직후에 조선 공산당은 도시 소시민, 지식인과의 통일 전선을 배제하고 노동자, 농민들에 의한 혁명을 주장하였다. (O / X)

20 모스크바 3국 외상 회의에서 미국, 영국, 소련의 외상들은 한국 문제 해결 방안으로 최소 5년 간의 신탁 통치안을 결정하였다. (O / X)

21 미소 공동 위원회 개최를 둘러싸고, 미군측은 찬탁 단체인 좌익 측의 참여를 거부하였다.

(O / X)

22 이승만은 미군정의 인정을 받아 과도 정부의 민정 장관이 되었다. (O / X)

23 이승만은 정읍 발언을 통해 남한만의 단독 정부 수립을 주장하였다. (O / X)

24 중도 좌익의 여운형, 중도 우익의 김규식 등은 좌우 합작 운동을 추진하여 좌우 합작 7원칙을 발표하였다. (O / X)

25 1946년 11월 조선 공산당, 조선 인민당, 남조선 신민당이 합당하여 남조선 노동당이 되었다.

(O / X)

26 대한민국 성립 과정에서 유엔 한국 임시 위원단은 북한 내에서도 활동하였다. (O / X)

27 김구는 단독 정부 수립에 반대하며, 남북 협상에 참여하였다. (O / X)

28 제헌 국회에서 간접 선거가 실시되어 대통령에 이승만, 부통령에 이시영이 선출되었다.

(O / X)

12 민주 공화당 후보 박정희와 신민당 후보 김대중이 출마한 선거는 제7 대 대통령 선거로서 1971년 실시 되었다.

19 박헌영은 조선 공산당을 재건하고, 8월 테제를 발표하였다. 그는 8월 테제에서 현 시점을 부르주아 민주 주의 혁명 단계로 규정하고, 도시 소시민 및 지식인과의 통일 전선이 필요함을 역설하였다.

20 모스크바 3국 외상 회의에서는 최고 5년간의 신탁 통치가 결의되었다.

21 미소 공동 위원회에서 미국은 우익 반탁 세력도 참여시킬 것을 주장하 였다(좌익 참여를 거부하지는 않았 음).

22 미군정하 과도 정부의 민정 장관은 안재홍이 임명되었다.

26 유엔 한국 임시 위원단은 소련이 입북을 거부하였기 때문에 남한만 을 실사하고 돌아갔다.

11	O	12	X	13	O	14	O	15	O
16	O	17	O	18	O	19	X	20	X
21	X	22	X	23	O	24	O	25	O
26	X	27	O	28	O				

29 6·25 전쟁의 배경에는 애치슨 선언에 따라 미국의 태평양 방위선에서 한국을 제외하였다는
점을 들 수 있다. (O / X)

30 소련의 휴전 제의를 미국이 수용함으로써 개성에서 휴전 회담이 시작되었다. (O / X)

31 발췌 개헌안의 주요 내용은 '초대 대통령에 한해서 중임 제한 규정을 철폐한다.'이다. (O / X)

32 3·15 부정 선거, 김주열 군 사망 등을 계기로 4·19 혁명이 일어났다. (O / X)

33 1960년 대학 교수단의 시국 선언이 4·19 혁명을 촉발시켰다. (O / X)

34 4·19 혁명으로 이승만 정권이 무너지자, 장면을 수반으로 하는 과도 정부가 수립되었다.
(O / X)

35 5·16 군사 정변 이후 국가 보위 비상 대책 위원회가 결성되어 군부 독재의 기초를 구축하였다.
(O / X)

36 제2 공화국 시기에는 한일 회담 반대 운동이 일어나는 등 정치적으로 혼란한 양상을 보였다.
(O / X)

37 유신 체제 시기에는 긴급 조치가 발표되는 등 억압 통치가 계속되었다. (O / X)

38 유신 헌법은 비상계엄 하에서 제정되어 국민투표로 확정되었다. (O / X)

39 부마 항쟁은 신군부에 대한 국민적 저항 운동이었다. (O / X)

40 5·17 비상 계엄 확대는 1980년 5·18 광주 민주화 운동의 원인 중 하나이다. (O / X)

41 제5 공화국 정부에서는 4·13 호헌 조치를 통해 대통령 직선제 요구를 받아들였다. (O / X)

42 문민 정부 시기에는 금융 실명제를 전격 실시하였고, 경제 협력 개발 기구에도 가입하였다.
(O / X)

CHAPTER 03 북한의 역사와 통일을 위한 노력

빈출 지문

01 북조선 임시 인민 위원회는 1946년 2월 결성되어 토지 개혁, 남녀 평등법, 중요 산업 국유화
등을 추진하였다. (O / X)

02 북한에서는 1956년 8월 종파 사건으로 반혁명 분자와 종파 분자에 대한 대대적인 숙청이 일
어났다. (O / X)

03 1960년대 초 북한에서는 국가 주석 제도를 신설하였다. (O / X)

04 1972년 7·4 남북 공동 성명에서는 자주·평화·민족 대단결이 통일 원칙으로 천명되었다.
(O / X)

05 1991년 대한민국과 북한은 각각의 개별 국가로서 국제 연합(UN)에 가입하였다. (O / X)

06 1991년 채택된 남북 기본 합의서에서는 남과 북이 서로를 국가적 실체로만 인정하되, 국가로
는 승인하지 않고, 서로의 체제를 존중하기로 합의하였다. 또한 상호 간 내정 간섭을 하지 않
고, 침략하지 않기로 발표하였다. (O / X)

정답 & X해설

31 발췌 개헌안의 핵심은 대통령 직
선제로의 개헌이며, 초대 대통령에
한해 중임 제한 규정 철폐는 사사
오입 개헌안에 해당한다.

33 대학 교수단의 시국 선언은 4·19
혁명이 진행 중이던 1960년 4월
25일에 발표되었고, 이승만 대통
령의 하야(4·26)를 촉발하였다.

34 4·19 혁명 이후 과도 정부는 허정
을 수반으로 하였다.

35 5·16 군사 정변 이후 군사 혁명 위
원회가 설치되었으며, 국가 재건
최고 회의로 개칭되었다. 국가 보위
비상 대책 위원회(국보위)는 전두환
정권 성립 과정에서 만들어졌다.

36 제3 공화국 시기에 한일 회담이 체
결되었고, 이에 반대하는 6·3 시
위가 일어났다.

39 부마 항쟁은 반유신 투쟁이었다.

41 전두환 정부는 4·13 호헌 조치를
통해 대통령 간선제를 고수하려 하
였고, 이에 1987년 6월 민주 항쟁
이 일어나게 되었다.

CHAPTER 03

03 1972년 북한의 사회주의 헌법이
통과되면서 국가 주석 제도가 실시
되었다. 이로써 김일성 수령 유일
독재 체제가 완성되었다.

29	O	30	O	31	X	32	O	33	X
34	X	35	X	36	X	37	O	38	O
39	X	40	O	41	X	42	O		

CHAPTER 03

01	O	02	O	03	X	04	O	05	O
06	O								

07 2000년 6·15 남북 공동 선언에서는 남측의 연합제 안과 북측의 낮은 단계 연방제 안의 상호 공통점을 인정한다고 명시되어 있다. (O / X)

CHAPTER 04 현대의 경제·사회·문화 발전

정답 & X해설

최신 지문

18. 법원직 9급

01 농지 개혁의 영향을 받아 북한에서도 토지 개혁이 실시되었다. (O / X)

19. 지방직 9급

02 농지 개혁에서는 농지 이외 임야도 포함되었다. (O / X)

19. 2월 서울시 9급

03 1960년대 정부는 귀속 재산 처리법을 공포하였다. (O / X)

빈출 지문

04 해방 직후 미군정은 북한의 토지 개혁에 자극받아 유상 매입, 유상 분배를 원칙으로 하는 농지 개혁을 실시하였다. (O / X)

05 해방 후 남한에서 실시된 농지 개혁에서 임야, 산림 등 비경작지도 개혁 대상에 포함되었다. (O / X)

06 1950년대 원조 경제 체제는 삼백 산업으로 상징된다. (O / X)

07 제2 공화국 때도 경제 개발 계획이 수립되었다. (O / X)

08 1980년대 중반 3저 호황으로 급속한 경제 성장이 이루어졌다. (O / X)

CHAPTER 04

01 북한의 토지 개혁은 1946년 3월에 시작되었으며, 대한민국의 농지 개혁은 1949년 6월 법제화되었다.

02 임야는 농지개혁 대상에서 제외되었다.

03 귀속 재산 처리법은 1949년 12월 19일 공포되었다.

04 농지 개혁은 1949년 6월 대한민국 정부에서 법제화되었다.

05 남한의 농지 개혁은 농지만을 대상으로 추진되었다.

07	O						

CHAPTER 04

01	X	02	X	03	X	04	X	05	X
06	O	07	O	08	O				

부록

01 한국의 유네스코 지정 유산

1 한국의 유네스코 지정 유산

(1) 유네스코 지정 유산이란?

유네스코(UNESCO)에서는 인류가 함께 보존해야 할 가치가 있는 귀중한 유산을 세계 유산, 무형 유산, 기록 유산의 세 가지로 나누어 '세계 유산 일람표'에 등록하여 보호하고 있다.

(2) 세계 유산

세계 유산은 자연재해나 전쟁 등으로 위험에 처한 유산의 보호 및 복구 활동 등을 통하여 인류의 문화 유산 및 자연 유산을 지키기 위해 지정하고 있다. 세계 유산은 '문화유산'과 '자연 유산' 그리고 문화와 자연의 특성을 모두 가진 '복합 유산'으로 분류하며, 유적이나 자연물을 그 대상으로 한다.

(3) 세계 기록 유산

세계 기록 유산은 세계적 가치가 있는 귀중한 기록물을 가장 적절한 기술을 통해 보존할 수 있도록 지원하기 위하여 2년마다 지정하고 있다. 이는 기록 유산의 중요성에 대한 인식과 보존의 필요성을 증진하고, 가능한 많은 사람이 기록 유산에 접근할 수 있도록 하기 위한 것이다.

(4) 인류 무형 문화유산

인류 무형 문화유산의 정식 명칭은 '인류 구전 및 무형 유산 걸작'이다. 무형 문화유산은 소멸 위기에 처해 있는 가치 있고 독창적인 구전 및 무형 유산을 선정하여 보호하기 위한 것이다.

2 세계 유산

• 고창·화순·강화의 고인돌 유적	• 경주 역사 유적 지구	• 불국사·석굴암
• 해인사 장경판전	• 종묘	• 창덕궁
• 제주 화산섬과 용암 동굴	• 수원 화성	• 조선 왕릉
• 하회·양동 마을	• 남한산성	• 백제 역사 유적 지구
• 산사, 한국의 산지승원	• 한국의 서원	

(1) 고창·화순·강화의 고인돌 유적

우리나라에는 전국적으로 약 3만여 기에 가까운 고인돌이 분포하고 있는 것으로 알려져 있다. 2000년 12월에 세계 유산으로 등록된 고창·화순·강화 고인돌 유적은 많은 고인돌이 밀집되어 있을 뿐 아니라, 다양한 형식의 고인돌이 발견되고 있다.

고창 고인돌 유적	• 전라북도 고창군은 우리나라에서 가장 큰 고인돌 군집을 이루고 있는 지역이다. • 무게 10톤 미만에서 300톤에 이르는 다양한 크기의 고인돌이 분포하고 있으며, 탁자식·바둑판식 등 다양한 방식의 고인돌이 분포하고 있다.
화순 고인돌 유적	전라남도 화순군에는 효산리와 대신리 일대에 500여 기의 고인돌이 집중 분포하고 있으며, 고인돌의 축조 과정을 보여 주는 채석장도 발견되었다.
강화 고인돌 유적	인천 광역시 강화군 부근리, 삼거리, 오상리 등의 지역에 고려산 기슭을 따라 150여 기의 고인돌이 분포하고 있다. 이곳에는 길이 6.4m, 높이 2.5m의 우리나라 최대의 탁자식 고인돌이 있다.

▲ 강화 고인돌

(2) 경주 역사 유적 지구

2000년 12월에 유네스코 세계 유산으로 지정된 경주 역사 유적 지구에는 신라 천 년의 역사와 문화를 한눈에 파악할 수 있는 다양한 유산이 산재해 있다.

남산 지구	경주 남산은 야외 박물관이라고 할 만큼 온 산이 불교 문화재로 뒤덮여 있으며 이곳에는 미륵곡 석불 좌상, 배리 석불 입상 등 많은 불교 유적과 나정(蘿井), 포석정(鮑石亭) 등이 있다.
월성 지구	월성 지역에는 신라 왕궁이 자리하고 있던 월성(月城), 신라 김씨 왕조의 시조인 김알지가 태어난 계림(鷄林), 천문 시설인 첨성대(瞻星臺) 등이 있다.
대릉원 지구	대릉원 지역에는 황남리 고분군, 노동리 고분군, 노서리 고분군 등 신라 왕, 왕비, 귀족 등의 무덤이 모여 있다. 이곳에서는 신라 문화를 대표하는 금관을 비롯하여 천마도, 유리잔, 각종 토기 등 귀중한 유물들이 출토되었다.
황룡사 지구	황룡사 지역에는 황룡사지와 분황사가 있다. 황룡사는 고려 시기 몽골의 침입으로 소실되었으나, 발굴을 통해 4만여 점의 유물이 출토되었다.
산성 지구	산성 지역에는 서기 400년 이전에 쌓은 것으로 추정되는 명활산성이 있다.

▲ 포석정

(3) 불국사·석굴암

불국사	• 토함산 서쪽 중턱의 경사진 곳에 자리한 불국사는 신라인이 그린 이상적인 피안(彼岸)의 세계를 지상에 옮겨 놓은 것이다. • 불국사는 크게 두 개의 구역으로 나뉘어져 있는데 그 하나는 대웅전을 중심으로 청운교, 백운교, 자하문, 다보탑과 불국사 3층 석탑(석가탑) 등이 있는 구역이고, 다른 하나는 극락전을 중심으로 칠보교, 연화교, 안양문 등이 있는 구역이다. • 불국사 3층 석탑은 각 부분과 전체가 비례와 균형을 이루어 간결하고 조화로운 멋이 있으며, 다보탑은 정사각형 기단 위에 여러 가지 정교하게 다듬은 석재를 목재 건축처럼 짜 맞추었는데, 화려하고 독창적인 표현법은 예술성이 매우 뛰어난 것으로 평가되고 있다.
석굴암	• 석굴암은 토함산 언덕의 암벽에 터를 닦고, 그 터 위에 화강암으로 조립하여 만든 인공 석굴의 종교 건축물이며 직사각형으로 된 전실이 있고, 좁은 통로를 지나면 천장이 돔(dome) 양식으로 된 원형의 주실이 있다. • 석굴암에는 총 40구에 달하는 조각상이 좌우 대칭의 법칙에 따라 조화롭게 배치되어 있고, 석굴암의 구조와 석굴 내부의 모든 부분은 정확하고 체계적인 수학적 수치와 기하학적 비례에 따라 설계되었다.

▲ 불국사

▲ 석굴암 본존불

(4) 해인사 장경판전

① 해인사 팔만대장경 : 오랜 역사와 내용의 완벽함, 그리고 고도로 정교한 인쇄술을 엿볼 수 있는 불교 경전이다.

② 해인사(海印寺) 장경판전(藏經版殿) : 세계 유일의 대장경판 보관 건물로, 이 판전에는 팔만대장경이라고 부르는 81,258장의 대장경판이 보관되어 있다. 장경판전은 이와 같은 대장경판을 보존하기 위해 간결한 방식으로 건축하여 판전으로서 필요한 기능만을 충족시켰다. 조선 초기 전통적인 목조 건축 양식으로 건물 자체의 아름다움은 물론 건물 내 적당한 환기와 온도, 습도 조절 등의 기능을 자연적으로 해결할 수 있도록 설계되어 있다. 장경판전은 대장경의 부식을 방지하고 온전하게 보관하기 위해 자연환경을 최대한 이용한 보존 과학의 소산물로 높이 평가되고 있다.

▲ 해인사 장경판전

③ 해인사 장경판전은 국보 제52호로 지정·관리되고 있으며, 1995년 12월에 유네스코 세계 유산으로 등록되었다.

(5) 종묘

① 종묘(宗廟)는 조선 왕조 역대 왕과 왕비의 신주를 모신 조선 왕조의 사당으로서, 조선 시대의 가장 장엄한 건축물 중의 하나이다.

② 종묘는 정면이 매우 길고 수평선이 강조된 독특한 형식의 건물로서, 종묘 제도의 발생지인 중국에서도 유례를 찾아볼 수 없는 건축물이다. 종묘는 의례 공간의 위계 질서를 반영하여 정전(正殿)과 영녕전(永寧殿)의 기단과 처마, 지붕의 높이, 기둥의 굵기를 그 위계에 따라 달리하였다.

▲ 종묘

③ 조선 시대에는 정전에서 매년 각 계절과 섣달에 대제를 지냈고, 영녕전에서는 매년 봄, 가을과 섣달에 제향일을 따로 정하여 제례를 지냈다. 제사를 지낼 때 연주하는 기악과 노래, 무용을 포함하는 종묘 제례악이 거행되고 있다.

④ 종묘는 사적 제125호로 지정·보존되고 있으며, 1995년 12월에 유네스코 세계 유산으로 등록되었다.

(6) 창덕궁

① 창덕궁(昌德宮)은 조선 태종 5년(1405) 경복궁의 이궁(離宮)으로 지어진 궁궐이다. 하지만 창덕궁은 임진왜란 때 경복궁이 소실된 후 1868년 고종이 경복궁을 중건할 때까지 258년 동안 역대 국왕이 정사를 보살피는 본궁(本宮)이었다.

② 창덕궁 안에는 가장 오래된 궁궐 정문인 돈화문(敦化門), 신하들이 하례식이나 외국 사신의 접견 장소로 쓰이던 인정전(仁政殿), 국가의 정사를 논하던 선정전(宣政殿) 등의 공적인 공간이 있으며, 왕과 왕후가 거하는 희정당(熙政堂), 대조전(大造殿) 등과 산책할 수 있는 넓은 공간의 후원(後苑) 등 사적 공간이 있다. 정전(正殿) 공간의 건축은 왕의 권위를 상징하여 높게 하였고, 침전 건축은 정전보다 낮고 간결하며, 위락 공간인 후원에는 자연 지형을 위압하지 않도록 작은 정자각을 많이 세웠다.

▲ 창덕궁 인정전

③ 창덕궁은 자연스런 산세에 따라 자연 지형을 크게 변형시키지 않고 산세에 의지하여 건물이 자연의 수림 속에 포근히 자리를 잡도록 배치하였다. 또 왕들의 휴식처로 사용되던 창덕궁 후원은 300년이 넘은 거목과 연못, 정자 등 조원(造苑) 시설이 자연과 조화를 이루도록 하였다. 창덕궁은 조선 시대의 전통 건축으로 자연 경관을 배경으로 한 건축과 조경이 잘 조화를 이루고 있다.

④ 창덕궁은 사적 제122호로 지정·관리되고 있으며, 1997년 12월에 유네스코 세계 유산으로 등록되었다.

(7) 제주 화산섬과 용암 동굴

제주 화산섬과 용암 동굴은 2007년 7월 유네스코 세계 유산 위원회 제31차 총회에서 세계 자연 유산으로 선정되었다. 제주 화산섬과 용암 동굴은 한라산 천연 보호 구역, 성산 일출봉, 거문 오름 용암 동굴계 등 제주도에서 가장 보존 가치가 뛰어난 곳들이다.

한라산 천연 보호 구역	한라산 일대의 해발 800m 이상 되는 고산 지대로 생태계가 잘 보존된 지역을 지칭한다. 이 지역은 지형과 지질이 특이하고, 동식물의 생태계 또한 다양하여 보호 가치가 높은 곳으로 평가되고 있다.
성산 일출봉	• 서귀포시 성산읍에 위치한 봉우리로서, 10만 년 전 수심이 낮은 바다에서 수중 화산 폭발로 형성된 전형적인 응회환(凝灰環: Tuffring)이다. • 일출봉은 용암이 물에 섞여 폭발하며 고운 화산재로 부서져 분화구 둘레에 원뿔형으로 쌓여 경관이 매우 독특한 모습이다. 그 모습이 마치 거대한 성과 같아 성산(城山)이란 이름이 붙었다. 해돋이가 유명하여 일출봉으로 불리기도 한다.
거문 오름 용암 동굴계	• 제주도 용암굴은 세계적으로 특이하게 석회 동굴의 성질도 함께 가지고 있다. 마그마가 지나간 뒤 형성된 용암굴 안으로 석회 성분이 들어와 종유석 등이 만들어졌다. • 세계 유산에 포함된 5개 동굴(벵뒤굴, 만장굴, 김녕굴, 용천 동굴, 당처물 동굴) 중 용천굴과 당처물 동굴이 이런 특성이 도드라진다.

(8) 수원 화성

① 수원 화성(華城)은 조선 제22대 임금인 정조가 아버지 사도(장헌) 세자의 무덤을 화성으로 옮기면서 팔달산 아래 축성한 것이다. 수원 화성은 평지 산성으로 군사적 기능과 상업적 기능을 함께 가지고 있으며, 과학적·실용적인 구조로 축성되었다. 성벽은 바깥쪽만 쌓아올리고 안쪽은 자연 지세를 이용하여 흙을 돋우어 메우는 방법으로 만들었다. 또 수원 화성은 실학 사상의 영향을 받아 다양한 축성 방법을 활용하여 만들었다.

② 축성 후 1801년에 발간된 『화성성역의궤』에는 축성 계획, 제도, 법식뿐 아니라 동원된 인력 등이 자세히 기록되어 있어 역사적 가치가 큰 것으로 평가되고 있다.

③ 수원 화성은 사적 제3호로 지정·관리되고 있으며, 1997년 12월에 유네스코 세계 유산으로 등록되었다.

(9) 조선 왕릉

조선 시대의 능과 원으로서 총 53기가 존재하며, 대다수는 서울 근교에 위치한다. 유교의 예법을 충실히 구현하여 공간 및 구조물을 배치하였다. 북한 지역에는 태조 왕비인 신의 왕후의 제릉과 정종의 후릉 2기가 남아 있으나 등재되지 않았고, 남한의 왕릉 중에 연산군 묘와 광해군 묘도 제외되었다(총 40기 등재).

(10) 하회·양동 마을

풍산 류씨의 집성촌으로 양반 주거 문화의 원형을 그대로 보존하고 있다. 또한 풍수지리적 경관을 잘 보여 주고 있으며, 하회 별신굿이 민간 전승 놀이로서 유명하다.

(11) 남한산성

① 남한산성은 경기도 광주시·성남시·하남시에 걸쳐 있는 산성이다. 삼국 시대부터 백제와 신라의 군사적 요충지였으며, 조선 시대의 행궁과 사찰 등 산성 마을의 형태가 역사적 기록과 함께 남아 있다. 특히 병자호란 때 인조가 청나라에 저항한 곳으로 알려져 있다.

② 2014년 6월 유네스코 위원회에서는 남한산성을 세계 문화유산으로 지정하였다.

(12) 백제 역사 유적 지구

공주 공산성(웅진 시대 백제의 도성), 무령왕릉을 포함한 공주 송산리 고분군, 부여 관북리 유적, 부소산성(사비 시대 수도의 방어성), 부여 능산리 고분군, 부여 정림사지, 부여 나성, 익산 왕궁리 유적, 익산 미륵사지 등이 포함되었다.

공산성	공산성은 백제가 웅진에 수도를 두었던 475년부터 부여로 천도하는 538년까지 63년 동안 왕성이 자리하였던 곳으로, 공주시 금성동, 산성동에 걸쳐 있는 20만㎡ 규모의 산성이다. 총 길이 2,660m의 성체 대부분은 석성 구간인데, 처음에는 토성을 쌓았지만 나중에 여러 차례 고쳐 쌓으면서 석성으로 변화되었으며, 내·외성으로 구분되는 토성의 외성은 백제 시대에 쌓았던 것으로 원형을 잘 유지하고 있다.
공주 송산리 고분군	공주시 금성동 송산리에 위치한 송산리 고분군은 웅진 시대 백제 왕실의 무덤들이다. 이 중 7호분은 백제 왕릉 중 유일하게 주인공이 밝혀진 무령왕릉이다.
부여 관북리 유적	650㎡ 규모의 대형 건물 터와 상수도 시설, 목곽고와 석실고 등 저장 시설, 연못, 건물 터와 공방 시설 등이 발견되며 왕성의 터로 추정되는 곳이다.
부소산성	평상시 왕궁의 후원으로서, 위급할 때에는 방어 시설로 이용한 사비 백제 왕궁의 배후 산성이다.
정림사지	사비 백제기 수도의 가장 중심에 위치한 사찰의 터로, 발굴을 통해 중문과 금당 터, 강당 터, 승방 터, 화랑지 등이 확인되었다. 정림사지 중앙부의 정림사지 오층 석탑(국보 제9호)은 옛 백제의 화려한 문화와 예술, 뛰어난 석조 건축 기법을 확인할 수 있는 문화재이다.
부여 능산리 고분군	부여 능산리 고분군도 공주 송산리 고분군과 함께 왕릉으로 전해지고 있는데, 모두 7기로 이루어져 있다. 이와 함께 부여 나성은 사비의 동·북쪽을 방어하기 위해 구축한 외곽 성으로, 현재도 부여읍을 감싸며 원래의 모습을 잘 간직하고 있다.
익산 왕궁리 유적	백제 왕실이 수도 사비의 취약점을 보완하기 위해 만든 별궁 유적이며, 미륵사지는 익산시 금마면 미륵산 아래 넓은 평지에 펼쳐진 사찰 터로 동아시아 최대 규모를 자랑하고 있다.

(13) 산사, 한국의 산지승원

① 산사(山寺)는 한국 불교의 개방성을 대표하면서 승가 공동체의 신앙·수행·일상생활의 중심지였다.
② 2018년 6월 유네스코 자문 기구인 세계 유산 위원회는 '산사(山寺), 한국의 산지승원' 7곳을 등재 확정하였다. 해당 사찰은 영주 부석사, 양남 통도사, 안동 봉정사, 보은 법주사, 공주 마곡사, 순천 선암사, 해남 대흥사이다.

(14) 한국의 서원(Seowon, Korean Neo-Confucian Academies)

소수 서원(경북 영주), 도산 서원(경북 안동), 병산 서원(경북 안동), 옥산 서원(경북 경주), 도동 서원(대구 달성), 남계 서원(경남 함양), 필암 서원(전남 장성), 무성 서원(전북 정읍), 돈암 서원(충남 논산) 등 9개 서원이 2019년 7월 유네스코 문화유산에 등재될 예정이다.

3 세계 기록 유산

· 훈민정음	· 『조선왕조실록』	· 『직지심체요절』
· 『승정원일기』	· 팔만대장경	· 『조선 왕조 의궤』
· 『동의보감』	· 『일성록』	· 5·18 민주화 운동 기록물
· 『난중일기』	· 새마을 운동 기록물	· 한국의 유교책판
· KBS 특별 생방송 '이산가족을 찾습니다' 기록물	· 조선 왕실 어보와 어책	· 국채 보상 운동 기록물
· 조선 통신사 기록물		

(1) 훈민정음

① 훈민정음(訓民正音)이란 '백성을 가르치는 올바른 소리'라는 뜻이다. 조선 제4대 임금인 세종은 당시 사용되던 한자가 우리말과 구조가 다르기 때문에 많은 백성이 사용할 수 없는 현실을 안타까워하여 세종 25년(1443)에 우리말의 표기에 적합한 문자 체계를 완성하고 '훈민정음'이라 하였다.
② 집현전 학사들이 세종의 명을 받아 새로운 문자에 대해 설명한 한문 해설서를 발간하였는데, 이 책의 이름이 『훈민정음』 또는 『훈민정음 해례본』이다. 여기에는 훈민정음 창제의 목적을 밝힌 서문과 글자의 음가 및 운용법이 기술되어 있다.
③ 『훈민정음』은 국보 제70호로 지정되어 있으며, 1997년 10월에 유네스코 기록 유산으로 등록되었다.

(2) 『조선왕조실록』

① 『조선왕조실록(朝鮮王朝實錄)』은 조선 왕조의 시조인 태조부터 철종까지 25대 472년간 (1392 ~ 1863)의 역사를 편년체(編年體)로 기록한 책으로, 총 1,893권 888책으로 되어 있다. 『조선왕조실록』은 조선 시대의 정치, 외교, 군사, 제도, 법률 등 각 방면의 역사적 사실을 망라하고 있어 세계적으로 유례가 없는 귀중한 역사 기록물이다. 『조선왕조실록』은 그 역사 기술에서 진실성과 신빙성이 매우 높다는 점에서 의의가 크다.

② 『조선왕조실록』은 사초(史草)를 기본으로 하여 만들어지는데, 사초는 사관이 국가의 모든 회의에 참가하여 왕과 신하들이 국사를 논의·처리하는 것을 사실대로 기록한 것이다. 이러한 사초는 기록의 진실성을 확보하기 위해 사관 외에는 왕이라도 함부로 열람할 수 없도록 하였다.

③ 『조선왕조실록』은 정족산본 1,181책, 태백산본은 848책, 오대산본 27책, 기타 21책 등 총 2,077책이 국보 제151호로 지정되어 있으며, 1997년 10월에 유네스코 기록 유산으로 등록되었다.

▲ 『조선왕조실록』

(3) 『직지심체요절』

① 『직지심체요절(直指心體要節)』은 고려 공민왕 21년(1372)에 백운 화상이 저술한 '백운화상초록불조직지심체요절(白雲和尙抄錄佛祖直指心體要節)'을 청주 흥덕사에서 1377년 7월에 금속 활자로 인쇄한 것이다.

② 이는 독일의 구텐베르크보다 70여 년이나 앞선 것으로, 1972년 '세계 도서의 해'에 출품되어 세계 최고(最古)의 금속 활자본으로 공인되었다.

③ 금속 활자를 이용한 인쇄술은 목판에 글자를 새기는 방식에 비해 훨씬 편리하고 신속하게 책을 생산할 수 있다. 이 책은 이러한 가치를 인정받아, 2001년 9월에 유네스코 기록 유산으로 등록되었다.

▲ 『직지심체요절』

(4) 『승정원일기』

① 『승정원일기(承政院日記)』는 조선 시대 승정원(承政院: 조선 정종 때에 창설된 왕명 출납 기관)에서 있었던 일들을 기록한 책이다. 『승정원일기』는 『조선왕조실록』을 편찬할 때 기본 자료로 이용하였으며, 원본이 1부밖에 없는 귀중한 자료이다.

② 『승정원일기』는 세계 최대의 연대 기록물(총 3,243책, 글자 수 2억 4,250자)이며, 당시의 정치, 경제, 국방, 사회, 문화 등 생생한 역사를 기록하였다는 점에서 가치가 크다.

③ 국보 제303호로 지정되어 있으며, 세계 최대의 1차 사료로서 가치를 인정받아 2001년 9월에 유네스코 기록 유산으로 등록되었다. 현재, 국사 편찬 위원회에서 데이터 베이스를 구축하고 있다.

▲ 『승정원일기』

(5) 팔만대장경

① 2007년 6월 유네스코 제8차 세계 기록 유산 국제 자문 위원회는 팔만대장경(八萬大藏經)을 세계 기록 유산으로 공식 등재하였다. 공식 등재 명칭은 합천 해인사 소장의 '고려대장경판 및 제경판(諸經板)'이다. 팔만대장경(고려대장경)과 함께 해인사가 보관하고 있는 모든 경판의 가치를 인정한 것이다.

② 국보 제32호로 고려 고종 23년(1236)에 강화도에서 시작하여 1251년 9월에 81,258장으로 완성되었다. 이 사업은 대장도감(大藏都監)에서 주관하여, 제주도·완도·거제도 등에서 나는 자작나무를 재료로 사용하였는데, 부패와 틀어짐을 방지하기 위해 먼저 나무를 바닷물에 절인 다음 그늘에서 충분히 말려 사용하였다.

③ 팔만대장경은 조선 초기까지 강화도 선원사(禪源寺)에 보관되었으나, 태조 7년(1398)에 해인사로 옮겼다고 하는 학설이 현재 가장 유력하다. 『조선왕조실록(朝鮮王朝實錄)』에 의하면 "이때 2,000명의 군인들이 호송하고, 5교 양종의 승려들이 독경(讀經)하였다."라고 하였다.

(6) 『조선 왕조 의궤』

① 『조선 왕조 의궤(朝鮮王朝儀軌)』란 조선 왕조의 국가 의식인 길례(吉禮 : 제사), 가례(嘉禮 : 혼례), 빈례(賓禮 : 사신 영접), 군례(軍禮 : 군사 훈련 및 사열), 흉례(凶禮 : 장례) 등을 기록한 것으로서, 2007년 6월 유네스코 제8차 세계 기록 유산 국제 자문 위원회에서 세계 기록 유산으로 공식 등재(규장각 소장 546종 2,940책, 한국학 중앙 연구원 장서각 소장 287종 490책)하였다.

② 의궤(儀軌)는 세계적으로 조선 왕조에서만 나타나는 기록 문화의 정수로, 행사의 진행 과정을 날짜 순으로 자세하게 적고, 행사에 참여한 사람들의 명단을 장인(匠人)에 이르기까지 일일이 기록하였으며, 행사에 들인 비용과 재료 등을 세밀하게 기록하고, 의식에 쓰인 주요 도구와 주요 행사 장면을 아름다운 채색으로 그려 놓아 시각적 효과와 현장성이 뛰어나다. 18세기 김홍도는 정부 기록화를 많이 그렸는데, 그중 정조의 「시흥환어행렬도」는 매우 아름답다.

(7) 『동의보감』

광해군 때 허준에 의해 저술되었으며, 동아시아 의학을 종합하여 간행한 서적이다. 『동의보감』의 세계 기록 유산 등재는 의학 서적으로서는 최초였다.

(8) 『일성록』

정조가 세손 시절부터 쓰기 시작한 기록으로, 후대 왕들도 1910년까지 일기 형식으로 쓴 책이다. 국왕 스스로 수양을 위해 편찬하였으며, 그 내용과 형식의 독창성을 인정받아 등재되었다.

(9) 5·18 민주화 운동 기록물

5·18 민주화 운동과 관련된 일련의 문건 및 사진, 영상 자료들이다. 5·18 민주화 운동의 세계사적 중요성을 인정받아 등재되었다.

(10) 『난중일기』

① 임진왜란 때 충무공 이순신이 진중(陣中)에서 쓴 일기로, 임진왜란이 일어난 1592년부터 전쟁이 끝난 1598년까지의 일을 간결하고 명료하게 기록하였다.

② 국보 제76호로 현재 현충사에 보관되어 있으며 2013년 6월 유네스코 세계 기록 유산으로 등재되었다.

(11) 새마을 운동 기록물

① 1970년대 박정희 대통령의 제창으로 시작된 범국민적 운동으로 생활 환경 개선과 소득 증대를 도모한 지역 사회 개발 운동이다. 새마을 운동 기록물은 이 과정에서 생산된 대통령의 연설물, 결재 문서, 교재, 관련 사진과 영상 등의 자료를 총칭한다.

② 2013년 유네스코 세계 기록 유산으로 등재되었다.

(12) 한국의 유교책판

① 조선 시대(1392~1910)에 718종의 서책을 간행하기 위해 판각한 책판으로, 305개 문중과 서원에서 기탁한 총 64,226장으로 되어 있으며 현재는 한국 국학 진흥원에서 보존·관리하고 있다. 유교책판은 시공을 초월하여 책을 통하여 후학(後學)이 선학(先學)의 사상을 탐구하고 전승하며 소통하는 '텍스트 커뮤니케이션(text communication)'의 원형이다.

② 수록 내용은 문학을 비롯하여 정치, 경제, 철학, 대인 관계 등 실로 다양한 분야를 다루고 있다. 그러나 이렇게 다양한 분야를 다루고 있음에도 궁극적으로는 유교의 인륜 공동체(人倫共同體) 실현이라는 주제를 담고 있는 것이 공통적인 특징이다.

③ 각각의 책판들은 단 한 질만 제작되어 오늘날까지 전해지고 있는 '유일한 원본'이다. 활자본과 달리 판목에 직접 새긴 목판본으로서 후대에 새로 제작된 번각본(飜刻本)도 거의 없는 것으로서 대체 불가능한 유산이다.

⒀ KBS 특별 생방송 '이산가족을 찾습니다' 기록물

KBS가 1983년 6월 30일 밤 10시 15분부터 11월 14일 새벽 4시까지 방송 기간 138일, 방송 시간 453시간 45분 동안 생방송한 비디오 녹화 원본 테이프 463개, 담당 프로듀서 업무 수첩, 이산가족이 직접 작성한 신청서, 일일 방송 진행표, 큐시트, 기념 음반, 사진 등 20,522건의 기록물을 총칭한다. 이 기록물은 대한민국의 비극적인 냉전 상황과 전쟁의 참상을 고스란히 담고 있다. 혈육들이 재회하여 얼싸안고 울부짖는 장면은 이산가족의 아픔을 치유해 주었고, 남북 이산가족 최초 상봉(1985. 9.)의 촉매제 역할을 하며 한반도 긴장 완화에 기여하였다.

⒁ 조선 왕실 어보와 어책

조선 왕실 어보와 어책은 금·은·옥에 '아름다운' 명칭을 새긴 어보, 오색 비단에 책임을 다할 것을 훈계하고 깨우쳐주는 글을 쓴 교명, 옥이나 대나무에 책봉하거나 아름다운 명칭을 수여하는 글을 새긴 옥책과 죽책, 금동 판에 책봉하는 내용을 새긴 금책 등이다.

① 이런 책보(冊寶)는 조선조 건국 초부터 근대까지 570여 년 동안 지속적으로 제작되고 봉헌되었으며 이러한 사례는 한국이 유일무이하다. 조선 왕조의 왕위는 세습이었다. 국왕의 자리를 이을 아들이나 손자(또는 왕실의 승계자) 등은 국본(國本)으로서 왕위에 오르기 전에 왕세자나 왕세손에 책봉되는 전례(典禮)를 거쳐야 하였다. 어보와 어책은 일차적으로 이와 같은 봉작(封爵) 전례의 예물로 제작하였고 여기에는 통치자로서 알아야 할 덕목을 함축적으로 표현한 문구가 들어 있다.

② 왕세자나 왕세손에 책봉되면 그 징표로 국왕에게서 옥인(玉印), 죽책(竹冊), 교명(敎命)을 받음으로써 왕권의 계승자로서 정통성을 인정받았다. 이들이 혼인한 경우에는 이들의 빈(嬪)도 같은 과정을 거쳤다. 왕세자나 왕세손이 국왕에 즉위하면, 왕비도 금보(金寶), 옥책(玉冊), 교명(敎命)을 받았다. 왕과 왕비가 죽은 뒤에 묘호(廟號)와 시호(諡號)가 정해지면 시보(諡寶)와 시책(諡冊)을 받았다. 왕과 왕비가 일생에 걸쳐 받은 책보는 신주와 함께 종묘에 봉안되었다. 살아서는 왕조의 영속성을 상징하고 죽어서도 죽은 자의 권위를 보장하는 신물이었다.

③ 책보는 의례용으로 제작되었지만, 거기에 쓰인 보문과 문구의 내용, 작자, 문장의 형식, 글씨체, 재료와 장식물 등은 매우 다양하여 당대의 정치, 경제, 사회, 문화, 예술 등의 시대적 변천상을 반영하고 있기 때문에 한국의 책보만이 지닐 수 있는 매우 독특한 세계 기록 유산으로서의 가치는 지대하다.

④ 왕조의 영원한 지속성을 상징하는 어보와 그것을 주석한 어책은 현재의 왕에게는 정통성을, 사후에는 권위를 보장하는 신성성을 부여함으로써 성물(聖物)로 숭배되었다. 이런 면에서 볼 때 책보는 왕실의 정치적 안정성을 확립하는 데 크게 기여하였음을 알 수 있다. 이것은 인류 문화사에서 볼 때 매우 독특한 문화 양상을 표출하였다는 점에서 그 가치가 매우 높은 기록 문화유산이라 할 수 있다.

⒂ 국채 보상 운동 기록물

국채 보상 운동 기록물은 국가가 진 빚을 국민이 갚기 위해 1907년부터 1910년까지 일어난 국채 보상 운동의 전 과정을 보여주는 기록물이다.

① 19세기 말부터 제국주의 열강들은 아시아, 아프리카, 아메리카 등 모든 대륙에서 식민지적 팽창을 하면서 대부분의 피식민지 국가에 엄청난 규모의 빚을 지우고 그것을 빌미로 지배력을 강화하는 방식을 동원하였다. 한국도 마찬가지로 일본의 외채로 망국의 위기에 처해 있었다. 남성은 술과 담배를 끊고, 여성은 반지와 비녀를 내어놓았고, 기생과 걸인, 심지어 도적까지도 의연금을 내는 등 전 국민의 약 25%가 이 운동에 자발적으로 참여하였다. 한국 사람들은 전 국민적 기부 운동을 통해 국가가 진 외채를 갚음으로써 국민으로서의 책임을 다하려 하였다.

② 한국의 국채 보상 운동은 1907년 네덜란드 헤이그에서 열린 '제2차 만국 평화 회의'에서 한국의 국채 보상 운동을 알림으로써 전 세계에 알려지게 되어, 외채로 시달리는 다른 피식민지국에 큰 자극이 되었다. 그 후 중국(1909), 멕시코(1938), 베트남(1945) 등 제국주의 침략을 받은 여러 국가에서도 한국과 거의 유사한 방식으로 국채 보상 운동이 연이어 일어났다. 다만 한국의 국채 보상 운동은 이후에 일어난 운동과 비교하여 시기적으로 가장 앞섰으며 가장 긴 기간 동안 전 국민이 참여하는 국민적 기부 운동이었다는 점과 당시의 역사적 기록물이 온전히 보존되어 있다는 점에서도 역사적 가치가 크다.

③ 그로부터 90년 후 1997년 동아시아 외환 위기가 발생하였을 당시, 한국에는 '금 모으기 운동'이라고 하는 제2의 국채 보상 운동이 일어났다. 당시 국가 부도의 위기 상황에서 한국 국민은 집에 보관하던 금반지를 기부하는 국민적 운동을 전개함으로써 국채 보상 운동을 재현하였다. 나아가 한국의 금 모으기 운동이 타이, 몽고로 파급되어 외환 위기를 조기에 극복하는 데 크게 기여하였고, 2008년 미국 발 유럽 금융 위기로 경제 위기에 직면한 그리스, 스페인, 포르투갈과 이탈리아에서도 경제 회복 모델로 주목받았다.

⒃ 조선 통신사 기록물

조선 통신사에 관한 기록은 1607년부터 1811년까지, 일본 에도 막부의 초청으로 12회에 걸쳐 조선국에서 일본국으로 파견되었던 외교 사절단에 관한 자료를 총칭하는 것이다.

① 조선 통신사는 16세기 말 일본의 토요토미 히데요시가 조선을 침략한 이후, 단절된 국교를 회복하고, 양국의 평화적인 관계 구축 및 유지에 크게 공헌하였다. 조선 통신사에 관한 기록은 외교 기록, 여정 기록, 문화 교류의 기록으로 구성된 종합 자산이다.

② 비참한 전쟁을 경험한 양국이 평화로운 시대를 구축하고 유지해 가는 방법과 지혜가 응축되어 있으며, '성신교린'을 공통의 교류 이념으로 대등한 입장에서 상대를 존중하는 상호 간의 교류가 구현되어 있다. 그 결과, 양국은 물론 동아시아 지역에도 정치적 안정이 이루어졌고, 안정적인 교역 루트도 확보할 수 있었다.

4 인류 무형 문화유산

• 종묘 제례 및 종묘 제례악	• 판소리	• 강릉 단오제
• 강강술래	• 남사당 놀이	• 영산재
• 제주 칠머리당 영등굿	• 처용무	• 가곡
• 대목장	• 매사냥	• 택견
• 줄타기	• 한산 모시짜기	• 아리랑
• 김장 문화	• 농악	• 줄다리기
• 제주 해녀문화	• 씨름	

(1) 종묘 제례 및 종묘 제례악

① 종묘 제례(宗廟祭禮)는 종묘에서 행하는 제향(祭享) 의식이다. 종묘 제례는 유교 절차에 따라 거행되는 왕실 의례로서, 종묘라는 건축 공간에서 진행된다. 종묘 제례악(宗廟祭禮樂)은 종묘에서 제사를 지낼 때 의식을 장엄하게 치르기 위하여 연주하는 기악(器樂), 노래(歌), 춤(舞)을 말한다. 종묘 제례악은 위대한 국가를 세우고 발전시킨 왕의 덕을 찬양하는 내용의 보태평과 정대업이 연주되며 춤이 곁들여진다.

② 종묘 제례와 종묘 제례악은 중요 무형 문화재 제56호와 제1호로 지정되어 보존·전승되고 있으며, 2001년 5월 유네스코 무형 유산으로 선정되었다.

(2) 판소리

① 판소리는 한 명의 소리꾼이 고수(북치는 사람)의 장단에 맞추어 소리(창), 아니리(말), 발림(몸짓)을 섞어 가며 구연(口演)하는 일종의 솔로 오페라이다.

② 판소리는 초기에 열두 마당이 있었지만, 「춘향가」, 「심청가」, 「수궁가」, 「흥보가」, 「적벽가」가 가다듬어져 판소리 다섯 마당으로 정착되었다. 판소리는 서민의 삶의 현실을 생생하게 드러내고, 새로운 사회와 시대에 대한 희망을 표현하기도 하였다.

③ 판소리는 우리 문화의 정수로 그 독창성과 우수성을 세계적으로 인정받아 2003년 11월 유네스코 무형 유산으로 선정되었다.

(3) 강릉 단오제

① 단오는 음력 5월 5일로 '높은 날' 또는 '신날'이라는 뜻의 '수릿날'이라고 부르는 날이다. 강릉 단오제는 수릿날의 전통을 계승한 축제이다. 모심기가 끝난 뒤에 한바탕 놀면서 쉬는 명절로서, 농경 사회 풍농 기원제의 성격을 지닌다. 1,000여 년의 역사를 가지고 있는 강릉 단오제는 한국의 대표적 전통 신앙인 유교, 무속, 불교, 도교를 배경으로 한 다양한 의례와 공연이 전해

지고 있다. 또 강릉 단오제에는 단오굿, 가면극, 농악, 농요 등 예술성이 뛰어난 다양한 무형 문화유산과 함께 그네뛰기, 창포 머리 감기, 수리취떡 먹기 등 독창적인 풍속이 함께 전승되고 있다.

② 중요 무형 문화재 제13호로 지정·보존되고 있는 강릉 단오제는 2005년 11월 유네스코 무형 유산으로 선정되었다.

(4) 강강술래

임진왜란 당시 이순신의 전술에서 유래되었다는 설이 있다. 주로 한가윗날 밤에 여성들에 의해 이루어졌던 집단 놀이이다.

(5) 남사당 놀이

남사당 놀이는 조선 후기 사회적으로 천대받던 서민들로 이루어진 유랑 예능 집단이다. 이들은 양반 및 사회에 대한 비판을 예술을 통해 담아냈다.

(6) 영산재

불교에서 행해지는 의식으로서, 죽은 사람의 영혼이 극락왕생하기를 기원하는 의식이다.

(7) 제주 칠머리당 영등굿

제주도에서 행해져 오는 특유의 굿으로, '영등신(영등할망)'을 맞이하여 해녀와 어부의 안전, 마을의 평안, 풍어 등을 기원하였다.

(8) 처용무

통일 신라 시대에 기원하는 처용 설화를 바탕으로 한 춤이다. 처용의 가면을 쓰고 춤을 추며, 악귀를 쫓는다는 의미를 지녔다.

(9) 가곡

관현악의 반주에 맞추어 시조를 부르는 음악으로, 판소리 등과는 구별되는 상류 사회의 문화이다.

(10) 대목장

문짝이나 난간 등의 사소한 목공을 맡는 소목장과는 달리 대목장은 궁궐이나 사찰 등의 목조 건축 일을 하는 장인을 가리킨다. 대목장은 건축과 관련된 전 과정을 책임졌다.

(11) 매사냥

매를 사용한 사냥 방식으로 아시아 지역으로부터 확산되었다. 매사냥의 유네스코 무형 유산 등록은 11개국이 공동으로 참여하여 등재되었다.

(12) 택견

택견은 흡사 춤과 같은 동작으로 상대방을 차거나 넘어뜨리는 기술을 특징으로 하는 한국의 전통 무예이다. 택견의 등재는 무술로서의 가치뿐만 아니라 모든 사람이 즐길 수 있는 운동으로, 일반 대중의 건강을 향상시키는 등 공동체 내 무형 문화유산으로서의 가치가 함께 인정되었음을 의미한다.

(13) 줄타기

줄타기는 한국의 전통 공연 예술로, 줄타기 기술에 중점을 두고 있는 세계 다른 나라의 줄타기와는 달리 음악이 함께 연주되며 줄을 타는 광대와 땅에 있는 어릿광대 사이에 대화가 오가는 것이 특징이다.

(14) 한산 모시짜기

한산 모시짜기는 충남 한산 지역의 여성들을 중심으로 전승되고 있는 옷감을 짜는 전통 기술로, 500여 명의 지역 주민이 모시짜기 활동에 참여하고 있는 등 공동체 결속을 강화하는 중요한 사회·문화적 기능을 수행하는 점에서 그 가치를 인정받았다.

⒂ 아리랑

우리나라의 대표적인 민요로, '아리랑' 또는 '아라리' 등과 유사한 구절이 후렴에 들어있는 민요를 총칭한다. 지방에 따라 가사와 곡조가 조금씩 다르고, 여러 세대에 걸쳐 구전으로 전승되어 민중들의 희노애락을 담았다.

⒃ 김장 문화

2013년 12월 유네스코는 김장 문화가 한국인들에게 나눔과 결속을 촉진하고, 정체성과 소속감을 제공하는 유산인 점에 주목하였다. 자연 재료를 창의적으로 이용하는 식습관을 가진 국내외 다양한 공동체들 간의 대화를 촉진하여 무형 유산의 가시성을 높이는 데 기여하였다고 평가하며 유네스코 무형 유산으로 등재하였다.

⒄ 농악

농악은 한국 사회에서 마을 공동체의 화합과 마을 주민의 안녕을 기원하기 위해 행해지는 대표적인 민속 예술이다. 또한 꽹과리, 징, 장구, 북, 소고 등 타악기를 합주하면서 행진하거나 춤을 추며 연극을 펼치기도 하는 기예가 함께하는 종합 예술이다. 농악은 2014년 11월 27일 유네스코 인류 무형 유산으로 등재되었다.

⒅ 줄다리기

줄다리기는 한 해의 풍년과 공동체 구성원 간의 단합을 위하여 벼농사 문화권에서 널리 행해지는 놀이이다. 우리나라에서는 예로부터 주로 대보름날 행하여졌으며 지역별로 단옷날, 한가위, 2월 초하룻날 행해지기도 하였다.

⒆ 제주 해녀문화

2016년 11월 유네스코 무형 문화유산에 등재된 제주 해녀문화는 '제주도 해녀가 지닌 기술 및 문화'를 총칭한다. 그 내용은 '바닷속에 들어가서 해산물을 채취하는 것', '공동체 의식을 강화하며 안전과 풍어를 기원하는 주술 의식인 잠수굿', '물질(해산물 채취 작업)을 나가는 배 위에서 부르는 노동요인 해녀 노래' 등으로 구성된다. 등재 당시 무형 문화유산 위원회는 제주 해녀문화가 제주도의 독특한 문화적 정체성을 상징하고 자연과 공존하는 지속 가능한 어업이라는 점, 공동체를 통해 문화가 전승된다는 점 등을 높게 평가하였다. 제주 해녀는 어촌계 및 해녀회 등의 공동체를 구성하여 그 문화를 전승해 오고 있다.
특히 유교 문화가 강한 우리나라에서 제주 해녀는, 드물게 주도적인 경제 주체로 활약한 여성이기도 하다.

⒇ 씨름, 한국의 전통 레슬링(2018년 11월, 남북의 공동 신청으로 등재)

씨름은 한국 전역에서 널리 향유되는 대중적인 놀이이다. 씨름은 두 명의 선수가 허리둘레에 천으로 된 띠를 찬 상태에서 서로의 허리띠를 잡고 상대를 바닥에 넘어뜨리기 위해 다양한 기술을 사용하는 레슬링의 일종이다.
씨름은 마을에 있는 모래밭 어디에서나 이루어지며 어린 아이부터 노인까지 모든 연령대의 공동체 구성원이 참여할 수 있고 전통 명절, 장이 서는 날, 축제 등 다양한 시기에 진행되었다. 지역마다 지역 특성에 맞는 씨름의 방식을 가지고 있으나, 공동체의 연대와 협력을 강화하는 씨름의 사회적 기능은 공통적이다.

5 유네스코 지정 생물권보전지역(8곳)

- 설악산(1982)
- 광릉숲(2010)
- 연천 임진강(2019)
- 제주도(2002)
- 전북 고창(2013)
- 강원 생태평화(2019)
- 신안 다도해(2009)
- 전남 순천(2018)

* 괄호 안의 연도는 유네스코 생물권보전지역 지정연도
* 2020년 5월 기준

02 꼭 알아야 할, 근현대 인물 20인

박규수
(1807~1877)

- 1807년 서울 계동에서 태어났으며, 박지원(朴趾源)의 손자이다. 헌종 14년(1848) 증광문과 병과에 급제하여 사간원 정언으로 벼슬에 나선 뒤 병조 정랑·용강 현령·부안 현감(1850)·사헌부 장령(1851)·동부승지(1854)·곡산 부사(1858) 등을 두루 거쳤다. 철종 12년(1861) 연행 사절(燕行使節)의 부사(副使)로 중국에 다녀왔으며, 1862년에는 진주 민란의 안핵사로 파견되어 민란을 수습하였다.
- 한편 고종 즉위 후인 1866년에는 평안도 관찰사로 재임 중 제너럴셔먼호를 격침하였다. 대제학 시절인 1872년 진하사(청 황실에 파견된 축하 사절)의 정사로 다시 중국을 다녀오면서, 청나라의 양무 운동을 목격하고 조선의 개국과 개화의 필요성을 절실히 느꼈다. 귀국 후 형조 판서·우의정을 거치면서 당시 강력한 통상 수교 거부 정책을 펼치던 흥선 대원군에게 천주교의 박해를 반대하고 문호 개방의 필요성을 역설하였지만 뜻을 이루지 못하고 1874년 사퇴하였다. 이때부터 그는 젊은 양반 자제를 대상으로 실학적 학풍을 전하고 중국에서의 견문과 국제 정세를 가르치며 개화파의 형성에 결정적인 역할을 하였다.
- 1875년 운요호 사건을 빌미로 일본이 수교를 요구해 오자 그는 고종에게 일본과의 수교를 주장하여 강화도 조약을 맺게 하였다. 저서로 『환재집(瓛齋集)』·『환재수계(瓛齋繡啓)』가 있다. 편저로는 『거가잡복고(居家雜服攷)』가 있다.

김홍집
(1842~1896)

- **1880년 제2차 수신사로 임명되어 일본에 다녀왔다. 이때 황쭌셴(황준헌)의 『조선책략』을 가지고 들어왔고**, 이후 『조선책략』의 유포는 조미 수호 통상 조약 체결(1882)의 계기가 되었다.
- 온건 개화파의 대표적 인물로서, 1894년 제1차 김홍집 내각의 수반(총리 대신)이 되었으며, 청일 전쟁 발발 이후에는 친일적 성격이 강했던 제2차 김홍집 내각을 성립시켰다(김홍집-박영효 연립 내각). 그러나 박영효, 서광범 등과의 불화로 내각은 와해되었고, 삼국 간섭 이후에는 제3차 김홍집 내각(친러시아적 성격)의 수반이 되었다. 또한 을미사변 이후에는 친일적 제4차 김홍집 내각이 형성되었다. 이 시기 일본의 압력으로 단발령 등 급격한 개혁이 추진되어(을미개혁), 의병 세력의 규탄을 받았으며, 1896년 아관파천 이후 친러시아적 내각이 수립되면서 김홍집 내각은 붕괴되었다. 이때 김홍집은 광화문 앞에서 민중들에 의해 살해되었다.

김옥균
(1851~1894)

- 박규수, 오경석 등의 영향으로 개화 사상을 가지게 되었으며, 1881년 조사 시찰단(신사 유람단)의 일원으로 일본에 파견되었다. 특히 1882년 제3차 수신사 박영효와 함께 일본에 다녀온 후 일본의 힘을 빌려 개혁을 추진할 결심을 가지게 되었다. 그러나 일본과의 차관 교섭에 실패한 후, 온건 개화파의 정치적 압력을 받게 되자, 1884년 갑신정변을 일으켰다.
- 갑신정변은 우리나라 최초의 근대 국가 수립 운동으로 평가되지만, 일본의 지원으로 추진되었다는 점, 토지 제도 개혁이 없었다는 점에서 민중의 지지를 받지 못하였다. 결국 갑신정변은 청나라 군대의 개입으로 3일 만에 실패하였다. 갑신정변 실패 이후 일본으로 망명한 김옥균은 10년간 일본에서 생활하다가 1894년 상하이로 망명하였다. 그러나 1894년 민씨 정권이 보낸 자객 홍종우에게 피살당하였다.

유길준 (1856~1914) 	• 1881년 조사 시찰단(신사 유람단)의 일원으로 일본에 건너간 유길준은, 당시 일본 근대화의 상징적 인물이었던 후쿠자와 유키치에게 큰 영향을 받았다. 이후 1883년 보빙사 일행으로 미국에 건너갔다가 그곳에서 공부하였고, 1885년 유럽 여러 나라를 돌아볼 기회를 얻게 된다(이 경험은 『서유견문』 저술에 영향을 주었으며, **한반도 중립화론** 구상의 토대가 됨). 그러나 귀국 후 개화당 일파로 몰려 투옥되었다가 석방된 뒤 김홍집 내각에 입각하여 내무 협판 등을 역임하였다. • 아관파천 이후에는 일본으로 망명하였으나, 순종 황제의 특사로 귀국한 뒤 흥사단(1907년 설립된 어린이용 교과서를 출판하는 사업체였으며, 1911년 해체되었다. 안창호의 흥사단과는 다른 단체이다.)을 창립하였고, 국민 경제회 및 계산 학교를 설립하였다.
최익현 (1833~1906) 	• 고종 3년(1868) 10월 경복궁 중건의 중지, 당백전(當百錢)의 폐지 등을 주장하며 대원군의 정책을 비판하였다. 이때 사간원의 탄핵을 받아 관직이 삭탈되었다. 또한 1873년에는 대원군의 만동묘(萬東廟) 철폐를 비롯한 실정을 비판하며 상소를 올렸다(**계유상소**). 이 사건을 계기로 10년간 집권해 온 대원군이 하야하였고 고종이 직접 정치 주도권을 장악하였다. • 1876년 1월에는 일본과의 통상 조약 체결이 추진되자, 도끼를 지니고 궁궐 앞에 엎드려 화의를 배척하는 상소(5**불가소 – 왜양일체론**)를 올렸다. • 1905년 10월 을사늑약이 체결되자, 11월 29일 '청토오적소(請討五賊疏)'를 올려 조약의 무효를 국내외에 선포하고 외부대신 박제순 등 5적을 처단할 것을 주장하였다. 이러한 상소 운동이 실패하자 전라북도 태인에서 거병하였으나, 결국 일제에 체포되어 쓰시마섬에 유배된 후 순국하였다.
이상설 (1870~1917) 	• 유학자 집안에서 태어난 그는 1896년 성균관 교수 겸 관장에 임명되었다가 사임하고, 한성 사범 학교 교관에 임명되었다. 이 무렵 헐버트(H. B. Hulbert)와 친교를 맺어 영어 · 프랑스어 등 외국어와 신(新)학문을 공부하였다. 1904년 일본이 황무지 개척권을 요구하자, 이를 반대하는 상소를 올렸다. 1905년 일제가 을사늑약을 강제로 체결하자, 조약을 파기할 것을 주장하는 상소를 올렸다. 고종이 이를 듣지 아니하자 5차례의 동일한 상소를 올렸다. • 1906년 4월 망명하여 북간도에 **서전서숙(瑞甸書塾)**을 설립하였고, **1907년 헤이그에 고종의 밀사로 파견되었**다. 1909년 밀산부에 독립군 기지인 한흥동을 건설하고, 1910년 6월에는 이범윤(李範允) · 이남기(李南基) 등과 함께 연해주 방면에 모인 의병을 규합하여 **13도 의군(十三道義軍)을 편성**하였다. • 한편 일제 강점기 직후 연해주와 간도 일대의 교포들을 규합하여 **성명회(聲鳴會)를 조직**하고, 미국 · 러시아 · 중국 등에 일제의 침략을 규탄하고 한국 민족의 독립 결의를 밝히는 선언서를 보냈다. 1911년 12월에는 블라디보스토크에서 김학만(金學滿) · 이종호(李鍾浩) · 정재관 · 최재형(崔在亨) 등과 함께 **권업회(勸業會)를 조직**하고 그 기관지로 〈권업신문(勸業新聞)〉을 발행하였다. 또한 **1914년에는 대한 광복군 정부의 대통령으로 추대**되었다.
헐버트 [Homer Bezaleel Hulbert, **한국명: 활보(轄甫)**] (1863~1949) 	• 고종 23년(1886) 소학교 교사로 초청을 받고 D.A.벙커 등과 함께 내한(來韓), 육영 공원(育英公院)에서 외국어를 가르쳤다. 1905년 을사늑약 후 한국의 자주독립을 주장하여, 고종의 밀서를 휴대하고 미국에 돌아가 국무장관과 대통령을 면담하려 하였으나 실패하였다. • 1906년 다시 내한하여 『한국평론(The Korea Review)』을 통해 일본의 침략을 폭로하였고, 1907년 고종에게 네덜란드에서 열리는 제2차 만국 평화 회의에 밀사를 보내도록 건의하였다. 그는 한국 대표보다 먼저 헤이그에 도착하여, 「회의 시보」에 한국 대표단의 호소문을 싣게 하는 등 한국의 국권 회복 운동에 적극 노력하였다. • 1908년 미국 매사추세츠주 스프링필드에 정착하면서 한국에 관한 글을 썼고, 1919년 3 · 1 운동을 지지하는 글을 서재필(徐載弼)이 주관하는 잡지에 발표하였다. • 저서로는 세계의 지리 지식과 문화를 소개한 『사민필지』, 『한국사(The History of Korea)』(2권), 『대동기년(大東紀年)』(5권), 『대한 제국 멸망사(The Passing of Korea)』 등이 있다.

홍범도
(1868~1943)

- 1907년 한일 신협약(정미 7조약)의 체결로 전국적으로 의병 운동이 일어나자, 홍범도는 주변의 포수들을 모아 (신포대 조직) 의병을 일으켜 큰 활약을 하였다. 1910년 국권이 피탈되자 만주로 건너가 대한 독립군 사령관을 역임하였다. 이후 일제가 독립군 기지인 봉오동을 침공하자, 약 120여 명을 사살하여 물리쳤으며(1920년 봉오동 전투), 청산리 전투에서도 활약하였다.
- 소련에서 생활하던 홍범도는, 1937년 스탈린이 조선인을 중앙 아시아 지방으로 강제 이주시키자 그곳으로 옮겨 왔고, 결국 1943년 카자흐스탄에서 사망하였다. 1962년 건국 훈장 대통령장을 추서받았다.

김좌진
(1889~1930)

- 북로 군정서의 총사령관으로, 대한 독립군의 홍범도(1868~1943)와 함께 청산리 대첩(1920. 10.)의 주역이었다. 청산리 대첩 당시 북로 군정서를 비롯한 독립군 연합 부대는 백운평, 완루구, 천수평, 어랑촌 등에서 벌어진 10여 회의 전투 끝에 1,200여 명을 사살하는 혁혁한 전과를 올렸다.
- 김좌진은 간도 참변(경신 참변) 이후 소련의 지원 약속에 따라 여러 독립군과 대한 독립 군단을 조직하여 소련 극동 지역으로 들어갔으나, 자유시 참변(1921. 6.) 직전 만주로 돌아왔다. 이후 조성환 등과 함께 신민부(1925)를 조직하고 동포 사회를 관할하여 민족 유일당 운동을 준비하던 중 공산주의자 박상실에게 피살되었다(1930).

이회영
(1867~1932)

- 호는 우당이다. 안창호 등과 신민회에서 활동하였으며, 일제 강점기 이후에 이회영 등 여섯 형제는 일가족 전체를 거느리고 만주로 망명하여 항일 독립운동을 펼쳤다. 신흥 강습소(이후 신흥 무관 학교로 발전) 설립, 의열단 활동을 지원하는 등 국외 항일 운동의 전반에 영향을 미쳤다.
- 신채호 등과 무정부주의(아나키스트) 운동을 전개하였으며, 1924년 재중국 조선 무정부주의자 연맹(在中國朝鮮無政府主義者聯盟)을 조직하여 활동하였다.

이동휘
(1872~1935)

- 대한 제국 군인 출신으로 강화 진위대에서 참령으로 근무하였다. 또한 이동녕·안창호 등과 신민회를 조직하여 항일 투쟁을 전개하였다.
- 이후 러시아로 망명하여 1914년 설립된 **대한 광복군 정부의 부통령**을 지냈으며, 대한 국민 의회 결성을 주도하기도 하였다. 또한 러시아 혁명 이후 **최초의 사회주의 정당인 한인 사회당을 결성**하였다(1918). 한인 사회당은 1921년에 고려 공산당으로 개편되었다.
- 대한민국 임시 정부가 상하이에 성립되자, 임정에 참여하여 군무총장 및 국무총리를 역임하였다. 그러나 소련에서 제공받은 독립 자금의 일부를 유용한 것이 문제되어 임시 정부를 떠나게 되었다.

김원봉
(1898~1958)

- 1919년 의열단을 창설하여 6년간의 대일 투쟁을 계속하였으나, 연합 투쟁 및 조직 투쟁의 필요성을 깨닫게 되었다. 이 때문에 1925년에는 황푸 군관 학교(중국 정부의 사관 학교)에 입교하여 군사 교육을 받았으며, 1927년에는 중국 국민당의 북벌(北伐)에 합류하였다. 이러한 경험은 1929년 상하이에서 정치 학교를 개설하고, 1932년 난징에서 조선 혁명 간부 학교를 창설하는 과정에서 중국 국민당의 지원을 받을 수 있었던 계기가 되었다.
- 1935년에는 신한 독립당·한국 독립당·대한 독립당·조선 혁명당·의열단의 5개 단체를 규합하여 민족 혁명당(1937년 조선 민족 혁명당으로 개칭)을 조직하였다. 1937년 중일 전쟁이 발발하자 우한(武漢)으로 가서 조선 민족 혁명당을 중심으로 사회주의 계열 통합 단체인 조선 민족 전선 연맹을 결성하기도 하였다. 1938년에는 중국 국민당 정부의 동의를 얻어 **조선 의용대를 편성**하고 대장에 취임하였다. 이후 김원봉 중심의 조선 의용대 일부는 1942년 한국광복군에 편입되었고, 김원봉은 1944년 임시 정부의 군무 부장에 취임하고 광복군 제1지대장 및 부사령관을 역임하였다.
- 해방 이후 여운형이 암살되고 남한만의 단독 정부 수립이 본격화되자 월북하여 1948년 남북 제정당 사회 단체 연석 회의(남북 협상)에 참가하였다. 북한 정권 수립 이후에는 국가 검열상·내각 노동상·최고 인민 회의 대의원 등을 역임하였으나 1958년 11월 숙청당하였다.

지청천 (1888~1957) 	• 지청천은 배재 학당과 대한 제국 무관 학교를 거쳐 일본에서 육군 사관 학교를 졸업한 군사 인재였다. 3·1 운동 이후 본격적으로 독립운동에 뛰어들어 신흥 무관 학교의 교장을 역임하고, 서로 군정서를 지휘하였다. 1924년 정의부가 조직되자 중앙 위원과 산하 의용군 총사령관에 선임되어 국내 진격 작전을 지휘하였다. • 1930년 길림에서 홍진 등과 함께 한국 독립당을 조직하고 산하에 한국 독립군을 편성하여 총사령관이 되었다. 1931년 만주 사변이 일어나자, 중국 호로군과 연합하여 쌍성보, 경박호, 동경성, 사도하자, 대전자령 등에서 혁혁한 전과를 올렸다. 이후 중국 관내(關內)로 이동하여 김구의 주선에 의해 낙양 군관 학교 한인 특별반 교관으로 재직하며 독립군의 양성에 노력하였다. 1940년에는 한국광복군 창설에 참여하여 총사령관을 맡았으며, 해방 후 1947년 대동 청년단을 조직하여 반공 운동 및 이승만 지지 활동을 하였다.
안창호 (1878~1938) 	• 독립 협회에 참여하였고, 1899년에는 강서 지방 최초의 근대 학교인 점진 학교를 설립하였다. 1902년 미국으로 건너가 샌프란시스코에서 한국인 친목회를 조직하고, 이를 기반으로 1905년 4월 **대한인 공립 협회**를 설립하였다. 을사늑약 체결 이후 귀국하여, 1907년 양기탁·신채호 등과 함께 비밀 결사인 신민회를 조직하였고, 평양에 대성 학교를 설립하였다. • 일제 강점 직후인 1911년 미국으로 망명한 이후 1912년 샌프란시스코에서 **대한인 국민회 중앙 총회를 조직**하였고, 〈신한민보〉를 창간하였다. 또한 1913년에는 흥사단을 창설하였다. • 1919년 3·1 운동 직후 상하이로 건너가 상하이 임시 정부 내무총장 겸 국무총리 대리직을 맡았고, 1923년 국민 대표 회의가 개최되었을 때는 **개조파**를 대표하는 인물이었다. • 1932년 일본의 중국 본토 침략 정책에 대응하여 독립운동 근거지 건설 계획을 검토하던 중, 일본 경찰에 붙잡혀 서울로 송환되었다. 이후 4년의 실형을 받고 복역하다가 1935년 2년 6개월 만에 가출옥하였으나, 1937년 6월 동우회 사건으로 재수감되었다가 순국하였다.
조소앙(본명: 조용은) (1887~1958) 	• 조소앙은 「대동단결 선언」(1917)을 집필하였고, 대한민국 임시 정부에서 국무원 비서장, 외무 부장 등을 역임하였다. 한편 조소앙은 삼균주의(정치, 경제, 교육의 균등)를 주장하였고, 그의 주장은 1941년 발표된 대한민국 건국 강령의 기초 이념이 되었다. • 해방 이후 귀국하여 1946년 비상 국민 회의를 조직한 후 의장이 되었으며 되어 김구와 함께 임시 정부의 정통성 고수를 주장하였다. 1948년 4월 남북 협상 때 평양에 다녀왔고, 12월에는 사회당을 결성하고 당수가 되었다. • 1950년 5·30 총선에 서울 성북구에서 전국 최고 득표자로 당선되어 제2대 국회에 진출하였으나, 6·25 전쟁으로 서울에서 강제 납북되었다.
박은식 (1859~1925) 	• 박은식은 〈황성신문〉과 〈대한매일신보〉의 주필을 역임하였으며, 신민회에도 참여하였다. 또한 일제가 유림계를 친일화하려는 정치 공작을 전개하자 대동교를 창립하여 저항하였다. 대동교는 양명학의 지행합일적 입장에서 유교를 민중적이고 실천적으로 개혁한 것이었다. 이는 「유교 구신론」을 통해 확인할 수 있다. • 일제 강점기 이후 만주로 망명하여 서간도에서 1년 동안 머물면서 「동명성왕실기」, 「발해태조건국지」, 「명림답부전」, 「천개소문전」, 「대동고대사론」 등을 저술하였다. • 이후 상하이로 거처를 옮긴 박은식은 신규식과 함께 동제사, 대동보국단을 조직하였고, 1917년 7월 신규식, 조소앙 등과 함께 「대동단결 선언」을 발표하여 국내외 독립운동 세력의 통합과 단결을 통한 임시 정부의 수립을 제의하기도 하였다. • 1925년 3월 '임시 대통령 이승만 면직안'이 임시 의정원에서 통과된 뒤, **대한민국 임시 정부의 제2대 임시 대통령으로 선출**되기도 하였으나, 개헌 이후 1925년 11월 1일 66세를 일기로 상하이에서 서거하였다. **대표적인 저서로는 「한국통사」와 「한국 독립운동 지혈사」가 있다.**

신채호
(1880~1936)

- 1907년 신민회와 국채 보상 운동 등에 참여하였다. 일제 강점 이후에는 블라디보스토크로 이주하여 권업회의 기관지인 〈권업신문〉에서 주필로 활동하기도 하였다. 1915년에는 상하이로 이동하여 신한 청년회 조직에 참가하였다.
- 임시 정부 수립 이후에는 의정원 의원을 역임하였으나, 〈신대한〉을 창간하여 이승만 중심의 임시 정부를 비판하였다. 한편 1923년 상하이에서 열린 국민 대표 회의에서는 임시 정부를 해체하고 새로운 조직을 만들자는 **창조파**의 핵심 인물이었다.
- 1927년 신간회의 발기인이었으며 무정부주의 동방 동맹에 가입하기도 하였다. 그러나 자금 조달 차 타이완으로 가던 중 지룽항에서 체포되어 10년형을 선고받고 뤼순 감옥에서 복역 중 1936년 옥사하였다.
- 역사학자로서의 신채호는 고조선과 묘청의 난 등에 새로운 해석을 시도하였고 '역사는 아와 비아의 투쟁이다.'라는 명제를 통해 민족 사관을 수립하였다. 저서로는 「**독사신론**」, 「**조선상고사**」, 「**조선상고문화사**」, 「**조선사연구초**」, 「**조선사론**」, 「이탈리아 건국삼걸전」, 「을지문덕전」, 「이순신전」, 「동국거걸최도통전」 등이 있다.

김구
(1876~1949)

- 1893년 동학에 입교하여 농민 운동에 참여하였고, 일본인 쓰치다 살해 사건으로 사형 선고를 받았으나 고종의 특사로 감형되었다. 이후 황해도 안악의 양산 학교에서 학생들을 가르쳤고, 신민회에도 참가하였다. 그러나 1911년 '105인 사건'으로 체포되어 15년형을 선고받았다(복역 중 감형으로 1915년 출옥).
- 3·1 운동 이후에는 상하이로 망명하여 대한민국 임시 정부에 참여하였고, 초대 경무국장·내무총장·국무령을 역임하였다. **1931년에는 한인 애국단을 조직**하여 이봉창·윤봉길 등의 의거를 지휘하였고, 1935년에는 한국 국민당을 조직하였다. 1940년 대한민국 임시 정부가 충칭(중경)으로 거점을 옮긴 후에는 **대한민국 임시 정부 주석으로서, 1941년 대일 선전 포고 및 대한민국 건국 강령을 발표**하였다.
- 해방 이후 개인 자격으로 입국한 김구는 한국 독립당 위원장으로서 모스크바 3국 외상 회의 성명을 반박하고 신탁 통치 반대 운동을 주도하였다. 1948년 4월에는 남한만의 단독 선거에 반대하면서 **남북 협상**을 결행하였으나 실패하였다. 1949년 6월 26일 경교장에서 육군 포병 소위 안두희에게 암살당하였다.

김규식
(1881~1950)

- 영어에 능통하였던 김규식은 1918년 모스크바에서 개최된 약소 민족 대회 및 **1919년 파리 강화 회의에 한국 대표로 파견**되었고, 1922년에는 동방 피압박 민족 대회에도 참석하였다. 이후 임시 정부의 5차 개헌 시기 부주석을 역임하였으며 해방 이후에는 반탁 운동을 전개하였다.
- 1946년 2월에는 우익 통합 단체인 민주 의원의 부의장을 역임하였고, **1946년 7월부터 여운형과 함께 좌우 합작 운동을 추진**하였다. 한편 1947년 10월에는 중도 우익 세력을 통합하여 민족 자주 연맹을 창설하기도 하였다.
- 한편 1948년에는 이승만의 남한 단독 정부 수립 주장에 반대하면서, 김구와 연합하여 그해 2월 남북 협상을 제안하였다. 이후 3월 15일 김일성·김두봉의 회신에 따라 남북 협상 5원칙을 제시하고, 4월 21일 38선을 넘어 평양을 방문하여 4자 회담을 가졌다(남북 협상). 이후 1950년 6·25 전쟁 과정에서 납북되어 사망한 것으로 알려졌다.

이승만
(1875~1965)

- 이승만은 1895년 배재 학당에 입학한 후 외국 문화를 접하면서 진보적인 사상을 갖게 되었다. 1904년 미국으로 건너간 그는 1905년부터 1910년까지 워싱턴 대학, 하버드 대학, 프린스턴 대학 등에서 서구 문화를 공부하였으며, 하와이를 중심으로 박용만(대조선 국민 군단 결성)·안창호와 협력하여 독립운동에 매진하였다(**대한인 국민회 참여**).
- 1919년 3·1 운동 이후 **대한민국 임시 정부가 수립되자 초대 대통령으로 추대**되었다. 그러나 1925년 탄핵되어 대통령직에서 물러난 후 주로 미국에서 외교 독립 활동에 매진하였다.
- 해방 이후 반탁 운동과 남한만의 단독 정부 수립 운동을 주도하였다. 1948년 제헌 국회에서 대한민국 초대 대통령에 당선되어 1948년 8월 15일 취임하였다. 1952년 부산 정치 파동을 통한 발췌 개헌안 처리, 1954년 사사오입 개헌, 1960년 3·15 부정 선거 등을 통해 독재 권력을 유지하고자 하였으나, 4·19 혁명이 발발하면서 대통령직에서 하야하였고, 하와이로 망명하여 생애를 마쳤다.

어디를 가든 마음을 다해 가라

– 공자

Slow and Steady Wins the race.

2021 에듀윌 9급 공무원 기본서 한국사: 근현대

초판발행	2020년 6월 18일
2쇄발행	2020년 11월 6일
편 저 자	신형철
펴 낸 이	박명규
펴 낸 곳	(주)에듀윌
등록번호	제25100-2002-000052호
주 소	08378 서울특별시 구로구 디지털로34길 55
	코오롱싸이언스밸리 2차 3층
교재문의	02) 2650-3912 Fax 02) 855-0008

ISBN 979-11-360-0557-1 14350

www.eduwill.net

대표전화 1600-6700

여러분의 작은 소리
에듀윌은 크게 듣겠습니다.

본 교재에 대한 여러분의 목소리를 들려주세요.
공부하시면서 어려웠던 점, 궁금한 점,
칭찬하고 싶은 점, 개선할 점, 어떤 것이라도 좋습니다.

에듀윌은 여러분께서 나누어 주신 의견을
통해 끊임없이 발전하고 있습니다.

에듀윌 도서몰
book.eduwill.net

교재문의
02-2650-3912

「학습자료」 및 「정오표」도
에듀윌 도서몰 도서자료실에서 함께 확인하실 수 있습니다.

eduwill

꿈을 현실로 만드는

에듀윌

에듀윌은 고객의 **꿈**, 직원의 **꿈**,
지역사회의 **꿈**을 실현한다

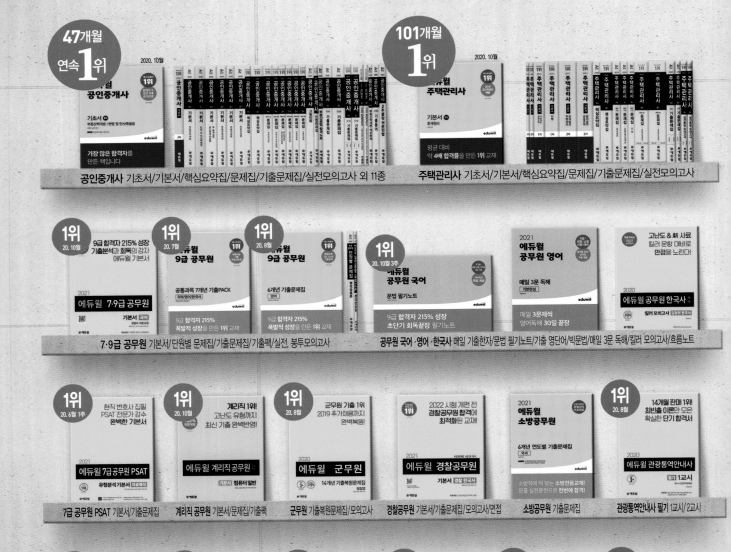

취업, 공무원, 자격증 시험준비의 흐름을 바꾼 화제작!

에듀윌 히트교재 시리즈

에듀윌 교육출판연구소가 만든 히트교재 시리즈!
YES24, 교보문고, 알라딘, 인터파크, 영풍문고 등 전국 유명 온/오프라인 서점에서 절찬 판매 중!

공인중개사 기초서/기본서/핵심요약집/문제집/기출문제집/실전모의고사 외 11종

주택관리사 기초서/기본서/핵심요약집/문제집/기출문제집/실전모의고사

7·9급 공무원 기본서/단원별 문제집/기출문제집/기출팩/실전, 봉투모의고사

공무원 국어·영어·한국사 매일 기출한자/문법 필기노트/기출 영단어/빅문법/매일 3문 독해/킬러 모의고사/흐름노트

7급 공무원 PSAT 기본서/기출문제집

계리직 공무원 기본서/문제집/기출팩

군무원 기출복원문제집/모의고사

경찰공무원 기본서/기출문제집/모의고사/면접

소방공무원 기출문제집

관광통역안내사 필기 1교시/2교시

검정고시 고졸/중졸 기본서/기출문제집/실전모의고사/총정리

사회복지사(1급) 기본서/기출문제집/핵심요약집

직업상담사(2급) 기본서/기출문제집

경비 기본서/기출/1차 한권끝장/2차 모의고사

전기기사 기본서/기출팩/초보전기

전기기능사 필기/실기

이론을 복습하는
기출&예상문제 풀이

근 현 대

문제편

신형철 편저 / 이익, 임진석, 박영규, 서익환 감수

2021 에듀윌
9급 공무원
한국사

이론을 복습하는
기출&예상문제 풀이

2021 에듀윌
9급 공무원
한국사

근현대

문제편

✳ 에듀윌

Contents

이 책의 차례

01 흥선 대원군의 개혁 정치와 문호의 개방

교수님 코멘트 ▶ 흥선 대원군의 왕권 강화 정책과 민생 안정 정책이 사료형 문제로 자주 출제된다. 또한 흥선 대원군의 통상 수교 거부 정책 강화의 계기가 된 제너럴셔먼호 사건, 병인양요, 오페르트 도굴 사건, 신미양요 등의 특징을 묻는 문제도 자주 나온다. 강화도 조약과 조미 수호 통상 조약의 체결 과정과 특징은 사료와 함께 출제되는 경향이 있다.

01
16. 지방직 7급

다음 자료에 나오는 인물의 활동으로 옳은 것은?

> 그가 대단한 능력을 발휘하여 힘써 교정하고 쇄신하니 치도 (治道)가 맑고 깨끗하여 국가의 재정이 풍족하게 된 것은 득이며 장점인 것이요. …(중략)… 쇄국을 스스로 장하다 하여 대세의 흐름을 부질없이 반대하였으니 이것은 단점이요 실정인 것이다.

① 군국기무처에서 총재관을 역임하였다.
② 을미의병이 확산되자 해산 권고 조칙을 발표하였다.
③ 갑신정변이 발발하자 청군의 개입을 요청하였다.
④ 임오군란으로 집권하여 5군영을 복구하였다.

02
17. 경기 북부 여경

밑줄 친 '그'에 대한 설명으로 가장 적절하지 않은 것은?

> 19세기 조선은 세도 정치로 인해 정치가 극도로 혼란하였고 삼정의 문란으로 백성의 생활이 어려워지면서 농민 봉기가 자주 일어났다. 1863년 어린 아들이 왕으로 즉위하자, 친아버지인 그가 왕을 대신하여 정치적 실권을 장악하였다.

① 비변사를 폐지시키고 경복궁을 중건하였다.
②『대전통편』,『육전조례』 등을 편찬하여 통치규범을 재정비하였다.
③ 양반에게도 군포를 징수하는 법을 시행하였다.
④ 일부 서원을 남기고 나머지 서원은 모두 철폐하였다.

03
16. 지방직 7급

다음에 서술된 군역 제도의 양상을 시기순으로 바르게 나열한 것은?

> ㉠ 보법을 실시하여 군정수를 크게 늘렸다.
> ㉡ 지방의 각 진관에서 방군수포가 행해졌다.
> ㉢ 평민에게만 징수해 온 군포를 양반에게도 징수하는 호포제를 실시하였다.
> ㉣ 종래 군역이 면제되었던 상층 양인들을 선무군관으로 처음 편성하여 수포하였다.

① ㉠ → ㉡ → ㉢ → ㉣
② ㉠ → ㉡ → ㉣ → ㉢
③ ㉡ → ㉠ → ㉢ → ㉣
④ ㉢ → ㉠ → ㉣ → ㉡

04
15. 지방직 9급

다음 설명과 관련된 사건으로 옳은 것은?

> 1975년 서지학자 박병선 박사는 이곳 도서관에서 조선 시대 도서가 보관되어 있음을 발견하고 목록을 정리하여 그 존재를 알렸다. 그 후 1990년대 초 한국 정부가 반환을 공식 요청하기에 이르렀다. 그 결과 2011년에 5년마다 갱신이 가능한 대여 방식으로 반환되었다.

① 어재연이 광성보에서 결사 항전하였다.
② 제너럴셔먼호 사건을 빌미로 일어났다.
③ 프랑스가 강화도 외규장각 도서를 약탈하였다.
④ 조선이 처음으로 서양 국가와 외교 관계를 맺었다.

05

(가)와 (나) 시기 사이에 있었던 역사적 사건으로 옳은 것은?

> (가) 병인년에 프랑스인이 강화도를 점령하자 양헌수가 정족
> 산성에 들어가 그들과 맞서 싸웠다.
> (나) 신미년에 미국인이 강화도를 침범하자, 어재연이 광성
> 보에서 그들과 맞서 싸웠다.

① 운요호가 강화도 초지진을 공격하였다.
② 영남 지역의 유생들이 만인소를 올렸다.
③ 미국과 '조미 수호 통상 조약'이 체결되었다.
④ 오페르트가 남연군의 무덤을 도굴하려 하였다.

06

교사의 질문에 대한 학생의 답변으로 옳은 것은?

이 자료들이 공통으로 보여 주는 사건 이후 일어난 사실을 말해 볼까요?

〈어재연 장군 수자기〉　〈주요 격전지〉

① 종로와 전국 각지에 척화비가 세워졌습니다.
② 오페르트가 남연군 묘를 도굴하려 하였습니다.
③ 평양 관민들에 의해 제너럴셔먼호가 불탔습니다.
④ 외규장각 건물이 불타고 의궤가 약탈당하였습니다.
⑤ 프랑스 로즈 제독의 함대가 양화진을 침입하였습니다.

정답&해설

01 ④

제시된 자료 중 "쇄국"이라는 단어를 통해 자료에 나오는 인물이 '흥선 대원군'임을 알 수 있다. ④ 흥선 대원군은 임오군란 이후 집권하여 5군영 복구, 통리기무아문 폐지 등을 추진하였다.

| 오답해설 |
① 군국기무처는 제1차 갑오개혁 시기 초정부적 개혁 기구이며, 김홍집이 총재관을 역임하였다.
② 고종은 아관파천 이후 을미의병에 대한 해산 권고 조치를 발표하였다.
③ 갑신정변이 발발한 이후 명성황후는 청군의 개입을 요청하였다.

02 ②

밑줄 친 '그'는 흥선 대원군이다. 그는 『대전회통』, 『육전조례』 등을 편찬하여 통치 규범을 재정비하였다. ② 『대전통편』은 정조 때 편찬된 법전이다.

03 ②

제시된 사실의 순서는 ㉠ 보법(15세기 세조) → ㉡ 방군수포 현상(16세기) → ㉣ 균역법(18세기 영조) → ㉢ 호포법(19세기 흥선 대원군)이다.

04 ③

[결정적 문제] 제너럴셔먼호 사건 – 병인양요 – 오페르트 도굴 사건 – 신미양요의 내용을 살펴보고, 선후 관계를 파악해 두자!

제시된 지문은 박병선 박사에 의해 프랑스 국립도서관에서 발견된 『조선왕조의궤』에 대한 설명이다. ③ 1866년 병인양요 때 프랑스 군은 강화도에서 철수하면서 외규장각 도서인 『조선왕조의궤』 340여 권을 약탈해 갔다.

| 오답해설 |
① 어재연 장군은 1871년 신미양요 때 미군에 항전하였던 인물이다.
② 제너럴셔먼호 사건을 계기로 1871년 신미양요가 일어났다(미군의 침략).
④ 조선이 처음으로 서양 국가와 외교 관계를 맺은 나라는 미국이다(1882년 조미 수호 통상 조약).

05 ④

(가)는 병인양요(1866), (나)는 신미양요(1871)이다. 1866년부터 1871년 사이의 역사적 사실은 ④ 1868년 오페르트 도굴 사건이다.

| 오답해설 |
① 운요호 사건은 1875년 발생하였다.
② 영남 만인소는 1881년 이만손 등이 개화 정책에 반대하며 올린 상소이다.
③ 미국과 1882년 '조미 수호 통상 조약'이 체결되었다.

06 ①

제시된 자료의 '수(帥)자기'는 신미양요(1871) 때 전사한 어재연 장군의 깃발이다. ① 흥선 대원군은 신미양요 이후 통상 수교 거부 정책의 의지를 알리기 위해 종로와 전국 각지에 척화비를 건립하였다(1871).

| 오답해설 |
② 1868년 독일인 오페르트가 흥선 대원군의 아버지인 남연군의 무덤을 도굴하려다 실패하였다(오페르트 도굴 사건).
③ 1866년 미국 상선 제너럴셔먼호가 평안도 관찰사 박규수 등 평양 군민들에 의해 격침되었다(제너럴셔먼호 사건). 이는 1871년 신미양요의 원인이 되었다.
④ 강화도에 보관되어 있던 외규장각 의궤(『조선왕조의궤』)는 1866년 병인양요 때 프랑스 군에 의해 약탈되었다가 임대 형태로 우리나라에 반환되었다.
⑤ 병인양요 시기 프랑스 극동 함대 사령관(로즈 제독)이 강화도를 침략하였다.

| 정답 | 01 ④　02 ②　03 ②　04 ③　05 ④　06 ①

07

다음에서 설명하고 있는 서적을 바르게 짝지은 것은?

> 역관으로 10여 차례나 중국을 왕래했던 오경석이 들여온 책으로 세계 정세와 문물의 변화를 국내에 전했다.

① 『우서』, 『열하일기』
② 『북학의』, 『열하일기』
③ 『열하일기』, 『조선책략』
④ 『영환지략』, 『해국도지』

08

19. 2월 서울시 9급

1876년 체결된 조일 수호 조규에 들어있지 않은 조항은?

① 조선은 자주국으로 일본과 동등권을 갖는다.
② 인천과 부산에 일본 공관을 둔다.
③ 일본인 거주 지역 내에서의 치외 법권을 인정한다.
④ 일본 선박의 조선 연해 측량을 인정한다.

09

한국사능력검정시험 고급 32회

다음 조약에 대한 설명으로 옳은 것은?

> 일본국 정부의 특명전권변리대신 육군중장 겸 참의 개척장관 구로다 기요타카와 특명부전권변리대신 의관 이노우에 가오루가 조선국 강화부에 와서 조선국 정부의 판중추부사 신헌과 부총관 윤자승과 함께 각기 받든 유지에 따라 의결한 조관을 아래에 열거한다.
> 제1관 조선국은 자주 국가로서 일본국과 평등한 권리를 보유한다.
> 제7관 조선국 연해의 섬과 암초는 종전에 자세히 조사한 적이 없어 지극히 위험하므로 일본국 항해자가 수시로 해안을 측량하는 것을 허락하여 위치와 깊이를 재고 지도를 제작하여 …(중략)….

① 갑신정변이 원인이 되어 체결되었다.
② 조약 체결에 반대하여 민영환이 자결하였다.
③ 천주교의 포교를 허용하는 조항이 들어 있다.
④ 외국에 대한 최혜국 대우를 처음으로 규정하였다.
⑤ 부산 외 2곳의 항구가 개항되는 결과를 가져왔다.

10

16. 국가직 7급

㉠ ~ ㉢에 대한 설명으로 옳은 것은?

> 운요호 사건으로 조선은 일본과 ㉠ 조일 수호 조규를 체결하였고, 몇 달 후에는 부속으로 ㉡ 조일 수호 조규 부록과 ㉢ 조일 무역 규칙을 약정하였다.

① ㉠ – 개항장에서 일본 화폐의 유통을 허용하였다.
② ㉡ – 일본국 항해자가 조선의 연해를 자유롭게 측량하도록 허가하였다.
③ ㉢ – 일본 정부 소속의 선박에는 항세를 면제하였다.
④ ㉠, ㉡, ㉢ – 일본인 범죄자에 대한 영사 재판을 허용하는 조항이 모두 들어 있다.

11

17. 지방직 9급

다음 자료가 조선 조정에 소개된 이후에 일어난 사건으로 옳지 않은 것은?

> 러시아를 막을 수 있는 조선의 책략은 무엇인가? 중국과 친하고[親中], 일본과 맺고[結日], 미국과 연합해[聯美] 자강을 도모하는 길뿐이다.

① 육영 공원(育英公院)을 설립해 서양의 새 학문을 교육하였다.
② 임오군란이 일어나고 제물포 조약이 체결되어 일본에 배상금을 지불하였다.
③ 개화파가 우정총국 개국 축하연을 이용해 정변을 일으켜 정권을 장악하였다.
④ 최익현은 일본과 통상을 반대하는 오불가소(五不可疏)를 올렸다.

07 ④

④ 개화 정책에 영향을 준 서적으로 『해국도지』(위원, 1842), 『영환지략』(서계여, 1850), 『만국공법』(윌리엄 마틴, 1864), 『지구전요』, 『인정』, 『명남루총서』(최한기), 『일동기유』(김기수), 『조선책략』(황쭌셴, 1880) 등이 있다.

| 보충설명 | **주요 통상 개화론자들의 활동**

> 이규경은 영국 상선 암허스트호의 첫 통상 요구(1832)를 허락할 것을 주장하였다. 최한기는 문호 개방을 주장하고, 『인정』(1860)에서 올바른 인재 등용과 진보론을 펼쳤으며, 실학 사상과 개화 사상의 교량 역할을 하였다. 박규수는 운요호 사건 이후 개항을 주장했고, 그의 신지식과 개화 사상은 김옥균, 홍영식, 서광범 등에게 전해졌다.

08 ②

② 조일 수호 조규(강화도 조약)에서는 부산 외의 2개의 항구를 개항한다는 내용만 언급되었을 뿐, 인천과 부산에 일본 공관을 둔다는 내용은 없다.

09 ⑤

제시된 사료는 1876년 체결된 강화도 조약이다. ⑤ 강화도 조약 이후 부산, 원산, 인천 등 세 곳의 항구가 개항되었다.

| 오답해설 |
① 갑신정변 이후 일본과는 한성 조약, 청과 일본 사이에는 톈진 조약이 체결되었다.
② 을사늑약이 체결된 이후 민영환 등은 자결로써 저항하였다.
③ 1886년 프랑스와 수교 이후, 천주교에 대한 신앙과 포교의 자유가 인정되었다.
④ 서구 열강과의 최초의 조약인 조미 수호 통상 조약(1882)에서는 거중 조정(1조), 치외 법권(4조), 관세 자주권(5조), 최혜국 대우(14조) 등이 설정되었다.

10 ③

㉠ 조일 수호 조규는 1876년 최초의 근대적 조약으로 체결된 강화도 조약이다. 강화도 조약 이후 일본은 ㉡ 조일 수호 조규 부록과 ㉢ 조일 무역 규칙(조일 통상 장정)을 체결하여 조선에서의 상권 침탈을 가속화하였다.
③ ㉢ 조일 무역 규칙(조일 통상 장정)에서는 일본 상품에 대한 무관세와 일본 정부 소속의 선박에 대한 무항세가 규정되었다.

| 오답해설 |
① 개항장에서 일본 화폐의 유통이 허용된 것은 ㉡ 조일 수호 조규 부록의 내용이다.
② 해안 측량권 허가는 ㉠ 조일 수호 조규(강화도 조약) 중 하나이다.
④ 일본인 범죄자에 대한 영사 재판 허용(치외 법권) 규정은 ㉠ 조일 수호 조규(강화도 조약)에만 규정되어 있다.

11 ④

제시된 자료는 2차 수신사였던 김홍집이 1880년 국내에 소개한 『조선책략』이다.
④ 최익현의 5불가소는 1876년 강화도 조약에 반대하는 상소였다.

| 오답해설 |
① 육영 공원은 1886년 설립된 근대 교육 기관이다.
② 1882년 임오군란 이후 일본과 제물포 조약이 체결되었다.
③ 1884년 급진 개화파가 우정총국 개국 축하연을 이용해 갑신정변을 일으켰다.

| 정답 | **07** ④ **08** ② **09** ⑤ **10** ③ **11** ④

12

(가)에 대한 다음 설명 중 가장 옳은 것은?

> 조선 땅은 실로 아시아의 요충을 차지하고 있어 열강들이 서로 차지하려고 할 것이다. 조선이 위태로우면 중국도 위급해진다. (가) 이/가 영토를 넓히고자 한다면 반드시 조선이 첫 번째 대상이 될 것이다. …(중략)… 그렇다면 오늘날 조선이 세워야 할 책략으로 (가) 을/를 막는 것보다 더 급한 일이 없다. (가) 을/를 막는 책략은 무엇인가? 중국과 친하고, 일본과 맺고, 미국과 이어짐으로서 자강을 도모할 뿐이다.

① (가)는 남해의 전략적 요충지인 거문도를 불법 점령하였다.
② (가)는 자국인 신부의 처형을 구실로 강화도를 침략하였다.
③ (가)의 공사관으로 을미사변 이후 신변의 위협을 느낀 고종이 피신하였다.
④ (가)와 조선은 서양 국가 중에 최초로 조약을 체결하였다.

13

조약 (가), (나) 사이 시기의 경제 상황으로 옳은 것은?

(가)	(나)
• 조선국 항구에 머무르는 일본은 쌀과 잡곡을 수출·수입할 수 있다. • 일본국 정부에 소속된 모든 선박은 항세(港稅)를 납부하지 않는다.	• 입항하거나 출항하는 각 화물이 세관을 통과할 때에는 세칙에 따라 관세를 납부해야 한다. • 조선 정부가 쌀 수출을 금지하고자 할 때에는 반드시 먼저 1개월 전에 지방관이 일본 영사관에게 통고해야 한다.

① 메가타 재정 고문이 화폐 정리 사업을 시도하였다.
② 혜상공국의 폐지 등을 주장한 정변이 발생하였다.
③ 양화진에 청국인 상점을 허용하는 조약이 체결되었다.
④ 함경도 방곡령 사건으로 일본과 외교적 마찰이 일어났다.

14

개항기 체결된 통상 협약에 대한 설명으로 옳지 않은 것은?

① 조일 통상 장정(1876) – 곡물 유출을 막는 방곡령 규정을 합의하였다.
② 조청 상민 수륙 무역 장정(1882) – 서울에서 청국 상인의 개점을 허용하였다.
③ 개정 조일 통상 장정(1883) – 일본과 수출입하는 물품에 일정 세율을 부과하였다.
④ 한청 통상 조약(1899) – 대한 제국 황제와 청 황제가 대등한 위치에서 조약을 체결하였다.

12 ③

제시된 사료는 황쭌셴의 『조선책략』중 일부이며, (가)는 러시아이다. ③ 고종은 을미사변 이후 신변의 위협을 느껴 러시아 공사관으로 피신하였다(아관파천, 1896).

|오답해설|
① 영국은 러시아를 견제하고자 거문도를 점령하였다(1885~1887, 거문도 사건).
② 프랑스는 강화도를 침략하여 병인양요(1866)를 일으켰다.
④ 조미 수호 통상 조약(1882)에 대한 설명이다.

13 ③

(가)는 1876년 체결된 조일 무역 규칙이며, (나)는 1883년 체결된 조일 통상 장정의 내용이다. ③ 임오군란(1882) 이후 체결된 조청 상민 수륙 무역 장정에서는 양화진에 청국인 상점을 허용하는 내용을 규정하였다.

|오답해설|
① 제1차 한일 협약(1904)으로 대한제국의 재정 고문이 된 메가타는 1905년부터 화폐 정리 사업을 시작하였다.
② 혜상공국 폐지는 갑신정변(1884) 직후 발표된 「정강 14개조」에 수록되어 있다.
④ 1889년 함경도에서 방곡령을 선포하였으나 실패하였다.

14 ①

1876년 강화도 조약 직후 체결된 조일 통상 장정에서는 무관세, 무항세, 무제한 양곡 유출을 규정하였다. ① '방곡령 조항'이 포함된 것은 1883년 개정된 조일 통상 장정이다.

02 근대 국가 수립 운동

교수님 코멘트 ▶ 통리기무아문을 통한 개화 정책 추진과 각 시기별 위정 척사 운동을 비교하여 알아두어야 한다. 임오군란, 갑신정변, 거문도 사건, 동학 농민 운동은 원인. 과정. 결과를 모두 알아야 풀 수 있는 문제가 출제된다. 갑오개혁, 을미개혁, 독립 협회의 활동, 광무 개혁 등은 상세한 내용까지 암기해야 한다.

01
18. 국가직 7급

1880년대 개화 정책과 관련된 사실에 대한 설명으로 옳은 것만을 모두 고르면?

> ㄱ. 교정청은 개화 정책을 총괄하는 기구였다.
> ㄴ. 청에 파견된 영선사 김윤식 일행은 무기 제조법을 배웠다.
> ㄷ. 미국에 파견된 보빙사는 근대 시설을 시찰하고 대통령을 접견하였다.
> ㄹ. 김홍집은 조사 시찰단으로 일본을 방문하여 『조선책략』을 가지고 돌아왔다.

① ㄱ, ㄴ   ② ㄱ, ㄹ
③ ㄴ, ㄷ   ④ ㄷ, ㄹ

02
12. 사복직 9급

밑줄 친 '이들'에 대한 설명으로 옳은 것은?

> 이들이 받은 교육 내용은 주로 서양의 말과 문장, 탄약 제조, 화약 제조, 제도, 전기, 소총 수리 등이었다. 그러나 이들 가운데에는 자질이 부족하여 교육에 어려움을 느끼다가 자퇴하는 사람들도 있었다.

① 갑신정변을 주도하였다.
② 일본에 파견되어 활동하였다.
③ 정부의 재정 지원으로 외국에서 3년간 교육을 받았다.
④ 이들의 활동을 계기로 근대적 병기 공장인 기기창이 설치되었다.

03
12. 국가직 9급

위정척사 운동의 전개에 대한 설명으로 옳지 않은 것은?

① 대원군의 쇄국 정책을 뒷받침하였다.
② 동도서기론과 문명 개화론을 주장하였다.
③ 영남 유생들의 만인소 운동이 일어났다
④ 일본과 관련하여 왜양일체론을 내세웠다.

04

(가)와 (나)의 주장이 공통적으로 비판하고 있는 것은?

> (가) 일단 강화를 맺고 나면 저 적들의 욕심은 물화를 교역하는 데 있습니다. 저들의 물화는 대부분이 지나치게 사치하고 기이스러운 노리개이고 수공 생산품이어서 그 양이 무궁한 데 반하여, 우리의 물화는 대부분이 백성들의 생명이 달린 것이고 땅에서 나는 것으로 한계가 있는 것입니다. 우리의 심성과 풍속이 패퇴될 뿐만 아니라, 그 양은 틀림없이 1년에도 수만에 달할 것이니 그렇게 될 때 우리 땅 수천 리는 불과 몇 년 안 가서 땅과 집이 모두 황폐하여 다시 보존하지 못하게 될 것입니다.
>
> (나) 일본은 이미 우리의 수륙 요충 지대를 점거하고 있어 그들이 우리의 허술함을 알고 충돌을 자행할 경우 이를 제지할 길이 없다. 미국을 끌어들일 경우 만약 그들이 재물을 요구하고 우리의 약점을 알아차려 어려운 청을 하거나 과도한 경우를 떠맡긴다면 거기에 응하지 않을 도리가 없다. 러시아는 우리와 혐의가 없는 바, 이제 공연히 남의 말만 들어 틈이 생기면 우리의 위신이 손상될 뿐만 아니라 만약 이를 구실로 침략해 온다면 이를 구제할 길이 없다.

① 화이론   ② 문호 개방
③ 대원군의 외교   ④ 척화 주전론
⑤ 척화비의 건립

05

다음은 위정척사 운동의 전개 과정을 설명한 글이다. 시대 순으로 바르게 나열한 것은?

> ㉠ 최익현을 비롯한 유생들은 개항 불가론과 왜양일체론을 내세우면서 개항에 반대하였다.
> ㉡ 이항로, 기정진 등이 서양의 통상 요구에 반대하여 척화주전론과 통상 반대론을 전개하였다.
> ㉢ 일본의 침략이 노골화되면서 위정척사 운동은 무력으로 맞서 싸우는 의병 항쟁으로 계승되었다.
> ㉣ 『조선책략』의 유포에 반발하여 이만손을 비롯한 영남 유생들이 만인소를 올려 서양 열강과의 수교를 반대하였다.

① ㉠ → ㉡ → ㉢ → ㉣
② ㉠ → ㉡ → ㉣ → ㉢
③ ㉡ → ㉠ → ㉢ → ㉣
④ ㉡ → ㉠ → ㉣ → ㉢
⑤ ㉡ → ㉢ → ㉠ → ㉣

06

다음 자료에 나타난 사건이 원인이 되어 체결된 조약의 내용으로 옳지 <u>않은</u> 것은?

> 선혜청 당상관 민겸호의 하인이 선혜청 창고에서 군량을 내줬다. 이때 하인이 쌀을 벼 껍질과 바꾸어 이익을 챙기자 많은 군인이 분노하여 하인을 때려눕혔다. 민겸호는 주동자를 잡아 포도청에 가두고는 곧 죽여 버리겠다고 하니 군인들은 분기하여 포도청과 경기 감영을 습격하였다.

① 개항장에서 일본 화폐의 유통을 허락한다.
② 일본 공사관에서 경비병의 주둔을 허락한다.
③ 양화진에서 청국 상인의 통상을 인정한다.
④ 조선에서 청국 상무위원의 영사 재판권을 인정한다.

정답&해설

01 ③

ㄴ. 1881년: 청에 파견된 영선사 김윤식 일행은 무기 제조법을 배웠으며, 이는 이후 기기창(근대적 무기 제조 기구) 설치의 계기가 되었다.
ㄷ. 1883년: 미국에 파견된 보빙사는 근대 시설을 시찰하고, 미국의 대통령을 접견하였다. 보빙사 파견을 통해 신식 우편 제도와 선진 농업 기술을 받아들였다.

|오답해설|
ㄱ. 동학 농민 운동이 일어난 이후 조선 정부는 자주적 개혁을 추진하기 위해 교정청을 설치하였다(1894).
ㄹ. 1880년 김홍집은 제2차 수신사로 일본을 방문하여 황쭌셴의 『조선책략』을 국내로 가지고 들어왔다.

02 ④

제시된 자료의 "탄약 제조", "소총 수리" 등을 통해 '이들'은 무기 제조 교육을 받았던 '영선사'임을 알 수 있다. 영선사는 청나라에 파견된 문화 사절단으로서, 1881년 9월 김윤식 등과 20여 명의 유학생이 파견되었다. 이때 유학생들은 1882년 1월 톈진의 기기국에 배속되어 화약·탄약 제조법, 기계 조작법 등 근대적 군사 지식뿐 아니라 자연 과학·외국어 등도 학습하였다. 임오군란이 발발하여 귀국하였으나, ④ 이러한 경험은 근대적 무기 제조 기구인 기기창의 설치로 이어졌다.

03 ②

② 동도서기론과 문명 개화론은 개화 세력의 주장이다.

|오답해설|
① 위정척사 세력은 1860년대 흥선 대원군의 쇄국 정책을 지지하면서 통상 반대 운동을 전개하였다.
③④ 1870년대는 왜양일체론에 근거한 개항 반대 운동이 나타났으며, 1880년대는 개화 반대 운동이 영남 만인소(이만손), 만언 척사소(홍재학) 등의 형태로 제기되었다.

04 ②

(가)는 최익현의 개항 반대론, (나)는 이만손의 영남 만인소이다. ② 두 주장 모두 문호 개방을 비판하고 있다.

05 ④

제시된 자료의 순서는 ㉡ 1860년대 통상 반대 운동 → ㉠ 1870년대 개항 반대 운동 → ㉣ 1880년대 개화 반대 운동 → ㉢ 1890년대 이후 항일 의병 운동이다.

06 ①

|결정적 문제| 임오군란의 원인과 결과를 기억하자!
제시된 자료는 1882년 임오군란에 대한 설명이다. 임오군란 이후 일본과 '제물포 조약'이 체결되었고, 청과는 '조청 상민 수륙 무역 장정'이 체결되었다. ① 개항장에서 일본 화폐의 유통을 허락한 것은 강화도 조약 직후 체결된 조일 수호 조규 부록의 내용이다.

|오답해설|
② 제물포 조약에 대한 설명이다.
③④ 조청 상민 수륙 무역 장정의 내용이다.

| 정답 | **01** ③ **02** ④ **03** ② **04** ② **05** ④ **06** ①

07

다음 사건에 대한 설명으로 옳은 것은?

> 임오년 서울의 영군(營軍)들이 큰 소란을 피웠다. 갑술년 이후 대내의 경비가 불법으로 지출되고 호조와 선혜청의 창고도 고갈되어 서울의 관리들은 봉급을 못 받았으며, 5영의 병사들도 가끔 결식을 하여 급기야 5영을 2영으로 줄이고 노병과 약졸들을 좇아냈는데, 내쫓긴 사람들은 발붙일 곳이 없으므로 그들은 난을 일으키려 했다.

① 군대 해산에 반발한 군인들은 의병 부대에 합류하였다.
② 보국안민, 제폭구민의 대의를 위해 봉기할 것을 호소하였다.
③ 정부의 개화 정책에 반대하는 서울의 하층민들도 참여하였다.
④ 충의를 위해 역적을 토벌한다는 명분을 내걸고 유생들이 주동하였다.

08

밑줄 친 '그들'이 추진했던 정책에 대한 설명으로 옳은 것을 〈보기〉에서 모두 고르면?

> 그들의 실패는 우리에게 무척 애석한 일이다. 내 친구 중에 이 사건을 잘 아는 이가 있는데, 그는 어쩌다 조선의 최고 수재들이 일본인에게 이용당해서 그처럼 큰 잘못을 저질렀는지 참으로 애석하다고 했다. 진실로 일본인이 조선의 운명과 그들의 성공을 위해 노력을 다했겠는가? 우리가 만약 국가적 발전의 기미를 보였다면 일본인들은 백방으로 방해할 것이 자명한데 어찌 그들을 원조했겠는가? 『한국통사』

┌─ 보기 ─
⊙ 토지의 평균 분작을 실현한다.
ⓒ 러시아와 비밀 협약을 추진한다.
ⓒ 보부상 단체인 혜상공국을 혁파한다.
ⓔ 의정부, 6조 외의 불필요한 관청은 없앤다.
└─

① ⊙, ⓒ   ② ⊙, ⓒ
③ ⓒ, ⓔ   ④ ⓒ, ⓔ

09

(가)와 (나)를 주장한 인물의 활동으로 옳은 것은?

> (가) 서양 종교는 사교이므로 마땅히 음탕한 음악이나 미색처럼 여겨서 멀리해야겠지만, 서양 기계는 이로워서 진실로 백성의 생활을 편리하게 할 수 있다.
>
> (나) 오늘날 급선무는 인재를 등용하며 국가 재정을 절약하고 사치를 억제하며, 문호를 개방하고 이웃나라와 친선을 도모하는 데 있다. …(중략)… 일본은 법을 변경한 이후로 모든 것을 바꾸었다[更張]고 한다.

① (가) – 개벽 사상을 담은 동학을 창도하였다.
② (가) – 갑신정변이 일어나자 청국 군대의 개입을 요청하였다.
③ (나) – 만동묘 철폐를 주도하였다.
④ (나) – 보부상단을 통괄하는 혜상공국의 설치를 주장하였다.

10

다음 약력에 해당하는 인물은?

> • 1872년 철종의 딸 영혜옹주와 결혼
> • 1884년 갑신정변에 참여함. 실패 후 일본 망명
> • 1894년 내무대신에 임명됨. 다음해 일본 망명
> • 1910년 국권 피탈 이후 일본의 작위를 받고 동아일보사 초대사장, 중추원의장·부의장, 일본 귀족원 의원 등 역임

① 박영효
② 윤치호
③ 김옥균
④ 김홍집

11

다음의 자료와 관련된 조약에 해당하는 것은?

> 1. 청·일 양국 군대는 4개월 이내에 조선에서 동시 철병할 것
> 2. 청·일 양국은 조선국왕의 군대를 교련하여 자위할 수 있게 하되, 외국 무관 1인 내지 여러 명을 채용하고 두 나라의 무관은 조선에 파견하지 않을 것
> 3. 장차 조선에서 변란이나 중대사로 두 나라 중 한 나라가 출병할 필요가 있을 때는 먼저 문서로 조회하고 사건이 진정된 뒤에는 즉시 병력을 전부 철수하여 잔류시키지 않을 것

① 한성 조약
② 제물포 조약
③ 시모노세키 조약
④ 톈진 조약

---

07 ③

제시된 사료의 임오년에 군인들이 난을 일으킨 사건은 '임오군란'(1882)이다. ③ 당시 정부의 개화 정책에 반대하는 서울의 하층민들도 다수 참여하였다.

| 오답해설 |
① 군대 해산 이후 군인들이 의병에 합류하였다(정미의병, 1907).
② 동학 농민 운동 당시 보국안민, 제폭구민의 대의를 위해 봉기할 것을 호소하였다.
④ 항일 의병 운동에 대한 설명이다.

08 ④

사료 내용 중 "조선의 최고 수재들이 일본인에게 이용당해서"라는 내용을 통해 밑줄 친 '그들'이 갑신정변 주도 세력인 '급진 개화파'임을 알 수 있다. ⓒ, ⓔ은 갑신정변 중 발표된 혁신 정강 중 일부이다.

| 오답해설 |
㉠ 동학 농민 운동 시기 폐정 개혁안 내용 중 하나이다.
ⓛ 갑신정변 당시 러시아와의 비밀 협약 추진은 역사적 사실이 아니다.

09 ②

(가)는 '동도서기' 원칙을 밝힌 '온건 개화파'들의 논리이며, (나)는 '모든 것을 바꾸자(更張)'는 '급진 개화파'의 주장이다. ② 온건 개화파들은 민씨 정권과 결탁한 세력으로, 갑신정변이 일어나자 청국 군대의 개입을 요청하였다.

| 오답해설 |
① 1860년 최제우는 후천 개벽 사상을 담은 동학을 창도하였다. 동학은 개화 세력의 주장과는 거리가 멀다.
③ 흥선 대원군은 만동묘를 철폐하고, 전국의 600여 개의 서원을 정리하였다.
④ 급진 개화파 세력은 갑신정변 직후 발표한 혁신 정강에서 혜상공국 철폐를 주장하였다.

10 ①

① 박영효는 철종의 부마(영혜옹주와 결혼)였으며, 갑신정변의 주역 중 한 사람이었다. 갑신정변 이후 일본에 망명하였다가, 1894년 귀국하여 제2차 갑오개혁을 주도하였다. 1910년 국권 피탈 이후에는 일본의 작위를 받는 등 주도적으로 친일 행위를 하였다.

| 오답해설 |
② 윤치호는 한말 개화 운동을 추진하였으나, 1920년 이후에는 일본의 통치 정책에 이용된 친일 단체에 깊이 관여하였다. 1937년 중일 전쟁을 전후하여 일제의 전시 체제가 더욱 강화되자, '국민 정신 총동원 조선 연맹' 상무이사와 '국민 총력 조선 연맹' 이사로 친일 활동을 하였다.
③ 김옥균은 갑신정변을 주도한 대표적 인물이다. 갑신정변이 실패한 후 후일의 재기를 기약하고 박영효·서광범·서재필 등 9명의 동지와 함께 일본으로 망명하였다. 그러나 일본 정부는 그를 박해하였고 다시 1894년 3월 청의 상해로 망명하였다. 그러나 조선 정부가 보낸 자객 홍종우에게 암살당하였다.
④ 김홍집은 온건 개화파의 대표적 인물이며, 아관파천 이후 민중들에게 죽임을 당하였다.

11 ④

④ 제시된 내용은 갑신정변 이후 체결된 톈진 조약이다. 갑신정변은 우정총국 개국 축하연을 계기로 김옥균 등 급진 개화파가 일으킨 사건이다. 급진 개화파 세력들은 「혁신 정강」을 발표하고 개혁을 추진하였으나, 청군의 개입으로 3일 만에 실패하였다. 갑신정변 이후 일본과는 '한성 조약'이 체결되었고, 청과 일본 사이에는 '톈진 조약'이 체결되었다.

| 정답 |　07 ③　　08 ④　　09 ②　　10 ①　　11 ④

12

다음 사료를 통하여 추론한 내용이 <u>아닌</u> 것은?

- 청에 잡혀간 흥선 대원군을 곧 돌아오게 하며, 종래 청에 대하여 행하던 조공의 허례를 폐지한다.
- 문벌을 폐지하여 인민 평등의 권리를 세우고, 능력에 따라 관리를 임명한다.
- 지조법을 개혁하여 관리의 부정을 막고 백성을 보호하며, 국가 재정을 넉넉하게 한다.
- 각 도의 환상미를 영구히 받지 않는다.
- 일체의 국가 재정은 호조로 하여금 관할하게 하고 그 밖의 재무 관청은 폐지한다.
- 대신과 참찬은 날짜를 정하여 의정부에 모여 정령을 의결하고 공포한다.

① 청에 대한 종속 관계를 청산하고자 하였다.
② 양반 중심의 신분제를 폐지하고자 하였다.
③ 일원화된 국가 재정을 확립하고자 하였다.
④ 내각 제도에 의한 국정 운영을 모색하였다.
⑤ 지주제를 개혁하여 토지의 국유화를 꾀하였다.

13

17. 국가직 9급, 사복직 9급

갑신정변 이후 국내외 정세로 옳지 <u>않은</u> 것은?

① 독일 부영사 부들러는 조선의 영세 중립국화를 건의하였다.
② 러시아의 남하 정책에 대응하여 영국 함대가 거문도를 불법 점령하였다.
③ 조청 상민 수륙 무역 장정을 체결하여 청나라 상인에게 통상 특혜를 허용하였다.
④ 청·일 양국 군대가 조선에서 철수하는 것 등을 내용으로 하는 톈진조약이 체결되었다.

14

17. 서울시 9급

거문도 사건이 전개된 동안, 당시 사람들이 볼 수 있었던 모습은?

① 당오전을 발행하는 기사
② 한성순보를 배포하는 공무원
③ 『서유견문』을 출간한 유길준
④ 일본과의 무관세 무역을 항의하는 동래 부민

15

19. 국가직 9급

(가)의 체결 이후에 일어난 사실로 옳은 것은?

청군과 일본군의 개입으로 사태가 악화되자 농민군은 폐정 개혁을 제시하며 정부와 ___(가)___ 을/를 맺었다. 이에 따라 농민군은 해산하였다.

① 농민군이 황토현에서 감영군을 격파하였다.
② 고부 군수 조병갑이 만석보를 쌓아 수세를 강제로 거두었다.
③ 안핵사 이용태가 농민을 동학도로 몰아 처벌하였다.
④ 남접군과 북접군이 논산에서 합류하여 연합군을 형성하였다.

16

15. 지방직 9급

동학 농민 운동에 관한 설명으로 옳지 <u>않은</u> 것은?

① 전주화약 이후 조선 정부는 청·일 군대의 철수를 요청하였다.
② 조선 정부는 농민들의 요구에 대응하여 삼정 이정청을 설치하였다.
③ 청일 전쟁 발발 직후에도 전라도 지역을 중심으로 집강소가 운영되었다.
④ 일본군이 경복궁을 점령한 후 전라도와 충청도 지역의 농민군이 연합하였다.

17

다음에 제시된 역사적 사건들을 시간 순서대로 바르게 나열한 것은?

㉠ 우금치 전투	㉡ 전주 화약
㉢ 황룡촌 전투	㉣ 교정청 설치
㉤ 군국기무처 설치	

① ㉡ → ㉢ → ㉠ → ㉤ → ㉣
② ㉢ → ㉡ → ㉣ → ㉤ → ㉠
③ ㉢ → ㉡ → ㉣ → ㉠ → ㉤
④ ㉡ → ㉢ → ㉣ → ㉤ → ㉠

12 ⑤

결정적 문제 ▶ 갑신정변의 원인, 과정, 결과를 기억하고, 「정강 14개조」의 내용을 빠짐없이 살펴보자!
제시된 사료는 갑신정변 당시 김옥균 등이 주장한 「정강 14개조」이다. ⑤ 이른바 '위로부터의 개혁'이라고 할 수 있는 갑신정변, 갑오·을미개혁, 광무개혁에는 토지 개혁과 관련된 내용이 없다.

13 ③

갑신정변은 1884년 급진 개화파 세력(개화당)이 일으킨 사건이다. ③ 조청 상민 수륙 무역 장정은 1882년 임오군란 직후 체결되었다.

| 오답해설 |
① 1884년 갑신정변 직후 독일의 외교관이었던 부들러(Budler, H.)가 조선 정부에 '영세 중립'을 권고하였다.
② 1885년 거문도 사건 직후 유길준(俞吉濬)은 '한반도 중립화'를 정부에 건의하였다.
④ 갑신정변 이후 청·일 양국 군대가 조선에서 철수하는 것과 만일 조선에 변란이 발생하여 청·일 양국 혹은 한 국가가 파병할 경우에는 문서로 알려야한다는 것 등을 내용으로 톈진 조약(1885)이 체결되었다(청: 이홍장, 일: 이토 히로부미).

14 ①

거문도 사건은 1885년 영국이 러시아의 남하를 저지하기 위해 거문도를 불법적으로 점령한 사건이다. 문제에서 "거문도 사건이 전개된 동안"으로 서술하였기 때문에 영국군이 철수한 1887년까지가 해당한다. 따라서 1885년부터 1887년까지의 역사적 사실을 고르면 된다. ① 당오전은 1883년 묄렌도르프의 건의로 발행되어, 1894년 갑오개혁 이전까지 주조되었다.

| 오답해설 |
② 〈한성순보〉는 1883년 박문국에서 발행되었고, 1884년 갑신정변 직후에 폐지되었다.
③ 유길준의 「서유견문」은 1895년 출간되었다.
④ 강화도 조약 이후 체결된 조일 무역 규칙에서는 무관세가 규정되었으나, 1883년 개정 조일 통상 장정이 체결된 후에는 관세가 적용되었다.

15 ④

결정적 문제 ▶ 동학 농민 운동의 전개 과정과 폐정 개혁안의 내용은 꼭 알아두자!
(가)는 '전주 화약'이다. 청군과 일본군의 개입으로 사태가 악화되자, 조선 정부와 농민군 사이에는 전주 화약이 성립되었고, 이후 농민군은 전라도 일대에 집강소를 설치하였다(폐정 개혁안 실시: 반봉건, 반외세적 성격). 그러나 조선 정부의 철군 요구에도 불구하고, 일본이 경복궁을 점령하고 내정 간섭을 강화하자, 동학 농민군이 재봉기 하였다. ④ 남접군과 북접군이 논산에 집결하여, 관군 및 일본군에 맞섰으나, 공주 우금치 전투에서 대패하였다.

16 ②

② 삼정 이정청은 1862년 임술 농민 봉기 이후 조선 정부가 설치한 기구이다. 세도 정치의 한계로 삼정의 개혁은 실패하였다.

17 ②

제시된 사건을 순서대로 나열하면 ㉢ 황룡촌 전투(1894. 4.) → ㉡ 전주 화약(1894. 5.) → ㉣ 교정청 설치(1894. 6. 11.) → ㉤ 군국기무처 설치(1894. 6. 25.) → ㉠ 우금치 전투(1894. 11.)이다.

| 정답 | **12** ⑤ **13** ③ **14** ① **15** ④ **16** ② **17** ②

18

다음 자료에 해당하는 개혁 기구는 무엇인가?

> 1894년 6월 11일 내정 개혁에 관한 정책 입안을 위해 설치한 임시 관청이다. 당시 영의정 심순택, 영중추부사 신응조, 판중추부사 김홍집 등 재상들이 총재관으로 임명되어, 매일 개혁 정책을 협의하여 임금께 품신하였다. 이 기구는 일본이 강압한 5개조 내정 개혁안을 물리치고, 자주적인 내정 개혁을 꾀하기 위해 설치한 것이다.

① 군국기무처
② 교정청
③ 통리기무아문
④ 집강소

19

밑줄 친 '이 내각'의 재정 개혁안으로 옳은 것은?

> <u>이 내각</u>의 개혁 정책은 초정부적 비상 기구인 군국기무처를 중심으로 추진되었다. 당시 군국기무처에는 박정양, 유길준 등의 개화 인사들이 참여하여 개혁 정책을 결정하였다.

① 모든 재정은 호조에서 통할하도록 한다.
② 국가 재정을 탁지아문의 관할로 일원화시키도록 한다.
③ 궁내부 산하의 내장원에서 광산, 홍삼 사업 등의 재정을 관할하도록 한다.
④ 국가 재정은 탁지부에서 전관하고, 예산과 결산을 국민에게 공표하도록 한다.

20

다음 내용이 포함된 개혁에 대한 설명으로 옳지 <u>않은</u> 것은?

> • 공·사 노비 제도를 모두 폐지하고, 인신매매를 금지한다.
> • 연좌법을 폐지하여 죄인 자신 외에는 처벌하지 않는다.
> • 과부의 재혼은 귀천을 막론하고 그 자유에 맡긴다.

① 중국 연호의 사용을 폐지하였다.
② 독립 협회 활동의 영향을 받았다.
③ 군국기무처의 주도하에 추진되었다.
④ 동학 농민 운동의 요구를 일부 수용하였다.

21

1894년 제1차 갑오개혁 내용 중 동학 농민군의 주장과 가장 관련이 깊은 것을 〈보기〉에서 모두 고르면?

> ┤ 보기 ├
> ㉠ 삼사 언론 기관 폐지
> ㉡ 과부의 재가 허용
> ㉢ 공·사 노비법 혁파
> ㉣ 중국 연호 폐지

① ㉠, ㉡   ② ㉠, ㉣
③ ㉡, ㉢   ④ ㉢, ㉣

22

(가)의 내용으로 가장 적절한 것은?

> 고종은 문무백관을 거느리고 종묘에 나가 내정 개혁 및 자주 독립을 선포하는 독립 서고문을 바치면서 국정 개혁의 기본 강령이라고 할 수 있는 [(가)] 을(를) 1894년 12월 반포하였다.

① 문벌에 구애받지 않고 인재 등용의 길을 넓힌다.
② 의정부와 6조 외의 불필요한 관청은 모두 없앤다.
③ 무명잡세는 거두지 않는다.
④ 칙임관은 황제가 정부에 자문하여 그 과반수 의견에 따라 임명한다.

18 ②

동학 농민 운동 이후 조선 정부는 개혁의 필요성을 절감하게 되었다. 이에 ② 농민군의 요구 사항을 바탕으로 '교정청'을 설치하여 자주적 개혁을 추진하려고 하였다.

19 ②

밑줄 친 '이 내각'은 '제1차 김홍집 내각'이며, 군국기무처를 중심으로 제1차 갑오개혁을 추진하였다. ② 제1차 갑오개혁 때는 국가 재정을 탁지아문의 관할로 일원화시킨다고 규정하였다.

|오답해설|

① 1884년 갑신정변 직후 발표된 「정강 14개조」의 내용 중 일부이다.
③ 대한제국 시기에 해당한다.
④ 「헌의 6조」(1898)의 내용 중 일부이다.

20 ②

제시된 자료는 제1차 갑오개혁(1894) 시기의 개혁 내용이다. ② 독립 협회는 1896년 창립되어 1898년 해체되었다.

|오답해설|

① 제1차 갑오개혁 시기에는 중국 연호 사용을 폐지하고, '개국' 연호를 사용하여, 중국(청)의 종주권을 부인하였다.
③ 1894년 5월 6일 조선에 상륙한 일본군은 조선 정부의 철병 요구를 무시하고, 경복궁을 점령(1894. 6. 21.)하고 내정 간섭을 강화하였다. 또한 청일 전쟁(1894. 6. 23.)을 일으키며, 6월 25일 군국기무처를 만들어 제1차 갑오개혁을 추진하였다.
④ 군국기무처는 군국의 기무 및 일체의 개혁 사무를 관할한 초정부적 입법 및 정책 기구로서, 동학 농민 운동의 요구 사항을 일부 수용하여 반년 간 210건의 개혁안을 의결하였다(제1차 갑오개혁).

21 ③

동학 농민 운동 당시 농민들의 요구 사항인 폐정 개혁안 중 ⓒ 과부의 재가 허용, ⓒ 노비제의 혁파 등은 제1차 갑오개혁에서 반영되었다.

22 ①

(가)는 홍범 14조이다. 고종은 문무백관을 거느리고 종묘에 나가 「독립서고문」을 바치고, 국정 개혁의 기본 방향을 제시한 '홍범 14조'를 반포하였다. 그 내용 중 하나는 ① "문벌에 구애받지 않고 인재 등용의 길을 넓힌다"는 것이다.

|오답해설|

② 갑신정변 직후 발표된 「정강 14개조」의 내용 중 일부이다.
③ 동학 농민군의 「폐정 개혁안 12조」 중 일부이다.
④ 「헌의 6조」의 내용 중 일부이다.

| 정답 | **18** ② **19** ② **20** ② **21** ③ **22** ①

23

다음과 같은 개혁이 추진될 당시의 정황으로 가장 적절한 것은?

㉠ 단발령 실시	㉡ 태양력 사용
㉢ 우편 사무 시작	㉣ 소학교 설립
㉤ '건양' 연호 사용	㉥ 종두법 실시

① 청은 군대를 상주시키고 조선의 내정에 간섭하였다.
② 개화당 요인들이 우정국 개국 축하연 때 정변을 일으켰다.
③ 일제는 명성황후를 시해한 후 친일 내각을 수립하였다.
④ 통감부가 설치되어 조선의 모든 내정에 간섭하였다.

25

한국 근대 사회의 변동에 대한 설명으로 옳지 않은 것은?

개항 이후 근대 국가 건설을 위한 노력이 전개되었다. ㉠ 갑신정변과 갑오개혁으로 군주 체제가 붕괴되어 정치적 근대화가 실현되었으며, ㉡ 인재의 등용은 능력 위주로 점차 바뀌어 갔고, 노비와 여성에 대한 의식도 점차 개선되어 갔다. 또한 ㉢ 애국 계몽 운동을 통해 민권 의식이 향상되어 갔다. 이러한 근대 국가 수립 노력은 일제 강점으로 좌절되었지만, 이후 항일 투쟁으로 계승되어 3·1 운동이 일어날 수 있는 바탕이 되었다. 1920년 이후 일제의 경제적 수탈과 사회적 차별에 맞서 소작 쟁의와 노동 쟁의가 일어난 데에는 ㉣ 새로이 수용된 사회주의 사상도 작용하였다. 또한 ㉤ 민족주의계와 사회주의계가 통합된 신간회와 근우회를 조직하여 좀 더 효과적인 항일 운동을 전개하였다.

① ㉠   ② ㉡
③ ㉢   ④ ㉣
⑤ ㉤

24

(가)에 들어갈 가장 적절한 내용은 무엇인가?

정부가 전국에 단발령을 선포하는 등 여러 개혁 정책을 추진하기로 하였다. 정부는 백성 모두가 상투를 자르도록 명령하는 한편, 개혁 정책의 일환으로 [(가)]

① 태양력을 사용하기로 하였다.
② 과거제를 폐지하기로 하였다.
③ 신분 제도를 철폐하기로 하였다.
④ 군국기무처를 설치하기로 하였다.

26

발생 시기 순서로 나열할 때 다음 빈칸에 들어갈 사건으로 옳은 것은?

을미사변 - 아관파천 - (   ) - 대한 제국 수립

① 단발령 공포
② 독립 협회 결성
③ 홍범 14조 반포
④ 춘생문 사건 발발

27

1898년 관민 공동회에서 채택된 헌의 6조에 해당하지 않는 것은?

① 외국인에게 기대지 아니하고 관민이 동심협력하여 전제 황권을 견고케 할 것
② 전국의 재정은 궁내부 내장원으로 이속하고 예산과 결산은 중추원의 승인을 거칠 것
③ 모든 중대 범죄는 공개 재판을 시행하되, 피고가 끝까지 설명하여 마침내 자복(自服)한 후에 시행할 것
④ 칙임관은 황제가 정부에 자문을 구하여 그 과반수에 따라 임명할 것

28

다음 건의문이 결의된 이후에 일어난 사실로 옳은 것은?

1. 외국인에게 의지하지 말고, 관·민이 힘을 합하여 전제 황권을 견고하게 할 것
2. 외국과의 이권에 관한 조약은 각 대신과 중추원 의장이 합동 날인하여 시행할 것
3. 국가 재정은 탁지부에서 전관하고, 예산과 결산을 국민에게 공포할 것
4. 중대 범죄를 공판하되, 피고의 인권을 존중할 것
5. 칙임관을 임명할 때에는 정부의 자문을 받아 다수의 의견에 따를 것
6. 정해진 규정을 실천할 것

① 군국기무처를 중심으로 개혁이 추진되었다.
② 황제권 강화 작업의 일환으로 원수부가 설치되었다.
③ 고종이 러시아 공사관으로 거처를 옮기게 되었다.
④ 서재필을 중심으로 민중 계몽을 위한 〈독립신문〉이 창간되었다.

---

23 ③

제시된 개혁안은 1895년 시행된 '을미개혁'의 내용이다. 삼국 간섭 이후 조선 내 친러 세력이 확대되자, ③ 이에 위기를 느낀 일본이 을미사변(명성황후 시해 사건)을 일으키고 조선 정부를 압박하여 을미개혁이 추진되었다.

| 오답해설 |
① 임오군란, ② 갑신정변, ④ 을사늑약(제2차 한일 협약)에 해당한다.

24 ①

1895년 '을미개혁' 때 단발령이 실시되었다. ① 을미개혁에서는 태양력 사용, 종두법 시행, '건양' 연호 사용, 우편 사무 재개, 단발령 공포 등이 주요한 내용이었다.

| 오답해설 |
② 과거제 폐지는 갑오개혁에 해당한다.
③ 신분 제도의 폐지는 갑오개혁 시기에 단행하였다.
④ 군국기무처는 제1차 갑오개혁 시기 설립된 초정부적 개혁 기구이다.

25 ①

갑신정변과 갑오개혁에서는 전제 왕권의 약화를 목표로 하였으나, 왕정(王政)을 부정한 것은 아니며 ① 군주 체제가 붕괴되지는 않았다.

26 ②

아관파천(1896)과 대한 제국 수립(1897) 사이의 사건을 고르는 문제이다. ② 아관파천 직후 독립 협회가 결성되었다.

| 오답해설 |
① 단발령은 1895년 을미개혁 시기에 공포되었다.
③ 「홍범 14조」는 1894년 2차 갑오개혁 직전 발표되었다.
④ 춘생문 사건은 1895년 11월 친미파(정동파) 관료들이 중심이 되어 고종을 궁 밖으로 피신시키고, 친일 정권의 타도를 기도한 사건이다.

27 ②

② 「헌의 6조」에서 재정은 탁지부에서 전담하고, 예산과 결산을 공포한다고 규정되었다.

28 ②

제시된 사료는 독립 협회가 1898년 관민 공동회에서 발표한 '헌의 6조'이다. 따라서 1898년 이후 역사적 사실을 고르면 된다. ② 원수부는 「대한국 국제」(1899)가 발표된 이후 설치된 황제 직속의 최고 군 통수 기관이었다.

| 오답해설 |
① 군국기무처는 1894년 개혁 기구로 설치되어 제1차 갑오개혁을 주도하였다.
③ 아관파천은 1896년 2월에 발생하였다.
④ 〈독립신문〉이 창간된 것은 1896년 4월이다.

| 정답 | 23 ③   24 ①   25 ①   26 ②   27 ②   28 ②

29

16. 서울시 9급

대한제국의 성립 과정에 대한 설명으로 가장 옳지 않은 것은?

① 을미사변 이후 위축된 국가 주권을 지키고 고종의 위상을 높여야 한다는 여론이 높아졌다.

② 고종은 러시아 공사관에 있는 동안 경운궁을 증축하였다.

③ 고종은 연호를 광무라 하고 경운궁에서 황제 즉위식을 거행하였다.

④ 대한 제국의 헌법이라 할 수 있는 '대한국 국제'를 발표하였다.

30

10. 정보통신 경찰

대한제국에 대한 설명으로 가장 옳지 않은 것은?

① 양지아문을 설치하고 양전 사업을 실시하였다.

② 궁내부 내장원에서 관리하던 수입을 탁지아문에서 관장하게 하여 국가 재정을 건전하게 운영하였다.

③ 대한국 국제는 황제에게 육해군의 통수권, 입법권, 행정권 등 모든 권한을 집중시켰다.

④ 블라디보스토크와 간도 지방에 해삼위 통상사무관과 북변도 관리를 설치하였다.

31

14. 서울시 9급

다음 밑줄 친 '제국'에서 추진한 정책으로 옳지 않은 것은?

> 제1조 대한국은 세계 만국에 공인되어 온 바 자주독립한 제국이니라.

① 상무사 조직

② 양전 지계 사업

③ 외국어 학교 설립

④ 서북 철도국 개설

⑤ 군국기무처 설치

32

17. 국가직 7급 추가

대한제국의 지계 발급 사업에 대한 설명으로 옳지 않은 것은?

① 지계아문에서 토지 측량과 지계 발급을 담당하였다.

② 개항장에서 외국인의 토지 소유를 인정하지 않았다.

③ 모든 산림·토지·전답·가옥을 발급 대상에 포함하였다.

④ 러일 전쟁으로 중단되어 전국적으로 확대되지 못하였다.

29 ③

③ 고종은 원구단(환구단)에서 황제 즉위식을 거행하였다.

30 ②

결정적 문제 광무개혁의 내용을 알아두자!

② 대한제국 시기에는 핵심 재정을 궁내부 내장원에 집중시켰다.

31 ⑤

제시문은 '대한제국'에서 1899년에 발표한 '대한국 국제'의 일부이다. ⑤ 군국기무처는 1894년 6월에 설치된 초정부적 입법 기구로서, 제1차 갑오개혁 시기의 중심 기구이다.

|오답해설|

① 대한제국은 시전과 보부상단을 통합한 상무사를 설립하여 외국 상인으로부터 상권을 보호하고자 하였다(1899).

② 대한제국은 근대적 토지 소유권 확립을 통한 지세 수입 확보를 위해 양전 지계 사업을 추진하였다.

③ 외국어 학교는 1895년 5월 '외국어 학교 관제'가 제정된 이후 설립되기 시작하였고, 이후 1900년 '외국어 학교 규칙'을 제정하였다.

④ 대한제국 시기에 경의선 개통을 목표로 서북 철도국을 설립하였다(1900).

32 ②

② 대한제국 정부는 개항장에서만 외국인의 토지 소유를 인정하였다.

| 정답 | **29** ③　**30** ②　**31** ⑤　**32** ②

03 일제의 침략과 국권 수호 운동

교수님 코멘트 ▶ 일제의 국권 피탈 과정(한일 의정서, 제1차 한일 협약, 을사늑약, 정미 7조약, 기유각서)은 '순서 나열형' 문제로 빈출된다. 또한 항일 의병 운동은 을미의병, 을사의병, 정미의병으로 구분하여 의병별 주요 인물과 특징을 암기할 수 있어야 하며, 애국 계몽 운동 단체 중 보안회, 대한 자강회, 신민회 등의 활동도 빈출 주제이므로 잘 알아두어야 한다.

01
16. 서울시 9급

일본이 대한제국의 정부 기관에 자신들이 추천하는 고문을 두게 하여 대한제국의 내정에 간섭함으로써 실질적으로 주권을 침해하는 결과를 가져왔던 조약은?

① 1904년 2월 한일 의정서
② 1904년 8월 제1차 한일 협약(한일 협정서)
③ 1905년 제2차 한일 협약(을사늑약)
④ 1907년 한일 신협약(정미 7조약)

02
15. 서울시 9급

다음 〈보기〉의 사건들을 발생 순서대로 옳게 나열한 것은?

┤ 보기 ├

㉠ 일본은 러시아로부터 한국에 대한 지도·보호 및 감독의 권리를 인정받았다.
㉡ 미국은 한국에서 일본의 보호권 확립을, 일본은 미국의 필리핀 지배를 인정하였다.
㉢ 일본은 한국의 외교권을 박탈하고 통감부를 설치하였다.
㉣ 영국은 한국에서 일본의 특수 이익을, 일본은 영국의 인도 지배를 서로 승인하였다.

① ㉠ → ㉡ → ㉢ → ㉣
② ㉡ → ㉣ → ㉠ → ㉢
③ ㉢ → ㉠ → ㉡ → ㉣
④ ㉣ → ㉡ → ㉠ → ㉢

03
04. 6월 평가원 기출 변형

다음 격문과 관련 있는 사건으로 옳은 것은?

> 의병을 일으킴에 여러 말이 필요치 않다. …(중략)… 슬프다. 작년 10월에 저들이 한 행위는 만고에 일찍이 없었던 일로서, 억압으로 한 조각의 종이에 조인하여 5백 년 전해 오던 종묘사직(宗廟社稷)이 드디어 하룻밤 사이에 망하였으니, 천지신명도 놀라고 조종(祖宗)의 영혼도 슬퍼하였다. 나라를 들어 적국에 넘겨준 이지용 등은 실로 우리나라 만대의 변할 수 없는 원수요, …(중략)… 이토 히로부미(伊藤博文)는 마땅히 세계 여러 나라가 함께 토벌해야 할 역적이다.

① 한국의 사법권과 경찰권을 빼앗았다.
② 각 부의 차관을 일본인으로 임명하였다.
③ 통감부를 설치하고 외교권을 박탈하였다.
④ 외교와 재정 분야에 외국인 고문을 두도록 하였다.

04

다음 제시된 조약을 체결된 순서대로 가장 적절하게 나열한 것은?

> ⊙ 한국 정부는 시정 개선에 관하여 통감의 지도를 받을 것
> ⓒ 대일본 제국 정부는 대한제국의 독립과 영토 보전을 확실히 보증할 것
> ⓒ 일본국 정부는 한국과 타국 간에 현존하는 조약의 실행을 완전히 하는 임무가 있으며, 한국 정부는 금후(今後)에 일본국 정부의 중개를 거치지 아니하고 국제적 성질을 가진 하등조약(何等條約)이나 약속을 하지 않기로 함
> ⓔ 대한 정부는 대일본 정부가 추천하는 일본인 1명을 재정 고문으로 하여 대한 정부에 용빙(傭聘)하고, 재무에 관한 사항은 일체 그의 의견을 물어 실시할 것

① ⊙ → ⓒ → ⓔ → ⓒ
② ⓔ → ⓒ → ⓒ → ⊙
③ ⓒ → ⓔ → ⓒ → ⊙
④ ⓔ → ⓒ → ⊙ → ⓒ

05

다음 두 사건이 일어난 이후의 사실로 옳은 것만을 〈보기〉에서 모두 고르면?

> • 고종 황제의 강제 퇴위
> • 일제에 의한 군대 해산

┤ 보기 ├

> ⊙ 안중근이 만주 하얼빈에서 이토 히로부미를 사살하였다.
> ⓒ 민영환이 일제에 대한 저항을 강력하게 표현한 유서를 남기고 자결하였다.
> ⓒ 장지연이 민족 의식을 고취하는 「시일야방성대곡」을 〈황성신문〉에 발표하였다.
> ⓔ 이인영을 총대장으로 하는 13도 연합 의병 부대(창의군)가 서울 진공 작전을 시도하였다.

① ⊙, ⓒ
② ⊙, ⓔ
③ ⓒ, ⓒ
④ ⓒ, ⓔ

01 ②

② 일본은 1904년 제1차 한일 협약(한일 협정서)을 체결하여 재정 고문으로 메가타(화폐 정리 사업을 주도함)와 외교 고문으로 스티븐스를 파견하였다.

|오답해설|
① 러일 전쟁 직후 체결된 한일 의정서에서는 일본이 군사상 필요한 지역을 사용할 수 있도록 규정되었다(1904. 2.).
③ 을사늑약(제2차 한일 협약)으로 대한 제국의 외교권이 박탈되었고, 통감부가 설치되었다.
④ 1907년 정미 7조약(한일 신협약) 이후 차관 정치가 실시되었고, 비밀 조항으로 대한 제국 군대의 해산을 규정하였다. 이후 해산된 군인들은 의병 세력에 합류하였다(정미의병).

02 ②

제시된 내용들은 일제의 국권 피탈 과정과 관련된다. 사건의 순서는 ⓒ 가쓰라·태프트 밀약 → ⓔ 제2차 영일 동맹 → ⊙ 포츠머스 조약(러일 전쟁 강화 조약) → ⓒ 을사늑약(제2차 한일 협약)이다.

|보충설명| 을사늑약 이전의 주요 조약

조약명	조약 당사국과 주요 내용
가쓰라·태프트 밀약 (1905. 7. 29.)	미국은 필리핀, 일본은 한국에서의 독점적 우위권 인정
제2차 영일 동맹 (1905. 8. 12.)	영국은 인도, 일본은 한국에서의 우위권 인정
포츠머스 조약(1905. 9. 5.)	러시아가 일제의 한국에서의 독점적 우위권 인정

03 ③

제시된 자료는 유생 최익현의 격문이다. 이지용과 이토 히로부미가 등장하는 것으로 보아 '을사늑약(제2차 한일 협약)'과 관련되어 있음을 알 수 있다. 이지용은 당시 내부 대신으로서 을사늑약 체결 당시 조약에 찬성하여 서명한 다섯 대신 중 한 명이다. ③ 을사늑약 체결로 인해 통감부가 설치되었고, 외교권을 박탈당하였다.

|오답해설|
① 기유각서, ② 한일 신협약(정미 7조약), ④ 제1차 한일 협약에 대한 내용이다.

04 ③

제시된 내용의 순서는 ⓒ 한일 의정서(제3조) → ⓔ 제1차 한일 협약(제1조) → ⓒ 을사늑약(제2조) → ⊙ 한일 신협약(정미 7조약 제1조)이다.

05 ②

헤이그 특사 사건으로 고종이 강제 퇴위당하고, 대한 제국 군대가 해산된 것은 1907년이다. 따라서 ⊙ 1909년 안중근의 이토 히로부미 사살, ⓔ 1908년 13도 창의군의 서울 진공 작전이 이에 해당한다.

|오답해설|
ⓒ 민영환은 1905년 을사늑약이 체결되자 자결로써 저항하였다.
ⓒ 장지연은 1905년 을사늑약 체결 직후 「시일야방성대곡」을 〈황성신문〉에 발표하였다.

| 정답 | **01** ② **02** ② **03** ③ **04** ③ **05** ②

06

다음은 일본의 강요에 의해 체결된 조약의 일부이다. 이를 시기 순으로 바르게 나열한 것은?

> (가) 한국 정부는 일본 정부가 추천하는 일본인 1명을 재정 고문으로 하여 한국 정부에 고빙하고 재무에 관한 사항은 일체 그 의견을 물어 시행할 것이며, 또한 일본 정부가 추천하는 외국인 1명을 외교 고문으로 하여 외부에 고빙하고 외교에 관한 요무는 일체 그 의견을 물어 시행한다.
> (나) 대한 제국 정부는 일본 제국 정부의 행동을 용이하게 하기 위하여 편의를 제공할 것이며, 일본 제국 정부는 필요한 경우 군략상 필요한 지점을 수시로 수용한다.
> (다) 한국 정부는 지금부터 일본국 정부를 거치지 않고서는 국제적 효력을 가진 어떤 조약이나 약속도 맺지 않을 것을 서로 약속한다.

① (가) → (나) → (다)
② (가) → (다) → (나)
③ (나) → (가) → (다)
④ (나) → (다) → (가)
⑤ (다) → (나) → (가)

07

다음의 시와 관련된 역사적 사건에 대한 설명으로 가장 옳은 것은?

> 새 짐승도 슬피 울고 산악 해수 다 찡기는 듯
> 무궁화 삼천리가 이미 영락되다니
> 가을 밤 등불 아래 책을 덮고서 옛일 곰곰이 생각해 보니
> 이승에서 지식인 노릇하기 정히 어렵구나

① 일본은 영일 동맹, 테프트 – 가쓰라 각서와 포츠머스 조약을 통하여 각각 영국, 미국, 러시아로부터 대한제국에 대한 지배를 인정받았다.
② 일본은 군대를 거느리고 들어가 고종 황제와 대신들을 협박하면서 조약에 서명할 것을 강요하였으나, 황제는 끝까지 서명을 거부하였다.
③ 일본은 국가의 법령 제정, 중요 행정 처분, 고등 관리의 임명에 대해 통감의 사전 승인을 받도록 하였고 통감이 추천한 일본인을 관리로 임명하도록 하였다.
④ 육군 대신 데라우치는 2천여 명의 헌병을 데리고 들어와 경찰 업무를 담당하게 하였고, 순종에게 양위의 조서를 내리도록 강요하였다.

08

다음은 항일 의병 운동의 시기별 특징을 설명한 것이다. (나) 시기에 일어난 역사적 사실이 아닌 것은?

> (가) 존왕양이를 내세우며 지방 관아를 습격하여 단발을 강요하는 친일 수령들을 처단하였다.
> (나) 일본의 외교권 박탈을 계기로 국권 회복을 위한 무장 항전을 전개하였다.
> (다) 유생과 군인, 농민, 광부 등 각계각층을 포함하여 전력이 향상된 의병은 일본군과 직접 전투를 벌였다.

① 민종식은 1천여 명의 의병을 이끌고 홍주성을 점령하였다.
② 평민 출신 의병장 신돌석이 처음으로 등장하여 강원도와 경상도의 접경 지대에서 크게 활약하였다.
③ 의병 지도자들은 서울 진공 작전을 시도하여 경기도 양주에서 13도 창의군을 결성하였다.
④ 최익현은 정부 진위대와의 전투에 임해서 스스로 부대를 해산시키고 체포당하였다.

09

다음 신문 기사에 보도된 의병에 관한 설명으로 옳은 것은?

> 의병이 1천여 명에 달하여 일본 경찰과 접전하기 시작했다고 한다. 소문에는 전(前) 의병장 유인석 등이 10여 년 전부터 재앙의 근원을 만들더니 지금 해산병이 들고 일어났다고 한다. 원주를 중심으로 동으로 강릉, 남으로 제천 등 여러 군이 호응하여 6, 7백 리 지방에 창궐한 형세가 나날이 증가한다고 한다.
> 〈대한신문〉

① 외교권 박탈을 계기로 일어났다.
② 단발령 시행에 분노하여 봉기하였다.
③ 러시아 공사관에 있는 고종의 환궁을 요구하였다.
④ 연합 의병을 결성하여 서울 진공 작전을 추진하였다.

10

다음 자료와 관련된 단체의 설명으로 옳지 않은 것은?

> • 시장에 외국 상인의 출입을 엄금할 것
> • 다른 나라에 철도부설권을 허용하지 말 것
> • 시급히 방곡령을 실시하고 구민법을 채용할 것
> • 금광의 채굴을 금지하고 인민의 방책을 꾀할 것

① 정치적·경제적 각성을 촉진하고, 단결을 공고히 함을 강령으로 삼아 투쟁하였다.

② 1900년 전후 충청과 경기, 낙동강 동쪽의 경상도 등지에서 활동하였다.

③ '가난한 사람을 살려내는 무리'라는 뜻으로 홍길동전에서 이름을 따왔다.

④ 을사늑(조)약 이후에 이들 가운데 일부는 의병 운동에 참여하였다.

11

다음 조칙이 발표된 이후의 상황에 대한 설명으로 옳은 것만을 〈보기〉에서 모두 고른 것은?

> ≪관보≫ 호외
>
> 짐이 생각건대 쓸데없는 비용을 절약하여 이용후생에 응용함이 급무라. 현재 군대는 용병으로서 상하의 일치와 국가 안전을 지키는 방위에 부족한지라. 훗날 징병법을 발표하여 공고한 병력을 구비할 때까지 황실시위에 필요한 자를 빼고 모두 일시에 해산하노라.

─┤ 보기 ├─
> ㉠ 신돌석과 같은 평민 출신의 의병장이 처음으로 등장하였다.
> ㉡ 단발령의 실시로 위정척사 사상에 바탕을 둔 의병 운동이 시작되었다.
> ㉢ 연합 의병 부대인 13도 창의군이 결성되어 서울 진공 작전을 계획하였다.
> ㉣ 일본군의 '남한 대토벌 작전'으로 의병 부대의 근거지가 초토화되었다.

① ㉠, ㉡ 　　② ㉠, ㉣

③ ㉡, ㉢ 　　④ ㉢, ㉣

---

06 ③

결정적 문제 ▶ 일제의 국권 피탈 과정을 선후 관계를 고려하여 알아두자!
(나) 한일 의정서(1904. 2.) → (가) 제1차 한일 협약(1904. 8.) → (다) 을사늑약(제2차 한일 협약, 1905. 11.)의 순서이다.

07 ④

제시된 사료는 국권 피탈 직후 자결한 황현의 「절명시」이다. ④ 국권 피탈 전후의 상황이다.

08 ③

(가)는 을미의병, (나)는 을사의병, (다)는 정미의병에 해당된다. ③ (다) 정미의병과 관련이 있다.

09 ④

제시된 자료 중 "해산병이 들고 일어났다"는 표현에서 '정미의병'임을 알 수 있다. ④ 정미의병은 13도 창의군을 결성하여 서울 진공 작전을 추진하였으나 실패하였다.

10 ①

제시된 자료는 '활빈당'의 강령인 대한사민논설 13조 중 일부이다. ① 정치적·경제적 각성을 촉진하고, 단결을 공고히 함을 강령으로 삼아 투쟁한 것은 신간회이다.

11 ④

제시된 사료의 "군대를 일시에 해산한다"는 내용을 통해 1907년 '한일 신협약(정미 7조약)'이 체결된 시기임을 알 수 있다. ㉢ 전국 연합 의병 부대인 13도 창의군이 결성되어 1908년 서울 진공 작전을 추진하였으나, 실패하였다. ㉣ 1909년 일본군의 '남한 대토벌 작전'으로 의병 부대의 근거지가 초토화되었다.

| 오답해설 |
㉠ 1905년 을사늑약 이후 출현한 을사의병에는 신돌석과 같은 평민 출신 의병장이 처음 등장하였다.
㉡ 1895년 을미사변과 단발령 실시를 계기로 을미의병이 시작되었다.

12

12. 지방직 7급

다음 (가), (나)와 관련하여 나타난 사건에 대한 설명으로 옳지 않은 것은?

> (가) 시위대 참령 ○○○이 …(중략)… "내가 몇 해 동안 군사를 거느리고 있었는데, 갑자기 해산을 당하고 말았으니 차마 내 병정들을 대할 면목이 없다."라고 말하고 차고 있던 군도를 빼어 스스로 목을 찔러 죽으니 병정들이 분기를 이기지 못하였다고 한다.
>
> (나) 용병(用兵)의 요체는 고립을 피하고 일치단결하는 데 있다. 각 도의 군사를 통일하여 뚝이 무너질 듯 근기(近畿) 지방으로 밀려들어가면 온 천하를 우리 보물로 하기는 불가능하더라도 한국 문제를 해결하는 데 유리하게 될 것이다.

① (가) – 의병과 연계하여 일본군과 접전을 벌였다.
② (나) – 13도 창의대진소가 설치되고 이인영을 창의대장으로 뽑았다.
③ (가) – 고종이 퇴위하고 정미조약이 강요되는 계기가 되었다.
④ (나) – 허위가 이끄는 선발 부대는 동대문 인근까지 진출하였다.

13

15. 지방직 9급

다음 취지서를 발표한 단체의 활동에 대한 설명으로 옳은 것은?

> 무릇 나라의 독립은 오직 자강(自强)의 여하에 달려 있는 것이다. …(중략)… 그러나 자강의 방도를 강구하려 할 것 같으면 다른 곳에 있지 않고 교육을 진작하고 산업을 일으키는 데 있으니 무릇 교육이 일어나지 않으면 민지(民智)가 열리지 않고 산업이 일어나지 않으면 국부가 증가하지 못하는 것이다. 교육과 산업의 발달이 곧 자강의 방도임을 알 수 있는 것이다.

① 만민 공동회를 개최하여 러시아의 침략 정책을 강력하게 규탄하였다.
② 고종의 강제 퇴위 반대 운동을 전개하다가 일본의 탄압으로 해산되었다.
③ 방직, 고무, 메리야스 공장을 육성하여 경제 자립을 이루자는 운동을 전개하였다.
④ 일본의 황무지 개간에 대한 대중적인 반대 운동을 일으켜 이를 철회시키는 데 성공하였다.

14

10. 정보통신 경찰

신민회에 대한 설명으로 가장 옳지 않은 것은?

① 일제의 탄압을 피해 비밀 결사 조직의 형태를 유지하였다.
② 신교육과 신사상 보급 등 교육 운동에서 활발한 활동을 하였다.
③ 이동휘는 의병 운동에 고무되어 무장 투쟁론을 주장하였다.
④ 원산 노동자의 총파업과 단천의 농민 운동, 그리고 광주 학생 항일 운동을 지원하였다.

15

다음 글에서 설명하는 한말 단체는 무엇인가?

> 교육 보급, 산업 개발, 민권 신장 등을 강령으로 내걸었으며, 〈대한민보〉를 발행하였다. 전국에 70여 개의 지회가 있을 정도로 규모가 컸으나, 일본의 통감부 통치를 문명 지도로 긍정하면서 그 속에서 의회 정치, 정당 정치를 구현하고자, 일진회와 제휴하는 등의 친일 성향을 드러내기도 하였다.

① 대한 자강회
② 대한인 국민회
③ 대한 협회
④ 대한 민회

16

다음 한말에 조직된 단체에 관한 내용에서 밑줄 친 부분에 대한 설명으로 옳지 않은 것은?

> • 무릇 우리 대한인은 내외를 막론하고 통일 연합으로써 그 진로를 정하고 독립 자유로써 그 목적을 세움이니, 이것이 우리의 원하는 바이며 우리가 품어 생각하는 것이다. 간단히 말하면 오직 ㉠ 신(新) 정신을 불러 깨우쳐서 ㉡ 신(新) 단체를 조직한 후에 ㉢ 신(新) 국가를 건설할 뿐이다.
> • 이 단체는 ㉣ 무장 독립 투쟁의 필요성을 제기하고 ㉤ 만주로 이동하여 독립군 기지를 설립하고, 무관 학교를 세우는 등 독립 전쟁의 터전을 마련하였다.

① ㉠을 함양하기 위해 대성 학교, 오산 학교 등을 세웠다.
② ㉡은 여러 계층의 애국지사가 참여한 비밀 조직이었다.
③ ㉢의 신 국가는 입헌 군주정체의 국민 국가를 의미한다.
④ ㉣의 제기는 기존 애국 계몽 운동의 한계를 뛰어넘는 것이었다.
⑤ ㉤을 위해 건설된 대표적 기지는 남만주의 삼원보였다.

17

다음 활동을 전개한 단체에 대한 설명으로 옳은 것은?

> 남만주로 집단 이주하려고 기도하고, 조선 본토에서 상당한 재력이 있는 사람들을 그곳에 이주시켜 토지를 사들이고 촌락을 세워 새 영토로 삼고, 다수의 청년 동지들을 모집하고 파견하여 한인 단체를 일으키고, 학교를 세워 민족 교육을 실시하고 나아가 무관 학교를 설립하여 문무를 겸하는 교육을 실시하면서, 기회를 엿보아 독립 전쟁을 일으켜 구한국의 국권을 회복하고자 하였다.

① 민립대학 설립 운동을 전개하였다.
② 일본의 황무지 개간권 요구를 철회시켰다.
③ 농촌 계몽을 위해 브나로드 운동을 전개하였다.
④ 고종의 강제 퇴위에 반대하는 시위를 주도하였다.
⑤ 계몽 서적을 출판하기 위해 태극 서관을 설립하였다.

정답&해설

12 ③

(가)는 시위대 해산 과정(군대 해산, 1907), (나)는 서울 진공 작전(1908)을 나타내고 있다. ③ '헤이그 특사 파견'을 이유로 1907년 고종이 퇴위당하고 순종이 즉위하였다. 그리고 정미 7조약(한일 신협약)이 체결되고, 곧 군대가 해산되면서 해산병이 합류한 정미의병이 일어났다.

13 ②

제시된 사료는 1906년 창립된 '대한 자강회' 설립 취지문이다. ② 대한 자강회는 1907년 고종의 강제 퇴위 반대 운동을 전개하다가 일본의 탄압으로 해산되었다.

| 오답해설 |
① 독립 협회(1896~1898)에 대한 설명이다.
③ 1920년대 초반 전개된 물산 장려 운동에 대한 설명이다.
④ 1904년 창립된 보안회에 대한 설명이다.

14 ④

결정적 문제 신민회는 공화정을 지향했고, 독립군 기지 건설을 추진했음을 기억하자!
④ 신간회에 대한 설명이다.

15 ③

③ 대한 자강회의 후신인 '대한 협회'는 1907년 조직되어, 애국 사상 고취와 교육을 통한 민권 향상, 식산흥업 등을 목적으로 활동하였다. 그러나 일제의 탄압으로 합법적 정치 활동이 불가능해지자, 대한 협회 내 일부 세력들은 통감부의 통치를 긍정하는 친일 활동을 벌이게 되었다.

16 ③

제시문은 '신민회'에 관한 설명이다. ③ 신민회는 비밀 결사 형태로 1907년 안창호, 양기탁 등을 지도부로 설립되어 국권 회복과 '공화 정치 체제'의 국민 국가 수립을 궁극적인 목표로 삼았다.
〈대한매일신보〉를 기관으로 발간하고, 평양에 대성 학교, 정주에 오산 학교를 세웠으며, 평양에 자기 회사, 태극 서관을 운영하였다. 또한 해외 독립운동 기지를 건설하는 데 앞장서 남만주의 삼원보 등을 건설하였다. 그러나 안명근의 데라우치 총독 암살 미수 사건을 날조한 안악 사건 이후 105인 사건(1911)으로 일제의 탄압을 받고 해체되었다.

17 ⑤

남만주에 촌락(삼원보)을 세우고 한인 단체(경학사)와 무관 학교(신흥 무관 학교)를 설립한 단체는 '신민회'이다. ⑤ 신민회는 대구에 출판사 '태극 서관'을 설립하여 운영하였다.

| 오답해설 |
① 1920년대 초 조선 교육회를 중심으로 민립 대학 설립 운동을 추진하였으나 실패하였고, 일제는 조선인들을 회유하기 위해 1924년 경성 제국 대학을 설립하였다.
② 1904년 창립된 보안회는 일제의 황무지 개간권 요구에 반대하여 이를 좌절시켰다.
③ 1931년부터 추진된 브나로드 운동은 학생이 중심이 된 일종의 농촌 계몽 운동이었다.
④ 대한 자강회는 헌정 연구회를 계승하였고, 교육과 산업의 진흥을 통한 실력 양성에 주력하였다. 그러나 1907년에 고종 강제 퇴위 반대 운동을 전개하다 해산되었다.

| 정답 | 12 ③   13 ②   14 ④   15 ③   16 ③   17 ⑤

04 개항 이후의 경제·사회·문화

교수님 코멘트 ▶ 메가타가 주도한 화폐 정리 사업의 내용과 국채 보상 운동의 특징은 사료를 활용하여 자주 출제된다. 원산 학사, 육영 공원 등 각종 교육 기관과 철도, 전차 등 근대 시설은 '연도'가 헷갈리게 출제되므로 꼭 암기해 두도록 하고 〈한성순보〉, 〈황성신문〉, 〈대한 매일신보〉 등 언론의 특징 역시 자세히 알아 두어야 한다.

01

다음은 어느 독자가 〈대한매일신보〉에 투고한 글이다. 이 글의 내용과 관련이 깊은 운동은?

> 혹 어떤 사람들이 말하기를, '그 돈을 내가 썼나, 남이 썼더라도 한 푼이나 누가 구경하였나, 왜 우리더러 물라는가, 무슨 돈을 1,300만 원이나 차관하여서 다 무엇에 썼나. 우리가 돈을 모아 물어 주면 재미가 있어 또 차관만 하게 할 것이다.' …(중략)… 설령 그 세간살이 하던 사람이 미워서 갚고 싶지 않더라도 가옥 전토를 다 빼앗기고 보면, 그 부모와 집안 식구들은 다 어디다 두며 제 몸은 어디다 담으며 무엇을 먹고 살겠소. 그렇게 되고 보면 그 자식들이 어디 가서 사람이라고 행사할 수 있소.

① 국채 보상 운동
② 민립대학 설립 운동
③ 물산 장려 운동
④ 황무지 개간권 반대 운동
⑤ 상인들의 상권 수호 운동

02

한국사능력검정시험 고급 32회

다음 자료에 해당하는 민족 운동에 대한 설명으로 옳은 것은?

> **경고 아 부인 동포라**
> 우리가 함께 여자의 몸으로 규문에 처하와 삼종지의에 간섭할 사무가 없사오나, 나라 위하는 마음과 백성된 도리에야 어찌 남녀가 다르리오. 들사오니 국채를 갚으려고 이천 만 동포들이 석 달간 연초를 아니 먹고 대전을 구취한다 하오니, 족히 사람으로 흥감케 할지요 진정에 아름다움이라 ……

① 근우회의 주도로 전개되었다.
② 평양에서 시작되어 전국으로 확산되었다.
③ '조선 사람 조선 것' 등의 구호를 내세웠다.
④ 러시아의 절영도 조차 요구를 저지시켰다.
⑤ 서상돈, 김광제 등의 발의로 본격화되었다.

03

12. 사복직 9급

다음은 1890년 대일 무역 실태를 보여 주는 표이다. 당시 경제 상황으로 옳지 않은 것은?

〈1890년 대일 수출입 상품의 품목별 비율〉

수출 상품		수입 상품	
품목	비율	품목	비율
쌀	57.4 %	면 제품	55.6 %
콩	28.3 %		
기타	14.3 %	기타	44.4 %

① 쌀값이 올랐다.
② 면공업 발전에 타격을 주었다.
③ 지주나 부농의 경제적 형편이 어려워졌다.
④ 지방관의 방곡령 발령을 초래하기도 하였다.

04

한국사능력검정시험 고급 28회

밑줄 친 '이 사업'에 대한 설명으로 옳은 것을 〈보기〉에서 모두 고르면?

역 사 신 문

제△△호   1905년 ○○월 ○○일

오늘부터 신화폐로 교환해야

　정부는 지난 6월 발표한 탁지부령 제1호에 근거하여 구 백동화를 일본의 제일 은행권으로 교환하는 작업을 오늘부터 실시한다고 발표했다. 이 사업을 주도한 인물은 일본 정부가 추천한 재정 고문 메가타로 알려져 추진 배경에 의구심이 증폭된다.

┤ 보기 ├

ⓐ 화폐 주조를 위해 전환국이 설립되었다.
ⓑ 통화량이 줄어들어 국내 상인들이 타격을 입었다.
ⓒ 황국 중앙 총상회가 중심이 되어 반대 운동을 전개하였다.
ⓓ 일본에서 차관이 도입되어 정부의 재정 예속화를 심화시켰다.

① ㉠, ㉡   ② ㉠, ㉢
③ ㉡, ㉢   ④ ㉡, ㉣
⑤ ㉢, ㉣

---

01 ①

① 제시된 지문의 "1,300만 원이나 차관하여서"를 통해 '국채 보상 운동'과 관련 있는 글임을 알 수 있다. 국채 보상 운동은 일본에서 도입한 차관 1,300만 원을 갚아 주권을 회복하고자 한 운동이다.

02 ⑤

제시된 자료의 "국채를 갚으려고"를 통해 '국채 보상 운동(1907)'에 대한 설명임을 알 수 있다. 1907년 국채 보상 운동은 일제의 차관 제공에 의한 경제적 예속화를 벗어나고자 한 민족 운동이었다. ⑤ 해당 운동은 김광제, 서상돈 등이 중심이 되어 국채 보상 기성회를 조직하여 대구에서 시작하였다.

|오답해설|
① 근우회는 여성계 민족 유일당 단체로서 1927년 창립되었다.
② 1920년 조만식, 김동원 등 70여 명은 평양에서 조선 물산 장려회를 설립(1923년 전국 조직체 구성)하여 물산 장려 운동을 펼쳤다.
③ 물산 장려 운동에서는 '내 살림 내 것으로', '조선 사람 조선 것으로' 등의 구호를 내세웠다.
④ 독립 협회는 러시아의 절영도 조차 요구를 저지시켰다.

03 ③

개항 이후 일본 등 외국 상인들의 경제적 침탈 속에서 쌀값이 상승하였다. ③ 이에 지주나 부농들은 쌀 수출을 통해 부를 축적할 수 있었다.

04 ④

제시된 내용은 1905년 제1차 한일 협약 이후 재정 고문으로 조선에 들어온 메가타가 주도한 '화폐 정리 사업'과 관련있다.

|오답해설|
㉠ 전환국은 1883년 설치된 근대식 화폐를 발행한 기구이다.
㉢ 개항 이후 시전 상인들은 외국 상인들의 상권 침탈에 저항하기 위해 1898년 황국 중앙 총상회를 조직하였고, 독립 협회와 함께 상권 수호 운동을 전개하였다.

|정답| **01** ①   **02** ⑤   **03** ③   **04** ④

05

19세기 말 이후 전개된 해외 이주에 대한 설명으로 옳지 <u>않은</u> 것은?

① 통감부는 교민의 통제와 영토의 편입을 위해 북변도 관리를 설치하였다.
② 시베리아의 연해주로 이주한 한인들은 〈해조신문〉을 발행하였다.
③ 만주로 이주한 한인들은 1918년 '대한 독립 선언서'를 발표하였다.
④ 미국으로 이주한 한인들은 공립 협회, 대한인 국민회 등을 조직하였다.

06

다음과 같은 일이 있었던 시기의 국내 상황을 〈보기〉에서 모두 고르면?

> 장지연, 신채호, 박은식 등 계몽 사학자들은 우리 역사상 외국의 침략에 대항하여 승리한 영웅들의 전기를 써서 널리 보급시켰으며, 외국의 건국 영웅이나 독립운동, 혁명 운동의 역사를 번역·소개하였다.

┤ 보기 ├
> ㉠ 민중 계몽을 위한 만민 공동회가 개최되고 있었다.
> ㉡ 국권을 회복하려는 애국 계몽 운동이 전개되고 있었다.
> ㉢ 민족 의식을 드높이기 위하여 외국 흥망사가 많이 소개되고 있었다.
> ㉣ 가혹한 식민 통치를 은폐하기 위한 문화 통치가 실시되고 있었다.

① ㉠, ㉡   ② ㉠, ㉢
③ ㉡, ㉢   ④ ㉡, ㉣

07

밑줄 친 '이 신문'에 대한 설명으로 옳지 <u>않은</u> 것은?

> 신문으로는 여러 가지 신문이 있었으나, 제일 환영을 받기는 영국인 베델이 경영하는 <u>이 신문</u>이었다. 관 쓴 노인도 사랑방에 앉아서 이 신문을 보면서 혀를 툭툭 차고 각 학교 학생들은 주먹을 치고 통론하였다.
> — 유광열, 「별건곤」

① 국민의 힘으로 국채를 갚아야 한다는 운동을 주도하였다.
② 고종은 을사늑약의 부당성을 폭로하는 친서를 발표하였다.
③ 양기탁이 신민회를 조직하면서 신민회의 기관지 역할을 하였다.
④ 을사늑약 체결을 비판하는 「시일야방성대곡」이라는 사설이 발표되었다.

08

다음 글을 게재한 신문에 대한 설명으로 옳은 것은?

> 천하의 일이 측량하기 어렵도다. 천만 뜻밖에도 5조약을 어떤 이유로 제출하였는고. 이 조약은 비단 우리나라만 아니라 동양 3국이 분열하는 조짐을 나타내는 것인 즉 이토 히로부미의 본래 뜻이 어디에 있느냐? …(중략)… 오호라 찢어질 듯한 마음이여! 우리 2,000만 동포들이여! 살았느냐? 죽었느냐? 단군 기자 이래 4,000년 국민정신이 하룻밤 사이에 졸연히 망하고 멈추지 않았는가? 아프고 아프도다. 동포여 동포여!

① 오세창 등 천도교 측에서 발행하여 일진회 등의 매국 행위를 비판하였다.
② 언론 검열을 피하기 위해 영국인 베델을 발행인으로 초빙하였다.
③ 남궁억이 창간한 국한문혼용체의 신문으로 민족의식을 고취하였다.
④ 윤치호가 주필이 된 후 관민 공동회를 주도하는 역할을 수행하였다.

09

밑줄 친 '신문'에 대한 설명으로 옳은 것은?

> ○월 ○○일
>
> 드디어 오늘 박문국에서 제1호 신문이 발행되었다. 앞으로 한 달에 세 번씩 신문을 발행할 예정인데, 외국 소식까지 폭넓게 번역하여 기사를 실으려면 이만저만 바쁜 게 아니다. 세상이 변화하는 형세를 잘 전할 수 있어야 할 텐데, 걱정이 태산 같다.

① 영문판이 함께 발행되었다.
② 최초로 상업 광고를 게재하였다.
③ 일제의 신문지법에 의해 탄압을 받았다.
④ 정부가 발행하는 관보의 성격을 지녔다.
⑤ 서민층과 부녀자를 주된 독자층으로 삼았다.

10

13. 경찰 간부

근대 서구 문물의 도입을 시기 순으로 바르게 나열한 것은?

> ㉠ 박문국을 세워 신문을 발행하였다.
> ㉡ 경복궁에 전등이 처음 가설되었다.
> ㉢ 최초의 서양식 극장인 원각사가 창설되었다.
> ㉣ 한성의 서대문에서 청량리 사이에 전차가 개통되었다.

① ㉠ → ㉡ → ㉢ → ㉣
② ㉠ → ㉡ → ㉣ → ㉢
③ ㉢ → ㉠ → ㉣ → ㉡
④ ㉣ → ㉠ → ㉡ → ㉢

정답&해설

05 ①

대한제국은 수십만 이상의 조선인이 살고 있던 간도 지역을 관리하기 위해 1902년 북변도 관리를 설치하고, 이범윤을 간도 시찰원으로 파견하였다(이범윤은 1903년 간도 관리사로 임명됨). ① 통감부가 설치된 것은 1905년 을사늑약 이후에 해당한다.

06 ③

㉢ '구한말(1905년 을사늑약 전후부터 일본 강점 시기까지)' 박은식, 신채호 등은 『이순신전』, 『을지문덕전』과 같은 영웅 전기와 외국 흥망사를 번역·소개하여 애국심을 고취하고자 했으며, ㉡ 애국 계몽 운동 계열 단체들은 교육과 산업 진흥을 통해 민족의 실력을 기르고자 하였다.

|오답해설|
㉠ 만민 공동회는 1898년에 해당한다.
㉣ 일제의 문화 통치는 1920년대에 해당한다.

07 ④

밑줄 친 '이 신문'은 영국인 베델과 양기탁이 운영했던 〈대한 매일 신보〉(1904)이다. 〈대한 매일 신보〉는 을사늑약의 부당함을 호소하는 고종의 친서를 게재하였고, 1907년 일어난 국채 보상 운동을 적극적으로 지원하였다. 또한, 비밀결사 조직인 신민회(1907~1911)의 기관지 역할을 하였다. ④ 을사늑약 체결을 반대하는 장지연의 『시일야방성대곡』은 〈황성신문〉에서 처음 발표되었다.

08 ③

제시된 사료는 1905년 을사늑약 직후 〈황성신문〉에서 발표된 장지연의 『시일야방성대곡』이다. ③ 〈황성신문〉은 남궁억이 창간한 국한문 혼용체의 신문으로 민족의식을 고취하였다.

|오답해설|
① 〈만세보〉는 오세창 등 천도교 측에서 발행하여 일진회 등의 매국 행위를 비판하였다.
② 〈대한매일신보〉는 언론 검열을 피하기 위해 영국인 베델을 발행인으로 초빙하였다.
④ 〈독립신문〉은 윤치호가 주필이 된 후 관민 공동회를 주도하는 역할을 수행하였다.

09 ④

자료의 밑줄 친 '신문'은 1883년 박문국에서 발간한 〈한성순보〉이다. ④ 열흘마다 한 번씩 간행되었으며, 정부가 발행하는 관보적 성격을 가지고 있었다.

|오답해설|
① 〈대한매일신보〉(1904)는 영국인 베델과 양기탁에 의해 한·영 합작으로 설립하였다. 한글판과 영문판을 발행하였고, 영국인이 사장이었기 때문에 비교적 활동이 자유로워 가장 강경한 항일 논조를 펼쳤다.
② 1886년 최초의 상업 광고가 실린 〈한성주보〉가 발행되었다.
③ 〈대한매일신보〉 등 민족 신문은 1907년 일제의 신문지법에 의해 탄압받았다.
⑤ 〈제국신문〉은 서민층과 부녀자를 주된 독자층으로 삼았다.

10 ②

제시된 내용을 순서대로 나열하면 ㉠ 박문국 설립(1883) → ㉡ 전등 가설(1887) → ㉣ 전차 개통(1899) → ㉢ 원각사 창설(1908)이다.

|정답| 05 ①   06 ③   07 ④   08 ③   09 ④   10 ②

11

개항 이후 근대 문명의 수용을 설명한 내용으로 사실과 <u>다른</u> 것은?

① 신사 유람단의 일본 파견과 영선사의 청국 파견은 근대적 기술 도입에 중요한 계기가 되었다.
② 근대적 우편 제도는 우정국 설치에서 비롯되었으나, 갑신정변으로 중단되었다가 을미개혁 이후 부활하였다.
③ 정부는 근대식 병원인 광혜원을 설립하고, 선교사 알렌으로 하여금 운영하게 하였다.
④ 을미개혁 시기 교육입국 조서를 반포하였으며, 이에 따라 보통학교, 고등 보통학교, 사범 학교, 외국어 학교 등 각종 관립 학교가 세워졌다.

12

16. 국가직 9급

다음 상황이 나타난 시기에 추진한 정부 정책으로 옳지 <u>않은</u> 것은?

> 외국 사람들이 조계지를 지키지 않고 도성의 좋은 곳에 있는 집은 후한 값으로 사고 터를 넓히니 잔폐(殘廢)한 인민의 거주지가 침범을 당한다. 또한 여러 해 동안 도로를 놓고 있기 때문에 집들이 줄어들었다. 탑동(塔洞) 등지에 집을 헐고 공원을 만든다 하니 …(중략)… 결국 집 없는 사람이 태반이 될 것이다.
>
> 〈매일신문〉

① 경운궁을 정궁으로 삼았다.
② 한성 은행, 대한 천일 은행 등 민족계 은행을 지원하였다.
③ 중추원을 개조하여 우리 옛 법령과 풍속을 연구하였다.
④ 한성 전기 회사를 통하여 서울에 전차 노선을 개통하였다.

13

15. 국가직 7급

대한제국 시기에 볼 수 있는 장면으로 적절하지 <u>않은</u> 것은?

① 전등이 켜진 경복궁
② 〈한성순보〉를 읽는 관리
③ 종로 일대를 달리는 전차
④ 광제원에서 치료받는 환자

14

16. 서울시 9급

근대의 구국 계몽 운동에 대한 설명으로 가장 옳은 것은?

① 송수만, 심상진은 대한 자강회를 조직하고 일본의 황무지 개척에 반발하는 운동을 전개하여 이를 철회시켰다.
② 이종일은 순한글로 간행한 〈황성신문〉을 발간하여 정치 논설보다 일반 대중을 위한 사회 계몽 기사를 많이 실었다.
③ 최남선은 을지문덕, 강감찬, 최영, 이순신 등의 애국 명장에 관한 전기를 써서 애국심을 고취하였다.
④ 고종은 을사늑약의 불법성을 폭로하는 친서를 양기탁과 영국인 베델의 〈대한매일신보〉를 통하여 발표하였다.

15

09. 법원직 9급

다음은 개항 이후 근대 문물의 수용과 외세의 침략에 관한 연표이다. (가)~(라)의 각 시기에 들어갈 사실로 올바른 것은?

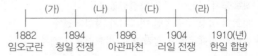

① (가) - 국한문체를 사용한 〈한성주보〉가 발간되었다.
② (나) - 경인선 철도가 개통되었다.
③ (다) - 일제는 화폐 정리 사업을 단행하였다.
④ (라) - 영국이 거문도 사건을 일으켰다.

11 ④

④ 교육입국 조서는 제2차 갑오개혁의 연장선에서 반포되어 실용주의 교육을 강조하였다.

12 ③

사료의 출전인 〈매일신문〉은 기존의 '협성회 회보'를 고쳐 1898년 창간하였다 (1899년 폐간). 따라서 이 시기는 '대한제국 시기'에 해당한다.
③ 대한제국 시기의 중추원은 독립 협회가 주도하여 근대식 의회로 개편시키고자 하였으나 실패하였다. 한편 국권 피탈 이후 중추원은 조선 총독부의 자문 기관으로 변질되었고, 1915년 이후에는 우리나라 옛 관습과 제도에 관한 조사·연구와 각종 역사 자료의 발행 등을 하는 기관으로 변화하였다.

| 오답해설 |
① 고종은 아관파천 이후 1897년 경운궁으로 돌아와(경운궁을 정궁으로 삼음) 대한 제국을 선포하였다.
② 대한제국 시기에는 한성 은행(1897년 설립), 대한 천일 은행(1899년 설립) 등 민족계 은행을 지원하였다.
④ 대한제국 시기에는 한성 전기 회사를 통해 서울에 전차(서대문 ~ 청량리) 노선을 개통하였다(1899).

13 ②

대한제국은 1897년 선포되었다. ② 〈한성순보〉는 우리나라 최초의 근대적 신문으로 1883년 박문국에서 간행되었으나 1884년 갑신정변 이후 폐간되었고, 이후 1886년 〈한성주보〉가 발행되었다.

| 오답해설 |
①③④ 전등은 1887년 경복궁에 가설되어 계속 존치되었으며, 전차는 1899년에 개통되었다. 한편 광제원은 1900년 설립된 국립 의료 기관이다.

14 ④

④ 〈대한매일신보〉(1904)는 고종이 을사늑약에 서명하지 않았음과 불법성을 폭로하는 친서를 게재하기도 했다. 〈대한매일신보〉는 영국인이 사장이었기 때문에 비교적 활동이 자유로워 가장 강경한 항일 논조를 펼쳤고, 특히 신문사 정문에 '일본인 출입 금지'라는 문구를 붙여놓고 강력히 일제의 침략을 규탄하였다. 또한 국채 보상 운동에 앞장섰다.

| 오답해설 |
① 송수만, 심상진 등은 보안회를 조직하고 일제의 황무지 개간권 요구를 좌절시켰다.
② 이종일은 순한글로 〈제국신문〉을 간행하여 일반 대중을 위한 사회 계몽 기사를 많이 실었다.
③ 신채호 등 역사학자들은 『을지문덕전』, 『강감찬전』 등 애국 명장들의 전기를 써서 애국심을 고취하였다.

15 ①

① 1886년 〈한성주보〉가 발간되었다.

| 오답해설 |
② 1899년 경인선 완공. ③ 1905년 화폐 정리 사업 실시. ④ 1885년 거문도 사건이 일어났다.

| 정답 | **11** ④ **12** ③ **13** ② **14** ④ **15** ①

16

20세기 초 종교계의 민족 운동에 대한 설명으로 옳지 않은 것은?

① 한용운은 일본 불교계의 침투에 대항하면서 민족 불교의 자주성을 지키기 위해 노력하였다.
② 손병희는 일진회가 동학 조직을 흡수하려 하자, 천도교를 창설하고 정통성을 지키려 하였다.
③ 박은식은 「유교구신론」을 지어 유교가 민주적이고 평등한 종교로 거듭나야 한다고 주장했다.
④ 김택영은 전국의 유림들과 더불어 대동 학회를 결성한 후 유교를 통한 애국 계몽 운동을 펼쳐 나갔다.

18

우리나라 근대 교육에 대한 설명으로 옳은 것만을 모두 고르면?

ㄱ. 함경도 덕원 주민들의 건의로 근대식 학교인 원산 학사가 설립되었다.
ㄴ. 선교사들이 들어와서 세운 기독교 계통의 학교에는 배재 학당과 이화 학당 등이 있었다.
ㄷ. 정부는 외국어 교육 기관으로 동문학을 설립하였다.
ㄹ. 교육입국 조서가 반포되었고, 사범 학교와 외국어 학교의 관제가 제정되었다.

① ㄱ
② ㄱ, ㄴ
③ ㄱ, ㄴ, ㄷ
④ ㄱ, ㄴ, ㄷ, ㄹ

17

근대 교육기관 및 교육에 대한 설명으로 가장 적절한 것은?

① 고종은 광무개혁의 일환으로 교육입국 조서를 반포하며 지·덕·체를 아우르는 교육을 내세웠고, 이에 따라 소학교, 한성 사범 학교 등이 설립되었다.
② 배재 학당, 숭실 학교, 경신 학교, 정신 여학교는 개신교 선교사들이 설립한 사립 학교이다.
③ 최초의 사립 학교인 육영 공원은 함경도 덕원 주민들과 개화파 인사들의 합자로 설립되었으며, 외국어·자연 과학·국제법 등 근대 학문과 함께 무술을 가르쳤다.
④ 대성 학교, 오산 학교, 서전 서숙, 보성 학교는 국내에 설립된 교육 기관이다.

19

근대 문화에 대한 설명 중 가장 적절하지 않은 것은?

① 1920년대에는 나운규가 일제 강점기 민족의 아픔을 그린 영화 '아리랑'을 제작하였다.
② 한용운은 일본 불교의 침투에 대항하면서 민족불교의 자주성을 지키기 위해 노력하였으며, 『조선불교유신론』을 저술하였다.
③ 1907년에는 국문 연구소가 만들어져 주시경과 지석영 등의 주도로 국문의 정리와 국어의 이해 체계가 확립되기 시작하였다.
④ 〈만세보〉는 손병희, 오세창 등이 창간한 일간지로 순 한글판으로 발행되었으며, 일진회를 공격하고 반민족 행위에 대하여 맹렬한 비판을 가하였다.

16 ④

④ 대동 학회는 일제 시대 대표적인 친일 유림 단체이다.

17 ②

② 배재 학당, 숭실 학교 등은 모두 개신교 선교사들이 세운 사립 학교이다.

| 오답해설 |
① 교육입국 조서는 제2차 갑오개혁의 연장선에서 1895년 발표되었다.
③ 최초의 근대식 사립 학교는 1883년 설립된 원산 학사이다. 한편 육영 공원은 1886년 한양(서울)에 설립되어 헐버트, 길모어 등 외국인 교사를 초빙하여, 현직 관료와 양반 자제를 대상으로 영어 및 근대 학문(산학, 지리학 등)을 교육하였다.
④ 대성 학교와 오산 학교, 보성 학교는 국내에 설립된 학교이지만, 서전 서숙은 북간도에서 만들어진 학교이다.

18 ④

〈보기〉의 내용은 모두 옳은 설명이다.

| 보충설명 | **근대 교육**

> • 근대 교육 기관
> – 원산 학사(1883): 함경도 덕원 주민이 세운 최초의 근대적 사립 학교
> – 동문학(1883): 외국어를 교육하여 통역관을 양성하는 학교
> – 육영 공원(1886): 헐버트 등 외국인 교사를 초빙하여 상류층 자제를 대상으로 영어 및 근대 학문을 교육
> • 교육입국 조서(1895, "국가의 부강은 국민의 교육에 있다")
> – 1895년 2월 고종이 발표한 교육에 관한 조칙
> – 밝히고 있는 것: 1. 교육은 국가 보존의 근본임, 2. 신교육은 과학적 지식과 실용을 추구함, 3. 교육의 3대 강령은 지양·체양·덕양임, 4. 교육 입국의 정신을 들어 학교를 많이 설립하고 인재를 길러내는 것이 국가 중흥·보존으로 직결됨
> • 사립 학교
> – 개신교 선교사: 배재·이화·경신·정신·숭실 학교 등
> – 민족주의계: 보성·양정·휘문·진명·숙명·중동·대성·오산 학교 등
> – 일제는 1908년 '사립 학교령'을 발표하여 사립 학교의 설립과 운영을 통제함

19 ④

〈만세보〉는 1906년 오세창·손병희를 중심으로 발행된 천도교계 신문이었다.
④ 국한문을 혼용하면서 한자를 잘 모르는 독자들도 쉽게 읽을 수 있도록 한자 옆에 한글로 음을 달기도 하였다. 이 신문은 친일 단체인 일진회를 강경한 논설로 계속 공격하였으며 반민족적인 행위 등을 단호히 규탄하였다.

| 오답해설 |
① 1926년 나운규가 '아리랑'을 감독하여 망국인의 슬픔과 애국심을 고취하였다.
② 『조선 불교 유신론』은 한용운의 저술이다. 한용운은 대표적인 시집 『님의 침묵』을 출판하여 일제에 '문학'으로 저항하였으며, 일제의 사찰령(1911)에 맞서 종래의 무능한 불교를 개혁하고 불교의 현실 참여를 주장하였다. 또한 3·1 운동 시기 민족 대표 33인 중 한 사람이었다.
③ 국문 연구소(1907)는 대한제국 정부의 학부에 설치되었고, 주시경·지석영이 활약하였다.

| 정답 | **16** ④ **17** ② **18** ④ **19** ④

01 일제의 식민 통치와 항일 민족 운동

교수님 코멘트 ▶ 일제의 식민 정책 중 조선 태형령(1912), 치안 유지법(1925), 국가 총동원령(1938)은 특히 자주 출제되는 정책이다. 항일 독립 운동은 국내와 국외로 구분하여 주요 인물과 단체를 암기해야 하며, 특히 1910년대 연해주 지역의 독립운동 단체(권업회, 대한 광복군 정부), 의열단, 한인 애국단, 한국 독립군, 조선 혁명군, 한국광복군은 반드시 알아야 한다.

01
16. 지방직 9급

다음 법령이 시행되던 시기에 볼 수 있는 모습으로 옳은 것은?

> 제1조 3개월 이하의 징역 또는 구류에 처하여야 할 자는 그 정상에 따라 태형에 처할 수 있다.
> 제6조 태형은 태로써 볼기를 치는 방법으로 집행한다.
> 제13조 본령은 조선인에 한하여 적용한다.

① 회사령 공포를 듣고 있는 상인
② 경의선 철도 개통식을 보는 학생
③ 동양 척식 주식회사의 설립식에 참석한 기자
④ 대한 광복군 정부의 군사 훈련에 참여한 청년

02
17. 국가직 7급 추가

1910년대 일제의 지배 정책으로 옳지 않은 것은?

① 농공은행을 조선 식산 은행으로 개편하였다.
② 계몽 운동을 주도한 〈황성신문〉을 폐간하였다.
③ 총독의 자문 기관인 중추원 관제를 공포하였다.
④ 일본인 업자에 특혜를 준 연초전매령을 공포하였다.

03
18. 경찰직 1차

1910년대 일제의 식민 통치에 대한 설명으로 가장 적절하지 않은 것은?

① 일본은 국권 침탈 이후 본격적으로 토지 침탈 정책을 추진하기 위하여 '토지 조사 사업'을 실시하였다.
② 중추원은 총독부 자문기구로서 1919년 3·1 운동이 일어나기 전까지는 수시로 개최되어 식민 행정에 간여하였다.
③ 우리 민족 기업을 탄압하고 조선인의 회사 설립을 통제하기 위하여 '회사령'을 공포하여 회사를 설립할 경우 총독부의 허가를 받도록 하였다.
④ 일본은 광산·어장·산림 등 자원에 대해서도 수탈을 강화하였다.

04
18. 서울시 9급

〈보기〉는 일제가 제정한 법령의 일부이다. 이 법령에 의해 처벌된 사건이 아닌 것은?

> ┤보기├
> 국체를 변혁하는 것을 목적으로 결사를 조직하는 자 또는 결사의 임원, 그의 지도자로서의 임무에 종사하는 자는 사형, 무기 또는 5년 이상의 징역 또는 금고에 처한다. …(중략)… 사유 재산 제도를 부인하는 것을 목적으로 결사를 조직하는 자, 결사에 가입하는 자, 또는 목적 수행을 위한 행위를 돕는 자는 10년 이하의 징역 또는 금고에 처한다.

① 김상옥의 종로 경찰서 폭탄 투척 사건
② 조선 공산당 사건
③ 수양 동우회 사건
④ 조선어학회 사건

05

다음 주장에서 강조하고 있는 내용으로 가장 적절한 것은?

> 그러면 지금의 조선 민족에게는 왜 정치적 생활이 없는가? 일본이 조선을 병합한 이래로 조선에게는 모든 정치 활동을 금지한 것이 첫째 원인이다. 지금까지 해 온 정치적 운동은 모두 일본을 적대시하는 운동뿐이었다. 이런 종류의 정치 운동은 해외에서나 할 수 있는 일이고, 조선 내에서는 허용되는 범위 내에서 일대 정치적 결사를 조직해야 한다는 것이 우리의 주장이다.

① 무장 투쟁을 통해 독립을 이루어야 한다.
② 농민, 노동자를 단결시켜 일제를 타도해야 한다.
③ 일제의 식민 지배를 인정하고 그 밑에서 정치적 실력 양성을 해야 한다.
④ 국제적인 외교를 통해서 일제의 만행을 알리고 우리나라의 독립을 알려야 한다.

06

밑줄 친 ㉠, ㉡과 관련된 설명으로 옳은 것은?

> - 일제는 한민족을 일본인으로 동화시켜 '충성스럽고 선량한 황국 신민'으로 만들기 위하여 ㉠ 황국 신민화 정책을 본격적으로 추진하였다.
> - 일제는 한국의 엄청난 자원을 약탈하고, ㉡ 한국인을 침략 전쟁에 동원하기 위해 끌고 가 강제 수용하고 노예처럼 혹사시켰다.

① ㉠ - '황국 신민 서사'를 아동은 물론 성인에게도 암송하도록 강요하였다.
② ㉠ - '궁성 요배'라 하여 서울의 남산을 비롯하여 전국 각지의 중요한 장소에 신사를 세우고 예배하도록 하였다.
③ ㉡ - 군 인력 보충을 위해 처음에 '징병 제도'를 실시했으나, 이후에는 '지원병 제도'로 바꾸었다.
④ ㉡ - '만보산 사건'을 일으키기 직전에 국가 총동원법을 제정·공포하였다.

정답&해설

01 ④

제시된 사료는 1912년 공포된 '조선 태형령'이며, 1920년까지 적용되었다. ④ 연해주의 대한 광복군 정부는 1914년 설립되었다.

| 오답해설 |
① 회사령은 1910년 공포되었다. 따라서 회사령 공포를 '듣고 있는 시점'은 1910년이다.
② 경의선은 1906년 개통되었다.
③ 동양 척식 주식회사는 1908년 설립되었다.

02 ④

④ 일제는 1921년 '연초전매령'을 공포하여 일본인 업자에게 특혜를 주었다.

| 오답해설 |
① 일제는 농공은행을 1918년 조선 식산 은행으로 개편하였다.
② 일제 강점기 직후인 1910년, 〈황성신문〉이 폐간되었다.
③ 일제 강점기 직후인 1910년 총독의 자문 기관인 중추원 관제를 공포하였다.

03 ②

② 총독부 자문 기구인 중추원은 1919년 3·1 운동이 일어나기 전까지 정식 모임을 한 차례도 갖지 않았던 형식적 기구였다.

| 오답해설 |
① 일본은 국권 침탈 이후 임시 토지 조사국을 설치하고(1910) '토지 조사 사업'(1912~1918)을 실시하였다.
③ 일제는 1910년 '회사령'을 공포하여 회사를 설립할 경우 총독부의 허가를 받도록 하였다. 이것은 우리 민족 기업을 탄압하고 조선인의 회사 설립을 통제하기 위해서였다.
④ 일본은 광산(조선 광업령, 1915)·어장(조선 어업령, 1911)·산림(조선 산림령, 1911) 등 자원에 대해서도 수탈을 강화하였다.

04 ①

제시된 사료는 1925년 공포된 치안 유지법이다. ① 김상옥의 종로 경찰서 폭탄 투척 사건은 1923년이며, 치안 유지법 제정 이전에 해당한다.

| 오답해설 |
② 조선 공산당은 1925년 처음 만들어졌고, 일제 강점기에 총 4차례 설립과 해체가 반복되었다.
③ 수양 동우회 사건은 1937~1938년까지 진행되었다.
④ 조선어학회 사건은 1942년에 발생하였다.

05 ③

제시된 사료는 1924년 이광수가 발표한 「민족적 경륜」의 일부이다. ③ 이광수는 일본 식민 지배를 인정하고, 자치를 통해 민족의 역량을 키우기 위해 노력해야 한다고 주장하였다(자치론 - 타협적 민족주의론).

06 ①

| 오답해설 |
② 궁성요배는 시간을 정하여 일본 왕이 살고 있는 동경을 향해 절을 하는 것이며, 제시된 내용은 신사참배에 대한 설명이다.
③ 일제는 군 인력을 보충하기 위해 처음에는 지원병 제도를 운영하였으나, 이후 강제적 징병 제도를 시행하였다.
④ 만보산 사건은 1931년 만주 사변의 원인이 되었으며, 국가 총동원령은 중일 전쟁이 장기화되면서 1938년 공포되었다.

| 정답 | **01** ④　**02** ④　**03** ②　**04** ①　**05** ③　**06** ①

07

다음의 내용과 가장 관련이 깊은 일제의 정책은?

조선 총독부는 옷감을 절약하고 노동력을 쉽게 동원하기 위하여 여성들에게 '몸뻬'라는 이름의 바지를 입게 하였다. 이 옷은 일본의 농촌 여성들이 주로 입던 작업복으로서, 긴 윗옷을 집어넣을 수 있도록 허리와 허벅지까지 통이 넓고 바지 아랫단은 좁았다.

① 산미 증식을 위하여 보국대를 조직하였다.
② 헌병 경찰과 보조원을 전국에 배치하였다.
③ 문화 통치를 표방하고 한글 신문을 발간하였다.
④ 호남선 철도를 개통하여 농산물 반출을 확대하였다.

08

다음 일제 강점기의 식민 정책 중 시행된 순서가 세 번째에 해당하는 것은?

① 제2차 조선 교육령
② 조선 농지령 제정
③ 허가제의 회사령 폐지
④ 조선 광업령

09

일제의 식민 통치 정책과 항일 투쟁이 시기적으로 옳게 연결된 것은?

⊙ 조선 태형령이 실시되어 헌병 경찰이 태형을 즉결 처분할 수 있었다.
ⓒ 사상 통제와 탄압을 위하여 고등 경찰 제도를 실시하였다.
ⓒ 한반도를 대륙 침략을 위한 병참 기지로 삼았다.
ⓔ 국가 총동원령을 발표하여 인적·물적 자원의 수탈을 강화하였다.

① ⊙ – 한일 학생 간의 충돌 사건을 계기로 광주 학생 항일 운동이 일어났다.
② ⓒ – 의병은 연합 전선을 형성하여 13도 창의군을 결성하고 서울 진공 작전을 펼쳤다.
③ ⓒ – 국권 회복과 공화 정치 체제의 국민 국가 건설을 목표로 삼은 신민회가 결성되었다.
④ ⓔ – 대한민국 임시 정부에서는 만주 지역의 독립군과 각처에 흩어져 있던 무장 투쟁 세력을 모아 한국광복군을 창설하였다.

10

밑줄 친 ⊙, ⓒ에 대한 설명으로 옳은 것은?

신고산이 우르르 함흥차 가는 소리에
⊙지원병 보낸 어머니 가슴만 쥐어뜯고요
…(중략)…
신고산이 우르르 함흥차 가는 소리에
ⓒ정신대 보낸 어머니 딸이 가엾어 올고요

① ⊙ – 학생들도 모집 대상이었다.
② ⊙ – 처음에는 징병제에 따라 동원되기 시작하였다.
③ ⓒ – 국민 징용령에 근거한 조직이었다.
④ ⓒ – 물자 공출 장려를 목표로 결성하였다.

11

다음 법이 공포된 이후 나타난 일제의 지배 정책에 대한 설명으로 옳지 <u>않은</u> 것은?

> 제4조 정부는 전시에 국가 총동원 상 필요할 때에는 칙령이 정하는 바에 따라 제국 신민을 징용하여 총동원 업무에 종사하게 할 수 있다.

① 마을에 애국반을 편성하여 일상생활을 통제하였다.
② 일본식 성과 이름으로 고치는 창씨개명을 시행하였다.
③ 여성에게 작업복인 '몸뻬'라는 바지의 착용을 강요하였다.
④ 토지 현황 파악을 위해 전국적으로 토지 소유권을 조사하였다.

12

밑줄 친 ㉠, ㉡에 대한 설명으로 옳은 것은?

> 일제의 가혹한 탄압으로 독립운동은 큰 제약을 받게 되었다. 그러나 그러한 제약 속에서도 비밀 결사의 형태로 독립운동 단체가 결성되었다. ㉠ 독립 의군부와 ㉡ 대한 광복회는 모두 이러한 비밀 결사 단체였다.

① ㉠은 공화국의 건설을 목표로 하였다.
② ㉡은 고종의 비밀 지령을 받아 조직되었다.
③ ㉠과 ㉡은 모두 1910년대 국내에서 결성된 단체이다.
④ ㉠은 박상진을 중심으로, ㉡은 임병찬을 중심으로 한 조직이었다.

정답&해설

07 ①

<u>결정적 문제</u> ▶ 1938년 국가 총동원령 이후의 인적·물적 수탈 내용을 꼭 기억하자!
일제는 전시 체제기(1938년 국가 총동원령 발표 이후)에 여성들의 노동력을 동원하기 위하여 '몸뻬'를 입게 하였다. ① 보국대는 조선인 학생과 여성 노동력을 동원하기 위해 1938년 조직한 단체이다.

| 오답해설 |
② 1910년대, ③ 1920년대, ④ 1914년에 일어난 일이다.

08 ①

① 제2차 조선 교육령(1922), ② 조선 농지령 제정(1934, 일제가 농촌 진흥 운동의 일환으로 실시한 특별법임), ③ 허가제였던 회사령 폐지(1920), ④ 조선 광업령 (1915)이다. 즉, ④ → ③ → ① → ②순이므로 ① 제2차 조선 교육령이 시기상 세 번째 정책에 해당한다.

09 ④

㉠ 조선 태형령(1912), ㉡ 특별 고등 경찰 제도(1922), ㉢ 병참 기지화 정책(1930년 대), ㉣ 국가 총동원령(1938)에 대한 서술이다.
④ 한국광복군의 창설은 1940년으로 1938년 이후 일제의 전시 체제 상황에 해당한다.

| 오답해설 | ① 광주 학생 항일 운동(1929), ② 서울 진공 작전(1908), ③ 신민회 (1907)에 대한 설명이다.

10 ①

일제는 1943년 학도 지원병 제도를 실시하여, 학생들도 전쟁에 동원하였다.

| 오답해설 |
② 지원병 제도가 먼저 시행 되었으며 징병제는 일제의 패망 직전(1943년 법령 제정, 1944년 실시) 실시되었다.
③ 일제는 1939년 국민 징용령을 제정하여 조선인의 노동력을 수탈하였다.
④ 정신대는 1944년 여자 정신대 근로령을 제정하여 만들었으며, 12세에서 40세 까지의 조선 여성을 강제 동원하였다.

11 ④

제시된 사료는 1938년 공포된 '국가 총동원령' 중 일부이다. ④ 토지 조사 사업은 1910년대 일제의 식민지 경제 정책이다.

12 ③

<u>결정적 문제</u> ▶ 독립 의군부는 복벽주의를 추구했으며, 대한 광복회는 공화주의를 지향했음을 구분하자!
③ 독립 의군부와 대한 광복회는 모두 1910년대 국내에서 결성된 비밀 결사 단체이다.

| 오답해설 |
① 독립 의군부는 고종의 복위를 지향하는 복벽주의 단체였다.
② 고종의 비밀 지령을 받아 조직된 단체는 독립 의군부이다.
④ 독립 의군부는 임병찬에 의해 조직되었고, 대한 광복회의 총사령은 박상진이다.

| 정답 |　07 ①　08 ①　09 ④　10 ①　11 ④　12 ③

13

1910년대 국내 민족 운동의 상황에 대한 설명으로 적절하지 않은 것은?

① 공화주의를 표방하며 독립군 양성을 목적으로 군자금 모집, 친일 부호를 처단한 대표적인 비밀 결사는 대한 자립단이다.

② 대구에서 서상일 등이 조직한 조선 국권 회복단은 만주와 연해주의 독립 단체와 연결되었다.

③ 유림이 중심이 된 비밀 결사로는 독립 의군부가 대표적이다.

④ 여성 단체인 송죽회가 활동하였다.

14

밑줄 친 '이 지역'과 관련된 것은?

> 우리 민족은 이 지역에 19세기 후반 본격적으로 이주하였다. 일제는 독립군 기지를 없앤다는 구실로 이 지역의 마을을 불태우고 학살하여 많은 동포들이 피살되었다.

① 성명회 조직

② 신한촌 건립

③ 대한 국민 의회 조직

④ 서전 서숙 설치

15

㉠~㉣에 들어갈 단체로 옳은 것은?

> • 1911년 북간도로 거점을 옮긴 대종교는 (㉠)(이)라는 무장 독립 단체를 만들었다. 이 단체는 3·1 운동 이후 북로 군정서로 발전하였다.
>
> • 러시아 연해주에서는 권업회를 기반으로 한 (㉡)이/가 수립되었다. 이 단체는 이상설과 이동휘를 중심으로 하여 독립전쟁을 준비하였다.
>
> • 1915년 의병 계열과 애국 계몽 운동 계열의 비밀 결사들이 통합하여 결성된 (㉢)은/는 공화국 건설을 목표로 하였다. 그러나 군자금을 마련하던 중 경찰에게 조직이 드러나 해체되었다.
>
> • 경상도 일대에서는 윤상태, 서상일, 이시영 등이 중심이 되어 (㉣)을/를 조직하였다. 이 단체는 3·1 운동이 일어나자 이에 적극 가담하여 각 지방의 만세운동을 주도하였다.

	㉠	㉡	㉢	㉣
①	중광단	대한광복회	대한광복군정부	조선국권회복단
②	조선국권회복단	중광단	대한광복회	대한광복군정부
③	중광단	대한광복군정부	대한광복회	조선국권회복단
④	대한광복군정부	중광단	조선국권회복단	대한광복회

16

밑줄 친 '이곳'에서 일어난 사실로 옳은 것을 〈보기〉에서 모두 고르면?

> 이곳에서는 한인 집단 거주지인 신한촌이 형성되어 자치 기구와 학교가 만들어졌으며, 다양한 독립운동이 일어났다. 이곳에서 이상설 등은 성명회를 조직하여 독립운동을 벌였고, 이후 임시 정부의 성격을 가진 대한 국민 의회가 전로한족회중앙총회로부터 개편·조직되었다.

| 보기 |

ㄱ. 권업회라는 독립운동 단체가 조직되었다.

ㄴ. 독립군 양성을 위한 신흥 강습소가 설치되었다.

ㄷ. 대한 광복군 정부가 수립되어 독립운동을 벌였다.

ㄹ. 신규식, 박은식 등의 주도로 동제사가 조직되었다.

① ㄱ, ㄴ   ② ㄱ, ㄷ

③ ㄴ, ㄹ   ④ ㄷ, ㄹ

17

밑줄 친 '이곳'에서 전개된 민족 운동으로 옳은 것은?

> 1903년에 우리나라 공식 이민단이 이곳에 도착하였다. 이주 노동자들은 사탕수수 농장, 개간 사업장, 철도 공사장 등에서 일하며 한인 사회를 형성하여 갔다. 노동 이민과 함께 사진 결혼에 의한 부녀자들의 이민도 이루어졌다. 또한 한인 합성 협회 등과 같은 한인 단체가 결성되었다.

① 독립운동 기지인 한흥동이 건설되었다.
② 독립운동 단체인 권업회가 조직되었다.
③ 자치 기관인 경학사와 부민단이 만들어졌다.
④ 군사 양성 기관인 대조선 국민 군단이 창설되었다.

13 ①

1910년대 항일 결사 중 가장 활발한 활동을 전개한 단체는 1915년 조직된 대한 광복회이다. ① '대한 광복회'는 만주에 독립군 기지를 만들고, 사관 학교를 수립하기 위해 각지의 부호들에게 의연금을 납부하게 하고, 친일파를 색출하여 처단하였다.

14 ④

밑줄 친 '이 지역'은 1920년 일제에 의해 조선인들이 학살당한 사건인 간도 참변(경신 참변)이 발생한 '간도'이며, ④ 북간도에 이상설이 만든 학교인 서전 서숙이 있었다.

|오답해설|
① 성명회는 1910년 연해주 지역에 만들어진 단체이다.
② 신한촌은 연해주 블라디보스토크에 설치된 독립군 기지이다.
③ 대한 국민 의회는 1919년 만들어진 연해주 지역 임시 정부이다.

15 ③

대종교는 북간도에 무장 단체인 ⊙ '중광단'을 설립하였다. 연해주에서는 권업회를 모체로 1914년 ⓒ '대한 광복군 정부'가 설립되었다. 한편 국내에서는 의병 계열과 애국 계몽 운동 계열이 통합하여 1915년 ⓒ '대한 광복회'를 결성하였고, 공화정을 지향하였다. 또한 경상도의 유림인 윤상태 등은 ⓔ '조선 국권 회복단'을 설립하였다.

16 ②

자료에서 제시된 신한촌, 성명회, 전로 한족회 중앙 총회, 대한 국민 의회는 모두 연해주에 있었다. ㄱ, ㄷ. 연해주에서는 1911년 권업회가 설립되었고, 이후 1914년 대한 광복군 정부가 수립되었다.

|오답해설|
ㄴ. 서간도(남만주)에는 독립군 양성을 위한 신흥 강습소가 설치되었다.
ㄹ. 상하이에서 신규식, 박은식 등의 주도로 동제사가 조직되었다.

17 ④

밑줄 친 '이곳'은 '하와이'이다. 1903년부터 하와이에 노동 이민자로 정착하기 시작한 조선인들은 한인 합성 협회(1907)를 조직하였고, ④ 1914년에는 박용만을 중심으로 군사 양성 기관인 대조선 국민 군단을 조직하였다.

|오답해설|
① 북만주 밀산부(소련·만주 국경에 위치)에는 독립운동 기지인 한흥동을 건설하였다.
② 1911년 연해주에서 독립운동 단체인 권업회를 조직하였다. 권업회는 이후 대한 광복군 정부(1914)의 모태가 되었다.
③ 남만주(서간도)에서는 신민회 인사들을 중심으로 독립운동 기지인 삼원보를 건설하였다. 또한 자치 기관인 경학사(이후 부민단, 한족회로 개편)가 만들어졌다.

|정답| **13** ① **14** ④ **15** ③ **16** ② **17** ④

18

밑줄 친 '그'의 활동으로 옳지 <u>않은</u> 것은?

> <u>그</u>는 함경도 단천 출신으로 한성으로 올라와 무관 학교에 입학하였고, 졸업 후 시위대 장교로 군인 생활을 시작하였다. 강화도 진위대 대장 시절에는 공금을 횡령한 강화 부윤이 자신을 모함하자, 군직을 사임하기도 하였다. 그는 군인이면서도 계몽 운동을 중요하게 생각하여 강화읍에 보창 학교를 세워 근대적 교육을 시작하였다. 그러나 고종 황제의 강제 퇴위와 군대 해산을 전후하여 무력 항쟁과 친일파 대신 암살 등을 계획하였으며, 강화 진위대가 군대 해산에 항의하여 봉기하자 이에 연루되어 체포되기도 하였다.

① 비밀 결사 조직인 신민회에 참여하였다.
② 하바롭스크에서 한인 사회당을 결성하기도 하였다.
③ 대동 보국단을 조직하고 〈진단〉이라는 잡지를 발간하기도 하였다.
④ 블라디보스토크에 대한 광복군 정부라는 임시 정부를 수립하였다.

20

다음은 박은식이 저술한 『한국독립운동지혈사』의 일부분이다. 여기에서 언급된 사건과 관련된 설명으로 옳지 <u>않은</u> 것은?

> 만세 시위가 확산되자, 일제는 헌병 경찰은 물론이고 군인까지 긴급 출동시켜 시위 군중을 무차별 살상하였다. 정주, 사천, 맹산, 수안, 남원, 합천 등지에서는 일본 군경의 총격으로 수십 명의 사상자를 냈으며, 화성 제암리에서는 전 주민을 교회에 집합, 감금하고 불을 질러 학살하였다.

① 일제는 무단 통치를 이른바 '문화 통치'로 바꾸었다.
② 독립운동의 중요한 분기점이 된 대규모의 만세 운동이었다.
③ 세계 약소 민족의 독립운동에도 커다란 자극을 주었다.
④ 파리 강화 회의에 신규식을 대표로 파견하여 이 사건의 진상을 널리 알렸다.

19

3·1 운동에 대한 설명으로 적절하지 <u>않은</u> 것은?

① 연해주에서 3월 17일 대한 국민 의회 주최로 독립 선언과 시위 운동을 전개하였다.
② 민족 대표들은 비폭력의 원칙을 내세웠다.
③ 3·1 운동 기간 동안 서북간도의 조선인들은 독립군 편성을 도모하였다.
④ 3·1 운동의 지방적 확산에는 조선 노동 공제회가 커다란 역할을 하였다.

21

다음 중 3·1 운동의 배경·전개·의의에 관한 설명으로 옳지 <u>않은</u> 것은?

① 미국 대통령 윌슨의 민족 자결주의는 제1차 세계 대전 이후 지구상의 모든 식민지 처리에 적용되었다.
② 상하이의 신한 청년단은 파리 강화 회의에 보낼 독립 청원서를 작성하여 김규식을 대표로 파견하였다.
③ 만주, 연해주, 일본 등지에서도 만세 운동이 벌어졌다.
④ 제1차 세계 대전 승전국의 식민지에서 일어난 최초의 반제 민족 운동이다.

22

다음 사건 이후 전개된 대한민국 임시 정부의 활동으로 옳은
것은?

> 대한민국 임시 정부는 충칭에서 광복군을 창립하였다. 총사
> 령에는 지청천, 참모장에는 이범석이 임명되었다.

① 건국 강령을 공포하였다.
② 국무령 중심의 내각 책임제를 채택하였다.
③ 구미 위원부를 설치하였다.
④ 국민 대표 회의를 소집하였다.
⑤ 기관지로 〈독립신문〉을 창간하였다.

23

다음 중 1919년 9월에 통합된 대한민국 임시 정부에 대한 설
명으로 가장 적절한 것은?

① 초대 대통령은 이승만, 국무총리에 이동휘가 임명되었다.
② 3·1 운동 이전에 설립되어 국내외의 3·1 운동을 주도
하였다.
③ 일본이 중일 전쟁을 일으키자 군사 조직인 조선 혁명군
을 조직하여 무력으로 대항하였다.
④ 1925년 이승만을 해임시킨 뒤 두 번째로 헌법을 개정하
여 주석제를 채택하였다.

정답&해설

18 ③

밑줄 친 '그'는 '이동휘'이다. ③ 대동 보국단은 1915년 상하이에서 박은식, 신규식
등이 설립한 단체이다.

| 오답해설 |
① 이동휘는 1907년 결성된 신민회에 참여하였다. 이후 1909년 일제 강점이 현실
  화되자 애국 계몽 운동의 허구성을 인식하고, 무장 투쟁과 독립군 기지 건설을 주
  장하였다(신민회 강경파 중 한 사람).
②④ 한편 연해주로 이주한 이동휘는 이상설과 함께 1914년 대한 광복군 정부를
  수립하였으며, 최초의 사회주의 정당인 한인 사회당 결성을 주도하였다.

19 ④

④ 조선 노동 공제회는 3·1 운동 이후인 1920년 최초의 노동자·농민 조직으로 결
성되었다.

20 ④

결정적 문제 ▶ 3·1 운동의 원인, 과정, 결과를 파악하자!
자료 내용 중 제암리 학살 사건을 통해 이 사건은 3·1 운동임을 알 수 있다.
④ 신한 청년당에서는 1918년 김규식을 파리 강화 회의에 대표로 파견하였다.

21 ①

윌슨의 민족 자결주의는 제1차 세계 대전 패전국(독일 제국, 오스만 투르크 제국,
오스트리아-헝가리 제국 등)의 식민지였던 지역에만 적용된다는 한계가 있었다
(제1차 세계 대전의 승전국이었던 일본 식민지인 조선은 해당되지 않았다).

22 ①

1940년 대한민국 임시 정부는 충칭에서 한국광복군을 창설하였다. ① 해방 이후
민족 국가 건설에 대한 총체적 계획으로 '대한민국 건국 강령'을 제정·반포한 것은
1941년 11월이다.

| 오답해설 |
② 임시 정부에서 국무령 중심의 내각제 개헌(2차 개헌)은 1925년의 사실이다.
③ 임시 정부의 대미 외교 중심 기구였던 구미 위원부는 1919년에 설치되었다.
④ 국민 대표 회의는 1923년에 개최되었다.
⑤ 임시 정부의 기관지였던 〈독립신문〉은 1919년에 창간되었다.

23 ①

1919년 9월 각 지역의 임시 정부를 통합하여, 상해 임시 정부로 출범할 때는 대통
령제를 채택하였다. ① 이때 대통령에는 이승만, 국무총리에 이동휘가 임명되었다.

| 오답해설 |
② 3·1 운동의 결과 통합 임시 정부가 창설되었다.
③ 일본이 중일 전쟁을 일으킨 것은 1937년의 사실이고, 조선 혁명군은 1929년 양
  세봉을 중심으로 서간도(남만주)에서 조직된 군대였다.
④ 1925년 이승만이 탄핵 및 해임된 후 1925년 3월 박은식이 2대 대통령에 취임
  하였다. 대한민국 임시 정부는 개헌을 통해(2차 개헌) 국무령 중심의 내각 책임
  제로 개정되었다.

| 정답 | **18** ③ **19** ④ **20** ④ **21** ① **22** ① **23** ①

24

다음 발의로 개최된 ㉠에 대한 설명으로 옳은 것은?

> 베이징 방면의 인사는 분열을 통탄하며 통일을 촉진하는 단체를 출현시키고 상하이 일대의 인사는 이를 고려하여 개혁을 제창하고 있다. …(중략)… 근본적 대해결로써 통일적 재조를 꾀하여 독립운동의 신국면을 타개하려고 함에는 다만 민의뿐이므로 이에 [㉠]의 소집을 제창한다.

① 창조파와 개조파 등의 주장이 대립되었다.
② 한국 국민당을 통한 정당 정치 실시가 결정되었다.
③ 삼균주의를 바탕으로 한 건국 강령이 채택되었다.
④ 파리 강화 회의에 김규식을 파견하는 것이 논의되었다.

25

대한민국 임시 정부가 임시의정원 회의를 통해서 마련한 임시 헌장의 개정 명칭과 그 내용이 가장 적절하지 않은 것은?

① 제1차 개헌(1919) 임시헌법 – 대통령 중심제와 내각 책임제 절충
② 제2차 개헌(1925) 임시헌장 – 국무총리 중심의 내각 책임 지도제
③ 제3차 개헌(1927) 임시약헌 – 국무위원 중심의 집단 지도 체제
④ 제4차 개헌(1940) 임시약헌 – 주석 지도 체제로 강력한 지도력 발휘

26

㉠ 정당에 대한 설명으로 옳은 것은?

> 한국 국민당과 조선 혁명당, 한국 독립당은 몇 차례에 걸친 논의를 통해 통합하기로 결정하였다. 이들은 1940년에 자신들의 조직을 해체하고 힘을 합쳐 [㉠]을/를 조직하였다. 강화된 조직력을 바탕으로 [㉠]은/는 독립운동을 활발하게 펼쳐 나갈 수 있게 되었다.

① 조선 의용대 화북 지대를 흡수하여 조선 의용군을 조직하였다.
② 무력 투쟁을 준비하기 위해 만주에 신흥 무관 학교를 창설하였다.
③ 대한민국 임시 정부를 주도적으로 이끌어 나가는 역할을 하였다.
④ 쌍성보와 대전자령 전투에서 일본군을 물리쳤다.

27

(가) 인물에 대한 설명으로 옳지 않은 것은?

> [(가)]은/는 국권이 피탈되자 해외에 사는 교민들이 현실적인 독립운동의 기반이라고 생각하였다. 이에 교민들에게 민족의식을 심어주고 독립운동에 필요한 인물을 양성하기 위하여 1913년 5월 13일 미국 샌프란시스코에서 흥사단을 설립하였다.

① 실력 양성론을 주장하였다.
② 양기탁 등과 함께 신민회를 조직하였다.
③ 대성 학교를 설립하여 민족 교육을 실시하였다.
④ 국민 대표 회의에서 새로운 정부 수립을 주장하였다.

28

밑줄 친 부분에 들어갈 내용으로 옳은 것은?

> 일제의 중국 침략이 가속화되자 우리나라 독립 운동 단체들은 항일 세력을 한곳으로 모으는 데 힘을 기울였다. 그리하여 민족주의 계열의 세 개 정당을 한국 독립당으로 통합하는 데 성공하였다. 한국 독립당은 김구가 중심이 된 단체로서 대한민국 임시 정부의 집권 정당의 성격을 가졌다. 한국 독립당을 중심으로 한 대한민국 임시 정부는 주석 중심제로 정부 체제를 개편하여 독립 전쟁을 전개할 강력한 지도 체제를 확립하였고, 그 후 _____

① 한인 애국단을 조직하였다.
② 국민 대표 회의를 개최하였다.
③ 대한민국 건국 강령을 발표하였다.
④ 광주 학생 항일 운동을 지원하였다.

---

24 ①

제시된 사료는 북경 군사 통일회의 '국민 대표 회의 소집' 요구 중 일부 내용이다. 북경 군사 통일회는 1921년 북경에서 독립운동 군사 조직의 대표자들이 모여 '통일된 군사 조직'을 논의하였던 모임이며, 박용만·신채호 등이 제기하였다. 북경 군사 통일회는 반(反) 임시 정부 노선을 견지하며, 국민 대표 회의를 소집하여 군사 기관 문제를 해결하기로 결의하였다. ① 1923년 개최된 국민 대표 회의에서는 창조파와 개조파의 주장이 대립하여 회의는 결렬되었고, 상당수 인사들이 임시 정부를 탈퇴하였다.

25 ②

제2차 개헌(1925)은 국무령 중심의 내각 책임제가 핵심 내용이었다.

| 보충설명 | 대한민국 임시 정부 개헌의 핵심 내용

개헌	시기	정치 체제
1차	1919년	대통령 지도제를 중심으로 내각 책임제 절충
2차	1925년	국무령 중심의 내각 책임제
3차	1927년	국무위원 - 집단 지도 체제
4차	1940년	주석제
5차	1944년	주석·부주석제

26 ③

김구의 한국 국민당, 지청천의 조선 혁명당, 조소앙의 한국 독립당이 통합하여 1940년 ㉠한국 독립당이 결성되었다. 한국 독립당은 대한민국 임시 정부의 기초 정당으로서, 대한민국 임시 정부를 주도적으로 이끌어 나가는 역할을 하였다.

| 오답해설 |

① 조선 독립 동맹(1942)은 조선 의용대 화북 지대를 흡수하여 조선 의용군을 조직하였다.
② 만주 지역 독립운동가들은 1919년 서간도 유하현에 신흥 무관 학교를 창설하였다(1911년에 설립한 신흥 강습소를 발전시켜 1919년에 신흥 무관 학교로 창설).
④ 지청천이 지휘하는 한국 독립군은 중국 호로군과 연합하여 쌍성보와 대전자령 전투에서 일본군을 물리쳤다.

27 ④

(가) 도산 '안창호(1878~1938)'이다. ④ 안창호는 1923년 국민 대표 회의에서 창조론(새 정부 구성: 신채호)과 개조론(현 정부의 틀 속에서 개혁) 논쟁에서 개조론의 입장이었다.

| 오답해설 |

① 안창호는 독립을 위해 무장 투쟁보다는 민족의 교육을 강조하는 실력 양성론을 주장하였다. 1926년에 다시 상하이로 건너가 독립운동 진영의 단결을 적극 호소하여 한국 독립 유일당 북경 촉성회를 창립하였다(1926).
②③ 안창호는 1907년 양기탁 등과 함께 비밀 조직인 신민회의 결성을 주도하고, 평양에 대성 학교를 설립하여 민족 교육에 힘썼다. 일제의 강제 합병 이후 신민회가 해산되자, 1913년 미국에서 흥사단을 창설하여 인재 양성에 주력했다.

28 ③

결정적 문제 ▶ 대한민국 임시 정부의 활동을 상해 시기, 각 지역을 이동한 시기, 중경 시기로 구분하여 파악해 두자!

제시된 자료 중 임시 정부가 주석 중심제로 개편하였다는 내용을 통해 1940년 이후임을 알 수 있다. 주석 중심제는 임시 정부가 중경(충칭)에 안착한 후 본격적인 대일 항전을 위하여 1940년 개헌한 내용이다(임시 정부 제4차 개헌). ③ 이후 임시 정부는 1941년 조소앙의 삼균주의를 바탕으로 대한민국 건국 강령을 발표하였다.

| 오답해설 |

① 1931년, ② 1923년, ④ 1929년에 해당한다.

| 정답 | 24 ① 25 ② 26 ③ 27 ④ 28 ③

29

대한민국 임시 정부의 활동을 설명한 내용으로 옳지 않은 것은?

① 대한민국 임시 정부는 1921년 제1차 개헌에서 독립운동의 효율을 높이고, 권력 집중을 막기 위해 내각 책임제를 선택하였다.
② 임시 정부의 연통제는 국내외를 연결하는 비밀 행정 조직망이었다.
③ 임시 정부는 상하이에 육군 무관 학교를 설립하여 독립 전쟁을 수행할 초급 지휘관 양성에 노력하였다.
④ 임시 정부는 기관지로 〈독립신문〉을 간행하였고, 사료 편찬소를 두어 『한일 관계 사료집』을 간행하였다.

30

17. 지방직 9급

다음 자료에 나타난 사상을 정립한 인물에 대한 설명으로 옳지 않은 것은?

> 우리나라의 건국정신은 삼균제도(三均制度)의 역사적 근거를 두었으니 선조들이 분명히 명한 바 수미균평위(首尾均平位) 하야 흥방보태평(興邦保泰平)하리라 하였다. 이는 사회 각층 각급의 지력과 권력과 부력의 향유를 균평하게 하야 국가를 진흥하며 태평을 보유(保維)하려 함이니 홍익인간(弘益人間)과 이화세계(理化世界)하자는 우리 민족의 지킬 바 최고 공리(公理)이다.

① 정치·경제·교육의 균등을 주장하였다.
② 제헌 국회 의원에 당선되었다.
③ 임시 정부의 국무위원이었다.
④ 한국 독립당을 창당하였다.

31

다음 내용과 관계 있는 무장 항일 단체는?

> 일제 군경에 대한 유격전을 전개함으로써 상당한 전과를 거두었으며, 만주의 광복군 사령부와 긴밀하게 협조하였다. 그 후 일제 군경의 집요한 반격으로 활동이 여의치 않자 만주로 이동하여 대한 통의부에 편입하였다.

① 보합단
② 경학사
③ 구월산대
④ 천마산대

32

다음의 내용을 배경으로 일어난 항일 민족 운동은?

> • 순종의 인산일을 기해서 시작하였다.
> • 학생과 민족주의자, 사회주의자들이 중심이 된 항일 민족 운동이다.
> • 일제의 수탈 정책과 식민지 교육에 대한 항거를 목적으로 하였다.

① 3·1 운동
② 광주 학생 항일 운동
③ 2·8 독립 선언
④ 6·10 만세 운동

33

다음에 해당되는 역사적 사건은?

> • 조선 공산당이 천도교 구파 및 학생들과 함께 시위를 모의했으나, 사전에 발각되었다.
> • 당일에는 학생들이 대대적인 반일 시위 운동을 전개하였다.
> • 민족 협동 전선인 신간회 결성의 계기가 되었다.

① 3·1 운동
② 물산 장려 운동
③ 광주 학생 운동
④ 6·10 만세 운동
⑤ 형평 운동

34

다음은 어느 해 6월의 가상 일기이다. 이 날 일기에 쓸 수 있는 내용으로 적절한 것을 〈보기〉에서 모두 고르면?

6월 ○일

순종 황제의 장례식은 끝났지만, 많은 사람이 잡혀가서 시내 분위기가 어수선했다. 책방에 들러 개벽을 샀다. 집에 와서 읽어 보니 이상화의 「빼앗긴 들에도 봄은 오는가」가 눈에 들어왔다. 우리가 처한 현실이 너무나 가슴 아파 눈물이 났다.

┤ 보기 ├

㉠ 잡지 〈어린이〉 구입
㉡ 신경향파 작가와 만남
㉢ 진단 학회 창립식 참석
㉣ 원각사에서 신극 관람

---

① ㉠, ㉡

② ㉠, ㉢

③ ㉡, ㉢

④ ㉡, ㉣

---

29 ①

① 1919년 9월 제1차 개헌은 대통령 지도제이며, 1925년 3월, 제2차 개헌에서 (국무령 중심의) 내각 책임제를 채택하였다.

30 ②

삼균 제도는 삼균주의를 의미하며, '조소앙'이 제창하였다. ② 조소앙은 김구, 김규식과 마찬가지로 제헌 국회 의원 선거에 출마하지 않았다.

| 보충설명 | 충칭 임시 정부와 한국 독립당

- 1930년대 중반 이후 민족주의 세력은 크게 3당으로 나뉘어 있었다. 김구의 한국 국민당, 조소앙·홍진 등이 주도하고 있던 한국 독립당(재건), 지청천·최동오 등 만주 지역에서 활동하던 인사들이 중심을 이룬 조선 혁명당이 그것이다. 이들 3당은 1937년 8월 임시 정부를 옹호·유지한다는 전제하에 한국 광복 운동 단체 연합회를 결성하여 연합을 이루고 있었지만, 각기 독자적인 조직과 세력을 유지하며 활동하고 있었다.
- 당시 임시 정부는 이들 3당의 통합을 추진하였고 그 결과 1940년 5월 9일 한국 독립당 창당대회를 개최하고, 한국 국민당·한국 독립당·조선 혁명당 3당의 과거 조직을 공동 해소하고 통일을 이루어 새로운 한국 독립당을 1940년 7월 창당하였다.

31 ④

제시된 지문 중 "대한 통의부에 편입하였다"는 내용을 통해 '천마산대'임을 알 수 있다. 3·1 운동 이후 설립된 천마산대는 최시흥을 중심으로, 한말 군인들이 다수 포함되었다는 것이 특징이다.

32 ④

④ 제시된 내용은 1926년 6·10 만세 운동에 관한 내용이다.

33 ④

④ 1926년에 일어난 6·10 만세 운동에 대한 설명이다.

34 ①

순종의 인산일을 기해 일어난 6·10 만세 운동은 1926년에 일어났다. ㉠ 잡지 〈어린이〉는 1923년 창간하였다. ㉡ 1920년대 초부터 발달한 사회주의적 문학 경향이 신경향파이다.

| 오답해설 |

㉢ 1934년에 해당한다.

㉣ 원각사는 1908년에 설립하여 1914년에 화재로 소실되었다.

35

밑줄 친 '이 운동'에 대한 설명으로 옳은 것은?

1929년에 통학 열차를 이용하던 한 일본인 학생이 한국인 여학생을 희롱한 사건이 일어났다. 이에 분노한 한국인 학생은 일본인 학생에 맞서 싸웠다. 이때 일제 경찰은 일본인 학생만 두둔하고 나섰다. 광주의 학생들은 이에 대응해 시위를 벌였다. 일제의 차별 정책에 맞서 일어난 이 운동은 전국으로 퍼졌고 곳곳에서 동맹 휴학 투쟁이 연이어 벌어졌다.

① 진주에서 조선 형평사가 창설되는 결과로 이어졌다.
② 조선 민립대학 설립 운동이 시작되는 배경이 되었다.
③ 신간회가 그 진상을 규명하고자 조사단을 현지에 파견하였다.
④ 비타협적 민족주의자들이 조선 민흥회를 만들게 된 계기가 되었다.

36

1920년대 만주 지역 독립운동에 대한 설명으로 옳지 <u>않은</u> 것은?

① 대종교 계통 인사들이 신민부를 결성하였다.
② 독립군 연합 부대가 봉오동 전투에서 승리하였다.
③ 민족 유일당 운동의 일환으로 국민부를 결성하였다.
④ 한국 독립군이 한중 연합 작전으로 동경성에서 승리하였다.

37

다음 사건 직후에 벌어진 사실로 가장 적절한 것은?

6월 7일 상오 7시 북간도에 주둔한 아군 7백은 북로 사령부 소재인 왕청현 ○○○을 향하여 행군하다가 뜻하지 않게 같은 곳을 향하는 적군 3백을 발견하였다. 아군을 지휘하던 ○○○, ○○○ 두 장군은 즉시 적을 공격하였다. 급사격으로 적 1백 20여 명의 사상자를 내게 하고 도주하는 적을 즉시 추격하여 현재 전투 중에 있다.

① 일제가 중국 마적을 매수하여 훈춘의 민가, 일본 영사관을 습격하고, 이를 핑계로 일본 군대를 두만강 이북으로 출병시켰다.
② 중국 의용군과 연합하여 영릉가 전투, 흥경성 전투에서 일본군에 크게 승리하였다.
③ 백운평 전투를 시작으로 일본군과 6일 동안 10여 회에 걸친 전투를 벌여 크게 승리하였다.
④ 중국 호로군과 한중 연합군을 편성하여 쌍성보 · 사도하자 · 경박호 · 동경성 · 대전자령 전투 등 여러 전투에서 일본군을 상대로 큰 승리를 거두었다.

38

다음 〈보기〉를 시대 순으로 가장 적절하게 나열한 것은?

┤ 보기 ├

㉠ 일본군이 간도 참변을 일으켜 우리 동포를 학살하였다.
㉡ 한일 학생 간의 충돌 사건을 계기로 광주 학생 항일 운동이 일어났다.
㉢ 대한민국 임시 정부는 국내외의 독립운동 상황을 점검하고 새로운 활로를 모색하기 위하여 상하이에서 국민 대표 회의를 열었다.
㉣ 일제와 만주 군벌 사이에 독립군의 탄압, 체포, 구속, 인도에 관한 이른바 미쓰야 협정이 맺어짐으로써 독립군의 활동은 큰 위협을 받게 되었다.

① ㉠ → ㉢ → ㉣ → ㉡
② ㉠ → ㉢ → ㉡ → ㉣
③ ㉢ → ㉠ → ㉡ → ㉣
④ ㉢ → ㉠ → ㉣ → ㉡

39

다음은 일제 강점기 무장 투쟁에 관한 내용이다. 시기 순으로 바르게 나열한 것은?

> ㉠ 봉오동 전투, 청산리 대첩
> ㉡ 간도 참변
> ㉢ 미쓰야 협정
> ㉣ 자유시 참변
> ㉤ 한중 연합 작전
> ㉥ 한국광복군의 창설

① ㉠ → ㉡ → ㉣ → ㉢ → ㉤ → ㉥
② ㉡ → ㉠ → ㉣ → ㉢ → ㉥ → ㉤
③ ㉠ → ㉡ → ㉢ → ㉣ → ㉥ → ㉤
④ ㉡ → ㉠ → ㉥ → ㉣ → ㉢ → ㉤

35 ③

밑줄 친 '이 운동'은 1929년 광주 학생 항일 운동이다. 신간회는 광주 학생 항일 운동 당시 진상 조사단을 현지에 파견하였다.

|오답해설|
① 조선 형평사는 1923년 진주에서 창설되었다.
② 1920년대 초 조선 민립대학 설립 운동이 시작되었다(1920년 조선 교육회 설립 발기회 개최, 1922년 조선 민립대학 기성 준비회 결성).
④ 조선 민흥회는 일부 비타협적 민족주의자들(조선 물산 장려회 계열)과 일부 사회주의 세력(서울 청년회)이 결합하여 1926년 결성되었다.

36 ④

④ 만주 사변(1931) 이후 한국 독립군은 중국 호로군과 함께 한중 연합 작전을 전개하여 쌍성보 전투(1932), 사도하자 전투, 대전자령 전투, 동경성 전투(1933) 등에서 승리하였다.

|오답해설|
① 신민부는 1925년 대종교 계통 인사들이 북만주 지역에서 결성한 항일 독립운동 단체이다.
② 홍범도의 대한 독립군 등 독립군 연합 부대가 1920년 봉오동 전투에서 승리하였다.
③ 3부(참의부, 정의부, 신민부) 통합 운동의 결과, 혁신 의회(1928)와 국민부(1929)가 결성되었다.

37 ①

제시된 내용 중 "6월 7일", "북간도", "왕청현", "적 1백 20여 명 사상" 등을 통해 봉오동 전투(1920. 6.)임을 알 수 있다. 봉오동 전투에서 패배한 일제는 훈춘 사건을 조작하여 대규모 병력을 만주에 파견하였다.

|오답해설|
② 양세봉의 조선 혁명군은 중국 의용군과 연합하여 영릉가, 흥경성 등지에서 일본군을 격퇴하였다.
③ 김좌진의 북로 군정서군은 홍범도의 대한 독립군 등 여러 독립군들과 연합하여 백운평 전투를 시작으로 6일간에 걸친 10여 차례의 전투에서 일본군에게 막대한 타격을 입혔다(청산리 대첩, 1920. 10.).
④ 지청천의 한국 독립군은 중국 호로군과 연합하여, 쌍성보 전투, 사도하자 전투, 경박호 전투, 동경성 전투, 대전자령 전투 등에서 일본군을 격퇴하였다.

38 ①

결정적 문제▶ 1920년대 국외 항일 운동은 사건의 순서를 나열하는 문제가 빈출되니 알아두자!

〈보기〉의 사건을 순서대로 나열하면 ㉠ 간도 참변(1920) → ㉢ 국민 대표 회의 개최(1923) → ㉣ 미쓰야 협정(1925) → ㉡ 광주 학생 항일 운동(1929)이다.

39 ①

제시된 내용을 시기 순으로 나열하면 ㉠ 봉오동 전투, 청산리 대첩(1920) → ㉡ 간도 참변(1920~1921) → ㉣ 자유시 참변(1921) → ㉢ 미쓰야 협정(1925) → ㉤ 한중 연합 작전(주로 1932년에 집중됨) → ㉥ 한국광복군의 창설(1940)이다.

40

다음 사건을 일어난 순서대로 바르게 나열한 것은?

> ㄱ. 일제는 중국 마적단을 매수하여 훈춘의 일본 영사관을 공격하게 하는 조작 사건을 일으켰다.
> ㄴ. 서일을 총재로 하는 대한 독립 군단은 소비에트 러시아의 자유시로 이동하였다.
> ㄷ. 일제는 무장 독립 세력을 진압하기 위해 만주 군벌과 미쓰야 협정을 맺었다.
> ㄹ. 한국 독립당의 산하에 지청천을 총사령관으로 하는 한국 독립군이 조직되었다.

① ㄱ → ㄴ → ㄷ → ㄹ
② ㄴ → ㄱ → ㄹ → ㄷ
③ ㄷ → ㄹ → ㄴ → ㄱ
④ ㄹ → ㄷ → ㄱ → ㄴ

41

다음에서 설명하는 사건은 무엇인가?

> (상하이파 고려 공산당 계열인) '사할린 의용대'와 (이르쿠츠크파 고려 공산당 계열인) '자유 대대' 간 독립군 지휘권 싸움이 일어나 결국 자유 대대를 지지한 소련 적군으로부터 포위 공격을 받아 다수의 독립군이 희생되었다.

① 간도 참변
② 자유시 참변
③ 훈춘 사건
④ 미쓰야 협정

42

다음 설명하는 단체는 무엇인가?

> 1923년 압록강 건너 남만주 일대를 관할하던 자치 정부 겸 독립운동 단체이며, 임시 정부와 연계하여 운영되었다.

① 통의부
② 참의부
③ 정의부
④ 신민부

43

다음 내용과 관련 있는 독립운동은?

> …… 강도 일본을 쫓아내려면 오직 혁명으로만 가능하며, 혁명이 아니고는 강도 일본을 쫓아낼 방법이 없는 바이다. …… 우리의 민중을 깨우쳐 강도의 통치를 타도하고 우리 민족의 신생명을 개척하자면 양병 10만이 폭탄을 한 번 던진 것만 못하며, 천억 장의 신문, 잡지가 한 번의 폭동만 못할지니라. ……
> 민중은 우리 혁명의 대본영(大本營)이다.
> 우리는 민중 속으로 가서 민중과 손을 맞잡아 끊임없이 폭력으로써 강도 일본의 통치를 타도하고, 우리 생활에 불합리한 일체의 제도를 개조하여, 인류로써 인류를 압박하지 못하며, 사회로써 사회를 박탈하지 못하는 이상적 조선을 건설할지니라.

① 신간회의 활동
② 의열단의 투쟁
③ 민립대학 설립 운동
④ 문맹 퇴치 운동

44

다음의 독립 투쟁을 일으킨 인물과 당시 소속 단체가 일치하지 않는 것은?

> ㉠ 조선 총독부에 폭탄을 던진 다음, 수십 겹의 포위망을 뚫고 중국으로 탈출하여 이듬해 중국 상해에서 일본 육군 대장을 저격하였다.
> ㉡ 조선 총독의 마차를 겨냥하고 영국제 수류탄을 던져 총독부 요인과 관리들에게 큰 부상을 입혔다.
> ㉢ 동양 척식 주식회사에 들어가 폭탄을 투척하였으나, 터지지 않자 권총으로 일본 간부를 살해하고 경찰과 시가전을 벌였다.
> ㉣ 도쿄에서 황궁으로 들어가는 이중교에 폭탄을 던져 일제에게 두려움을 안겨주었다.

① ㉠ : 김익상 – 의열단
② ㉡ : 강우규 – 노인단
③ ㉢ : 나석주 – 의열단
④ ㉣ : 이봉창 – 한인 애국단

45

밑줄 친 '그'가 일으킨 사건의 영향에 대한 설명으로 옳은 것은?

> 일제는 1월 28일 일본 승려 사건을 계기로 전쟁을 도발하였다. 일본은 이때 시라카와 대장을 사령관으로 삼아 중국과의 전쟁을 승리로 이끌었다. 그는 이해 봄 야채상으로 가장하여 일본군의 정보를 탐지한 뒤 4월 29일 이른바 천장절 겸 전승 축하 기념식에 폭탄을 투척하기로 하였다. 식장에 참석하여 수류탄을 투척함으로써 파견군 사령관 시라카와, 일본 거류 민단장 가와바다 등은 즉사하였다.

① 이를 계기로 신간회가 결성되었다.
② 한국광복군 형성의 기초가 되었다.
③ 민족 유일당 운동의 계기가 되었다.
④ 미쓰야 협정이 체결되는 계기가 되었다.

46

지도에 표시된 전투가 일어났던 시기를 연표에서 옳게 고른 것은?

1910년	1919년	1931년	1937년	1945년
(가)	(나)	(다)	(라)	
국권 피탈	3·1 운동	만주 사변	중일 전쟁	8·15 해방

① (가)
② (나)
③ (다)
④ (라)

---

40 ①

제시된 사건의 순서는 ㄱ. 훈춘 사건(1920. 9.) → ㄴ. 간도 참변 이후 대한 독립 군단의 자유시로의 이동(1921년 초) → ㄷ. 미쓰야 협정(1925) → ㄹ. 한국 독립군 결성(1930)이다.

41 ②

간도 참변 이후 밀산 지역으로 이동한 3,500명의 독립군은 서일, 김좌진, 홍범도 등의 지휘로 대한 독립 군단을 조직하여, 흑룡강 연안의 자유시로 옮겨 소비에트 적군과 연합 전선을 시도하였다. ② 그러나 일본과의 불화가 이롭지 못하다고 판단한 소비에트 적군의 배신으로 무장 해제를 강요받게 되자 충돌하여 많은 사상자가 발생하였다(자유시 참변).

42 ②

② '참의부'는 1923년 임시 정부 군무부 산하의 육군 주만 참의부로 조직하였으며, 압록강 건너편 지역을 관할하던 민정 기관이자 군정 기관이었다.

43 ②

② 제시된 사료는 '의열단' 선언의 기초가 된 신채호의 「조선 혁명 선언」(1923)이다. 신채호는 이 글에서 일제를 타도할 첩경이 민중의 직접적 폭력 혁명에 있다고 보았다.

44 ④

결정적 문제 ▷ 의열단과 한인 애국단의 활동은 관련 의거와 연결하여 기억하자!

ⓔ 일본 황궁 앞 이중교(니주바시) 폭탄 의거는 의열단의 김지섭과 관련되어 있다(1924). ④ 한인 애국단의 이봉창은 일본 히로히토 천황이 행차할 때 수류탄을 투척하였다.

|보충설명| 의열단 관련 의거

- 부산 경찰서 폭파 의거(1920) – 박재혁
- 조선 총독부 폭탄 투척 사건(1921) – 김익상
- 상하이 일본군 다나카 육군 대장 저격 기도(1922) – 김익상, 오성륜
- 종로 경찰서 폭탄 투척 사건(1923) – 김상옥
- 일본 동경 궁성 앞 이중교 폭탄 투척 사건(1924) – 김지섭
- 동양 척식 주식회사, 조선 식산 은행 폭탄 투척 의거(1926) – 나석주

45 ②

밑줄 친 '그'는 '윤봉길'이다. 일본은 중국인이 일본 승려를 살해했다는 이유와 이봉창 의거에 대한 중국의 미온적 태도를 문제 삼아 1932년 1월 28일 상하이 사변을 일으켰다. 이후 한인 애국단원 윤봉길은 상하이 훙커우 공원에서 전승 기념행사를 진행하던 일본 군부 주요 인물들을 향해 폭탄을 던졌다(1932. 4.). ② 이를 계기로 중국 국민당 정부는 대한민국 임시 정부를 적극 지원하게 되었고, 이후 1940년 충칭에서 한국 광복군을 창설할 수 있었다.

46 ③

만주 사변(1931) 이후 한중 연합군이 결성되었다. 지청천이 지휘하는 한국 독립군은 중국 호로군과 연합하여 **쌍성보 전투**(1932), **대전자령 전투**(1933)에서 일본군을 격퇴하였다. 한편 양세봉의 조선 혁명군은 중국 의용군과 연합하여 **영릉가 전투**(1932), **흥경성 전투**(1933)에서 일본군에 승리하였다.

| 정답 | **40** ① **41** ② **42** ② **43** ② **44** ④ **45** ② **46** ③

47

㉠ 부대에 대한 설명으로 옳은 것은?

> (㉠)은/는 1933년에 중국인 부대와 연합하여 동경성 전
> 투 등을 치르며 큰 전과를 올렸고, 대전자령에서는 일본군을
> 기습 공격하여 승리를 거두었다.

① 하와이에 대조선 국민군단을 창설하였다.
② 양세봉의 지휘하에 흥경성 전투에 참여하였다.
③ 만주 지역에서 활동했던 한국 독립당의 산하 조직이었다.
④ 중국 의용군과 연합하여 영릉가 전투에서 일본군을 물
리쳤다.

48

다음 자료에 해당하는 독립군 부대에 대한 설명으로 옳은
것은?

> 얼음에 풀린 소자강은 수심이 깊었다. 게다가 얼음덩어리가
> 뗏목처럼 흘러내렸다. 하지만 이 강을 건너지 못하면 영릉가
> 로 쳐들어갈 수 없었다. 밤 12시 정각까지 영릉가에 들어가
> 공격을 알리는 신호탄을 울려야만 했다. 양세봉 사령관은 전
> 사들에게 소자강을 건너라고 명령하고 나서 자기부터 먼저
> 강물에 뛰어들었다.

① 자유시 참변으로 시련을 겪었다.
② 연합군의 일원으로 태평양 전쟁에 참여하였다.
③ 남만주에서 중국군과 힘을 합쳐 항일 전쟁을 벌였다.
④ 중국 관내에서 결성된 최초의 한인 무장 부대였다.

49

밑줄 친 '이 단체'는 무엇인가?

> 1936년 결성된 이 단체는 만주 및 국내 함경도 지역의 공산
> 주의 세력과 민족주의 세력이 결합하여 천도교 세력 및 농
> 민, 노동자 등으로 대중적 기반을 확대했다. 이 단체는 창립
> 선언에서 '계급, 성별, 지위, 당파, 연령, 종교 등의 차별을
> 불문하고, 일치단결하여 조국을 광복시킬 것'을 강조하고,
> 통일 전선 노선을 지향하였다.

① 조선 혁명군
② 한국 독립군
③ (재만 한인) 조국 광복회
④ 조선 민족 혁명당

50

1930년 이후 전개된 해외 독립운동으로 옳지 않은 것은?

① 홍진, 이청천 등이 만주에서 한국 독립당을 발족하였다.
② 임시 정부가 국무위원 중심제를 채택하고자 개헌하였다.
③ 조선 혁명군이 영릉가 전투에서 일본군을 물리쳤다.
④ 태항산 지역에서 조선 의용군이 팔로군과 협동 작전을
벌였다.

51

밑줄 친 '이 단체'에 대한 설명으로 옳은 것은?

> 1930년대 일제의 중국 침략이 본격화되자, 중국 본토에서
> 활동하던 독립운동 단체들은 좌우의 대립을 지양하고 민족
> 연합전선을 형성하기 위해 상하이에서 '한국대일전선통일동
> 맹'을 결성하고 민족 유일당 건설을 제창하였다. 이에 여러
> 단체의 인사들이 난징에서 회의를 열고 이 단체를 창건하였
> 다. 이는 단순한 여러 단체의 동맹이 아니라 단일 정당을 형
> 성한 것이다.

① 한국 독립당, 한국 국민당, 조선 혁명당 3당의 통합으로
만들어졌다.
② 지청천, 조소앙의 독주로 김원봉이 탈퇴하였다.
③ 동북 항일 연군을 산하의 군사 조직으로 두었다.
④ 창설 당시 김구는 참여하지 않았다.

47 ③

제시된 자료의 ⊙ 부대는 '한국 독립군'으로, ③ 한국 독립당 산하 군사 조직이었다. 지청천이 지휘하는 한국 독립군은 중국의 호로군과 한중 연합군을 편성하고, 쌍성보 전투(1932), 사도하자 전투(1933), 동경성 전투(1933)에서 일본군을 크게 격파하였다. 특히 대전자령 전투(1933)에서는 4시간의 격전 끝에 승리하여 막대한 전리품을 획득하였다.

| 오답해설 |

① 박용만은 1914년 하와이에서 대조선 국민군단을 창설하였다.

②④ 양세봉이 지휘하는 조선 혁명군(1929)은 중국 의용군과 연합하여 영릉가 전투(1932)와 흥경성 전투(1933)에서 일본군을 격퇴하였다.

48 ③

`결정적 문제` 1930년대 한중 연합 작전에서 한국 독립군과 조선 혁명군의 주요 전투를 기억하자!

제시된 사료는 양세봉이 지휘한 '조선 혁명군'의 영릉가 전투와 관련된 내용이다. ③ 조선 혁명군은 남만주 일대에서 중국 의용군과 연합하여 영릉가, 흥경성 전투에서 일본군을 크게 무찔렀다.

| 오답해설 |

① 간도 참변(경신 참변) 이후 대한 독립 군단을 조직하여 소련으로 이동한 독립군은 소비에트 적군의 공격으로 자유시 참변을 겪었다(1921).

② 한국광복군은 연합군의 일원으로 태평양 전쟁에 참여하였다. 한영 군사 협정(1943)에 따라 10여 명의 비전투 요원들이 영국군과 함께 미얀마 전선 등에 참전(주로 암호 분석, 포로 심문, 통역 및 심리전 활동)하였다.

④ 1938년 김원봉이 창설한 조선 의용대는 중국 관내에서 결성된 최초의 한인 무장 부대였다.

49 ③

③ 동북 항일 연군의 일부 조선인 공산주의자들은 1936년 만주 장백현과 함경도 일대에서 민족주의자들과의 통일 전선 형태를 띤 '(재만 한인) 조국 광복회'를 결성하였다.

50 ②

② 임시 정부의 제3차 개헌(1927)으로 국무위원 중심의 집단 지도 체제가 채택되었다.

| 오답해설 |

① 홍진, 이청천(지청천) 등이 만주에서 한국 독립당을 발족한 것은 1930년이다.

③ 양세봉의 조선 혁명군은 1932년 영릉가 전투에서 일본군을 크게 물리쳤다.

④ 1942년 태항산 지역에서 조선 의용군이 팔로군(중국 공산당군)과 연합 작전을 벌였다.

51 ④

밑줄 친 '이 단체'는 '민족 혁명당'이다. 1935년 6월 중국 난징에서 각 혁명 단체 대표자 대회가 개최되었으나 ④ 김구 등 임시 정부 세력은 참여하지 않고, 한국 국민당을 결성하였다.

| 오답해설 |

① 한국 독립당, 의열단, 신한 독립당, 조선 혁명당, 대한 독립당 등 5개 단체가 통합하여 민족 혁명당을 창당하였다.

② 조직의 주도권을 김원봉의 의열단계가 장악하자, 조소앙, 지청천 등이 탈당하여 조선 민족 혁명당으로 개편되었다.

③ 동북 항일 연군은 민족 혁명당 산하의 군사 조직이 아니다.

| 정답 | 47 ③ 48 ③ 49 ③ 50 ② 51 ④

52

다음 자료와 같은 대일 선전 포고를 한 군대와 관련 없는 것은?

> 1. 한국 전체 인민은 이미 반침략 전선에 참가하여 한 개의 전투 단위로서 추축국(樞軸國)에 대하여 전쟁을 선포한다.
> 2. 1910년의 합방 조약과 일체의 불평등 조약의 무효를 거듭 선포하며, 아울러 반침략 국가의 한국에서의 합리적 기득 권익을 존중한다.
> 3. 왜구를 한국과 중국 및 태평양에서 완전히 몰아내기 위하여 최후의 승리를 거둘 때까지 피로써 싸운다.
>
> 대일 선전 성명서

① 대한민국 임시 정부에서 창설하였다.
② 연합군과 합동으로 전쟁을 수행하였다.
③ 청산리 전투에서 혁혁한 공을 세웠다.
④ 국내 진공 작전을 계획하였으나, 일본의 패망으로 기회가 무산되었다.

53

14. 국가직 9급

대한민국 임시 정부는 1940년 충칭에서 한국광복군을 창설하였는데, 이와 관련된 내용으로 옳지 않은 것은?

① 총사령에 이청천, 참모장에 이범석을 선임하였다.
② 영국군의 요청으로 일부 병력을 인도와 버마(미얀마) 전선에 참전시켰다.
③ 미국 전략 정보처(OSS)와 협력하면서 국내 진공을 준비하였다.
④ 조선 의용군과 연합하여 일본에 대해 선전 포고를 하였다.

54

다음은 『백범일지』의 한 구절이다. 밑줄 친 '참전할 준비'의 뜻으로 옳은 것은?

> "아! 왜적이 항복!" 이것은 내게는 기쁜 소식이라기보다는 하늘이 무너지는 듯한 일이었다. 천신만고로 수년간 애를 써서 참전할 준비를 한 것도 다 허사다. …(중략)… 그보다도 걱정이 되는 것은 우리가 이번 전쟁에 한 일이 없기 때문에 장래에 국제 간에 발언권이 박약하리라는 것이다.

① 연통제를 부활해서 국내에 조직망을 갖추는 일
② 광복군이 미국 전략 사무국의 도움을 받아 국내 진공을 준비하는 일
③ 조선 의용대를 중국 팔로군의 지휘 아래 화북 일대에 배치하는 일
④ 황포 군관 학교를 졸업한 광복군 부대를 중국군에 편입시키는 일

55

다음을 시기 순으로 바르게 나열한 것은?

> ㉠ 독립운동 기지를 중심으로 서전 서숙, 명동 학교, 신흥 학교 등에서 민족 교육과 군사 훈련을 통해 무장 독립 전쟁을 준비하였다.
> ㉡ 만주 사변 이후 위협을 받게 된 그곳의 한국 독립군은 중국의 호로군과 한중 연합군을 편성하고 일만 연합 부대를 크게 격파하였다.
> ㉢ 김구·지청천 등은 신흥 무관 학교 출신의 독립군과 중국 대륙에 산재하여 독립운동에 참여했던 청년을 모아 한국 광복군을 창설하였다.
> ㉣ 만주 일대에 민주적 민정 기관과 독립군의 훈련과 작전을 담당한 군정 기관을 갖추고 무장 독립군을 편성하여 독립 전쟁을 전개하였다.
> ㉤ 동북 항일 연군 내의 한인 항일 유격대가 함경도 보천보에 들어와 경찰 주재소, 면사무소를 파괴한 내용이 국내 신문에 크게 보도되었다.

① ㉠ → ㉡ → ㉢ → ㉣ → ㉤
② ㉠ → ㉡ → ㉣ → ㉤ → ㉢
③ ㉠ → ㉢ → ㉣ → ㉡ → ㉤
④ ㉠ → ㉣ → ㉡ → ㉤ → ㉢

56

일제 강점기 민족 해방 운동의 전개에 대한 설명으로 옳지 않은 것은?

① 3·1 운동을 계기로 운동 이념상 복벽주의는 점차 청산되었다.

② 1920년대에는 민족주의 운동과 사회주의 운동으로 분화되었다.

③ 1920년대 중엽에는 신간회가 해소되고 혁명적 농민 조합 운동이 격렬하게 전개되었다.

④ 1930년대 후반에는 통일 전선 운동과 무장 투쟁이 활발하게 전개되었다.

57

(가)와 (나) 사이의 시기에 있었던 만주 무장 항일 운동에 대한 설명으로 옳지 않은 것은?

> (가) 경신년에 왜병이 내습하여 31명이 살고 있는 촌락을 방화하고 총격을 가하였다. 나도 가옥 9칸과 교회당, 학교가 잿더미로 변한 것을 보고 그것이 사실임을 알았다. 11월 1일에는 왜군 17명, 왜경 2명, 한인 경찰 1명이 와서 남자들을 모조리 끌어내서 죽인 뒤 …(중략)… 남은 주민들을 모아 일장 연설을 하였다.
>
> 무장 독립운동 비사
>
> (나) 북만주와 동만주 일대의 항일 무장 독립 운동은 한국 독립군의 활동으로 대표되었다. …(중략)… 그때는 만주에 전운이 감돌고 일제는 군사 행동을 일으켜 북만주 지역까지 마수를 뻗치므로 한국 독립군은 항일 중국군과 제휴하여 쌍성보 전투에서 승리하였다.   오광선 녹취록

① 한국 독립군이 조선 의용대에 참여하였다.

② 미쓰야 협정으로 독립군 기지의 유지가 어려웠다.

③ 임시 정부와 연계된 참의부가 국내 침투를 감행하였다.

④ 독립군이 전력을 보전하기 위하여 자유시로 이동하였다.

⑤ 신민부가 군정·민정 기관을 설치하여 군사력 확보를 추진하였다.

정답&해설

52 ③

제시된 자료는 '한국광복군'에 관한 내용이다. 한국광복군은 김구, 김규식, 지청천 등이 중심이 되어 1940년 9월 중경(충칭)에서 조직되었다. 1941년 태평양 전쟁이 발발한 이후에는 대일 선전 포고를 하고, 연합군과 함께 연합 작전을 수행하였다. ③ 청산리 전투에서 크게 활약한 독립운동 단체는 북로 군정서, 대한 독립군 등이다.

53 ④

결정적 문제 1940년 충칭에서 결성된 한국광복군의 활동을 기억해 두자!

④ 조선 의용군을 조선 의용대로 바꿔야 한다. 조선 의용군이 창설된 시기는 1942년이며, 임시 정부에서 대일 선전 포고를 한 것은 1941년이기 때문에 시기가 맞지 않다.

| 오답해설 |

① 1940년 중경(충칭)에 정착한 임시 정부는 지청천(이청천은 같은 인물이다)을 총사령, 이범석을 참모장으로 한국광복군을 조직하였다. 이후 1942년 김원봉의 조선 의용대를 흡수하고 3개 지대로 구성하였다.

② 한영 군사 협정(1943)에 따라 10여 명의 비전투 요원들이 영국군과 함께 미얀마 전선 등에 참전(주로 암호 분석, 포로 심문, 통역 및 심리전 활동)하였다.

③ 미국 OSS와 연합하여 국내 진입 계획을 세웠지만, 일제의 항복으로 실현되지 못하였다.

54 ②

② 한국광복군은 미국 전략 사무국(OSS)과 연합하여 국내 진입 계획을 세웠지만 일제의 항복으로 실현되지 못하였다. 이 소식을 들은 김구는 크게 낙담하였는데, 이는 해방 이후 독립 국가 수립 시에 발언권이 약화될 것을 예견한 것이었다.

55 ④

㉠ 1910년대, ㉡ 1930년대 초반, ㉢ 1940년, ㉣ 1920년대 중반, ㉤ 1937년에 일어난 독립 전쟁에 관한 설명이다. 즉, ㉠ → ㉣ → ㉡ → ㉤ → ㉢순이다.

56 ③

③ 신간회의 해소는 1931년의 사실이며, 혁명적 농민 조합 운동은 1930년대 이후에 해당한다.

57 ①

(가) 1920년에 발생한 간도 참변(경신 참변), (나) 1930년대 초반 만주의 무장 항일 운동에 관한 내용이다. ① 한국 독립군이 조선 의용대에 참여한 것은 1938년이다.

| 오답해설 | ② 1925년, ③ 1924년, ④ 1921년, ⑤ 1925년에 일어난 사건이다.

| 정답 | **52** ③   **53** ④   **54** ②   **55** ④   **56** ③   **57** ①

02 일제 강점기 경제의 변화

교수님 코멘트 ▶ 일제의 식민 경제 정책(토지 조사 사업, 산미 증식 계획, 물적 수탈 등)의 특징과 내용이 문제로 출제된다. 특히 사료형 문제의 경우 토지 조사 사업은 '임시 토지 조사국', '기한부 신고제' 등이 키워드로 출제되고, 산미 증식 계획은 '일본의 식량 문제를 해결하기 위해'가 핵심 문장으로 출제된다. 물산 장려 운동은 '조만식이 주도', '평양에서 시작', '내 살림 내 것으로' 등이 키워드로 출제됨을 알아두어야 한다.

01
19. 국가직 7급

다음 법령이 시행되던 시기에 있었던 사실은?

> 제1조 회사의 설립은 조선 총독의 허가를 받아야 한다.
> …(중략)…
> 제5조 회사가 본령이나 본령에 의거하여 발하는 명령과 허가 조건에 위반하거나 또는 공공질서와 선량한 풍속에 반하는 행위를 할 때, 조선 총독은 사업의 정지, 지점의 폐쇄 또는 회사의 해산을 명할 수 있다.

① 경성 제국 대학이 설립되었다.
② 경찰범 처벌 규칙이 제정되었다.
③ 학교에서 조선어 사용이 금지되었다.
④ 일본 상품에 대한 관세가 철폐되었다.

02

일제 강점기의 경제 상황에 대한 설명으로 옳지 않은 것은?

① 일제는 토지 조사 사업을 통해 한국인의 토지를 수탈하였다.
② 토지 조사 사업의 결과 한국인은 기한부 계약에 의한 소작농으로 전락하고, 일본인은 지주가 되었다.
③ 1920년대 일제는 산미 증식 계획을 추진하여 식량을 수탈해 농민의 생활을 어렵게 만들었다.
④ 일제는 회사령의 허가제를 통해 조선의 민족 기업을 육성하려고 하였다.

03
16. 국가직 9급

다음 법령에 대한 설명으로 옳은 것은?

> 제17관 임시 토지 조사국은 토지 대장 및 지도를 작성하고, 토지의 조사 및 측량한 것을 사정하여 확정한 사항 또는 재결을 거친 사항을 이에 등록한다.

① 토지와 임야를 함께 조사하도록 하였다.
② 토지 등급은 물론 지적, 결수, 지목 등을 신고하도록 하였다.
③ 지역별 지가와 그것의 1.3%를 지세로 하는 과세 표준을 명시하였다.
④ 본 법령에 따라 토지 소유를 증명하는 토지 가옥 증명 규칙과 시행 세칙이 공포되었다.

04
15. 서울시 9급

다음 ㉠의 추진 결과 나타난 현상으로 옳지 않은 것은?

> 일본은 1910년대 이후 자본주의 경제가 급속하게 발전하면서 농민들이 도시에 몰려 식량 조달에 큰 차질이 빚어졌다. 이를 해결하기 위해 ㉠ 을 추진하였는데, 이는 토지 개량과 농사 개량을 통해 식량 생산을 대폭 늘려 일본으로 더 많은 쌀을 가져가고 우리나라 농민 생활도 안정시킨다는 목표로 추진되었다.

① 쌀 생산량의 증가보다 일본으로의 수출량 증가가 두드러졌다.
② 만주로부터 조, 수수, 콩 등의 잡곡 수입이 증가하였다.
③ 한국인의 1인당 연간 쌀 소비량이 이전보다 줄어들었다.
④ 많은 수의 소작농이 이를 통해 자작농으로 바뀌었다.

다음 자료를 시대 순으로 옳게 배열한 것은?

> (가) 토지 소유자는 조선 총독이 정하는 기간 안에 주소, 씨 명, 명칭 및 소유지의 소재, 지목, 등급, 지적, 결수를 임시 토지 조사 국장에게 신고해야 한다.
>
> (나) 앞으로 어떤 큰 사태가 닥쳤을 때 가령 중국 대륙 작전 군에게 일본 내지로부터의 해상 수송이 끊기더라도, 조 선의 힘만으로 이것을 보충할 수 있을 정도로 군수 공 업 육성 등 조선 산업 분야를 다각화해야 한다.
>
> (다) 일본에서 쌀 소비는 연간 약 6천 5백만 석이다. 일본 내 생산고는 약 5천 8백만 석을 넘지 못한다. 해마다 부족 분을 다른 제국 판도 및 외국에 의지해야 한다. 따라서 지금 미곡 증수 계획을 수립하여, 일본 제국의 식량 문 제를 해결하는 데 도움을 주는 것은 진실로 국책상 급 무라고 믿는다.

① (가) → (나) → (다)
② (가) → (다) → (나)
③ (나) → (가) → (다)
④ (나) → (다) → (가)
⑤ (다) → (나) → (가)

06

1934년 공포된 '조선 농지령'에 관한 설명으로 옳지 <u>않은</u> 것은?

① 조선 농지령 입법 취지는 소작농의 지위 안정과 소작지 생산력 증대를 표방하였다.
② 마름의 중간 수탈을 방지하는 규정을 신설하였다.
③ 소작 기간을 최소 5년간 설정하였다.
④ 임대차 계약의 효력을 소유권 이동 시에도 인정하였다.

---

01 ②

제시된 법령은 1910년 공포된 회사령 중 일부이며, 1920년까지 적용되었다(허가 제의 회사령은 1920년 폐지되었고, 이후 회사 설립은 신고제로 개편됨). ② 경찰범 처벌 규칙은 1912년에 제정되었다.

|오답해설|
① 일제는 1924년 식민지 관료를 양성하기 위해 경성 제국 대학을 설립하였다.
③ 제3차 조선 교육령 발표(1938) 이후 학교에서 조선어 사용이 금지되었다.
④ 1923년 일본 상품에 대한 관세가 철폐되었다.

02 ④

| 결정적 문제 | 토지 조사 사업과 산미 증식 계획의 목적과 결과를 알아두자!
④ 허가제의 회사령(1910)은 조선의 민족 기업 성장을 억제하려 한 제도이다.

03 ②

제시된 자료는 토지 조사령(1912) 중 일부이다. ② 토지 조사 사업에서는 토지의 등급·지적·결수·지목 등을 신고하게 하여 소유자를 확정하였다.

|오답해설|
① 토지 조사 사업은 토지(농경지)만을 대상으로 시행하였으며, 임야는 1918년 임 야 조사령을 통해 조사하였다.
③ 일제는 1918년 지세령을 공포하여 지역별 지가와 그것의 1.3%를 지세로 하는 과세 표준을 명시하였다.
④ 대한제국 시기인 1906년 토지 가옥 증명 규칙과 시행 세칙을 공포하였다.

04 ④

밑줄 친 ㉠은 1920년부터 시작된 '산미 증식 계획'이다. 산미 증식 계획 이후 증가 된 생산량보다 일본으로의 쌀 수출량이 급증하여, 한국인의 1인당 쌀 소비량이 급 감하였다. 이에 일제는 만주에서 대량의 잡곡을 수입하여 조선인의 식량을 충당하 고자 하였다. ④ 산미 증식 계획의 결과 자작농은 줄어들고 소작농이 증가하였다.

05 ②

(가) 1910년대 토지 조사 사업, (나) 1930년대 병참 기지화 정책, (다) 1920년대 산 미 증식 계획과 관련된 내용이다. 즉, ② (가) → (다) → (나)순으로 실시되었다.

06 ③

③ 소작 기간은 3년을 하한으로 설정하였다.

| 정답 |　**01** ②　　**02** ④　　**03** ②　　**04** ④　　**05** ②　　**06** ③

07

일제의 식민지 정책을 시기 순으로 바르게 나열한 것은?

> ㉠ 농촌 경제의 안정화를 명분으로 농촌 진흥 운동을 전개하였다.
> ㉡ 학도 지원병 제도를 강행하여 학생들을 전쟁터로 내몰았다.
> ㉢ 회사령을 철폐하여 일본 자본이 조선에 자유롭게 유입될 수 있게 하였다.
> ㉣ 토지의 소유권과 가격에 대한 대대적인 조사를 진행하였다.

① ㉢ → ㉣ → ㉠ → ㉡
② ㉢ → ㉣ → ㉡ → ㉠
③ ㉣ → ㉢ → ㉠ → ㉡
④ ㉣ → ㉢ → ㉡ → ㉠

08

일제의 경제 수탈 정책에 대한 설명으로 옳지 않은 것은?

① 1910년 시작된 토지 조사 사업에서 신고된 토지의 지주에 대한 권리만을 인정하고, 농민들이 오랫동안 누려왔던 관습적인 경작권은 부정되었다.

② 1920년대 일본 자본의 조선 진출 요구가 커지자, 조선 총독부는 회사의 설립과 해산을 신고제에서 허가제로 강화하였다.

③ 1920년대 일제는 자국의 식량 문제를 해결하기 위하여 산미 증식 계획을 시행하였는데, 한국인 지주도 이에 편승하여 토지를 크게 늘렸다.

④ 1930년대 이후 일제는 대륙 침략을 위하여 공업화 정책을 추진하였는데, 이 과정에서 일본의 대자본이 활발하게 투입되었다.

09

다음 중 일제의 경제 침탈에 관한 설명으로 가장 적절하지 않은 것은?

① 1910년대 시작된 토지 조사 사업은 토지의 소유권, 토지 가격, 지형 및 용도를 조사한 것으로, 토지에 대한 지주의 권리와 농민의 경작권을 함께 인정하였다.

② 1920년대 산미 증식 계획은 더 많은 쌀을 일본으로 가져가기 위해 추진되었으며, 수리 시설의 확대와 품종 교체, 화학 비료 사용 증가 등을 통해 이루어졌다.

③ 1930년대 이후 일제는 일본을 발전된 공업 지역으로, 만주를 농업과 원료 생산 지대로 만들고, 한반도를 경공업 중심의 중간 지대로 만들기 위해 조선 공업화 정책을 펼쳤다.

④ 1940년대 전시 동원 체제하에서 세금을 늘리고 저축을 강요하여 마련된 자금은 군수 기업에 집중 지원되었다.

10

다음의 발기문이 발표된 시기와 가장 가까운 시기에 전개된 독립운동에 대한 설명으로 옳은 것은?

> 입어라, 조선 사람이 짠 것을
> 먹어라, 조선 사람이 만든 것을
> 써라, 조선 사람이 지은 것을
> 조선 사람, 조선 것

① 안중근이 하얼빈 역에서 이토 히로부미를 사살하였다.
② 기회주의를 배격하고 민족 단일당을 지향한 신간회가 결성되었다.
③ 대한민국 임시 정부는 충칭에서 한국광복군을 창설하였다.
④ 윤봉길이 홍커우 공원에서 폭탄을 투척하였다.

11

다음 (가), (나) 자료와 관련된 민족 운동에 대한 설명으로 옳지 않은 것은?

> (가) 비록 우리 재화가 남의 재화보다 품질상 또는 가격상으로 개인 경제상 다소 불이익이 있다 할지라도, 민족 경제의 이익에 유의하여 이를 애호하며 장려하여 수요하고 구매할지라.
>
> (나) 민중의 보편적 지식은 보통 교육으로 능히 수여할 수 있으나, 심원한 지식과 심오한 학리는 고등 교육에 기대하지 아니하면 불가할 것은 설명할 필요도 없거니와 사회 최고의 비판을 구하며 유능한 인물을 양성하려면 최고 학부의 존재가 가장 필요하도다.

① (가) – 사회주의자들로부터 비판을 받았다.
② (가) – 일본 상품의 무관세 움직임에 대응하여 시작되었다.
③ (나) – 전국적인 모금 운동을 전개하였다.
④ (나) – 브나로드 운동과 병행하여 전개되었다.
⑤ (가), (나) – 실력 양성 운동의 일환으로 추진되었다.

12

밑줄 친 '운동'에 대한 설명으로 옳은 것은?

> 조선 사람은 조선 사람이 만든 물건만 쓰고 살자고 하는 <u>운동</u>이 일어나고 있다. 그렇게 하면 조선인 자본가의 공업이 일어난다고 한다. …(중략)… 이 <u>운동</u>이 잘 되면 조선인 공업이 발전해야 하지만 아직 그렇지 않다. …(중략)… 이 <u>운동</u>을 위해 곧 발행된다는 잡지에 회사를 만들라고 호소하지만 말고 기업을 하는 방법 같은 것을 소개해야 한다. 〈개벽〉

① 조선 총독부가 회사령을 폐지하는 계기가 되었다.
② 원산 총파업을 계기로 조직적으로 전개될 수 있었다.
③ 조만식 등에 의해 평양에서 시작되어 전국으로 확산되었다.
④ 조선 노농 총동맹의 적극적 참여로 대중적인 기반이 확충되었다.

정답&해설

07 ③

제시된 내용의 순서는 ⓔ 토지 조사 사업(1910년대) → ⓒ 회사령 철폐(1920) → ⓙ 농촌 진흥 운동(1930년대) → ⓛ 학도 지원병제(1943)이다.

08 ②

② 회사 설립 기준은 1910년 허가제에서 1920년 신고제(계출제)로 완화되었다.

09 ①

① 토지 조사 사업의 결과, 전통적으로 인정되어 온 경작권이 부정되어 조선 농민들의 삶이 더욱 피폐해졌다.

10 ②

제시된 사료는 '1920년대' 초 물산 장려 운동과 관련된다. ② 따라서 〈보기〉 중 가장 가까운 시기의 사실은 1927년 신간회 결성이다.

| 오답해설 |
① 안중근이 하얼빈 역에서 이토 히로부미를 사살한 것은 1909이다.
③ 대한민국 임시 정부는 1940년 충칭에서 한국광복군을 창설하였다.
④ 1932년 한인 애국단 단원 윤봉길은 상해 홍커우 공원에서 폭탄을 투척하였다.

11 ④

(가) 1920년대 초 물산 장려 운동, (나) 1920년대 초 민립대학 설립 운동과 관련된 자료이다. ④ 브나로드 운동은 1931년부터 〈동아일보〉가 주도한 계몽 운동과 관련된다.

12 ③

제시된 사료의 "조선 사람은 조선 사람이 만든 물건만 쓰고 살자"는 내용을 통해, 밑줄 친 '운동'은 '물산 장려 운동'임을 알 수 있다. ③ 물산 장려 운동은 1920년 조만식 등에 의해 평양에서 시작되어 전국적으로 확대되었다.

| 오답해설 |
① 조선 총독부는 1920년 (허가제의) 회사령을 폐지하고, 회사 설립 기준을 신고제(계출제)로 바꾸었다. 이것은 일본 자본의 조선 진출을 쉽게 하려는 목적이었다.
② 원산 노동자 총파업은 1929년에 시작되었다. 당시 전국 각지의 노동 조합·청년 단체·농민 단체 등이 후원하였으며, 일본·중국·프랑스·소련의 노동 단체들의 격려와 후원도 있었다.
④ 조선 노농 총동맹은 1924년 조직된 노동자, 농민 조직이었다.

03 일제 강점기 사회 운동

교수님 코멘트 ▶ 정우회 선언을 사료로 제시하고 신간회의 활동을 묻는 경우가 자주 출제된다. 신간회는 기회주의 배격, 광주 학생 항일 운동에 조사단 파견, 민중 대회의 준비 등이 주요 키워드로 출제되는 경우가 많다. 또한 형평 운동(1923), 암태도 소작 쟁의(1923), 원산 총파업(1929) 등은 순서 나열 문제로 자주 출제되는 사건이다.

01

05. 수능 기출

다음 밑줄 친 부분에 해당하는 사례로 적절하지 않은 것은?

> 3·1 운동 이후에 유입된 이 사상은 청년, 지식인층을 중심으로 파급되었다. 그리하여 마르크스를 비롯한 여러 사상가의 저작이 널리 읽혔다. 이 사상은 사회·경제적 민족 운동과 문예 활동에 많은 영향을 끼쳤다.

① 조선 공산당이 비밀리에 결성되었다.
② 언론사를 통한 문자 보급 운동이 활발하게 전개되었다.
③ 지주제 폐지를 내건 혁명적 농민 조합 운동이 나타났다.
④ 전국 규모의 청년 조직으로 조선 청년 총동맹이 결성되었다.
⑤ 카프(KAPF)는 계급 의식을 고취하는 문학 작품을 발표하였다.

02

1925년 조선 공산당 창건에 가장 주도적 역할을 한 단체는?

① 화요회
② ML당
③ 정우회
④ 조선 노동 공제회

03

10. 지방직 9급

일제 강점기 농민 운동에 대한 서술로 옳은 것을 모두 고르면?

> ㉠ 초기 소작 쟁의의 요구 사항은 주로 소작권 이동 반대, 소작료 인하 등이었다.
> ㉡ 일본인 농장·지주 회사를 상대로 한 소작 쟁의는 규모도 크고 격렬해지는 경우가 많았다.
> ㉢ 1920년대 농민들은 자위책으로 소작인 조합 등의 농민 단체를 결성하였다.
> ㉣ 소작인 조합은 1940년대 이후 자작농까지 포괄하는 농민 조합으로 바뀌어 갔다.

① ㉠
② ㉠, ㉡
③ ㉠, ㉡, ㉢
④ ㉠, ㉡, ㉢, ㉣

04

다음은 일제 강점기에 우리 민족이 전개한 운동이다. (가)와 (나)에 대한 설명으로 옳은 것을 〈보기〉에서 모두 고르면?

> (가) 노동자 수의 증가, 값싼 임금, 열악한 노동 조건을 배경으로 노동자들이 일으킨 운동이다.
> (나) 일제의 식민지 수탈 정책으로 농촌 경제의 파탄, 고율 소작료, 불안정한 소작권을 배경으로 농민들이 일으킨 운동이다.

┤ 보기 ├

> ㉠ (가)에 참여한 계층이 물산 장려 운동을 주도하였다.
> ㉡ (나)는 일제의 산미 증식 계획 결과 쌀 생산량이 증가하자 주춤하였다.
> ㉢ (가)와 (나)는 노동자·농민들의 생존권 투쟁인 동시에 항일 투쟁의 양상으로 전개되었다.
> ㉣ (가)와 (나)는 1920년대 중반에 유입된 사회주의 사상으로 더욱 활기를 띠었다.

① ㉠, ㉡
② ㉠, ㉢
③ ㉠, ㉣
④ ㉡, ㉢
⑤ ㉢, ㉣

05

한국사능력검정시험 고급 27회

다음 자료의 사회 운동에 대한 설명으로 옳은 것은?

사칙(社則)

제2조 본사의 위치는 진주에 둔다. 단, 각 도에는 지사, 군에는 분사를 둔다.

제3조 본사는 계급 타파, 모욕적 칭호 폐지, 교육 권장, 상호의 친목을 목적으로 한다.

제4조 본 사원의 자격은 조선인은 하인(何人)을 불문하고 입사할 수 있다.

① 원불교를 중심으로 전개되었다.
② 민족 자본의 보호와 육성을 추구하였다.
③ 여학교 설립을 통해 여성 교육에 매진하였다.
④ 백정에 대한 사회적 차별 철폐를 목표로 하였다.
⑤ 언론사의 주관으로 진행된 농촌 계몽 운동이었다.

---

01 ②

제시된 자료는 사회주의 사상과 관련된 내용이다. ② 문자 보급 운동은 〈조선일보〉에서 주도적으로 전개한 것으로 사회주의와 관련이 없다.

02 ①

① 조선 공산당은 화요회를 중심으로 북풍회, 노동당, 무산자 동맹회의 4개 단체가 연합하여, 김재봉을 책임 비서로 조직되었다. 이 때문에 '화요파의 당'이라고도 불린다.

03 ③

|오답해설|
㉣ 1920년대 전반기에는 소작인들로 구성된 소작인 조합이 중심이 되어 소작 쟁의가 일어났으나, '1920년대 후반'부터는 자작농까지 포함하는 농민 조합이 소작 쟁의를 주도하게 된다.

04 ⑤

(가)는 노동 운동, (나)는 농민 운동을 말한다. ㉢ 노동 운동과 농민 운동은 생존권 투쟁이자 항일 투쟁이었으며, ㉣ 사회주의 확산으로 더 격렬하게 일어났다.

05 ④

갑오개혁(1894)으로 신분제가 폐지된 이후에도 백정에 대한 사회적 차별은 계속되었다. ④ 이에 1923년 진주에서 백정들이 조선 형평사를 조직하고 평등한 대우를 요구하였다(형평 운동).

|오답해설|
① 원불교는 박중빈이 창시한 불교계 민족 종교로서, 1918년 영광 간척 사업, 1924년 익산의 황무지 개간 등의 사업을 추진하였고 남녀 평등, 허례허식 폐지와 같은 새 생활 운동을 전개하였다.
② 1920년 조만식, 김동원 등 700여 명이 조선 물산 장려회를 설립하고 국산품 애용(내 살림 내 것으로), 근검 풍토 조성, 경제 진흥, 실업자 구제 등을 실천 과제로 물산 장려 운동을 전개하였다.
③ 개항 이후 개신교 선교사들을 중심으로 여학교 설립을 통해 여성 교육에 매진하였다.
⑤ 1920년대 후반부터 민족주의 진영에서는 궁핍한 농촌 현실에서 실현 가능한 문제들을 우선 해결하자는 취지 아래, 학생들을 중심으로 농촌 계몽 운동을 전개하였다.

|정답| **01** ② **02** ① **03** ③ **04** ⑤ **05** ④

다음 주장이 끼친 영향을 〈보기〉에서 모두 고르면?

- 조선 내에서 허용되는 범위에서 일대 정치적 결사를 조직하여야 한다는 것이 우리의 주장이다. 　　　　이광수
- 민족 백년대계를 위해 민력을 함양하고 실력을 양성하며, 가슴 깊이 민족 의식을 간직하고 당국의 정책 및 시설의 결점에 대해서는 합법적 수단으로 항쟁함으로써 서서히 정치적 투쟁 훈련을 쌓아야 한다. 　　　　　최린

┤ 보기 ├

ⓐ 헌병 경찰 통치에 대한 불만이 고조되었다.
ⓑ 자치론이 부각되었으나, 비판을 불러일으켰다.
ⓒ 민족주의 세력이 타협적 민족주의 세력과 비타협적 민족주의 세력으로 분화되었다.
ⓓ 민립대학 설립 운동과 물산 장려 운동을 촉발하였다.

① ㉠, ㉡   ② ㉠, ㉢
③ ㉡, ㉢   ④ ㉡, ㉣

07

다음 선언으로 결성된 단체에 대한 설명으로 옳은 것은?

민족주의적 세력에 대하여는 그 부르주아 민주주의적 성질을 분명히 인식함과 동시에 과정상의 동맹자적 성질도 충분히 승인하여, 그것이 타락하지 않는 한 적극적으로 제휴하여 대중의 이익을 위해서도 종래의 소극적인 태도를 버리고 싸워야 할 것이다.

① 조선인 본위의 교육 제도 실시를 주장하였고, 원산 노동자 총파업을 지원하였다.
② 민중의 직접 폭력 혁명으로 강도 일본을 무너뜨리는 목표를 설정하였다.
③ 언론을 통한 국민 계몽과 문맹 퇴치 운동, 민립대학 설립 운동 등을 추진하였다.
④ 민족 자본의 육성을 위해 자급자족, 토산품 애용 등을 주장하며 물산 장려 운동을 벌였다.

신간회에 대한 설명으로 옳지 않은 것은?

① 광주 학생 항일 운동을 지원하고자 조사단을 파견하였다.
② 일부 사회주의 계열과 제휴하여 조선 민흥회를 창립하였다.
③ 비타협적 민족주의 세력과 사회주의 세력이 힘을 합쳐 만들었다.
④ 정치·경제적 각성 촉구, 단결, 기회주의 배격을 기본 강령으로 내세웠다.

09

다음 주장과 관련이 깊은 단체는?

우리는 실천에서 배운 것이 있으니, 우리가 실지로 우리 자체를 위하여 우리 사회를 위하여 분투하려면, 우선 조선 자매 전체의 역량을 공고히 단결하여 운동을 전반적으로 전개하지 아니하면 아니된다.
일어나라! 오너라! 단결하자! 분투하자! 조선 자매들아! 미래는 우리의 것이다.

① 근우회
② 조선 여성 동우회
③ 한인 애국단
④ 정우회

밑줄 친 '이 단체'에 대한 설명으로 옳은 것은?

각 당파가 망라된 통일 조직인 이 단체는 전국 각지에 150여 개의 지회를 두고 활발한 활동을 전개하였다. 부녀자들의 통일 단체인 근우회 역시 이 무렵 창설되었다. 이 무렵에는 국내뿐만 아니라 해외에도 수많은 혁명 단체들이 조직되었다.
『조선 민족 해방 운동 30년사』

① 일제의 황무지 개간권 요구를 철회시켰다.
② '기회주의의 일체 부인'을 강령으로 제시하였다.
③ 복벽주의를 바탕으로 국내에서 활동하였다.
④ 김창숙이 무정부주의를 바탕으로 조직하였다.
⑤ 민중 혁명에 의한 민중적 조선의 건설을 지향하였다.

06 ③

이광수와 최린은 1920년대 이후 친일화된 대표적 인물이다. 이광수는 「민족 개조론」, 「민족적 경륜」 등의 글을 통해 일제의 식민 지배를 인정하고 자치 운동(독립 포기론)을 주장하였으며, 최린도 이와 비슷한 입장을 가지고 있었다. ⓒ 이와 같은 민족 개량주의자들은 기회주의자로 비판되었으며, ⓒ 민족주의 계열은 타협적 민족주의 세력과 즉각적인 독립을 추구했던 비타협적 민족주의 세력(이상재, 안재홍 등)으로 분열되었다.

07 ①

제시된 사료는 1926년 정우회 선언이며, 이를 계기로 결성된 단체는 '신간회'이다(1927). ① 신간회에서는 조선인 본위의 교육 제도 실시를 주장하였고, 원산 노동자 총파업(1929)을 지원하였다.

|오답해설|
② 민중의 직접적 폭력 혁명으로 강도 일본을 타도하고자 한 단체는 의열단이다.
③ 조선 교육회 인사들이 주도하여 민립대학 설립 운동을 추진하였다.
④ 조선 물산 장려회가 주도하여 물산 장려 운동을 추진하였다.

08 ②

▶결정적 문제◀ 민족 유일당 단체인 신간회와 근우회의 활동을 파악해 두자!
② 일부 사회주의자들과 민족주의자들이 결합하여 조선 민흥회를 창립한 것은 1926년이다. 한편 신간회는 1927년 조직되었다.

09 ①

① 제시된 자료는 여성계 민족 유일당 단체인 '근우회'의 창립 취지문 중 일부이다(1927).

10 ②

제시된 내용에서 "통일 조직", 여성계 민족 유일당 단체인 "근우회"가 언급된 것으로 보아 밑줄 친 단체는 '신간회'임을 알 수 있다. ② 신간회는 정치·경제적 각성 및 기회주의의 일체 부인 등을 강령으로 삼아 1927년 창립되었다.

|오답해설|
① 보안회, ③ 독립 의군부, ④ 다물단(1925년 베이징에서 김창숙 등이 조직한 무정부주의 단체), ⑤ 의열단에 대한 설명이다.

| 정답 | **06** ③   **07** ①   **08** ②   **09** ①   **10** ②

04 민족 문화 수호 운동

교수님 코멘트 ▶ 민족주의 사학자(박은식, 신채호, 문일평, 정인보 등)의 이론과 저서가 주로 출제된다. 특히 박은식의 『한국통사』 서문, 신채호의 『조선상고사』의 일부를 사료로 제시하는 경우가 많으니 잘 숙지해야 한다. 사회 경제 사학자 백남운이 일제의 정체성론을 비판했다는 점과 실증주의 사학자(손진태 등)들이 진단 학회에 주도적으로 참여했음을 알아두어야 하며, 그 외에도 민립대학 설립 운동, 조선어 학회 사건 등도 빈출 주제이니 반드시 짚고 넘어가야 한다.

01
10. 지방직 9급

일제가 다음과 같은 취지의 조선 교육령을 공포한 데 대한 설명으로 옳은 것은?

> • 보통학교의 수업 연한을 4년에서 6년으로, 고등 보통학교는 4년에서 5년으로 연장한다.
> • 조선인과 일본인의 공학을 원칙으로 한다.

① 헌병 경찰 중심의 통치 체제하에서 낮은 수준의 실용 교육만 실시하고자 하였다.
② 태평양 전쟁을 일으키고 황국 신민화 교육을 더욱 강화하고자 하였다.
③ 만주 침략을 감행하고 한국인을 동화시켜 침략 전쟁의 협조자로 만들고자 하였다.
④ 3·1 운동 이후 격화된 한국인의 반일 감정을 무마하고자 하였다.

02
한국사능력검정시험 고급 30회

밑줄 친 '이 기구'에 대한 설명으로 옳은 것은?

> 이것은 1907년 학부(學部) 안에 설치된 이 기구의 규칙과 활동, 참여자들의 의견 등을 알 수 있는 귀중한 자료입니다.

① 한성순보를 발행하였다.
② 기관지인 〈한글〉을 발행하였다.
③ 『우리말 큰 사전』을 간행하였다.
④ 가갸날을 제정하고 기념식을 거행하였다.
⑤ 주시경, 지석영 등이 중심이 되어 활동하였다.

03
09. 정보통신 경찰

일제 침략기 국어 연구와 한글의 보급 운동에 적극적으로 활동한 조선어학회에 대한 설명으로 옳지 않은 것은?

① 『우리말 큰 사전』의 편찬을 시도하였다.
② 한글 맞춤법 통일안과 표준어를 제정하였다.
③ 한글 기념일인 '가갸날'을 제정하여 우리말 쓰기를 권장하였다.
④ 일제는 조선어학회를 독립운동 단체로 간주하여 강제로 해산시켰다.

01 ④

제시된 자료는 1922년 공포된 '제2차 조선 교육령'에 해당한다. ④ 따라서 3·1 운동 이후인 1920년대에 해당하는 지문을 고르면 된다.

|보충설명|

■ 제1차 조선 교육령(1911)

- 제1조: 조선에서의 조선인의 교육은 본령에 따른다.
- 제2조: 교육은 교육에 관한 칙어(勅語)의 취지에 따라 충량한 국민을 육성하는 것을 본의로 한다.
- 제4조: 교육은 보통 교육, 실업 교육 및 전문 교육으로 대별한다.
- 제5조: 보통 교육은 보통의 지식, 기능을 부여하고, 특히 국민된 성격을 함양하여 국어(일본어)를 보급함을 목적으로 한다.

■ 제2차 조선 교육령(1922)

- 보통학교의 수업 연한을 4년에서 6년으로, 고등 보통학교는 4년에서 5년으로 연장한다.
- 조선인과 일본인의 공학을 원칙으로 한다.
- 사범 학교를 설치하고, 조선에서의 대학 교육을 허용한다.
- 교육 시설을 3면 1교로 확대한다.

■ 제3차 조선 교육령(1938)

- 초등 교육 시설을 확장하고(1면 1교), 황국 신민 서사를 제정하였다.
- 조선어를 수의(선택) 과목으로 규정하였다: 학제상 조선어를 선택 과목으로 두었지만, 일상생활에서 조선어 사용을 금지하여 실질적으로는 우리말 교육을 금지한 것이다.
- 학교 명칭을 일본과 동일하게 수정하였다(보통학교 → 심상 소학교, 여자 고등 보통학교 → 고등 여학교).

■ 제4차 조선 교육령(1943)

- 군부에 의한 교육 통제를 강화하고, 조선어 과목을 완전히 폐지하였다.
- 수업 연한을 단축하고, 사범 학교 교육을 확충하여 황국 신민을 양성하려 하였다.

02 ⑤

밑줄 친 '이 기구'는 1907년 대한제국의 학부 내에 설치된 '국문 연구소'이다. ⑤ 국문 연구소는 주시경, 지석영 등이 중심이 되어 활동하였고, 주시경은 1910년 『국어 문법』을 저술하였다.

|오답해설|

① 〈한성순보〉는 1883년 박문국에서 발간한 최초의 근대 신문이다.

② 조선어 연구회(1921)와 이를 계승한 조선어 학회(1931)는 기관지 〈한글〉을 간행하여 한글의 보급과 선전에 힘썼다.

③ 조선어학회는 『우리말 큰사전』을 간행하고자 하였으나, 일제의 방해로 실패하였다(조선어학회 사건, 1942).

④ 1921년 조선어 연구회가 창립되었고, 한글 기념일인 가갸날이 1926년 제정되었다.

03 ③

③ 가갸날은 조선어학회의 전신인 '조선어 연구회'에서 1926년 제정하였다. 장지영, 김윤경 등이 1921년 조선어 연구회를 조직하고, 1931년 조선어학회로 명칭을 변경하였다. 이후 1933년 한글 맞춤법 통일안을 확정·발표하였고, 『우리말 큰사전』 편찬을 시작하였으나, 일제가 조선어학회를 독립운동 단체로 간주하여 해산시켜(1942, 조선어학회 사건) 성공하지 못하였다. 이 사건으로 최현배, 이희승 등 33명이 검거되었으며, 이윤재, 한징은 감옥에서 순국하였다.

| 정답 | 01 ④   02 ⑤   03 ③

04

다음 활동을 펼친 인물로 옳은 것은?

> 1915년에는 국혼을 강조한 『한국통사』를, 1920년에는 전 세계 민중의 힘에 의한 일본의 패망을 예견한 『한국 독립운동 지혈사』를 지었다.

① 정인보
② 박은식
③ 안재홍
④ 신채호
⑤ 백남운

05

다음 글을 집필한 역사가에 대한 설명으로 옳은 것은?

> • 옛 사람들이 말하기를 나라는 멸망할 수 있지만, 역사는 멸망할 수 없다고 하였으니, 나라는 형(形)이고 역사는 신(神)이기 때문이다. 지금 한국의 형은 허물어졌으나 신만이 홀로 남을 수는 없는 것인가. ○○○○ 서문
> • 무릇 역사는 국가의 정신이요, 영웅은 국가의 원기라. 국민의 수준이 높을수록 역사를 더욱 존중하고 영웅을 숭배하니 그 역사를 존중함과 영웅을 숭배함이 곧 그 국가를 사랑하는 사상이라. 고구려 영락 대왕 묘비 등본을 읽고

① 국가의 구성 요소를 국혼과 국백으로 나누었다.
② 역사 연구의 목표를 '조선 얼'의 유지에 두었다.
③ '아'와 '비아'의 투쟁으로 역사가 전개된다고 하였다.
④ 기자 조선 – 마한 – 통일 신라로 이어지는 정통론을 주장하였다.

06

다음 글을 쓴 인물에 대한 설명으로 옳지 않은 것은?

> 역사란 무엇인가? 인류 사회의 아(我)와 비아(非我)와의 투쟁이 시간으로 발전하고 공간으로 확대되는 심적 활동 상태의 기록이니, 세계사라 하면 세계 인류가 그렇게 되어 온 상태의 기록이요, 조선사라 하면 조선 민족이 이렇게 되어 온 상태이다. 무릇 주관적 위치에서 있는 자를 아(我)라 하고, 그 밖의 것은 비아(非我)라 한다.

① 대한민국 임시 정부에서 구미 외교론을 주장하였다.
② 무장 항일 투쟁론에 입각하여 민중의 혁명을 주장하였다.
③ 한때는 역사의 주체를 영웅으로 파악하여 각종 위인전을 남겼다.
④ 묘청의 서경 천도 운동을 '조선 1천년래의 제일대 사건'으로 평가하였다.

07

다음 글을 쓴 인물에 대한 설명으로 가장 적절한 것은?

> 묘청의 천도 운동에 대하여 역사가들은 단지 왕사(王師)가 반란한 적을 친 것으로 알았을 뿐인데 이는 근시안적인 관찰이다. 그 실상은 낭가(郎家)와 불교 양가 대 유교의 싸움이며, 국풍파(國風派) 대 한학파(漢學派)의 싸움이며, 독립당 대 사대당의 싸움이며, 진취 사상 대 보수 사상의 싸움이니, 묘청은 전자의 대표요 김부식은 후자의 대표였던 것이다. 묘청의 천도 운동에서 묘청 등이 패하고 김부식이 이겼으므로 조선사가 사대적, 보수적, 속박적 사상인 유교 사상에 정복되고 말았다. 만약 김부식이 패하고 묘청이 이겼더라면 조선사가 독립적, 진취적으로 진전하였을 것이니 이것이 어찌 일천년래 제일대 사건이라 하지 아니하랴.

① 『한국 독립운동 지혈사』를 저술하였다.
② 유물 사관에 바탕을 두고 식민 사관의 정체성론을 비판하였다.
③ 『조선혁명선언』을 작성하였다.
④ 대한민국 임시 정부 2대 대통령을 역임하였다.

08

다음 글의 내용 및 글쓴이와 관련된 설명으로 옳은 것은?

> 내가 지금 각 학교 교과용의 역사를 보건대, 가치가 있는 역사는 거의 없다. 제1장을 펴보면 우리 민족이 중국 민족의 일부분인 듯하며, 제2장을 펴보면 우리 민족이 선비족의 일부인 듯하며, 끝까지 전편을 다 읽어 보면 때로는 말갈족의 일부분인 듯하고, 때로는 몽골족의 일부분인 듯하고, 때로는 여진족의 일부분인 듯하고, 때로는 일본족의 일부분인 듯하다. 오호라, 과연 이 같을진대 우리 수만 리의 토지가 이들 남만북적의 수라장이며, 우리 4천여 년의 산업이 이들 조량모초의 경매물이라 할지니, 어찌 그렇다고 할 것인가.
>
> 즉, 고대의 불완전한 역사라도 이를 상세히 살피면, 동국 주족 단군 후예의 발달한 실제 자취가 뚜렷하거늘 무슨 까닭으로 우리 선조들을 헐뜯음이 이에 이르렀는가. …(후략)…
>
> 「독사신론」

① 국가나 민족의 흥망은 민족 정신인 국혼에 달려 있다고 보았다.

② 묘청의 서경 천도 운동을 '조선 역사상 일천년래 제일 대사건'이라고 높이 평가하였다.

③ 세계사의 보편성을 바탕으로 한국사의 발전 과정을 체계화하였다.

④ 「한국통사」, 「한국 독립운동 지혈사」 등을 저술하였다.

---

04 ②

② 「한국통사」, 「한국 독립운동 지혈사」는 민족주의 사학자 박은식의 대표적 저서이다.

|오답해설|

① 정인보는 「양명학연론」, 「5천 년간 조선의 얼」, 「조선사 연구」 등을 저술하였다.

③ 안재홍은 「조선상고사감」 등을 저술하였으며, 정인보와 더불어 조선학 운동을 주도하였다.

④ 민족주의 사학자 신채호는 「독사신론」, 「조선 상고사」, 「조선사 연구초」, 「조선혁명선언」 등을 저술하였다.

⑤ 백남운은 「조선 사회 경제사」, 「조선 봉건 사회 경제사」 등을 저술한 대표적 사회 경제 사학자이다.

05 ①

[결정적 문제] 민족주의 사학자 박은식, 신채호, 정인보, 문일평 등의 주장과 저서는 빈출 주제이니 기억하자!

① 박은식에 대한 설명이다. 박은식은 국가를 국혼과 국백으로 나누었다.

|오답해설|

② 정인보, ③ 신채호, ④ 안정복의 삼한 정통론에 대한 설명이다.

|보충설명| 안정복의 「동사강목」(강목체)

> 단군에서 고려까지의 통사로, 주자의 정통론을 기본으로 하였으나, 단군 – 기자 – 마한 – 삼국 – 통일 신라 – 고려로 이어지는 것을 민족의 정통으로 보았다. 단군 조선에서 시작하는 독자적 삼한 정통론은 중국 중심 역사관을 벗어나려는 노력이었으며, 고증 사학의 토대를 마련했다고 평가된다. 다만 신라에 비중을 두고 발해를 본국사에서 제외하여 외기로 처리했다는 한계가 있다.

06 ①

제시된 자료는 '신채호'가 저술한 「조선 상고사」의 일부분이다. ① 이승만과 관련된 내용이다.

07 ③

제시된 사료는 '신채호'가 저술한 「조선사 연구초」에 수록된 묘청의 난(서경 천도 운동)에 대한 내용이다. ③ 신채호는 1923년 의열단의 강령으로 「조선혁명선언」을 작성하였다.

|오답해설|

① 「한국 독립운동 지혈사」는 박은식의 저서이다.

② 사회 경제 사학에 대한 설명이며, 대표적 학자로는 백남운, 이청원 등이 있다.

④ 대한민국 임시 정부의 2대 대통령은 박은식이었다.

08 ②

② '신채호'는 「독사신론」(1908, 〈대한매일신보〉에 연재)에서 식민 사관과 중화주의를 비판하고 주체적인 한국사 연구 방향을 제시하였으며, 사회 진화론의 입장에서 근대 국가를 지향하였다. 그의 민중 중심 역사관은 전근대적 유교 사관과 제국주의적 사회 진화론을 부정한 것으로 평가된다.

신채호의 이러한 혁명 사관은 「조선 혁명 선언」, 「조선사 연구초」(묘청의 서경 천도 운동을 '일천년래 제일 대사건'이라 평가함, 1925), 「조선 상고사」(1931)에 잘 나타나 있다.

|오답해설|

①④ 박은식, ③ 백남운을 중심으로 한 사회 경제 사학에 관한 설명이다.

| 정답 | 04 ② 05 ① 06 ① 07 ③ 08 ②

(가), (나)를 주장한 인물에 대한 설명으로 옳은 것은?

> (가) 내정 독립이나 참정권이나 자치를 운운하는 자 누구이
> 냐? 너희들이 '동양 평화', '한국 독립 보전' 등을 담보한
> 맹약이 먹도 마르지 아니하여 삼천리강토를 집어 먹힌
> 역사를 잊었느냐? …(중략)… 민중은 우리 혁명의 대본
> 영이다. 폭력은 우리 혁명의 유일한 무기이다.
> (나) 나라는 없어질 수 있으나 역사는 없어질 수 없으니 그것
> 은 나라는 형체이고 역사는 정신이기 때문이다. …(중
> 략)… 정신이 보존되어 없어지지 않으면 형체는 부활할
> 때가 있을 것이다.

① (가) – 대한민국 임시 정부에서 처음으로 대통령을 역임
　하였다.
② (가) –『독사신론』을 연재하여 민족주의 사학의 발판을
　마련하였다.
③ (나) –『조선 불교 유신론』을 통해 새로운 사회의 방향을
　추구하였다.
④ (나) – 낭가 사상을 강조하여 민족 독립의 정신적 기반
　을 만들려고 하였다.

다음 ㉠의 인물에 대한 설명으로 옳은 것은?

> ㉠은 조선 시대에 민중을 위해서 노력한 정치가들과 혁명가
> 들을 드러내고, 세종과 실학자들의 민족 지향, 민중 지향,
> 실용 지향을 높이 평가하는 사론을 발표하여 일반 국민의 역
> 사의식을 계발하는 데 기여하였다. 또한 국제 관계에서 실리
> 적 감각이 필요함을 절감하고, 이러한 시각에서『대미 관계
> 50년사』라는 저서를 내기도 하였다.

① 1930년대에 조선학 운동을 주도하였다.
② 진단 학회를 창립하여 한국사의 실증적 연구에 힘썼다.
③ 한국사가 세계사의 보편적 법칙에 입각하여 발전하였음
　을 강조하였다.
④ 우리의 민족 정신을 혼으로 파악하고, 혼이 담겨 있는
　민족사의 중요성을 강조하였다.

다음 민족 운동의 성과로 옳은 것은?

> • 정인보, 안재홍, 문일평 등이 중심이 되어 추진하였다.
> • 어느 실학자의 서거 100주기 행사와 관련되어 이루어졌다.
> • 1930년대 중반에 민족 문화 수호 운동의 일환으로 진행하
> 　였다.
> • 민족을 중시하고, 우리 문화의 고유성과 세계성을 찾으려
> 　하였다.

① 조선 광문회에서 실학자들의 저술을 간행하였다.
② 박지원이『열하일기』와『과농소초』를 편찬하였다.
③ 북학파 실학과 개화사상과의 연관성을 새롭게 밝혔다.
④ 정약용의 저서들을 정리하여『정다산전서』를 간행하였다.
⑤ 일종의 한국학 백과사전인『증보문헌비고』를 간행하였다.

다음 주장을 한 일제 강점기의 민족주의 사학자는?

> 율곡도 역시 당쟁을 조화하여 무당주의를 주창했고, 이항복
> 도 자손에게 유언하여 당에 참가하지 말라고 했으며,『당의
> 통략』을 지은 이건창도 당의 폐단을 설명했으며, 근래의 인
> 사도 또한 그러하다. 그러나 나는 생각하건대, 근대 정치는
> 당파로 인하여 발달을 이룩하고 오히려 당파가 진보하지 못
> 하고 두절함으로 인해 정치가 쇠하였다고 단언하기를 주저
> 하지 않는다.

① 현채
② 안확
③ 이청원
④ 문일평

13

다음 내용과 관련 있는 인물은?

식민 사학 이론 중 정체성론에 대항하여 한국사가 세계사의 보편적 발전 법칙에 따라 발전되어 왔다고 주장하였다.

① 박은식
② 정인보
③ 신채호
④ 문일평
⑤ 백남운

09 ②

제시된 자료는 (가) '신채호'가 작성한 「조선 혁명 선언」, (나) '박은식'이 저술한 「한국통사」의 내용이다. ② 신채호는 「독사신론」을 통해 민족주의 사학의 기틀을 마련하였다.

|오답해설|
① 이승만, ③ 한용운, ④ 신채호에 대한 설명이다.

10 ④

'조선학 운동'에 관한 설명이다. 1934년 다산 서거 100주년을 맞아 조선 문화 부흥 운동, 즉 조선학 운동이 일어났는데 정인보는 「5천 년간 조선의 얼」(1935) 등을 저술하여, 민족 사관을 고취시켰다. ④ 정인보, 안재홍 등은 「여유당전서」를 교열하여 「정다산전서」라는 이름으로 간행하는 등 실학 연구에 주력하였다.

역사학에서의 조선학 운동은 안재홍, 정인보, 문일평 등 비타협적 민족주의 사학자들에 의해 주도되었는데, 신채호 등의 민족주의 사학을 계승하되, 이전 민족주의 사학의 한계를 인식하고, 민족의 고유성·특수성과 세계사적 보편성을 동시에 추구하였다. 한편 1930년대로 갈수록 식민 사학의 침투가 강화되자, 비타협적 민족주의 사학자 정인보, 문일평 등은 당시 활발하던 문화사적인 방법론과 계급 투쟁 사관, 민중 사학을 도입하여 민족주의 사학을 한 단계 발전시키는 역할을 하였다.

11 ①

제시된 인물 ㉠은 '문일평'이다. ① 1930년대 조선학 운동을 주도한 문일평은 식민 사관을 부정하고, '조선심'을 강조하였다. 신채호, 마르크스주의 역사학의 영향도 받아 '조선 과거의 혁명 운동'(1923)과 '사안으로 본 조선'(1933)에서 민중 중심적 역사관을 제시하고, 고려·조선에서 계급 간 투쟁이 있었음을 지적하였다. 또한 「대미 관계 50년사」(1934)에서 제국주의의 침략을 국제적 안목에서 파악하였다.

12 ②

② 제시된 자료는 '안확'의 「조선 문명사」 내용 중 일부이다. 안확은 「조선 문명사」에서 서양의 근대 정치학 이론을 한국 정치사에 원용하여 민족사의 근원을 단군 건국 이전으로 끌어올렸으며, 조선 시대 붕당 정치를 긍정적으로 인식하였다(당파성론 비판).

13 ⑤

마르크스주의 역사학(사회 경제 사학)은 세계사적 발전 법칙인 사적 유물론(원시 공산 사회 – 고대 노예제 사회 – 중세 봉건 사회 – 근대 자본주의 사회 – 공산 사회)을 우리 역사에도 적용하여 한국사의 특수성에 매몰된 민족주의 사학을 비판하였다. 그리고 일제 식민 사학자들의 정체성론을 부정하였으며, 중세 부재론(봉건제 결여론)이 허구임을 밝히는 데 역점을 두었다. ⑤ 1930년대 이후 활동한 대표적인 마르크스주의 역사학자에는 백남운, 이청원, 김태준, 김광진, 전석담 등이 있다.

14

밑줄 친 '나'에 대한 설명으로 옳은 것은?

<u>나</u>의 조선경제사의 기도(企圖)는 사회의 경제적 구성을 기축으로 대체로 다음과 같은 제 문제를 취급하려 하였다.
제1. 원시 씨족 공산체의 태양(態樣)
제2. 삼국의 정립 시대의 노예 경제
제3. 삼국 시대 말기 경부터 최근세에 이르기까지의 아시아적 봉건 사회의 특질
제4. 아시아적 봉건 국가의 붕괴 과정과 자본주의 맹아 형태
제5. 외래 자본주의 발전의 일정과 국제적 관계
제6. 이데올로기 발전의 총 과정

① 순수 학문을 표방하면서 식민주의 사학에 학문적으로 대항하려 하였다.
② 실학에서 자주적인 근대 사상과 우리 학문의 주체성을 찾으려 하였다.
③ 일제 식민 사학의 정체성론을 극복하는 근거를 제공하였다.
④ 우리 고대사를 중국 민족에 필적하는 강건한 민족의 역사로 서술하였다.

15

일제 침략기에 유물 사관에 입각한 최초의 통사인 『조선 역사 독본』을 저술한 학자는?

① 백남운
② 이청원
③ 김광진
④ 전석담

16

다음 자료에 해당하는 단체는?

• 실천성이 강한 유물 사관과 민족주의 역사학을 모두 거부하면서 순수 학문으로서 역사학을 전공하는 학자들이 결집하여 창립하였다.
• 이병도, 이상백, 김상기 등의 와세다 출신 역사학자와 이윤재, 이희승 등 국어학자, 그리고 손진태, 송석하 등 민속학자들이 참여하였다.

① 청구 학회
② 조선 문인 협회
③ 조선어학회
④ 진단 학회

17

다음 주장을 한 인물에 대한 설명으로 옳은 것은?

계급 투쟁은 민족의 내부 분열을 초래할 것이며, 민족의 내쟁은 필연적으로 민족의 약화에 따르는 다른 민족으로부터의 수모를 초래할 것이다. 계급 투쟁의 길은 우리가 반드시 취해야 할 필요는 없고, 민족 균등이 실현되는 날 그것은 자연 해소되는 문제다. …(중략)… 이 세계적 기운과 민족적 요청에서 민족사관은 출발하는 것이며, 민족사는 그 향로와 방법을 명백하게 과학적으로 지시하여야 할 것이다.

『조선민족사 개론』

① 『조선상고사』와 『조선사연구초』를 저술하였다.
② 대동사상을 수용한 유교 구신론을 주장하였다.
③ 『진단학보』를 발간한 진단 학회의 발기인으로 활동하였다.
④ 『5천년간 조선의 얼』이라는 글을 〈동아일보〉에 연재하였다.

18

국학 운동에 대한 설명으로 가장 적절한 것은?

① 한국 학자들에 의해 순수 학술 연구 단체인 청구 학회가 조직되어 일제 식민 사학에 대항하며 한국사의 실증적 연구에 힘썼다.

② 박은식은 『한국통사』, 『한국독립운동지혈사』, 『5000년간 조선의 얼』을 저술하여 일제에 의한 한국 고대사의 타율성과 정체성을 반박하면서 우리 고대사의 독자성을 부각시켰다.

③ 민족주의 성격이 강한 천도교는 중광단과 북로 군정서군을 결성하여 항일 무장 투쟁을 벌였다.

④ 한국사가 세계사의 보편적 발전 법칙에 입각하여 발전하였음을 강조하면서 식민주의 사관의 정체성 이론을 반박하는 사회 경제 사학이 백남운 등에 의해 1930년대에 대두되었다.

정답&해설

14 ③

결정적 문제 사회 경제 사학자들은 일제의 정체성론을 비판했음을 기억하자!

밑줄 친 '나'는 사회 경제 사학자 '백남운'이다. ③ 백남운은 마르크스주의 역사학적 방법론을 적용하여 조선의 역사도 중세를 거쳐 근대로 나아가고 있었음을 강조하여 일제 식민 사학의 정체성론을 비판하였다.

| 오답해설 |

① 실증주의 사학은 역사학의 순수 학문화를 표방하면서 식민주의 사학에 학문적으로 대항하려 하였다.

② 1930년대 조선학 운동을 통해 실학에서 자주적 근대 사상과 우리 학문의 주체성을 강조하였다.

④ 신채호는 우리 고대사를 중국 민족에 필적하는 강건한 민족의 역사로 서술하였다.

15 ②

② 『조선 역사 독본』은 '이청원'이 1937년에 간행한 것으로 『조선 사회사 독본』과 『조선 독본』을 합본한 책이다.

16 ④

④ 1934년 청구 학회에 대한 반발로 진단 학회가 조직되고 기관지로 〈진단 학보〉가 발간되었다. 이 학회는 독립운동에 직접 기여하지는 않았지만, 우리나라 문화사 연구의 지평을 열어 주었고, 역사학을 비롯한 국학 전반의 학문적 수준을 높이는 데 공헌하였다. 그리고 이 학회의 중심 인물은 해방 후 주요 대학의 교수로 취임하여 남한의 국학(國學)계를 이끌어 갔다.

| 오답해설 |

② 조선 문인 협회는 1939년 창립된 총독부 산하의 어용 문학 단체이다.

17 ③

제시된 『조선민족사 개론』은 '손진태'의 저서이다. 손진태는 기존의 계급 사관(사회 경제 사학), 민족주의 사학, 실증주의 사학을 뛰어넘는 '신민족주의 사관'을 제시하였고, ③ 진단 학회의 발기인으로 이병도 등과 함께 활동하였다.

| 오답해설 |

① 신채호, ② 박은식, ④ 정인보에 대한 설명이다.

18 ④

| 오답해설 |

① 한국 학자들에 의해 순수 학술 연구 단체인 '진단 학회'가 조직되어 일제 식민 사학에 대항하며 한국사의 실증적 연구에 힘썼다. 한편 청구 학회는 식민 사학과 관련된 학회이다.

② 박은식은 『한국통사』와 『한국 독립 운동 지혈사』를 저술하였다. 한편 『5천년간 조선의 얼』은 '정인보'가 저술한 것이다.

③ 민족주의 성격이 강한 '대종교'는 중광단과 북로 군정서군을 결성하여 항일 무장 투쟁을 벌였다.

| 정답 | 14 ③ 15 ② 16 ④ 17 ③ 18 ④

19

18. 경찰직 2차

다음 법령이 제정된 때와 가장 가까운 시기에 있었던 사실로 가장 적절한 것은?

제1조	소학교는 국민 도덕의 함양과 국민 생활의 필수적인 보통의 지능을 갖게 함으로써 충량한 황국신민을 육성하는데 있다 .
제13조	심상 소학교의 교과목은 수신, 국어(일어), 산술, 국사, 지리, 이과, 직업, 도화, 소공, 창가, 체조이다. 조선어는 수의 과목으로 한다.

① '재만 한인 단속 방법에 관한 협약'이 맺어짐으로써 독립군의 활동은 큰 위협을 받게 되었다.
② 조선 청년 독립단의 이름으로 독립 선언서를 발표하였다.
③ 일제는 한글 연구로 민족의식이 고취되는 것을 막기 위해 조선어학회를 강제로 해산시켰다.
④ 조선 민족 혁명당은 민족 연합 전선을 강화하기 위해 다른 단체들과 함께 조선 민족 전선 연맹을 결성하였다.

20

한국사능력검정시험 고급 23회

다음 주장을 한 인물의 활동으로 옳은 것은?

> 불교의 유신은 마땅히 먼저 파괴를 해야 한다. 유신이란 무엇인가? 파괴의 자손이다. …(중략)… 그러나 파괴라고 해서 모든 것을 무너뜨려 없애 버리는 것을 뜻하지 않는다. 다만 구습 중에서 시대에 맞지 않은 것을 고쳐서 이를 새로운 방향으로 나아가야 한다는 것뿐이다.
> 「조선불교유신론」

① 만주에서 의민단을 조직하였다.
② 〈만세보〉를 발행하여 계몽 활동을 펼쳤다.
③ 「님의 침묵」 등의 문학 작품을 발표하였다.
④ 중광단에 가입하여 독립 전쟁에 참여하였다.

21

다음의 선언문과 관련된 단체나 종교가 전개한 민족 운동은?

> 우리 대한은 당당한 자주 독립국이며, 평화를 애호하는 세계의 으뜸 국민임을 재차 선언합니다. 지난 독립 만세 운동은 곧 우리의 전통적인 독립의 의지를 만방에 천명한 것이고, 국제 정세의 순리에 병진하는 자유, 정의, 진리의 함성이었습니다. 그럼에도 불구하고 일본의 무력적인 억압으로 말미암아 우리의 자유와 평등을 주장한 자주 독립운동은 가슴 아프게도 실패하였습니다. 우리의 독립을 위한 투쟁은 이제부터가 더욱 의미가 있고 중요합니다.

① 브나로드 운동을 전개하여 문맹 퇴치에 앞장섰다.
② 일제 말기에는 신사 참배를 거부하는 운동을 벌였다.
③ 만주에서 항일 운동 단체인 의민단을 조직하여 무력 투쟁에 나섰다.
④ 단군 숭배 사상을 널리 전파하여 민족 의식을 고취하였다.
⑤ 어린이날을 제정하는 등 소년 운동을 전국적으로 확산시켰다.

22

한국사능력검정시험 고급 22회

다음 잡지를 발행한 종교의 활동으로 옳은 것은?

① 〈만세보〉를 발간하여 민중 계몽에 힘썼다.
② 단군 숭배 사상을 통해 민족 의식을 높였다.
③ 무장 항일 투쟁을 위해 의민단을 조직하였다.
④ 박중빈을 중심으로 새생활 운동을 전개하였다.
⑤ 사찰령에 맞서 민족 불교의 자주성을 지키고자 하였다.

23

다음 내용과 관련된 설명으로 옳지 <u>않은</u> 것은?

(가) 청년 운동	(나) 종교 운동
(다) 소년 운동	(라) 형평 운동

① (가) – 민족주의 계열과 사회주의 계열을 통합하여 조선 청년 총동맹이 결성되었다.

② (나) – 개신교에서는 제2의 3·1 운동을 계획하였다.

③ (다) – 천도교 청년회 소년부가 설치되어 어린이날을 제정하였다.

④ (라) – 직업의 구별이 있다고 한다면 금수의 생명을 빼앗는 자는 우리들만이 아니라는 주장을 하였다.

19 ④

제시된 사료의 "조선어는 수의 과목(선택 과목)으로 한다."를 통해 1938년 공포된 '제3차 조선 교육령'임을 알 수 있다. ④ 따라서 1938년과 가장 가까운 시기인 조선 민족 전선 연맹(1937) 결성을 정답으로 고르면 된다.

|오답해설|

① 1925년 미쓰야 협정('재만 한인 단속 방법에 관한 협약')이 맺어짐으로써 독립군의 활동은 큰 위협을 받게 되었다.

② 1919년 2월 8일 동경 유학생들이 조선 청년 독립단의 이름으로 독립 선언서를 발표하였다(2·8 독립 선언).

③ 일제는 한글 연구로 민족의식이 고취되는 것을 막기 위해 조선어학회를 강제로 해산시켰다(조선어학회 사건, 1942).

20 ③

『조선불교유신론』은 '한용운'의 저술이다. ③ 한용운은 대표적인 시집 『님의 침묵』을 출판하여 일제에 문학으로 저항하였으며, 일제의 사찰령(1911)에 맞서 종래의 무능한 불교를 개혁하고 불교의 현실 참여를 주장하였다. 또한 3·1 운동 시기 민족 대표 33인 중 한 사람이었다.

|오답해설|

① 의민단은 천주교의 무장 단체로서, 방우룡을 단장으로 청산리 대첩에 참여하였다.

② 〈만세보〉는 천도교 3대 교주 손병희가 발행한 천도교 기관지이다.

④ 중광단은 단군 신앙을 바탕으로 성립된 대종교의 무장 단체이다. 대종교 교인들을 중심으로 북간도에서 조직된 중광단은 3·1 운동 전후 정의단, 군정부를 거쳐 북로 군정서로 개편되었다. 특히 김좌진이 지휘한 북로 군정서군은 1920년 청산리 대첩의 핵심 부대였다.

21 ⑤

1922년 '천도교'의 이종일이 작성한 '자주 독립 선언문'이다. ⑤ 천도교는 어린이날을 제정하고, 어린이 선언문을 제정하는 활동을 하였다.

|오답해설|

① 〈동아일보〉, ② 기독교, ③ 천도교, ④ 대종교가 추진한 민족 운동이다.

22 ①

〈개벽〉, 〈어린이〉, 〈신여성〉은 '천도교'에서 발행한 잡지이다. ① 〈만세보〉는 천도교의 기관지로 민중 계몽을 위해 발간되었다.

|오답해설|

② 단군 신앙을 중심으로 만들어진 종교는 대종교이다.

③ 의민단은 천주교 계통의 무장 투쟁 단체이다.

④ 박중빈에 의해 창시된 원불교는 남녀 평등, 허례허식 폐지를 목표로 새 생활 운동을 전개하였다.

⑤ 사찰령에 맞서 민족 불교의 자주성을 지키고자 한 사람은 한용운이다(『조선불교유신론』).

23 ②

② 천도교가 제2의 3·1 운동을 계획하였다.

|정답| **19** ④ **20** ③ **21** ⑤ **22** ① **23** ②

현대 사회의 발전

01 대한민국 정부 수립과 6·25 전쟁

교수님 코멘트 ▶ 해방 이후 분단 국가가 수립되는 과정을 순서대로 파악해야 한다. 특히 카이로 회담, 조선 건국 준비 위원회, 모스크바 3국 외상 회의, 정읍 발언, 좌우 합작 7원칙, 「삼천만 동포에게 읍고함」 등은 사료를 통해 출제되므로 사료를 확실히 알아두어야 한다. 대한민국 정부 수립 이후 반민법의 제정과 반민 특위의 활동, 6·25 전쟁의 원인, 과정, 결과도 기억해야 할 주제이다.

01
15. 지방직 9급

8·15 광복 직후 일어난 역사적 사실로 옳은 것은?

① 여운형은 조선 건국 동맹을 조직하였다.
② 대한민국 임시 정부는 건국 강령을 발표하였다.
③ 조선어학회는 『우리말 큰사전』 편찬을 시작하였다.
④ 모스크바 3상 회의에서 한반도 문제가 논의되었다.

02
16. 지방직 7급

밑줄 친 '이 사람'에 대한 설명으로 옳은 것은?

해방 며칠 전, 엔도 정무총감은 어제까지도 자기 마음대로 모욕하던 이 사람을 초청하여 일본인의 생명 보호를 애걸하였다. 그러자 이 사람은 감옥에 있는 정치범의 즉시 석방, 청년 학생의 자치대 결성, 정치적 활동의 자유 보장, 3개월간의 식량 확보 등 4개 조항을 조건으로 내걸고 응락하였다. 돌아오는 길에는 동지들로 하여금 자치대를 조직하게 하였다.

① 반탁을 주도하는 독립 촉성 중앙 협의회를 조직하였다.
② 미군정의 지원을 받은 좌우 합작 위원회에 참가하였다.
③ 신민족주의를 내세운 국민당을 창당하였다.
④ 연합성 신민주주의를 표방한 신민당을 결성하였다.

03
17. 국가직 7급 추가

다음 강령을 선포한 단체의 활동으로 옳은 것을 〈보기〉에서 모두 고르면?

- 우리는 완전한 독립 국가의 건설을 기함
- 우리는 전 민족의 정치적·사회적 기본 요구를 실현할 수 있는 민주주의 정권의 수립을 기함
- 우리는 일시적 과도기에 있어서 국내 질서를 자주적으로 유지하며 대중 생활의 확보를 기함

| 보기 |

ㄱ. 전국에 지부를 건설하고 치안대를 조직하였다.
ㄴ. 이른바 8월 테제를 발표하여 토지 혁명을 제창하였다.
ㄷ. 남북을 통합한 좌우 합작으로 임시 정부 수립을 주장하였다.
ㄹ. 전국 인민 대표 대회에서 조선 인민 공화국의 수립을 선언하였다.

① ㄱ, ㄴ   ② ㄴ, ㄷ
③ ㄷ, ㄹ   ④ ㄱ, ㄹ

04

다음 내용에 해당하는 단체는?

- 1945년 9월에 송진우, 김성수, 조병옥 등이 결성하였다.
- 이승만의 남한 단독 정부 수립 운동에 동조하고, 대한민국 수립의 주요 세력이 되었다.

① 한국 독립당
② 남조선 노동당
③ 한국 민주당
④ 조선 건국 준비 위원회

05

해방 후 남한 내 여러 정치 세력의 입장을 연결한 것으로 옳지 **않은** 것은?

① 한국 민주당 – 친일파 처단
② 조선 공산당 – 부르주아 민주주의 혁명
③ 조선 인민당 – 진보적 민주주의
④ 남조선 신민당 – 연합성 신민주주의

01 ④

④ 해방 이후 한반도 문제를 논의하기 위해 모스크바 3상 회의가 개최되었다 (1945. 12.).

|오답해설|
① 여운형은 해방 이전 국내에서 조선 건국 동맹을 조직하였다(1944).
② 대한민국 임시 정부는 1941년 대한민국 건국 강령을 발표하였다.
③ 조선어학회는 『우리말 큰사전』 편찬을 시작했으나, 1942년 조선어학회 사건으로 실패하였다.

02 ②

밑줄 친 '이 사람'은 여운형이다. 제시된 내용은 일제의 패망 직전인 1945년 8월 초 여운형과 전 정무총감 엔도 류사쿠의 협상 내용 중 일부이다. ② 여운형은 김규식과 함께 미군정의 지원을 받은 좌우 합작 위원회에 참여하였다(1946. 7.).

|오답해설|
① 독립 촉성 중앙 협의회는 이승만이 조직한 단체이다.
③ 안재홍은 신민족주의를 주장하였고, (조선) 국민당을 창당하였다.
④ 백남운은 연합성 신민주의를 표방하였고, (남조선) 신민당을 결성하였다.

03 ④

제시된 사료는 해방 직후 결성된(1945. 8. 15.) '조선 건국 준비 위원회' 강령이다. ㄱ. 조선 건국 준비 위원회는 전국에 지부를 건설하고 치안대를 조직하였고, ㄹ. 전국 인민 대표 대회에서 결정된 '조선 인민 공화국'의 선포(1945. 9. 6)이후 발전적으로 해소되었다.

|오답해설|
ㄴ. 조선 공산당을 재건한 박헌영은 8월 테제를 발표하여 토지 혁명을 제창하였다.
ㄷ. 좌우 합작 위원회는 남북을 통합한 좌우 합작으로 임시 정부를 수립할 것을 주장하였다.

04 ③

③ '한국 민주당'은 1945년 9월 송진우, 김성수, 조병옥 등의 보수 우익 세력을 중심으로 조직되었다. 한국 민주당에는 친일파 지주, 자본가들이 많았기 때문에 친일파 척결, 토지 개혁에 적극적으로 반대하였다. 이들은 조선 건국 준비 위원회에 불참하였으며, 1945년 9월 조직된 (좌익 중심) 조선 인민 공화국에 저항하였다. 또한 대한민국 임시 정부에 지지를 표방하면서도, 미군정과 긴밀히 연결되어 강력한 정치 세력으로 부상하였다. 이후 이승만 세력과 함께 대한민국 건국의 주도 세력이 되었다.

05 ①

한국 민주당은 우익적 성격으로 인해 대중적 기반과 지방 조직이 매우 취약하였다. 그 중심 인물들은 일본 혹은 미국에서 대학을 나오고, 일제 강점기에 국내에서 언론계, 교육계, 법조계에서 활약하던 인사들이었다.
① 초기의 한국 민주당은 진보적 양심 세력 등 다양한 세력이 참여했지만, 곧 보수·친일 세력의 결집체가 되었다. 이후 미군정과 긴밀하게 연결되면서 중도 및 좌익 세력의 탄압에 앞장섰고, 일체의 민족 협동 전선, 친일파 처단, 근본적인 토지 개혁에 반대하였다.

|정답|　**01** ④　**02** ②　**03** ④　**04** ③　**05** ①

06

모스크바 3국 외상 회의에서 결정한 한국 정부 수립 방안을 순서대로 바르게 나열한 것은?

> ㄱ. 미소 공동 위원회 개최
> ㄴ. 미소 공동 위원회와 임시 민주 정부 협의하에 미·영·중·소에 의한 신탁 통치 방안 결정
> ㄷ. 미소 공동 위원회와 한국의 정당 및 사회단체의 협의
> ㄹ. 임시 민주 정부 수립

① ㄱ → ㄷ → ㄴ → ㄹ
② ㄱ → ㄷ → ㄹ → ㄴ
③ ㄷ → ㄱ → ㄹ → ㄴ
④ ㄷ → ㄹ → ㄱ → ㄴ

07

다음 결정문에 근거하여 실행된 사실로 옳은 것은?

> 조선을 독립시키고 민주 국가로 발전시키는 동시에, 가혹한 일본의 조선 통치 잔재를 빨리 청산하기 위해 조선에 임시 민주주의 정부를 수립한다.

① 미소 공동 위원회가 개최되었다.
② 서울에서 건국 준비 위원회가 조직되었다.
③ 유엔 감시 하에 남한에서 총선거가 실시되었다.
④ 한반도에서 미군과 소련군의 군정이 시작되었다.

08

다음 주장을 한 조직에 대한 설명으로 옳은 것을 〈보기〉에서 모두 고르면?

> 카이로, 포츠담 선언과 국제 헌장으로 세계에 공약한 한국의 독립 여부는 금번 모스크바에서 개최한 3국 외상 회의의 신탁 관리 결의로 수포로 돌아갔으니, 다시 우리 3천만은 영예로운 피로써 자주독립을 획득하지 아니하면 아니될 단계에 들어섰다. 동포여! 8·15 이전과 이후, 피차의 과오와 마찰을 청산하고서 우리 정부 밑에 뭉치자. 그리하여 그 지도하에 3천만의 총역량을 발휘하여 신탁 관리제를 배격하는 국민 운동을 전개하여 자주독립을 완전히 획득하기까지 3천만 전 민족의 최후의 피 한 방울까지라도 흘려서 싸우는 항쟁 개시를 선언한다.

┤ 보기 ├
> ㉠ 좌우 합작 위원회를 주도하였다.
> ㉡ 신탁 통치 반대 운동을 하였다.
> ㉢ 대한민국 임시 정부의 승인을 요구하였다.
> ㉣ 한반도 문제의 처리를 유엔으로 넘기자고 주장하였다.

① ㉠, ㉡   ② ㉡, ㉢
③ ㉢, ㉣   ④ ㉠, ㉣

09

㉠에 들어갈 명칭으로 옳은 것은?

>   ㉠ 에서 소련 대표는 미국·소련·영국 외무장관이 합의한 사항에 동의하는 사회단체와 정당을 한국 민주주의 임시정부 수립 문제를 논의할 협의 대상으로 하자고 했다. 또 합의한 사항에 반대하는 세력을 협의 대상에서 배제해야 한다고 주장하였다. 미국은 소련이 '의사 표현의 자유'를 보장하지 않는다며 비판했다. 양측은 이 문제로 대립하였고, 결국 ㉠ 는 특별한 성과를 거두지 못한 채 휴회에 들어갔다.

① 미소 공동 위원회
② 모스크바 3상 회의
③ 좌우 합작 위원회
④ 조선 건국 준비 위원회

10

다음 선언을 한 인물의 주장으로 옳은 것은?

> …… 이제 우리는 무기 휴회된 미소 공동 위원회가 재개될 기색도 보이지 않으며 통일 정부를 고대하나 여의케 되지 않으니 우리는 남방만이라도 임시 정부 혹은 위원회 같은 것을 조직하여 38선 이북에서 소련이 철퇴하도록 세계 공론에 호소하여야 될 것이니 여러분도 결심하여야 될 것이다.
>
> 1946. 6.

① 남한만의 단독 정부를 수립하자.
② 좌우익 정당을 통합하여 정부를 수립하자.
③ 남북 분단을 막기 위해 남북 협상을 추진하자.
④ 정부 수립은 모스크바 3국 외상 회의의 결정을 따르도록 하자.

11

다음에서 설명하는 위원회가 발표한 원칙의 내용으로 가장 적절하지 <u>않은</u> 것은?

> 중도파의 여운형과 김규식 등은 통일 정부 수립을 위해 운동을 전개하였다. 소련과 합의를 통해 한반도 문제를 해결하려던 미군정도 이를 지원하였다. 이들은 1946년 7월 하순 위원회를 구성하고, 이해 10월 몇 가지 원칙에 합의하고 이를 발표하였다.

① 한국의 민주 독립을 보장한 모스크바 3국 외상 회의의 결정에 따라 좌우 합작으로 민주주의 임시 정부를 수립한다.
② 미소 공동 위원회의 속개를 요청하는 공동 성명을 발표한다.
③ 친일파 민족 반역자를 처리할 조례를 본 합작 위원회에서 심리 결정하여 실시하게 한다.
④ 입법 기구의 권능과 구성 방법 및 운영 등에 관한 사항은 본 합작 위원회에서 작성하여 적극적으로 실행한다.

---

06 ②

결정적 문제 ▶ 모스크바 3국 외상 회의에서 결정된 내용과 좌우 정치 세력들의 반응을 알아두자!

제시된 내용의 순서는 다음과 같다. 1945년 12월 개최된 모스크바 3국 외상 회의에서는 ㄱ. 미소 공동 위원회를 개최하고, → ㄷ. 미소 공동 위원회와 한국의 정당 및 사회단체가 협의하여 → ㄹ. 임시 민주 정부를 수립한 후 → ㄴ. 미소 공동 위원회와 임시 민주 정부의 협의 하에 미·영·중·소 4개국의 신탁 통치 방안을 결정하는 것으로 의결하였다.

07 ①

제시된 자료는 1945년 12월 개최된 '모스크바 3국 외상 회의의 결정문' 중 일부이다. ① 모스크바 3국 외상 회의에서는 조선에 임시 민주주의 정부를 수립하기 위해 미소 공동 위원회를 개최하였고, 이후 최고 5년간 4개국(미·영·중·소) 신탁 통치가 결정되었다.

08 ②

제시된 사료는 '신탁 통치 반대 국민 총동원 위원회'의 반탁 시위 선언문이다. 1945년 12월 개최된 모스크바 3국 외상 회의에서 4개국(미·영·중·소)의 신탁 통치 소식이 전해지자, ⓒ 김구 등 임정 세력이 중심이 되어 '신탁 통치 반대 국민 총동원 위원회'를 조직하여 신탁 통치 반대 운동(반탁 운동)을 전개하였다. ⓒ 또한 대한민국 임시 정부의 승인을 요구하였다.

09 ①

㉠은 미소 공동 위원회이다. 모스크바 3국 외상 회의(1945. 12.)의 결정에 따라 한국에 민주적 임시 정부를 수립하는 방안을 논의하기 위해 미소 공동 위원회가 개최되었다(1차: 1946. 3., 2차: 1947. 5.). 당시 미국은 신탁 통치에 반대하는 우익 세력을 미소 공동 위원회의 협의 대상에 포함시키려한 반면, 소련은 신탁 통치를 지지하는 정당과 사회단체만을 고집하였다. 양측 모두 자신에게 유리한 입장을 관철시키려 하였기 때문에 회의는 두 차례 모두 결렬되었다.

10 ①

제시된 자료는 1946년 6월 '이승만'이 주장한 정읍 발언이다. ① 정읍 발언의 요지는 '남한만이라도 단독 정부를 수립하자'는 데에 있었다.

11 ③

김규식, 여운형 등 중도 세력들은 좌우의 대립을 극복하고 통일정부를 수립하기 위하여 좌우 합작 위원회를 결성하였고(1946. 7.), 1946년 10월 좌우 합작 7원칙을 발표하였다. 좌우 합작 7원칙에서는 친일파 민족 반역자를 처리할 조례를 향후 설립될 입법기구에 제안하여 입법기구로 하여금 심리·결정하도록 하였다.

| 정답 |　**06** ②　**07** ①　**08** ②　**09** ①　**10** ①　**11** ③

CHAPTER 01 대한민국 정부 수립과 6·25 전쟁 • **83**

12

밑줄 친 '입법기구'에 대한 설명으로 옳지 <u>않은</u> 것은?

> 1. 조선의 민주독립을 보장한 3상 회의 결정에 의하여 남북을 통한 좌우 합작으로 민주주의 임시 정부를 수립할 것
> 2. 미소 공동 위원회 속개를 요청하는 공동성명을 발(發)할 것
> 3. 토지 개혁에 있어 몰수, 유조건 몰수, 체감매상 등으로 토지를 농민에게 …(중략)…
> 4. …(중략)… 본 합작 위원회에서 <u>입법기구</u>에 제안하여 입법기구로 하여금 심리 결정케 하여 실시케 할 것 …(후략)…

① 입법의원 의원선거법을 제정하였다.
② 초대의장으로 여운형이 선임되었다.
③ 관선과 민선 두 종류의 의원이 있었다.
④ 민족 반역자·부일 협력자·간상배에 대한 특별법을 제정하였다.

13

다음 (가), (나)는 해방 후 두 정치인의 발언이다. 아래의 〈보기〉 중 두 정치인이 발언한 시점 사이에 일어난 사건은 모두 몇 개인가?

> (가) 이제 우리는 무기 휴회한 미소 공동 위원회가 재개될 기색도 보이지 않으며, 통일 정부를 고대하나 여의케 되지 않으니, 우리는 남방만이라도 임시 정부 혹은 위원회 같은 것을 조직하여 38 이북에서 소련이 철퇴하도록 세계 공론에 호소하여야 될 것이니 여러분도 결심하여야 할 것이다.
> (나) 현시에 있어서 나의 유일한 염원은 3천만 동포와 손을 잡고 통일된 조국의 달성을 위하여 공동 분투하는 것뿐이다. 이 육신이 조국이 수요(需要)로 한다면 당장에라도 제단에 바치겠다. 나는 통일된 조국을 건설하려다 38도선을 베고 쓰러질지언정 일신에 구차한 안일을 취하여 단독 정부를 세우는 데는 협력하지 않겠다.

> ┤ 보기 ├
> ㉠ 포츠담 선언
> ㉡ 제주 4·3 사건
> ㉢ 모스크바 3국 외상 회의
> ㉣ 유엔 총회에서 남북 총선거 결정
> ㉤ 제2차 미소 공동 위원회 결렬
> ㉥ 남북 지도자 회의

① 1개
② 2개
③ 3개
④ 4개

14

밑줄 친 '이것'이 수행한 내용으로 옳은 것은?

> 당면한 한반도 문제를 심의하는 데 선거로 뽑힌 한반도 국민의 대표가 참여할 것을 결의한다. …(중략)… 참여할 한반도 대표가 한반도의 군정 당국에 의하여 지명된 자가 아니라 한반도 주민에 의하여 정당히 선거된 자임을 감시하기 위하여 조속히 이것을 설치하여 한반도에 보내고자 한다. 그리고 이것에 한반도 전체에서 여행·감시·협의할 수 있는 권한을 주기로 결의한다.

① 소련의 방해로 남한 지역에서만 총선거를 감시하였다.
② 북한을 침략자로 규정하고 유엔군 파견을 결정하였다.
③ 한국 경제의 재건과 복구를 지원하였다.
④ 남한을 한반도에서 유일한 합법 정부로 승인하였다.

15

〈보기〉의 사실들을 시간 순으로 나열했을 때 세 번째에 해당하는 것은?

> ┤ 보기 ├
> ㄱ. 제2차 미소 공동 위원회 결렬
> ㄴ. 좌우 합작 위원회, '좌우 합작 7원칙'에 합의
> ㄷ. 이승만, 정읍 발언에서 남한만의 정부 수립 주장
> ㄹ. 유엔 소총회, 가능한 지역에서만 총선거 실시 결의

① ㄱ
② ㄴ
③ ㄷ
④ ㄹ

16

제헌 국회에 대한 설명으로 옳지 <u>않은</u> 것은?

① 김구, 김규식과 같은 남북 협상파는 선거에 불참하였다.
② 국회 의원의 임기는 4년으로 정하였다.
③ 국회 내 간접 선거를 통해 대통령에 이승만, 부통령에 이시영을 선출하였다.
④ 제헌 국회에서는 반민족 행위 처벌법을 제정하였다.

17

대한민국 정부 수립 이후에 일어난 사건을 〈보기〉에서 모두 고르면?

┤ 보기 ├

○ ㉠ 반민족 행위 특별 조사 위원회 설치
○ ㉡ 농지 개혁법 시행
○ ㉢ 안두희의 김구 암살
○ ㉣ 제주 4·3 사건 발생
○ ㉤ 여수·순천 10·19 사건 발생

① ㉠, ㉡, ㉤
② ㉠, ㉡, ㉢, ㉤
③ ㉠, ㉡, ㉣, ㉤
④ ㉠, ㉡, ㉢, ㉣, ㉤

정답&해설

12 ②

제시된 사료는 좌우 합작 위원회에서 1946년 10월 발표한 좌우 합작 7원칙 중 일부이며, 밑줄 친 입법기구는 1946년 12월 설립된 '남조선 과도 입법 의원'이다. ② 남조선 과도 입법 의원의 초대 의장은 김규식이었다.

13 ②

(가) '이승만'의 정읍 발언(1946. 6. 3.)이며, (나) '김구'의 「삼천만 동포에게 읍고함」(1948. 2. 10.)이다. ⓒ 유엔 총회에서 남북 총선거 결정(1947. 11. 14.), ⓒ 제2차 미소 공동 위원회 결렬 (1947. 10. 21.)이다. 따라서 (가)와 (나) 사이에 해당되는 사건은 ⓒ과 ⓒ이다.

|오답해설|
㉠ 포츠담 선언(1945. 7. 26.). ㉡ 제주 4·3 사건(1948. 4. 3.). ㉢ 모스크바 3국 외상 회의(1945. 12. 16.~25.). ㉤ 남북 지도자 회의(1948. 4. 19.)이다.

14 ①

밑줄 친 '이것'은 '유엔 한국 임시 위원단'이다. 유엔 한국 임시 위원단은 '제2차 유엔 총회(1947. 11.)'의 결정에 따라 '5·10 총선거'의 공정한 감시 및 관리를 위해 입국한 기구였다. ① 그러나 소련의 방해로 남한 지역에서만 총선거를 감시하였다.

|오답해설|
② 1950년 6월 27일 유엔 안전 보장 이사회에서는 북한을 침략자로 규정하고 유엔 회원국을 대상으로 한국에 원조를 권고하는 결의를 채택하였다.
③ 1953년 10월 한미 상호 방위 조약이 체결된 이후 미국은 한국 경제의 재건과 복구를 지원하였다.
④ 1948년 8월 15일 대한민국 정부가 수립되자, 1948년 12월 12일 제3차 유엔 총회에서는 대한민국 정부만이 '한반도에 존재하는 유일한 합법 정부'임을 결의함으로써 한반도의 유일 합법 정부로서 대한민국의 법통을 확인하였다.

15 ①

제시된 사건의 순서는 ㄷ. 1946년 6월 이승만의 정읍 발언 → ㄴ. 1946년 10월 좌우 합작 7원칙 합의 → ㄱ. 1947년 7월 제2차 미소 공동 위원회의 실질적 결렬 → ㄹ. 1948년 2월 유엔 소총회에 의해 선거가 가능한 지역에서만 총선거 결의이다.

16 ②

② 제헌 국회의 국회 의원 임기는 2년이며, 대통령 임기는 4년이었다.

17 ②

대한민국 정부 수립(1948. 8. 15.) 이후에 일어난 사건을 고르면 된다.
㉠ 1948년 9월 반민법이 통과된 이후, 반민족 행위 특별 조사 위원회(반민 특위)가 설치되었다(1948. 10.).
㉡ 농지 개혁법은 1949년 6월 법제화되었고, 1950년 초부터 시행되었다.
㉢ 육군 소위 안두희가 김구를 암살하였다(1949. 6.).
㉤ 1948년 10월 19일 여수·순천 사건(10·19 사건)이 발생하였다.

|오답해설|
㉣ 제주 4·3 사건은 1948년 4월 3일 발생하였다.

|정답| **12** ② **13** ② **14** ① **15** ① **16** ② **17** ②

18

17. 지방직 9급

다음 법령에 대한 설명으로 옳지 <u>않은</u> 것은?

> 제1조 일본 정부와 통모하여 한일 합병에 적극 협력한 자, 한국의 주권을 침해하는 조약 또는 문서에 조인한 자와 모의한 자는 사형 또는 무기 징역에 처하고, 그 재산과 유산의 전부 혹은 2분의 1 이상을 몰수한다.
>
> 제2조 일본 정부로부터 작위를 받은 자 또는 일본 제국 의회의 의원이 되었던 자는 무기 또는 5년 이상의 징역에 처하고 그 재산과 유산의 전부 혹은 2분의 1 이상을 몰수한다.
>
> 제3조 일본 치하 독립운동자나 그 가족을 악의로 살상·박해한 자 또는 이를 지휘한 자는 사형, 무기 또는 5년 이상의 징역에 처하고 그 재산의 전부 혹은 일부를 몰수한다.

① 이 법령에 따라 특별 재판부가 설치되었다.
② 이 법령의 제정은 제헌 헌법에 명시된 사항이었다.
③ 이 법령에 따라 반민족 행위자들이 실형을 선고받았다.
④ 이 법령은 여수·순천 10·19 사건 직후에 국회에서 통과되었다.

20

15. 국가직 7급

밑줄 친 '개혁'에 대한 설명으로 옳지 <u>않은</u> 것은?

> 정부는 제헌 헌법에 의거하여 1949년 6월 21일 법률 제31호로 농지를 농민에게 적절히 분배하는 개혁을 추진하였다. 그것을 통하여 농가 경제 자립과 농업 생산력 증진으로 인한 농민 생활의 향상 및 국민 경제의 균형과 발전을 도모하였다.

① 귀속 농지의 관리 기구인 신한 공사를 해체하였다.
② 호당 3정보 이하 농지는 매수 대상에서 제외하였다.
③ 3정보 이상의 농지로 이미 매도된 경우 개혁에서 제외하였다.
④ 매수된 농지의 지주에게는 연평균 수확량의 150%를 5년간 나누어 보상하도록 하였다.

19

18. 지방직 7급

다음 자료에서 밑줄 친 '위원회'에 대한 설명으로 옳은 것은?

> 대통령은 우리 위원회의 활동이 삼권분립 원칙에 위배된다고 주장하고 있으며, 내무장관은 피의자인 노덕술을 요직에 등용하였다. …(중략)… 당국자가 노덕술을 보호하고, 우리 위원회에 그의 석방을 요구한 이유가 무엇인가? 우리는 친일 경관이 아니라 애국심을 지닌 경관이 등용되기를 바란다.

① 남북 협상을 추진하였다.
② 부산 정치 파동으로 인해 해산되었다.
③ 3·15 부정 선거를 규탄하는 시위를 주도하였다.
④ 제헌 헌법의 특별 규정에 의해 제정된 법률에 따라 구성되었다.

21

15. 국가직 9급

연표의 (가), (나) 시기에 있었던 사실로 옳은 것은?

	(가)	(나)	
↑	↑		↑
6·25 전쟁 발발 (1950. 6. 25.)	서울 수복 (1950. 9. 28.)		휴전 협정 체결 (1953. 7. 27.)

① (가) – 인천 상륙 작전이 실시되었다.
② (가) – 중국군의 참전으로 인해 한국군은 서울에서 후퇴하게 되었다.
③ (나) – 애치슨 선언이 발표되었다.
④ (나) – 유엔 안전 보장 이사회에서 유엔군 파병이 결정되었다.

22

6·25 전쟁 휴전 협정의 성립 과정에 대한 설명으로 옳지 <u>않은</u> 것은?

① 소련의 휴전 제의를 미국이 수용함으로써 평양에서 휴전 회담이 시작되었다.

② 휴전 회담은 군사 분계선 설정, 중립국 감시 기구의 구성, 포로 교환 문제 등으로 난항을 거듭하였다.

③ 이승만 정권은 격렬한 휴전 반대 운동을 전개했다.

④ 스웨덴, 스위스, 폴란드, 체코슬로바키아 4개국으로 구성된 중립국 감시 위원회를 설치하는 데 합의했다.

23

18. 경찰직 2차

6·25 전쟁 중의 정전 회담과 1953년 7월 체결된 정전 협정에 대한 설명으로 가장 적절하지 <u>않은</u> 것은?

① 정전 회담의 주요 쟁점은 군사 분계선 설정 문제, 포로 교환 문제 등이었다.

② 소련이 정전을 제안하였고 유엔군과 공산군이 이를 받아들이면서 정전 회담이 시작되었다.

③ 유엔군과 한국군, 중국군, 북한군은 1953년 7월 27일에 정전 협정에 조인하였다.

④ 정전 협정에서 양측은 현 전선을 군사 분계선으로 정하고, 군사 분계선 남북 각각 2km 지역을 비무장 지대로 설치하였다.

---

18 ④

제시된 사료는 1948년 9월 공포된 '반민족 행위 처벌법(반민법)'의 내용이다. ④ 여수·순천 10·19 사건은 1948년 10월 19일 발생하였다.

19 ④

밑줄 친 '위원회'는 '반민족 행위 특별 조사 위원회(반민 특위)'이다. 제헌 헌법에는 "1945년 8월 15일 이전의 악질적인 반민족 행위를 처벌하는 특별법을 제정할 수 있다."는 조항이 있다. ④ 이 조항을 근거로 1948년 9월 22일 반민족 행위 특별법이 제정되었고, 반민족 행위 특별 조사 위원회(반민 특위)는 같은 해 10월 22일에 설치되었다.

20 ①

`결정적 문제` 대한민국 정부 수립 후 제정된 반민법과 농지 개혁법은 꼭 기억하자!

제시된 자료는 1949년 6월에 법제화된 '농지 개혁'에 대한 설명이다. ① 신한공사는 미군정 시기인 1946년 3월 설치(1946년 2월에 법령 발표)되어 적산을 관리하던 기관으로 1948년 3월 폐지되었으며, 신한공사의 업무는 중앙 토지 행정처로 이관되었다.

21 ①

① (가) 유엔군 참전 이후 인천 상륙 작전으로 전세를 반전시켰으며, 9월 28일에는 서울을 탈환하고, 빠르게 북진하였다.

| 오답해설 |

6·25 전쟁이 발발하고 3일 만에 서울이 함락당하였다. 이후 국군은 낙동강 전선까지 후퇴하였다. 당시 ④ 유엔은 안전 보장 이사회를 개최하여 북한의 남침을 불법적 침략 행위로 규정하고, 유엔군 파병을 결정하였다. ② 1950년 10월 중국군의 참전으로 한때 서울에서 후퇴하였으나(1951. 1. 4. 후퇴), 곧이어 반격이 이루어져 서울을 재탈환하였다. ③ 1950년 1월 발표된 애치슨 선언은 '미국의 극동 방위선에서 한반도를 제외한다'는 내용으로 6·25 전쟁의 배경이 되었다.

22 ①

① 휴전 회담은 6·25 전쟁 중 소련의 유엔 대표 말리크의 제안으로, 1951년 7월 '개성'에서 시작되었다.

23 ③

1953년 7월 27일 정전 협정에는 유엔군 총사령관 클라크와 북한군 최고사령관 김일성, 중화인민공화국 인민지원군 사령관 펑더화이가 서명하였다. ③ 당시 한국은 정전 협정에 참여하지 않았다.

| 오답해설 |

① 정전 회담의 주요 의제는 첫째, 군사 분계선의 설정, 둘째, 휴전 감시 방법 및 그 기구의 설치, 셋째, 포로 교환에 관한 협정, 넷째, 쌍방의 당사국 정부에 대한 건의 등이었다.

② 정전 회담(휴전 회담)은 소련 유엔 대표 말리크가 제안하여 시작되었다. 유엔군 측과 공산군 측은 1951년 7월 10일부터 1953년 7월 27일까지 개성과 판문점 등지에서 휴전 회담을 지속하였다.

④ 1953년 6월 8일에는 본국 송환을 거부하는 포로 처리 방법(자유 송환 원칙)에 합의하였고, 현재의 전선을 군사 분계선으로 정하고 (군사 분계선) 남북 각각 2km 지역을 비무장 지대로 설치하는 것을 결정하여 1953년 7월 27일 정전 협정에 조인하였다.

| 정답 |　18 ④　19 ④　20 ①　21 ①　22 ①　23 ③

02 민주주의의 시련과 발전

교수님 코멘트 ▶ 이승만, 박정희, 전두환 등 독재 정권의 특징과 독재에 저항한 민주화 운동(4·19 혁명, 6·3 항쟁, 유신 반대 운동, 5·18 광주 민주화 운동, 6월 민주 항쟁 등)을 비교하여 기억해야 한다. 최근에는 6월 민주 항쟁 이후 출범한 노태우, 김영삼, 김대중 정부의 주요 정책도 종종 출제되고 있다.

01

한국사능력검정시험 고급 21회

(가), (나) 헌법에 대한 설명으로 옳은 것을 〈보기〉에서 모두 고르면?

(가)	
제31조	입법권은 국회가 행한다. 국회는 민의원과 참의원으로써 구성한다.
제53조	대통령과 부통령은 국민의 보통·평등·직접·비밀 투표에 의하여 각각 선거한다.
부 칙	이 헌법은 공포한 날로부터 시행한다. 단, 참의원에 관한 규정과 참의원의 존재를 전제로 한 규정은 참의원이 구성된 날로부터 시행한다. — 헌법 제2호

(나)	
제55조	대통령과 부통령의 임기는 4년으로 한다. 단, 재선에 의하여 1차 중임할 수 있다. 대통령이 궐위된 때에는 부통령이 대통령이 되고 잔임 기간 중 재임한다. 부칙이 헌법 공포 당시의 대통령에 대하여는 제55조 제1항 단서의 제한을 적용하지 아니한다. — 헌법 제3호

┤ 보기 ├
- ㉠ (가) – 6·25 전쟁 중에 공포되었다.
- ㉡ (가) – 정부 형태를 내각 책임제로 규정하였다.
- ㉢ (나) – 초대 대통령의 중임 제한을 철폐하였다.
- ㉣ (나) – 계엄하에서 국회 의원의 기립 표결로 통과되었다.

① ㉠, ㉡   ② ㉠, ㉢
③ ㉡, ㉢   ④ ㉡, ㉣

02

19. 지방직 7급

밑줄 친 '개헌안'에 대한 설명으로 옳은 것은?

> 1954년에 실시된 선거로 국회 내 다수 세력이 된 자유당은 새 개헌안을 국회에 상정하였다. 이 개헌안이 국회를 통과하기 위해서는 그 재적 의원 203명의 3분의 2 이상이 찬성해야 했다. 그러나 표결 결과 135표를 얻는 데 그쳐 부결되었다. 그럼에도 자유당은 이른바 '사사오입'이라는 논리로 부결을 번복하고 가결을 선언하였다. 이는 절차적 민주주의 원칙이 크게 훼손된 사건이었다.

① 대통령이 국회의원의 3분의 1을 직접 지명하도록 규정하였다.
② 국가 보위 비상 대책 위원회가 언론을 통제한다는 규정이 포함되어 있었다.
③ 대통령 선거인단에 의한 간접 선거로 대통령을 선출한다는 조항을 두었다.
④ 당시 재임 중인 대통령에 대해서는 중임 제한 규정을 적용하지 않는다는 내용이 있었다.

03

다음 강령을 내세운 정당은?

- 우리는 공산 독재는 물론, 자본가와 부패 분자의 독재도 배격하고 진정한 민주주의 체제를 확립하여 책임 있는 혁신 정치의 실현을 기한다.
- 우리는 생산 분배의 합리적인 계획으로 민족 자본의 육성과 농민·노동자·모든 문화인 및 봉급 생활자의 생활권을 확보하여 조국의 부흥 번영을 기한다.
- 우리는 안으로 민주 세력의 대동단결을 추진하고, 밖으로 민주 우방과 긴밀히 제휴하여 민주 세력이 결정적 승리를 얻을 수 있는 평화적 방식에 의한 조국 통일의 실현을 기한다.

① 자유당
② 민주정의당
③ 진보당
④ 공화당

04

19. 서울시 9급

〈보기〉 선언문의 발표 후에 있었던 사건으로 가장 적합하지 않은 것은?

┤ 보기 ├

상아의 진리탑을 박차고 거리에 나선 우리는 질풍과 같은 역사의 조류에 자신을 참여시킴으로써 이성과 진리, 그리고 자유의 대학정신을 현실의 참담한 박토에 뿌리려 하는 바이다. …(중략)… 무릇 모든 민주주의 정치사는 자유의 투쟁사다. 그것은 또한 여하한 형태의 전제로 민중 앞에 군림하는 '종이로 만든 호랑이'같이 헤슬픈 것임을 교시 한다. …(중략)… 근대적 민주주의의 근간은 자유다. …(하략)…

– 서울대학교 문리과대학 학생 일동

① 이승만 대통령이 하야하였다.
② 장면 정권이 수립되었다.
③ 민족 자주 통일 중앙 협의회가 조직되었다.
④ 조봉암이 진보당을 결성하였다.

4·19 혁명으로 집권한 민주당 정부의 시정 방침으로 가장 옳지 않은 것은?

① 외자 도입과 경제 원조 확대를 통한 경제 개발 계획 추진
② 반공을 국시의 제일로 삼아 반공 태세를 재정비·강화
③ 일본과의 국교 정상화 및 유엔 감시하의 남북한 자유 선거에 의한 통일 달성
④ 군비 축소와 군의 정예화 추진을 통한 국방력 강화 및 군의 정치적 중립 확보

다음 헌법이 시행된 시기의 정부에 대한 설명으로 옳은 것은?

> 제32조 양원은 국민의 보통·평등·직접·비밀 투표에 의하여 선거된 의원으로써 조직한다.
> 제53조 대통령은 양원 합동 회의에서 선거하고 재적 국회의원 3분의 2 이상의 투표를 얻어 당선된다.
> 제71조 국무원은 민의원에서 국무원에 대한 불신임 결의안을 가결한 때에는 10일 이내에 민의원 해산을 결의하지 않는 한 총사직해야 한다.

① 내각 책임제로 운영되었다.
② 베트남 파병을 결정하였다.
③ 새마을 운동을 전개하였다.
④ 금융 실명제를 실시하였다.

다음 회담에 관한 설명으로 적절하지 않은 것은?

> ○○회담은 1965년 6월 22일 양국 외무장관이 ○○협정에 서명함으로써 막을 내렸다. …(중략)… 이 협정에 대해 한편에서는 한국의 근대화와 경제 발전을 위한 종잣돈을 마련했다는 점에서 긍정적으로 평가한다. 그러나 다른 한편에서는 실리에 급급한 나머지 과거 청산의 명분과 기회를 희생시켰다는 부정적 평가를 내리기도 한다.

① 한반도에서 냉전이 완화되는 계기가 되었다.
② 한국은 식민 통치에 대한 사죄를 받아 내지 못했다.
③ 회담 내용이 알려지면서 전국적인 반대 시위가 발생하였다.
④ 한국 경제의 대일 의존도가 높아지는 계기가 되었다.

1960년대의 경제 상황으로 옳지 않은 것은?

① 제1차 경제 개발 5개년 계획이 추진되었다.
② 베트남 파병을 계기로 베트남 특수를 누리게 되었다.
③ 미국의 무상 원조가 경제 개발의 주요 재원으로 활용되었다.
④ 경제 건설에 필요한 재원 조달을 위해 한일 협정이 체결되었다.

다음은 1960년대 어느 일간지에 실린 사설이다. 밑줄 친 '파병'에 대한 설명으로 옳은 것만을 모두 고르면?

> 우리는 원했든 원하지 안했든 이미 이 전쟁에 직접적인 관계를 맺었고 파병을 찬반(贊反)하던 국민이 이젠 다 힘과 마음을 합해서 파병된 용사들을 성원하고 있거니와 근대 전쟁이 전투하는 사람만의 전쟁이 아니라 온 국민이 참가하는 '총력전'이라는 것을 알고 이 전쟁의 승리를 위해 모든 국민의 단합을 호소하는 바이다.

> ㄱ. 발췌 개헌안 통과에 영향을 주었다.
> ㄴ. 브라운 각서를 체결하는 이유가 되었다.
> ㄷ. 1960년대 경제 개발 계획의 추진에 기여하였다.
> ㄹ. 한미 상호 방위 원조 협정을 체결하는 계기가 되었다.

① ㄱ, ㄴ   ② ㄱ, ㄷ
③ ㄴ, ㄷ   ④ ㄷ, ㄹ

10

다음 글의 밑줄 친 '이 정부'가 실시했던 정책이 아닌 것은?

> 이 정부는 '조국 근대화'의 실현을 가장 중요한 국정 목표로 삼아 경제 성장에 모든 힘을 쏟는 경제 제일주의 정책을 펼쳤다. 이로써 수출이 늘어나고 경제도 빠르게 성장함으로써 절대 빈곤의 상태에서 어느 정도 벗어날 수 있었다. 그러나 경제 개발에 필요한 자본의 대부분은 외국에서 빌려 온 것이었고, 개발을 효율적으로 추진한다는 구실로 국민의 자유를 억압하여 민주주의 발전을 저해하였다.

① 한중 수교
② 한일 협정
③ 유신 헌법 제정
④ 남북 적십자 회담

정답&해설

05 ②

② 반공을 국시의 제일로 삼은 것은 1961년 5·16 군사 정변 직후 발표된 혁명 공약 중 일부이다.

06 ①

▶결정적 문제◀ 4·19 혁명과 제2 공화국의 수립 과정을 파악하자!

제시된 헌법 내용 중 제53조 "대통령은 양원 합동 회의에서 선거한다."와 제71조 "민의원"을 통해 의원 내각제가 실시된 '장면 정부(제2 공화국)'임을 알 수 있다.
① 제2 공화국은 내각 책임제와 양원제(민의원, 참의원)를 기본으로 대통령에 윤보선(국회에서 간접 선출), 국무총리에 장면을 선출하였다.

|오답해설|
② 박정희 정부는 1964년 6·3 시위 와중에 미국의 요구를 수용하여 국군의 월남(베트남) 파병안(1964. 7. 30.)이 국회에서 통과되었다.
③ 박정희 정부의 수출 주도형 공업화 정책은 농민들의 생활 악화를 가져왔고, 이를 해결하기 위해 1970년부터 새마을 운동을 전개하였다.
④ 금융 실명제는 1993년에 김영삼 정부(문민 정부) 시기에 전격적으로 발표되었다.

07 ①

① 제시된 자료는 1965년 한일 협정 체결과 관련된 내용이며, 냉전 완화와는 관련이 없다.

08 ③

③ 원조 경제 체제는 1950년대에 해당된다.

|오답해설|
① 박정희 군정 시기인 1962년부터 실시되었다.
② 1964년 베트남 파병이 결정되어 1965년부터 전투 병력 파병을 시작(단, 비전투 요원들은 1964년부터 파병)하였다.
④ 1965년 한일 협정이 체결되었다.

09 ③

1960년대 밑줄 친 파병은 베트남 파병이다. 미국의 요청으로, 정부는 1965년부터 전투 부대를 베트남에 파병하였다. 이후 ㄴ. 미국은 한국군의 증파를 요구하는 대가로, 한국군의 현대화, 차관 제공 등을 약속한 브라운 각서(1966)를 체결하였다. ㄷ. 베트남 파병을 통한 '달러 유입'은 1960년대 경제 개발 계획 추진에 기여하였다.

|오답해설|
ㄱ. 발췌 개헌안은 대통령 직선제를 핵심 내용으로, 1952년 통과되었다(제1차 개헌).
ㄹ. 한미 상호 방위 원조 협정은 1950년 1월 26일 발효된 한국 정부와 미국 정부 사이의 경제 및 군사 원조에 관한 협정이다.

10 ①

제시된 자료의 내용은 '박정희 정부'의 경제 정책에 대한 평가이다. ① 한중 수교는 노태우 정부의 북방 외교 정책의 결과로 1992년 체결되었다.

|오답해설|
② 1965년, ③ 1972년, ④ 1972년의 일이다.

| 정답 | **05** ② **06** ① **07** ① **08** ③ **09** ③ **10** ①

11

다음 사건들이 발생했던 시기의 정치적 상황으로 옳은 것은?

> • 1·21 사태
> • 푸에블로호 사건
> • 예비군 창설

① 허정을 수반으로 과도 정부가 구성되었다.
② 4차 개헌을 통해 혁명 입법(소급 입법)을 제정하였다.
③ 국민 교육 헌장이 제정되었다.
④ 통일 주체 국민 회의를 통해 대통령을 선출하였다.

12

다음은 한국 현대사에서 일어났던 사건들이다. 시기상 세 번째에 해당하는 것은?

① 3선 개헌
② 제7대 대통령 선거
③ 베트남에 전투 병력 파병 시작
④ 유신 체제 시작

13

제3 공화국 시기에 일어난 사실이 <u>아닌</u> 것은?

① 미국과 '미군 주둔에 관한 한미 행정 협정' 체결
② 8·10 광주 대단지 소요 사건
③ 고리 원자력 발전소 준공
④ 8·15 평화 통일 구상 선언

14

19. 서울시 9급

〈보기〉와 같은 내용의 헌법으로 개정된 이후 발생한 사건으로 가장 옳은 것은?

> ┤ 보기 ├
> 제39조 대통령은 통일 주체 국민 회의에서 토론 없이 무기명 투표로 선거한다.
> 제40조 통일 주체 국민 회의는 국회의원 정수의 1/3에 해당하는 수의 국회의원을 선거한다.
> 제43조 대통령은 조국의 평화적 통일을 위한 성실한 의무를 진다.

① 굴욕적인 한일 회담에 반대하는 학생 시위가 전개되었다.
② 재야인사들이 명동성당에 모여 '3·1 민주 구국 선언'을 발표하였다.
③ 친일파 청산을 위해 반민족 행위 특별 조사 위원회를 설치하였다.
④ 민생안정을 위해 농가 부채 탕감, 화폐 개혁 등을 실시하였다.

15

17. 경기 북부 여경

대한민국의 현대사 사건들을 발생한 순서대로 가장 적절하게 나열한 것은?

> ㉠ 베트남 파병이 이루어지면서 미국과 한국 사이에 한국군의 현대화와 경제 협력을 약속하는 각서가 체결되었다.
> ㉡ 근로 기준법의 준수를 요구하며 전태일이 분신하는 사건이 발생하였다.
> ㉢ 7월 4일 역사적인 남북 공동 성명이 서울과 평양에서 발표되었다.
> ㉣ 북한이 보낸 30여 명의 무장 공비가 청와대 기습을 노린 사건이 발생하였다.

① ㉠ → ㉣ → ㉡ → ㉢
② ㉣ → ㉠ → ㉢ → ㉡
③ ㉠ → ㉡ → ㉣ → ㉢
④ ㉣ → ㉢ → ㉠ → ㉡

16

다음 사건들의 전개 과정으로 나타난 유신 선포의 궁극적인 목적으로 옳은 것은?

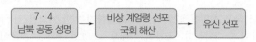

① 대통령 권한의 강화
② 국민의 기본권 확대
③ 의회 민주주의의 정착
④ 사회 혼란으로 인한 경제 성장 둔화

11 ③

'1·21 사태'는 김신조 등이 청와대를 습격하려던 사건(1968. 1. 21.)이다. '푸에블로호 사건'은 미 해군 정보함 푸에블로호가 북한에 납치된 사건(1968. 1. 23.)이다. 1·21 사태에 자극을 받아 '향토 예비군이 창설'되었다(1968. 4. 1.). ③ 국민 교육 헌장은 1968년 6월 박정희의 지시로 제정되어 12월 반포되었다.

|오답해설|
① 1960년 4월 27일. ② 1960년 11월 29일(3·15 부정 선거 관련자를 처벌하기 위한 소급 입법). ④ 1972년 12월의 상황이다.

12 ②

① 1969년, ② 1971년(박정희 vs 김대중), ③ 1965년, ④ 1972년에 일어난 사건이다. 즉 ③ → ① → ② → ④순이므로, ② 제7대 대통령 선거가 시기상 세 번째에 해당한다.

13 ③

제3 공화국은 1963년 12월 출범하여 1972년 10월 유신 전까지 존속하였다. ③ 고리 원자력 발전소는 1971년 착공되어 1978년 4월 준공 및 본격적으로 가동되었다.

|오답해설|
① 한미 행정 협정은 1966년 7월 체결하여, 1967년 2월 발효되었다.
② 청계천 주변 등 무허가촌을 해소하기 위해 경기도 광주에 철거민 정착 주거 단지(지금의 성남 시가지)를 조성하고 철거민을 이송시켰다. 그러나 경기도의 가옥 취득세 부과 조치 등에 반발하여 1971년 8월 10일 입주민 수만 명이 경찰서 등에 방화한 사건이다.
④ 1970년 박정희는 광복절 기념식에서 8·15 평화 통일 구상 선언을 발표하였다.

14 ②

제시된 내용은 1972년 10월 제정되고, 1972년 11월 국민투표로 확정된 유신 헌법 중 일부이다. 유신 체제에 반대하는 재야인사들은 명동 성당에 모여 1976년 '3·1 민주 구국 선언'을 발표하였다.

|오답해설|
① 1964년 굴욕적인 한일 회담에 반대하는 학생 시위가 전개되었다. 이것을 6·3 항쟁이라고 한다.
③ 친일파 청산을 위해 1948년 10월 반민족 행위 특별 조사 위원회가 설치되었다.
④ 1961년 5·16 군사 정변 이후 민생 안정을 명분으로 농가 부채 탕감, 화폐 개혁 등이 실시되었다.

15 ①

제시된 사건들의 순서는 ㉠ 1965년부터 시작된 베트남의 전투 병력 파병 → ㉣ 1968년 1·21 사태 → ㉡ 1970년 전태일의 분신 → ㉢ 1972년 7·4 남북 공동 성명이다.

16 ①

① 유신 체제는 강력한 통치권을 대통령에게 부여하는 권위주의적 통치 체제였으며, 통일 주체 국민 회의를 통해 간접 선거로 대통령을 선출하여 종신 집권이 가능하게 되었다. 또한 긴급 조치(총 9차)를 발표하여 국민의 기본권까지 제한하였다.

|정답| **11** ③ **12** ② **13** ③ **14** ② **15** ① **16** ①

17

1970년대 시행된 정책이 <u>아닌</u> 것은?

① 금융 실명제의 실시
② 새마을 운동의 추진
③ 통일벼의 전국적 보급
④ 수출 주도형 중화학 공업화

18

다음 내용과 유사한 성격의 것을 〈보기〉에서 모두 고르면?

• 4 · 19 혁명	• 5 · 18 민주화 운동

┌ 보기 ├
㉠ 12 · 12 사태
㉡ 10 · 26 사태
㉢ 6월 민주 항쟁
㉣ 부마 항쟁

① ㉠, ㉡   ② ㉠, ㉢
③ ㉡, ㉢   ④ ㉢, ㉣

19

다음 자료에 해당되는 역사적 사건의 직접적 원인은?

우리는 왜 총을 들 수밖에 없었는가? 너무나 무자비한 만행을 더 이상 보고 있을 수만 없어서 너도나도 총을 들고 나섰던 것입니다. …(중략)… 계엄 당국은 18일 오후부터 공수 부대를 대량 투입하여 시내 곳곳에서 학생, 젊은이들에게 무차별 살상을 실시하였으니! …(후략)…
시민군 궐기문

① 긴급 조치 9호
② 6월 민주 항쟁
③ 5 · 17 비상 계엄 확대
④ 부산 미문화원 방화 사건
⑤ 4 · 19 혁명

20

다음의 선언문이 나오게 된 배경으로 옳은 것은?

오늘 우리는 전 세계의 이목이 주시하는 가운데 독재 정치를 청산하고 희망찬 민주 국가를 건설하기 위한 거보를 전 국민과 함께 내딛는다. 국가의 미래요, 소망인 꽃다운 젊은이를 야만적인 고문으로 죽여 놓고 그것도 모자라서 뻔뻔스럽게 국민을 속이려 했던 현 정권에게 국민의 분노가 무엇인지를 분명히 보여 주고, 민주 장정을 시작하려 한다.

① 정부가 대통령 중심제에서 내각 책임제로 헌법을 개정하였다.
② 정부가 긴급 조치권을 발동하여 헌법 개정 논의를 탄압하였다.
③ 마산의 중앙 부두에서 김주열 군의 시신이 발견되었다.
④ 정부가 대통령 간선제 헌법의 고수를 천명하였다.

21

다음 기구들을 설립 순서대로 바르게 나열한 것은?

㉠ 국가 재건 최고 회의
㉡ 국가 보위 비상 대책 위원회
㉢ 통일 주체 국민 회의
㉣ 대통령 선거인단 구성

① ㉠ → ㉢ → ㉡ → ㉣
② ㉠ → ㉡ → ㉢ → ㉣
③ ㉡ → ㉣ → ㉢ → ㉠
④ ㉡ → ㉠ → ㉢ → ㉣

22

다음 역사적 사건을 순서대로 바르게 나열한 것은?

> ㄱ. 5·16 군사 정변
> ㄴ. 4·19 혁명
> ㄷ. 3·1 민주 구국 선언
> ㄹ. 10월 유신
> ㅁ. 5·18 민주화 운동
> ㅂ. 6·29 민주화 선언

① ㄴ → ㄱ → ㄹ → ㄷ → ㅁ → ㅂ
② ㄴ → ㄱ → ㄹ → ㄷ → ㅂ → ㅁ
③ ㄷ → ㄴ → ㄱ → ㄹ → ㅁ → ㅂ
④ ㄷ → ㄴ → ㄱ → ㄹ → ㅂ → ㅁ

17 ①

① 금융 실명제는 김영삼 정부 때 전격적으로 시행되었다(1993).

| 오답해설 |

②③④ 새마을 운동의 추진(1970), 통일벼의 전국적 보급(1970년 통일벼 품종을 개발하여 1972년 첫 수확), 수출 주도형 중화학 공업화 정책은 모두 1970년대에 시행된 정책이다.

18 ④

제시된 내용은 '민주화 운동'과 관련되어 있다. © 대통령 직선제, 5년 단임제 쟁취, ② 유신 체제의 종말과 관련된 사건들이다.

| 오답해설 |

⊙ 신군부의 등장, © 박정희 암살 사건을 나타낸다.

19 ③

제시된 자료는 1980년 '5·18 민주화 운동 당시의 궐기문'이다. ③ 1979년 12·12 사태로 등장한 신군부는 '서울의 봄(1980년 초 민주화 분위기)'을 무력화시키기 위하여 5·17 비상 계엄 전국 확대 조치를 실행하고, 곧 광주 민주화 운동을 유혈 진압하였다.

| 오답해설 |

① 유신 시대, ② 1987년, ④ 1982년, ⑤ 1960년의 일이다.

20 ④

"꽃다운 젊은이를 야만적인 고문으로 죽여 놓고"라는 부분에서 1987년 1월 발생한 서울대생 '박종철 군 고문치사 사건'과 '6월 민주 항쟁'을 연관시킬 수 있다. ④ 전두환 정부는 4·13 호헌 조치를 통해 대통령 간선제 헌법 고수를 천명하여 민중을 자극하였고, 이로 인해 1987년 6월 민주 항쟁이 일어나게 되었다.

21 ①

시기 순으로 배열하면 ⊙ → © → © → @이다. ⊙ 국가 재건 최고 회의(1961)는 5·16 군사 정변 직후 군사 혁명 위원회가 개편되어 만들어졌다. → © 통일 주체 국민 회의(1972. 12.)는 10월 유신 헌법 직후 조직되었다. → © 국가 보위 비상 대책 위원회(1980)는 신군부 세력이 5·18 민주화 운동 발발 직후 결성하였다. → @ 1980년 8월 27일 전두환이 통일 주체 국민 회의에서 11대 대통령으로 선출되었다. 이후 유신 헌법을 일부 수정하여 대통령 선거인단(1981. 2.)에 의해 대통령을 간접 선출하도록 결정하였다.

22 ①

제시된 사건의 순서는 ㄴ. 1960년 4·19 혁명 → ㄱ. 1961년 5·16 군사 정변 → ㄹ. 1972년 10월 유신 → ㄷ. 1976년 3·1 민주 구국 선언 → ㅁ. 1980년 5·18 광주 민주화 운동 → ㅂ. 1987년 6·29 민주화 선언이다.

| 정답 | **17** ① **18** ④ **19** ③ **20** ④ **21** ① **22** ①

23

대한민국 헌법과 개헌에 대한 ㉠부터 ㉣까지의 설명 중 옳고 그름의 표시(○, ×)가 바르게 된 것은?

> ㉠ 제헌 헌법은 임기 4년의 대통령을 국회에서 간접 선거로 선출하고, 국회는 단원제로 구성하는 것을 내용으로 하였다.
> ㉡ 유신 헌법은 대통령의 임기를 5년으로 규정하고 있었으며, 연임 제한을 두지 않았다.
> ㉢ 3차 개헌은 내각 책임제와 양원제 국회를 구성하는 것을 내용으로 하였다.
> ㉣ 8차 개헌은 6·29 선언을 계기로 이루어졌으며, 5년 단임의 대통령 직선제를 그 내용으로 하였다.

① ㉠(×) ㉡(○) ㉢(×) ㉣(○)
② ㉠(○) ㉡(×) ㉢(○) ㉣(×)
③ ㉠(○) ㉡(○) ㉢(×) ㉣(○)
④ ㉠(×) ㉡(×) ㉢(○) ㉣(×)

24

다음 (가)~(라)를 내용으로 하는 헌법이 적용되던 시기에 일어난 사건으로 바르게 연결한 것은?

> (가) 대통령의 임기는 7년이며 중임할 수 없다.
> (나) 대통령과 부통령은 국회에서 무기명 투표로 각각 선거한다.
> (다) 대통령과 부통령의 임기는 4년으로 하며, 1차 중임할 수 있다. 단, 이 헌법 공포 당시의 대통령에 대하여 중임 제한을 적용하지 아니한다.
> (라) 6년 임기의 대통령은 통일 주체 국민 회의에서 선출된다.

① (가) – 남한과 북한은 함께 유엔에 가입하였다.
② (나) – 판문점에서 휴전 협정이 체결되었다.
③ (다) – 평화통일론을 주장한 진보당의 정당 등록이 취소되었다.
④ (라) – 민족 통일을 위한 남북 공동 성명이 발표되었다.

23 ②

㉠ (○) 제헌 헌법(1948)은 임기 4년의 대통령을 국회에서 간접 선거로 선출하고, 국회는 단원제로 구성하였다(임기는 2년).

㉢ (○) 3차 개헌(1960, 제2 공화국 헌법)은 내각 책임제와 양원제 국회를 구성하는 것을 내용으로 하였다.

| 오답해설 |

㉡ (×) 유신 헌법(7차 개헌, 1972)에서는 대통령의 임기를 6년으로 규정하고 있었으며, 연임 제한을 두지 않았다.

㉣ (×) 9차 개헌(1987)은 6·29 선언을 계기로 이루어졌으며, 5년 단임의 대통령 직선제를 그 내용으로 하였다.

24 ③

(가) 1980년 국가 보위 비상 대책 위원회가 주도한 제8차 개헌의 내용이다.

(나) 1948년 제정된 제헌 헌법이다.

(다) 1954년 사사오입을 통해 통과된 제2차 개헌이다.

(라) 1972년 10월 공포된 유신 헌법 내용이다.

③ 진보당 사건은 1958년 발생하였으며, 이 시기는 사사오입 개헌(제2차 개헌)이 적용되고 있던 시점이다.

| 오답해설 |

① 남북한이 함께 유엔에 가입한 것은 1991년이며, 당시는 제9차 개헌(1987년 개헌)이 적용된 시기이다.

② 휴전 협정은 1953년 7월 27일 체결되었고, 이 시기는 발췌 개헌(1952, 제1차 개헌)이 적용되고 있었던 시기이다.

④ 민족 통일을 위한 남북 공동 성명(1972년 7·4 남북 공동 성명)은 유신 헌법 이전에 발표되었다.

| 정답 | **23** ② **24** ③

03 북한의 역사와 통일을 위한 노력

교수님 코멘트 ▶ 해방 이후 북한 정권의 수립 과정을 순서대로 기억해야 한다. 7·4 남북 공동 성명, 남북 기본 합의서, 한반도 비핵화 선언, 6·15 공동 선언, 10·4 선언, 4·27 판문점 선언 등은 사료와 함께 출제되므로 사료를 통해 알아두도록 한다.

01
09. 국가직 9급

6·25 전쟁 이전 북한에서 일어난 사건들을 연대순으로 바르게 나열한 것은?

> ㉠ 북조선 5도 행정국 설치
> ㉡ 토지 개혁 단행
> ㉢ 북조선 노동당 창당
> ㉣ 조선 공산당 북조선 분국 조직

① ㉠ → ㉡ → ㉢ → ㉣
② ㉠ → ㉡ → ㉣ → ㉢
③ ㉡ → ㉠ → ㉣ → ㉢
④ ㉣ → ㉠ → ㉡ → ㉢

02

해방 이후 남북한의 정치 상황에 대한 설명으로 옳은 것은?

① 1948년 김일성은 남로당과 연안파 인사들을 배제하고 북한 정부를 구성하였다.
② 1965년 한국군은 유엔군의 일원으로 베트남에 파병되었다.
③ 1969년 3선 개헌에 성공한 박정희는 간접 선거를 통해 1971년 대통령에 당선되었다.
④ 1972년 북한은 사회주의 헌법을 공포하여 수령 유일 지도 체제를 확립하였다.

03
05. 9월 모의평가

북한이 1994년에 제정한 신합영법과 1998년에 수정한 헌법 조항 중 일부이다. 이러한 조항이 추가된 배경으로 옳지 <u>않은</u> 것은?

> • 신합영법은 우리나라와 세계 여러 나라들 사이의 경제 기술 협력과 교류를 확대 발전시키는 데 이바지한다.
> • 개인 소유는 공민들의 개인적이며 소비적인 목적을 위한 소유이다. …(중략)… 텃밭 경리를 비롯한 개인 부업 경리에서 나오는 생산물과 그 밖의 합법적인 경리 활동을 통하여 얻은 수입도 개인 소유에 속한다.

① 자연재해로 인해 식량 부족이 심화되었다.
② 에너지와 원자재 부족으로 공장 가동률이 떨어졌다.
③ 민간 주도의 자본주의 시장 경제 체제가 확립되었다.
④ 경제 침체가 계속되어 폐쇄적인 체제를 유지하기 어려워졌다.

04

다음의 경제 정책을 실시한 정부의 통일 노력으로 가장 적절한 것은?

> 마산, 이리(익산)에 수출 자유 지역이 만들어져 많은 외국인 기업이 들어섰다. 또 울산, 포항, 창원, 여천(여수), 구미 등에 새로운 공업 단지를 조성하여 철강, 조선, 기계, 전자, 비철금속, 석유 화학 등 중화학 공업이 크게 발전하였다.

① 민간 차원의 교류가 크게 확대되고, 금강산 관광이 실현되었다.
② 민족 화합 민주 통일 방안을 제시하고, 남북한의 이산가족이 각각 서울과 평양을 처음으로 방문하였다.
③ 남북한은 자주·평화·민족 대단결의 통일 원칙을 내세운 공동 성명을 발표하였다.
④ 남북한은 유엔에 동시 가입하고, 화해와 불가침 및 교류·협정에 관한 합의서를 채택하였다.

05

1970년대 이후 남북한의 통일 방안과 관련하여 옳은 것은?

① 1972년 '7·4 남북 공동 성명'에서 남한과 북한은 자주·평화·민족적 대단결의 3대 통일 원칙에 합의하였다.
② 1980년에 북한이 제안한 '고려 민주 연방 공화국안'은 2국가 2체제를 목표로 하고 있다.
③ 1983년 남한의 '6·23 선언'은 남북한의 인구 비례에 의한 총선거를 주장한 것이다.
④ 1995년 남북한은 '한민족 공동체안'에 합의하였다.

정답&해설

01 ④

㉠ 1945년 11월, ㉡ 1946년 3월, ㉢ 1946년 8월, ㉣ 1945년 10월에 일어난 사건이다. 즉, 순서는 ④ ㉣ → ㉠ → ㉡ → ㉢이다.

02 ④

|오답해설|
① 초기 북한 정권은 김일성파(갑산파), 연안파, 소련파, 남로당 계열 등이 참여한 연립 정부의 성격을 가졌다.
② 유엔군의 일원이 아닌 미국의 요청으로 베트남 파병이 이루어졌다.
③ 1971년 제7대 대통령 선거는 박정희 대통령과 신민당 김대중 후보에 대한 직접 선거로 치러졌다.

03 ③

③ 북한은 1980년대 이후 경제 위기에서 벗어나기 위해 중국의 개방 정책을 차용하여 제한적 경제 개방 정책을 추진하면서 합영법(1984), 합작법(1993, 1994 개정)을 제정하여, 외국 기업과의 합작과 자본 도입을 시도하였다. 또한 1991년 나진·선봉 자유 무역 지대 설치를 공포하고, 1992년 외국인 투자법을 제정하였으며, 2001년 중국 단동(단둥)과 북한 신의주에 경제 특구를 설치하기로 하였다.

04 ③

수출 자유 지역의 설치와 중화학 공업 정책이 추진된 것은 1970년대 박정희 정부에 해당한다. ③ 1972년에 발표된 7·4 남북 공동 성명에 대한 설명이다.

|오답해설|
① 금강산 관광이 해로를 통해 처음 시작된 것은 1998년이다(김대중 정부).
② 전두환 정부에서는 1982년 민족 화합 민주 통일 방안을 제시하였고, 1985년에는 남북한의 이산가족이 각각 서울과 평양을 처음으로 방문하였다.
④ 노태우 정부 시기인 1991년 발표되었다(남북 기본 합의서).

05 ①

|오답해설|
② 1국가 2체제를 목표로 하였다.
③ 6·23(평화 통일) 선언은 1973년이며, '인구 비례에 의한 총선거' 주장은 1974년의 '평화 통일 3대 기본 원칙'의 내용이다.
④ 1989년 9월 노태우 정부가 '한민족 공동체안'을 제의하였다.

| 정답 | 01 ④ 02 ④ 03 ③ 04 ③ 05 ①

06

남북 관계에 대한 다음 설명 중 옳은 것은?

① 1972년 7월 4일 발표된 남북 공동 성명에서 자주·민주·민족 대단결의 통일 3원칙이 천명되었다.
② 1970년대 초반 남북 대화에서 남한은 정치·군사적 문제의 우선적 해결을 주장했고, 북한은 남북 교류 및 이산가족 상봉 문제의 우선적 해결을 주장했다.
③ 남북 기본 합의서(1991)에는 남북 관계에 대해 통일을 지향하는 과정에서 잠정적으로 형성되는 '특수 관계'라고 규정되어 있다.
④ 노태우 정권은 '민족 화합 민주 통일 방안'을 주장했다.

07

(가), (나) 발표 시기의 사이에 있었던 사실로 옳지 않은 것은?

> (가) 통일은 외세에 의존하거나 외세의 간섭을 받음이 없이 자주적으로 해결하여야 한다. 통일은 서로 상대방을 반대하는 무력행사에 의거하지 않고 평화적인 방법으로 실현하여야 한다. 사상과 이념, 제도의 차이를 초월하여 우선 하나의 민족으로서 민족적 대단결을 도모하여야 한다.
> (나) 남과 북은 나라의 통일을 위한 남측의 연합 제안과 북측의 낮은 단계의 연방 제안이 서로 공통성이 있다고 인정하고, 앞으로 이 방향에서 통일을 지향시켜 나가기로 하였다.

① 경의선 철도가 다시 연결되었다.
② 북한에서 국가 주석제가 도입되었다.
③ 남북 이산가족이 서울과 평양을 처음 방문하였다.
④ 한반도 비핵화에 관한 공동 선언이 채택되었다.

08

광복 이후 전개된 통일을 위한 노력에 대한 설명으로 옳은 것은?

① 1960년에 남북한 유엔 동시 가입이 실현되었다.
② 1972년에 남북한의 이산가족이 각각 서울과 평양을 처음으로 방문하였다.
③ 1985년에 서울과 평양에서 7·4 남북 공동 성명이 동시에 발표되었다.
④ 2000년에 평양에서 남북 정상 회담이 이루어져 6·15 남북 공동 선언이 발표되었다.

09

다음은 '남북 사이의 화해와 불가침 및 교류·협력에 관한 합의서'의 일부이다. ㉠, ㉡에 해당하는 것을 바르게 연결한 것은?

> 남과 북은 분단된 조국의 평화적 통일을 염원하는 온 겨레의 뜻에 따라, ㉠ 에서 천명된 ㉡ 을 재확인하고, 정치 군사적 대결 상태를 해소하여 민족적 화해를 이룩하고, 무력에 의한 침략과 충돌을 막고 긴장 완화와 평화를 보장하며, …(중략)… 다음과 같이 합의하였다.

	㉠	㉡
①	7·7 선언	남북 공동번영 원칙
②	6·15 남북 공동 선언	대북 화해협력 정책
③	7·4 남북 공동 성명	조국 통일 3대 원칙
④	한민족 공동체 통일 방안	3단계 통일 구상

06 ③

|오답해설|
① 민주가 아니라 '평화'의 원칙이다.
② 북한과 남한의 입장이 바뀌었다.
④ 전두환 정권이 1982년에 '민족 화합 민주 통일 방안'을 제시하였다.

07 ①

결정적 문제 7·4 남북 공동 성명, 남북 기본 합의서, 6·15 남북 공동 선언의 내용은 사료와 함께 읽어두자!
(가)는 1972년 7·4 남북 공동 성명, (나)는 2000년 6·15 남북 공동 선언의 내용이다. ① 경의선 철도 연결 사업은 6·15 남북 공동 선언 이후에 해당하며, 완공된 시점은 노무현 정부 때이다.

|오답해설|
② 1972년 12월, ③ 1985년, ④ 1991년 12월에 일어난 일들이다.

08 ④

|오답해설|
① 남북한 유엔 동시 가입이 실현된 것은 1991년이다.
② 1985년 남북한의 이산가족이 각각 서울과 평양을 처음으로 방문하였다.
③ 1972년 7·4 남북 공동 성명이 발표되었다.

09 ③

제시된 사료는 1991년 12월 13일에 발표된 '남북 사이의 화해와 불가침 및 교류·협력에 관한 합의서'(남북 기본 합의서) 중 일부로 ⊙은 7·4 남북 공동 성명, ⓒ은 조국 통일 3대 원칙이다.

|보충설명| 남북 기본 합의서의 주요 내용

남과 북은 …(중략)… 7·4 남북 공동 성명에서 천명된 조국 통일 3대 원칙을 재확인하고, 정치적·군사적 대결 상태를 해소하여 민족적 화해를 이룩하고 …(중략)… 쌍방 사이의 관계가 나라와 나라 사이의 관계가 아닌 통일을 지향하는 과정에서 잠정적으로 형성되는 특수 관계라는 것을 인정하고, …(중략)… 다음과 같이 합의하였다.

❶ 제1장 남북 화해
  • 제1조: 남과 북은 서로 상대방의 체제를 인정하고 존중한다.
  • 제2조: 남과 북은 상대방의 내부 문제에 간섭하지 아니한다.
  • 제4조: 남과 북은 상대방에 대한 비방·중상을 하지 아니한다.
  • 제5조: 남과 북은 …(중략)… 평화 상태가 이룩될 때까지 현 군사 정전 협정을 준수한다.
  • 제7조: 남과 북은 …(중략)… 판문점에 남북 연락 사무소를 설치·운영한다.
❷ 제2장 남북 불가침
  • 제9조: 남과 북은 상대방에 대하여 무력을 사용하지 않으며 상대방을 무력으로 침략하지 아니한다.
  • 제13조: 남과 북은 우발적인 무력 충돌과 그 확대를 방지하기 위하여 쌍방 군사 당국자 사이에 직통 전화를 설치·운영한다.
❸ 제3장 남북 교류·협력
  • 제15조: 남과 북은 …(중략)… 자원의 공동 개발, 민족 내부 교류로서의 물자 교류, 합작 투자 등 경제 교류와 협력을 실시한다.
  • 제16조: 남과 북은 과학·기술·교육 …(중략)… 라디오·텔레비전 …(중략)… 등 여러 분야에서 교류와 협력을 실시한다.

| 정답 | 06 ③   07 ①   08 ④   09 ③

04 현대의 경제·사회·문화 발전

교수님 코멘트 ▶ 1950년대 농지 개혁법, 원조 경제, 삼백 산업, 1960~1970년대 경제 개발 계획, 박정희 정부의 수출 주도형 공업화 정책, 1980년대 3저 호황, 1990년대 이후 금융 실명제(1993), OECD 가입(1996), IMF 구제 금융 사태(1997), 금모으기 운동(1998) 등이 키워드로 출제된다.

01

다음 법령의 시행으로 일어났던 일은?

> 1945년 8월 9일 이후 일본 정부와 기관, 회사, 단체, 조합, 기타 또는 정부가 조직하거나 취체한 단체가 직접 혹은 간접으로 전부 또는 일부를 소유하거나 관리하는 모든 종류의 재산 및 수입에 대한 소유권은 1945년 9월 25일부터 미 군정청이 취득하고 그 재산 전부를 소유한다.

① 잉여 농산물의 원조 시작
② 농지 개혁법 제정
③ 신한공사 설립
④ 인민 위원회 조직

02

해방 이후 각 시기의 경제 정책에 대한 설명으로 옳지 <u>않은</u> 것은?

① 이승만 정권의 농지 개혁은 삼림, 임야 등은 제외되고, 농경지만을 대상으로 실시되었다.
② 장면 정권에서는 경제 개발 5개년 계획을 수립하였으나, 시행하지 못했다.
③ 1970년대 들어 경제 위기가 닥치자, 정부는 8·3 조치를 통해 각 기업의 사채 동결과 금리 인하를 실시하였다.
④ 노태우 정부 말기에는 이른바 3저 현상으로 한국 경제가 일시 성장하였다.

03

17. 국가직 9급 추가

다음 법을 시행하기 이전 상황에 대한 설명으로 옳은 것은?

> 제1조 본법은 헌법에 의거하여 농지를 농민에게 적절히 분배함으로써 농가 경제의 자립과 농업 생산력의 증진으로 인한 농민 생활의 향상 내지 국민 경제의 균형과 발전을 기함을 목적으로 한다.
>
> 제17조 일체의 농지는 소작, 임대차 또는 위탁 경영 등 행위를 금지한다.

① 반민족 행위 처벌법의 시효가 단축되었다.
② 제2대 국회 의원 총선거가 실시되었다.
③ 미국의 공법 480호(PL 480)에 따른 잉여 농산물이 도입되었다.
④ 국민방위군 사건이 일어났다.

04

20. 법원직 9급

다음 법령이 반포되었을 당시의 경제적 상황으로 가장 옳은 것은?

> 제2조 본 법에서 귀속 재산이라 함은 …(중략)… 대한민국 정부에 이양된 일체의 재산을 지칭한다. 단, 농경지는 따로 농지 개혁법에 의하여 처리한다.
>
> 제3조 귀속 재산은 본 법과 본 법의 규정에 의하여 발하는 명령이 정하는 바에 의하여 국용 또는 공유재산, 국영 또는 공영 기업체로 지정되는 것을 제외하고는 대한민국의 국민 또는 법인에게 매각한다.
>
> – 귀속재산 처리법 –

① 삼백 산업이 발달하였다.
② 금융실명제가 실시되었다.
③ 수출 100억 달러를 달성하였다.
④ OECD 회원국으로 가입하였다.

05

다음 법령과 관련한 설명으로 옳은 것은?

> 제5조 정부는 다음에 의하여 농지를 취득한다.
> 1. 다음의 농지는 정부에 귀속한다.
>   (가) 법령 및 조약에 의하여 몰수 또는 국유로 된 토지
>   (나) 소유권의 명의가 분명하지 않은 농지

① 분배받은 농민은 평년 생산량의 30%를 5년간 상환하였다.
② 중앙토지행정처가 분배 업무를 주무하였다.
③ 신한공사가 보유하던 토지를 분배하였다.
④ 농지 이외 임야도 포함되었다.

06

1960년대 정부의 경제 정책에 대한 설명으로 가장 옳은 것은?

① 귀속 재산 처리법을 공포하였다.
② 한미 경제 조정 협정을 체결하였다.
③ 경제 협력 개발 기구(OECD)에 가입하였다.
④ 제1차 경제 개발 5개년 계획이 실시되었다.

정답&해설

01 ③

제시된 자료는 '미 군정청 법령 33호'이다. ③ 이 법령은 일제로부터 몰수한 귀속 재산을 미 군정청이 소유한다는 내용으로, 이를 관리하기 위해 신한공사가 설립되었다.

02 ④

④ 전두환 정부 시기(제5 공화국)인 1986년부터 저유가(국제 원유가 하락), 저달러(달러화 약세), 저금리의 유리한 국제 환경 변화를 맞아 경상 수지 흑자 전환이 이루어졌다. 이를 3저 현상이라고 한다.

03 ①

제시된 지문은 농지 개혁법이다. 농지 개혁법은 1949년 6월 법제화되었으며, 1950년 3월부터 실시되었다. ① 1948년 9월 제정된 반민족 행위 처벌법(반민법)은 친일파 세력의 반발로 공소 시효가 단축되었다(법 제정 당시의 시효는 1950년 9월 22일까지였으나, 1949년 8월로 시효가 단축되었다).

| 오답해설 |
② 1950년 5월 30일 제2대 국회 의원 선거가 실시되었다.
③ 미국의 공법(PL 480)은 1954년 제정되었고, 1956년부터 우리나라에 잉여 농산물을 도입하였다.
④ 국민방위군은 중국군의 인해전술을 막기 위해 조직된 군대였으며, 1950년 12월 조직되었다. 한편 국민방위군 간부들이 공금을 착복하여 많은 아사자가 출현하자, 1951년 국회에서 이 사건을 조사하였다. 이후 국회에서는 1951년 4월 30일 국민방위군의 해체를 결의하였고, 관련자 5명은 사형을 당했다.

04 ①

제시된 사료는 1949년 12월에 제정된 귀속 재산 처리법이다. 삼백 산업의 발달은 제1 공화국(이승만 정권) 시기의 경제적 특징이다.

| 오답해설 |
② 1993년 금융 실명제가 실시되었다(김영삼 정부).
③ 1977년 수출 100억 달러를 달성하였다(유신 정부).
④ 1996년 OECD 회원국으로 가입하였다(김영삼 정부).

05 ①

제시된 자료는 농지 개혁법이다.

| 오답해설 |
② 농지 개혁은 농림부가 분배 업무를 주관하였다.
③ 신한공사는 농지 개혁법이 제정(1949. 6.)되기 이전, 1948년 3월 폐지되었다.
④ 농지 개혁 대상 토지 중, 농지 이외 임야는 제외되었다.

06 ④

제1차 경제 개발 5개년 계획은 1962년부터 실시되었다.

| 오답해설 |
① 1949년 12월 19일 귀속 재산 처리법을 공포하였다.
② 1952년 5월 24일 한미 경제 조정 협정이 체결되었다.
③ 1996년 12월 12일 경제 협력 개발 기구(OECD)에 가입하였다.

| 정답 | 01 ③   02 ④   03 ①   04 ①   05 ①   06 ④

07

박정희 정부 시기 경제 개발에 대한 설명으로 옳은 것은?

① 국가가 적극적인 역할을 하였고, 국가 소유 기업을 중심으로 경제 성장이 진행되었다.
② 박정희 정부는 수입 대체 산업화 정책을 추진하였다.
③ 한일 협정의 체결과 베트남 전쟁은 한국의 경제 성장과 관련이 없다.
④ 1970년대부터 철강, 조선 등 중화학 공업 육성 정책이 우선적으로 실행되었다.

08

19. 법원직 9급

다음과 같은 기념물이 만들어지던 시기에 추진되었던 정부의 경제 정책으로 가장 적절한 것은?

① 중화학 공업을 적극 육성하였다.
② 경제 협력 개발 기구(OECD)에 가입하였다.
③ 미국의 잉여 농산물을 가공하는 삼백 산업을 육성하였다.
④ 자유 무역 협정(FTA)을 통해 시장 개방을 확대하였다.

09

수능 기출

다음 연표의 (가)~(라)에 들어갈 노동 운동 관련 사건으로 옳은 것을 〈보기〉에서 모두 고르면?

	(가)	(나)	(다)	(라)
긴급 조치 1호 선포		10·26 사태	6월 민주 항쟁	외환 위기

┌ 보기 ├
㉠ (가) – 전태일 분신 사건
㉡ (나) – YH 무역 노조원, 신민당사 농성 중 강제 해산
㉢ (다) – 전국 민주 노동조합 총연맹(민주노총) 결성
㉣ (라) – 노사정 위원회 발족

① ㉠, ㉡   ② ㉠, ㉢
③ ㉡, ㉢   ④ ㉡, ㉣
⑤ ㉢, ㉣

10

17. 지방직 7급

우리나라의 시기별 교육 변화 양상으로 옳지 않은 것은?

① 1960년대 – 중학교 무시험 진학 제도가 처음 실시되었다.
② 1970년대 – 처음으로 고등학교 입학 시험이 연합고사로 바뀌었다.
③ 1980년대 – 학교 교육과 별개로 사교육인 과외가 활성화되었다.
④ 1990년대 – 대학수학능력시험이 실시되었다.

11

다음은 연대별 인구 정책을 상징하는 표어이다. 각 연대별로 일어난 일에 대한 설명으로 옳은 것만을 〈보기〉에서 모두 고르면?

연 대	표 어
(가)	덮어 놓고 낳다 보면 거지꼴을 못 면한다.
(나)	딸 아들 구별 말고 둘만 낳아 잘 기르자.
(다)	잘 키운 딸 하나 열 아들 안 부럽다.

─ 보기 ─

ㄱ. (가) 군사 정부가 '경제 개발 5개년 계획'을 추진하였다.
ㄴ. (나) 유신 체제가 성립되었고, 2차례의 오일 쇼크와 중화학 공업 과잉 중복 투자에 따른 경제 불황이 있었다.
ㄷ. (다) 6월 민주 항쟁과 저금리 · 저유가 · 저달러의 3저 호황이 있었다.

① ㄱ, ㄴ
② ㄱ, ㄷ
③ ㄴ, ㄷ
④ ㄱ, ㄴ, ㄷ

12

현대 문화의 성장과 발전에 대한 설명으로 옳지 않은 것은?

① 1970년대 이후 무비판적으로 수용하였던 서구 문화에 대한 반성이 일어나면서 전통 문화를 되살리려는 노력이 펼쳐졌다.
② 1960년대 이후 정치적 민주화와 사회 · 경제적 평등을 지향하는 민중 문화 활동이 활발하였다.
③ 1987년 6월 민주 항쟁을 거치면서 언론에 대한 정부의 통제와 간섭은 줄어들고, 언론의 자유는 확대되었다.
④ 1980년대 이후에는 고등 교육의 대중화를 위하여 많은 대학이 세워졌다.

정답&해설

07 ④

|오답해설|
① 박정희 정부 시기 경제 정책은 정부 주도형, 수출 주도형으로 요약할 수 있다. 이를 위해 '국제적 상품 경쟁력 강화'를 명분으로 소수의 재벌을 집중 육성하여 경제 성장이 이루어졌다.
② 미 · 일 의존도가 더욱 강화되어 수입 대체 산업이 육성되지 못하였다.
③ 한일 협정과 베트남 파병으로 인해 경제 원조가 이루어졌다.

08 ①

수출 100억불이 달성된 시기는 1977년이다. ① 1970년대 박정희 정부는 중화학 공업을 적극 육성하였다.

|오답해설|
② 김영삼 정부 시기인 1996년 경제 협력 개발 기구(OECD)에 가입하였다.
③ 1950년대 이승만 정부 시기에는 삼백 산업(제분 · 제당 · 면방직 산업)이 발전하였다.
④ 한 – 칠레 자유 무역 협정(FTA) 체결(2004년 4월 1일 발효) 이후, 세계 여러 나라와 자유 무역 협정이 체결되었다.

09 ⑤

긴급 조치 1호 선포는 1974년, 10 · 26 사태는 1979년, 6월 민주 항쟁은 1987년, 외환 위기는 1997년에 발생하였다. ㄱ 전태일 분신 사건은 1970년, ㄴ YH 무역 사건은 1979년 8월, ㄷ 전국 민주 노동조합 총연맹 결성은 1995년, ㄹ 노사정 위원회 발족은 1998년의 일이다.

10 ③

③ 전두환이 정권을 잡은 후 1980년 7 · 30 조치를 발표하여 과외를 전면 금지하였다.

|오답해설|
① 1969년 중학교 무시험 진학 제도가 처음 실시되었다.
② 1974년부터 고등학교 입학 시험이 연합고사로 바뀌었다.
④ 1994년 입시부터 대학수학능력시험이 적용되었다(1993년 2차례 실시).

11 ④

(가) 1960년대, (나) 1970년대, (다) 1980년대 인구 정책을 상징하는 표어이다.
ㄱ 1960년대에는 박정희 군사 정부가 제1차 경제 개발 5개년 계획을 시작하였다.
ㄴ 1970년대에는 유신 체제(1972)가 성립되었고, 2차례의 오일 쇼크(1차 – 1973, 2차 – 1978)가 발생하였다. 또한 중화학 공업 중복 투자에 따른 경제 불황이 있었다.
ㄷ 1980년에는 6월 민주 항쟁(1987), 3저 호황(1980년대 중반)이 있었다.

12 ②

② 1980년대 들어와서 국악 등 전통 문화에 대한 이해가 깊어지기 시작하였다. 그리고 노동자, 농민 및 통일 문제 등 사회 현실에 대한 문제 인식이 심화되면서 민중 예술 활동이 활발해졌다.

|정답| 07 ④ 08 ① 09 ⑤ 10 ③ 11 ④ 12 ②

성공하기까지는 항상 실패를 거친다.

– 미키 루니

2021 에듀윌 9급 공무원 기본서 한국사 문제편: 근현대

초 판 발 행	2020년 6월 18일
2 쇄 발 행	2020년 11월 6일
편 저 자	신형철
펴 낸 이	박명규
펴 낸 곳	(주)에듀윌
등 록 번 호	제25100-2002-000052호
주 소	08378 서울특별시 구로구 디지털로34길 55
	코오롱싸이언스밸리 2차 3층
교 재 문 의	02) 2650-3912 Fax 02) 855-0008

* 이 책의 무단 인용 · 전재 · 복제를 금합니다.　　　ISBN 979-11-360-0557-1 14350

www.eduwill.net
대표전화 1600-6700

여러분의 작은 소리
에듀윌은 크게 듣겠습니다.

본 교재에 대한 여러분의 목소리를 들려주세요.
공부하시면서 어려웠던 점, 궁금한 점,
칭찬하고 싶은 점, 개선할 점, 어떤 것이라도 좋습니다.

에듀윌은 여러분께서 나누어 주신 의견을
통해 끊임없이 발전하고 있습니다.

에듀윌 도서몰
book.eduwill.net

교재문의
02-2650-3912

「학습자료」 및 「정오표」도
에듀윌 도서몰 도서자료실에서 함께 확인하실 수 있습니다.

근 현 대 **문제편**

 YES24 수험서 자격증 공무원 한국사 7급 교재 연속 42주 베스트셀러 1위
(2019년 7월 1주~2020년 4월 2주 주별 베스트)

 2018/2019 에듀윌 9급 공무원 유료수강생 중 최종합격자 비교

 2020 한국브랜드만족지수 7·9급 공무원 교육 1위
(주간동아, G밸리뉴스 주최)

고객의 꿈, 직원의 꿈, 지역사회의 꿈을 실현한다

펴낸곳 (주)에듀윌 **펴낸이** 박명규 **출판총괄** 김형석
개발책임 진현주 **개발** 김소라, 안수현
주소 서울시 구로구 디지털로34길 55 코오롱싸이언스밸리 2차 3층
대표번호 1600-6700 **교재문의** 02)2650-3912 **등록번호** 제25100-2002-000052호

※ 학습자료 및 정오표 | 에듀윌 도서몰 book.eduwill.net

한국사능력검정시험 기본서/기출문제집/2주끝장 | 조리기능사 필기/실기 | 제과제빵기능사 필기/실기 | SMAT 모듈A/B/C | ERP정보관리사 회계/인사/물류/생산(1, 2급) | EBS 전산세무회계 기초서/기본서/기출문제집

진흥회 한자 3급 | 상공회의소한자 3급 | ToKL 한권끝장/2주끝장 | KBS한국어능력시험 한권끝장/2주끝장/문제집/기출문제집 | 한국실용글쓰기 | 매경TEST 기본서/문제집/2주끝장 | TESAT 기본서/문제집/기출문제집

스포츠지도사 필기/실기/구술 한권끝장 | 위험물산업기사 | 산업안전기사 | 무역영어 1급 | 국제무역사 1급·2급 | 운전면허 1종·2종 | ROTC·학사장교 | 부사관 | 월간시사상식 | 일반상식

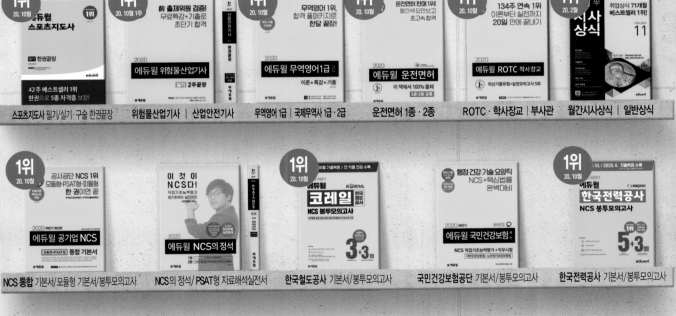

NCS 통합 기본서/모듈형 기본서/봉투모의고사 | NCS의 정석/PSAT형 자료해석실전서 | 한국철도공사 기본서/봉투모의고사 | 국민건강보험공단 기본서/봉투모의고사 | 한국전력공사 기본서/봉투모의고사

한국수력원자력 | 한국수자원공사 | 서울교통공사 | 부산교통공사 | GSAT 기본서/봉투모의고사 | LG | SKCT | CJ | NCS 자소서&면접

· 단일 교육기관 공인중개사 2019 최다 합격자 배출 공식 인증 (한국의 기네스북, KRI 한국기록원)
· 공무원 1위, 경찰공무원 1위, 소방공무원 1위, 계리직 공무원 1위, 군무원 1위, 취업 1위, 한국사능력검정 1위, 전산세무회계 1위,
  검정고시 1위, 경비지도사 1위, 직업상담사 1위, 재경관리사 1위, 도로교통사고감정사 1위, ERP정보관리사 1위, 물류관리사 1위,
  한경TESAT 1위, 매경TEST 1위, 유통관리사 1위, 한국어능력시험 1위, 국제무역사 1위, 무역영어 1위, 공인중개사 1위, 주택관리사 1위,
  사회복지사 1위, 행정사 1위, 부동산실무 1위 (2020 한국브랜드만족지수 교육 부문, 주간동아/G밸리뉴스 주최)
· 전기기사 1위, 소방설비기사 1위, 소방시설관리사 1위, 건축기사 1위, 토목기사 1위, 전기기능사 1위, 산업안전기사 1위
  (2020 한국소비자만족지수 교육 부문, 한경비즈니스/G밸리뉴스 주최)